초등교사와 학부모를 위한

초등수학 용어해설집

남승인 지음

KM 경문사

머리말

우리는 수학을 배우고 가르치면서 간혹 "수학이 무엇이며, 왜 수학을 배워야 하는가?"라는 수학에 대한 근본적인 물음에 직면하는 경우가 있다. 이에 대한 해답은 여럿 있겠지만 수학은 본질적으로 의사소통의 도구인 동시에 생각하는 힘을 기르는 도구라는 데서 그 실마리를 찾을 수 있다. 우리가 보고, 듣고, 느끼고, 생각한 것을 말과 글로 표현하듯이 수학은 사물이나 현상의 수량이나 모양, 성질이나 관계 등을 숫자와 기호로 표현하는 수단이며, 어떠한 사실을 이치에 맞고 조리 있게 생각하고 처리하는 데 필요한 논리적인 사고력을 기르는 정도(正道)이기도 하다.

수학을 배우는 목적 또한 상당한 스펙트럼을 보인다. 가까이는 일상생활에서 세고 셈하는 일부터 시작하여, 가계, 은행 등 경제활동과 수량과 도형과 관련된 업무처리에서 수학의 중요성은 특별히 설명할 필요가 없다. 나아가 수학적 지식과 사고는 모든 분야의 학문 연구에 그 유용성이 입증되었을 뿐만 아니라, 건강한 삶을 위한 두뇌 훈련에 소용되기도 하며 미술이나 음악, 무용 등 문화예술을 표현·창조하며 개선·보존시키는 데 이용되기도 한다.

이런 중요성에 걸맞게 학교 교육에서 수학은 중시되고 있으며 학생들 또한 지대한 관심과 흥미를 갖기 마련이다. 그러나 초등학교 입학초기에는 수학에 대해 흥미와 호기심을 갖던 학생들도 막상 고학년으로 올라갈수록 두려움을 느끼는 경우가 많고 심지어는 수학을 기피하거나 포기하려는 학생들까지 생겨나는 형편이다. 그 이유 중의 하나는 수학은 다른 교과와는 달리 주로 기호 사용하여 표현하는 데다 그 기호도 자연적으로 발생한 것이라기보다는 필요에 의해 인위적으로 만들어진 것이 많은 까닭이다. 더구나 수학은 뚜렷한 계통성을 지닌 교과여서 이전 단계에서의 기본·기초가 되는 개념 학습이 선행되지 않으면 다음 단계의 학습내용을 이해하기 힘이 든다.

따라서 학생들이 수학에 대한 관심과 흥미를 지속하기 위해서는 무엇보다도 기본 개념 학습이 요긴하다. 우리가 어떤 언어를 능숙하게 구사하여 논리적이고 미려한 문장을 완성하기 위해서는 올바르고 적절한 어휘의 사용이 필요하듯이 수학적 문제해결력을 기르기 위해서는 원리·법칙에 대한 이해에 앞서서 수학적 개념에 대한 올바른 이해가 우선적으로 뒷받침되어야 하는 것이다. 그것이 바로 수학학습의 주된 목표 중의 하나인 합리적이고 창의적인 문제해결력을 기르는 첩경이다. 또한 성공적인 수학지도는 교수법이 능숙하고 세련되어야 하지만 이에 앞서 지도할 내용에 능통해야 한다.

이런 필요성에 따라 본 초등수학 용어해설집은 초등학교 수학에서 다루는 수학 용어를 중심으로 그에 대해 정의와 해설을 달아둠은 물론 지도 방법 및 지도상의 유의점을 덧보태 두었다. 또한 초등학교 수준 이상의 수학 용어더라도 교사나 학부모가 초등수학을 지도할 때 학생들의 질문에 대해 적절히 대처하기 위해 알아야 할 용어도 포함하였다. 그럼에도 불구하고 본 해설집의 내용 중에는 진술을 달리하거나 개선·보완할 부분도 있으며 새로이 추가하거나 불필요하다고 생각되는 용어도 있을 것이다. 이에 대해서는 향후에 수정·보완할 것이며, 모쪼록 이 책이 초등학교 교사나 학부모들에게 학생지도 실질적인 도움이 되기를 기대한다.

끝으로, 본 해설집의 내용 검토를 도와준 여러 선생님들과 출판을 맡아주신 경문사 조경희 사장님을 비롯한 임직원들께 감사드린다.

2017년 3월

남승인

차례

가정산/소거산

■ 가정산(假定算)

가정이란 「만일 A이면 B이다.」와 같은 형식의 문장에서 A에 해당하는 것으로 어떤 결론을 내리기 위해 그와 관련된 조건이나 전제를 가정이라 한다. 계산 전략으로써 「가정산이란 문제에서 구하려는 두 양 A, B가 있을 경우, 한쪽 양 A를 다른 대상의 양인 B라 가정하고 B를 먼저 구한 후, 이를 이용하여 A의 양을 구하는 방법」을 말한다.

[예 1] 오리와 고양이 수의 합은 23마리이고, 오리와 고양이의 다리 수의 합은 66개이다. 오리와 고양이는 각각 몇 마리씩 있는가?

〈풀이〉 문제 장면을 그림으로 나타내어 보자.

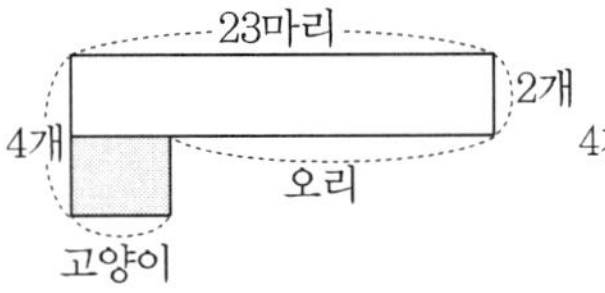

[그림 1]

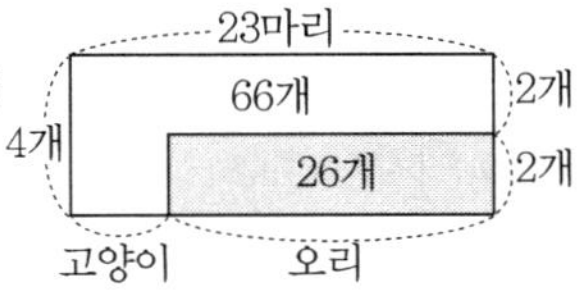

[그림 2]

- [그림 1]처럼 23마리 전부를 오리라고 가정하면, 2×23=46(개)인데 고양이는 오리보다 다리가 2개가 많으므로 고양이는 (66−46)÷(4−2)=10(마리)이고, 오리는 23−10=13(마리)이다.
- 다음으로 [그림 2]처럼 23마리 전부를 고양이라고 가정하면, 4×23=92(개)인데 오리는 고양이보다 다리가 2개가 적으므로 오리는 (92−66)÷(4−2)=13(마리)이고, 고양이는 23−13=10(마리)이다.

[예 2] 공책 1권 값은 연필 1자루 값보다 50원이 비싸다. 공책 1권과 연필 1자루를 사고 250원을 지불했다면, 공책 1권 값과 연필 1자루 값은 각각 얼마인가?

〈풀이〉 문제장면을 그림으로 나타내어 보자.

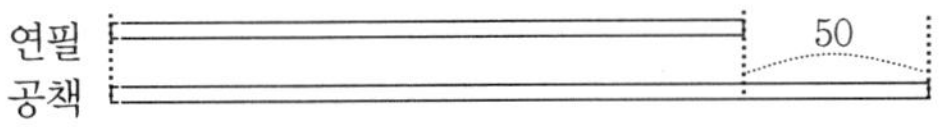

공책 1권 값을 연필 1자루 값으로 대체하면 (공책 1권 값)=(연필 1자루 값+50)이므로 모두 연필을 샀다면 (연필 2자루 값+50)=250이다.

따라서 (연필 2자루 값)=(250−50)=200(원)이므로 연필 1자루 값은 200÷2=100(원)이고, 공책 1권 값=100+50=150(원)이다.

■ 소거산(消去算)

「수량을 나타내는 두 관계식에서 같은 대상의 수량을 서로 같게 만든 후 같은 식끼리 소거(消去;지워 없앰)하여 한 쪽 답을 먼저 구한 다음 이를 이용하여 다른 쪽 답을 구하는 방법을 소거산」이라고 한다.

또 연립방정식의 해법 중 다음 [그림 3]처럼 주어진 두 방정식 중 어느 한 방정식에 적당한 수를 곱하거나 나누어 어느 한 미지수를 같게 만든 다음, 두 식을 서로 더하거나 빼어서 한 미지수를 소거하여 해를 구하는 방법을 말한다.

$3x+2y=13\cdots①$
$5x-3y=9\cdots②$

→ 두 식에서 y를 소거하기 위해 ①×3, ②×2하면

$9x+\cancel{6y}=39\cdots③$
$)\ 10x-\cancel{6y}=18\cdots④$
$19x\quad = 57$

[그림 3]

∴ x=3이다. x=3을 ①이나 ②의 식에 대입하면 y=2이므로 구하는 해는 x=3, y=2이다.

[예 1] 사과 2개와 복숭아 3개를 사면 410원이 되고, 같은 가격의 사과 3개와 복숭아를 4개 사면 570원이다. 같은 가격의 사과 1개와 복숭아 1개의 가격은 각각 얼마인가?

〈풀이〉 사과를 '사', 복숭아를 '복'으로 하고 위 문제를 식으로 나타내면 다음과 같다.

사×2＋복×3＝410……①. 사×3＋복×4＝570……②

사과의 수를 맞춘다. ①식×3, ②식×2배하면, 다음과 같은 식을 얻을 수 있다. 즉,

~~사×6~~＋복×9=1230…③
−)~~사×6~~＋복×8=1140…④
복×9−복×8=90

③의 식에서, ④의 식을 빼고, 사과를 소거하여 복숭아를 구하면, (복×9)−(복×8)=1230−1140, (복×1)=90(원)이고, 이를 식 ①대입하면, 사과 1개 값은 (410−90×3)÷2＝70(원)

[예 2] 연필 3자루와 공책 2권 값의 합은 950원이고, 같은 가격의 연필 2자루와 공책 6권 값의 합은 1800원이다. 이때 연필 1자루와 공책 1권 값은 각각 얼마씩인가?

〈풀이〉 연필을 '연', 공책을 '공'으로 나타내어 위 문제를 식으로 나타내면 다음과 같다.

연×3+공×2=950… ①. 연×2+공×6=1800…②

연필이나 공책 어느 한 쪽을 같게 하여 같은 식을 소거하여 해결해 보자. 공책 수를 같게 하려면 (식 ①×3)이다.

① 연×9 +~~공×6~~=2850
−)② 연×2 +~~공×6~~=1800
연×7 = 1050

(연×7)=1050에서 (연필 1자루 값)=150(원)이므로 이것을 식 ①에 대입하면, (공책 1권 값)=(950− 150×3)÷2 =250(원)이다.

각

각은 도형으로서의 각과 회전량으로서의 각 등 2가지로 정의한다.

① **도형으로서의 각**이란 「평면에서 한 점을 공통 끝점으로 하는 두 반직선이 만드는 도형. 즉 [그림 1]에서 두 반직선 OA와 OB가 합병($\overline{OA} \cup \overline{OB}$)하여 구성한 도형을 각」이라 하고, 「두 반직선의 공통 끝점을 **각의 꼭짓점**, 두 반직선을 각각 **각의 변**」이라 한다. 공간도형에서는 직선과 평면, 평면과 평면이 만나면 각을 이룬다. [그림 1]에서 두 반직선이 만드는 각을 ∠AOB, 또는 ∠BOA로서 나타내지만 혼동될 염려가 없을 경우는 각 O라 부르고, ∠O로 나타낸다.

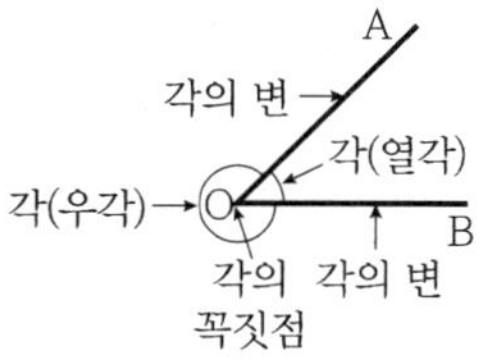

[그림 1]

② **회전량으로서의 각**이란 「한 점을 공통 끝점으로 갖는 겹쳐진 두 반직선 OA, OB가 있을 때, 공통인 끝점 O를 중심으로 한 반직선 OA를 일정한 양만큼 회전하여 생긴 도형을 각」이라고 한다. 그리고 「반직선 OA가 O를 중심으로 반직선 OB에 포개질 때까지 회전한 양을 **각의 크기 또는 각도**」라고 한다. 이때 반직선이 시계바늘과 같은 방향으로 움직여 만든 각을 **양(+)**의 각, 그 반대 방향으로 움직여 만든 각을 **음(−)**의 각이라 하고, 필요할 경우 각도는 회전방향에 따라 부호를 붙여서 나타낸다.

■ 각의 분류

각은 크기, 상호관계, 위치 등 3가지 관점에서 분류하면 다음과 같다.

① **크기에 따른 분류** : ∠AOB는 겹쳐진 두 반직선 OA, OB중 OA가 OB에서 출발해서 양의 방향으로 회전한 것으로 볼 수도 있고, 음의 방향으로 회전한 것으로 볼 수도 있다. 따라서 끝점을 공통으로 갖는 두 반직선은 항상 2개의 각을 이룬다.

- 평각 : 회전에 의해 각의 두 변이 겹쳐서 한 직선을 이루었을 때의 각을 **평각**이라 하고, 2∠R로 나타낸다.
- 직각 : 평각의 반($\frac{1}{2}$)인 각을 **직각**이라 하고, ∠R로 나타낸다.
- 예각 : 직각보다 작은 각. 즉 (0° < 예각 < 90°)
- 둔각 : 직각보다 크고 평각보다 작은 각. 즉 (90° < 둔각 < 180°)
- 우각 : 180°보다 크고 360°보다 작은 각. 즉 (180° < 우각 < 360°)
- 열각 : 180°보다 작은 각. 즉 (0° < 열각 < 180°)

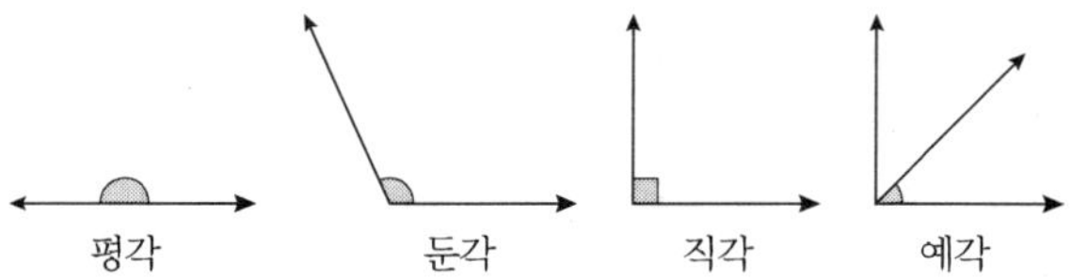

② **상호관계에 의한 분류**

- 보각 : 합이 180°인 두 각을 서로 '보각'이라고 한다. 예, 60°와 120°는 서로 보각이다.
- 여각 : 합이 90°인 두 각을 서로 '여각'이라고 한다. 예, 30°와 60°는 서로 여각이다.

③ **위치에 따른 분류**

- 맞꼭지각 : [그림 2]에서 두 직선이 한 점 O에서 만나서 이루는 4개의 각 가운데서 서로 이웃되지 않는 각, 즉 서로 마주보는 두 각 ∠α 와 ∠α′, ∠β와 ∠β′를 서로 **맞꼭지각**이라 한다. 그리고 α+β=2∠R, α′+β′=2∠R이다. 따라서 ∠α=∠α′, ∠β=∠β′로 맞꼭지각은 크기가 같다.

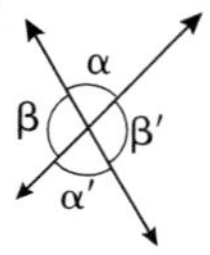

[그림 2]

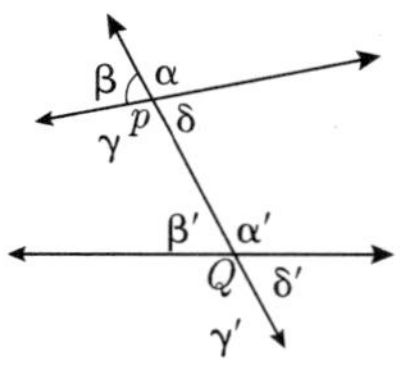

[그림 3]

[그림 3]과 같이 두 직선과 다른 한 직선이 만날 때 그 교점을 P, Q라 하면 P의 둘레에 4개, Q의 둘레에 4개의 각이 생긴다. 이 각을 α, β, γ, δ, α′, β′. γ′, δ′라 할 때, 그 위치관계에 따라 여러 가지 이름을 갖는다.

- 동위각 : α와 α′, β와 β′, γ와 γ′, δ와 δ′와 같이 같은 위치에 있는 각을 **동위각**(同位角)이라 한다.
- 엇각 : γ와 α′, δ와 β′처럼 서로 엇갈린 위치에 있는 각을 **엇각**이라고 한다.
- 동측내각과 동측외각 : γ와 β′, δ와 α′처럼 두 직선과 다른 한 직선이 만나서 이룬 각 중에서 안쪽에 있는 각을 **동측내각**이라 하고, β와 γ′, α와 δ′처럼 안쪽에 있는 각을 **동측외각**이라 한다.

각기둥/원기둥

■ 기둥

「[그림 1]처럼 평면 α 위에 단일폐곡선 C가 있을 때, C 위의 모든 점을 지나면서 평면 위에 있지 않는 한 정직선(定直線) l에 평행인 직선이 움직여 만들어진 곡면을 **기둥면**이라 하고, 기둥면 부분을 **옆면**, 곡선 C를 **도선**(導線), 곡선 C 위의 점에서 정직선 l에 평행인 직선을 기둥의 **모선**, 마주보는 평행인 두 평면을 **밑면**, 두 밑면 사이의 거리를 **높이**」라고 한다. 그리고 「단일폐곡선 C와 평행인 두 밑면과 기둥면으로 둘러싸인 입체 또는 단일폐곡선을 일정한 방향으로 일정한 거리만큼 평행이동하여 생긴 면과 평행인 두 단일폐곡선의 영역으로 이루어진 입체도형을 **기둥**」이라 한다. 「기둥 가운데서 단일폐곡선(도선) C가 다각형이면 **각기둥**이고, C가 원이면 **원기둥**」이라 한다.

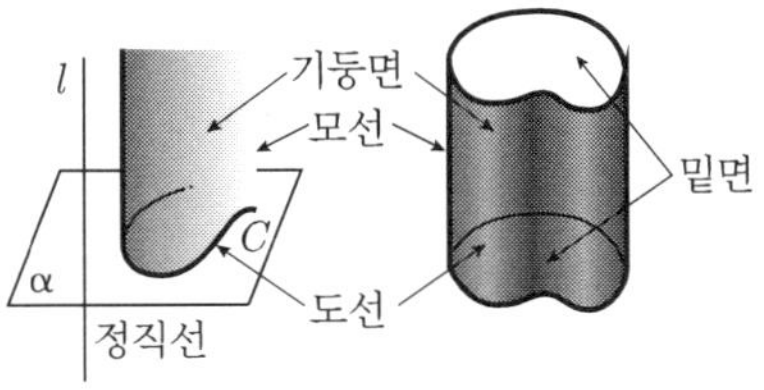

[그림 1]

■ 원기둥

「한 공간에서 평행인 두 평면 α, β위에 반지름이 같은 두 원과 직선 l에 평행하고 두 원의 둘레와 만나는 선분이 그리는 면(기둥면)으로 둘러싸인 입체, 또는 단일폐곡선(도선)의 모양이 원인 기둥을 **원기둥**」이라고 한다. 「원기둥에서 두 밑면 사이의 거리를 원기둥의 **높이**, 밑면의 둘레와 만나는 선분 AB를 원기둥의 **모선**(母線), 모선으로 둘러싸인 면을 원기둥의 **옆면**」이라고 한다. 특히, 「원기둥 중에서 [그림 2]처럼 모선과 밑면이 수직이면 **직원기둥**, [그림 3] 처럼 모선과 밑면이 수직이 아니면 **빗원기둥**」이라 한다. 동전의 모양은 원이며, 동전을 여러 개 쌓은 모양을 생각하면 원기둥을 연상할 수 있을 것이다.

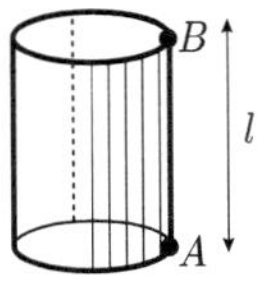

[그림 2]

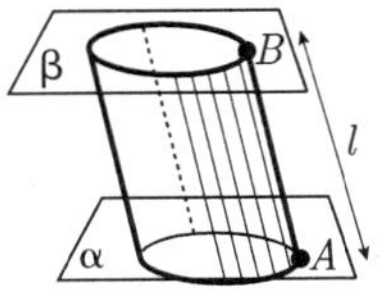

[그림 3]

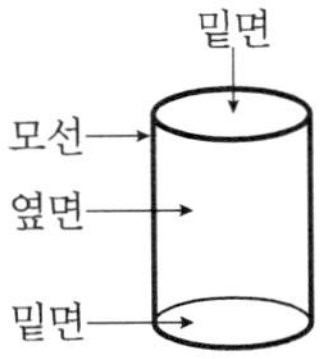

[그림 4]

직원기둥은 직각사각형을 한 변을 축으로 하여 그 둘레에 회전시켜서 얻어지는 입체라고도 할 수도 있다. 이때 밑면의 반지름을 직원기둥의 반지름이라고 한다.

- 원기둥의 부피 : V=A·H(A:밑넓이, H:높이) 또는 $V=\pi r^2H$(r:반지름)
- 타원기둥의 부피 : $V=\pi abH$(a, b : 타원의 축의 $\frac{1}{2}$)
- 원기둥의 옆넓이 : $L=2\pi rH$
- 원기둥의 겉넓이 : $S=2\pi r(A+H)$

■ 각기둥

「한 직선에 평행인 3개 이상의 평면과 그 직선과 만나는 2개의 평행인 평면(밑면)으로 둘러싸인 다면체 또는 다각형을 일정한 방향으로 일정한 거리만큼 평행이동하여 생긴 면과 평행인 두 다각형 영역으로 이루어진 입체도형을 **각기둥**」이라 한다. 여기서 직선에 평행인 평면을 **옆면**, 2개의 평행인 평면을 **밑면**, 옆면이 만나는 교선을 **모서리**라 한다.

또 두 밑면 사이의 거리를 각기둥의 **높이**라고 한다. 각기둥의 밑면은 합동이고, 옆면은 모두 평행사변형이다. 밑면과 모서리가 서로 수직인 각기둥을 **직각기둥**, 밑면과 모서리가 서로 수직이 아닌 각기둥을 **빗각기둥**이라 하며, 특히 밑면이 정n각형인 직각기둥을 **정n각기둥**이라 한다.

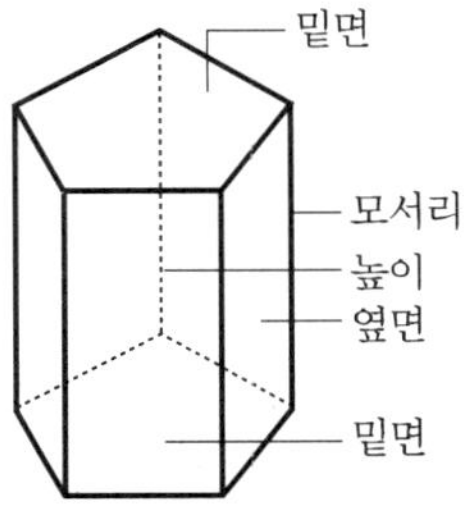

A_4용지는 직사각형 모양이고, 삼각자의 모양은 삼각형이다. 수천 장의 A_4용지나 수십 개의 삼각자를 쌓은 모양을 생각하면 사각기둥이나 삼각기둥 등 각기둥을 연상할 수 있을 것이다.

※ 각기둥의 성질

		삼각기둥	사각기둥	오각기둥	육각기둥
밑면	수	2	2	2	2
	모양	삼각형	사각형	오각형	육각형
밑면	수	3	4	5	6
	모양	직사각형	직사각형	직사각형	직사각형
모서리의 수		9(3×3)	12(4×3)	15(5×3)	18(6×3)
꼭지점의 수		6(3×2)	8(4×2)	10(2=5×2)	12(6×2)
밑면과 밑면		평형			
밑면과 옆면		수직			

- 각기둥의 옆넓이=(밑면의 둘레)×(높이)
- 각기둥의 겉넓이=(밑넓이)×2+옆넓이
- 각기둥의 부피=(밑면의 넓이)×(높이)

각도

「평면에서 끝점을 공유하는 두 반직선에 의해 이루어진 도형을 각」이라 하며, 공간도형에서는 직선과 평면, 평면과 평면이 만나 각을 이룬다. 각도를 정의하는 방법에는 고정된 양으로 정의하는 것과 회전량으로 정의하는 것 2가지가 있다.

- **고정된 양으로 정의** : 「각의 두 변 사이의 벌어진 양의 크기를 측정한 값을 **각도**」라고 한다. 이러한 정적인 관점에서 정의하면 각의 크기는 180° 이상을 생각할 수 없다.

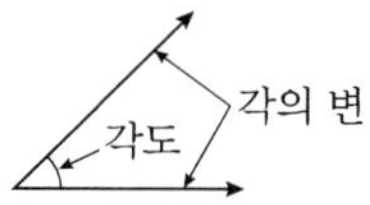

- **회전량으로 정의** : 「겹쳐진 두 반직선의 끝점을 꼭짓점으로 고정시킨 다음 한 반직선은 고정시키고 다른 반직선을 각의 꼭짓점을 중심으로 회전시켰을 때 그 반직선이 회전한 양의 크기를 **각도**」라 한다. 이 경우 각도는 360° 이상이 될 수 있다.

■ 각도지도

각도는 컴퍼스나 끝점이 고정된 겹쳐진 두 막대를 벌리거나 오므리면서 각의 크기를 비교하는 과정에서 '더 뾰족하다', '더 무디다' 등으로 표현하여 그 의미를 이해하도록 한다. 또 각도의 비교는 종이를 접어 보거나 각의 본을 떠서 겹쳐봄으로써 직접 비교할 수 있다. 각을 비교하는 과정에서 학생들 중에는 각도보다는 변의 길이가 긴 각을 더 큰 각으로 잘못 인식하는 경우가 있다. 이 경우 각을 본떠서 비교해 봄으로써 각도는 각의 변의 길이와는 무관하다는 것을 인식하도록 지도해야 한다.

길이의 측정은 단위길이로 사물의 길이를 채우거나 덮어 보고 측정량을 구하듯이 각도 역시 단위각으로 특정한 각을 채우거나 덮어 보고 각도를 측정한다. 이러한 개념이 형성되면 각도기를 사용하여 보편단위로 측정하게 한다. 각도기는 측정도구들 중 이해하기 어려운 이유 중의 하나는 둘레에 있는 눈금 사이의 간격이 좁을 뿐만 아니라 단위각도(1°)가 매우 작기 때문에 발생하는 것으로 실제로 단위각도인 1°를 잘라서 겹쳐보는 것은 거의 불가능하기 때문에 발생한다.

■ 각도의 보편단위와 측정

임의단위는 모든 사람들이 공유하는 단위가 아닌 개인이 선택한 개별적인 단위이므로 임의단위를 사용하여 각도를 비교하면 얼마나 더 크고 작은지를 판단하기가 애매하다. 따라서 모든 사람들이 인정하는 단위인 보편 단위를 도입하기 위하여 각도기를 사용한다. 각도기의 눈금에 의하여 각의 크기는 수치화되고 그 수치로서 각도를 비교한다. 각도기를 효율적으로 사용하기 위해서는 각도기의 용도 및 구조를 이해하여야 한다. 1직각을 90등분한 한 각의 크기를 1°로 정의한다. 각의 두 변이 포개어졌을 때 각도는 0°이고, 직선을 이루었을 때 각도가 180°임을 이해하게 한다.

■ 각도기를 사용할 때 유의할 사항

각도를 측정할 경우 먼저 [그림 1]처럼

① 각의 꼭짓점에 각도기의 중심을 맞춘다.

② 각도기의 밑금을 각의 한 변에 맞춘다.

③ 만일 각의 변이 짧을 경우에 [그림 2]처럼 변을 적절히 연장한 후에 측정한다.

④ 밑선인 0°부터 화살표 방향으로 읽기 시작하여 각의 변이 각도기에 둘레에 쓰인 숫자와 겹쳐지는 숫자를 읽도록 한다.

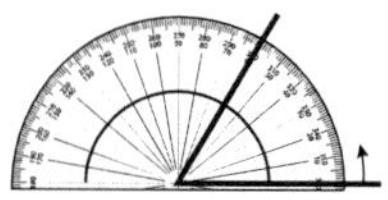

[그림 1]

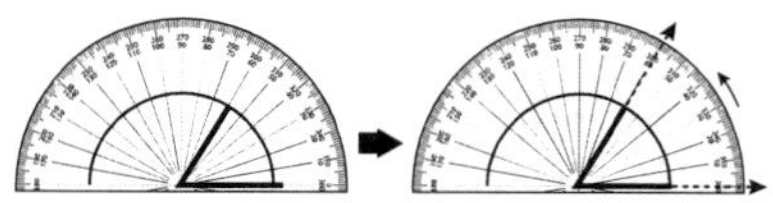

[그림 2]

각도기를 사용하여 각의 크기를 측정할 때 학생에게 미리 각도를 어림하게 하고, 각도기로 재어서 나온 결과와 비교하게 함으로써 각도에 대한 양감을 길러줄 수 있다. 특히, 학생 중에는 각도를 측정할 때 50°라고 읽어야 함에도 130°라고 읽는 학생이 있을 수 있음을 유의해야 한다. 이러한 학생에게는 각도기를 읽는 방법을 단계적으로 지도해야함은 물론, 각도에 대한 양감을 길러줌으로써 오류를 교정할 수 있다.

각도에 대한 양감을 길러주기 위해서는 기준이 있어야 하는데, 그 기준은 1직각=90°이다. 1직각에 대한 양감이 명확하려면 1직각의 $\frac{1}{2}$인 45°에 대한 양감을 길러주고, 점차적으로 30°나 60°에 대한 양감을 길러주도록 한다.

각뿔/원뿔

■ 뿔

[그림 1]처럼 「평면 α위에 「단순폐곡선 C가 있을 때 C 위의 모든 점과 평면 α밖의 한 정점 P를 지나는 직선의 집합에 의해 이루어진 도형을 **뿔면**이라 하고, 폐곡선 C를 **도선**(밑면의 둘레), 한 정점 P와 곡선 C 위의 점을 맺는 직선을 **뿔의 모선**」이라고 한다. 또는 「뿔면과 이 뿔면을 자르는 평면(밑면)으로 둘러싸인 입체를 **뿔**」이라고 한다.

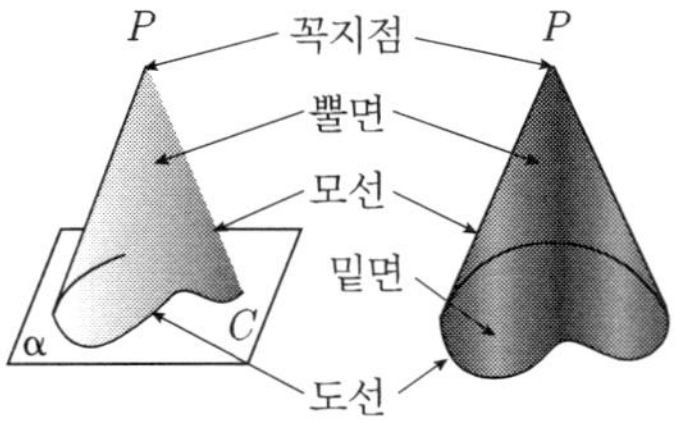

[그림 1]

이때 점 P를 **꼭짓점**, 평면 α위의 단순폐곡선의 영역을 **밑면**, 뿔의 꼭짓점과 밑면 사이의 거리를 **높이**, 뿔의 꼭짓점과 밑면의 둘레 위의 임의의 점을 잇는 선분을 **모선**, 모선의 길이를 **빗높이**라고 한다. 또 뿔 가운데서 단순폐곡선 C가 다각형이면 **각뿔**이고, 곡선 C가 원이면 **원뿔**이다.

■ 원뿔

[그림 2]처럼 「한 공간에서 원과 이 원을 포함하는 평면 α 밖에 한 점 P를 잡는다. 이때 점 P와 원 위의 각 점을 이은 선분 전체와 이 원의 영역으로 이루어지는 입체도형을 **원뿔**」이라 한다. P를 원뿔의 **꼭짓점** 원을 원뿔의 **밑면**, 꼭짓점 P와 평면 α와의 거리를 원뿔의 **높이**, 꼭짓점 P와 밑면인 원의 둘레 위의 임의의 점을 잇는 선분을 원뿔의 **모선**, 모선의 길이를 **빗높이**, 모선이 움직여서 그린 곡면을 원뿔의 **옆면**이라고 한다. 또, 원뿔의 높이가 원의 중심을 지나는 원뿔을 **직원뿔**, 지나지 않는 원뿔을 **빗원뿔**이라 한다.

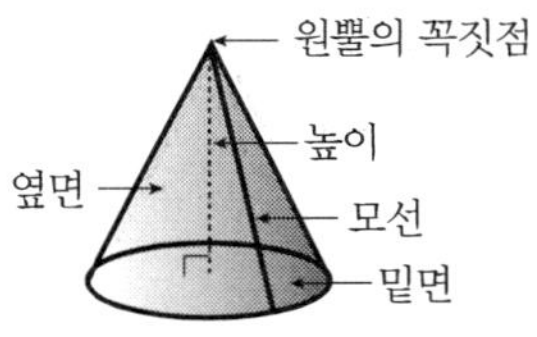

[그림 2]

■ 직원뿔의 성질

- 직원뿔을 축을 포함하는 평면으로 자른 자리는 이등변삼각형이다.
- (직원뿔의 옆넓이)=$\frac{1}{2}$×(밑면의 둘레)×(빗높이)이고, (직원뿔의 부피)=$\frac{1}{3}$×(밑넓이)×(높이)이다.

■ 각뿔

[그림 3]처럼 「밑면이 다각형이고, 밑면 위에 있지 않은 한 정점을 공통의 꼭짓점으로 하는 삼각형으로 둘러싸인 다면체를 **각뿔**」이라 한다. 여기서 처음의 다각형을 각뿔의 **밑면**, 평면 위에 있지 않은 한 정점을 각뿔의 **꼭짓점**, 밑면의 다각형의 각 변을 밑변으로 하고 각뿔의 꼭짓점을 꼭짓점으로 하는 삼각형을 각뿔의 **옆면**, 각뿔의 꼭짓점과 밑면의 다각형의 각 꼭짓점을 연결한 선분을 **모서리**, 각뿔의 꼭짓점과 밑면과의 거리를 각뿔의 **높이**라고 한다. 또 밑면이 n각형인 각뿔을 **n각뿔**이라 하고, 꼭짓점과 정n각형의 중심을 연결한 직선이 밑면에 수직인 각뿔을 **정n각뿔**이라 한다.

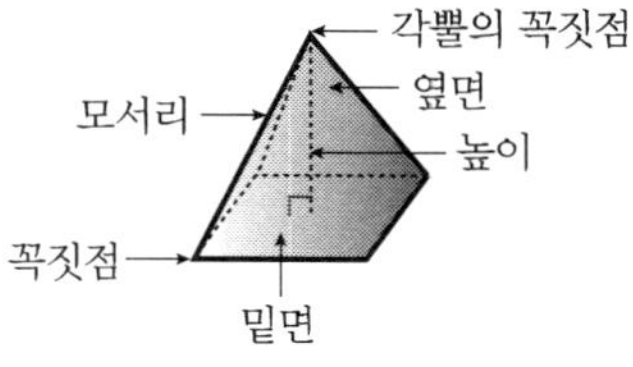

[그림 3]

■ 뿔의 전개도

각뿔의 전개도를 그리는 방법은 다음 2가지가 있다.

- [그림 4]처럼 옆모서리를 모두 잘라서 밑면의 둘레에 그 옆면의 밑면을 공유하도록 옆면의 삼각형을 작도하기
- [그림 5]처럼 옆면을 그 한 모서리만 잘라서 펼치고 밑면을 그 한 면에 붙여서 작도하기

[그림 4]

[그림 5]

■ 뿔대

[그림 6]처럼 「한 뿔면과 평행인 두 평면(밑면)으로 둘러싸인 입체를 **뿔대**」라고 한다. 그리고 뿔면 부분을 **옆면**, 평행인 두 평면을 **밑면**, 두 밑면 사이의 거리를 **높이**라고 한다. 뿔대는 뿔의 꼭짓점 쪽을 밑면에 평행인 평면으로 자른 도형으로 볼 수도 있으며, 자르기 전의 뿔이 각뿔이면 **각뿔대**, 원뿔이면 **원뿔대**라고 한다.

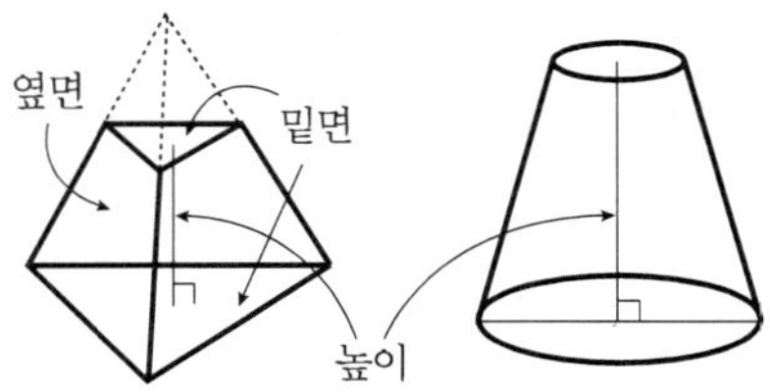

[그림 6]

간접증명법

「**증명**이란 어떤 사실이나 판단에 대하여 그것이 참인지 거짓인지를 증거를 들어서 밝히는 것」으로 증명방법에는 크게 직접증명과 간접증명의 2가지가 있다. 「**직접증명**이란 공리, 정의, 또는 이미 증명된 정리 등을 이용하여 주어진 가정이나 전제로부터 주어진 명제가 참이라는 결론을 이끌어내는 논리적 진술」로 연역법과 수학적 귀납법이 있다. 한편 「**간접증명**이란 명제의 결론을 거짓이라고 가정하고 논리적 진술을 통하여 결론이 가정에 모순됨을 도출함으로써 그 명제의 결론이 참이라고 규정하는 증명방법」이다.

■ 간접증명의 종류

명제를 부정하는 방법에는 가정이나 결론을 부정하는 방법과 가정과 결론을 모두 부정하는 방법이 있다. 그런데 명제의 가정을 부정하면, 즉 명제의 가정이 거짓이면 그 명제는 결론이 참이나 거짓에 관계없이 항상 참이므로 가정이 거짓인 명제는 증명 대상이 될 수 없다. 따라서 간접증명을 위해 명제를 부정할 때는 그 명제의 결론을 부정해야 한다. 간접증명 방법으로는 귀류법, 전환법, 동일법 등이 있다.

□ 귀류법(배리법)

「결론을 부정하면 가정 또는 이미 참이라고 밝혀진 사실인 공리, 정의, 이미 증명된 정리 등에 모순됨을 제시함으로써 그 명제가 참임을 밝히는 증명방법을 **귀류법** 또는 **배리법**」이라고 한다. 즉 'A이면 B이다.'를 증명할 때, '만일, 결론인 B가 성립하지 않는다면 이것은 가정 A, 또는 공리나 정의에 모순된다.' 따라서 B가 성립하지 않으면 안된다는 증명방법이다.

[예] 「두 직선은 한 점보다 많은 공유점을 갖지 않는다.」를 귀류법으로 증명해 보자.
〈증명〉 결론을 부정하여 '두 직선은 한 점보다 많은 점을 공유한다면 적어도 두 점을 공유하게 된다.' 이것은 「두 점을 지나는 직선은 단 하나뿐이다.」라는 공리에 따라 두 직선은 포개어져서 한 직선이 된다. 따라서 '두 직선은 한 점보다 많은 점을 공유하지 않는다. '사실이 증명되었다.

□ 전환법

「한 무리의 증명된 정리가 있을 때, 일어날 수 있는 모든 경우를 각 정리의 가정이라 하고, 각 가정에 대한 결론이 동시에 성립하지 않을 때 이들 한 무리의 정리의 역은 모두 성립한다는 증명방법을 **전환법**」이라 한다.

예컨대 한 무리의 정리인 「A이면 P이다. B이면 Q이다. C이면 R이다. …」에서, A, B, C, …는 일어날 수 있는 모든 경우의 각 정리의 가정이고, 결론 P, Q, R, …이 서로 다르다면 각 정리의 역인 「P이면 A이다. Q이면 B이다. R이면 C이다. …」가 성립한다. 그 이유는 P이고 A가 아니면 B이든가 C이어야 한다. 만일 B이면 처음 정리에서 Q가 되어야 한다. 이것은 P, Q, R, …이 서로 다르다는 것에 모순이다.

[예] △ABC에서 다음 명제는 모두 성립한다.
① 변 AB > 변 AC이면 ∠B < ∠C이다.
② 변 AB=변 AC이면 ∠B=∠C이다.
③ 변 AB < 변 AC이면 ∠B > ∠C이다.

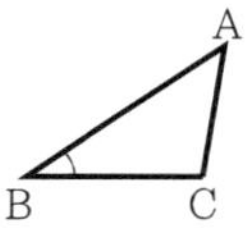

여기서 가정인 AB > AC, AB=AC, AB < AC는 일어날 수 있는 모든 경우인데 ∠B < ∠C, ∠B=∠C, ∠B > ∠C는 동시에 성립하지 않는다. 따라서 이들 각각의 역인 ①′ ∠B < ∠C이면 변 AB > 변 AC이다. ②′ ∠B=∠C이면 변 AB=변 AC이다. ③′ ∠B > ∠C이면 변 AB < 변 AC이다.

□ 동일법

명제 'A이면 B이다.'가 성립할 때, 다음 두 조건 '① A인 성질을 갖는 것이 존재한다. ② B인 성질을 갖는 것은 단 하나뿐이다.'를 만족하면, 그 역인 'B이면 A이다.'가 성립한다. A인 성질을 갖는 것은 B인 성질을 갖는 것에 포함되므로 조건 ②에서 A인 것도 단 하나뿐이다. 따라서 그 역도 성립한다는 것을 이용한 증명방법을 **동일법**이라 한다.

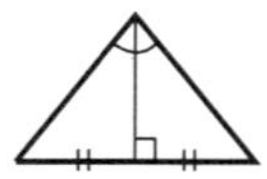

[예] 「이등변삼각형의 꼭지각의 이등분선은 밑변을 수직이등분한다.」라는 정리에서 가정인 꼭지각의 이등분선과 결론인 밑변의 수직이등분선은 각각 하나뿐이다. 따라서 이 정리의 역인 「이등변삼각형에서 밑변의 수직이등분선은 꼭지각을 이등분한다.」가 성립한다.

간편셈

전자계산기의 보급이 확대되면서 주산이나 지필계산의 기회가 현격하게 줄어든 반면 암산이나 간편셈은 일상의 실용적 측면에서 뿐만 아니라 수학학습에서 강조되어야 할 부분이다.

수학학습에서 「간편셈이란 사칙계산의 여러 성질을 이용하여 정확하면서도 빠르게 계산하는 방법」을 말한다. 간편셈을 하기 위해서는 수 감각이 풍부해야 하며, 사칙계산이 적용되는 상황에 대한 올바른 판단과 암산력이 뒷받침되어야 한다. 계산 성질을 이용한 여러 간편셈에 대해서 알아보면 다음과 같다.

- **덧셈의 간편셈** : 어떤 두 수의 합이 10, 100, 1000, … 등 10의 배수가 되도록 두 수를 짝지워 계산하면 간편하다.
  예컨대 66＋47＋34＋53 ⇒ (66+34)+(47+53)=200
- **곱셈이나 나눗셈의 간편셈** : 곱셈의 경우는 한 수를 두 수 이상의 수의 곱으로 나타낸 후, 그 중에서 어느 두 수의 곱이 10, 100, 1000, …등 10의 배수가 되도록 짝지어 계산하면 간편하다.
  예컨대 25×32×125
  ⇒ 25×(4×8)×125=(25×4)×(8×125)
  =100×1000=100000.
- **크기가 비슷한 수들의 합을 구하는 간편셈** : 주어진 수 중에서 어느 한 수를 대푯값으로 정하고, 다른 수를 대푯값과의 합과 차로 나타낸 후, (대푯값×더하는 수의 개수)+(대푯값과의 합과 차)로 계산하면 간편하고 빠르다. 이 방법은 어떤 수들의 평균값을 구하는 데 많이 이용된다. 예컨대 1986+1998+1990+1992+1994에서 1990을 대푯값으로 정하고 다른 수를 대푯값의 합과 차로 나타내면, (1986+1988+1990+1992+1994)
  = (1990−4)+(1990−2)+1990+(1990+2)+(1990+4)
  = (5×1990)+(4+2−2−4)=5×1990=9950
- **보수관계가 있는 수들의 덧셈** : 어느 두 수의 합이 10, 100, 1000, ……등 10의 배수가 되는 두 수를 찾아 보수끼리 계산한다. 예컨대 27+49+18+82+51+73+36에서 다음과 같이 두 수끼리의 합은 100이므로 100+100+100+36=336이다.

  27+49+18+82+51+73+36

- **보수 관계가 없는 수들의 덧셈** : 어떤 두 수가 보수가 아닌 경우는 다음 계산과 같이 한 수를 두 수로 분해하여 주어진 어떤 수의 보수를 만들어 계산한다.
  예컨대 65+75+36= 65+75+(35+1)
  =(65+35)+(7+1)=100+76=176
- **두 수 이상의 덧셈** : 덧셈의 교환법칙과 결합법칙을 적용하여 10, 100, 1000…에 대해 서로 보수인 수끼리 더한 후 나머지 수를 더한다.
  - 교환법칙 : 두 수를 더할 경우 더하는 순서를 바꾸어 계산해도 결과는 같다. 즉, (A+B)=(B+A).
  - 결합법칙 : 세 수를 더할 경우 더하는 순서를 바꾸어 계산해도 결과는 같다. 즉 (A+B)+C=A+(B+C).
- **세 수 이상의 연속된 뺄셈** : 한 수에서 연속적으로 몇 개의 수를 빼는 것은 그 수에서 빼는 수들의 합을 빼는 것과 같다. 반대로 한 수에서 몇 개의 수의 합을 빼는 것은 그 수에서 몇 개의 수를 연속하여 빼는 것과 같다. 즉 A, B, C, D가 자연수일 경우, A−B−C−D=A−(B+C+D).
  예컨대 52−11−32−7= 52−(11+32+7)=52−50=2
- **한 수에서 두 수의 차를 빼는 뺄셈** : A, B, C가 자연수일 경우, A에서 B와 C의 차를 빼는 것은 A에서 B를 뺀 후 C를 더하는 것과 같다. 즉 A−(B−C)=A−B+C. A−B+C=A−(B−C).
  예컨대 253−(153−36)=253−153+36.
  321−193+93=321−(193−93)
- **연속된 세 수의 나눗셈** : A, B, C가 자연수일 경우, A를 B로 나눈 몫을 다시 C로 나누는 것은 A를 B와 C의 곱으로 나누는 것과 같다. 즉 A÷B÷C=A÷(B×C).
  예컨대 35000÷625÷8
  =(35000÷8)÷625=35000÷(625×8)
- **곱셈과 나눗셈이 연속된 혼합셈** : A, B, C가 자연수일 경우, A와 B의 곱을 C로 나누는 것은 A에다 B를 C로 나눈 몫을 곱하는 것과 같다. 즉 A×B÷C=A×(B÷C).
  예컨대 1991×432÷216=1991×(432÷216)

이 밖에도 간편셈 방법은 문화권에 따라 여러 가지가 있으며, 특히 학생들의 비형식적인 간편셈 방법도 다양하다.

개념

「현상, 사물, 관계 등에서 그들이 갖는 개개의 속성 중에서 이질적인 속성과 특수성은 배재하고 공통적인 속성을 추상하여 문자나 기호 등으로 표현한 것을 개념」이라 한다. 개념은 지적 활동의 범위를 넓히는데 자원으로써 어떤 판단의 기준인 동시에 판단을 성립시키는 준거로써 우리가 무언가를 인식하는 그 자체이다. 개념은 구체적 개념과 추상적 개념으로 분류할 수 있는 데, 삼각형, 자연수처럼 비교적 구체성을 지닌 개념을 '구체적 개념'이라 하고, 증명, 구조처럼 고도로 추상화된 정신적 구성물을 '추상적 개념'이라고 한다.

개념은 낱낱의 조각으로 서로 떨어져 존재하는 것이 아니라 [그림 1]처럼 관련된 개념들이 서로 연결되어 하나의 그물구조(network)을 형성하고 있다. 개념의 양과 지식의 양은 비례한다고 볼 수 있으며, 개념을 습득하는 능력이 학습 능력을 좌우한다.

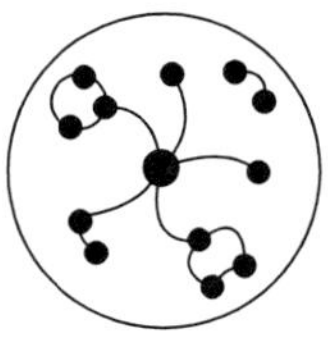

[그림 1]

■ **개념지도를 위한 일반적 교수 원리**

수학교육은 이미 만들어진 수학적 지식을 전달하는 것이 아니라 학생들이 체험적으로 만들어가면서 그 의미를 깨닫도록 돕는 것이다. 또한 수학도 하나의 언어이기 때문에 수학적 개념지도는 국어에서 낱말 뜻을 지도하는 원리와 유사하다고 볼 수 있다. 개념지도 원리를 정리하면 다음과 같다.

- 경험을 배제하고는 개념을 형성시키기 어렵다. 따라서 구체적인 경험을 통해 개념의 범례(凡例)와 비례(非例)를 경험하도록 하는 것이 필요하다.
- 정의를 통해서 개념을 형성하려면 그 개념의 하위 개념을 알고 있는 상태에서만 형성될 수 있다. 따라서 새로운 개념지도를 위해서는 하위 수준의 개념을 이해하고 있는지를 확인해야 한다.
- 개념은 기억의 대상이므로 개념에 대한 이해의 폭을 넓히기 위하여 다양하면서도 구체적인 장면에 활용해 보는 기회를 제공해야 한다.
- 개념에 이름(언어, 또는 기호)을 붙이고, 그 개념의 표상과 관련하여 [그림 2]처럼 여러 가지로 표현해 보도록 한다.
- 다양한 장면에 반복활용을 통하여 개념을 정확하고 의미있고 간결·명료하게 정의할 수 있도록 발전시켜야 한다.

■ **개념지도에서 유의할 사항**

- 언어의 사용을 명확히 해야 한다.
  수학적인 대상을 언어로 표현할 때 명확히 표현하지 않을 경우, 개념형성에 혼란을 일으키는 수가 있다. 예컨대 삼각형의 밑변과 높이도 상대적인 개념으로 3변 중 어느 변을 「밑변」으로 보느냐에 따라 「높이」가 정해진다.
- 개념의 외연과 내포관계를 분명히 한다.
  외연이란 한 개념과 또 다른 개념을 외현적으로 구별하는 것이며, 내포란 어떤 개념이 갖고 있는 속성을 의미한다. 예컨대 그려진 모양을 보고 삼각형, 사각형으로 도형을 구별하는 것은 외연에 의한 개념의 구별이고, 내각의 합이 180°인 도형은 삼각형이고, 내각의 합이 360°인 도형은 사각형이다. 이처럼 성질에 따라 도형을 구별하는 것은 내포에 의한 개념의 구별이다.
- 개념은 추상적인 것이기 때문에 구체적인 실험, 실측이 뒤따라야 한다. 예컨대 직사각형의 개념을 지도할 때, '4각의 크기가 같은 사각형'이란 정의로만 지도할 것이 아니라 삼각자나 각도기로 각을 각각 겹쳐보거나 측정하여 정의를 검증해 보는 과정이 필요하다.
- 개념은 언어, 문자, 기호, 구체물 등 다양한 방법으로 표현해 보고 구체적인 장면과 연계하여 활용해 보도록 해야 한다. 예컨대 다음 [그림 2]처럼 한 개념을 구체적 장면과 조작적 모델, 그리고 그림, 언어, 기호 등 시각적, 언어적, 기호적 모델과 연결시키는 복합적인 노력이 필요하다. 이는 아이디어를 창안하고 검증해 볼 수 있는 모델이나 방법이 많을수록 개념은 명확하게 형성되며, 풍부한 지식망으로 연결될 가능성이 더욱 크기 때문이다.

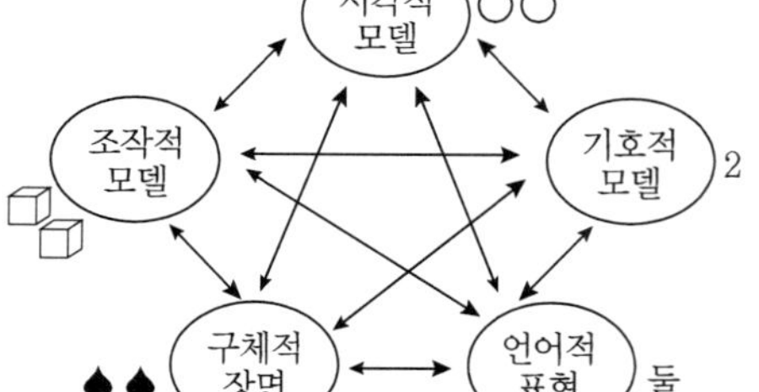

[그림 2] 개념형성을 위한 모델 사이의 관계

개방형 문제

Pehkonen(1997)은 문제가 지닌 출발 · 목표 상황의 개폐 여부에 따라 닫힌 문제와 열린 문제로 분류하였는데 닫힌 문제는 출발 상황과 목표 상황이 명백하게 설정된 문제를 말하고, 열린 문제는 출발 상황과 목표 상황 중에 어느 하나라도 명백하지 않은 문제를 말한다. 그에 의하면 개방형 문제는 열린 문제의 한 유형으로 출발점인 문제 상황은 명백하지만 목표점인 구하고자 하는 것은 명백하지 않은 문제를 말한다.

문제의 유형은 해결과정과 해답이 닫혀있는가와 열려 있는가에 따라 다음의 3가지로 나눌 수 있다.

- [그림 1]처럼 문제에 대한 해답이 유일하고, 그 해답에 이르는 과정 또한 하나 뿐인 문제
- [그림 2]처럼 결과는 유일하지만, 그 결과에 이르는 과정이 열려있는 문제
- [그림 3]처럼 과정과 결과가 열려있는 문제

[그림 1] 과정과 결과가 유일한 문제

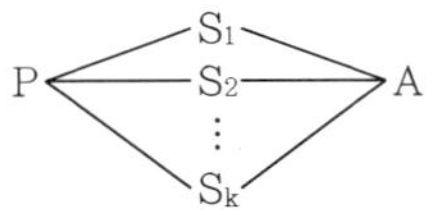

[그림 2] 과정은 다양하지만 결과가 유일한 문제

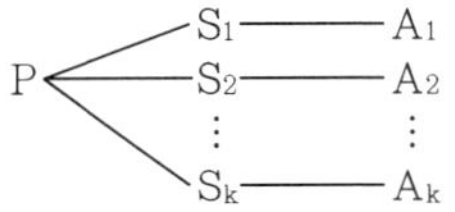

[그림 3] 다양한 과정에 따라 결과가 다양한 문제

[그림 1]처럼 해결과정과 답이 유일한 문제를 닫힌형 문제라 한다면, [그림 2]처럼 풀이과정은 다양하지만 풀이과정보다 해답을 구하는 것에 초점을 두면 닫힌형 문제라고 할 수 있다. 비록 최근에는 [그림 2] 유형의 문제도 개방형 문제의 한 분류하는 경향이 있지만 [그림 3]처럼 해결과정과 결과가 열려있는 문제를 개방형 문제라고 한다.

위 문제의 유형별 구체적인 예제를 살펴보면 다음과 같다.

[예제] 집에서 학교까지는 1500m이다. 형은 매분 80m의 빠르기로 학교에서 집으로, 동생은 매분 70m의 빠르기로 집에서 학교로 향하여 출발하였다.

[그림 1] 유형의 문제 : 시간, 거리, 속도 사이의 관계식을 이용하여 두 사람이 만나는 데 걸린 시간을 구해라.

〈풀이 1〉 거리(S)=속력(V)×시간(T)을 이용하면, T와 S는 일정하므로 (70+80)×T=1500에서 T=10(분)이다.

[그림 2] 유형의 문제 : 여러 가지 방법으로 두 사람이 만나는 데 걸린 시간을 구해라.

〈풀이 2〉 ① 표를 만들어서 해결하기

걸은 시간(분)	0	1	2	···	8	9	10
철수(m)	0	80	160	···	640	720	800
동생(m)	0	70	140	···	560	630	700
둘 사이의 거리(m)	1500	1350	1200	···	300	150	0

위 표에서 두 사람 사이의 거리가 0m일 때 만나게 되므로 답은 10분이다.

② 규칙성을 찾아서 해결하기 : 1분이 지날 때마다 두 사람 사이의 거리는 150m씩 가까워지므로 1500÷150 =10(분)이다.

③ 식을 이용하여 해결하기 : 〈풀이 1〉 참조

④ 시행착오를 겪으면서 해결하기 : 1분에 150m씩 가까워지므로 두 사람이 8분을 걸었다면 8×150=1200m(부족). 9분을 걸었다면 9×150=13500(m)(부족). 10분을 걸었다면 10×150=1500m로 주어진 조건에 맞다.

[그림 3] 유형의 문제 : 두 사람이 마주보고 동시에 출발하여 10분 만에 만났다면 두 사람의 분속은 각각 얼마인가?

〈풀이〉 전체 거리와 만나는 데 걸린 시간은 일정하지만 두 사람의 걷는 속도는 다르다. 형의 속도를 x, 동생의 속도를 y라면 두 사람의 x의 값에 따라 y의 값이 정해진다.

▪ 개방형 문제가 갖추어야 할 조건

Becker& Shimada(1997)는 개방형 문제가 갖추어야 할 조건들은 다음과 같이 제시하고 있다

첫째, 문제는 수학적 내용이 풍부하고, 가치가 있어야 한다. 다양한 관점에서 사고하도록 조장해야 하며, 또한 수학적 내용이 풍부해서 수준이 다른 학생들 각자가 수학적으로 의미있는 방법으로 문제를 풀 수 있을 만큼 가치가 있어야 한다.

둘째, 문제의 수학적 수준이 학생들에게 적합해야 한다. 학생들이 이전에 학습한 수학적 지식과 기능을 통해 이해하고 해결할 수 있어야 한다.

셋째, 문제는 학생들의 더 나은 수학적 발달을 이끌 수 있어야 한다. 개방형 문제에 대한 학생들의 가능한 반응 중에서 새로운 수학적 개념과 연결되거나 관련이 있도록 문제가 구성되어야 하고, 수학적 사고력 신장을 이끌 수 있어야 한다.

거듭제곱/지수법칙

정사각형의 넓이 S, 정육면체의 부피 V라면 S=(한 변의 길이)×(한 변의 길이)로, 그리고 V=(가로)×(세로)×(높이)로 구한다. 다음 그림에서 S=(5×5)이고, V=(5×5×5)이다. 여기서 (5×5)와 (5×5×5)처럼 같은 수를 연속하여 곱할 경우, 이를 좀 더 간단하게 $(5\times5)=5^2$, $(5\times5\times5)=5^3$으로 나타낼 수 있다.

이처럼 「같은 수를 반복하여 곱한 것을 거듭제곱이라 하고, 그 결과를 5^3의 형태로 나타낸 것을 **거듭제곱꼴**」이라고 한다. 그리고 「거듭제곱꼴 5^3에서 거듭하여 곱하는 수 5를 **밑**, 거듭하여 곱한 횟수 3을 **지수**」라고 한다.

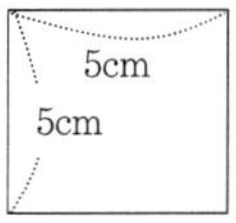

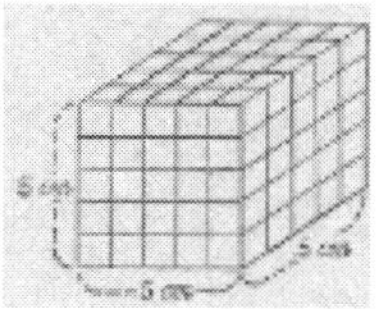

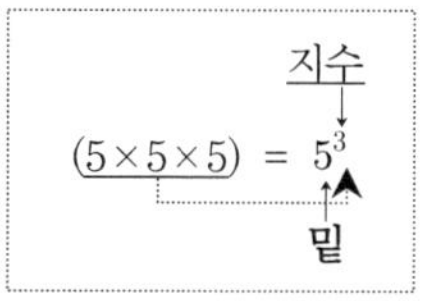

또, $(\underline{5\times5\times5\times5\times5})=5^5$, $(\underline{7\times7\times7\times7\times7\times7\times7\times7})=7^8$,
5번 8번

$8=\underline{2\times2\times2}=2^3$, $10000=\underline{10\times10\times10\times10}=10^4$, …
3번 4번

$8=(2+2+2+2)=(2\times4)=2^3$처럼 하나의 수는 여러 가지 방법으로 나타낼 수 있는 데 큰 수나 복잡한 수는 간단하게 나타내는 방법으로 거듭제곱꼴이 있다.

※ • $(2^3\times2^4)=(2\times2\times2)\times(2\times2\times2\times2)$
$=2\times2\times2\times2\times2\times2\times2=2^7=128$이고,

• $(2^3+2^4)=(2\times2\times2)+(2\times2\times2\times2)$
$=8+16=24$이므로 $2^3\times2^4\neq2^3+2^4$이다.

■ 지수의 여러 법칙

• **밑이 같은 거듭제곱 수의 곱셈** : 밑이 같은 수끼리의 곱은 그들 수의 지수끼리의 합을 지수로 한다. 즉 $a^m\times a^n=a^{m+n}$이다. ※ $a^m\times a^n\neq a^{mn}$

[예] $5^3\times5^4=(5\times5\times5)\times(5\times5\times5\times5)$
$=5\times5\times5\times5\times5\times5\times5=5^7$ 즉, $5^3\times5^4=5^{3+4}=5^7$

• **밑이 다른 거듭제곱수의 곱셈** : 밑이 다른 수끼리의 곱은 밑이 같은 수끼리만의 지수의 합을 지수로 한다.
즉, $a^m\times b^n\times a^p\times b^q=(a^{m+p})\times(b^{n+q})$

[예] $3^2\times5^3\times3^3\times5^4$
$=(3\times3)\times(5\times5\times5)\times(3\times3\times3)\times(5\times5\times5\times5)$
$=(3\times3)\times(5\times5\times5)\times(3\times3\times3)\times(5\times5\times5\times5)$
$=\underbrace{(3\times3)\times(3\times3\times3)}_{(2+3)회}\times\underbrace{(5\times5\times5)\times(5\times5\times5\times5)}_{(3+4)회}$
$=3^{(2+3)}\times5^{(3+4)}=3^5\times5^7$

• **밑이 같은 거듭제곱 수의 나눗셈** : 밑이 같은 수끼리의 나눗셈은 그들 지수끼리 뺀다. 이 경우 두 지수 m, n이 자연수일 경우 다음 2가지를 생각할 수 있다.

① $(m>n)$일 때, $a^m\div a^n=a^{m-n}$

② $(m<n)$일 때, $a^m\div a^n=\dfrac{a^m}{a^n}=\dfrac{1}{a^{n-m}}$.

단, $\dfrac{1}{a^m}=a^{-m}$, $a^0=1$이라면 m, n의 크기에 관계없이 $a^m\div a^n=a^{m-n}$이다.

[예] $5^6\div5^3=(5\times5\times5\times5\times5\times5)\div(5\times5\times5)$
$=\dfrac{\cancel{5}\times\cancel{5}\times\cancel{5}\times5\times5\times5}{\cancel{5}\times\cancel{5}\times\cancel{5}}=5\times5\times5=5^3$이다.

즉, $5^6\div5^3=5^{6-3}=5^3$

• **밑이 다른 거듭제곱 수의 나눗셈** :밑이 다른 수 끼리의 나눗셈은 밑이 같은 수끼리의 지수만 뺀다.
즉 $(a^m\times b^n)\div(a^p\times b^q)=(a^{m-p})\times(b^{n-q})$.
(단 $m>p, n>q$) [예] $(3^6\times5^4)\div(3^2\times5^2)$
$=\dfrac{(\cancel{3}\times\cancel{3}\times3\times3\times3\times3)\times(\cancel{5}\times\cancel{5}\times5\times5)}{(\cancel{3}\times\cancel{3})\times(\cancel{5}\times\cancel{5})}$
$=(3\times3\times3\times3)\times(5\times5)=(3^{6-2}\times5^{4-2})=3^4\times5^2$

• **거듭제곱의 거듭제곱** : 지수끼리의 곱을 지수로 한다.
즉, $(a^m)^n=a^{m\times n}$

[예] $(a^2)^3=(a^2)\times(a^2)\times(a^2)=(a\times a)\times(a\times a)\times(a\times a)$
$=a^{2\times3}=a^6$

• **몇 개의 수의 거듭제곱** : 각 수는 지수를 지수로 하는 거듭제곱의 곱과 같다. 즉, $(abc)^n=a^nb^nc^n$.

[예] $(ab)^3=(ab)\times(ab)\times(ab)=a\times a\times a\times b\times b\times b=a^3b^3$.

• **두 수의 몫의 거듭제곱** : 각 수는 지수를 지수로 하는 거듭제곱의 몫과 같다. 즉 $(\dfrac{a}{b})^n=\dfrac{a^n}{b^n}$.

[예] $(\dfrac{3}{5})^3=\dfrac{3}{5}\times\dfrac{3}{5}\times\dfrac{3}{5}=\dfrac{3\times3\times3}{5\times5\times5}=\dfrac{3^3}{5^3}=\dfrac{27}{125}$

거리/길이

「거리란 두 지점 사이의 떨어진 정도. 즉 두 지점 사이의 가장 가까운 간격을 수로 나타낸 것을 거리」라고 한다. 예컨대 두 점 P, Q 사이의 거리란 P와 Q를 맺는 선분 PQ의 길이를 거리」라고 한다. 다음 [그림 1]에서 실선인 선분 PQ는 두 점 P와 Q사이의 거리이고, [그림 2]에서 선분 PQ는 점과 선분 사이의 거리이며, [그림 3]에서 선분 PQ는 평행선 사이의 거리이고, [그림 4]에서 선분 PQ는 평행면 사이의 거리이다.

[그림 1]

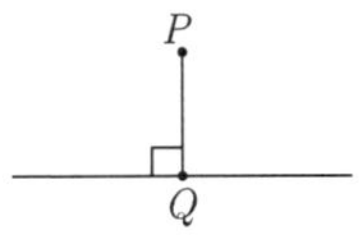

[그림 2]

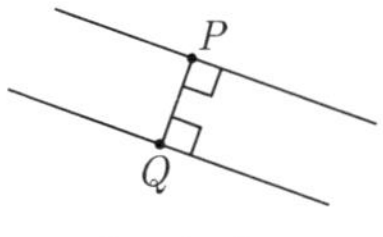

[그림 3]

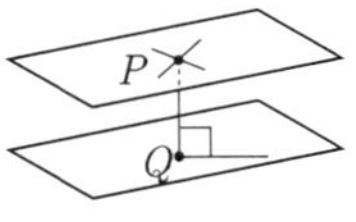

[그림 4]

위 [그림 1]에서 「두 점 P, Q 사이의 곧은 선. 즉 선분 PQ의 길이를 두 점 P와 Q 사이의 거리」라고 한다. 자동차로 P에서 Q까지 점선을 따라 이동하였을 때 자동차가 「이동한 자취를 길이」라고 한다. 자동차가 이동한 길이는 두 점 P와 Q를 맺는 선분의 길이가 아니고 도로를 따라간 주행거리이다. 거리와 길이(주행거리)는 서로 다른 개념이지만 주행거리도 넓은 의미에서는 거리의 일종이라고 생각할 수도 있다.

■ 거리의 성질

두 점 P, Q사이의 거리는 P 또는 Q의 위치에 의해서 정해지는 함수로 생각하고, 이를 d(P, Q)라면 이 함수는 다음 3가지 성질을 갖고 있다.

① d(P, Q)≥0, 단 0일 때는 P와 Q가 일치한다.

② d(P, Q)=d(Q, P) ③ d(P, Q)+d(Q, R)≥d(P, R)

이러한 성질을 만족하는 함수를 택해서 거리를 정의하면 된다. 거리의 정의는 다양하지만, Euclid 공간에서는 다음과 같이 정해진다.

- 평면(2차원 공간) 위의 두 점 P, Q의 직교축에 의한 좌표를 (x_1, y_1), (x_2, y_2)라 하면

  $d(PQ)=\sqrt{(x_1-x_2)^2+(y_1-y_2)^2}$

- 3차원 공간의 두 점 $P(x_1, y_1, z_1)$, $Q(x_2, y_2, z_2)$에서는

  $d(PQ)=\sqrt{(x_1-y_1)^2+(x_2-y_2)^2+\cdots+(x_n-y_n)^2}$

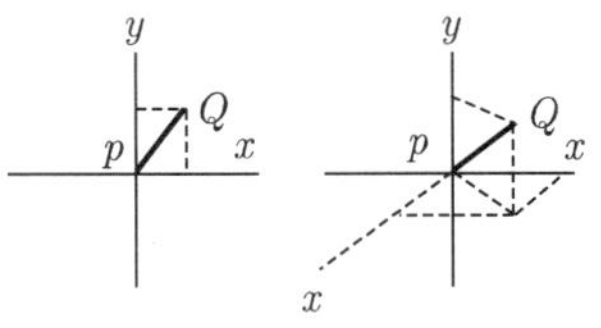

- n차원 공간의 두 점$P(x_1, x_2, \cdots, x_n)$, $Q(y_1, y_2, \cdots, y_n)$에서는

  $d(PQ)=\sqrt{(x_1-y_1)^2+(x_2-y_2)^2+\cdots+(x_n-y_n)^2}$

■ 거리와 길이의 차이점

길이와 거리의 개념은 다르다. 길이(length)는 직선이나 선분의 늘어남을 나타내는 양으로 사물 자체의 특성과 관련되고, 거리(distance)는 분리된 두 사물 사이의 간격을 나타내는 것으로 두 점을 연결하는 직선의 길이를 말한다. 거리와 길이는 혼동하는 경우가 있는 데, 「길이는 물체에 부속된 양이고, 거리는 공간에 고정되어 있는 양(측도, 測度)」이다. 예컨대 한 지점 A에서 다른 지점 B까지의 길이는 물체에 붙어 있는 곡선의 길이를 가리키고, 거리는 두 지점 사이에 호수나 산의 고저 등 장해물에 개의치 않고 두 점을 잇는 선분의 길이를 가리키는 것이다.

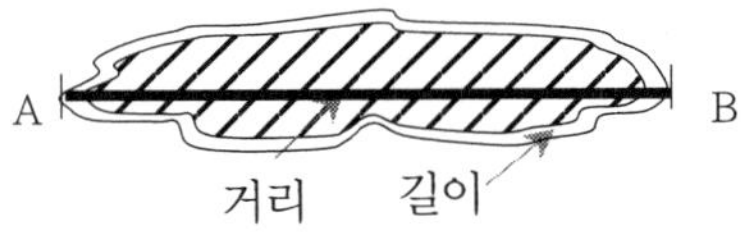

■ 길이와 거리에 대한 양감지도

양감을 형성시키기 위해서는 단위길이와 자신의 신체부위나 생활에서 자주 사용하는 물건들의 길이와 연결시켜야 한다. 예컨대 사람에 따라 차이는 있겠지만 어린이의 경우 1cm는 손톱의 폭, 1m는 양팔을 벌렸을 때의 길이와 연결시키는 등 신체부위의 길이가 얼마쯤 되는지를 안다면 다른 대상의 길이를 어림하는데 도움을 받을 수 있다. 따라서 학생에게 자신의 한 뼘의 길이, 팔의 길이, 한 발자국의 보폭, 키 등을 재어보는 활동을 할 필요가 있다. 그러한 길이는 다른 대상의 길이를 어림하기 위한 기준점으로 활용될 수 있다.

또한 직접측정에 앞서 대상물의 길이를 일단 어림하게 한 후, 그 대상물을 측정하여 자신이 어림한 것을 확인하게 한다면 길이나 거리에 대한 양감을 길러줄 수 있다.

게임

「게임이란 어떤 유목적적인 활동에 대해 싫증이나 지루함을 줄이고, 호기심과 흥미를 갖고 능동적으로 참여할 수 있도록 하기 위한 방법인 동시에 도구로써 학습, 또는 물질적·정신적 만족감 등 특정한 목적을 성취하기 위해 제한된 조건과 규칙에 따라 2명 이상이 참여하는 물리적 혹은 정신적 활동」이라고 할 수 있다.

■ **게임의 분류**

게임 그 자체가 명료하게 정의되어 있지 않듯이 게임의 분류 기준도 일관성있는 정의는 없다. 다만 사용되는 재료나 행동 특성, 참여 집단의 크기와 전략의 유무에 따라 다음 4가지로 분류할 수 있다.

① 사용되는 재료에 따라 : 판 게임, 카드 게임, 주사위 게임 등

② 이루어지는 행동에 따라 : 임의의 게임, 확률 게임, 추측 게임 등

③ 참여자 수에 따라 : 개인 게임, 단체 게임 등

④ 전략의 유무에 따라 : 계산 게임, 전략 게임, 계산 전략을 활용한 게임 등

■ **전략에 따른 게임의 분류**

게임은 일정한 규칙이 있으며, 우연이 지배하는 경우도 있고 지혜를 필요로 하는 경우도 있으며 이들 2가지를 결합해야 할 경우도 있다. 전략의 필요성 유무에 따라 게임을 다음 3가지 유형으로 나눌 수 있다(Fluck, S. E.1993).

- **계산 게임**(computational game－전략이 필요없는 게임) : 이미 학습한 지식이나 기능을 활용하여 정확하고 신속한 계산력을 기르기 위하여 반복과 연습(drill)을 필요로 한다.
- **전략 게임**(strategy game－전략에 의존하는 게임) : 가위·바위·보나 주사위 던지기처럼 게임 결과가 우연에 의존하는 것이 아니라 바둑이나 장기처럼 경기자가 선택한 전략이 게임의 승패뿐만 아니라 게임시간 조절 등 게임 그 자체를 조절·통제할 수 있다. 전략 게임을 수행하고 분석하는 과정에서 사고기법 뿐만 아니라 사고 실험을 할 수 있으며, 문제 분석력과 해결기법을 발견해 낼 수 있다.
- **계산－전략 게임**(computational strategy game) : 화투나 마작처럼 계산 기능과 전략적 사고를 결합한 게임으로써 우연과 전략이 게임의 결과에 영향을 미치지만 그 비율을 규정하는 기준은 없다. 계산전략 게임은 계산력과 수 감각의 발달 및 문제 해결력을 신장시킬 수 있다. 초등학생들은 전략을 사용하지 않더라도 누구나 이길 수 있는 가능성이 있기 때문에 우연이 지배하는 게임을 좋아한다. 그러나 학년이 높아지고 경쟁심이 있는 학생들은 단순하게 우연이 지배하는 게임보다 전략이 첨가된 게임에 호기심을 갖는다.

■ **게임의 교육적 가치**

게임의 교육적 가치를 정리하면 다음과 같다.

- 학교교육과 가정교육을 연결시킬 수 있다.
- 단조롭고 반복되는 계산 연습을 동기가 부여되는 경쟁적인 상황으로 변화시킬 수 있다.
- 창의적 사고력과 문제 해결력 등 고차적인 사고력을 기를 수 있다.
- 재미있는 방법으로 주제를 소개하거나 복습하게 할 수 있도록 해준다.
- 학습자의 적극적·능동적 참여로 교과서나 교사에 대한 의존도가 상대적으로 낮아진다.
- 게임규칙을 의논하고 합의하는 과정에서 민주시민의 자질과 인성 및 사회성을 기를 수 있다.
- 게임은 모든 수준의 학생들에게 학습 의욕을 자극할 수 있으며, 학습 방법에 대한 융통성을 갖게 해 준다.
- 의사소통력과 추론력을 발달시킬 수 있다.
- 구체물을 통한 물리적 조작과 정신적 조작을 자연스럽게 통합할 수 있다.
- 게임 결과에 따라 즉각적인 피드백을 제공할 수 있다.

수학학습의 도구로 게임은 이용할 경우 다음 몇 가지 사항에 대한 고려해야 할 것이다. ① 인지적, 정의적인 면에서 게임의 목적이 명백해야 한다. ② 교수·학습단계에서 활용할 시기를 적절히 선택해야 한다. ③ 교과 내용과의 관련성을 고려해야 한다. ④ 다른 학습 도구나 방법과 비교하여 학습의 가치를 확신할 수 있을 경우로 제한해야 한다. ⑤ 모든 학생의 수준에 적절해야 한다. ⑥ 지나친 경쟁은 배제되어야 한다.

겨냥도

일반적으로 겨냥도란 오른쪽 그림처럼 건물이나 물체의 모양이나 배치를 알기 쉽게 그린 그림을 말한다.

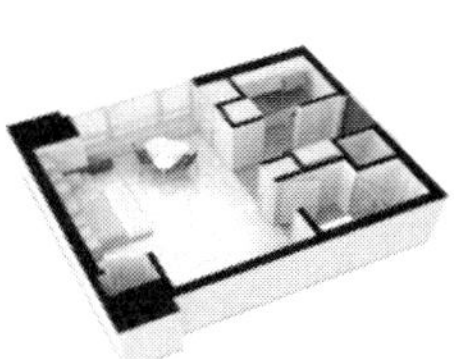

초등 수학교과서에서는 「직육면체의 겨냥도란 직육면체의 모양을 잘 알 수 있도록 하기 위하여 보이는 모서리는 실선으로 그리고, 보이지 않는 모서리는 점선으로 그린 그림을 겨냥도」라고 정의하고 있다. 물체의 모양을 어느 한 방향에서 보았을 때, 다음 [그림 1] 처럼 「물체를 보이는 그대로 약식(略式)으로 그린 그림을 **겨냥도(見取圖)**」라 한다. 따라서 겨냥도를 그리는 방법에 특별한 약속이나 제한은 없으나 되도록 그 모양이나 위치 관계 등이 명확하게 표현되어야 한다. 그래서 평행인 모서리는 평행이 되게, 그리고 보이는 모서리는 실선으로 나타내고, 보이지 않는 모서리는 점선으로 나타내는 일이 많다.

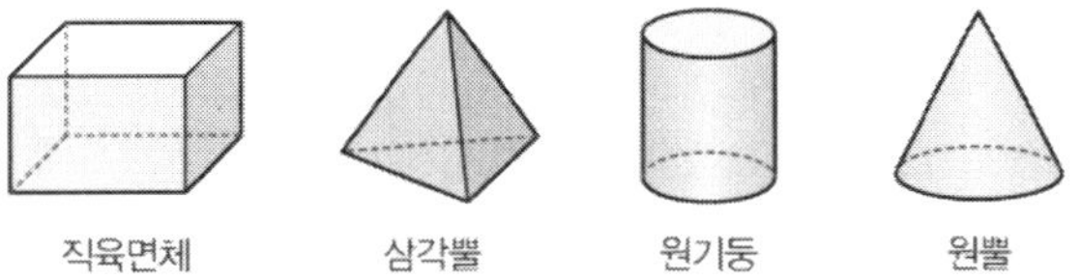

[그림 1]

겨냥도는 물체를 보는 위치에 따라 [그림 2]처럼 서로 직교하는 세 축이 120°씩 등각(等角)으로 교차되게 그린 등각(等角) 겨냥도와 등각이 아닌 겨냥도를 사각(斜角) 또는 빗각 겨냥도로 분류하고 이를 수학에서는 등각투영도와 사투영도의 뜻으로 쓴다. 겨냥도는 물체의 모양을 정확하게 나타내는 데 적합하다고 말할 수 없으나 물체의 모양을 전체적으로 파악하는 데 편리하다.

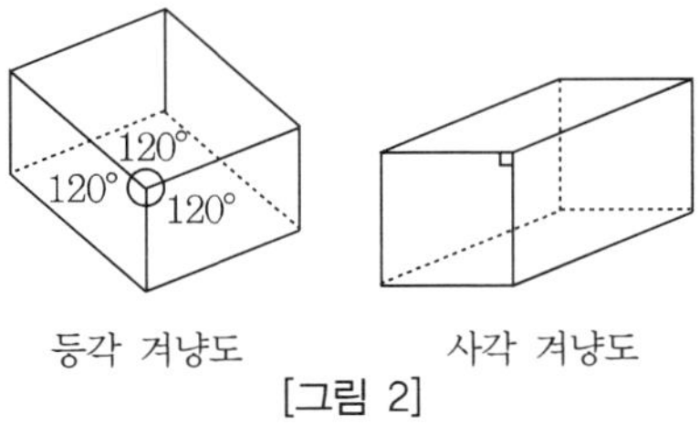

[그림 2]

▪ 겨냥도의 작도

겨냥도는 입체를 보이는 그대로 그리기 때문에 투영의 원리를 몰라도 된다. 그러나 장차 정투영도로 발전되어야 하기 때문에 투영과의 관계 및 그 성질에 따라 그리는 것이 바람직하다. 겨냥도는 평행선은 평행선으로 그리는 것이 가장 중요한 원리이다. 평면 겨냥도의 기본은 직사각형과 평행사변형이며 입체겨냥도의 기본은 정육면체와 직육면체이다.

겨냥도를 작도할 경우 처음에 높이를 수직인 선분으로 그린 후, 가로, 세로를 적당히 잡아서 다음 [그림 3]과 같이 그리지만 [그림 4]와 같이 사투영도로 발전시키는 것이 바람직하다.

[그림 4]는 입체가 그렇게 보이기 때문이라기보다 그리기가 쉽고 면의 모양이 실제의 입체의 면과 닮은도형이 된다는 이점이 있기 때문이다.

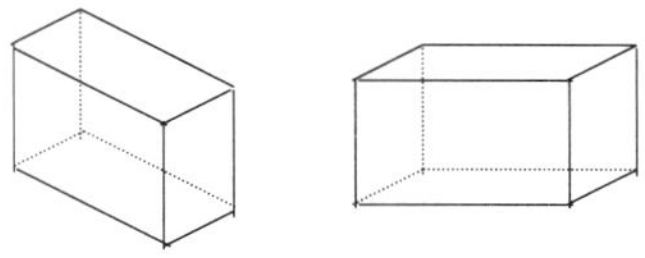

[그림 3] [그림 4]

겨냥도에서 앞면과 뒷면은 합동이고 서로 평행이며 면은 모두 평행사변형이다. 그리고 보이지 않는 부분의 모양을 점선으로 나타내야 하는 데 경우에 따라서는 점선과 실선이 중복되는 수가 있다. 이 경우에는 보이지 않는 부분의 모양은 알기가 어렵기 때문에 앞면과 뒷면을 연결하는 모서리의 길이나 방향을 약간 바꾸어서 중복을 피하는 것이 좋다.

기둥이나 뿔의 겨냥도는 그 밑면인 다각형이나 원을 그리는 방법이 어렵다. 이것은 투영도의 성질, 곧 평행선은 평행선으로 나타내고, 평행인 직선 위의 선분의 비는 변하지 않는다는 것을 이용하면 된다. 투영에 의한 변환은 직교좌표를 사교좌표로 옮기는 Affine 변환이다. 따라서 다음 [그림 5]와 같이 좌표계의 눈금을 이용하면 편리하다.

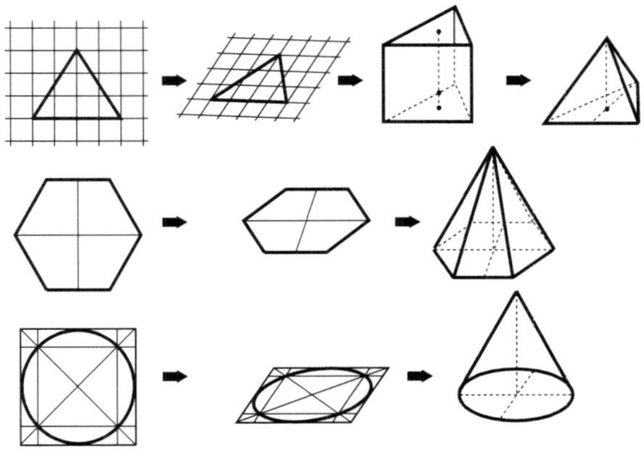

[그림 5]

경우의 수

「어떤 사건이 일어날 수 있는 모든 경우의 가짓수를 **경우의 수**」라고 한다. 즉 어떤 사건이 일어날 수 있는 방법이 m가지라면 그 사건이 일어나는 경우의 수는 m이다.

「어떤 사건이 같은 상태에서 반복할 수 있고 그 결과가 우연에 의해 좌우되어 나타나는 실험이나 관찰을 **시행**」이라고 한다. 그리고 「한 시행에서 나타날 수 있는 모든 경우의 수의 집합을 그 시행의 **표본공간**, 또는 **전사건**이라 하고, 표본공간의 부분집합을 **사건**」이라고 한다. 이때, 「오직 한 원소로 이루어진 사건을 **근원사건**」이라 한다. 또 「시행에서 나타날 수 없는 것도 하나의 사건으로 볼 때, 이를 **공사건**이라 하고, 기호 ∅」로 나타낸다.

예컨대 2개의 동전을 1회(또는 1개의 동전을 2회) 던지는 시행에서 앞면을 H(head의 머리글자), 뒷면을 T(tail의 머리글자)로 나타내면 [그림 1]처럼 수형도로 나타낼 수 있다.

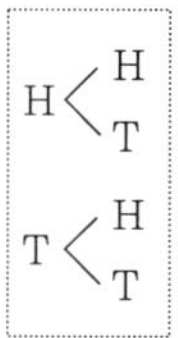

[그림 1]

이때, 표본공간 S={HH, HT, TT}. 근원사건은 {HH}, {HT}, {TH}, {TT}이다. 앞면이 1회 나타나는 사건을 A라면 A={HT, TH}이며, 뒷면이 적어도 1회 나타나는 사건을 B라면, B={HT, TH, TT}이다. 또 앞면이 3회 나타나는 사건을 C라면 C=∅이다.

이와 같이 시행의 결과를 집합으로 나타내면 여러 가지의 경우를 집합의 기호를 이용하여 나타낼 수 있다. 예컨대 사건 A나 사건 B가 각각 일어날 경우를 $A \cup B$로, 사건 A나 사건 B가 동시에 일어날 경우를 $A \cap B$로, 「사건 A나 사건 B가 동시에 일어날 수 없을 경우 두 사건 A, B를 **배반사건**이라 하고 이를 $A \cap B = \varnothing$」로 나타낸다.

또, 「표본공간 S에서 사건 A에 대해 사건 A가 일어나지 않을 사건을 A의 **여사건**」이라고 하고, 기호로 'A^c'로 나타낸다. 즉 $A^c = S - A$이다. 예컨대 1개의 주사위를 1회 던지는 시행에서 나타나는 표본공간(경우의 수)를 S라면, S={1, 2, 3, 4, 5, 6}이고, 홀수의 눈이 나오는 사건을 A, 짝수의 눈이 나오는 사건을 B라 할 때, A={1, 3, 5}, B={2, 4, 6}에서 $A \cup B = S$, $A \cap B = \varnothing$, A^c={2, 4, 6}=B, B^c={1, 3, 5}=A이다.

또, 사건을 집합으로 바꾸어 생각함으로써 사건 A가 일어나는 경우의 수는 집합 A에 속하는 원소의 개수 n(A)로 바꾸어 생각할 수 있으므로, 경우의 수를 구하는데 집합과 그 원소의 개수 사이에는 다음과 같은 합의 법칙과 곱의 법칙이 성립한다.

■ **합의 법칙**

사건 A가 일어날 경우의 수를 m가지이고, 사건 B가 일어날 경우의 수가 n가지이면, A 또는 B가 일어날 경우의 수는 (m+n)가지이다. 또 사건의 중복 여부에 따라 다음 2가지 경우가 있다.

① $A \cap B \neq \varnothing$이면, $n(A \cup B) = n(A) + n(B) - n(A \cap B)$
② $A \cap B = \varnothing$이면, $n(A \cup B) = n(A) + n(B)$

[증명] A에 속하고 B에 속하지 않는 원소의 수를 a, B에는 속하고 A에는 속하지 않는 원소의 수를 b, $A \cap B$에 속하는 원소의 수를 c라 하면, 이들 사이의 관계는 [그림 2]와 같으며, 이를 식으로 나타내면 다음과 같다.

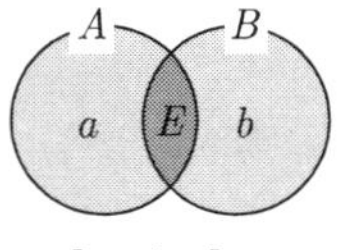

[그림 2]

① $A \cap B \neq \varnothing$이면, $n(A \cup B) = a+b+c = (a+c)+(b+c)-c$
$= n(A) + n(B) - n(A \cap B)$
② $A \cap B = \varnothing$이면 $n(A \cap B) = 0$이므로 $n(A \cup B) = n(A) + n(B)$

■ **곱의 법칙**

어떤 사건 두 사건이 연이어 일어나고 각 사건이 서로 영향을 미치지 않을 경우 두 사건이 일어날 경우의 수는 가 사건이 일어나는 경우의 수의 곱과 같다. 사건 A가 일어날 경우의 수를 m가지이고, 사건 B가 일어날 경우의 수가 n가지이면, A, B 두 사건이 함께 일어날 경우의 수는 $m \times n$가지이다.

예컨대 [그림 3]처럼 P지점에서 Q지점으로 가는 길이 a. b, c 3가지이고, Q지점에서 R지점으로 가는 길이 q, q 2가지라면 이 경로를 집합으로 나타내면 A={a, b, c}이고, B={p, q}이다.

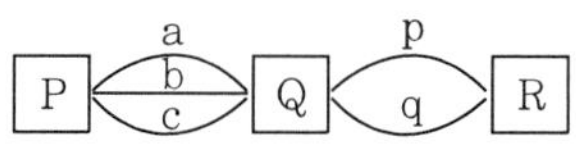

[그림 3]

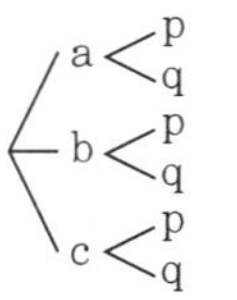

[그림 4]

P지점에서 Q지점을 거쳐서 R지점에 이르는 경로의 집합을 수형도로 나타내면 [그림 4]와 같으며, 집합으로 나타내면 A, B의 곱집합. 즉 A×B={(a,p), (a, q), b, p), (b, q), (c, p), (c, q)}이며, n(A)=3, n(B)=2, $n(A \times B) = 3 \times 2 = 6$이므로 $n(A \times B) = n(A) \times n(B)$나타낼 수 있다.

계산/계산가능

수학교육 현대화 이전에는 '계산'이란 용어가 많이 사용되었지만 이후에는 오히려 '연산'이란 용어를 많이 사용하였다. 그리고 초등학교 수학에서 영역을 나누는데 있어서도 수와 연산, 양과 측정, 도형, … 등으로 분류하였다. 이때부터 교사들은 계산과 연산의 의미를 명확히 구분하지 않고, 때때로 개인의 의사에 따라 혼용해 왔다.

■ 계산의 의미

계산의 의미를 영어로 calculation, 또는 computation으로 혼용하고 있으나 Webster 사전에는 그 의미를 구분하고 있다(강시중, 1993).

- calculation이란 계산의 과정이나 행동, 계산의 한 행동에서 얻어진 결과, 계산계획을 세우는 일, 계산방법을 고안하는 일, 또는 계산 결과를 해석하는 일에 대한 주의깊은 연구 등으로 진술하고 있다.
- computation이란 계산의 한 행동, 계산의 결과, 암산의 조작이나 방법으로 진술하고 있다.

앞에서 살펴본 것처럼 계산의 참 뜻은 computation에 있는 것이 아니라 calculation에 있으며, 이는 계산의 계획과 방법, 해석은 물론 암산과 어림셈, 간편셈 등 계산에 따른 여러 가지 행동과 결과를 총망라하여 계산으로 받아들이는 것이다.

■ 계산 방법의 분류

계산(calculation)은 크게 형식산(formal)과 비형식산(informal)으로 나눌 수 있다.

- **형식산**이란 다음 [보기 1]처럼 정규 교육과정을 통하여 학습한 계산형식으로 교과서 등에 제시된 표준알고리즘을 이용한 계산이다.
- **비형식산**이란 [보기 2]처럼 각 개인이 실생활에서 자연스럽게 전수받거나 자기 스스로 고안한 계산형식으로 개별적인 특성을 지닌 계산 방법인 암산, 어림셈, 간편셈 등을 포함한다.

일상용어에서 사용되는 '계산'의 뜻은 좁은 의미에서는 형식산을 뜻하며, 넓은 의미에서는 형식산과 비형식산을 모두를 계산으로 생각해야 한다.

계산지도의 궁극적인 목표는 답의 정확성뿐만 아니라 계산의 신속성을 보장받을 수 있는 일정한 형식에 근거한 형식산에 있지만 접근 방법은 학생들이 가정이나 사회에서 부모나 동료들로부터 자연스럽게 배우거나 자기 스스로 고안한 비형식산으로부터 형식산으로 유도하는 것이 바람직하다.

43 × 25 215 86 1075	[보기 1] ◆계산 원리 • 자릿값이 같은 숫자끼리 맞춘다. • 자릿값이 낮은 수부터 계산한다.

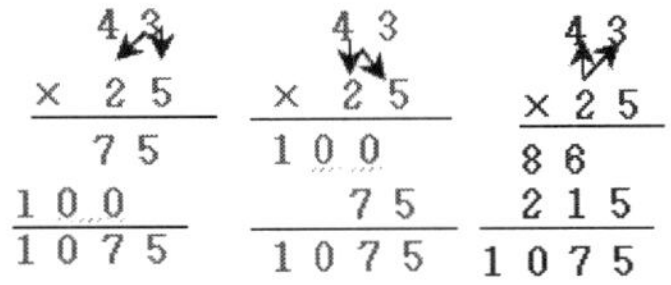

[보기 2]

■ 계산 순서

- +, −, ×, ÷이 섞여 있는 계산에서는 곱셈과 나눗셈을 먼저 계산해야 한다. 그 이유는 덧셈, 뺄셈은 2kg ±3m처럼 단위가 다르면 계산을 할 수 없지만 곱셈과 나눗셈은 단위가 달라도 계산이 가능하다. 예컨대 시속 60km로 4시간 달린 거리는 다음 식처럼 속도단위의 시간과 주행한 단위인 시간을 서로 상쇄하면 $60\left(\frac{km}{\cancel{\text{시간}}}\right)\times 4(\cancel{\text{시간}})=(60km\times 4)=240(km)$로써 계산가능하다. 따라서 +, −보다 ×, ÷을 먼저 계산해야 한다.
- 괄호가 있는 식에서는 ① 소괄호( )→② 중괄호{ }→③ 대괄호[ ]의 순서대로 괄호 안의 식을 먼저 계산한다.

■ 계산가능하다(countable)란?

'계산가능하다.'란 '계산할 수 있다.'는 뜻으로 「주어진 집합 S가 있을 때, S={a, b, c, d, …}에서 임의의 두 원소를 뽑아 연산(operation) *을 했을 때, ① a*b=c, ∈S(닫힘성:closure), ② a*b=c(유일성:uniqueness)의 2가지 성질을 만족했을 **계산가능하다.**」고 한다. 예컨대 홀수의 집합을 S라면, S={1, 3, 5, 7, 9, …}이다. 임의의 두 원소 3+5=8, 8∉S이다. 홀수+홀수=짝수로써 집합 S에 대해 닫혀있지 않으므로 계산불가능하다. 그러나 3×5=15, 15∈S이다. 즉 홀수×홀수=홀수로써 집합 S에 대해서 닫혀있으며, 그 답은 유일하기 때문에 계산가능하다.

곱셈

곱셈은 다음 2가지 관점에서 정의한다.

① Peano의 공리계의 가법을 이용하여 승법을 정의하면, ① $a\times1=1\times a=a$, ② $a\times b^{+}=a\times(b+1)=a\times b+a$를 만족하는 연산을 곱셈으로 정의한다.

② 집합에서 곱셈의 의미는 곱집합(product set)에 의하여 정의된다. 예컨대 두 집합 $A=\{a_1,\ a_2,\ a_3,\ \cdots\cdots,\ a_p\}$, $B=b_1,\ b_2,\ b_3,\ \cdots\cdots,\ b_q\}$의 곱집합 $A\times B=\{(a_i,\ b_j)\mid a_i\in A,\ b_j\in B,\ i=1,\ 2,\ 3,\ \cdots,\ p,\ j=1,\ 2,\ 3,\ \cdots,\ q\}$이다.

집합 A의 원소 수를 $n(A)=p$, 집합 B의 원소 수를 $n(B)=q$이라면 $n(A\times B)=n(A)\times n(B)=p\times q=m$을 만족할 때, $p\times q$을 **승법**, 또는 **곱셈**이라고 한다. 이때 p를 **피승수**, q을 **승수**라고 하고, m을 p와 q의 **곱**이라고 한다.

[예] $A=\{1,\ 2,\ 3\}$, $B=\{4,\ 5\}$일 때, $A\times B=\{(1,\ 4),\ (1,\ 5),\ (2,\ 4),\ (2,\ 5),\ (3,\ 4),\ (3,\ 5)\}$가되고, $n(A)=3$, $n(B)=2$로 곱집합의 원소의 수는 $n(A\times B)=6$이므로 $n(A\times B)=n(A)\times n(B)=3\times2=6$을 만족한다.

■ **곱셈이 이루지는 유형**

ㅁ **동수누가** : 덧셈에서 「같은 수를 거듭 더하는 경우를 **동수누가**」라고 하는데 이 계산을 좀 더 간편한 방법으로 곱셈이 도입되었다. 이와 같이 동수누가는 같은 수를 되풀이하여 더하는 것을 의미하며, 이것은 "몇씩 몇", "몇의 몇 배"라는 개념과 함께 곱의 개념으로 통합하여 곱셈의 기초에서 중요한 개념으로 취급된다.

$$a\times b=\underbrace{a+a+a+a+\cdots\cdots+a}_{b\text{개}}$$

※ a×b와 b×a는 곱은 같지만 의미는 다르다. 예컨대 2×3=2+2+2인 경우이고 3×2=3+3인 경우이다.

동수누가는 일반적으로 다음 2가지 경우에서 곱셈이 이루어지고 있다.

① 집합의 등분할을 통한 동수누가
: 3+3+3+3+3=3×5=15

② 수직선에서 같은 간격으로 되풀이해서 뛰어넘는 조작을 통한 동수누가

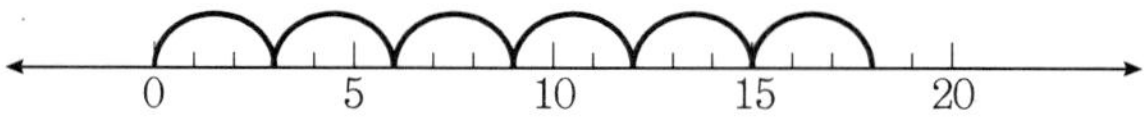

3+3+3+3+3=3×5=15

그러나 학년이 진급하여 (원주)=(지름)×3.14, 48×⅔ 등과 같이 소수나 분수를 곱을 구하는 일은 동수누가의 의미로 이해하기가 힘들다

ㅁ **(단위량)×(단위량의 수)=(전체량)** : 곱셈의 도입을 '양×양'의 곱셈으로 유도하는 것은 자연적이다. 생활 장면에서 직관적으로 양이 파악되는 이산량으로 도입하는 것이 쉽다. 예컨대, '토끼는 다리가 4개이다. 토끼 3마리의 다리 수는 모두 몇 개인가?'와 같은 것으로 이 때 '토끼 1마리는 다리가 4개'는 단위량이고, 토끼 3마리는 단위량의 수이며, '다리의 수는 모두 몇 개?'는 전체량에 해당된다.

ㅁ **배의 개념** : 곱셈의 도입에서 배의 개념을 이용하여 a×b=c의 형태로 나타낸다. 이때 a는 기준량, b는 비율, c는 전체량을 나타낸다. 배개념이라고 하는 것은 어떤 양을 단위량으로 정하고 그 단위량의 몇 배로 표현하는 방법이다. 단위량이 1개, 2개, 3개, 4개, …인 경우를 1배, 2배, 3배, 4배, …로 하여 양의 크기를 나타낸다.

예컨대, 위 그림에서 전체 과일의 개수를 생각해 보자. 한 접시에 담긴 4개를 단위로 해서 전체 과일의 개수가 몇 개인가?라는 입장을 취한다. 그리고 이것은 단위량 4개가 3접시이므로 4×3을 도입해서 곱셈의 의미를 부여하는 입장이다. 그러나 이때에도 곱셈의 결과를 구하는데 동수누가에 의한 방법이 이용된다.

ㅁ **곱집합의 개념** : 곱집합을 바탕으로 하여 곱셈을 도입할 수 있다. 예컨대 원소가 5개인 집합과 원소가 3개인 집합의 곱집합을 만들면 원소의 수는 15개인 집합이다.

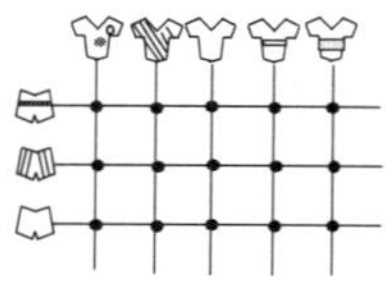

또 윗옷이 5가지, 아래옷이 3가지인 경우, 서로 다른 옷차림 방법의 수는 곱집합을 만들어 그 원소를 정렬로 나타내는 활동을 통하여 곱셈의 뜻을 이해하도록 한다.

곱셈 방법

사칙계산 알고리즘은 역사적으로 다양하게 변천해 왔으며 또 변천해 갈 것이다. 표준알고리즘을 제외한 몇 가지 곱셈 알고리즘을 소개하면 다음과 같다.

■ 그림을 이용한 계산

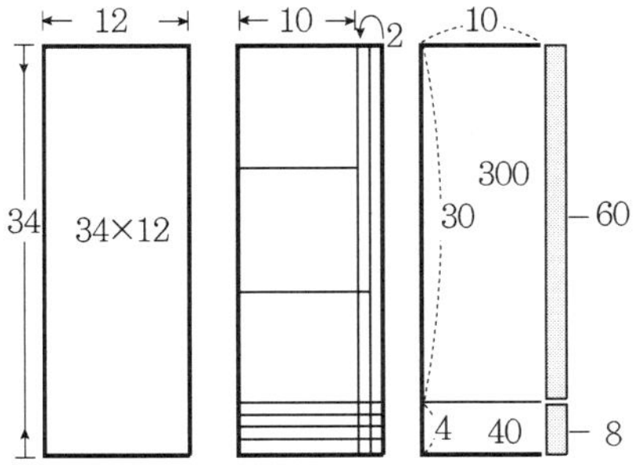

$$\begin{array}{r} 300 \\ 60 \\ 40 \\ +\ \ 8 \\ \hline 408 \end{array}$$

■ 전개식을 이용한 계산

34×12=□

34×12=34×(10+2) ⋯ 전개
=(34×10)+(34×2) ⋯ 분배
=(30+4)×10+(30+4)×2 ⋯전개
=(30×10)+(4×10)+(30×2)+(4×2) ⋯분배
= 300+40+60+8 ⋯ 곱셈과 덧셈
= 408

■ 인도 사람들의 격자를 이용한 계산 ①

곱셈의 절차에서 고쳐묶기(regrouping)와 자릿값에 대해 신경 쓰지 않아도 되는 방법으로 가로줄 위쪽과 세로줄 오른쪽 부분에 각각 승수와 피승수를 적는다. 그리고 각각을 계산한 값을 대각선 위쪽은 십의 자리의 수를 대각선 아래쪽은 일의 자리 수를 기록한다. 곱셈 과정이 끝나면 격자 속에 적힌 수들을 화살표 방향으로 합하고 그 값을 시계 반대 방향에서 읽으면 구하려는 곱이다. 큰 수의 경우는 시·공간인 측면에서 비효율적이다.

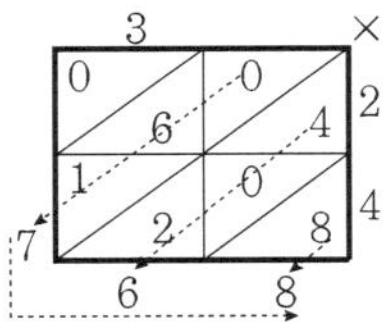

■ 격자를 이용한 계산 ②

	4	3	×
2	1	5	5
8	6		2

1 0 7 5

■ 러시아 소작농의 곱셈 계산

이 방법은 곱셈구구에 대한 지식이 없이도 곱셈을 할 수 있다. 오른쪽 그림처럼 피승수와 승수를 두 줄로 나란히 옆에 기록한 후, 피승수는 나머지는 무시하고 2로 나눈 몫이 1이 될 때까지 몫을 차례로 써 내려간다. 그리고 대응하는 승수는 2배하여 차례로 써 내려간다. 피승수가 홀수인 승수들의 합이 구하려는 곱이다.

55×26의 계산

	÷2	×2
①	55	26
②	26	52
③	13	104
④	~~6~~	~~208~~
⑤	3	416
⑥	1	832
		1430

즉 (26+52+104+416+832)=1430

■ 이집트의 2의 거듭제곱을 이용한 계산

28×36=□

1×36 = 36
2배 ↓ 2배
2×36 = 72
2배 ↓ 2배
4×36 = 144 *(4배) → 144
2배 ↓ 2배
8×36 = 288 *(8배) → 288
2배 ↓ 2배
16×36 = 758 *(16배) → 758

$$\begin{array}{r} 144 \\ 288 \\ +\ 758 \\ \hline 1008 \end{array}$$

이 방법은 2의 배수를 이용하여 곱을 구하는 방법이다. 예컨대 28을 2의 거듭제곱한 수가 피승수, 즉 28보다 커지면 멈춘다. 1, 2, 4, 8, 16 중 28(=16+8+4)이므로 28×36=(16+8+4)×36의 값과 같다. 따라서 28과 36의 곱은 '*' 표시를 한 수들의 합, 즉 144+288+576=1008이다.

■ 학생이 만든 비형식적인 곱셈

학생들이 고안한 비형식적인 알고리즘은 표준알고리즘보다 계산의 효율성 측면에서는 뒤지지만 논리적인 모순이 없다면 교육적 가치를 무시해서는 안 된다.

$$\begin{array}{r} 135 \\ \times\ 4 \\ \hline \end{array}$$

100×4=400
30×4=120
5×4=20
(100+30+5)×4
=400+120+20=540

➡

100×4=400
35×4=×35(2+2)
= 70+70=140
→400+140 = 540

$$\begin{array}{r} 43 \\ \times\ 25 \\ \hline 75 \\ 100\ \ \\ \hline 1075 \end{array} \qquad \begin{array}{r} 43 \\ \times\ 25 \\ \hline 100 \\ 75 \\ \hline 1075 \end{array} \qquad \begin{array}{r} 43 \\ \times\ 25 \\ \hline 86\ \ \\ 215 \\ \hline 1075 \end{array}$$

공간

「공간이란 직접적으로 경험할 수 있는 상하, 좌우, 전후 등 세 방향으로 펼쳐진 빈 곳 또는 사물이나 사람이 존재하고 활동하는 곳」을 말한다. 그러나 공간개념은 각 학문분야에 따라 여러 가지로 해석할 수 있다.

공간의 차원을 서로 영향을 미치지 않고 독립적으로 움직일 수 있는 성분의 개수로 구분한다면, 3차원 공간인 입체는 앞뒤, 좌우, 위아래의 3가지 방향으로 움직일 수 있고, 2차원 공간인 면은 앞뒤와 좌우의 2가지 방향으로 움직일 수 있다. 그리고 1차원 공간인 선은 앞뒤 또는 좌우의 1가지 방향으로 움직일 수 있으며, 0차원 공간인 점은 위치가 고정된 것으로 생각할 수 있다.

공간을 점의 집합으로 본다면 점(유한개)을 0차원 공간, 선(직선과 곡선 등)을 1차원 공간, 면(각, 다각형, 이차곡선 등)을 2차원 공간, 입체(다면체, 이차곡면, 기둥과 뿔 등)를 3차원 공간으로 분류할 수 있다. 최근에는 공간과 관련한 연구 영역이 확대·세분화되면서 해석학을 접목시킴으로써 3차원 이상 n차원의 공간까지 연구의 대상을 넓히고 있다.

■ 공간의 분류

공간은 크게 수학적 공간과 실제적 공간으로 구별하며, 실제적 공간은 다시 물리적 공간, 지각적·심리적 공간으로 나누어서 생각할 수 있다.

□ 수학적 공간

수학적 공간은 물리적 공간과 심리적 공간이 서로 혼합된 공간으로 우리가 직접 경험할 수 있는 실제적 공간으로부터 경험할 수 없는 추상적인 공간이 서로 혼합된 공간이다. 한번 구성된 수학적 공간은 실제적 공간과는 전혀 별개의 것으로서 존재할 수 있다. 공간이 수학적 연구 대상으로, 그리고 기하학이 공간의 수학으로서 연구되기 시작한 것은 19세기 이후의 일이며, 거기에는 무한에 대한 적극성이라고 하는 사상이 게재되어 있다.

□ 실제적 공간

- **물리적 공간** : 물리적 공간은 우리를 둘러싸고 있는 객관적인 공간으로 모든 사람들이 공통적으로 인식하는 객관적인 실제 공간을 말한다.
- **지각적·심리적 공간** : 지각적·심리적 공간은 주관적인 실제 공간으로 각 개인이 갖고 있는 청공간(聽空間), 시공간(視空間), 촉공간(觸空間)등으로 나눌 수 있는 데 이것은 각 개인의 공간감각의 양과 질에 따라 차이가 있기 때문에 심리적인 연구의 대상이 되는 공간이다.

사람들에게 물리적 공간은 심리적 공간과 서로 중복되어 존재한다. 인식론의 입장에서 사물이 존재하지 않는 공간을 생각하는 것은 무의미하다는 입장과 사물의 존재와는 분리하여 추상적인 공간 그 자체를 연구의 대상으로 삼는 입장과는 서로 대립적인 관계에 있다.

■ 공간 개념의 지도

NCTM(1989)에서는 '공간감각을 발달시키기 위해서 학생들은 기하학적 관계성, 즉 방향, 방위, 공간에서의 사물투시, 도형과 사물 사이의 상대적인 모양과 크기 등에 초점을 둔 실제적인 경험'을 할 것을 권고하고 있다. 이는 학생들이 환경과의 초기 경험의 대부분은 공간이며, 또한 언어를 사용하기 이전에 공간과 접촉하게 되고 공간에 대해서 탐구하기 때문이다.

피아제에 의하면 공간에 대한 인식은 경험적인 실제적 공간으로부터 출발하여 점차 추상적인 여러 가지 수학적인 공간을 인식한다고 보고 있다. 따라서 공간 개념의 지도는 위상적인 개념으로부터 출발하여 사영적 개념으로, 그리고 평행성이나 각과 거리를 보존하는 유클리드 공간의 차례로 지도하는 것이 바람직하다고 주장하고 있다.

따라서 공간 개념의 지도는 어린이들이 가지고 있는 심리적 공간으로부터 시작되어야 하며, 수학적으로 재구성된 공간개념을 어린이들에게 주입시킬 것이 아니라 어린이들이 가지고 있는 공간 개념을 음미해서 그것으로부터 공간개념을 지도해야 할 것이다.

논증은 수학적 공간의 연구 수단이고 실험은 물리적 공간의 연구 수단이다. 따라서 이들 두 공간은 서로 이질적이기 때문에 실제적 공간과 인위적 수학 공간과의 구별을 명확히 할 필요가 있다. 예컨대 '삼각형의 내각의 합은 180도이다.'는 것을 가르치기 위한 실험(구체적 조작활동)이 명제의 논증과 직접 연결된다는 생각은 잘못이다.

공리

일반적으로 「학문을 논리적으로 체계화하기 위한 기본 전제로써 증명 없이 옳다고 인정한 명제 또는 어떤 이론의 기초로서 가정한 명제를 그 이론의 **공리**(Axiom)」라고 한다. 유클리드 기하학에서는 「증명을 필요로 하지 않거나 증명할 수 없지만 직관적으로 자명한 명제인 동시에 다른 명제들의 전체가 되는 명제를 공리(公理, axiom)」라고 한다. 반면에 현대 논리학에서는 「명제의 자명성에는 관계없이 연역적 체제의 기본이 되는 전체로 증명 없이 세워지는 명제를 공리」하고 한다(서울대학교 교육연구소, 2006).

어떤 명제 A가 참인 것을 증명하려면 A의 전제가 되는 다른 명제 B가 참이어야 하고, 명제 B가 참인 것을 증명하기 위해서는 또 다른 명제 C가 참인 것을 전제해야 한다. 이처럼 한 명제가 참이라는 것을 증명하기 위하여 그 명제의 전제가 참이라는 사실을 증명하는 일을 거듭하다 보면 한 명제 A의 전제인 출발점을 증명하는 것은 불가능하다.

그래서 어떤 명제를 증명할 때나 이론을 연역적으로 전개할 때, 그 출발점(전제)으로서 증명없이 참이라고 인정하는 명제를 공리라고 한다.

공리의 기본이 되는 이론을 처음 언급한 것은 유클리드의 『원론*elementary*』이라고 할 수 있는 데, 유클리드는 '자명한 것이라고 생각되는 명제, 즉 「증명 없이 참이라고 인정하는 명제 중에서 기하학 특유의 명제를 **공준**」, 「보다 일반적인 명제를 **공리**」라고 하였다. 즉 **공리**는 모든 학문에 공통적인 가정이고, **공준**은 기하학 등 특별한 학문에서의 고유한 가정이다.

공리에는 수학 전반에서 사용되는 보통 공리와 기하학에서만 사용하는 기하학적인 공리가 있다.

■ 보통 공리

[공리 1] 동일한 것에 같은 것은 서로 같다.
즉 (a=b, b=c이면 a=c)

[공리 2] 같은 것에 같은 것을 더한 합은 같다.
즉 (a=b, c=d이면 a+c=b+d)

[공리 3] 같은 것에서 같은 것을 뺀 차는 같다.
즉 (a=b, c=d이면 a−c=b−d)

[공리 4] 같은 것에 동일한 수를 곱한 것은 같다.
즉 (a=b이면 ma=mb)

[공리 5] 같은 것을 0이 아닌 동일한 수로 나눈 것은 같다.
즉 (a=b이면 $\frac{a}{m}=\frac{b}{m}$, m≠0)

[공리 6] 어떠한 양이라도 그것과 같은 것으로 바꾸어 놓을 수 있다.

[공리 7] 전체는 그 부분의 합과 같다.

[공리 8] 전체는 그 부분의 어느 것보다도 크다.

[공리 9] 같지 않은 것에 같은 것을 더한 것의 대소 관계는 원래와 같다. 즉 (a>b, c=d이면 a+c>b+d)

[공리 10] 같지 않은 것에서 같은 것을 뺀 차의 대소 관계는 원래와 같다. 즉 (a>b, c=d이면 a−c>b−d)

[공리 11] 같지 않은 것에 동일한 양수를 곱한 곱의 대소관계는 원래와 같다. 즉 (a>b, m>0이면 ma>mb)

[공리 12] 같지 않은 것을 동일한 양수로 나눈 몫의 대소관계는 원래와 같다. 즉 (a>b, m>0이면 $\frac{a}{m}>\frac{b}{m}$)

[공리 13] 같지 않은 것을 같은 것에서 뺀 차의 대소 관계는 원래의 대소와 반대이다. 즉 (a>b, c=d이면 c−a<d−b)

[공리 14] 3개의 양을 비교하는 데, 제 1의 것이 제 2의 것보다 크고, 제 2의 것이 제 3의 것보다 크면, 제 1의 것은 제 3의 것보다 크다. 즉 (a>b, b>c이면 a>c)

[공리 15] 동일한 종류의 두 양을 비교할 때, 제 1의 것은 제 2의 것보다 크거나, 작거나, 또는 같다. 즉 동일한 종류의 두 양을 a, b라 하면 a>b이거나 a<b이거나 또는 a=b이다.)

■ 기하학적인 공리

[공리 1] 두 점을 지나는 직선은 다만 하나 있다.

[공리 2] 평면 위의 두 점을 지나는 직선은 그 평면에 포함된다.

[공리 3] 평면은 직선에 의하여 두 부분으로 나누어진다. 동일한 쪽의 두 점을 이은 선분은 이 직선과 만나지 않으나 반대쪽의 두 점을 이은 선분은 이 직선과 만난다.

[공리 4 : 평행선의 공리] 직선 외의 한 점을 지나 이 직선에 평행인 직선은 다만 하나 있다.

[공리 5] 한 직선 위에 없는 3점을 지나는 평면은 다만 하나 있다.

[공리 6] 두 평면은 한 점만 공유하지는 않는다.

[공리 7] 도형은 그 모양과 크기를 바꾸지 않고, 다른 임의의 자리에 이동시킬 수 있다.

관계

「두 집합 A, B가 있을 때, A×B에 속하는 임의의 순서쌍 p(x, y)에 대해 P(x, y)가 '참' 또는 '거짓'인 문장 P(x, y)가 존재할 때 P(x, y)는 **A에서 B로의 관계가 있다**고 정의하고, 이 관계를 R이라면 R={A, B, P(x, y)}」로 나타낸다. 이때, P(x, y)가 참이면, '$_xR_y$로 나타내고 x는 y에 관계된다.'고 하며, P(x, y)가 거짓이면, '$_x\not{R}_y$로 나타내고 x는 y에 관계되지 않는다.'고 한다.

예컨대 R′={A, A, P(x, y)}는 정수의 집합 A×A 안에서 관계이고, P(x, y) ; 'x는 y보다 작다.'고 정의하면 이때 P(2, 3)은 참인 관계가 되어 $_2R_3$이 되고, P(5, 2)는 거짓인 관계가 되어 $_5\not{R}_2$로 나타낸다. 그러나 앞의 관계 R={A, A, p(x, y)}에서 A={사람의 집합}, 'P(x, y) ; x는 y의 약수'라고 정의할 경우, x, y는 사람이 아니므로 x∉A, y∉A로 뜻이 없기 때문에 R은 관계가 될 수 없다.

■ 반사관계(reflexive relation)

「R={A, A, p(x, y)}이라 할 때 모든 a∈A에 대하여 (a, a)∈R. 즉 A의 모든 원소가 그 자신과 관계가 있을 때 R을 **반사관계**」라고 한다. 예컨대 A={1, 2, 3}이고 R={(1, 1), (2, 4), (3, 3)}이라고 할 때 (2, 2)∉R이므로 R는 반사관계가 아니다. 만일 {(1, 1), (2, 2), (3, 3)}∈R이면 반사관계이다. 또, A={삼각형}, p(x, y)를 「x는 y와 닮은도형이다.」라고 정의한다면 모든 삼각형은 자기자신과 닮은도형이기 때문에 A에서의 관계 R은 반사관계이다. 수학에서 사용하는 =, ≦, ⊆, ∥, ∽, … 등은 반사관계이고, ≠, <, ⊥, … 등은 반사관계가 아니다.

■ 대칭관계(symmetric relation)

「R을 A×A의 부분집합, 곧 R은 A에서의 관계이고 (x, y)∈R일 때 (y, x)∈R이면 **대칭관계**」라고 한다. 즉 $_xR_y \to {}_yR_x$가 성립한다. 예컨대 A={1, 2, 3}이고 R={(1, 3), (2, 3), (3, 1)}이라면 (2. 3)∈R이지만 (3. 2)∉R이므로 R은 대칭관계가 아니다. 또 A={수직선}, p(x, y)를 'x는 y와 수직선이다.'라고 정의한다면, x는 y에 수직이면 y도 x에 수직이기 때문에 A에서의 관계 R은 대칭관계이다. 수학에서 대칭관계인 것은 =, ≠, ⊥, ≡ 등이 있다.

■ 추이관계(transitive relation)

「집합 A에서의 관계 R에서 (x, y)∈R, (y, z)∈R이면 (x, z)∈R이 성립할 때의 관계 R을 **추이관계**」라고 한다. 즉 $_xR_y$이고 $_yR_z \to {}_xR_z$이다. 예컨대 R을 'x는 y보다 작다.'로 정의된 실수에서의 관계라고 하면 x<y, y<z이면 x<z이므로 R은 추이관계이다. 수학에서 사용하는 추이관계인 것은 =, ⊂, ≦, ∥, ∽, … 등이 있다.

■ 동치관계(equivalence relation)

「집합 A에서 다음 3가지 조건이 성립하는 관계 R을 **동치관계**」라 한다.

① R는 반사적이다.(모든 x∈A에 대하여 (x, x)∈R이다)
② R는 대칭적이다.((x, y)∈R이면 (y, x)∈R이다)
③ R는 추이적이다.((x, y)∈R, (y, z)∈R이면 (x, z)∈R이다)를 만족할 때이다.

수학에서 동치관계가 되는 것은 =, ∥, ≡, ∽, … 등이 있다. 예컨대 A;{삼각형}, R;'x와 y는 닮은꼴이다.'로 정의되는 A에서의 관계라면 R은 동치관계이다.

■ 순서관계

집합 A에서 다음 3가지 조건을 만족하는 관계 R을 **순서관계**라 한다. 즉 ① 반사관계: $_aR_a$ ② 반대칭관계: $_aR_b$이고 $_bR_a$이면 a=b. ③ 추이관계: $_aR_b$이고 $_bR_a$이면 $_aR_c$를 만족하는 이항(二項)관계를 말한다. 수학에서 사용되는 순서관계인 것은 =, ⊂, ≦, … 등이 있다.

■ 역관계

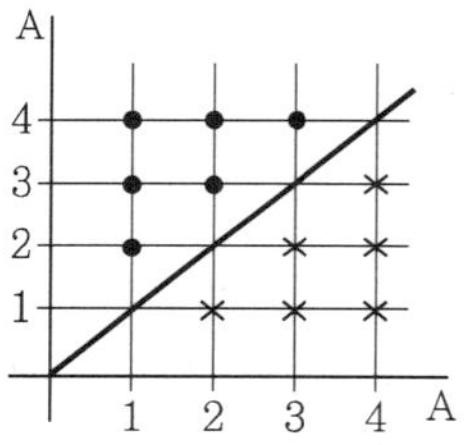

A={1, 2, 3, 4}, P(x, y); 'x는 y보다 작다.'의 해집합은 R={(1,2), (1,3), (1,4), (2,3), (2,4), (3, 4)}이다. 이때 정의역은 {1, 2, 3}, 치역은 {2, 3, 4}이다. 해집합 R에 속하는 모든 순서쌍에서 첫 번째 원소와 두 번째 원소를 바꾸어 놓으면 {(2,1), (3,1),(4 ,1), (3,2), (4,2), (4,3)}이 된다. 이 집합을 R^{-1}로 나타내고 R의 **역관계**이다. 따라서 R^{-1}의 정의역은 {2, 3, 4}이고 치역은 {1, 2, 3}이다. 그래프로 나타면 R의 그래프는 • 로, R^{-1}의 그래프는 ×로 나타난다. 즉, 대각선에 의해 선대칭인 위치에 있음을 알 수 있다. 이 관계 R과 R^{-1}은 집합적으로 다음과 같이 정의한다.

R={(x,y) | x < y, R^{-1}={(y,x | y < x)

구거법

「두 자리수 이상인 정수에서 각 자리의 숫자의 합을 9로 나눈 나머지는 그 수를 9로 나눈 나머지와 같다는 사실을 이용하여 검산하는 방법을 **구거법**(九去法, Casting out Nines)」이라 한다. 구거법은 인도에서 이용하였기 때문에 인도 검산법이라고도 한다.

■ 곱셈의 검산

167×346=57782의 곱셈에서 167의 각 자리의 수의 합은 (1+6+7=)14이고, 이를 9로 나눈 나머지는 (1+4)=5이다. 또 346의 각 자리의 수의 합은 (3+4+6=)13이고, 이를 9로 나눈 나머지는 (1+3=)4이다. 이들의 나머지인 5와 4의 곱 20을 9로 나누면 나머지는 (2+0=)2이다.

한편 계산 결과인 57782의 각 자리의 숫자의 합은 (5+7+7+8+2=)29이고, 29를 9로 나눈 나머지는 (2+9=11→1+1=)2이다. 따라서 최종적으로 좌변과 우변은 구거법에 의한 나머지가 2로 같으므로 계산은 옳다. 이 계산을 보다 간편하게 하려면 각 자리의 숫자 중에서 합이 9가 되는 수들을 미리 소거하고 남은 숫자들의 합을 이용해도 된다. 즉, 57782에서 (7+2=9)이므로 7과 2를 소거(57782)하고, 남은 숫자 5, 7, 8의 합인 20을 9로 나누어도 나머지는 2로서 같기 때문이다.

■ 덧셈의 검산

구거법은 덧셈의 검산에도 활용된다.

1 2 3 4 5	→ 1+2+3 →	6
6 7 8 9 0	→6+7+8=21→2+1 →	3
4 2 7 3 5	→ 3 →	3
+ 2 1 8 6 5	→2+6+5→13→1+3→	4(+
1 4 4 8 3 5	→ 1 4 4 8 3 5→4+3→	7

각 수의 구거법에 의한 나머지는 각각 6, 3, 3, 4이다. 먼저 6과 3을 없애주고 3과 4를 더하면, 3+4=7이고, 정답 144835도 구거법에 의한 나머지(144835에서 4+3)가 7이므로 위의 덧셈은 맞다.

■ 뺄셈의 검산

뺄셈에서 답을 확인하는 방법은 덧셈의 검산과 약간 다르다.

$$\begin{array}{r} 8465 \\ -\ 2897 \\ \hline 5568 \end{array}$$

8465→8 4 6 5→	8+6→14→1+4→	5
−) 2897→2 8 9 7	→	8(−
5568→(5+5+6+8)→24 →2+4→		6

5−8=6은 성립하지 않으므로 이것을 해결하는 방법은 2가지가 있다. 하나는 피감수의 나머지인 5에 9를 9를 더한 14에서 8을 빼면 14−8=6이고, 이것은 정답인 5568의 구거법 나머지 6과 같으므로 계산 결과는 맞는 것이 된다.

또다른 방법으로 뺄셈을 덧셈으로 고쳐서 계산하는 방법이다. 감수에 답을 더해서 원래 수가 나오면 답이 확인된다. 위 풀이에서 원래 계산은 5−8=6이어야 하지만 식이 성립되지 않으므로 5−8=6을 덧셈식으로 변형하면 5=6+8이고, 6+8=14에서 14를 1과 4로 분해한 1+4=5이다. 따라서 5=5로서 답은 맞다.

■ 나눗셈의 검산

나눗셈 검산에서 구거법을 사용한 예를 살펴보면 42÷2=21에서 42를 4와 2로 분해하여 더하면 4+2=6이므로 6÷2=3이다. 답인 21을 2와 1로 분해하여 더한 2+1=3이므로 검산이 확인되었다.

그러나 다음 문제는 적용하기가 어렵다.

161÷7=23에서 구거법 검산은 161과 23을 각각 분해하여 (1+6+1=8), (2+3=5)으로 나타내면 8÷7≠5이다. 그래서 뺄셈 방법과 비슷한 전략을 쓸 수 있는 데 나눗셈을 검산하는 방법은 몫과 제수를 곱해서 구거법을 적용하면 된다. 즉 나눗셈식인 8÷7=5를 곱셈식인 8=5×7로 변형하면 8=5×7=35이고, 35를 3과 5로 분해하여 더하면 3+5=8이다. 따라서 답이 옳다는 것이 증명된다.

나머지가 있는 나눗셈 검산, 예컨대 165÷7=23…4의 검산에서 구거법을 적용할 때 나눗셈을 곱셈으로 고쳐서 나타낸다. 즉, 23×7=165−4로 나머지를 피제수에서 빼는 것이다. 왜냐하면 나눗셈 후에 4가 남는다는 것은 그 수에서 4를 빼면 나누어떨어지기 때문이다.

※ 구거법의 사칙검산은 정수일 때만 적용된다.

군/환/체

연산에 관한 대수적 구조(algebraic structure)의 예로서 군(group), 환(ring), 체(field)의 구조가 있다.

■ **군(group)** : 군은 원래 무엇인가를 조작(연산;operation)하는 집합이다. 그러나 군을 형식적으로 다음과 같이 정의한다.

집합 G의 임의의 두 원소 a, b에 대해서 G의 원소 c를 구하는 연산인 a∘b=c으로 정의되고 다음 4가지 조건을 만족할 때 G를 군이라 한다.

① 집합 G에서 연산 ∘에 관하여 닫혀있다. 즉 a, b∈G이면 a∘b∈G이다. (닫힘성)

② 결합법칙이 성립한다. ; G의 임의의 세 원소 a, b, c에 대해서 (a∘b)∘c=a∘(b∘c)

③ 단위원(항등원)이 존재한다. ; G의 임의의 원소 a에 대해서 a∘e=e∘a=a가 되는 원소 e가 G안에 단 하나 존재한다. e를 단위원이라 한다.

④ 역원이 존재한다. ; G의 각 원소 a에 대해서 $a \circ a^{-1}=a^{-1} \circ a=e$가 되는 a^{-1}이 단 하나 존재한다. 이것을 a의 역원이라고 한다.

⑤ 교환법칙이 성립한다. ; a, b∈G이면 a∘b=b∘a이다.

위 ①~④의 조건을 만족하면 G와 연산 ∘을 합쳐서 (G, ∘)를 군이라 하고, 예컨대 정수의 집합을 G라하고, ①~⑤까지의 조건을 만족하면 가환군(commutative group) 또는 아벨(abel)군이라 한다.

G가 가법연산(덧셈)에 대해서 군이 되는지 살펴보면,

① G는 연산 +에 대해서 닫혀있다. 즉 정수끼리의 덧셈에서 합은 항상 정수이다.

② 결합법칙 : G의 임의의 세 원소 a, b, c에 대해서 (a+b)+c=a+(b+c). 예컨대 (2+3)+5=2+(3+5)

③ 단위원이 존재한다. ; G의 임의의 원소 a에 대해서 a+0=0+a=a가 되는 원소 e가 G안에 존재한다. 0을 정수 덧셈에서 a의 단위원이라 한다.
4+0=4이고 0+4=4이다.

④ 역원이 존재한다. ; G의 원소 a에 대해서 a+(−a)=(−a)+a=0인 되는 원소 (−a)가 G안에 존재한다. 이때 (−a)를 정수의 덧셈에서 a의 역원이라고 한다.

따라서 정수의 집합 G는 가법에 관하여 군이 된다. 5+(−5)=(−5)+5=0이다.

■ **환(ring)** : 집합 R의 원소 사이에 두 종류의 연산 ∘와 *이 정의되고 다음 조건을 만족할 때, (R, ∘, *)를 환이라고 말한다.

① ~⑤는 (R, ∘)이 가환군이다.

⑥ a, b∈R → a*b∈R (닫힘성)

⑦ a, b, c∈R → (a*b)*c=a*(b*c) (결합성)

⑧ a, b, c∈R → a∘(b*c)=(a*b)∘(a*c),
(a∘b)*c=(a*c)∘(b*d) (배분성)

⑨ a, b∈R→ a*b=b*a (교환성)

①~⑧까지의 조건을 만족하면 R과 연산 ∘, *를 합쳐서 (R,∘, *)를 환이라 하고, ①~⑨까지 만족하면 가환환(commutative ring)이라 한다.

■ **체(field)** : 집합 F의 원소 사이에 두 종류의 연산 ∘과 *이 정의되고 다음 조건을 만족할 때, (F, ∘, *)를 체라고 한다.

①~⑨는 (F,∘, *)이 가환환이다.

⑩ a∈F → a*e=e*a=a인 e가 F에 존재 (환등원·단위원)

⑪ a∈F → $a*a^{-1}a^{-1}*a=e$인 a^{-1}이 F에 존재한다.(역원)

①~⑪까지의 조건을 만족하면 F와 연산 ∘, *를 합쳐서 (F, ∘, *)를 환이라 하고, ①~⑨까지 만족하면 가환체(commutative field)이라 한다.

수 집합 / 성 질	자연수	정수	유리수	무리수	실수	허수	복소수
가법의 폐쇄성	○	○	○	×	○	×	○
가법의 결합성	○	○	○	○	○	○	○
가법의 항등원(0)	×	○	○	×	○	×	○
가법의 역원(반수)	×	○	○	○	○	○	○
군(가법)	×	○	○	×	○	×	○
가환군(가법)	×	○	○	×	○	×	○
승법의 폐쇄성	○	○	○	×	○	×	○
승법의 결합성	○	○	○	○	○	○	○
분배성	○	○	○	○	○	○	○
환	×	○	○	×	○	×	○
승법의 항등원(1)	○	○	○	×	○	×	○
승법의 가환성	○	○	○	○	○	○	○
승법의 역원(역수)	×	×	○	○	○	○	○
체	×	×	○	×	○	×	○

위 표에서 보듯이 유리수 집합에서는 사칙연산이 가능하며, 군은 +, −, 환은 +, −, ×, 그리고 체는 사칙연산에 관하여 닫혀있다.

귀납적 추론

「귀납적 추론이란 실험, 측정, 관찰, 구체적 조작 등을 통하여 여러 가지의 개별적인 사례로부터 개념이나 원리·법칙 등 어떤 수학적 성질이 성립함을 찾아낸 다음 이 사례들이 속한 전체 범주의 대상들에 대해 그 성질이 성립함을 주장하는 추론 방식」이다. 즉, 부분적이거나 특수한 사실로부터 전체적이고 보편적인 사실이나 일반적인 법칙을 이끌어내는 추론 방법이다.

예컨대, 원주율이 얼마인지 예측한 후, 깡통, 접시, … 등 원 모양의 물체에서 원주와 지름의 길이를 측정하여 원주율을 구하고, 이를 또다른 원모양의 물체에서 확인한 후 $\pi \fallingdotseq 3.14$임을 유도하는 것은 일종의 귀납적 추론이다.

■ 귀납적 추론의 필요성

수학을 '만드는 과정의 수학'과 '만들어진 수학'으로 구분한다면, 이미 존재하는 수학적 원리·법칙이나 정리, 증명 등은 만들어진 수학이라면, 특수한 경우를 관찰하고 관찰된 사실의 뒤에 숨겨진 규칙성과 일관성 및 유사성을 찾아내어 수학적 원리·법칙을 이끌어 내는 것을 '만드는 과정의 수학'으로 볼 수 있다. 이렇게 볼 때 만들어진 수학의 대부분은 우연히 발견한 것이 아니라 수학자들이 무수한 시행착오의 과정을 거치면서 어떤 순간에 통찰을 통해 발견·발명된 귀납적인 추론 과정을 통해 이루어진 것이다.

Polya는 '귀납은 연역을 암시하며, 특수한 경우는 일반적인 증명을 암시한다'는 주장은 어떤 특수한 사례를 충분히 관찰·조사하여 귀납적으로 발견한 규칙과 성질은 형식적(연역적)증명을 제공할 수 있으므로 수학학습의 초기 단계에서는 귀납적인 접근의 필요성을 강조하고 있으며, Glasersfeld도 논리와 수학 모두에서 연역적 능력의 생성은 반드시 귀납적 사고의 경험에 근거해야 한다고 주장하고 있다. 연역적인 이해는 최소한의 귀납적인 사고 경험과 연관되어 있기 때문에 초·중학교의 수학학습은 연역적인 접근에 앞서서 귀납적추론을 통해 학습이 이루어져야 한다.

■ 귀납 추론 절차

귀납적 추론 절차를 도식화하면 다음과 같다.

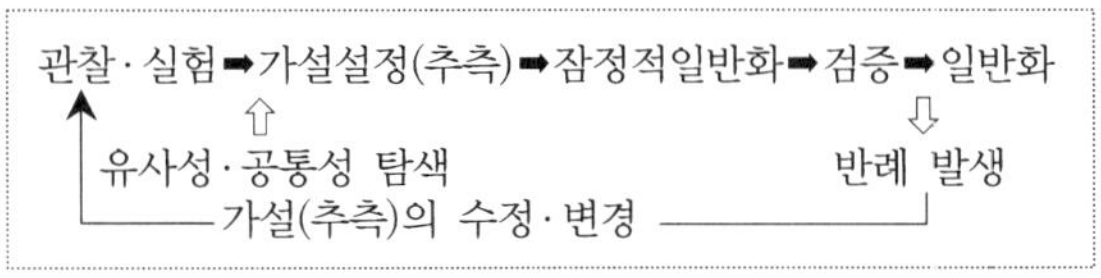

귀납적 추론은 패턴과 규칙성을 찾는 것에 의거한다. ① 주어진 대상에 대하여 몇 가지 사례를 선택하여 관찰과 실험을 거쳐 조사한 내용을 바탕으로 대상들 사이의 유사성과 공통성을 찾는다. 만일 이 과정에서 유사성이 발견되지 않으면 대상을 수정, 변경하든가 관찰 자체를 파기한다. ② 유사성이나 공통성이 발견되면 그를 근거로 하여 예언적 가설(추측)을 설정하고, 그것에 대한 또 다른 증거를 찾기 위해 관찰할 대상의 폭을 확장하여 또 다른 대상에 대해서 조사하고 관찰한다. ③ 여기서 참이 성립되면, 그 사실을 '잠정적인 일반화(명제)'를 설정한다. ④ 잠정적 명제의 신뢰성을 점검하기 위해 또 다른 특수한 대상에 대해서 조사한다. 이 과정에서는 반례가 발생하면 그 명제는 파기되거나 수정되어야 하며, ⑤ 참이 판명되는 경우 그 명제는 일반화된 사실로써 높은 신뢰성을 갖고 미래의 사실에 관한 새로운 지식의 원천으로 발전할 것이다.

■ 귀납적인 추론지도에서 고려할 점

귀납적인 추론 지도에서 고려할 점을 살펴보면 다음과 같다.

- 제한된 대상이 아닌 가급적이면 풍부하고 다양한 자료를 활용하여 관찰, 실험, 조작할 수 있는 기회와 환경을 제공해 주어야 한다.
- 학생들은 자신의 귀납적 가정에 집착하려는 경향, 즉 일단 가정이 한 번 세워지면 그것이 타당한지에 대한 충분한 검사를 하지 않는 경향이 있다. 따라서 귀납적으로 잘 해결되지 않는 경우에 대한 경험과 함께 결론에 대한 타당성을 검증해 보는 습관을 길러야 할 것이다.
- 학생들은 자신의 귀납적 추론 과제에 대한 형식적인 통계 절차와 유사한 얼마간의 직관적인 어림짐작을 이용하려고 한다. 이 어림짐작은 때로는 적절하지만 때로는 불충분하다. 따라서 새로운 자료를 이용하여 검증해 보는 태도를 강조해야 할 것이다.

귀류법(배리법)

우리는 토의하다보면 상대방의 주장을 부정하기 위하여 "만약 네 말이 맞다면, ……이 아니면 안 된다. 그런데 실제는 그렇지 않지 않느냐?"라는 말을 듣는 경우가 있다. 이것은 어떤 사실을 말하기 위하여 그 진술의 부정으로부터 출발해서 모순을 유도한 것이다.

귀류법은 수학이나 자연과학에서 사용하는 논증법의 하나로써, 일반적으로 「어떤 명제를 증명하기 위하여 그 명제를 부정함으로써 모순을 유도하여 증명하는 방법을 **귀류법**」이라고 한다. 즉 명제 'A이면 B이다.'를 증명할 경우, 결론인 'B이다.'를 부정하여 'A이면 B아니다.'라고 가정하면, 이것은 가정인 A이면에 모순이 되어 B가 성립하지 않으면 안 된다는 추론 방법을 **배리법** 또는 **귀류법**이라 한다.

예컨대, '두 직선은 한 점보다 많은 공유점을 갖지 않는다.'는 명제를 귀류법으로 증명해 보자. 만일 '두 직선은 한 점보다 많은 점을 공유한다면 적어도 두 점을 공유하게 된다.' 이것은 '두 점을 지나는 직선은 단 하나뿐이다.'라는 공리에 모순된다. 즉 처음의 가정인 두 직선은 부정되었다. 따라서 '두 직선은 한 점보다 많은 점을 공유하지 않는다.'는 사실이 증명되었다.

수학의 정리 중에는 '$p \to q$'의 형태를 취하는 것이 많다. $p \to q$의 부정인 $\sim(p \to q)$은 $p \wedge \sim q$와 동치이므로 $p \to q$를 증명하기 위하여 배리법에서는 $p \wedge \sim q$로부터 모순을 유도한다.

[예 1] '두 자연수 a, b의 곱인 $a \times b$가 홀수이면, a와 b는 홀수이다.'는 명제를 배리법으로 증명해 보자.
〈증명〉 a, b 중에서 적어도 어느 한 수는 짝수라고 가정하면 그 곱인 $a \times b$는 2로 나누어떨어진다. 따라서 $a \times b$는 짝수이다. 그런데 이것은 가정에 모순되므로 a, b는 모두 홀수이어야 한다.

[예 2] 'n^2이 짝수이면, n도 짝수이다.'라는 명제를 배리법으로 증명하면 다음과 같다.
〈증명〉 「n^2이 짝수이면, n은 홀수이다.」 n이 홀수이면 $n=2k-1(k=1,\ 2,\ \cdots)$로 나타낼 수 있다. 그러면 $n^2=(2k-1)^2=4k^2-4k+1=4k(k-1)+1$이므로 n^2은 홀수이다. 이것은 n^2이 짝수라는 것은 가정이 모순이다. 따라서 n^2이 짝수이면 n은 짝수이다.

[예 3] 또 다른 명제를 귀류법으로 증명해 보자.
「$\sqrt{2}$는 유리수가 아니다」는 명제를 증명하려면, 우선 결론인 '유리수가 아니다.'를 부정하여 $\sqrt{2}$는 유리수라고 가정하면, $\sqrt{2}$를 분수로 나타낼 수 있다. 즉, $\sqrt{2}=\frac{n}{m}$(단, m과 n은 서로소이다)로 표시할 수 있다. 여기서, 분모를 옮기고 양변을 제곱하면 $2m^2=n^2$이다. 이것은 n^2이 2의 배수이므로 n도 2의 배수이다. 그래서 $n=2n'$로 나타내면, $m^2=2n'^2$이 되어 m도 2의 배수가 된다.

이러한 사실에서 보면, m과 n은 모두 2의 배수가 된다. 이것은 'm과 n이 서로소'라는 사실에 모순이다. 이러한 모순은 '$\sqrt{2}$는 유리수'라고 가정을 한 데서 비롯된다. 따라서, $\sqrt{2}$는 유리수가 아니라는 결론을 얻는다.

배리법으로 증명하는 방법은 i를 모순명제라고 할 때 'A와 $\sim A \to i$'가 동치라는 것을 밝히면 되는데, 다음 진리표를 살펴보면 분명하다.

A	~A	→	i
T	F	Ⓕ	F
F	T	F	F

■ **배리법의 장점**

배리법에 의한 증명은 유클리드시대부터 현재에도 자주 쓰이고 있다. 이 증명 방법은 다음과 같은 이점이 있다.

- '$p \to q$' 대신에 '$p \wedge \sim q \to i$'를 증명하는 경우 가정이 p와 ~q 등 2개이므로 증명하기가 쉽다.
- i의 내용은 이미 학습한 정리나 공리, 가정이라도 관계없으므로 결론에 자유성이 있다.
- 명제 A 자신이 부정명제일 때, 즉 ~p의 형태일 때 이것을 직접 증명하는 것은 일반적으로 어려운 경우가 많다. 그러나 배리법을 사용하여 B로부터 모순을 유도하면 증명하기가 쉽다.

배리법과 같이 어떤 명제 A를 증명하기 위하여 A와 동치인 다른 명제를 증명함으로서 A를 증명하는 방법을 일반적으로 '간접증명법'이다. 배리법은 이 간접성 때문에 학생들에게는 어려운 증명으로 인식되고 있음을 유의해야 된다. 간접증명법에는 동일법(同一法)과 전환법(轉換法) 등이 있다.

귀일산/배수산

■ **귀일산(歸一算)**

비례식을 쓰지 않고 비례 문제를 푸는 방법으로 「처음에 단위(unit)가 되는 수나 단위량을 구한 후 이를 이용하여 문제를 해결하는 계산방법을 **귀일산**」이라고 한다.

[예 1] 120원을 주고 색종이 2묶음을 샀다. 같은 가격의 색종이 3묶음의 값은 얼마이며, 480원으로 색종이 몇 묶음을 살 수 있을까?
〈풀이〉 우선 색종이 한 묶음의 값을 알아야 한다. 색종이 2묶음의 값이 120원이므로 색종이 한 묶음의 값은 120÷2=60(원)이다. 색종이 한 묶음이 60원이므로 3묶음의 값은 60×3=180(원)이고, 480원으로는 480÷60=8(묶음)을 살 수 있다.

[예 2] 1분에 420장씩 15분 동안 인쇄해야 할 원고가 있다. 인쇄하는 데 걸리는 시간을 5분 단축시키려면 1분에 몇 장씩 인쇄를 해야 하는가?
〈풀이〉 1분에 420장씩 15분 동안 인쇄할 원고의 총 매수는 420×15=6300(장)이다. 인쇄하는 데 걸리는 시간을 5분 단축하면, 실제 인쇄하는 데 걸리는 시간은 10(분)이므로 1분에 6300÷10=630(장)씩 인쇄를 해야 한다. 이것을 하나의 식으로 나타내면 420×15÷(15−5)=630(장)이다.

[예 3] 찬물을 가득 채우는 데 걸린 시간은 18분이고, 더운 물을 가득 채우는 데 걸리는 시간은 찬물을 가득 채우는 데 걸리는 시간의 2배이다. 먼저 찬물을 6분 동안 채운 후, 찬물과 더운물을 섞어서 8분 동안 물을 채우면 욕조의 몇 분의 몇을 채우겠는가?
〈풀이〉 1분 동안에 찬물을 채우면 욕조의 $\frac{1}{18}$을 채울 수 있고, 더운물을 채우면 욕조의 $\frac{1}{36}$을 채울 수 있으며, 찬물과 더운물을 동시에 채우면 욕조의 $\frac{1}{12}$을 채울 수 있다. 6분 동안 채운 찬물의 양은 욕조의 $\frac{1}{3}$이므로, $\frac{1}{12}\times x=\frac{2}{3}$에서 x=8. 즉 더운물과 찬물을 8분 동안 함께 채우면 욕조에 물이 가득 찬다.

■ **배수산(倍數算)**

「어떤 2개의 수량을 더하거나 빼면 배수의 관계가 되거나 처음과 다른 배수의 관계로 변하는 경우, 처음의 수량이나 변한 후의 수량을 구하는 계산 방법을 **배수산**」이라고 한다.

[예 1] A는 1500원, B는 600원 가지고 있다. 2명 모두 어머니로부터 같은 금액을 받았더니 A와 B가 가지고 있는 돈의 비가 7:4였다. 어머니로부터 받은 돈은 얼마인가?
〈풀이〉 같은 금액을 받아도 두 사람 사이의 차액 1500−600=900(원)은 일정하다. 비율의 차(7−4)로부터 1에 해당하는 금액은 900÷(7−4)=300(원)이고, 받은 후의 A의 금액은 300×7=2100(원)이므로 어머니로부터 받은 돈은 2100−1500=600(원)

[예 2] 두 수를 서로 나누면, 몫이 3이고, 나머지가 10이다. (피제수+제수+몫+나머지)=163이라면 피제수와 제수는 각각 얼마인가?
〈풀이〉 피제수와 제수의 합은 150이고 피제수가 제수의 3배보다 10이 큰 수이다. 만약 피제수에서 10을 빼면 제수의 3배가 된다. 150에서 10을 빼면 제수의 1+3=4(배)가 된다. 따라서 제수는 (163−3−10−10)÷(1+3)=35이고, 피제수는 35×3+10=115이다.

[예 3] 갑의 예금액은 을의 예금액의 $\frac{3}{5}$인데 갑이 1000원을 예금하고 을은 3000원을 찾았더니 갑의 예금액은 을의 $\frac{5}{6}$가 되었다. 처음 갑과 을의 예금액은 각각 얼마인가?
〈풀이〉 갑이 3000원의 $\frac{3}{5}$을 찾았다면 갑의 예금액은 $\frac{3}{5}$이었을텐데 반대로 1000원을 예금하였기 때문에 $\frac{5}{6}$가 되었다. 따라서 을의 $\frac{5}{6}$와 $\frac{3}{5}$의 차이는 $3000\times\frac{3}{5}$과 1000원을 합한 것과 같다. $3000\times\frac{3}{5}+1000=2800$원. $2800\div(\frac{5}{6}-\frac{3}{5})=2800\div\frac{7}{30}=12000$. 따라서 을의 예금액은 12000+3000=15000(원)이고, 갑의 예금액은 $15000\times\frac{3}{5}$=9000원이다.

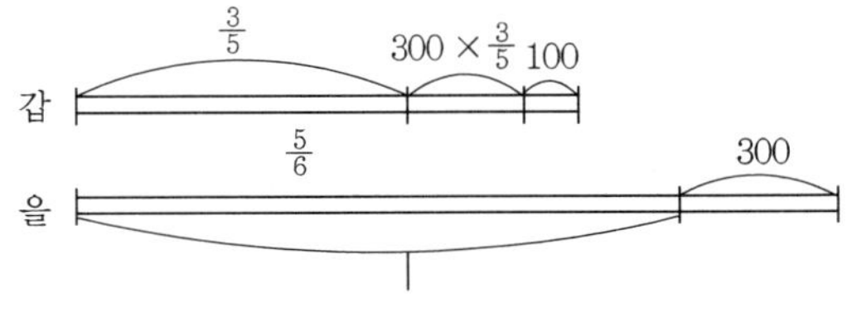

그래프

「서로 연관성이 있는 2개 이상의 사실이나 수량관계 및 주변에서 일어나는 여러 현상이나 변화의 구조나 상태에 관련된 정보를 그림, 점, 선, 면, 또는 입체 등을 이용하여 기하적·시각적으로 나타낸 자료를 **그래프**」라고 한다.

그래프의 종류는 연구 분야나 표현 방법에 따라 매우 다양한 데 수학분야의 그래프는 크게 함수그래프와 통계그래프로 나눈다. 함수그래프는 비례·반비례그래프를 비롯하여 1·2차 함수그래프 및 삼각함수 그래프 등 함께 변화하는 두 양 사이의 관계를 시각적으로 나타낸 그래프이며, 통계그래프는 통계의 결과나 특징 등을 한 눈에 볼 수 있도록 통계자료를 시각적으로 나타낸 그래프이다.

최근 통계학이 발달과 함께 각종 컴퓨터 프로그램이 개발되면서 통계그래프는 자료의 종류에 따라 나타내는 방법이 다양하다.

통계그래프에는 비교그래프, 경과그래프, 비율그래프, 도수분포그래프, 잎·줄기 그래프, 상자·수염그래프, 그림그래프, 지도그래프 등으로 나눌 수 있다. 이를 좀 더 살펴보면 다음과 같다.

- **비교그래프** : 2종류 이상의 통계적 수량의 대소를 비교하는 그래프로써 막대그래프, 점그래프, 넓이그래프, 체적그래프, 방사형그래프 등
- **경과그래프** : 시간의 변화에 따른 통계적 수량의 변화를 나타낸 그래프로써 꺾은선그래프, 절선그래프, 곡선그래프, 극좌표그래프 등
- **비율그래프** : 통계 수량의 내역이나 구성비를 나타내는 그래프로써 넓이나 비율로 수량 사이의 대소 관계를 나타내며, 띠그래프, 원그래프, 정사각형그래프 등
- **도수분포그래프** : 도수분포를 기둥이나 다각형, 또는 곡선 등 그림으로 나타낸 그래프로써 히스토그램, 도수분포다각형, 도수분포곡선 등
- **지도그래프** : 막대, 점, 선, 그림, 넓이, 체적 등으로 지형, 우량, 기후, 산이나 바다의 깊이와 높이, 생산량의 분포 등을 나타낸다.

■ 그래프의 기능 및 그래프가 갖출 조건

그래프는 그 종류만큼 기능도 다양하다. 몇 가지를 개괄적으로 정리하면 다음과 같다.

- 구체적·실증적인 사고를 할 수 있다.
- 현상이나 관계 및 변화 등에 대해서 직관적으로 알 수 있다.
- 식이나 표로써 나타내기 어려운 변화하는 상태까지 알 수 있다.
- 문제의 발견 및 해결을 위해 분석하는 수단으로 유용하다.
- 현상을 유기적·종합적으로 판단할 수 있다.
- 전체적인 경향을 개괄적으로 파악할 있다.
- 함수그래프는 위의 사항 외에도 함수관계의 외연적 표현이나 무한성·연속성을 인식하게 한다.

그리고 그래프가 갖출 조건으로 그래프의 윗부분에 그래프의 제목, 즉 표제나 부제를 나타내고, 몸체에는 눈금선, 눈금의 단위, 눈금의 개수, 가로와 세로축에 자료명을 나타내며, 아랫부분에는 조사기관이나 자료의 출처, 조사 연월일 등을 기입한다.

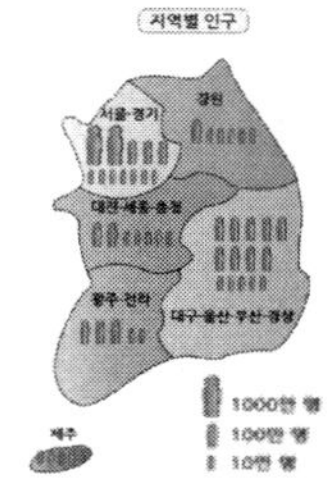

그림그래프

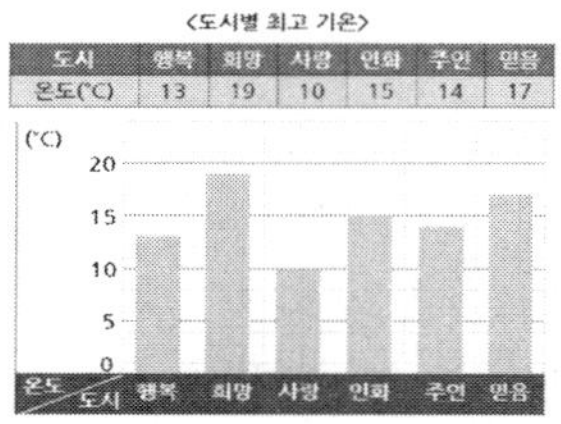

막대그래프

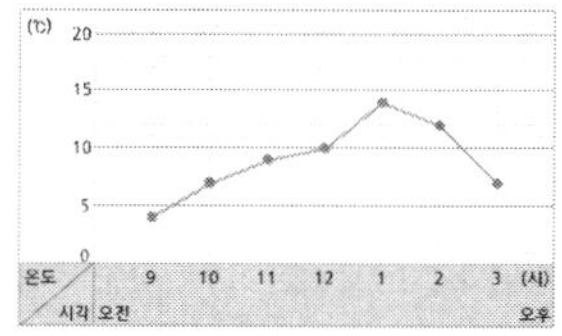

꺾은선그래프

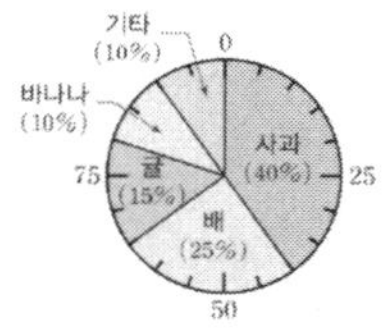

원그래프

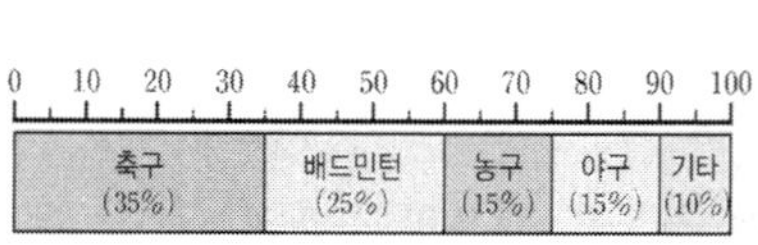

띠그래프

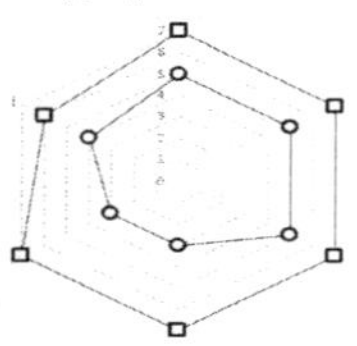

방사형그래프

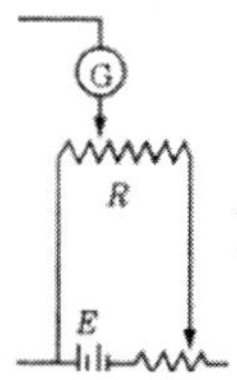

회로도

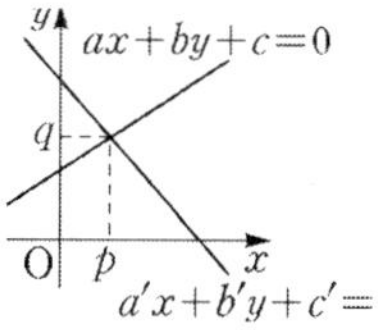

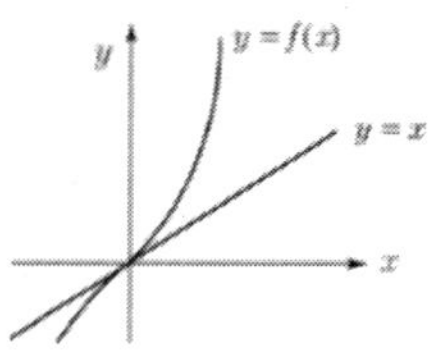

함수그래프

근삿값

어떤 대상이 가지고 있는 실제적인 양의 크기를 **참값**이라면 자, 콤파스, 시계, 각도기 등 도구를 이용하여 측정한 값을 **측정값**이라고 한다. 우리는 아주 크거나 작은 양 중에서 필요한 범위만큼 나타내어 **약**, 또는 **대략**이라는 말을 붙여서 그 양의 크기를 나타낸다. 이와 같이 「약 또는 대략이라는 말을 붙여서 나타낸 값은 참값이 아닌 참값에 가까운 값인데 이 값을 **근삿값**」이라고 한다. 그리고 참값과 근삿값은 차이가 있는데 이 차이를 **오차**라고 한다.

근삿값은 참값보다 크거나 작은데 근삿값이 참값에 얼마나 가까운가라는 정확성만이 논의의 대상이 되므로 오차는 근삿값과 참값과의 차의 절대값, 즉 (오차)=|(근삿값)−(참값)|으로 구한다. 측정값만으로는 참값을 알지 못하므로 그 오차도 알 수 없다. 그러나 측정 도구나 측정 방법에 따라 「오차가 어떤 값을 초과하지 않는 범위를 **오차의 한계**」라 한다.

어떤 양의 근삿값을 a, 참값을 A, 오차를 E라면, E=|a−A|≦k. 즉, a−k≦A<a+k에서 k를 오차의 한계라 한다. 예컨대, 반올림하여 십의 자리까지 나타낸 측정값 a=750이라면 745≦a<755에서 오차의 한계는 5이다.

오차의 한계는 근삿값이 참값으로부터 떨어진 정도를 나타내는 값이기 때문에 그 **근삿값의 정확도**라고도 한다. 오차의 한계는 측정하는 목적에 따라 보통 최소눈금의 $\frac{1}{2}$을 잡는다.

따라서 측정에 사용된 계기의 최소눈금(단위)이 작을수록 그 측정값은 정확하다. 같은 양을 측정했을 때는 오차가 작을수록 더 정확하다고 할 수 있지만, 측정하려는 양의 크기가 다를 때는 오차의 크기만으로는 어느 쪽이 더 정확하게 측정하였는지를 비교하기는 어렵다.

이때, 그 양(참값)의 단위당의 오차의 정도에 의해서 측정값의 정밀한 정도, 즉 정밀도를 알 수 있다. 근삿값의 정밀도, 즉 「참값의 단위당의 오차를 **상대오차**라 하고, (상대오차)$=\frac{\text{절대오차}}{\text{참값}}=\frac{\text{오차의 한계}}{\text{근사값}}$」으로 구한다. 상대오차는 같은 종류의 두 양의 비율이므로 보통 '%'로 나타낸다. 그러나 일반적으로 오차나 참값은 알지 못하므로, 오차의 한계와 근삿값으로부터 상대오차의 한계를 구하고 이것을 상대오차라고 부른다.

예컨대

근삿값 $\pi=3.14$의 절대오차와 상대오차

- $\pi=3.14$가 반올림에 의한 근삿값이라고 보는 경우
  절대오차: 0.005,
  상대오차: $\frac{0.005}{3.14}=0.0015\cdots\cdots(\fallingdotseq 0.2\%)$
- $\pi=3.141592\cdots\cdots$임을 알고 있는 경우
  절대오차: 0.002,
  상대오차: $\frac{0.002}{3.14}=0.00063\cdots\cdots(\fallingdotseq 0.07\%)$

■ **근삿값의 사칙연산**

□ **덧셈, 뺄셈**

근삿값의 단위를 같게하고, 유효숫자의 끝자리를 반올림해서 자릿값을 맞추어 계산한다.

① 6.2km+320m

```
  6.2    320m=0.32km
+ 0.3    0.32km≒0.3km
  6.5
[답] 6.5km
```

② 5.38g−2.1365g

```
  5.38
− 2.14
  3.24
[답] 3.24g
```

□ **곱셈과 나눗셈**

보통 유효숫자의 자릿수를 반올림해서 자릿수의 적은 것과 맞춘 다음에 계산하고, 곱과 그 몫도 같은 자릿수를 잡아서 답으로 한다.

① 25.78×8.40

유효숫자를 3개씩 맞춘다. 25.78은 반올림하여 25.8로 하고, 답도 반올림하여 유효숫자를 3개 취한다.

```
       2 5. 8
×      8. 4 0
   1 0 3 2 0
 2 0 6 4
 2 1 6. 7 2 0
```

[답] 217

② 13000÷4751

13000은 유효숫자가 2개이므로 4751도 4800으로 한다. 몫인 2.70도 유효숫자를 2개를 취한다.

```
              2. 7 0
4 8 0 0 ) 1 3 0 0 0
        −   9 6 0 0
            3 4 0 0
        −   3 3 6 0
                4 0
```

[답] 2.7

근삿값의 사칙계산

■ 근삿값의 합과 차 구하기

참값 A의 근삿값을 a, 그 오차의 한계를 k_1, 참값 B의 근삿값을 b, 그 오차의 한계를 k_2라면,

$A=a\pm k_1 \rightarrow a-k_1 \leqq A \leqq a+k_1$……①

$B=b\pm k_2 \rightarrow b-k_2 \leqq B \leqq b+k_2$……②

- **근삿값의 합** : 위 식 (①+②)를 계산하면 $(A+B)=(a+b)-(k_1+k_2)\leqq A+B \leqq (a+b)+(k_1+k_2)$에서 $A+B=(a+b)\pm(k_1+k_2)$……③이다.
- **근삿값의 차** : 위 식 (①−②)를 계산하면 $(A-B)=(a-b)-(k_1+k_2)\leqq A-B \leqq (a-b)+(k_1+k_2)$에서 $A-B=(a-b)\pm(k_1+k_2)$……④이다.

위 두 식 ③, ④로부터 A, B의 합과 차의 근삿값은 각각의 근삿값의 합과 차이며, 오차의 한계는 각 근삿값의 오차의 한계의 합과 같다.

□ 정확도가 같은 두 근삿값의 합과 차

[예 1] 측정값 A=12.8cm이고 B=7.5cm이다. 이들의 오차의 한계는 각각 0.05cm로 서로 같다.

- 참값의 범위 : $12.75 \leqq A < 12.85$이고, $7.45 \leqq B < 7.55$이다.
- (A+B)=(12.8+7.5)=20.3cm. 단 (A+B)의 최대값은 (12.85+7.55)=20.4cm이고, 최소값은 (12.75+7.45) =20.2cm.
- (A−B)=(12.8−7.5)=5.3cm. 단 (A−B)의 최대값은 (12.85−7.45)=5.4이고, 최소값은 (12.75+7.55)=5.2이다. 이것을 그림으로 나타내면 다음과 같다.

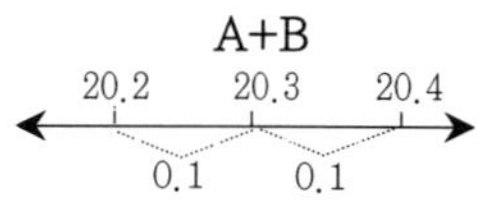

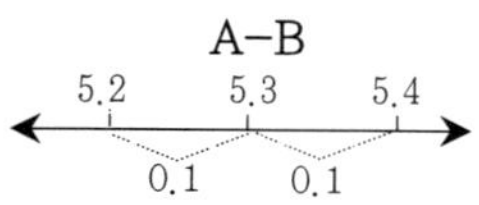

□ 정확도가 다른 두 근삿값의 합과 차

※ 오차가 다를 경우는 오차가 같아야 유효숫자가 같으므로 정확도가 낮은 쪽, 즉 상대오차가 큰 쪽에 맞추어 계산해야 한다. 정확도를 맞추기 위해서는 근삿값을 반올림하여 처리한다.

[예 2] 근삿값 A는 63.3cm, B는 9.67cm일 때, (A+B)와 (A−B)를 구하여라.

A : 63.3cm →	63.3cm	63.3cm
B : 9.67cm →	+) 9.7cm	−) 9.7cm
	73.0cm	53.6cm

위 (A+B)인 73.0cm을 처리할 경우, 73cm로 나타거나 읽지 않도록 유의해야 한다. 그것은 73.0cm의 오차의 한계는 0.05cm이고, 73cm의 오차의 한계는 0.5cm이기 때문에 숫자 '0'은 빈자리를 나타내는 값이 아니고 의미있는 값. 즉 유효숫자이다.

■ 근삿값의 곱과 몫 구하기

합과 차에서의 식 ①, ②를 이용하여 보자.

- **근삿값의 곱** : (①×②)를 계산하면, $(A\times B)=(a-k_1)(b-k_2)\leqq AB \leqq (a+k_1)(b++k_2)$……③에서 $ab-(ak_2+bk_1)+k_1k_2 \leqq AB \leqq ab+(ak_2+bk_1)+k_1k_2$…④이다. 여기서 k_1k_2는 ab에 비하여 매우 작은 값이므로 이를 무시하면 $ab-(ak_2+bk_1)\leqq AB \leqq ab+(ak_2+bk_1)$이다. 그리고 A×B에서 오찬의 한계는 (ak_2+bk_1)이고, 상대오차는 $\frac{bk_1+ak_2}{ab}=\frac{k_1}{a}+\frac{k_2}{b}$……⑤이다.
- **근삿값의 몫** : 위 식 (①÷②)를 계산하면, $(A\div B)=\frac{(a-k_1)(b-k_2)}{b^2-k_2^2}\leqq \frac{A}{B} \leqq \frac{(a+k_1)(b+k_2)}{b^2-k_2^2}$이고, 곱의 경우처럼 k_1k_2, $k_2{}^2$은 ab에 비하여 매우 작은 값이므로 이들을 무시하면,

$$\frac{ab-(bk_1+ak_2)}{b_2}\leqq \frac{A}{B} \leqq \frac{ab+(bk_1+ak_2)}{b_2}$$

$$=\frac{a}{b}-\frac{a}{b}\left(\frac{k_1}{a}+\frac{k_2}{b}\right)\leqq \frac{A}{B} \leqq \frac{a}{b}+\frac{a}{b}\left(\frac{k_1}{a}+\frac{k_2}{b}\right)$$

이다. 그리고 $\frac{A}{B}$의 오차의 한계는 $\frac{a}{b}\left(\frac{k_1}{a}+\frac{k_2}{b}\right)$이고, 상대오차는 $\frac{\frac{a}{b}\left(\frac{k_1}{a}+\frac{k_2}{b}\right)}{a/b}=\frac{k_1}{a}+\frac{k_2}{b}$……⑥이다.

위 식 ⑤, ⑥으로부터 A, B의 곱과 몫의 근삿값은 각각의 근삿값의 곱과 몫이 되며, 상대오차의 한계는 각각의 근삿값의 상대오차의 합과 같다.

상대오차는 유효숫자의 자릿수에 의해 결정되므로 반올림하여 상대오차가 큰 쪽의 자리에 맞추어 계산해야 한다.

기댓값

「변량 X가 서로 다른 값 x_1, x_2, x_3, …, x_n 중 어느 한 값을 취하고, 또 X가 x_1, x_2, x_3, …, x_k의 값을 취할 확률을 각각 p_1, p_2, p_3, …라고 할 때, x_1p_1, x_2p_2, x_3p_3, …, x_kp_k를 X의 **기댓값**이라 하고, $E(X)=x_1p_1$, x_2p_2, x_3p_3, …, x_kp_k로 나타내며, X가 금액을 나타낼 경우는 **기대금액**」이라고 한다.

기댓값의 대표적인 예는 제비뽑기나 복권을 뽑을 때이다. 추첨할 복권의 수가 1000장일 때, 당첨될 복권의 수가 다음 표와 같을 경우 1등, 2등, 3등, 4등에 당첨될 확률은 각각 $\frac{1}{1000}$, $\frac{5}{1000}$, $\frac{20}{1000}$, $\frac{200}{1000}$이므로 그 기댓값 $E(X)=10000\times\frac{1}{1000}+2000\times\frac{5}{1000}+500\times\frac{20}{1000}+100\times\frac{200}{1000}=50$이다. 즉 50원이다. 이것이 복권 1장에 대해 기대되는 금액이다.

상 금		당첨 수
1등	10000	1
2등	2000	5
3등	500	20
4등	100	200

기댓값을 평균값이라 부르는 경우도 있다. 다음의 도수분포표로부터 얻어지는 평균값과 여기에서 말하는 기댓값과의 관계를 살펴보자.

동질의 동전 r개를 동시에 던졌을 때, 앞면이 나온 동전의 수를 x_i라고 하자. x_i는 물론 0, 1, 2,…, r의 값을 취한다. 이것을 n번 되풀이한 결과로 다음과 같은 도수분포표를 만들 수 있다.

X를 r개의 동전을 던졌을 때, 앞면이 나온 동전의 개수라 하자.

X의 값	x_1, x_2, $\cdots x_k$	계
도수	f_1, $f_2 \cdots$ f_k	n
개수×도수	x_1f_1, x_2f_2, $\cdots x_kf_k$	$\sum_{i=1}^{k} x_if_i$

이 실험에서 앞면이 나온 개수의 1회마다의 평균값을 $\overline{X}$는 $\frac{x_1f_1+x_2f_2+x_kf_k}{n}=x_1\frac{f_1}{n}$, $x_2\frac{f_2}{n}$, $\cdots x_k\frac{f_k}{n}$(개)로 계산한다.

X가 x_1, x_2, x_3, …, x_k를 취할 확률(이항분포)를 p_1, p_2, p_3, …, p_k라면, n이 클 경우 대수법칙에 의해 $\frac{f_1}{n}$, $\frac{f_2}{n}$, ……, $\frac{f_k}{n}$는 각각 p_1, p_2, p_3, …, p_k이므로, 매 번 동전의 앞면이 나올 평균은 $x_1p_1+x_2p_2+x_3p_3$, $\cdots+x_kp_k$가 되고, 이것이 '기댓값'이다.

[예 1] 2개의 동전을 던져서 앞면이 나오는 개수의 기댓값을 구해 보자.

〈풀이〉 2개의 동전을 던졌을 때 면이 나오는 경우는 각각 (앞, 앞), (앞, 뒤), (뒤, 앞), (뒤, 뒤)의 4가지이다. 앞면이 나오는 횟수는 0(번), 1(번), 2(번)의 3가지이다. 앞면이 나오지 않을 확률과 두 번 나올 확률은 각각 $\frac{1}{4}$이고, 한 번 나올 확률은 $\frac{1}{2}$이다. 따라서 앞면이 나오는 개수의 기댓값 $E(X)=2\times\frac{1}{4}+1\times\frac{1}{2}+0\times\frac{1}{4}=1$이다.

[예 2] 백화점에서 5000(원)을 구매할 때마다 추첨권을 1장씩 나누어 준다. 추첨에서 1등 1명에게는 50000(원), 2등 9명에게는 5000(원), 3등 90명에게는 1000(원), 4등 900명에게는 100(원)의 상금을 준다고 한다. 추첨권을 1000장 나누어 주었을 경우 이 추첨권 1장을 가진 사람의 상금에 대한 기댓값을 구하여 보자.

〈풀이〉 추첨권이 1000장이므로 1등에 당첨될 확률은 $\frac{1}{1000}$, 2등에 당첨될 확률은 $\frac{9}{1000}$, 3등에 당첨될 확률은 $\frac{90}{1000}$, 4등에 당첨될 확률은 $\frac{900}{1000}$이다. 가지고 있는 추첨권은 4가지 상금 중 반드시 1가지에는 당첨될 수 있기 때문에 상금을 받을 기댓값은 $50000\times\frac{1}{1000}+5000\times\frac{9}{1000}+1000\times\frac{90}{1000}+100\times\frac{900}{1000}=$ 275(원)이다.

[예 3] 주사위를 1회 던져서 나오는 눈의 수에 대한 기댓값을 구하여 보자.

〈풀이〉 주사위를 1회 던져서 나올 수 있는 눈의 가짓수는 1-6까지 6가지이다. 그리고 각각의 눈은 1가지만 나오므로 각 눈이 나올 확률은 $\frac{1}{6}$이다. 따라서 나오는 눈의 수에 대한 기댓값은 $1\times\frac{1}{6}+2\times\frac{1}{6}+3\times\frac{1}{6}+4\times\frac{1}{6}+5\times\frac{1}{6}+6\times\frac{1}{6}=3.5$이다.

기본 작도

도형을 작도할 경우 사용하는 도구를 제한하지 않는 작도와 제한하는 작도가 있다. 사용하는 도구를 엄격히 제한하는 작도를 **제한작도**라 하는데 제한작도의 출발점은 원이나 합동인 삼각형을 작도하는 것에서부터 시작된다. 원래 눈금이 없는 자는 직선을 긋기 위한 도구이고, 컴퍼스는 같은 거리(길이)를 작도하는 데 사용하는 도구이다.

■ 작도 공법

- 두 점을 지나는 직선을 그을 수 있고, 선분은 임의의 길이로 연장할 수 있다.
- 임의의 점을 중심으로 임의의 길이를 반지름으로 하는 원을 그릴 수 있다. 작도법을 유한번 사용하여 작도하는 것을 **작도 가능**이라 하고, 작도할 수 없는 것을 **작도 불능**이라고 한다.

■ 3대 작도 불능 문제

- 임의의 주어진 각을 3등분하는 것
- 주어진 정육면체의 체적의 2배인 정육면체 작도
- 주어진 원과 넓이가 같은 정사각형 작도

■ 기본 작도

눈금이 없는 자와 컴퍼스를 이용하여 작도하는 것을 **기본 작도**라 하며, 이 중 몇 가지를 소개하면 표와 같다.

최근 GSP 등 컴퓨터 S/W나 기타 계량적인 도구를 이용하면 매우 난해하고 복잡한 도형까지 작도가 가능하다. 그러나 비교적 간단한 도형까지 이러한 도구를 이용하는 것은 공간지각력이나 도형에 대한 직관력 등의 신장에 장애가 될 수 있다.

① 주어진 선분 AB와 길이가 같은 선분 CD 작도 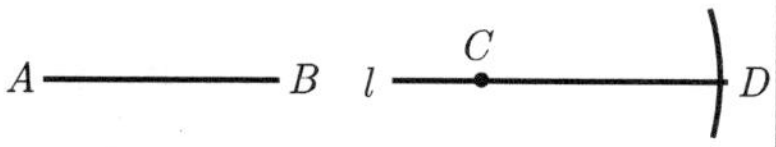	① 직선 ℓ을 긋고 그 위에 한 점 C를 잡은 후, 점 C를 중심으로 AB와 반지름이 같은 원을 그려 ℓ과 D에서 교차시키면, $\overline{CD}=\overline{AB}$이다.
② 주어진 ∠AOB와 크기가 같은 각 ∠A′O′B′ 작도 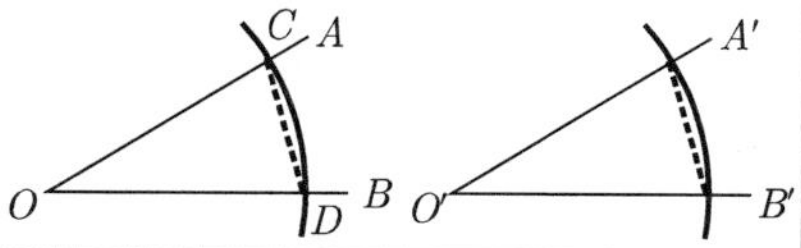	② O를 중심으로 그린 반원 OA, OB와 교차하는 점을 각각 C, D라 하자. 점 O′를 중심으로 반지름이 $\overline{OC}=\overline{OA'}$인 같은 반원을 그리고, O′에서 그은 반직선과의 교점 A′를 반지름이 CD인 반원의 교점을 B′라면, ∠A′O′B′=∠AOB이다.
③ 직선 g와 그 위에 있지 않는 점 P가 주어졌을 때, 점 P를 지나 g에 평행선 작도 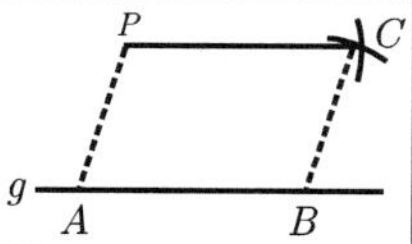	③ 직선 g 위에 두 점 A, B를 잡고, 점 P를 중심으로 하여 반지름이 AB인 원을 그린다. 다음에 B를 중심으로 반지름이 AP인 반원을 그린다. 이 두 반원의 교점 중 PB에 대해서 점 A와 반대쪽의 교점을 C라고 하면, $\overline{PC} /\!/ \overline{AB}$이다.
④ 주어진 ∠AOB의 이등분선 작도 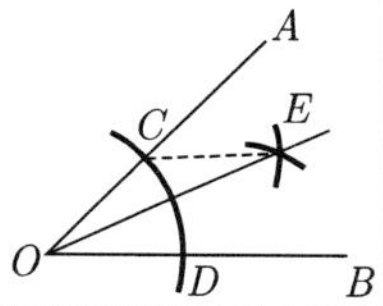	④ O를 중심으로 그린 반원과 OA, OB와의 교점인 점 C와 점 D를 중심으로 반지름이 같은 원을 그려 그 교점을 E라면 반직선 OE는 ∠AOB의 이등분선이다.
⑤ 주어진 선분 AB의 수직이등분선 작도 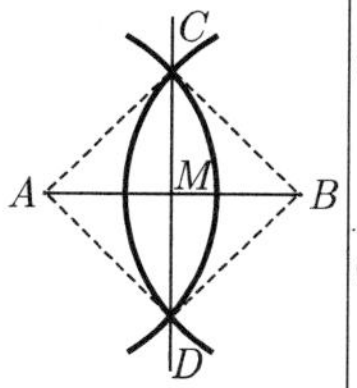	⑤ 두 점 A와 B를 중심으로 반지름이 $\frac{AB}{2}$보다 긴 반원을 그려서 그 교점을 C, D라면, 두 점 C와 D를 이은 성분은 주어진 선분 AB의 수직이등분선이다.
⑥ 주어진 선분 AB의 중점 작도	⑥ 선분 AB의 수직이등분선과 선분 AB와의 교점을 M이라고 하면 M이 선분 AB의 중점이다.
⑦ 직선 g와 그 위에 주어진 점 P에서 g에 수선 작도 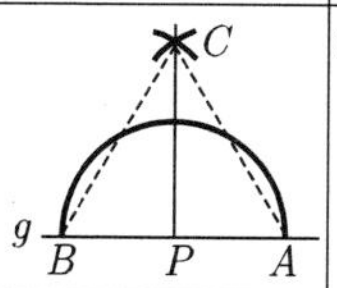	⑦ 점 P를 중심으로 그린 반원과 선분 g와 교점인 두 점 A와 B를 중심으로 하여 반지름이 $\frac{AB}{2}$보다 긴 반원을 그리고, 그 교점을 C라고 하면, $\overline{PC}\perp\overline{AB}$이다.
⑧ 직선 g와 그 위에 있지 않는 점 P에서 직선 g에 수선 작도 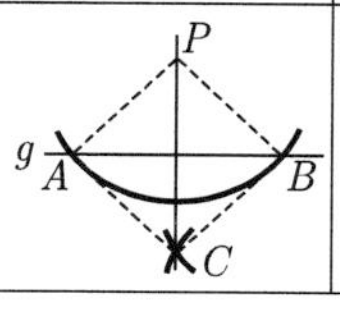	⑧ 직선 g 위에 한 점 A를 잡고, P를 중심으로 반지름이 PA인 반원과 직선 g와의 교점을 A, B라고 하자. 두 점 A와 B를 중심으로 반지름이 같은 두 반원과의 교점을 C라고 하면, $\overline{PC}\perp\overline{AB}$이다.

기수법/명수법

「기호를 사용하여 수를 나타내는 방법을 **기수법**(記數法)이라 하고, 이때 사용한 기호를 **숫자**(數字)」라고 한다. 또 「수를 세거나 읽을 때, 수를 부르는 방법. 즉 수의 이름을 **명수법**(命數法)이라고 하고, 그때 쓰인 말을 **수사**(數詞)」라고 한다.

기수법과 명수법은 시대와 나라에 따라서 여러 가지 방법이 있다. 그와 함께 숫자나 수사도 여러 가지가 있다. 각 나라마다 언어가 다르기 때문에 명수법은 나라마다 다르지만 기수법은 대부분의 나라에서 공통적으로 십진기수법에 따른 자릿값의 원리를 사용하고 있다. 숫자 0~9까지의 10개의 아라비아 숫자를 써서 나타내는 십진기수법은 인도·아라비아 기수법이라도 한다. 고대 이집트나 메소포타미아, 로마나 중국 등에서도 [표 1]과 같이 독자적인 기수법이 있었다.

[표 1] 여러 가지 기수법

고대 이집트 숫자	ǀ, ǀǀ	…	ǀǀǀǀǀ	…	∩	…	∩∩∩∩∩	…	e	ee∩∩∩∩ǀǀǀǀǀ
로마 숫자	I, II	…	V	…	X	…	L	…	C	CCXLVI
한(漢) 숫자	一, 二	…	五	…	十	…	五十	…	百	二百四十六
인도, 아라비아 숫자	1, 2	…	5	…	10	…	50	…	100	246

이집트 문자는 상형문자이고 바빌로니아의 숫자는 설형문자로 이들 기수법은 10배가 될 때마다 새로운 기호를 사용하므로 기본적으로는 십진법이라고 할 수 있다. 한편 로마의 기수법은 5배와 10배마다 새로운 기호를 사용하였고, 인도·아라비아 기수법은 십진기수법의 자릿값 원리를 이용해서 자리의 위치에 따라 같은 기호라도 서로 다른 값을 부여한다.

■ 기수법

기수법에는 다음 3가지가 있다.

- ㅁ **가법적 기수법**이란 로마숫자 Ⅰ, Ⅱ, Ⅲ, Ⅳ, Ⅴ, Ⅵ(=Ⅴ+Ⅰ), Ⅶ(=Ⅴ+Ⅱ)… 처럼 기본수를 나타내는 기호와 기본수를 더하는 형식으로 어떤 수를 나타내는 기수법으로 고대이집트의 상형문자나 로마기수법이 있다.
- ㅁ **위치적 기수법**이란 $785=700+80+5=(7\times\underline{100}+8\times\underline{10}+5\times\underline{1}=7\times\underline{10^2}+8\times\underline{10^1}+5\times\underline{1^0})$, …처럼 숫자가 쓰인 위치에 따라 고유한 자릿값(place value)을 가지는 기수법으로 마야의 기수법이나 힌두·아라비아 기수법이 있다. 예컨대 '756'에서 기본숫자 '7'의 자릿값은 100이므로 숫자 '7'이 나타내는 수 값은 '700'이다.
- ㅁ **승법적 기수법**은 九百四十七=9×100+4×10+7×1, …처럼 기본수와 배의 의미를 나타내는 기호를 조합하여 수를 나타내는 기수법으로 중국의 기수법이다. 승법적 기수법은 큰 수를 나타낼 때 차지하는 공간을 최대한으로 줄일 수 있는 장점이 있지만 큰 수가 나타날 때마다 새로운 단위를 만들어야 하는 단점도 있다.

■ 명수법

명수법은 그 나라의 모국어에 의존한다. 우리나라에서는 옛부터 '하나, 둘, 셋, 넷, 다섯, 여섯, 일곱, 여덟, 아홉, 열'라고 부르고 백을 '온', 천을 '곤', 만은 '드믄' 등으로 부르고 있었다.

십진법에서 자연수는 4자리마다 새로운 수사를 도입해서 새로운 수사와 만(萬) 미만의 수사를 조합해서 새로운 이름을 붙여서 사용하고 있다.

…	백	십	조	천	백	십	억	천	백	십	만	천	백	십	일
…															

그러나 소수는 소수첫째 자리부터 자릿값이 낮은 차례로 한 자리씩 내려갈수록 할, 푼, 리, 모 , … 등 새로운 이름을 붙여 읽었다.

※ 수를 읽는 방법은 우리말로 읽는 방법과 한자말로 읽는 방법이 있다. 예컨대 사람 수, 개수, 횟수, 마리 등의 분리된 양을 셀 때에는 우리말로, 그리고 부피, 넓이 등 연속량을 읽을 경우와 이름수를 읽을 경우에는 한자말로 읽는다. 사람 20명은 '스무명'으로, 넓이 $20m^2$는 '이십제곱미터'로 읽는다. 또 수를 읽는 것은 문맥을 파악하여 읽어야 한다. 예컨대 ① 15번(→십오번)버스를 하루에 15번(→열다섯 번) 탄다. ② 골프경기에서 217점(→이백열일곱타)을 받아 우승하였다.

기하적 공리

공리란 증명 없이 옳다고 인정한 명제로서 추론의 기초인 동시에 출발점으로써 무모순성이 보장되어야 한다. 기하학습에서 중요한 공리는 직선의 공리, 평행선의 공리, 이동의 공리 등 3가지가 있다.

■ 직선의 공리

평면 위의 도형 사이의 관계에 대하여 그 성질이나 구조를 연구할 때 가장 먼저 문제가 되는 것은 점과 직선의 관계이다. 먼저, 평면 위의 한 점과 한 직선을 생각할 때 점과 직선의 위치 관계에 대해서는 점이 직선 위에 있느냐? 또는 직선 밖에 있느냐? 의 2가지가 경우가 있다. 점이 직선 위에 있는 경우는 직선이 이 점을 지나는(포함한다)경우이고, 점이 직선 밖에 있는 경우는 지나지 않는(포함하지 않는다)경우이다.

다음은 한 정점을 지나는 직선은 몇 개인가 하는 것이다. 물론 무수히 많다. 그러면 두 정점을 지나는 직선은 몇 개인가? 「같은 평면 위에 있는 서로 다른 2점을 지나는 직선은 1개뿐이다. 라는 공리를 **직선의 공리**」라고 한다. 이 공리는 2점을 지나는 직선을 1개 그을 수 있을 수 있을 뿐 아니라 1개 이상 그을 수 없다는 것을 의미한다.

따라서 만일 두 직선이 서로 다른 2점을 공유한다면 그 두 직선은 일치하게 된다. 이 사실에서 서로 다른 2직선이 공유점을 갖는다면 공유점은 단 1개밖에 없다는 결론을 얻는다.

■ 평행선의 공리

평면 위의 두 직선은 일치하지 않는 한 서로 다른 두 점을 공유할 수는 없다. 따라서 두 직선은 공유점이 없거나 한 점만을 공유하게 된다. 즉 평면위의 두 직선이 만나거나 만나지 않거나의 2가지 경우이다. 「평면 위에서 만나지 않는 두 직선은 서로 **평행**」이라고 하고 그 한쪽을 다른 쪽의 평행인 직선 또는 간단히 **평행선**이라고 한다.

「'한 직선 밖의 한 점을 지나고 이 직선에 평행인 직선은 1개뿐이다.'라는 공리를 **평행선의 공리**」라 한다. 이 공리는 직선 밖의 한 점을 지나는 무수히 많은 직선 가운데 이 직선에 평행인 직선은 단 1개밖에 없다는 것을 나타내는 공리로 이 공리에 의하면 평행인 두 직선의 한 쪽과 만나는 직선은 반드시 다른 쪽과도 만난다고 말할 수 있다.

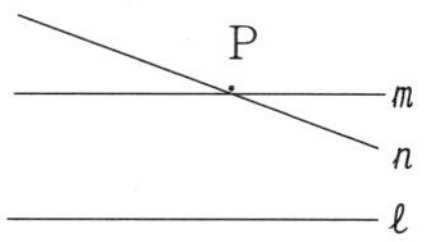

이들 세 직선을 각각 L, m, n이라 하고 m//l이고 m, n이 한 점 P에서 만난다고 하면 P는 m 위의 점이기 때문에 l 위에는 없다. 곧 P는 l 밖의 점이다. 공리에 의해서 m은 l 밖의 한 점 P를 지나 l에 평행한 단 1개의 직선이다. 그런데 n은 m과 다른 직선이다. 따라서 n은 l에 평행이 아니다. 곧 n은 l과 만난다.

※ 평행선의 공리를 증명하려다가 실패한 후 다음과 같은 새로운 공리를 설정함으로써 비유클리드기하학이 출현되었다.

- 직선 위의 한 점을 지나서 이 직선에 평행인 직선은 2개가 있다(Lobatchevski–Balyai)의 기하학).
- 직선 외의 한 점을 지나서 이 직선에 평행인 직선은 하나도 없다(Riemann)의 기하학)

■ 이동의 공리

「한 도형을 모양이나 크기를 변하지 않게 자유롭게 이동시킬 수 있다.는 공리를 **이동의 공리**」라 한다. 이 공리에 의해서 선분이나 각은 그 길이나 크기를 변하지 않게 자유로이 이동할 수 있다.

이동의 공리를 이용한 도형의 이동에는 평행이동, 대칭이동, 회전이동을 생각할 수 있는데,

- 평형이동이란 평면상의 주어진 도형을 같은 방향으로 일정한 거리만큼 옮기는 것을 말하며, 점을 평행이동시키면 직선이 되며, 직선을 평행이동시키면 평면이 되고, 평면을 평행이동시키면 입체가 된다.
- 대칭이동이란 주어진 도형을 점, 선, 면에 대하여 대칭적으로 옮기는 것으로 각각 점대칭, 선대칭, 면대칭이라고 한다.
- 회전이동이란 주어진 도형을 동일한 평면 위에 있는 한 점을 중심으로 그 평면 위에서 일정한 각도만큼 회전시키거나, 동일한 공간에서 일직선을 축으로 하여 일정한 각도로 회전시키는 이동을 말한다. 회전체는 평면도형을 일직선(회전축)을 중심으로 일정한 각 만큼 회전시킨 도형이다.

기하판

기하판은 영국의 수학교육자 가테뇨*Gattegno*가 개발한 교구로 원래는 [그림 1]처럼 판자 위에 일정한 간격으로 배열된 격자점에 못을 박아놓은 것을 말한다. 고무줄이나 실을 못에 걸어 다양한 도형을 구성하거나 도형의 성질을 탐구하는데 사용된다. 초기의 기하판은 정사각형의 판 위에 가로, 세로로 일정한 간격(보통 2~3cm)으로 각각 5개의 못을 박아 만들어 사용하였다. 그러나 최근에는 이를 변형하여 [그림 2]나 [그림 3]처럼 가로, 세로로 각각 9개(3×3), 16개(4×4), 25개((5×5)의 못을 박아 만든 정사각형 모양의 기하판과 원의 중심에 1개의 못과 그 둘레에 12개, 판의 네 모서리에 1개씩 모두 17개의 못을 박아 만든 원 모양의 기하판 뿐만 아니라 판이 곡면인 것과 못의 간격을 바꾸어 놓은 것 등 창의적으로 변형한 기하판이 있다.

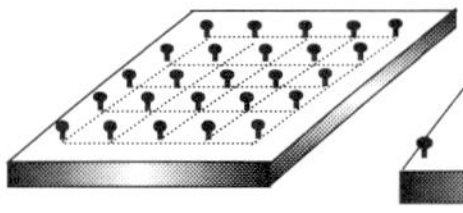
[그림 1]

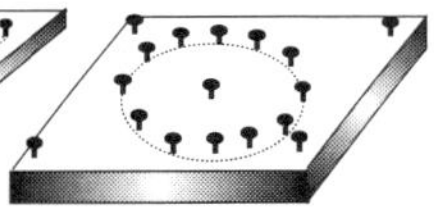
[그림 2]

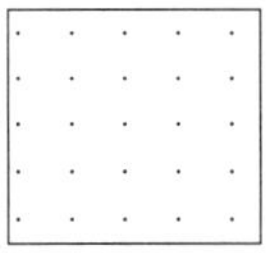
[그림 3]

■ **기하판의 활용**

기하판을 이용한 활동은 교사의 지시나 통제로부터 벗어나 학생 스스로 도형의 여러 가지 성질을 발견할 수 있다. 예컨대, 2개 못을 하나의 고무줄을 늘여서 연결하면 하나의 직선을 만들거나 하나의 고무줄을 1개의 못에 걸어서 두 방향으로 잡아당기면 각이 만들어지는 것을 경험할 수 있다.

기하판은 주로 다음과 같은 내용의 학습에 사용되지만 이밖에도 여러 가지 수학적 개념이나 원리·법칙 및 공간감각과 사고력을 기르는 데 사용할 수 있다.

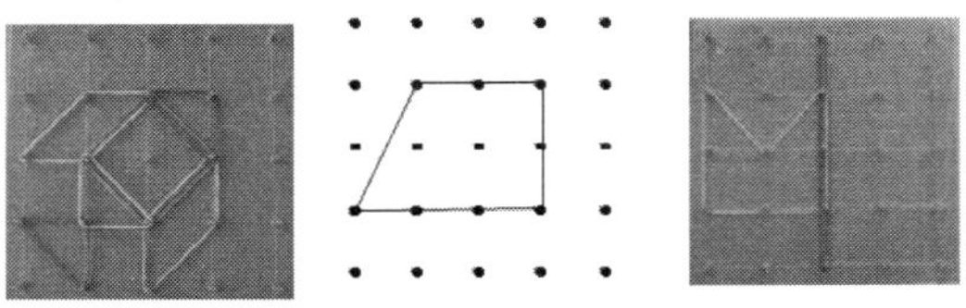
[그림 4]

① 못에 고무밴드를 걸어서 여러 가지의 도형을 만든다. 예컨대 [그림 4]처럼 고무줄로 못을 차례대로 연결하여 삼각형, 사각형, 오각형 등 다각형 만들기와 그 성질 탐구하기, 오목·볼록 다각형의 개념 지도, 도형의 합동과 닮음 및 그 성질 등을 지도할 수 있다. 이 경우 대칭이동, 회전이동, 평행이동 등 도형의 변환에서 합동인 도형을 같은 도형으로 볼 수 있어야 한다.

② 모눈 사이의 실제 길이에 관계없이 모눈 한 칸으로 이루어진 정사각형을 단위로 해서 위 ①에서 만든 도형의 넓이를 탐구할 수 있으며, 이 경우, 등적변환도 학습의 대상이 된다.

③ 위 ①에서 만든 도형의 변과 내부에 있는 못의 수 사이의 관계에서 규칙성을 찾아 그 도형의 넓이를 구할 수 있다. 즉 도형의 변에 있는 못의 수를 a, 그 도형 내부에 있는 못의 수를 b, 도형의 넓이를 S라고 하면, $S=\frac{a}{2}+b-1$이라는 피크*Pick*의 공식을 얻을 수 있다.

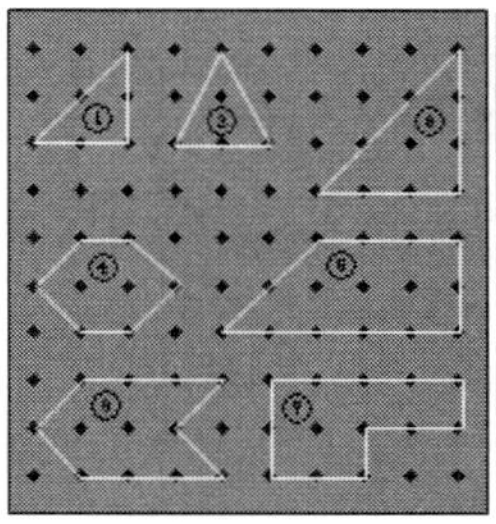

도 형	변에 있는 못의 수	내부에 있는 못의 수	넓이
①			
②			
③			
④			
⑤			
⑥			
⑦			

④ 이 밖에도 기하판은 도형의 넓이와 둘레 사이의 관계, 패턴, 분수, 그래프의 좌표, 무리수, 선분 길이의 속성, 피타고라스 정리 등을 탐구할 수 있는 교구가 된다.

■ **또 다른 활용의 예**

① 합동변환 중에서 평행이동의 성질을 탐구하는데 사용하며, 임의의 주어진 도형을 좌우 또는 상하로 옮겨 본다.

② 합동변환 중에서 대칭이동의 성질을 탐구하는데 사용하며, 임의의 주어진 도형을 좌우, 상하 또는 대각선으로 뒤집어 본다.

③ 둘레가 일정하고 넓이가 다른 여러 가지 다각형을 구성해 봄으로써 둘레가 일정하더라도 넓이가 다를 수 있다는 사실과 그 역의 활동도 할 수 있다.

[예] 둘레의 길이가 8로 일정하고, 넓이가 다른 도형을 여러 가지 만들어 봅시다. 등

기하학

기하학은 공간에 있는 도형이나 대상들의 치수, 모양, 상대적 위치 등을 연구하는 수학의 한 분야이다. 고대 이집트인은 홍수로 나일강이 범람한 후에는 토지를 적절하게 재분배하기 위하여 측량을 하였는데 이러한 토지 측량에 의한 도형의 연구를 기하학의 기원이라고 보고 있다. 기하학은 영어로 geometry라 하는데, geo는 토지를, metry는 측량을 뜻한다. 이집트인에 의해 개발된 이같은 도형에 관한 지식은 지중해를 건너 그리스로 전파되었는데, 경험적이었던 이집트인과는 달리 논리적인 사고방식에 능했던 그리스인은 도형에 대한 이론을 새로이 정립하고, 연역적으로 이를 논하였으며, 탈레스와 피타고라스의 노력에 의해 비약적으로 발전하였다.

예컨대 두 삼각형의 합동과 닮음, 비례 관계 등은 탈레스에 의해 정리되었고, 또 피타고라스학파에 의해 피타고라스의 정리가 발견되고 증명되었다. 그 당시의 기하학에 관한 지식은 유클리드에 의해 《기하학원본 : Stoicheia》이란 이름으로 집대성됨으로써 유클리드기하학(초등기하학)의 체계가 완성되었다. 17세기에 접어들어 데카르트는 좌표라는 개념을 기하학에 도입하여 해석기하학(解析幾何學)을 확립하였고, 그 후 뉴턴과 라이프니츠에 의해서 미적분학이 발견됨에 따라 기하학은 다시 미분기하학으로 발전하였다. 한편, 르네상스의 성당 건축의 필요에서 탄생된 석공술과 축성술에 자극을 받아 몽즈의 화법기하학(畵法幾何學)이 탄생되었고, 이것은 사영기하학으로 발전하였다.

또 유클리드의 평행선공리는 그 이전부터 비판의 대상이 되었는데, 19세기에 접어들어 그것을 부정한 비(非)유클리드기하학이 로바체프스키, 보야이, 리만 등에 의해 확립되었다. 또한 19세기 말 이래 위상수학의 탄생과 더불어 도형에 위상도입, 두 도형의 동상(同相)과 위상사상(位相寫像) 등의 개념을 도입한 위상기하를 비롯해 군(群)과 다양체이론(多樣體理論)의 발전과 함께 탄생한 미분위상기하학 등은 수학뿐 아니라 자연과학 전반에 걸쳐 크게 기여하였다.

■ 기하학의 중요성

기하의 매력과 중요성은 그동안 다음 4가지 측면에서 인간 활동에 핵심적 역할을 해 왔다.

① 측량술이나 작도 같은 실용적인 면에서, 도형과 측정 기술들은 작업을 계획하고 결과를 표현하는 데 필수적이다.

② 과학적으로 천문학적 현상을 모델링하기 위한 아이디어들과 물리적 힘의 작용, 생물의 형상 등을 제공한다.

③ 예술에서 대칭과 사영의 기하학적 개념들은 무어인(Moorish) 양식의 건축 모자이크나 르네상스 화법에서 원근법의 소개 같은 창조물의 기본이다.

④ 공리체계로서, 기하의 유클리드 형식이 학자와 학생들에게 20세기동안 가설 연역적 추리의 모델로서 공헌했다.

■ 기하교육의 역할

수학교육자인 Freudenthal은 '기하학은 아이들이 생활하고 호흡하고 활동하는 공간에 대한 이해로써 아이들이 실제 생활에서 보다 더 잘 생활하고 호흡하고 활동하기 위해서는 공간에 대해 배우고 발견하고 이해해야만 한다.'고 기학교육의 중요성을 강조하였다. 학교수학에서 기하교육의 역할을 정리하면 다음과 같다.

- 논리적인 사고력과 실세계에 대한 공간적 직관력을 길러준다.
- 수학의 다른 영역 및 타 학문을 연구에 필요한 지식을 제공한다.
- 일상생활을 영위하는 데 있어서 모델의 역할을 하며, 수학적 명제를 읽고 해석하는 것을 지원해 준다.

■ 기하학에 대한 미래의 조망

공간에 있는 대상의 모양, 크기, 위치를 표현하기 위한 벡터, 좌표, 변환의 사용은 학교 프로그램에서의 유용성이 증명됨으로서 기하학의 중요성이 증가되고 있다. 특히 최근 개발되고 있는 컴퓨터 그래픽들은 학교 기하의 고유영역과 교수 방법에 대한 근본적인 변화와 함께 학생들이 도형과 그것들의 특성들을 새로운 방법으로 연구하도록 촉진시킬 것이다.

기호/부호

정보를 좀 더 간결·명료하면서도 정확·신속하게 표현·전달하고, 유지·관리하기 위한 도구로서 문자 대신에 기호를 만들어 사용한 것으로 알려지고 있다.

■ **기호(記號. symbol)**

기호는 부호보다 넓은 의미를 함축하고 있는 것으로 「어떤 사실이나 의미를 나타내기 위하여 일정한 규약(規約)에 따라 전달하는 표현 수단으로 쓰이는 동작이나 부호, 문자, 숫자, 표지 등을 **기호**」라고 한다. 기호는 크게 자연적 기호와 인공적 기호의 2가지로 나누는 데 '땅이 흔들리는 것을 느끼고 지진을 생각하거나 먹구름을 보고 비가 올 것을 예상하는 등' 현상 그 자체에서 의미를 느끼는 것을 **자연적 기호**라 하고, '빨간 신호등이 켜지면 정지하고, 두 손가락으로 V자를 만들면 승리를 의미하는 것'은 **인공적 기호**의 한 예이다. 인공적 기호는 사회적 약속이나 규약이기 때문에 **규약기호**, 또는 **관습적 기호**라 한다. 이렇게 볼 때, 우리가 사용하는 언어나 지도에서 사용하는 기호나 수학의 기호 등은 인공적·관습적인 기호이다.

기호는 무엇인가의 의미와 실체를 나타내기 위한 시각, 촉각 등의 감정에 호소하는 것이다. 또한 기호는 인간의 지식, 의지, 감정을 어떤 물리현상을 통하여 나타내는 하나의 표현 형식으로 대상이나 사물의 모사(模寫)인 동시에 인간의 내적 과정과도 결합된 것으로 인간정신의 내부와 외적(外的)인 실제를 연결 또는 매개하는 작용을 한다.

고전 논리학이 일상적인 언어를 사용하여 의미를 나타내는 것에 비하여 수학에서는 인공적으로 약속된 기호를 사용함으로써 일상 언어의 애매성이나 혼란과 오류를 방지하고 정보를 정확하면서도 간결·명료하게 처리할 수 있다.

수학에서는 각종 개념이나 원리·법칙 및 사고과정이나 의사소통 과정 등을 주로 기호를 사용하여 나타낸다. 이런 점에서 수학자들은 기호를 애용하고 있으나 일반인들이 수학을 가까이 하지 않거나 타교과 학습에 비해 수학학습을 어려워하는 이유 중의 하나가 기호의 작용원리나 구조 때문이라고 할 수 있다.

기호는 정확하게 전달해야 하는 객관성을 지녀야 하며, 그와 결합된 관념이 있을 때 의미를 갖기 때문에 기호학습은 그 의미인 관념, 즉 개념학습이라고 할 수 있다. 초보단계의 수학학습에서는 수량의 크기를 나타내는 1, 2, … 등 상수기호와 =, ≠, <, >… 등 관계기호, 그리고 +, −, ×, ÷ … 등 연산기호를 사용하지만 이후 발전적으로 대수학, 해석학 등으로 학습의 범위가 확장되면 좀 더 포괄적인 의미를 지닌 또 다른 변수기호와 연산기호, 함수기호 … 등을 사용하여 의미나 관계를 나타낸다.

■ **규약기호의 분류**

□ **대상기호** : 사물이나 특정한 대상을 나타내는 기호

- 상수기호 : 1, 2, $\frac{3}{4}$, 0.34, π, … 등
- 변수기호 : a, b, △, x, y, A, B, … 등
- 특징기호 : $\bar{a}$(벡터), i(허수단위), … 등

□ **술어기호** : 명제나 수학적 문장을 나타내는 기호

- 연산기호 : +, −, ×, ÷, ∪, ∩, •, ∗ … 등
- 함수기호 : f, g, F, G, … 등
- 관계기호 : =, ≡, ≒, ∽, ∈, ⊂, ≠, >, … 등

□ **논리기호** : 논리적 추론과 관련된 기호. 예컨대 ∧, ∨, →, ⇒, ∼, ⇔, ∀, … 등

□ **보조기호** : ( ), { }, [ ],… 등

□ **도형기호** : 도형 및 그들 사이의 관계를 나타내는 기호. 예컨대 ∠, ⊥, △, ∥, □, … 등

■ **부호(符號. sign)**

「부호란 특정한 사실이나 대상에 따라 그 의미를 부여하기 위하여 개별적으로 쓰는 기호를 **부호**」라고 한다. 예컨대 $^{+}1$, $^{+}2$, …에서 기호 '+'는 양수를 나타내는 양의 부호 또는 양호라 하며, $^{-}1$, $^{-}2$, …에서 기호 '−'는 음수를 나타내는 음의 부호 또는 음호라 한다. +, −를 합하여 수의 부호라 한다. 수 '0'은 양이나 음의 성질을 지니지 않기 때문에 부호가 없다. 산술에서는 $^{+}0$과 $^{-}0$은 모두를 0으로 간주하며, 또한 $-(^{-}0)=0$이다. 그러나 전산분야의 정보처리 과정에서 0에 부호를 부여하기도 하며, 함수의 극한에서도 0에 부호가 필요한 경우가 있다. 수식에서 덧셈 기호 +, 뺄셈 기호 −와 양의 부호 +, 음의 부호 −가 종종 혼용하여 사용되는 데 연산 기호로서 사용할 때는 구별해야 한다.

나눗셈

나눗셈은 곱셈의 역연산으로 「두 정수 a, b에 대하여 $x \times b = a$에서 $b \neq 0$일 때, $x = a \div b$로 x의 값을 구하는 것을 **나눗셈**이라 하며, 이 식에서 x를 몫, a를 **피제수**, b를 **제수**」라 한다. 또는 「a, b를 정수라 할 때, $a = bq + r(0 \leq r < b)$에서 q와 r을 구하는 것은 **나눗셈**이라 하며, a를 **피제수**, b를 **제수**, q를 **몫**, r을 **나머지**」라고 한다. 나눗셈의 도입은 등분제와 포함제가 자주 이용된다.

■ 등분제

「**등분제**란 주어진 양을 크기가 같게 몇 개의 양으로 나누었을 때 그 하나의 크기를 구하는 방법」으로 하나의 집합을 몇 개의 같은 크기의 집합으로 분할할 때, 분할하는 집합의 개수가 주어진 경우이다. 예컨대 '빵 13개를 4사람에 주면 1사람이 얼마씩 가지는가?'의 문제에서 1사람에게 3개씩 나누어 주면 1개가 남는다. 똑같이 나누어주어야 하므로 나머지 1개를 4등분하면 1사람에게 $\frac{1}{4}$씩 더 줄 수 있다. 따라서 1사람의 몫은 $3\frac{1}{4}$이다. 이처럼 등분제에서는 나머지를 생각할 수가 없다.

■ 포함제

「**포함제**란 주어진 양에 또 다른 양이 몇 개가 들어있는가를 구하는 방법」으로 하나의 집합을 몇 개의 같은 크기의 집합으로 분할할 때, 분할하는 집합의 크기가 주어진 경우이다. 예컨대 "사과 12개를 한 접시에 4개씩 나누어 담으면 모두 몇 접시나 될까?"라는 문제에서 접시의 수를 구하기 위해 $12-4-4-4=0$처럼 12에서 연속하여 4씩 빼면 12 속에는 4가 3번 들어있다. 이것을 나눗셈식으로 나타내면 $12 \div 4 = 3$이다.

포함제는 전체 사과 수에서 한 접시에 담길 사과 수를 몇 번 뺄 수 있겠는가의 횟수를 구하는 연산이라고도 생각할 수 있는데 이것은 나눗셈을 동수누감에서 누감의 횟수를 구하려는 사고방법으로 곱셈의 동수누가의 역사고(逆思考)관계이다.

$12 \div 4 = \square$의 등분제는 12개를 4명에게 1개씩 나누어 없어질 때까지 반복하며, 포함제는 12개의 물건을 1명에게 4개씩 나누어 없어질 때까지 반복하되 나누어 주고 남은 나머지를 생각해야 한다. 등분제와 포함제를 시각화하면 다음과 같다.

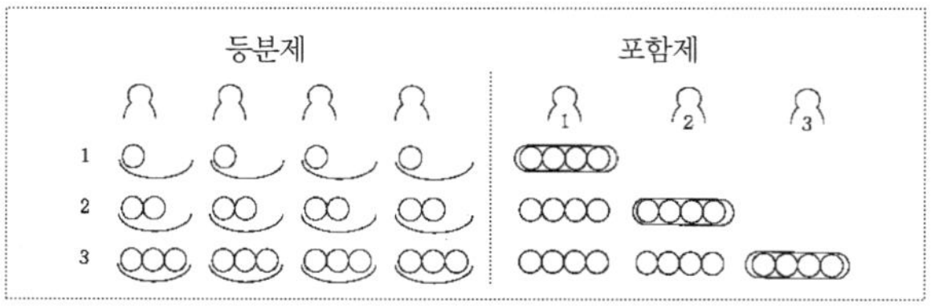

구체적 조작으로 "나눈다."는 조작으로 등분제, 포함제를 구별하도록 지도할 필요가 있다. 예컨대 학급의 학생 수를 "5명씩 몇 조로 나눈다."는 것과 "똑같이 5조로 나눈다" 것과의 차이를 명확하게 하는 것이 필요하다. 등분제는 (명수)÷(무명수)=(명수)라는 연산이고, 포함제는 (명수)÷(명수)=(무명수)라는 연산인데 처음부터 이와 같은 형식적인 지도를 하는 것은 바람직하지 못하다. 오히려 구체적인 문제 장면으로부터 나눗셈의 감각과 이미지를 형성시키는 것이 필요하다. 예컨대 등분제는 피자를 몇 사람에게 등분하는 이미지, 포함제는 길이를 측정하는 이미지와 연결시키는 것이 바람직하다. 전자는 "단위량의 크기를 구하는 방법이고 후자는 "단위량이 몇 개 들어있는가?"를 구하는 방법이다.

■ 자연수 범위에서 나눗셈의 성질

① a, $b \in W$이면, $a \div b \notin W$일 수도 있다.

② a, $b \in W$일 때, $a \div b \neq b \div a$일 수도 있다.

③ a, b, $c \in W$일 때, $(a \div b) \div c \neq a \div (b \div c)$일 수도 있다.

④ 임의의 $a \in W$에 대하여 $a \div 1 = a$, $a \div a = 1$이다.

⑤ a, $b \in W$일 때, $(a \div b) \times b = a$, $(a \times b) \div b = a$

⑥ a, b, $c \in W$일 때, $(b+c) \div a = (b \div a) + (c \div a)$, $(b-c) \div a = (b \div a) - (c \div a)$. 즉 나눗셈은 덧셈이나 뺄셈에 관해서 오른쪽에서 배분적이다.

⑦ 임의의 $a \in W$에 대하여 $0 \div a = 0$, $0 = a \times 0$은 부정이다. a가 어떤 값을 취하더라도 $a \times 0 = 0$이다(부정).

⑧ 임의의 $a \in W$에 대하여 $a \div 0$은 불능이다. 즉 어떤 수를 0으로 나누는 문제는 생각할 수 없다(불능). $\square \times 0 \neq 2 \rightarrow 2 \div 0 = \square$를 만족하는 수는 없다.

⑨ a, b, $c \in W$일 때, $a \div (b \times c) = (a \div b) \div c$,
$a \div (b \div c) = (a \div b) \times c$,
$(a \times b) \div c = (a \div c) \times b = (b \div c) \times a$

⑩ a, b, $m \in W$일 때, $a \div b = (a \times m) \div (b \times m)$
$= (a \div m) \div (b \div m)$, $m \neq 0$

나눗셈 방법

교과서에서 다루지 않는 몇 가지 방법에 대해서 살펴본다.

■ Scaffold법을 이용한 계산

나눗셈은 덧셈, 뺄셈, 곱셈과 달리 자릿값이 높은 자리부터 낮은 자리의 차례로 계산해야 하며, 가정몫을 정해야 하고, 곱셈과 뺄셈이 동시에 수반되는 계산으로 다른 사칙계산에 비해 어렵다. 몫을 정하는 것을 어려워하는 학생들에게는 Scaffold 방법을 대안적으로 적용해보는 것이 좋다.

Scaffold 계산법은 다음 〈방법 1〉, 〈방법 2〉처럼 나머지가 제수보다 작을 때까지 피젯수에 젯수가 몇 번 들어있는지를 어림하여 구하는 방법으로 몫의 자릿값에 대한 혼란을 줄일 수는 있으나, 몫을 추측하고 검토·확인하는 과정이 비효율적이다. 〈방법 1〉은 저학년 초기에 나눗셈 알고리즘을 지도 방법으로서는 권고할 수 있으나 기본 원리가 이해된 이후에는 단계 ①, ③을 합하여 표준 알고리즘 지도의 중간 과정으로 지도하는 것이 바람직하다고 보겠다.

〈방법 1〉

5739÷31=□

```
31)5739
   3100  ← (100×31)
   2639
   1550  ← (50×31)
   1089
    930  ← (30×31)
    159
    155  ← (5×31)
      4     185
```

…① 5739에는 31이 얼마쯤 들어있을까? 어림 : 100
…② 2639에는 31이 얼마쯤 들어있을까? 어림 : 50
…③ 1089에는 31이 얼마쯤 들어있을까? 어림 : 30
…④ 159에는 31이 얼마쯤 들어있을까? 어림 : 5
…⑤ 4<31이므로, 5739에 들어있는 31의 수를 모두 합하면, 100+50+30+5=185이고, 4가 남는다. 즉 몫은 185이고, 나머지는 4이다.

〈방법 2〉

5739÷31=□

※ 답을 제수 위에 거꾸로 쓰고, 그 합을 구한다.
5739에 들어있는 31의 수를 모드 합하면 100+50+30+5=185이고, 4가 남는다. 따라서, 몫은 185이고, 나머지는 4이다.

```
    185
      5 ④
     30 ③
     50 ②
    100 ①
31)5739
   3100  ← (100×31)
   2639
   1550  ← (50×31)
   1089
    930  ← (30×31)
    159
    155  ← (5×31)
      4     185
```

…① 5739에는 31이 얼마쯤 들어있을까? 어림 : 100
…② 2639에는 31이 얼마쯤 들어있을까? 어림 : 50
…③ 1089에는 31이 얼마쯤 들어있을까? 어림 : 30
…④ 159에는 31이 얼마쯤 들어있을까? 어림 : 5
…⑤ 4<31이므로, 더 이상 계산하지 않는다.

■ 나눗셈을 분수로 고쳐 계산하는 방법

다음 나눗셈 '126÷17'의 알고리즘은 논리적 모순은 없으므로 수학적으로 타당하다. 그러나 몫을 계산하는 절차가 복잡하고 효율성이 떨어질 뿐만 아니라, 소수의 나눗셈으로 확장할 경우 장애가 발생하므로 일반화할 가치는 적다.

$$\begin{array}{r} 126 \\ \div\ 17 \\ \hline \frac{6}{17} \\ 1\frac{3}{17} \\ 5\frac{15}{17} \\ \hline 6\frac{24}{17} = 7\frac{7}{17} \end{array}$$

- 6을 17로 나누면 $\frac{6}{17}$이다.
- 20을 17로 나누면 $1\frac{3}{17}$이다.
- 100을 17로 나누면 $5\frac{15}{17}$이다.
- 몫을 모두 더한다.
- $\frac{6}{17}+1\frac{3}{17}+5\frac{15}{17}$
  $=(1+5)+(\frac{6+3+15}{17})$
  $=6\frac{24}{17}=7\frac{7}{17}$

■ 비형식적 나눗셈의 예 : 각 개인에 따라 계산 방법은 다양하다. 예컨대 156÷4의 계산에 대해서 살펴보면 다음과 같다.

〈학생 A〉의 계산

```
 156÷4 = 10        25
- 40               10
 116÷4 = 4       +  4
- 16               3 9
 100÷4 = 25
-100
   0
```

A학생은 4×4, 4×10와 4×25=100이라는 사실을 이용하기 위하여 156에서 100이 될 때까지 4씩 몇 묶음을 뺀 후, 4개씩 묶음의 수를 합하여 39묶음이라는 사실을 찾아냈다.

〈학생 B〉의 계산

```
   1 5 6
- ) 4 0  … 10×4
   1 1 6
- ) 4 0  … 10×4
     7 6
- ) 4 0  … 10×4
     3 6
- ) 3 6  … 9 ×4
       0
```

B 학생은 4의 배수에 대한 지식이 넉넉한 학생으로 156으로부터 40씩 연감산을 통해 156에는 4가 39번 들어있음을 알아냈을 것이다.

〈학생 C의 계산〉

1	2	3	4
20	20	20	20
5	5	5	5
10	10	10	10
1	1	1	1
1	1	1	1
1	1	1	1
1	1	1	1

C 학생은 먼저 4개의 열을 만든 후, 먼저 20개씩 분배한 후, 남은 것을 5개씩, 10개씩의 차례로 분배하고, 나머지가 없을 때까지 1개씩 분배하여 각 열에 분배된 개수의 합이 39임을 알아냈을 것이다.

내각/외각

■ 삼각형의 내각과 외각

평면은 [그림 1]처럼 그 위에 있는 삼각형에 의해 두 부분으로 나누어지는데 「3변으로 둘러싸인 부분을 **내부**라고 하고, 나머지 부분을 **외부**」라 한다. [그림 2]에서 「삼각형 ABC의 각 꼭짓점에 만나는 두 변과 내부에 의해 정해지는 각을 그 꼭짓점의 **내각**이라 하고, 삼각형 ABC의 각 꼭짓점에서 한 변의 연장선과 그 이웃하는 변으로 정해지는 각을 **외각**」이라 한다.

한 꼭짓점의 외각은 2개이고, 서로 맞꼭지각으로 각도는 서로 같다. 「한 꼭짓점의 외각과 이웃하는 각을 내각이라 하며, 외각과 정점을 같이하지 않는 2개의 내각을 그 외각의 **내대각**」이라 한다. 삼각형에서 한 외각의 크기는 그 내대각의 합과 같다. 즉 $\triangle$ABC에서 $\angle A+\angle B=\angle ACD$이므로 삼각형에서 세 내각의 합은 180°로 일정하다.

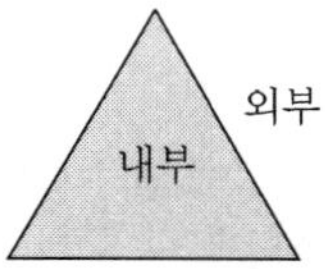

[그림 1]

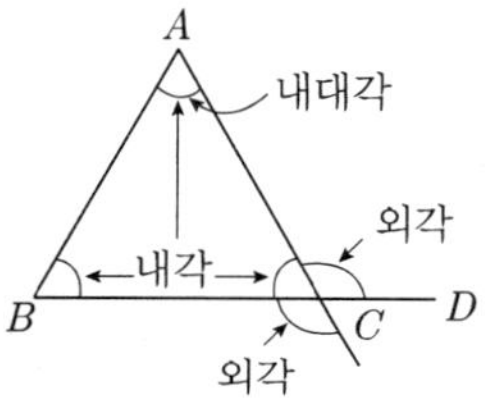

[그림 2]

평행선의 엇각과 동위각 성질을 이용하여 이 정리를 증명할 수 있다. 즉 [그림 3]에서 $\angle a=\angle a'$이고 $\angle b=\angle b'$이므로 $(\angle a+\angle b+\angle c)=(\angle a'+\angle b'+\angle c)=2\angle R$이다. 이 정리는 아르키메데스의 공리를 가정하면 평행선의 공리인 '한 직선 상에 있지 않는 한 점을 지나고 그 직선에 평행인 직선은 오직 하나 밖에 존재하지 않는다.'와 동치라고 알려지고 있다.

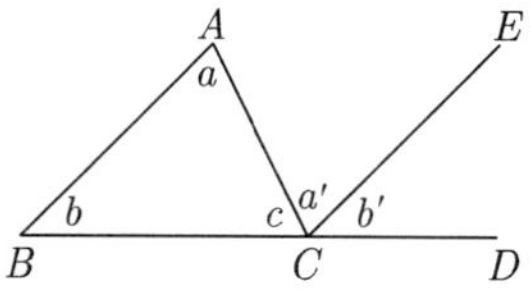

[그림 3]

■ 다각형의 내각과 외각

다각형은 위 [그림 1]처럼 변으로 둘러싸인 부분인 **내부**와 그 밖의 부분인 **외부**라는 두 부분으로 나누어진다. 「다각형의 각 꼭짓점에서 만나는 두 변에 의해 만들어지는 각을 그 꼭짓점의 **내각**」이라 한다. 다각형의 내각은 삼각형과 달리 180°보다 큰 경우가 있다. 다각형 중에서 「각 꼭짓점의 내각이 180°보다 작은 다각형을 **볼록다각형**이라 하고, 어느 한 꼭짓점의 내각이 180°보다 큰 다각형을 **오목다각형**」이라 한다. [그림 4]처럼 볼록다각형의 대각선은 도형 내부에 위치하지만 오목다각형에서 대각선은 도형의 내부와 외부에 위치한다. ([그림 4]에서 점선은 대각선을 나타낸 것이다.)

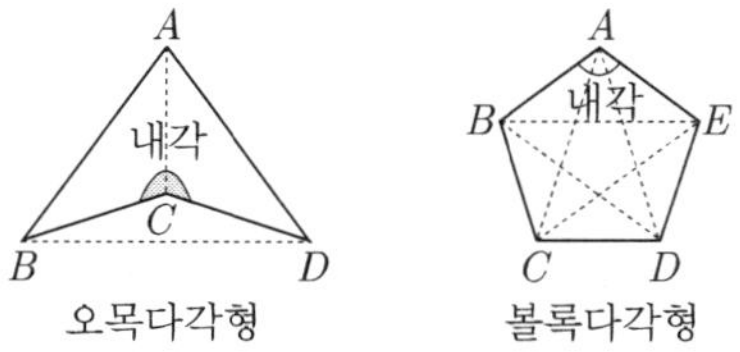

[그림 4]

■ 다각형의 내각의 합과 외각의 합

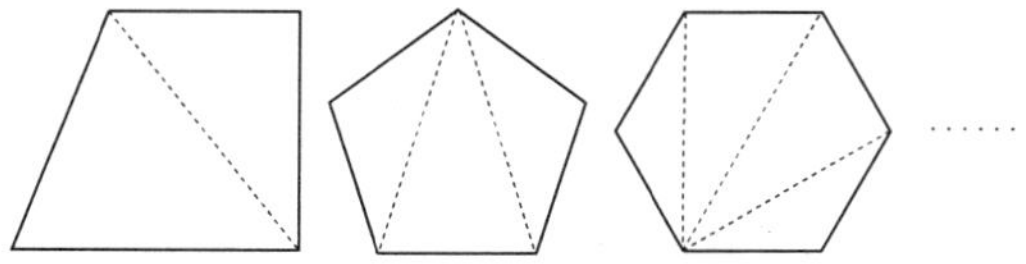

- **다각형의 내각의 합** : 다각형을 그림처럼 한 꼭짓점에서 대각선을 그어 여러 개의 삼각형으로 나누면 사각형은 2개의 삼각형으로, 오각형은 3개의 삼각형으로, 육각형은 4개의 삼각형으로, 칠각형은 5개의 삼각형으로 나누어진다. 나누어진 삼각형의 수는 변의 수보다 2개가 적다. 즉 n각형을 위와 같은 방법으로 나누면 나누어진 삼각형의 수는 (n−2)개이다.
  따라서 삼각형의 내각의 합이 180°이므로 다각형의 내각의 합은 오목다각형이나 볼록다각형에 관계없이 일정하고 변의 수를 n이라 하면 (다각형의 내각의 합)$=(n-2)\times 180°$ 또는 $(2n-4)\angle R$이다.

- **다각형의 외각의 합** : 다각형의 외각은 볼록다각형에 대해서만 생각할 수가 있고 다각형의 각 꼭짓점에서 한 변과 그 이웃하는 변의 연장선에 의해 정해지는 각으로 정의한다. 모든 다각형의 외각의 합은 늘 일정하고 360°이다. 「사각형에서는 한 외각에 이웃하는 내각과 마주보는 각을 그 외각의 **내대각**」이라 한다. 즉 $\angle$A는 외각 C의 내대각이다.

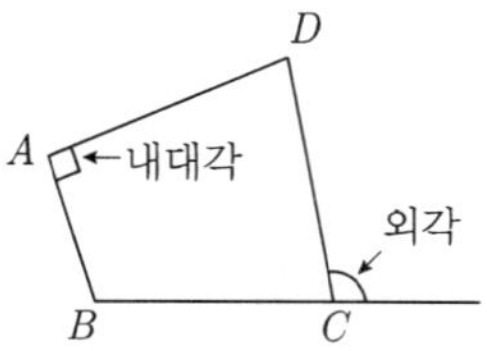

내분/외분

「선분 AB 위의 한 점 P가 선분 AB를 두 선분 AP와 PB로 나누는 것을 선분 AB는 점 P에서 **내분**한다고 하고, 점 P를 **내분점**」이라고 한다. 즉, 「선분 AB의 길이를 (AP:PB)=(m:n)이 성립할 때, 점 P는 선분 AB를 m:n의 비로 **나눈다** 또는 **내분한다**하고, 점 P를 **내분점**」이라 한다. 이때 A, B의 순서와 m, n의 순서는 일치해야 한다.

이에 대해서 「선분 AB의 연장 위에 점 P를 잡고 (AP:PB)=(m:n)일 때, 점 P는 선분 AB를 m:n의 비로 **외분**한다고 하고, 점 P를 선분 AB의 **외분점**」이라 한다.

위 정의에서 m, n은 양수이고, 외분의 경우는 m≠n이다. 또, 0<m<n이면 외분점 P는 선분 AB에서 B쪽의 연장선 위에 있고, 0<n<m이면 외분점 P는 선분 AB에서 A쪽의 연장선 위에 있다.

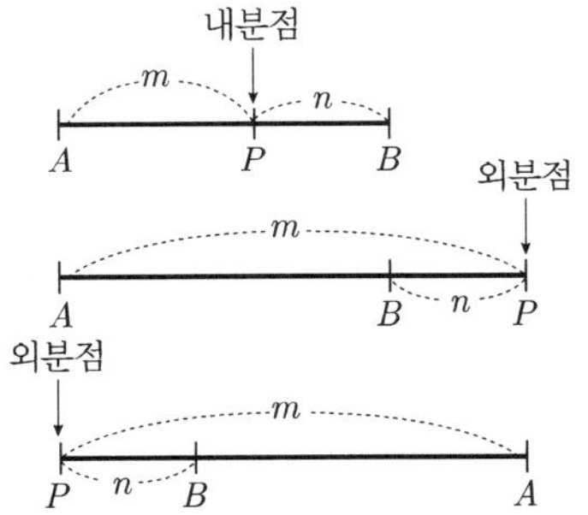

이렇게 볼 때, 내분점 P는 선분 AB 위에 위치하며, 외분점 P는 선분 AB의 외부, 즉 선분 AB, 또는 BA의 연장선 위에 위치한다.

▪ 유향선분과 내분/외분

「한 직선 위에 두 점 A, B가 있을 경우 점 A에서 점 B로 또는 점 B에서 점 A로 향하는 방향이 주어진 선분을 **유향선분**이라 하고, 기호로 전자는 A→B, 후자는 B→A」로 나타낸다.

「선분에 방향을 도입해서 유향선분 AB에 대하여 (AP:PB)=(m:n)이 성립할 때, **점 P는 유향선분 AB를 n:m으로 나눈다.**」고 한다. m과 n은 양의 정수라고 제한할 수 없다. 예컨대 유향선분 AB를 3:1로 나누는 점을 P라 하면, 점 P는 선분 AB를 3:1비로 내분하는 점이다.

또 유향선분 AB를 3:$^{-}$1의 비로 나누는 점 P란 선분 AB를 3:1로 외분하는 점 P를 말하는 것이다. 이와 같이 비의 값이 양 또는 음에 따라 점 P의 위치가 달라진다.

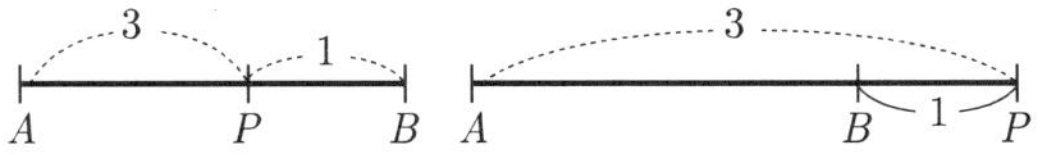

▪ 수직선과 내분/외분

- 수직선상의 서로 다른 두 점 A(x_1), B(x_2)에 대하여 유향선분 AB를 m:n의 비로 내분하는 점 P의 좌표를 x라면 $x=\dfrac{mx_2+nx_1}{m+n}$(단, m+n≠0)이다.

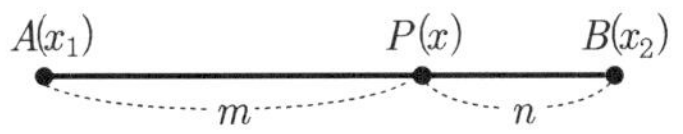

- 수직선상의 서로 다른 두 점 A(x_1), B(x_2)에 대하여 유향선분 AB를 m:n의 비로 외분하는 점 P의 좌표를 x'라면 $x'=\dfrac{mx_2-nx_1}{m-n}$이다.

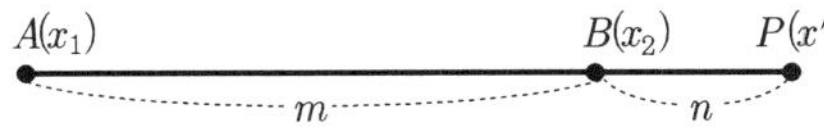

- 수직선상의 서로 다른 두 점 A(x_1), B(x_2)의 중점을 M(x)이라면 $x=\dfrac{x_1+x_2}{2}$이다.

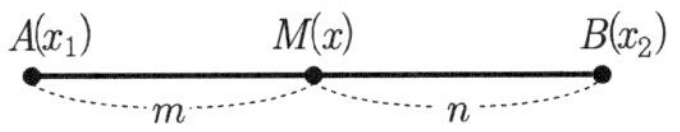

▪ 내분/외분과 조화 정열

삼각형 ABC의 꼭짓점 C에 있어서의 내각과 외각의 이등분선은 그 대변 AB를 CA:CB의 비로 내분 및 외분한다.

일반적으로 「두 점 P, Q가 선분 AB를 같은 비로 내분, 외분할 때, 즉 (AP:PB)=(AQ:QB)가 성립할 때 P, Q를 선분 AB를 **조화로 나눈다**고 하고, A, B ; P, Q는 **조화 정열**, P, Q를 A, B의 **조화 켤레점**」이라고 한다.

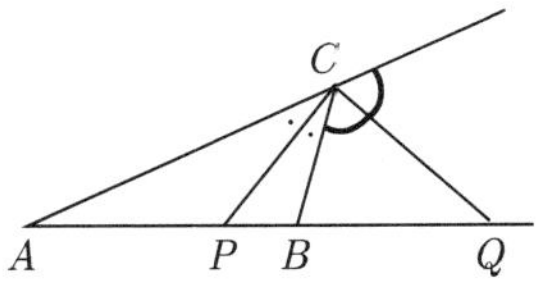

이 경우 $\dfrac{AP}{PB}=\dfrac{AQ}{QB} \Leftrightarrow \dfrac{AP}{AQ}=\dfrac{PB}{QB}$ 이므로 점 B, A도 선분 PQ를 내분, 외분하고 있는 것이 된다. 그러므로 A, B ; P, Q가 조화점열일 때 A, B ; P, Q는 서로 **조화 공역점**이라고 하며 사영기하에서는 중요한 개념이다.

내접/외접

■ 원과 다각형

「[그림 1]의 왼쪽처럼 볼록다각형의 모든 꼭짓점이 한 원 O의 원주 위에 있을 때 이 다각형은 원 O에 **내접한다**고 하고, [그림 1]의 오른쪽처럼 다각형의 모든 변이 원 O의 원주에 접할 때 이 다각형은 원 O에 **외접한다**고 한다. 그리고 내접하는 원을 **내접원**, 외접하는 원을 **외접원**」이라고 한다.

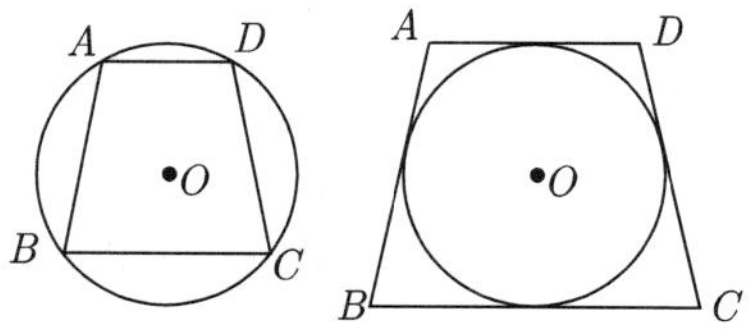

[그림 1]

「삼각형의 세 꼭짓점을 지나는 원은 단 하나 존재하고 이 원을 삼각형의 **외접원**이라 하며, 외접원의 중심을 이 삼각형의 **외심**이라고 한다. 또 삼각형의 세 변 접하는 원은 단 하나 존재하고 이 원을 삼각형의 **내접원**이라 하고 내접원의 중심을 이 삼각형의 **내심**」이라 한다.

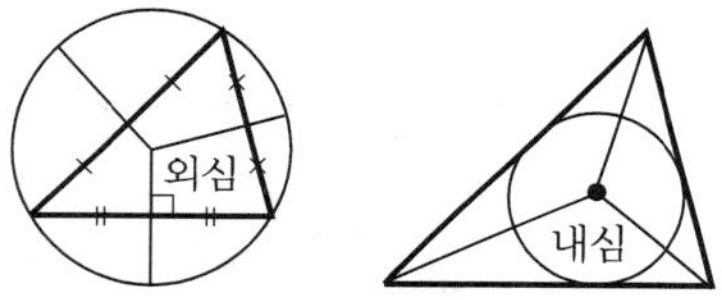

[그림 2]

모든 삼각형은 외접원을 그릴 수 있지만 사각형에서는 한 쌍의 대각의 크기의 합이 180°일 때 외접원을 그릴 수 있다. 또 정다각형은 내접원과 외접원이 항상 존재하지만 사각형 이상의 다각형은 일반적으로 내접원과 외접원은 존재하지 않는다. n각형의 경우 n−1개의 내각의 이등분선이 한 점에서 만날 경우 내접원을 그릴 수 있다.

■ 두 원의 내접과 외접

평면상의 두 원의 위치관계는 4가지로 유별되는데 그 중 두 원이 서로 외부에 있고 오직 한 점을 공유할 때 이 두 원은 서로 '**외접**'한다고 하고, 이 점을 '**접점**'이라 한다. 또 두 원에서 한 원이 다른 원의 내부에 있고 오직 한 점을 공유할 때 한 원을 다른 원에 '**내접**'한다고 한다.

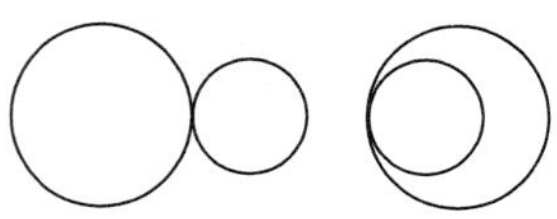

외접 내접

두 원의 관계는 교각을 이용하여 정의할 수도 있다. 좌표평면상에서 중심 $O_1(x_1, y_1)$ $O_2(x_2, y_2)$이고, 반지름이 각각 r_1, r_2인 교점의 하나를 p, 교각 $\angle O_1PO_2=\alpha$라 할 때,

$$\cos\alpha = \frac{r_1^2 + r_2^2 - \{(x_2 - x_2)^2 + (y_2 - y_1)^2\}}{2r_1r_2}$$

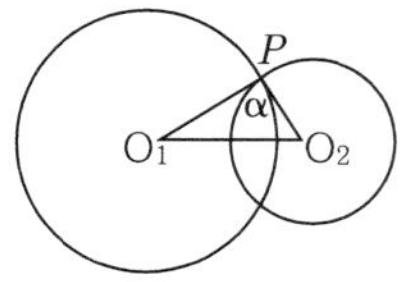

여기서 α=0°일 때는 내접하고, α=90°일 때는 직교하며, α=180°일 때 외접한다.

■ 공통 내접선과 외접선

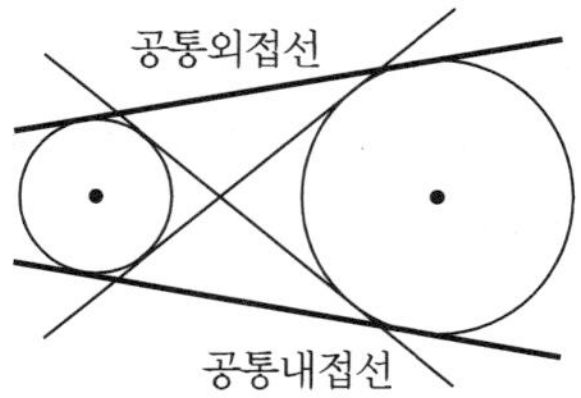

「두 원에 공통으로 접하는 접선을 **공통접선**이라고 하며, 오른쪽 그림처럼 두 원의 공통접선 중에서 내접하는 접선을 **공통내접선**이라 하고, 외접하는 접선을 **공통외접선**」이라 한다.

두 원에서 공통내접선과 공통외접선이 각각 존재하는 경우와 그렇지 않는 경우가 있다. 공통내접선과 공통외접선이 존재하는 경우 그 수는 아래 표와 같으며, 반지름의 길이가 r, r′인 두 원의 중심 사이의 거리를 d라면 공통외접선의 길이는 $\sqrt{d^2-(r-r')^2}$이고, 공통내접선의 길이는 $\sqrt{d^2-(r+r')^2}$이다.

두 개의 원 / 내접·외접	두 원이 벌어져 있는 경우	두 원이 외접하는 경우	두 원이 내접하는 경우	두 원이 두 점에서 만나는 경우	한 원이 다른 원에 포함되는 경우
공통내접선	2개	1개	없음	없음	없음
공통외접선	2개	2개	1개	2개	없음

넓이

길이는 선분, 곡선, 둘레와 같은 1차원의 양인데 비해 「평면이나 곡면을 차지하는 2차원의 양을 **넓이**」라고 한다.

넓이는 우리의 의식과는 무관하게 실제로 존재하는 양이다. 넓이에는 다음과 같은 3가지 성질이 있다.

- **보존성** : 어떤 평면이나 곡면의 넓이가 있을 때, 그 모양을 바꾸거나 여러 번 분할하더라도 그 일부분을 버리지 않는 한 그 넓이는 변하지 않는다. 즉 원래 상태로 되돌리면 처음의 넓이와 같다.
- **가법성** : 넓이가 A, B인 두 물체가 있을 때 이들을 서로 겹치는 부분이 없도록 이어 붙이면 넓이의 합은 (A+B)이다. 즉 $6cm^2$의 넓이와 $3cm^2$의 넓이를 공통부분이 없도록 이어 붙이면 전체의 넓이는 $9cm^2$이다. 이것을 넓이의 가법성이라 하며, 가법성의 역으로 감법성도 성립한다.
- **승법성** : 넓이는 부피와 마찬가지로 길이로부터 유도되는 양으로서 (넓이)=(길이)×(길이)로 얻는다.

■ 넓이의 개념지도

넓이의 개념은 막대를 모래위에 밀거나 돌리는 일, 붓으로 종이나 벽면을 색칠한 자취에 의해 생긴 양으로 넓이의 의미를 느끼게 한다. 그리고 공책이나 책 등 구체물끼리 서로 겹쳐보는 직접비교를 통해 '더 넓다', '더 좁다' 등으로 표현하여 넓이의 개념을 도입하고, 칠판과 책상의 넓이 비교 등 직접 비교가 불가능한 경우 매개물을 이용하여 간접 비교를 통해 어느 것이 더 넓은지와 좁은지를 비교하게 함으로써 넓이의 의미를 알게 한다.

■ 넓이의 보편단위

어떤 대상의 넓이를 잰다는 것은 정사각형으로 대상을 빈틈없이 겹치지 않게 덮은 후 덮은 정사각형의 개수를 세어서 구한다. 이때 사용된 정사각형 중에서 가로, 세로가 각각 1cm인 정사각형의 넓이를 $1cm^2$로 나타내며, 이것을 **단위넓이**라고 한다.

어떤 도형이 단위 넓이($1cm^2$)인 정사각형 10개로 완전히 덮었다면 그 도형의 넓이는 $10cm^2$이다. 넓이의 기본 단위는 m^2이지만 초등학생이 다루기에는 너무 커서 이보다 작은 단위인 cm^2를 먼저 학습한다.

넓이에 대한 양감은 길이에 대한 양감에서 직접적으로 추론할 수 있다. 따라서 길이에 대한 양감이 형성되면 넓이에 대한 양감은 비교적 쉽게 형성될 수 있다. 그렇다하더라도 학생들 중에는 $1m^2=100cm^2$라고 잘못 생각하는 학생이 많다. 따라서 $1m^2$의 넓이를 실제로 만들어보고 $1cm^2$가 몇 개 들어갈 것인지 물어봄으로써 양감을 길러 줄 수 있을 것이다.

특히, 한 변의 길이가 10m, 100m인 정사각형의 넓이를 각각 a, ha와 같은 생소한 단위에 대해서는 학생의 양감을 형성시키기가 쉽지 않다. 가로, 세로가 각각 100m인 운동장이나 들판, 도시 등의 넓이가 약 1ha임을 인식시켜 준다면 ha에 대한 양감을 형성할 수 있을 것이다.

■ 직사각형의 넓이는 공식 유도하기

직사각형의 넓이를 구하는 공식은 다른 다각형의 넓이를 구하는 공식의 모델 역할을 한다. 일반적으로 직사각형의 넓이를 구하는 공식은 다음 ①, ②, ③의 3단계를 거쳐서 유도할 수 있다.

① 넓이를 구한다는 의미는 [그림 1]처럼 주어진 직사각형의 면을 빈틈없이 깔아덮은 단위넓이($1cm^2$, $1m^2$ 등)의 개수를 세어서 넓이를 구한다.

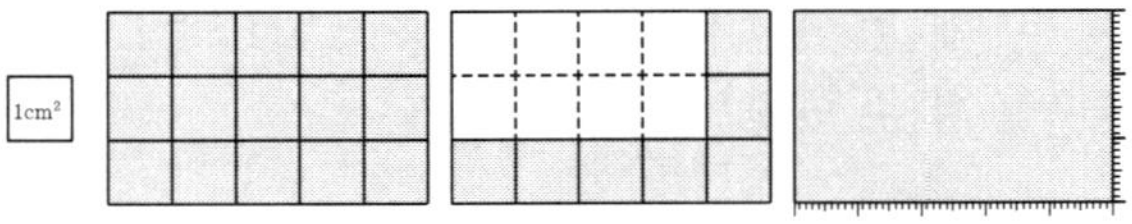

[그림 1] [그림 2] [그림 3]

② 넓이를 좀 더 빠르게 구하기 위해 [그림 2]처럼 직사각형의 가로와 세로에 배열된 단위넓이의 개수의 곱으로 넓이를 구한다.

③ 넓이를 좀 더 빠르게 구하기 위해 가로와 세로의 길이를 측정하여 가로와 세로의 길이의 곱으로 직사각형 넓이를 구하는 공식을 유도한다.

> (직사각형의 넓이)
> =몇 개씩(가로에 놓인 단위넓이의 수)
> ×몇 줄(세로에 놓인 단위넓이의 수)
> =(가로의 길이)×(세로의 길이)

그 밖에 삼각형이나 평행사변형, 사다리꼴이나 마름모 등의 넓이는 직사각형의 넓이를 구하는 공식으로부터 유도할 수 있다.

노동산/달력산

■ 노동산

「어떤 일을 하는 데 걸리는 일수나 시간에서 단위일수나 단위시간에 행한 일의 양을 구하거나 단위일수나 단위시간에 할 수 있는 일의 양의 비율에서 그 일을 마무리하는 데 걸리는 일수나 시간을 구하거나 하는 문제를 **노동산**」이라 한다.

노동산의 문제는 일반적으로 다음 3가지 유형으로 나눌 수 있다. • 일한 시간과 일한 양의 구하는 문제, • 일할 양과 일할 시간을 구하는 문제, • 단위시간에 여럿이 일한 양과 혼자 일한 양을 구하는 문제다. 어느 경우든 전체 일의 양을 1로 생각하고 해결하는 것이 편리하다.

[예 1] 어떤 일을 하는 데 갑이 혼자서 하면 8일 걸리고, 을이 혼자서 하면 12일 걸린다. 이 일을 두 사람이 함께 4일 동안 일을 하면 전체의 몇 분의 몇을 할 수 있겠느냐?

〈풀이〉 전체 일의 양을 1이라면, 갑은 하루에 $\frac{1}{8}$, 을은 하루에 $\frac{1}{12}$을 하며, 두 사람이 함께 하면 하루에 $(\frac{1}{8}+\frac{1}{12})$한다. 따라서 두 사람이 4일 일을 하면 전체의 $(\frac{1}{8}+\frac{1}{12})\times 4=\frac{5}{6}$를 할 수 있다.

[예 2] 어떤 일을 하는 데 갑이 하면 15일, 을이 하면 10일 걸린다. 두 사람이 함께하면 며칠 걸리겠는가?

〈풀이〉 전체의 양을 1이라면 갑은 하루에 $\frac{1}{15}$, 을은 하루에 $\frac{1}{10}$을 할 수 있다. 두 사람이 함께 일을 하면 $1\div(\frac{1}{15}+\frac{1}{10})=6$일 걸린다.

[예 3] 어떤 일을 갑, 을 두 사람이 같이 하면 12일 걸리고, 갑이 혼자서 하면 20일이 걸린다. 이 일을 을 혼자서 하면 며칠 걸리겠는가?

〈풀이〉 전체의 일의 양을 1이라면 갑, 을 두 사람이 하루에 $\frac{1}{12}$, 갑이 혼자서 하루에 $\frac{1}{20}$을 할 수 있다. 을이 하루에 할 수 있는 일의 양은 전체의 $(\frac{1}{12}-\frac{1}{20})$을 할 수 있으므로 을이 혼자서 일을 하려면 $1\div(\frac{1}{12}-\frac{1}{20})=30$일 걸린다.

■ 달력산

사람들은 특정한 날을 기념하거나 약속을 지키기 위해, 또는 농사를 짓거나 계절의 변화를 알기 위해 달력을 사용해 왔다. 「달력에서 특정한 날짜나 요일 등을 구하는 문제를 **달력산**」이라고 한다. 달력산은 같은 요일이 7일마다 반복되는 규칙성을 이용하여 문제를 해결한다.

[예 1] 어느 해의 10월 10일은 월요일이었다. 12월 23일은 무슨 요일이며, 8월 5일은 무슨 요일이었는가?

〈풀이〉 10월 10일에서 12월 23일까지의 날짜 수를 알아보면, 10월은 31−10+1=22(일)이고, 11월은 30일이며, 12월은 23일이므로 10월 10일부터 12월 23일은 22+30+23=75(일)째 날이다. 일주일은 7일이므로 75÷7=10…5(일)이다. 따라서 10주가 지난 5일째는 금요일이다. 또, 10월 10일에서 거꾸로 8월 5일까지의 날짜를 구하면, 10월의 10일, 9월의 30일, 8월은 31−5+1=27(일)이므로 8월 5일은 10+30+27=67(일)째 날이다. 따라서 67÷7=9…4인데 거꾸로 요일을 헤아려야 하므로 월, 일, 토, 금요일에서 금요일이다.

[예 2] 어느 해 9월 30일은 수요일이다. a일 후는 일요일이고, b일 후가 화요일이라면, ① (a+b)일 후는 무슨 요일인가? ② (2×a)일 전은 무슨 요일인가?

〈풀이〉 왼쪽 그림에서 a=4(일), b=6(일)이다. 따라서 a는 4, 11, 18, 25, … 중 어느 하나이고, b는 6, 13, 20, 27, … 중의 어느 하나이다. a=4, b=6이라면, ① (4+6)÷7=1…3에서 (a+b)일 후는 토요일이다. ② 2×4÷7=1…1에서 (2×a)일 전의 요일은 화요일이다.

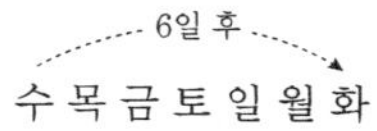

[예 3] 2017년 9월 1일은 금요일이다. 이 날부터 62일 후의 날은 무슨 요일인가?, 또 66일째 되는 날은 무슨 요일인가?

〈풀이〉 기준이 되는 날로부터 62일 후의 요일은 며칠 후를 나타내는 수를 7로 나누어 나머지가 0이면 기준이 되는 날의 요일과 같다. 따라서 62÷7=8…6이므로 0(금), 1(토), …6(목)이 된다. 또 '66일째'라는 말은 '65일 후'와 같다. 따라서 66÷7=9…3이므로 월요일이다.

논리학

학문(學問)이란 당면한 문제를 조리 있고 이치에 맞게 해결하기 위한 것으로 이미 알려진 사실을 토대로 하여 미지의 사실을 차례로 추론해 감으로써 체계 있는 지식을 구성할 때 비로소 학문이 성립된다. 그런데 이러한 추론이나 사고는 제멋대로 해서 되는 것이 아니라 일정한 법칙이나 형식에 의거하여 진행되어야만 올바른 지식을 얻을 수 있다. 이와 같이 「올바른 지식의 체계를 확립함에 있어서 의거해야 할 사고의 법칙이나 추론의 형식을 연구하는 것이 형식 논리학」이다.

「논리학(論理學;Logic)이란 논증에 관한 학문으로 인간의 지적활동과 관련된 특정한 원리를 분석하고 명제화하여 체계화하는 분야의 학문」으로써 원래 그리스 말로 'logos의 學'이라는 뜻을 지닌 Episteme Logike에서 유래되었는데 logos란 '무엇을 밝힌다.'는 뜻으로 언어, 사유(思推), 이성, 도(道) 등으로 해석되어 왔다. 오늘날 Biology(생물학), Psychology(물리학), Sociology(사회학) 등에서 처럼 여러 학문의 명칭에는 logos에서 유래한 logy라는 어미(語尾)가 붙게 된 것은 학문이 '학(學)'으로서 성립하려면 일정한 법칙이나 형식, 즉 logos에 의거해야 함을 뜻하는 것이다. 이런 의미에서 볼 때, logos의 학(學)으로서의 논리학은 '학(學)의 학(學)'이라고 하겠다. 따라서 모든 학문은 논리법칙에 의해 타당하다고 인정받았을 때 비로소 진정한 학문으로서 성립될 수 있으며, 논리법칙에 어긋나는 주장은 엄밀한 의미로 학문적 주장이라고 할 수 없다.

- 논리학을 '**사고법칙의 학문**'이라고 정의할 때, 주의하여야 할 점은 이 정의는 논리학의 본질을 암시해 주기는 하지만 정확한 것으로 볼 수는 없다. 왜냐하면 공상, 상상, 시상(詩像) 등의 사고가 실제로 일어나는 법칙을 연구하는 것은 논리학이 아니라 심리학이기 때문이다. 논리학은 사고의 심리적 과정을 다루는 심리학의 일부가 아니라 독자적인 영역을 대상으로 한다. 즉 논리학은 올바른 사고와 그릇된 사고를 판별하는 기준을 주로 연구한다.
- 논리학을 '**추론(inference)의 학문**'이라고 정의할 경우도 심리적 요소가 첨가되기 쉽다. 이 정의는 논리학의 대상으로부터 공상적 사고를 제거해 주는 점에서는 좋으나 불충분한 점이 있다. 그것은 전제로부터 결론을 이끌어 내는 추론의 심적 과정을 논리학의 대상으로 오인할 수 있기 때문이다. 논리학자들의 관심은 추론의 과정에 있는 것이 아니라 그 과정의 처음과 마지막을 이루고 있는 명제들과 그들 사이의 관계에 초점을 두고 정확한 추론과 부정확한 추론을 판가름하는 것을 그들의 중심 과제로 삼는다. 학문이 주관적으로 이해될 때, 그것은 지식의 체계로 나타나지만 객관적으로 파악된 학문은 객관적 명제의 질서 있는 결합체라 할 수 있다. 즉 명제들을 논리적으로 결합한 체계만이 학문으로서 성립할 수 있다.

■ 논리학을 배우는 이유

'학(學)의 학(學)'으로서의 논리학과 학문 일반은 긴밀한 관계를 맺고 있기 때문에 학문을 연구하는 모든 사람들은 반드시 논리학을 배워야 한다. 한국어를 좀 더 올바르게 사용하기 위해서는 국어 문법에 관한 지식을 습득해야 하듯이 논리적 사고를 하기 위해서는 논리학을 배워야 한다. 논리학을 배우는 이유를 3가지로 요약하면 다음과 같다.

- 지금까지 배운 모든 이론들을 음미하여 정리할 수 있다.
- 범하기 쉬운 오류들을 자각함으로써 그릇된 추론을 피할 수 있는 능력을 함양할 수 있다.
- 올바른 추론을 할 수 있는 기술을 습득할 수 있다.

■ 논리학에 기호를 사용하는 이유

일반 논리학이 언어를 사용하는 데 반해서 수리 논리학, 또는 기호 논리학이라 일컫는 수학은 주로 기호를 사용하는 것이 그 특색이다. 수학적 사실을 전개함에 있어서 기호를 사용함으로써 다음과 같은 이점이 있다.

- 일상 언어보다 정보를 간결하고 명료하게 표현하고 기록할 수 있다.
- 논리적 모순을 줄이고 신속한 추론과 정확한 결론에 도달할 수 있다.
- 정보의 표현 및 처리에 필요한 노력과 시간의 소비를 최소화할 수 있다.

기호를 주로 사용하는 수학적 논리학은 전통적인 형식 논리학보다 방법이 개선된 것으로, 형식 논리학의 한계를 벗어난 것이 아니라 전통적인 논리학을 계승·발전시킨 것이다.

놀이수학

놀이란 일과 대립되는 활동으로 일은 어떤 목적 달성을 위한 수단이므로 일 자체는 고통이 따르고 강제성도 있지만 놀이는 활동 자체가 즐거움과 만족을 주고 어떠한 강제성 없이 자발적으로 이루어지는 행위이다. 그러나 어린이들에게는 일과 놀이의 구분이 없으며, 일이 곧 놀이이고 놀이가 일인 것이다. 놀이 활동을 통하여 새로운 지식과 기능을 익히며, 사회 생활을 연습할 수 있다.

놀이는 장난이 아니라 학습과 발달의 중요한 계기가 되며, 놀이를 통하여 자신의 경험을 재구성하고 창의성 발현의 기회가 되며, 억압된 감정을 해소하기도 한다. 놀이수학이란 어렵고 재미없는 수학을 재미있는 놀이나 이야기, 체험 중심의 구체적 조작활동을 통해 학습하면서 수학적인 원리를 발견할 수 있는 즉, 수학적으로 의미있는 모든 활동을 말한다. 즉, 교사가 교육적인 의도를 가지고 직접 조작하거나 탐구해 보면서 활동하는 수학과 관련 있는 모든 놀이 활동을 말한다.

놀이수학이라는 용어 외에도 레크레이션(recreation)수학, 활동수학, 경험수학 게임수학 등의 용어를 사용하면서 학생들이 수학을 좀 더 재미있고, 부담감 없이 학습할 수 있는 다양한 방법이 시도되고 있다. 이런 접근 방법은 NCTM에서도 놀이와 관련된 여러 가지 학습 자료의 개발과 함께 강조하고 있으며, 듀이, 피아제, 디에네스, 스켐프 등의 연구에서도 그 뿌리를 찾을 수 있다(김성준, 2006).

듀이는 학습은 경험과 능동적인 활동으로부터 교과의 논리를 점진적으로 구성해야 함을 주장하였고, 피아제는 수학학습은 활동을 통한 조작의 내적인 구성 과정이므로 수학학습은 학생의 활동을 전제로 해야 함을 강조하고 있다. 디에네스는 수학적 개념을 학습하기 위해 놀이를 경험하도록 해야 한다고 주장하였으며 초등수학에 관한 구체적이고 실험적 연구를 통하여 놀이학습을 체계적이고 계획적으로 정리한 스켐프는 수학적 개념을 자연스럽게 습득하기 위해서는 학생들의 상호 의사소통 과정이 매우 중요하며 이러한 과정은 놀이학습을 통해서 효과적으로 달성할 수 있다고 보고 있다.

놀이수학의 유형에는 수학적인 수수께끼를 해결하기 위한 놀이, 과정이 왜 그렇게 되는지 발견하기 위한 놀이, 기능을 연습시키기 위한 놀이, 개념과 원리를 학습하기 위한 놀이, 문제해결을 위한 놀이, 추론을 학습하기 위한 놀이 등이 있다.

수학학습에서 놀이의 교육적 가치는 다음과 같다.

① 수학학습에서 놀이는 흥미 있고 의미 있는 학습 방법인 동시에 도구이며, 다양한 수학적 기능의 발달과 수학에 대한 바람직한 태도를 갖게 해주는 데 아주 유용하다.

② 학생 개개인의 여러 가지 요인에 따라 동일한 주제나 내용의 수학에 대해서도 제각기 다르게 생각하고 느끼지만 그들에게 공통적으로 관심과 흥미를 갖는 학습 매체가 놀이이며, 게임은 학습 동기와 의욕을 자극하고 학습 장면에서 긴장 완화와 학습 집중력을 신장시키므로 수학학습에서 놀이를 활용해야 한다.

③ 보편화된 놀이 중에는 인지적인 면보다 정의적인 면에 초점을 둔 것이 많으므로, 특별한 교육 목적에 따라 고안된 게임은 수학적 성향과 태도에 긍정적인 영향을 미칠 뿐만 아니라 수학학습 능력 향상을 위해 유용하고, 학습의 도구로써 게임을 활용해야 한다.

④ 놀이는 학생들에게 재미있는 방법으로 주제를 소개하거나 복습하게 할 수 있도록 해준다.

⑤ 학습자의 적극적 · 능동적 참여로 교과서나 교사에 대한 의존도가 상대적으로 낮아진다.

⑥ 놀이의 결과에 따라 즉각적인 feed-back의 기회를 제공할 수 있다.

⑦ 놀이는 모든 수준의 학생들에게 학습 의욕을 자극할 수 있으며, 학습 방법에 대한 융통성을 갖게 해준다.

⑧ 놀이는 의사 소통과 추론 능력을 발달시킬 수 있다.

⑨ 놀이는 구체물을 통한 물리적 조작과 정신적 조작을 자연스럽게 통합할 수 있다.

한편, 놀이수학의 부정적인 면을 살펴보면, 놀이수학을 정규 교육과정에 맞추어 진행하기 어렵고, 지나친 경쟁으로 인하여 오히려 수학을 싫어할 수 있으며, 인지적, 정의적 영역에서 수학 학습 목표가 놀이로 인하여 가려질 수 있다는 것이다. 그러나 이런 문제는 놀이 수학의 근본적인 문제라기 보다는 놀이수학을 운영하는 방법을 개선하면 해결될 수 있다.

농도/밀도

■ 농도

같은 양의 물에 설탕을 많이 탈수록 더 단 맛을 느낄 수 있으며, 또 같은 양의 설탕을 적은 양의 물에 녹일수록 더 단 맛을 느낄 수 있다. 즉 설탕의 양과 물의 양에 따라 단맛의 정도가 다르다. 「용액인 설탕물에 대한 용질인 설탕의 비율을 **농도**」라고 한다.

「설탕, 소금, … 등 액체에 녹는 물질을 **용질**이라고 하고, 물이나 알코올 등 어떤 용질을 녹이는 액체를 **용매**라고 하며, 설탕물이나 소금물처럼 용매에 용질이 녹아있는 액체를 **용액**」이라고 한다. 용액에 대한 용질의 비율, 즉 (농도)=(용질)÷(용액)이다. 위의 관계식에서 세 양 사이의 관계를 알아보면 다음과 같다.

> (용액)=(용질)+(용매), (용매)=(용액)×(1−농도)
> (용질)=(용액)×(농도), (용액)=(용질)÷(농도)
>
> ※ 희석과 증발에 의한 농도의 변화
> 일정한 양의 소금물에 물을 더 부어서 새로 만들 경우, 소금의 양은 변하지 않았지만 물의 양은 증가하므로 농도는 낮아지는데 이런 변화를 **희석**(稀釋)이라 한다. 이와는 반대로 소금물을 가열하여 물을 증발시키면 물의 양은 줄어들었으나 소금의 양은 변하지 않으므로 소금물의 농도는 높아지는 데 이런 변화를 **증발**(蒸發)이라고 한다. 희석이나 증발해도 용질인 소금의 양은 변하지 않는다.

[예 1] 농도가 8%의 소금물 40g을 농도가 20%의 소금물 100g 소금물을 만들려면 소금과 물을 각각 얼마씩 더 넣어야 하는가?

〈풀이〉 농도가 20%인 소금물 100g에 들어있는 소금과 물의 양을 구하면, (소금의 무게)=100×20(%)=20(g)이고, (물의 무게)=100(g)−20(g)=80(g)이다. 또 농도가 8%인 40g의 소금물 속에 들어있는 소금의 양과 물의 양을 구하면, (소금의 무게)=40×8(%)=3.2(g)이고, (물의 무게)=40−3.2=36.8(g)이다. 그러면 소금과 물을 각각 얼마씩 더 넣어야 하는지를 구할 수 있다. (더 넣어야 할 소금의 양)=20−3.2=16.8(g)이고, (더 넣어야 할 물의 양)=80−36.8=43.2(g)이다.

[예 2] 농도가 16%인 암모니아 용액 30kg에 물을 부어서 농도가 10%인 암모니아 용액을 만들려고 한다. 물을 얼마를 부어야 하는가?

〈풀이〉 농도가 16%인 암모니아 용액 30kg 속에 들어있는 물의 양과 순수한 암모니아의 양을 알아보면, (순수한 암모니아의 무게)=30×16(%)=4.8(kg)이고, (물의 무게)=(30−4.8)=25.2(kg)이다. 암모니아 용액을 희석시키므로 암모니아의 무게는 변화가 없고, 물의 양만 증가시키면 된다. 더 부어야 할 물의 양을 x라면, $\frac{4.8}{(30+x)}\times 100(\%)=10(\%)$에서 $\frac{4.8}{(30+x)}=\frac{10}{100}$. 즉 $(30+x)\times 10=4.8\times 100$, $300+10x=480$, $10x=180$에서 $x=18(kg)$이다.

[예 3] 20g의 설탕을 100g의 물에 넣은 후 3일 뒤에 설탕물의 무게를 달아보았더니 100g이었다. 이때 설탕물의 농도는 얼마인가? 또 농도는 원래보다 몇 % 증가되었는가?

〈풀이〉 설탕물이 3일 후에는 무게가 줄어든 것은 물의 일부분이 증발되었기 때문이다. 그 중 설탕의 무게는 변하지 않고 여전히 20g이므로 증발한 후 설탕물은 농도는 $20\div 100=\frac{1}{5}$(즉, 20%)이다. 증발하기 전의 설탕물의 농도는 $20g\div(100g+20g)=\frac{1}{6}$이다. 원래 설탕물보다 늘어난 농도 : $(\frac{1}{5}-\frac{1}{6})\times 6\times 100\%=20\%$이다. 따라서 증발 후의 설탕물의 농도: 20%이고, 원래 농도보다 20% 증가했다.

■ 밀도

일상용어로 「같은 종류의 양이 단위당 넓이나 부피에 어느 정도 빽빽하게 분포되어있는가를 수치로 나타낸 것을 **밀도**라 하며, 자연과학에서는 물질의 질량을 부피로 나눈 것. 즉 (밀도)=$(\frac{질량}{부피})$를 **밀도**」라 하고, 기호 $\frac{g}{ml}$, $\frac{g}{cm^3}$ 등」으로 나타낸다.

[예] 서울의 넓이는 약 605.33km^2인데, 거주하는 인구수가 약 1005만 명이라면 서울의 인구밀도는 (10050000÷605.33)≒16603$(\frac{명}{km^2})$으로 1km^2에 약 16603명이 거주하는 것으로 해석할 수 있다.

단위 넓이나 부피에 개체수가 많을수록 밀도가 높다. 예컨대, 다음 그림에서 오른쪽으로 갈수록 밀도가 높다.

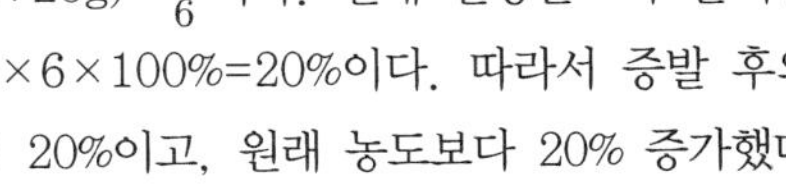

(밀도) < (밀도) < (밀도)

다각형

「한 평면 위에서 3개 이상의 선분으로 둘러싸인 도형을 **다각형**이라 하며, 선분 하나 하나를 그 다각형의 **변**, 선분끼리의 교점을 **꼭짓점**, 이웃하지 않는 꼭짓점을 이은 선분을 **대각선**」이라 한다. 그리고 도형을 둘러싸고 있는 선분의 수에 따라 삼각형, 사각형, 오각형,……이라 한다.

「다각형 중에서 모든 대각선이 그 다각형의 안에 있을 때, 즉 어느 변을 연장해도 다각형을 자르지 않을 때, 또는 모든 내각이 평각보다 작을 때를 **블록다각형**이라 하고, 그렇지 않을 때를 **오목다각형**」이라 한다.

■ 다각형의 대각선의 수와 내각의 합

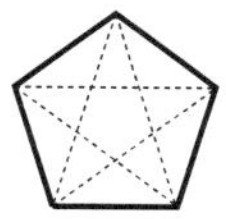

n각형의 어떤 한 꼭짓점에서 다른 꼭짓점에 대각선을 그으면 n−3개 그을 수 있고, 그 대각선에 의해서 이 다각형은 n−2개의 삼각형으로 나누어진다. 따라서 (n각형의 대각선의 수)=$\frac{n\times(n-3)}{2}$(개)이며, (n각형의 내각의 합)=(n−2)×2∠R(°)이다.

■ 정다각형

꼭지각과 변의 길이가 각각 모두 같은 다각형을 **정다각형**이라 한다. 정n각형의 내각은 모두 같으므로 내각의 합을 n으로 나누면 한 내각의 크기를 얻는다. (정 n각형의 한 내각의 크기)=$\frac{2n-4}{n}$∠R, 또는 2∠R−$\frac{4}{n}$∠R

■ 정다각형의 작도

정다각형을 작도하는 방법은 일반적으로 중심각을 등분하여 작도하기와 중심각을 등분하지 않고 정오각형 작도하기 등 2가지가 있다.

① **중심각을 등분하여 작도하기**

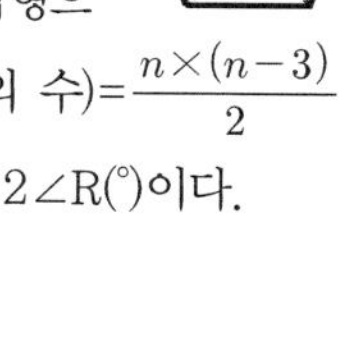

[그림 1]

[그림 1]과 같이 원주를 n등분하여 등분한 점을 차례로 이어서 그린다. 이 방법은 정삼각형, 정사각형, 정육각형, 정팔각형, 정십이각형 등에서는 가능하지만 다른 정다각형은 그렇게 간단히 되지 않기 때문에, '호와 그 중심각은 비례한다.'는 사실을 이용하여 원의 중심각 360°를 n등분해서 $\frac{4}{n}$∠R을 중심각으로 갖는 반지름을 그어서 원주를 n등분한다. 이 방법은 다소의 오차가 있다는 사실은 인정할 수밖에 없다. 정n각형을 작도할 때, 원주를 n등분해서 나누어진 점을 차례로 이어서 정n각형을 작도하는 것은 정n각형의 꼭지각이 같기 때문이다.

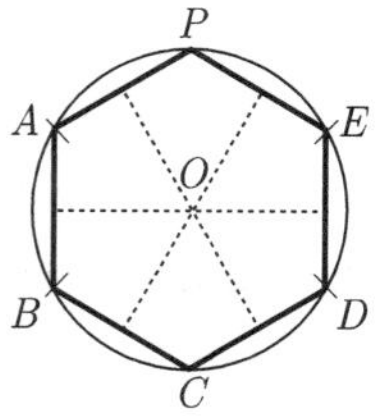

[그림 2]

한 원에서 현의 길이가 같으면 이에 대응하는 호의 길이도 같다. 예컨대 다음 [그림 2]와 같이 $\overline{AB}=\overline{BC}=\overline{CD}$ …이므로 호AB=호BC=호CD=……이다. 즉, 같은 호 위에 있는 다각형은 원에 내접하며, 또한 현의 길이는 모두 같으므로 중심에서 각 변에 내린 수선을 반지름으로 하는 원을 그리면 각 변은 원에 접한다. 이때 원은 다각형에 외접한다고 한다.

② **중심각을 등분하지 않고 정오각형 작도하기**

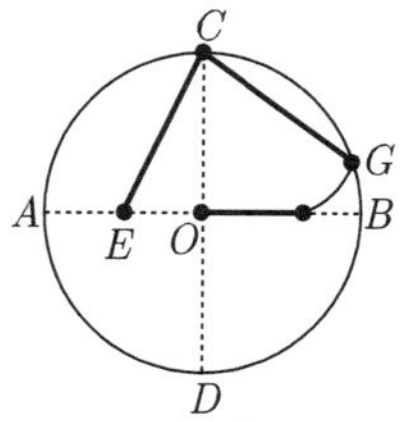

[그림 3]

- 원에 내접하는 정오각형의 작도하기 : 서로 수직인 지름 AB, CD를 긋고, 반지름 OA의 중점 E를 잡고, E를 중심, EC를 반지름으로 하는 원과 OB와 만나는 점을 F라 하면 현 CF가 구하는 정오각형의 한 변이 된다.

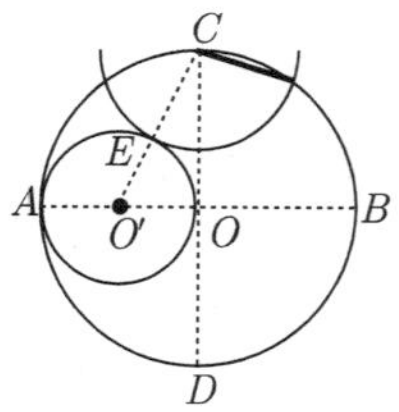

[그림 4]

- 또 다른 방법 : [그림 4]처럼 서로 수직으로 만나는 지름 AB, CD를 긋는다. 그리고 OA를 지름으로 하는 원 O′를 그린다. CO′를 잇고 이 선분과 원 O′가 만나는 점을 E라 하면 CE는 정십각형의 한 변이 된다. 정십각형의 꼭짓점을 하나씩 띄워 직선으로 연결하면 정오각형이다.

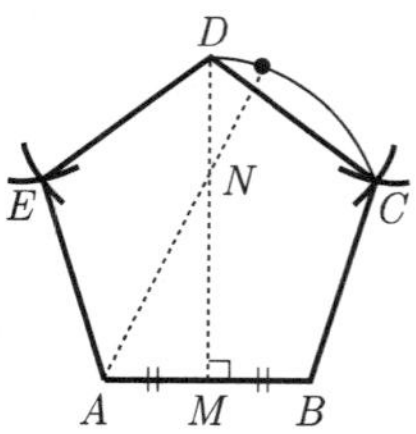

[그림 5]

- 한 변 AB의 길이를 1로 생각하고 작도하기 : [그림 5]에서 AM=$\frac{1}{2}$, MN=1, NF=$\frac{1}{2}$이 되게 잡으면, AD=$\frac{1+\sqrt{5}}{2}$이다. AB를 중심으로 반지름이 1인 원과 D를 중심으로 하는 반지름이 1인 원을 그려서 그 교점을 E, C라면 오각형 ABCDE는 정오각형이다.

다각형의 닮음

닮음은 모양에 초점을 둔 도형 사이의 관계이고, 합동은 모양뿐만 아니라 크기까지 고려한 도형 사이의 관계이다.

「두 도형에 대하여 대응하는 점을 이은 직선이 모두 한 점 O에서 만나고, 점 O에서 각 대응점까지의 거리의 비가 일정할 때, 이 두 도형은 **닮음의 위치**에 있다고 하며, 점 O를 **닮음의 중심**」이라 한다.

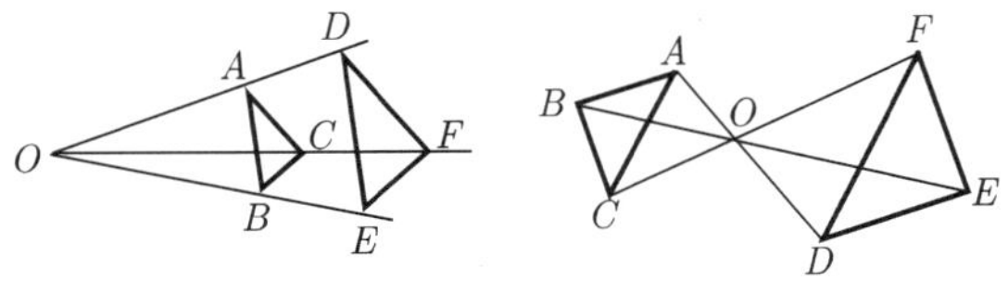

닮음의 위치에 있는 도형에서 닮음의 중심은 대응하는 점을 연결하는 선분을 같은 비로 내분 또는 외분한다. 그리고 대응하는 선분은 서로 평행이고, 그 길이의 비는 닮음비와 같다.

■ 삼각형의 닮음

「두 삼각형에서 대응하는 세 각의 크기가 각각 같고 대응하는 변의 길이의 비가 같을 때, **두 삼각형은 닮았다**고 하며, 닮은 삼각형에서 대응변의 길이의 비를 **닮음비**」라 한다. 두 삼각형 ABC와 A′B′C′는 서로 닮음도형이면, 기호 △ABC∽△A′B′C′로 나타낸다.

삼각형의 닮음 조건은 다음의 3가지이다.

① 대응하는 세 쌍의 변의 길이의 비가 같다.

② 대응하는 두 쌍의 변의 길이의 비와 그 사이에 끼인 각의 크기가 같다.

③ 대응하는 두 쌍의 각의 크기가 각각 같다.

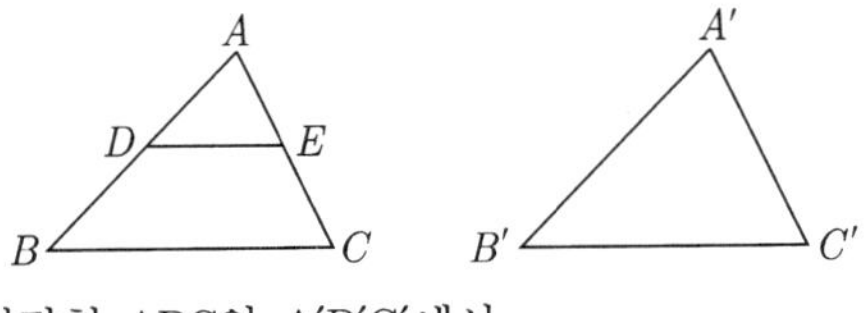

두 삼각형 ABC와 A′B′C′에서

① AB:A′B′=BC:B′C′=AC:A′C′일 때, △ABC의 두 변 AB, AC 위에 각각 AD=A′B′, AE=A′C′인 점 D, E를 잡으면 AB:AD=AC:AE 이므로 DE∥BC이다.
∴ △ABC ∽ △ADE.
그런데 AB:AD=BC:DE=BC:B′C′에서 DE = B′C′이므로 ∴△ADE≡△A′B′C′. 따라서 △ABC ∽ △A′B′C′

② AB : A′B′=AC : A′C′, ∠A=∠A′일 때, △ABC의 두 변 AB, AC 위에, 각각 AD=A′B′, AE=A′C′인 점 D, E를 잡으면 ①과 같이 생각하여 △ABC∽△ADE이고, 또 △ADE≡△A′B′C′이므로 △ABC ∽ △A′B′C′

③ ∠A=∠A′, ∠B=∠B′일 때, △ABC의 두 변 AB, AC 또는 그 연장 위에 각각 AD=A′B′, AE=A′C′인 점 D, E를 잡으면 △ADE≡△A′B′C′이고 ∠ADE=∠B′=∠B이므로 DE∥BC이다. 따라서 ABC∽ADE. 즉△ABC∽A′B′C′. 특히 위 DE∥BC이면 △ABC와 △ADE는 닮음의 위치에 있다고 하며, 이때 (AB:AD)=(AC:AE)=(BC:DE), ∠A는 공통, ∠B=∠D, ∠C=∠E이므로 △ABC∽△ADE이다.

■ 다각형의 닮음

「다각형의 변과 각을 차례로 대응시켰을 때, 대응각과 대응변의 길이의 비가 모두 같으면 두 다각형은 **닮은 다각형**」이라고 하고, 대응변의 길이의 비를 **닮음비**라고 한다. 두 n각형이 닮음 조건으로는 일반적으로 다음의 2가지를 든다.

① 차례로 대응시킨 (n−1)개의 대응변의 길이의 비가 모두 같고, 그 사이에 끼인 (n−2)개의 대응각이 각각 같을 때

② 차례로 대응시킨 (n−2)개의 대응변의 길이의 비가 모두 같고, 그 양 끝에 (n−1)개의 대응각이 있을 때

■ 닮음도형 작도하기

점 O를 닮음의 중심으로 삼각형 ABC를 $\frac{1}{2}$로 축소한 도형 작도하기

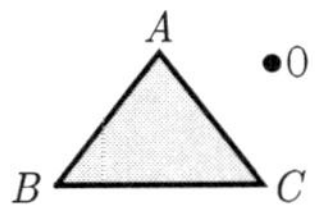

각 꼭짓점에서 닮음의 중심 O에 그은 선분 OA, OB의 중점을 A′, B′, C′라 하고 이 세 점을 잇는다.

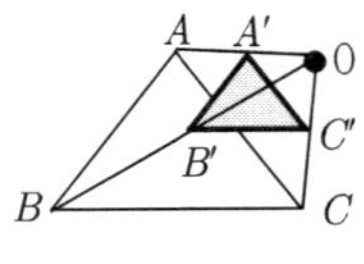

각 꼭짓점에서 닮음의 중심 O에 그은 선분 OA, OB의 연장선 위에 $\overline{OA}=2\overline{OA'}$, $\overline{OB}=2\overline{OB'}$, $\overline{OC}=2\overline{OC'}$인 세 점 A′, B′, C′를 잇는다.

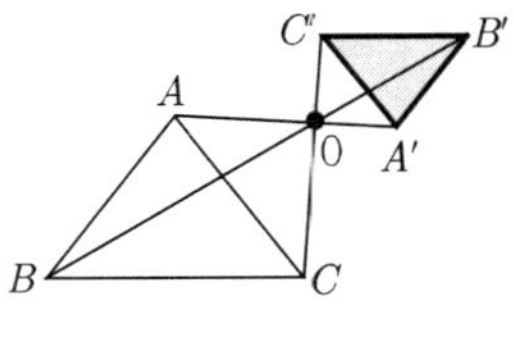

다면체

다면체란 3차원인 입체도형으로 각 면이 모두 평면으로 둘러싸인 입체도형」을 말한다. 그러나 이렇게 정의하면, 다각형이 아닌 도형도 이 속에 포함되기 때문에 다음과 같이 정의한다.

「다각형의 면들이 모서리와 꼭짓점에서 연결되어 둘러싸인 폐곡면(closed surface)을 **다면체**」라 하며, 다면체에서 면(face)과 면이 만나서 이루어진 도형을 **모서리**(edge), 모서리와 모서리가 만나서 이루어진 도형을 **꼭짓점**(vertex)」이라 한다. 또 다면체의 같은 면 위에 있지 않는 두 꼭짓점을 이은 선분을 **대각선**이라 한다.

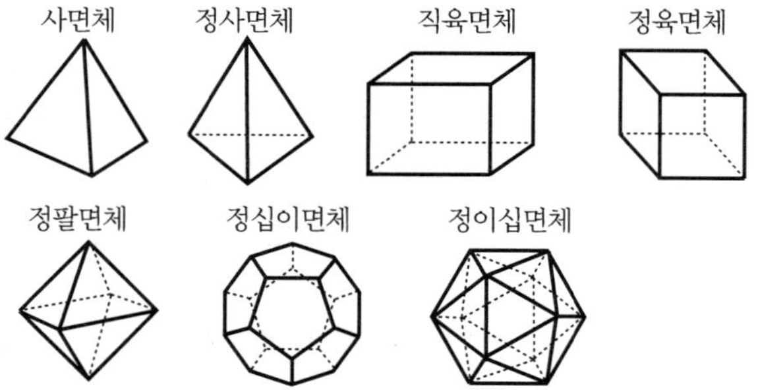

여러 개의 평면으로 둘러싸인 입체 중에서도 다면체인 경우와 다면체가 아닌 경우가 있다.

예컨대 다음 그림에서 ①은 꼭짓점끼리 연결된 모서리가 없는 면이 하나 있기 때문에 다면체가 아니고, 또 ②는 다각형이 아닌 면(■)이 하나 있기 때문에 다면체가 아니다. 그렇지만 ③과 ④처럼 모서리를 더 첨가시키면 다면체가 된다.

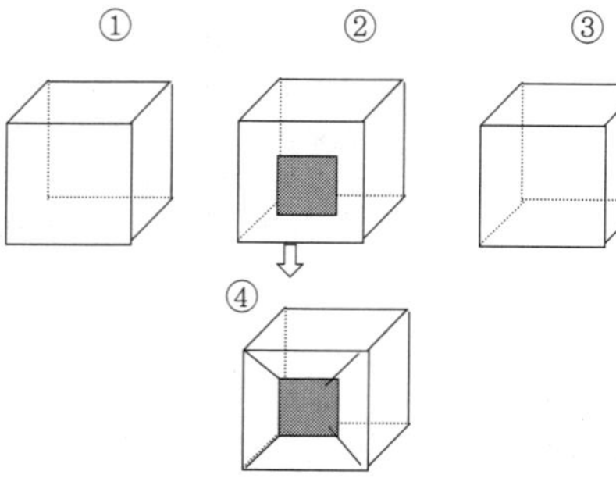

■ **볼록다면체와 오목다면체**

다면체는 그 면의 수에 따라서 사면체, 오면체, 육면체 등으로 불린다. 다면체에서 어느 면을 연장하더라도 다른 면과 만나지 않을 때 이것을 **볼록 다면체**라 하고 그렇지 않는 것을 **오목 다면체**라 한다. 볼록 다면체는 그 내부의 두 꼭짓점을 잇는 대각선은 항상 그 다면체 내부에 있으나 오목다면체는 내부의 두 점을 맺는 선분(대각선) 가운데는 그 면과 만나거나 그 일부가 외부에 나오는 경우도 있다.

볼록다면체 오목다면체

「다면체에서 면의 수(F), 꼭짓점(V), 모서리의 수(E)를 각각 F, V, E라면 이들 사이에는 「F+V=E+2」인 관계가 있다. 이것을 **오일러의 다면체 정리**」라고 한다.

■ **정다면체**

「모든 면이 합동인 정다각형이고, 각 꼭짓점에 모이는 면의 수가 모두 같은 볼록 다면체를 **정다면체**」라 한다. 정다면체는 다음의 5종류밖에 없다.

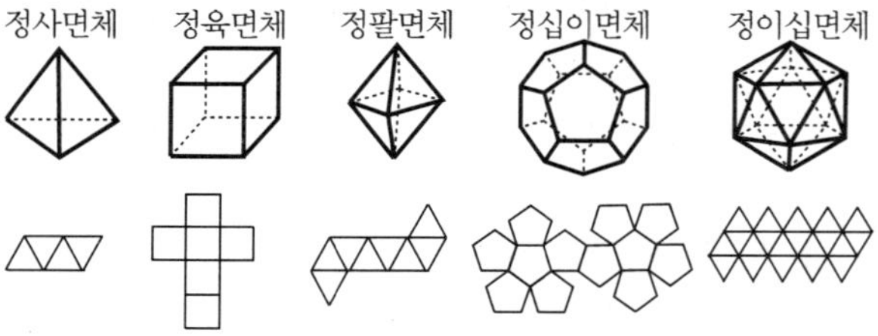

정다면체의 면인 정다각형의 변의 수를 m, 한 꼭짓점에 모이는 면의 수를 F, 꼭짓점의 수를 V, 변의 수를 n, 정다면체의 면의 수를 F, 꼭짓점의 수를 V, 변의 수를 E라 하면 mF=2E=nV이므로 F=$\frac{2E}{m}$, V=$\frac{2E}{n}$이고, Euler의 정리에 대입하면 $\frac{2E}{m}+\frac{2E}{n}$=E+2이다. 즉 $\frac{1}{m}+\frac{1}{n}=\frac{1}{2}+\frac{1}{E}$, 따라서 $\frac{1}{m}+\frac{1}{n}>\frac{1}{2}$을 만족하는 m, n을 구하면 m=3 n=3이면 정사면체, m=4 n=3이면 정육면체, m=3 n=4이면 정팔면체, m=5 n=3이면 정십이면체, m=3 n=5이면 정이십면체의 5종류뿐이다.

다이어그램

정보처리 및 의사소통의 도구로써 언어, 그림, 문자, 기호 등 여러 가지가 있다. 그 중에서 「기호, 선, 점 등을 사용해 각종 정보 사이의 상호관계나 과정, 구조 등을 시각적인 그림으로 나타낸 것, 또는 수량이나 관계 따위를 나타낸 도표(圖表)를 **다이어그램**」이라고 한다. 다이어그램과 그래프는 종종 혼용하여 사용하기도 한다.

다이어그램은 추상적으로 정보를 대표할 수 있는 그림으로 추론과정이나 정보 사이의 상호관계를 정확·신속하게 전달하고 직관적으로 인식할 수 있는 기능을 가지고 있다. 다이어그램의 유형에는 표현하려는 내용에 따라 도표나 그래프 등 통계 다이어그램, 조직도나 계보도, 순서도 등 기구 계통 다이어그램, 기상도나 구조도 등 기능 및 해부 다이어그램, 그 밖에 행사 예정표, 열차 운행표, 일정표, 노선안내도, 개념도 등이 여러 가지가 있다.

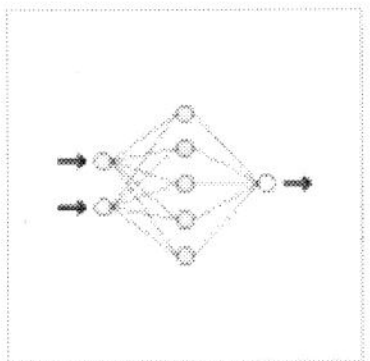

네트워크 다이어그램

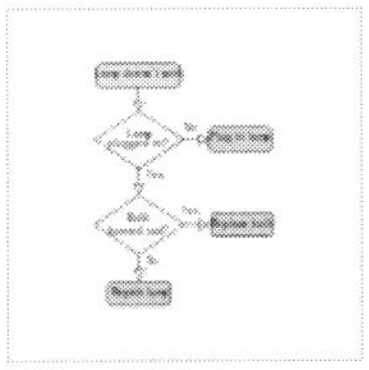

플로우 차트

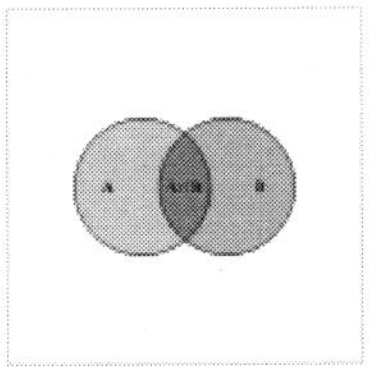

벤 다이어그램

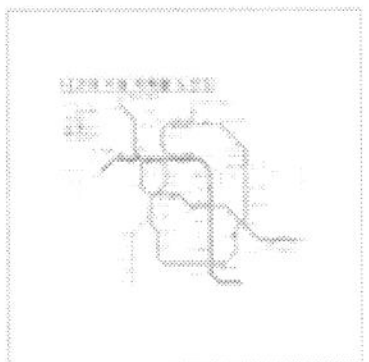

지하철 지도

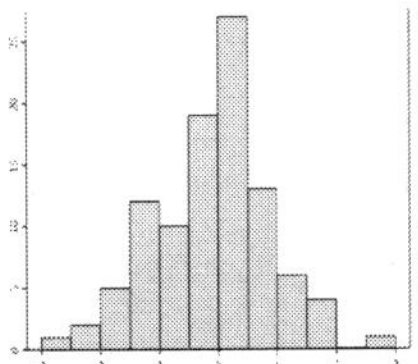

막대그래프

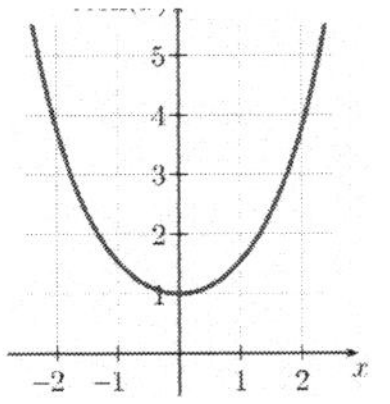

함수그래프

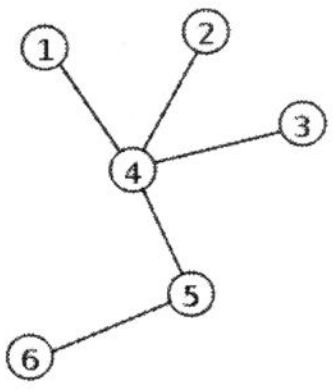

선형그래프

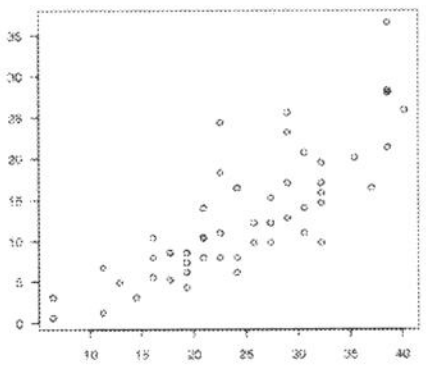

점그래프

■ **벤 다이어그램**

수학에서는 집합 사이의 관계나 논리적 명제를 고찰할 때 집합 사이의 포함 관계나 명제 사이의 함의 관계를 폐곡선을 써서 시각적인 그림으로 나타낸 것을 벤 다이어그램, 또는 오일러 다이어그램이라고 한다. 다음 그림은 평행사변형, 직사각형, 마름모, 정사각형의 집합의 포섭 관계를 나타낸 것이다.

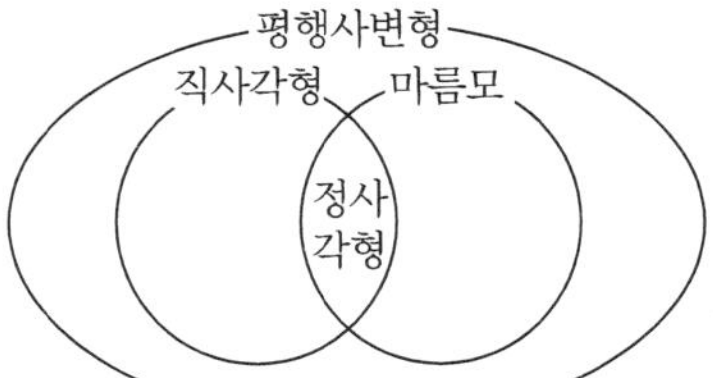

일반적으로 벤*Venn*이 고안한 벤도와 오일러가 보급한 오일러도를 구별하지 않고 집합의 관계를 위의 그림과 같이 도식화한 것을 '벤 다이어그램' 또는 '오일러 다이어그램'이고 부른다.

■ **벤 다이어그램과 오일러 다이어그램의 차이**

오일러 다이어그램(Euler's diagram)을 정밀화하기 위한 것이 벤 다이어그램으로 역사적으로 살펴보면 이 둘은 명확한 구별이 있다. 오일러는 집합의 포섭관계를 원을 이용하여 위치 관계로 표현하였다. 예컨대 같지 않는 두 집합 A, B가 있을 때, A와 B의 관계에는 다음의 4가지 경우가 있다.

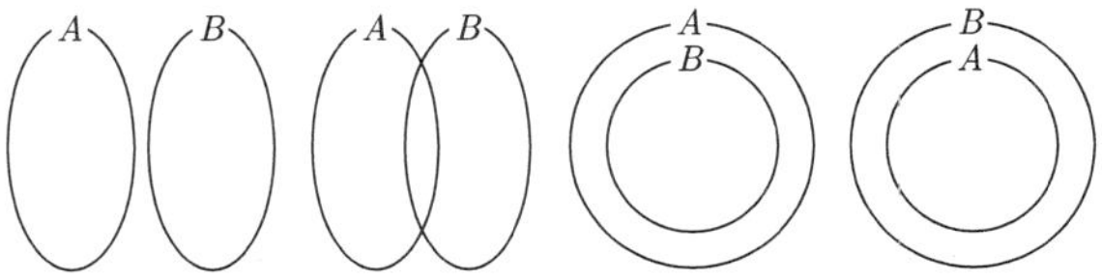

이와 같이 **오일러 다이어그램**은 주어진 집합에 따라 서로 다른 그림을 그리는 것이다. 이에 대해서 **벤 다이어그램**에서는 주어진 집합이든 명제든 정보 사이의 관계를 나타내는 그림은 단 한 가지로 정해둔다.

예컨대 두 집합의 경우는 아래 그림과 같이 정한다. 그리고 그림에서 집합의 원소가 존재하지 않는 영역에는 빗금을 치고 원소의 존재가 확정되어 있는 영역에는 '×'로 표시한다. 예컨대 위의 집합 A, B의 4가지의 경우는 각각 다음과 같이 표현한다.

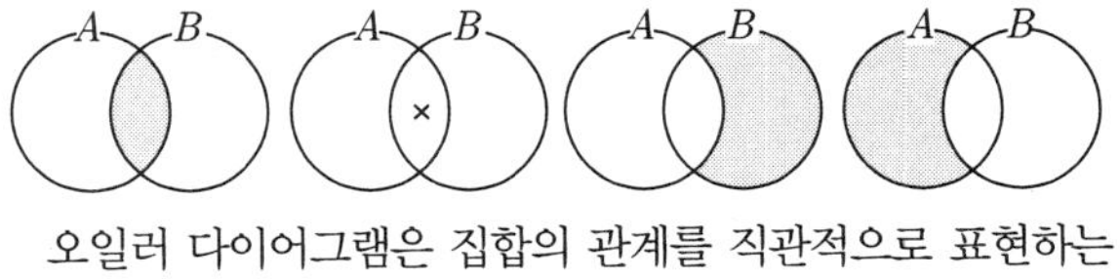

오일러 다이어그램은 집합의 관계를 직관적으로 표현하는 것에만 머물지만 벤 다이어그램은 논리성도 포함되어 있다.

단위

사람마다 이름이 다르듯이 양의 종류에 따라 붙여지는 명칭. 즉 단위도 서로 다르다. 예컨대 사람은 '명', 동물은 '마리', 나무는 '그루'처럼 「어떤 양을 수치로 나타낼 때 붙여지는 명칭을 그 양의 **단위**」라고 한다. 또 어떤 양에 대해서 기준량(Unit)의 크기를 정해서 주어진 양이 기준량의 몇 개분인가로 나타내면 양을 수로 나타낼 수 있다. 이때 「기준이 되는 크기의 양을 **단위량**(Unitage)」이라고 한다. 1m짜리가 3개, 혹은 1m의 3배이면 3m이다. 이와 같이 측도 '3'은 그 결과를 나타낼 때는 (측도)×(단위)의 순서로 표시된다. 따라서 2kg, 3L, 4초에 있어서의 2, 3, 4는 각각의 단위에 의해서 재어진 측도를 나타내고, kg, L, 초는 각각 무게, 들이, 시간의 단위이다.

단위의 발생은 같은 종류의 두 양 a, b에 대해서 a가 b의 n배일 때 b를 단위로 생각하면 a=n·b(n은 측도)가 되고, a를 단위로 생각하면 B=$\frac{1}{n}$·a($\frac{1}{n}$: 측도)가 되는 것과 같이 a, b의 어느 쪽도 단위로 생각할 수 있다.

■ 단위의 종류

① **기본단위와 유도단위** : 「어떤 양의 기준으로 삼는 양을 **기본단위**」라고 하는 데, 길이, 무게, 시간, 들이 등의 기본단위는 각각 m, kg, 초, L 등이 있다. 그리고 넓이, 부피, 속도 등의 단위는 기본 단위를 조합해서 만들어진다. 예컨대 넓이, 부피는 길이의 단위를 토대로 해서 만들어지며(m^2, m^3 등). 속도의 단위는 시간과 길이의 단위를 조합해서 만든다(m/초). 이와 같이 기본단위를 조합해서 만들어내는 단위를 '**유도단위**'라고 한다.

② **보조단위** : 기본단위만으로는 아주 큰 양이나 아주 적은 양을 재는데 불편하기 때문에 각각의 보조단위가 설정되어 있다. 예컨대 m의 보조단위로서 km, Cm, mm 등, kg의 보조단위로서 mg, g, 등, 초의 보조단위로서 분, 시간, 일 등이 있다. 이들의 단위가 만들어지는 방법은 10의 배수관계에 근거하고 있다. 예컨대 k(Kilo:1000배), h(Hecto:100배), D(Deca:10배), D(DeCi:$\frac{1}{10}$), C(Centi:$\frac{1}{100}$), m(Mili:$\frac{1}{1000}$)······ 등이 있다.

단위와 관련된 용어 중 도량형(度量衡)이라는 말이 자주 쓰이는데 **도**는 측도의 도, **양**은 말, 되, **형**은 분동으로서 길이, 부피(들이), 무게를 의미하고 있다.

[표] 미터법의 구조

	10^6	10^3	10^2	10	1	10^{-1}	10^{-2}	10^{-3}	10^{-6}
	M	k	h	D		D	C	m	μ
길이	Mm	km	hm	Dm	m	Dm	Cm	mm	μm
무게	Mg	kg	hg	Dg	g	Dg	Cg	mg	μg
	Mt	kt			t				
넓이	Ma		ha		a				
들이	ML	kL			L	DL		mL	μL

■ SI 단위계(The International System of Units)

나라마다 언어가 다르듯이 물체의 양을 나타내는 단위도 서로 달았다. 그러나 이후 국가 간에 교류가 활발해지면서 양과 관련된 정보를 공유하기 위해서는 서로가 신뢰할 수 있는 요소의 하나로 공통적으로 사용할 수 있는 단위가 필요했다. 또한 과학기술 문명이 발달함에 따라 새로운 양이 생겨나고 또 그 양의 크기를 측정하거나 나타내기 위해 새로운 단위가 생겨남에 국제적인 협약을 통하여 공통적으로 사용할 수 있는 단위체계를 만들게 사용하게 되었다.

그 결과 1875년에 파리에서 국제미터협약이 조인됨으로서 오늘날의 범세계적인 국제단위계의 기틀이 다져지게 된 것이다.

단위계의 시초는 1790년경 프랑스에서 발명된 미터계인데 이것은 1875년 세계 17개국이 이 협약에 조인함으로써 공식화되었다. 그 후 미터계는 사용분야에 따라 여러 개의 하위단위가 생기는데 그 예가 1881년 과학분야에서 사용해 만든 CGS계이며, 1900년경 실용적인 m, kg, sec의 MKS계에 바탕을 두어 행해지게 되었다.

1935년에는 암페어를 사용하여 MKSA로, 1954년에는 CGPM(국제도향총국)에서 MKSA에 온도의 캘빈도와 광도의 칸델라 등의 단위를 채택하여 1960년 제11차 CGPM 총회의 결의로 SI를 모든 언어에서 사용하도록 하였으며, 1967년에 온도 단위를 K로, 1971년에 mol이 추가되어 현재의 SI단위계의 기초가 되었으며, 우리나라는 계량법 제11조에 의거하여 1964년부터 SI 단위계의 사용(토지, 건물은 제외)을 법적으로 규정하였으며, 1983년 1월 1일 시행령 부칙 제2조에 의해 건물·토지까지도 미터법을 사용하게 되었다.

닮음

어떤 대상의 모양과 크기에 한정하여 모양이 같은 경우를 **닮았다**고 하고, 모양과 크기가 같은 경우를 **합동**이라고 한다.

'합동'이 촉각의 세계에서 성립하는 개념이라면 '닮음'은 시각의 세계에서 성립하는 개념으로 질적으로 서로 다르다. 동일한 대상에 대한 크기가 다른 2장의 사진을 보고 '같다'라는 것은 크기는 무시하고 모양에만 초점을 두기 때문이다. 닮음은 모양에만 초점을 두고 공간을 인식하는 단서이며, 공간에서 양(길이, 무게, 넓이, 부피, 각도 등)과 관련하여 배(倍)나 비례(比例)의 법칙을 시각적으로 명확하게 하는 역할을 한다.

일반적으로 닮음은 「어떤 도형을 모양을 바꾸지 않고 일정한 비율로 확대 또는 축소하여 얻은 도형은 본래의 도형과 닮았다 또는 닮음인 관계에 있다고 한다.」고 정의한다. 그리고 △ABC와 △DEF가 서로 닮은 도형일 때, △ABC∽△DEF로 나타낸다. 두 도형의 꼭짓점을 대응하는 순서대로 쓴다. 닮은도형에서 같은 위치 관계에 있는 점, 변, 각을 각각 **대응점**, **대응변**, **대응각**이라 한다. 그리고 「대응변의 길이의 비, 또는 닮음의 중심에서 대응점에 이르는 거리의 비를 **닮음비**」라 한다.

닮은도형을 정의하는 방법은 여러 가지가 있는데 일반적으로 다음 3가지 정의에 근거하고 있다.

[**정의** 1] 「모양이 같은 두 도형을 **닮은도형**」이라 한다. 이 정의는 상식적이기는 하나 막연하고 내용이 빈약하므로 논증의 근거로 삼기는 어렵다. 따라서 닮은도형을 관찰해서 그들의 「서로 대응하는 선분의 길이의 비가 일정하고, 대응하는 각의 크기가 같은 도형은 **닮음**」이라고 고쳐서 정의하고 있다.

[**정의** 2] 「대응하는 각이 같고, 대응하는 변의 길이의 비가 같은 두 다각형을 **닮은도형**」이라 한다. 이 정의는 조건이 분명하기 때문에 논증의 근거로 삼는 데 적합하다. 그러나 곡선이 포함된 도형의 경우는 곤란하다. 물론 곡선이 포함된 도형을 다각형의 극한으로 생각하면 되지만 대응점을 결정하기가 어렵다. 이것이 닮음을 도입할 때의 곤란한 점이다. 그러나 직선으로 된 도형을 대상으로 하는 경우는 보통 이 정의가 널리 쓰인다.

[**정의** 3] 「닮음의 위치에 놓을 수 있는 도형을 서로 **닮은도형**」이라고 한다. 이 정의는 논증의 근거도 되고, 대응점도 명확하게 잡을 수 있다. 그리고 도형을 확대하거나 축소하는 방법과도 결부되기 때문에 대단히 편리하다.

■ 닮음과 닮음변환

두 도형의 모양이 같다는 것은 대응하는 선분의 비가 모두 같다는 것이다. 이것은 도형 F 위의 임의의 두 점을 P, Q. 두 점 사이의 거리를 d(P, Q)라면 사상 f에 의해서 d(f(P), f(Q))=K · d(p, q)로 나타난다. 이때 f를 **닮음변환**이라 부른다. 닮음비 $k>1$일 때를 확대, $0<k<1$일 때를 **축소**라고 하며, $k<0$일 때는 역방향의 확대·축소라고 생각할 수 있다. 특히 k=1일 경우를 **합동**이라고 하며, 합동은 닮음의 특수한 경우이다.

■ 닮음의 위치

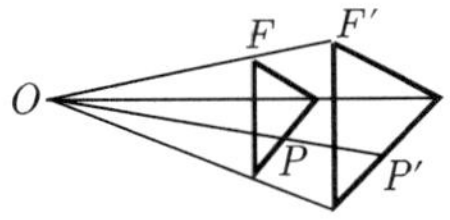

두 도형 F, F′의 모든 점이 1대 1로 대응되고, 대응점 P, P′가 다음 조건을 만족할 때 두 도형 F, F′는 점 O에 대해서 '**닮음의 위치에 있다.**'고 하고, 점 O를 **닮음의 중심**이라 한다.

① PP′는 정점 O를 지난다.

② OP : OP′는 일정하다.

닮음의 위치에 있는 도형은 대응각이 같고, 대응변의 비는 일정하다. 즉 $\overline{OP} : \overline{op'}$의 비를 닮은비라고 한다. 따라서 닮음의 위치에 있는 도형은 닮음도형이 되므로 이에 의해서 닮음을 정의할 수도 있다.

일반적으로 「한 점과 주어진 도형 위의 점을 맺는 선분을 일정한 비로 내분, 또는 외분하는 점이 이루는 도형은 서로 닮음도형이며, **닮음의 위치에 있다.**」고 정의하기도 한다. 서로 닮은도형에서 대응변끼리는 평행이며, 모든 원은 서로 닮은도형이다. 또 같은 정다각형, 예컨대 정삼각형은 정삼각형끼리, 정사각형은 정사각형끼리 서로 닮음도형이다.

대수학

대수학(代數學, algebra)이란 연산(사칙계산, 제곱근, … 등)과 수학의 기본원리를 숫자 대신 문자를 사용하여 나타냄으로써 더욱 간결·명료하고 일반화되고 확장되어지는 수학의 한 분야이다.

algebra라는 말은 아라비아의 수학자 al-Khwarizmi(약 780-850)의 저서 《Al-Kitab al-muhtasar fi al-jabr w'al-muqabala(825)》에서 유래되었다. 여기서 방정식의 풀이와 관련된 규칙을 뜻하는 용어 al-jabr에서 algebra라는 말이 나오게 되었다. 역사적으로 대수의 의미는 방정식의 풀이, 기호를 사용한 일반화, 기호에 의한 양의 탐구, 구조의 연구와 같이 다양한 의미를 갖고 있다.

원래 대수학은 방정식의 해법 연구가 중심이었으나, 19세기 이후는 칸토르의 집합론, 프로메니우스에 의한 행렬이나 군(群)의 기호적 취급, 슈타이니쯔의 체론(体論, 1910)과 같이 차츰 추상적, 공리적인 형태로 되어 있다. 오늘날에는 군, 환, 체, 다원환 등을 포함한 추상 대수학이 그 주체가 되었다. 따라서 최근의 대수학은 방정식의 형성과 풀이뿐만 아니라 일반적 수적 관계와 수학적 구조의 기호화(symbolizing)를 다루는 수학의 부문이라 말할 수 있다.

▪ 대수의 역사적 발달

기호 체계로써 대수의 역사적 발달은 3단계로 구분된다(김남희 외, 2009).

① **언어적 대수**(rhetorical algebra) : 수학자 디오판토스*Diophantus*(약 246-330) 이전 시기로 연산과 논리, 그리고 해를 포함한 모든 대수학 문제를 기호를 사용하지 않고 일상적인 언어로 표현했으며, 특별한 기호 사용은 하지 않았다.

② **생략적 대수**(syncopated algebra) : 디오판토스 시대부터 16세기 말까지의 시기로 디오판토스는 대수학에 최초로 생략적 기호를 사용하였는데, 자주 반복되어 사용되는 개념이나 계산을 축약된 용어나 머리글자 같은 생략 기호를 사용하였다. 예컨대 르네상스 시대에는 +(plus)를 p로, -(minus)를 m으로 나타내기도 하였다. 이 단계에서 방정식의 풀이가 나타나게 되었으나 모든 방정식은 수로 된 계수만을 가지고 있었고, 해는 오로지 수치로 된 값으로만 표시되었다. 이 시기에 대수학자들의 관심은 일상적인 언어 표현에 반대했다.

③ **기호적 대수**(symbolic algebra) : 16세기의 가장 위대한 프랑스 수학자로 일컬어지는 비에트*Vieta*(1540-1603)에 의해 미지의 양뿐만 아니라 주어진 양을 나타내는 문자를 사용하기 시작하였다. 그리고 우리가 현재 쓰고 있는 덧셈(+)과 뺄셈(-)를 처음 사용했으며, 일반해를 나타내는 도구로 그리고 수치관계를 표현하는 규칙을 증명하는 도구로써 대수를 사용하는 것이 가능하게 되었다.

▪ 학교수학에서 대수학

전통적인 대수 교육과정을 살펴보면 초등학교는 수와 연산 영역에서 대수의 입문과정으로 유리수 범위 내에서 사칙연산, 기호를 사용한 미지수 표현, 방정식과 그 해법, 비와 비율 등 초보적인 대수 입문을 다루고, 중학교 과정에서 정수와 유리수의 사칙, 인수분해, 지수법칙, 1차부등식, 1차·2차 방정식, 실수의 대소 관계, 다항식의 사칙연산, 제곱과 제곱근, 부등식 등을 다룬다. 그리고 고등학교에서는 다항식의 연산, 다항식과 항등식, 실수와 복소수, 수열, 2차 방정식, 지수와 로그, 여러 가지 방정식과 부등식 등을 다루는데, 모든 학생들이 이수하는 것은 아니고, 대학진학 및 전공에 따라 선별적으로 다룬다.

전통적으로 대수교육 내용은 문자 표현, 1차와 2차 방정식, 비율, 제곱과 제곱근 등을 포함하는 입문 대수를 다루어 왔다. 1960년대 초 학교에서 가르쳐지는 수학과 핵물리, 우주탐사, 정보전달 기술, 컴퓨터와 같은 졸업 후 직장에서 요구되는 내용 사이의 차이로 인해 몇 몇 국가에서 대수 학습 내용에 새로운 변화의 시도 예컨대 대수는 부등호 같은 새로운 토픽을 통합하고 집합과 함수와 같은 개념들의 통합을 강조하고 그 구조와 연역적 특징을 명백하게 했다.

대수교육은 수학의 도구로서 계산기와 컴퓨터의 출현으로 수학과 그 응용이 크게 변했으며, 수학자가 수학을 하는 방법과 과학자·기술자·사회과학자가 수학을 사용하는 방법을 바꾸어 놓았다.

앞으로의 대수교육은 계산기나 컴퓨터 등 공학적 도구의 지원을 무시하지 않는 대신 사고의 도구로서 대수학의 연구와 그 활용에 좀 더 관심을 가질 필요가 있다.

대응

일상적인 의미로 대응이란 어떤 두 대상이 주어진 관계에 의해서 서로 짝을 이루는 경우를 말한다. 대응이란 '한 값이 정해지면 거기에 대응하는 다른 값이 정해진다.'는 생각에서 '짝이 된다.'는 뜻이다.

수학에서는 「두 집합 A, B에서 각각의 원소a(a∈A), b(b∈B) 사이에 일정한 규칙, 즉 관계 R이 주어졌을 때, 집합 A의 원소 a를 먼저 정하고, 일정한 규칙에 따라 집합 B의 원소 b를 정하는 것을 a로부터 b에의 **대응**이라 하고, 기호로 f:A→B」라고 나타낸다.

예컨대 A={2, 3, 4}, B={6, 8, 9, 10}라 하고, 그 관계 R을 'a는 b의 약수이다.'고 할 때 이 관계를 대응도를 나타내면 다음 [그림 1]과 같다.

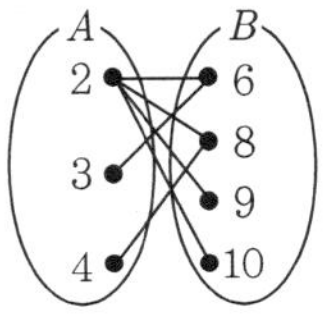

[그림 1]

이때 집합 A의 원소 a와 집합 B의 원소 b와의 순서쌍(a, b)이 만들어진다. 즉 A로부터 B로의 대응이 이루어진 셈이다. 이 경우 a, b의 순서, 즉 대응의 방향에 유의함과 동시에 순서쌍 (a, b)의 전체가 고려의 대상이 된다는 사실에 주의할 필요가 있다. A가 유한집합일 때, A에서 B로의 일대일 대응이 있으면 B도 유한집합이며 A의 원소의 개수와 B의 원소의 개수는 일치한다. 대응에는 다음의 4가지가 있다.

㉮ 다대다 대응 : [그림 2]
㉯ 일대다 대응 : [그림 3]
㉰ 다대일 대응 : [그림 4]
㉱ 일대일 대응 : [그림 5]

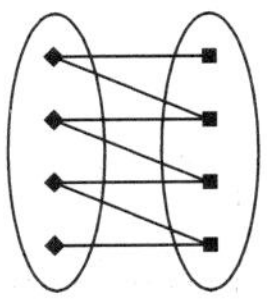
[그림 2]

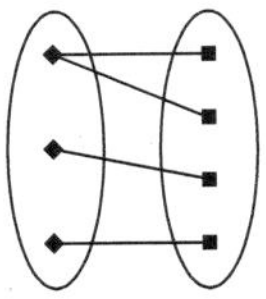
[그림 3]

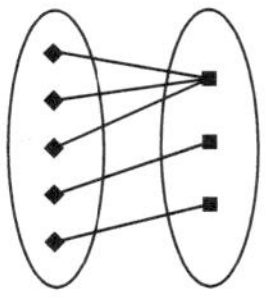
[그림 4]

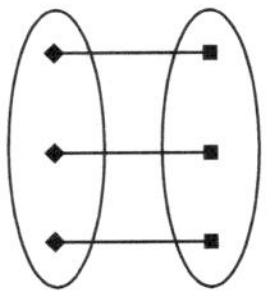
[그림 5]

[그림 4]와 [그림 5]처럼 집합 A의 각각의 원소가 집합 B의 단 1개의 원소에 대응하는 것을 일의대응, [그림 2]와 [그림 3]처럼 집합 A의 각각의 원소가 집합 B의 2개 이상의 원소에 대응하는 것을 다의(多意)대응이라고 한다.

■ 대응의 구체적인 사례

각각의 대응에 대해서 구체적인 예를 살펴보자.

- **다대다 대응** : 자연수의 집합으로부터 그 수의 약수의 집합으로의 대응, 마름모의 한 변의 길이의 집합으로부터 마름모의 넓이 집합으로의 대응 등
- **일대다 대응** : 수학성적의 집합으로부터 학생 수의 집합으로의 대응, 같은 가격의 물건 등. 즉 같은 점수를 받은 학생은 여러 명 있을 수 있다.
- **다대일 대응** : 정규 우편물 무게의 집합으로부터 요금 집합으로의 대응은 '다대일 대응'의 생각에 기초하고 있다.
- **일대일 대응** : 개인용 책상의 집합으로부터 의자의 집합으로의 대응, 학생들을 셀 때 사물의 집합으로부터 수사의 집합으로의 대응 등

이들 4가지 대응 중 「집합 A의 각 원소 a에 대해서 B의 단 하나의 원소 b가 정해지는 대응을 집합 A로부터 집합 B로의 **사상** 또는 **함수**」라 하고, 수학에서는 '정해지면 정해진다.'는 대응의 생각을 기초로 해서 함수적 고찰을 발전시켜 나아가는 것이 바람직하다. 이 경우 대응도(對應圖)만이 아닌 다음 그림과 같이 블랙박스(함수기), 표, 그래프 등을 사용하여 대응과 관련된 사고를 육성하는 것이 바람직하다.

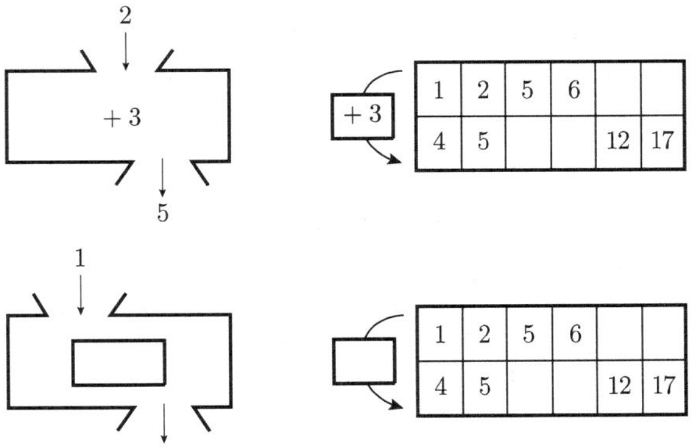

또 함수적 고찰의 심화·발전으로 두 변수 x, y의 한쪽 x를 일정한 순서로 변화시키면 그에 대응해서 변화하는 다른 변수 y를 구하게 하여 x, y의 변화의 범위(변역), 대응의 규칙, 식의 표현 등과 관련지운 지도 체계가 배려되어야 한다.

대칭

물체를 점, 선, 면 등 어떤 기준에 따라 좌·우, 또는 상·하로 모양과 크기가 같을 경우 **대칭**이라 한다. 또 「도형이나 수식이 어떤 변환에 대해서 불변성이 보존될 때, 그 도형이나 수식은 그 변환에 대해서 대칭성을 가진다.」고 한다. 도형의 대칭에서는 선대칭, 점대칭, 면대칭이 있다.

■ 선대칭

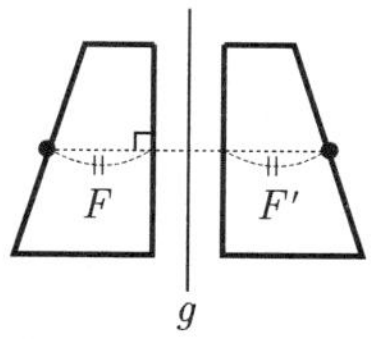

[그림 1]

[그림 1]처럼 「두 도형 F와 F′의 점들 사이는 1:1대응이 이루어지고, 대응점끼리 이은 선분이 한 직선 g에 의해서 수직이등분될 때 F와 F′는 직선 g에 대해서 **선대칭**이라 하고, 직선 g를 **대칭축**」이라고 한다. 선대칭 도형을 정의함에 있어서 '종이를 반으로 접어서 겹친 후, 가위로 오린 다음 펼치면 대응점끼리 연결한 선분은 대칭축을 수직이등분하는 한다.'처럼 조작활동을 통하여 확인하는 정의를 동적(動的)정의라고 한다. 그러나 논증기하에서는 조작을 학습 대상으로 하는 것이 아니라 논리성이 중시됨으로 동적인 조작이 아닌 '대칭축에 대해서 대응변의 길이와 대응각이 같다.'는 정적(靜的)인 정의를 한다.

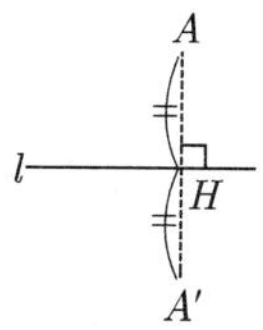

[그림 2]

[그림 2]처럼 임의의 한 점 A에서 직선 ℓ에 그은 수선의 발을 H라 하고, 선분 AH의 연장선 위에 AH=HA′인 점 A′를 잡으면 A′를 직선 ℓ에 대한 A의 **대칭점** 또는 **대응점**이라 하고, 직선 ℓ을 **대칭축**이라고 한다.

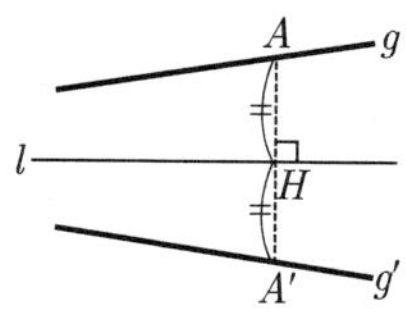

[그림 3]

또 [그림 3]처럼 직선을 무한히 연속된 점의 집합으로 생각하면, 어떤 직선 g가 주어졌을 때, 직선 ℓ에 관하여 직선 g의 모든 점에 대칭인 점의 모임은 다른 직선 g′가 된다. 이 직선 g′를 ℓ에 관한 g의 **대칭인 직선**이라고 한다. 또한 점의 집합인 도형에 있어서도 도형을 이루고 있는 모든 점이 직선 ℓ에 관한 대칭인 점으로 된 도형을 ℓ에 관하여 처음 도형의 **대칭도형**이라 한다. 선대칭인 도형에서 [그림 4]처럼 두 도형이 대칭축의 양쪽, 즉 대칭축이 도형 외부에 있는 경우를 **상호대칭** 또는 **타대칭**, **선대칭 위치에 있는 도형**이라 하고, [그림 5]처럼 대칭축이 자기 도형 안에 있고 그 도형을 둘로 나누는 경우를 **자기대칭**이라 한다.

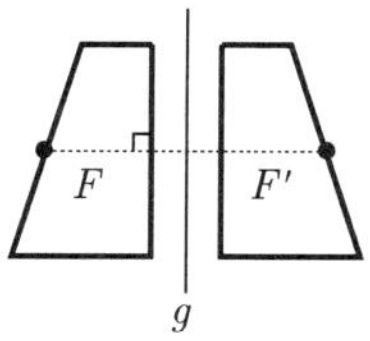

[그림 4]

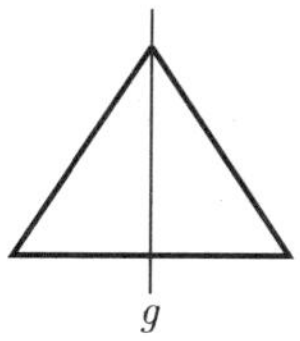

[그림 5]

■ 점대칭

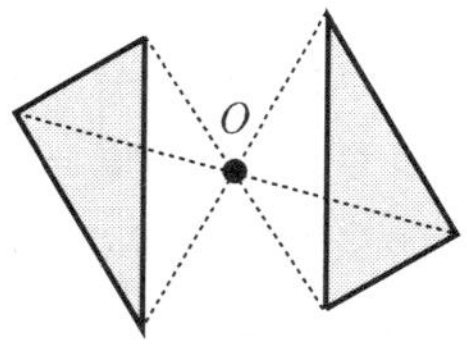

[그림 6]

[그림 6]처럼 「한 점 O를 중심으로 하여 한 도형을 180°회전시킬 때, 두 도형이 완전히 겹쳐지는 경우 이들 두 도형을 **점대칭 도형**이라 하고, 점 O를 **대칭의 중심**」이라 한다. 이때, 대응하는 점끼리 이은 선분은 대칭의 중심 O를 지나며, 점 O에 의해서 이등분된다.

이것을 연역적으로 나타내면 「점 A와 점 O를 선분으로 잇고, 선분 AO의 연장선 위에 AO=OA′되는 점 A′를 잡으면 A와 A′와는 O에 관해서 **점대칭**이라 하고, O를 **대칭의 중심**」이라 한다. 이때, 도형을 이루고 있는 모든 점은 점 O에 관한 서로 점대칭이다.

점대칭 도형에서 대칭의 중심에서 양쪽으로 나누어지는 경우를 **상호대칭**, 또는 **타대칭**, **점대칭 위치에 있는 도형**이라 하고, 대칭의 중심이 자기 도형 안에 있고 도형이 떨어져 있지 않은 경우의 대칭을 **자기대칭**이라 한다. 상호대칭 도형도 한 쌍의 대응점은 선분으로 이어 주면 자기 점대칭 도형이 된다.

■ 면대칭

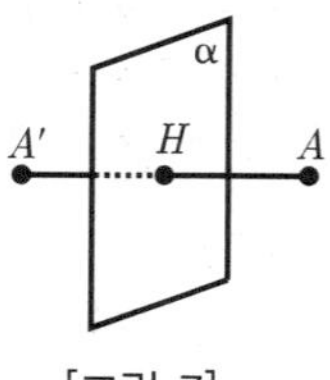

[그림 7]

거울에 상이 비치거나 잠망경은 면대칭을 이용한 것이다.

[그림 7]처럼 「점 A와 평면 α가 있을 때 A에서 α에 내리 수선 AH를 연장하여 그 위에 AH=A′H이 되게 점 A′를 잡는다. 이때, A와 A′는 평면 α에 대해서 **면대칭**이라 하며, α를 **대칭면**」이라고 한다.

또는 두 도형 F, F′의 점 사이에 일대일 대응하는 점을 맺는 선분이 한 평면 α에 의해서 수직으로 이등분될 때, F와 F′는 평면 α에 대해서 면대칭이라고 한다.

대푯값(산술/조화/기하평균)

어떤 집단의 특성을 알 수 있는 양적인 자료를 대표하는 값을 **대푯값**이라 하는데, 대푯값에는 평균, 중앙값, 최빈값 등이 있다.

- **산술평균**(mean) : 「수집된 자료의 총합을 자료의 개수로 나눈 값을 평균」이라 한다. 평균은 계산이 간편하고 자료에 포함되어 있는 정보를 모두 반영한다는 장점이 있는 반면, 자료의 값이 아주 크거나 작은 값인 특이한 값이 포함되어 있는 경우 이들 값에 의해 직접적인 영향을 받게 된다. 수집된 자료가 x_1, x_2, …, x_n일 때 평균 $\bar{x}$는 다음과 같이 구한다.
  $\bar{x}=\frac{x_1+x_2+x_3+\cdots+x_n}{n}$.

- **중앙값**(median) : 「수집된 자료를 크기 순서대로 배열했을 때 가운데 위치한 값을 **중앙값**」이라 한다. 중앙값은 특이한 값의 영향을 받지 않고 평균에 비해 구하기 쉽다는 장점이 있는 반면, 자료의 수가 많은 경우 자료를 크기 순서로 재배열하여 중앙에 위치한 값을 찾는 과정이 복잡하다는 단점이 있다. 자료의 개수가 홀수인 경우 중앙에 위치한 값을 중앙값으로 하고, 자료의 개수가 짝수인 경우 가운데 있는 중앙에 위치한 두 수의 평균을 중앙값으로 한다. 예를 들어 62, 74, 85, 92, 98에서 중앙값은 85이고, 64, 68, 70, 74, 82, 90에서 중앙값은 70과 74의 평균인 72이다.

- **최빈값**(mode) : 「수집된 자료 중에서 가장 많이 나타난 값을 **최빈값**」이라 한다. 최빈값은 계산이 간편할 뿐만 아니라 자료의 수가 많은 경우에도 쉽게 구할 수 있고, 양적 자료뿐만 아니라 질적 자료에도 사용할 수 있다. 예컨대 15, 15, 15, 16, 16, 16, 16, 17, 17, 18에서 15는 3개, 16은 4개, 17은 2개, 18은 1개이기 때문에 최빈값은 15이다. 대푯값으로 최빈값은 기성복의 표준 치수나 여론조사 결과 같은 것에 활용할 수 있다.

- **조화평균** : 「n개의 주어진 수들의 산술평균의 역수를 조화평균」이라고 한다. 조화평균은 평균적인 변화율을 구하는 데 자주 이용되는 것으로 주어진 정수 a_1, a_2, …, a_n에서 이들의 조화평균을 H라면 $H=\frac{n}{\frac{1}{a_1}+\frac{1}{a_2}+\cdots+\frac{1}{a_n}}$이다.
  예컨대 두 사람이 각각 혼자서 일을 마치기위해 x시간과 y시간이 필요하다. 만약 두 사람이 일을 완성하기 위해 같은 시간에 동시에 같이 일을 시작한다면 몇 시간이 걸릴까? 주어진 일의 양을 d로 보면, 각 사람의 능률이 $\frac{d}{x}$, $\frac{d}{y}$이므로 합한 능률은$(\frac{d}{x}+\frac{d}{y})$이다. 따라서 일을 마치는 데 걸리는 시간은 $\frac{d}{\frac{d}{x}+\frac{d}{y}}=\frac{xy}{x+y}$이다.

[예] 어떤 일을 하는데 갑이 하면 15일, 을이 하면 10일 걸린다. 두 사람이 함께하면 며칠 걸리겠는가?
〈풀이〉 전체의 양을 1이라면 갑은 하루에 $\frac{1}{15}$, 을은 하루에 $\frac{1}{10}$을 할 수 있다. 두 사람이 함께 일을 하면 $1\div(\frac{1}{15}+\frac{1}{10})=6$일 걸린다.

- **기하평균**(Geometric mean) : 기하학에서 많이 발견되는 평균이란 뜻에서 붙여진 이름으로 여러 개의 수를 연속적으로 곱하여 그 개수의 거듭제곱근으로 구한 수를 기하평균이라 한다.

[예] 2년 전에 1만 명이던 인구가 1년 후에 2배로 늘어나 2만 명이 되었고, 또 1년 이후인 지금은 8배가 늘어난 16만 명이 되었다. 1년에 평균 몇 배로 늘어났을까?
〈풀이〉 산술평균으로 계산하여 $\frac{2+8}{2}=5$라고 생각하기가 쉽다. 그렇다면 현재의 인구가 1만×5×5=25만(명)이 되어야 하는데 실제로 도시의 인구는 16만 명이 되었으므로 정답이 아니다. 이처럼 늘어난 배수의 평균은 산술평균이 아닌 기하평균으로 구하는 것이다. 즉, $\sqrt{2\times8}=4$이므로 도시의 인구는 1년에 평균 4배 늘어났다. 기하평균은 인구성장률, 물가변동률, 경제성장률 등과 같이 늘어난 배수의 평균을 구할 때 적용한다.

덧셈

자연수의 덧셈을 피에노*Peano*의 공리를 토대로 정의하면, 「임의 자연수 x의 후자. x바로 뒤의 수를 x^+라고 하면, 두 수 x, y에 대하여 ① $x+1=x^+$, ② $x+y^+=(x+y)^+$를 만족하는 하나의 수 $(x+y)$를 대응시키는 연산을 덧셈」이라고 한다. 좀 더 자세히 살펴보면, 「두 자연수 a, b에 대하여 a+b=x를 만족하는 x를 a와 구하는 것이 덧셈이다. 이때 a를 **피가수**, b를 **가수**라 하며 x를 두 수 a, b의 **합**」이라고 한다.

한편, 집합개념에서 덧셈의 의미를 생각해 보면, 「서로소인 두 집합을 합병, 또는 첨가해서 합집합을 구하는 것을 **덧셈**(加法)이라고 한다. 즉, 「두 집합 A, B에서 $A \cap B=\emptyset$이고, 집합 A, B의 원소의 개수를 각각 n(A), n(B)라고 할 때 $n(A \cup B)=n(A)+n(B)$를 **덧셈**」이라고 한다. 즉, $n(A \cup B)=n(A)+n(B)$. 단, $A \cap B=\emptyset$. 여기서 $A \cap B=\emptyset$은 A와 B에 공통인 원소가 없다는 것을 뜻하며, 이때 A와 B는 서로소(Prime)라고 한다.

덧셈은 같은 종류의 양 사이에 일어나는 조작으로 양이 변하지 않는 대상의 집단에서 같은 종류, 같은 성질, 같은 단위인 둘 이상의 양을 하나의 양으로 보고 전체를 구하는 것이다. 즉 [그림 1]과 같이 두 양 A, B가 있을 때 이를 서로 구별하지 않고 하나로 보고 전체의 양의 크기를 구하는 것이 덧셈이다.

이것은 개수와 같은 분리량에만 국한하지 않고 길이나 무게와 같은 연속량에서도 성립한다. [그림 2]와 같이 A, B 두 막대의 길이의 덧셈은 A의 한 끝에 B의 한 끝을 이어 붙이는 조작을 생각하고 전체의 길이 C를 구하는 것이다.

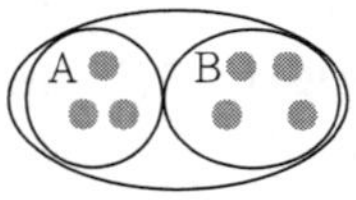

[그림 1]

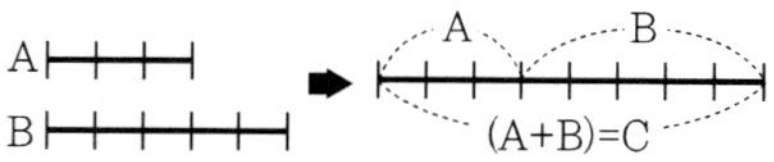

[그림 2]

■ 덧셈지도

덧셈개념의 도입은 크게 첨가형과 합병형 2가지가 있다.

- **첨가형(증가, 계속성)** : 한 부분에 다른 부분을 첨가해서 전체를 알아내는 조작이다. 예컨대 '전기줄에 참새가 3마리 앉아있다. 다시 2마리가 날아와 나란히 앉았다면 전깃줄에 앉아있는 참새는 모두 몇 마리인가?'처럼 정적인 상태의 참새 3마리가 앉아있는데, 동적으로 참새 2마리가 증가시키는 문제 유형을 **첨가형**이라고 한다.
- **합병형(동시적)** : 동시에 존재하고 있는 두 양을 합한 크기를 구하는 조작이다. 예컨대 철수는 구슬을 3개 가지고 있고 영희는 구슬을 2개 가지고 있는데 두 사람이 가지고 있는 구슬을 모두 합하면 몇 개인가? 와 같이 동시에 동적인 상태로 합병시키는 유형을 **합병형**이라고 한다.

■ 덧셈이 가능한 조건

덧셈과 뺄셈은 다음 3가지 조건이 성립할 때 이루어지는 연산이다.

> ① 변화하지 않는 집단의 양
> ② 같은 종류, 같은 성질, 같은 단위의 양
> ③ 무엇을 구하는지 대상이 알 수 있는 양

특히 주의할 점은 어린이들은 가끔 가법성을 갖지 않는 양, 성질이나 단위가 다른 양에 대한 덧셈과 뺄셈을 하는 경우가 있으므로 주의해야 한다. 예컨대 온도, 속도처럼 가법성을 갖지 않는 양이나 (5km+3kg)처럼 속성이 달라 단위가 다른 양은 덧셈이나 뺄셈을 할 수 없다. 즉 덧셈, 뺄셈은 수에서 이루어지는 것이지 문자나 기호 등은 덧셈, 뺄셈을 할 수 없다.

■ 덧셈의 성질

범자연수(whole number ; 0을 포함한 자연수)의 집합 W에서의 덧셈의 성질을 정리하면 다음과 같다.

① a, b∈W이면, a+b∈W…(폐쇄성)
② a, b∈W일 때, a+b=b+a …(교환성)
③ a, b, c∈W일 때, (a+b)+c=a+(b+c)…(결합성)
④ a, b, c∈W일 때, a+b =a+c→b = c
⑤ a, b, c, m∈W이고, a+b=c일 때
　㉠ (a+m)+(b−m)=c　㉡ (a−m)+(b+m)=c
　㉢ (a+m)+b=(a+b)+m=c+m
　㉣ a+(b+m)=(a+b)+m= c+m
⑥ a, b∈W일 때, a<b, a=b, a>b 중 하나만 성립한다.
⑦ a, b, c∈W이고 a<b일 때, a+c<b+c
⑧ a∈W일 때, a+0=0+a=a…(0을 가법에 관한 단위원)

덧셈 방법

교과서에서 다루지 않는 덧셈알고리즘을 몇 가지를 소개하면 다음과 같다.

□ **부분합을 이용한 계산** : 다음 덧셈 (1) 두산법(頭算法)이나 (2) 미산법(末算法)처럼 계산과정을 모두 나타낼 경우는 받아올림한 값을 기억할 필요가 없으나 계산 (3)과 비교하면 계산과정을 이해하기는 쉽지만 시·공간인 측면에서 비효율적이다. 덧셈알고리즘 (1)과 (2)는 방법 (3)으로 이행하는 단계에서 필요하다.

```
(1)   1 8 9 7      (2)   1 8 9 7      (3)  ①①①
    +   2 5 7          +   2 5 7           1 8 9 7
    ---------          ---------         +   2 5 7
      1 0 0 0                1 4         ---------
      1 0 0 0              1 4 0           2 1 5 4
        1 4 0          1 0 0 0
          1 4          1 0 0 0
    ---------          ---------
      2 1 5 4          2 1 5 4
```

□ **격자를 이용한 알고리즘** : 더하고자 하는 두 수를 격자 위에 쓴 후 각 자리마다 더한 값을 자릿값에 맞추어 적은 후 대각선으로 일직선상에 있는 수들을 더하면 된다. 받아올림한 값을 기억하지 않아도 되는 장점은 있으나 표준알고리즘에 비하면 시·공간인 측면에서 비효율적이다.

```
    1 8 9 7
+     2 5 7
 0/ 1/ 1/ 1/
 /1 /0 /4 /4
  2  1  5  4
```

□ **Scratch법을 이용한 계산 Ⅰ : 두산법**

이 방법은 구체물 조작이나 암산, 주산에서 이루어지는 절차와 같은 계산방법이다.

```
  9 8 7        9 8 7        9 8 7        9 8 7
+ 3 5 6  ➡   + 3 5 6  ➡   + 3 5 6  ➡   + 3 5 6
-------      -------      -------      -------
  1 2          1 2 3 3      1 2 3 3      1 3 4 3
                              3 4
```

자릿값이 높은 자리부터 덧셈을 한 후, 그 아래 자리로 옮기면서 차례로 계산한다.

□ **Scratch법을 이용한 계산 Ⅱ : 미산법**

한 자리 수 덧셈을 할 때 오류를 줄일 수 있는 방법으로 합이 10보다 크게 되는 수를 빗금으로 그어 줌으로 받아올림한 값을 기억하지 않고 빗금의 개수만큼 받아올림하여 계산한다.

```
   7 8                     2
   5 6̸ 4                   7 8
 + 3 9                     5̸ 6̸
 -----                   + 3̸ 4 9̸ 4
     1                   -------
                           1 7 3
```

[1단계] 8과 6의 합이 14이므로 윗자리로 받아올림할 수 1대신 숫자 6에 빗금을 긋고, 일의 자리의 수 4를 9 옆에 쓴다.
[2단계] 4와 9의 합 13이므로 윗자리로 받아올림할 수 1대신 숫자 9에 빗금을 긋고, 남은 3을 답란에 기록한다.
[3단계] 일의 자리 합에서 빗금(╲)이 2개 있으므로 2를 받아올림해 준다. 십의 자리에서도 일의 자리와 같은 방법으로 단계를 거쳐 합한다.

□ **전개식을 이용한 계산** : 이 방법은 표준 알고리즘의 중간 단계에서 이용될 수 있는 미산법(末算法)을 이용한 계산방법이다.

```
  547 = 5(100) + 4(10) + 7(1)
+ 296 = 2(100) + 9(10) + 6(1)
-----------------------------
        7(100) + 13(10) + 13(1)
        7(100) + 14(10) +  3(1)
        8(100) +  3(10) +  3(1)
        = 833
```

□ **수선(數線 : Number line & Number curve)을 이용한 계산**

수직선이나 수곡선(Mrs. Weill's hill. 1978)을 이용하여 덧셈과 뺄셈을 시각화함으로서 지필알고리즘을 도입하기 이전 단계에서 덧셈과 뺄셈을 쉽게 이해할 수 있다. 가수나 감수를 분해하는 방법에 따라 언덕도는 여러 유형으로 그릴 수 있다. 다음 두 그림은 16+18을 언덕도를 이용한 계산이다.

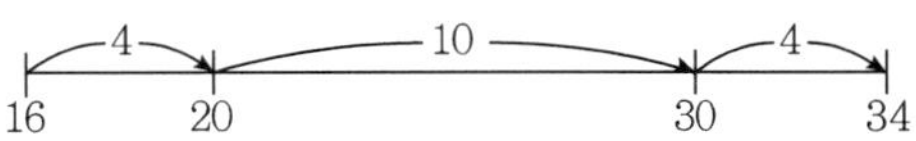

16을 기준점으로 하여 (16+4)=20을 구하고, 다시 10을 더하여 20+10=30을 구한 후, 다시 4를 더하여 30+4=34를 구한다. 즉 16+(4+10+4=18)=34

□ **암산을 이용한 계산** : 각 개인에 따라 계산 방법은 다양하다.

16 +18	10+10=20 6+ 8=14 20+10=30 30+ 4=34	10+10=20 6+ 4=10 20+10=30 30+ 4=34	10+10=20 6+ 6=12 12+ 2=14 20+10=30 30+ 4=34

도미노

길이의 비가 1:2인 직사각형 모양인 도미노는 그리스어로 2를 나타내는 접두어 DI와 정사각형을 나타내는 OMINO로 이루어져있다. 도미노는 18세기 이탈리아에서 유래한 놀이도구의 일종이다. 도미노는 직육면체 모양의 판 위에 정사각형 2개가 그려져 있고, 면 위에 0-6개의 점이 표시되어 있다.

정사각형 안의 점이 수에 따라 6-6 도미노, 9-9 도미노, 그림-그림 도미노 등의 여러 가지가 있으나 일반적으로는 주사위 모양에 점이 그려진 6-6 도미노가 가장 많이 이용된다. 다음 표는 정사각형을 빈끼리 겹쳐서 만든 도형을 정사각형의 수에 따라 이름을 붙인 것이다.

이름	정사각형의 수	만들 수 있는 서로 다른 모양의 수
모노미노(Monomino)	1	1가지
도미노(Domino)	2	1가지
트리미노(Trimino)	3	2가지
테트라미노(Tetramino)	4	5가지
펜토미노(Pentomino)	5	12가지
헥소미노(Hexomino)	6	35가지
헵토미노(Heptomino)	7	108가지
옥토미노(Octomino)	8	369가지
노노미노(Nonomino)	9	1285가지
데코미노(Decomino)	10	4466가지

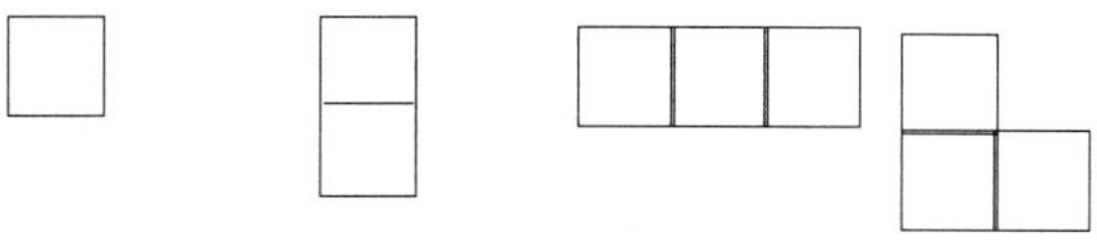

모노미노 도미노 트리미노

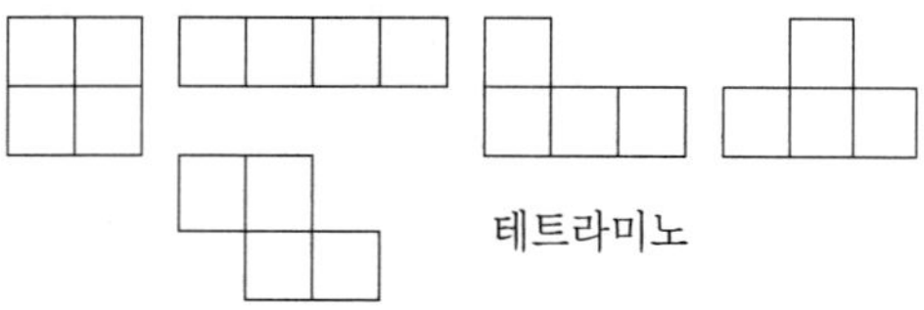

테트라미노

■ 도미노의 활용

도미노의 활용은 덧셈과 뺄셈, 자릿값과 순서, 분수의 기본 개념, 자연수와 분수의 사칙연산, 확률의 개념 등을 지도하는데 도움을 줄 수 있으며, 수학적 추론능력뿐 아니라 규칙 찾기와 같은 전략까지도 발전시킬 수 있다. 특히 도미노 게임을 이용함으로써 학생들에게 흥미를 자극할 수 있다. 또한 도미노는 숫자를 사용하여 수학적 개념이나 원리를 표현하기보다는 단지 시각적으로 표현된 점의 수로 표현한 것이기 때문에 저학년이나 학습 부진아 지도에 효과가 있다.

도미노는 주로 다음과 같은 내용을 지도하는 데 유용한 교구이다.

- **사칙계산** : 눈의 수를 이용하여 양감을 바탕으로 덧셈과 뺄셈 계산 이해하기

[예 1] 다음 왼쪽 그림을 참고하여 여러 가지 덧셈식과 뺄셈식을 만들어 보시오.

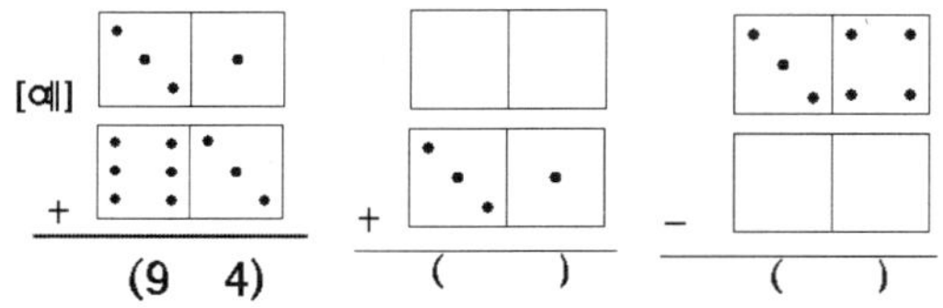

- **분수의 이해** : 눈의 수를 이용하여 양감을 바탕으로 분수의 개념 및 크기 비교와 사칙 계산을 이해할 수 있다.

[예 2] $\frac{1}{4}$과 같거나 크고 $\frac{3}{4}$보다 작은 분수를 나타내는 도미노를 6개 찾아라.

[예 3] 다음 왼쪽 그림은 분수 $\frac{3}{5}$을 나타낸 것이다. 주어진 도미노를 이용하여 여러 가지 분수식을 완성해 보시오.

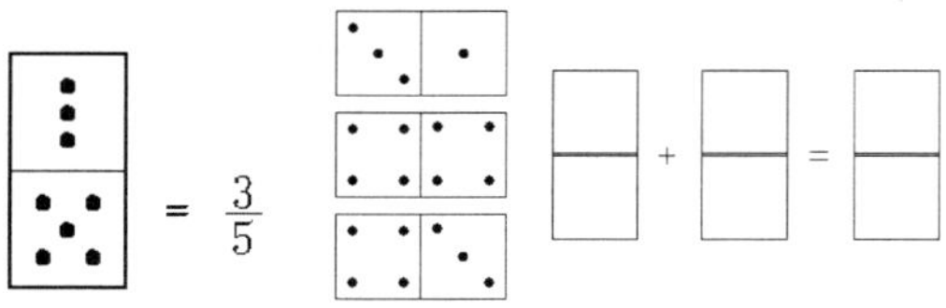

- **규칙성 찾기** : 차례대로 배열된 도미노를 보고 규칙을 찾아 ( ) 안에 눈의 수를 써 넣으시오. 또 9번째 배열된 도미노에서 윗 칸에 그려진 눈은 몇 개인가?

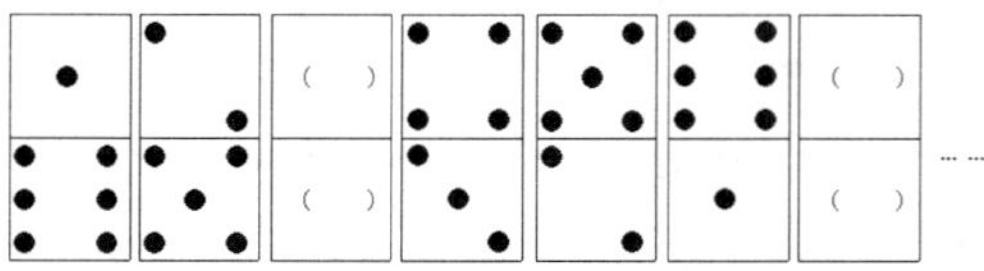

도수분포표/도수분포그래프

「키, 몸무게, 점수 등 통계에서 조사된 요소의 수량을 **도수**라 하고, 도수를 적당한 간격으로 구분했을 때 그 개개의 구분을 **계급**이라 하며, 도수를 계급별로 계열화하여 표로 나타낸 것을 **도수분포표**, 도수분포를 그림으로 나타낸 것을 **도수분포 그래프**」라고 한다. 도수분포 그래프에서 변수를 가로축에, 도수를 세로축에 나타내는 것이 일반적이다. 「통계에서 조사된 자료의 수량, 즉 수량화된 조사결과를 **변량**이라 하고, 변량의 값을 **도수**」라고 한다.

■ 도수분포표

도수분포표는 자료의 분포를 한 눈에 알아볼 수 있다는 장점이 있는 반면에 학생 개인의 기록을 알아볼 수 없다는 단점이 있다.

윗몸일으키기 자료

13	34	38	25	19
27	36	11	22	46
32	34	39	41	29
40	44	37	43	30
25	32	40	27	16
26	23	34		

윗몸일으키기 도수분포표

계 급	도 수
10~19	4
20~29	8
30~39	10
40~49	6
합 계	28

통계자료의 유형은 크게 범주형 자료와 수치형 자료로 나눌 수 있는데, **범주형 자료**는 좋아하는 과일이나 직업 등과 같은 질적자료를 말하며, **수치형 자료**는 교통사고의 횟수, 불량품의 개수, 수학 성적, 키, 속도, 온도 등과 같은 양적자료를 말한다. 범주형 자료는 도수분포표를 만들 때 스스로 범주가 정해져 있으므로 자료를 분석할 때 별도의 범주를 설정할 필요가 없지만 수치형 자료의 경우는 그렇지 않다. 수치형 자료에서 각각의 측정값을 변량이라 하는데 변량을 셀 수 있느냐의 여부에 따라 이산변량과 연속변량으로 구분한다.

「가족 수, 과일의 개수 등 셀 수 있는 양을 **이산변량**, 키, 속도, 온도 등 셀 수는 없지만 잴(측정) 수 있는 양을 **연속변량**」이라 한다. 이산변량은 도수분포표를 만들 때 각각의 값을 범주로 삼는 것이 원칙이지만 변량의 값의 종류가 너무 많을 경우는 몇 개의 값을 묶어 범주로 삼는다.

■ 히스토그램과 도수분포다각형

집단의 특성을 시각적으로 나타내는 방법은 히스토그램, 도수분포다각형, 도수분포곡선 등이 있다. 다음 자료는 학생들의 윗몸일으키기이다. 이것을 도수분포표와 히스토그램, 그리고 도수분포다각형과 도수분포곡선으로 나타내면 다음과 같다.

□ 히스토그램(histogram)

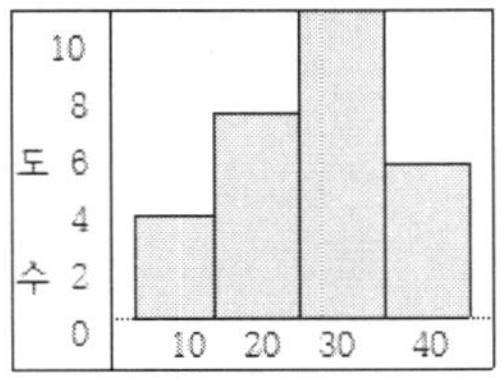

윗몸일으키기

각 계급 내의 도수는 그 계급 내에서는 고루 분포되어 있다고 보고 기둥의 넓이로서 도수를 나타낸다. 이때 기둥의 길이는 급간이 일정한 각 계급의 도수에 비례한다. 그리고 세로축의 눈금은 반드시 0부터 시작해야 하나 가로축은 반드시 그럴 필요는 없다.

도수분포표는 자료의 평균, 산포도의 값 등을 쉽게 구할 수 있으나 분포를 쉽게 알아볼 수 없다는 단점이 있다. 반면에 히스토그램은 자료의 평균이나 산포도의 값 등은 쉽게 구할 수 없으나 각 계급에 속하는 자료의 수가 많고 적음을 한 눈에 알아볼 수 있어 자료의 분포를 쉽게 알 수 있다는 장점이 있다. 즉, 도수분포표와 히스토그램은 서로의 단점을 보완해주는 역할을 한다고 볼 수 있다.

□ 도수분포다각형

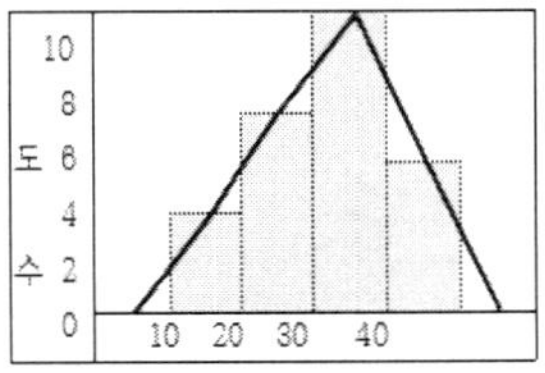

윗몸일으키기 도수분포다각형

도수분포다각형은 계급의 도수가 모두 계급의 중심에 모여 있다고 생각하고, 기둥의 윗 부분의 중점을 연결하여 꺾는선그래프를 그린다. 이때 양끝의 계급 외에 또 하나의 계급을 만들어서 그 계급의 도수를 0으로 한다.

□ 도수분포곡선

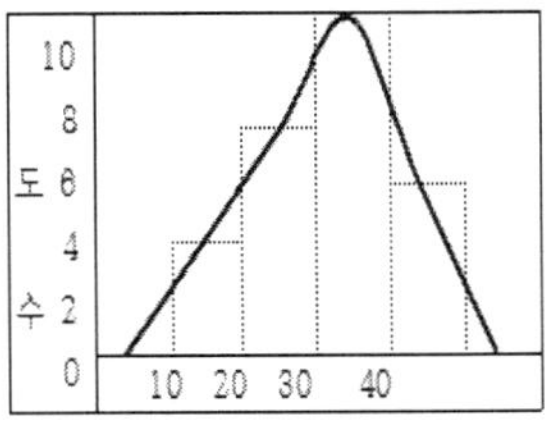

윗몸일으키기 도수분포곡선

총 도수가 많아지고 계급 사이의 간격이 작아지면 도수분포다각형은 곡선의 모양에 가까워진다. 그 극한(極限)의 경우를 생각한 곡선을 **도수분포곡선**이라고 하고, 이것은 모집단의 분포상태를 나타낸다. 도수분포곡선은 하나의 함수로써 통계처리를 하는 데 중요한 역할을 한다.

도형의 변환

일정한 규칙에 따라 위치, 크기, 모양 등이 바뀌는 것을 **변환**이라고 한다. 「도형의 변환이란 평면 α 또는 공간을 점 집합이라고 보고, α위의 모든 점들을 1:1 대응시킬 수 있을 때의 대응규칙을 **변환**」이라 한다. 평면 α위의 도형 F는 α의 부분집합이므로 도형 F의 변환은 평면 α의 변환에 따라 동시에 변환이 이루어진다. 즉 변환은 사상이나 함수와 같은 개념으로서 「어떤 도형 F와 그것을 이동 또는 확대·축소한 도형 F′와의 관계와 같이 모든 점이 1:1로 대응하여 연속적으로 옮겨지는 것을 **도형의 변환**이라고 하고, F→F′」로 나타낸다. 도형의 변환은 어떤 성질을 불변으로 하는가에 따라 합동변환, 닮음변환, 아핀변환, 사영변환, 위상변환 등 5가지로 나눈다.

- **합동변환** : 「평행광선에 의해 평면 위의 한 도형을 그 도형과 수직인 평면 위로 옮기는 변환으로 두 점 사이의 거리를 바꾸지 않는 변환을 **합동변환**, 또는 **등장변환**」이라고 한다. 즉 도형 F에서 도형 F′로의 변환에 있어서 F와 F′가 합동일 때, 그 변환을 합동변환이라고 한다. 합동변환은 선분의 길이나 각의 크기는 불변이며, 평행선은 평행선으로 그리고 만나는 직선은 만나는 직선으로 옮겨진다. 즉 합동변환은 크기와 모양이 변하지 않는다.

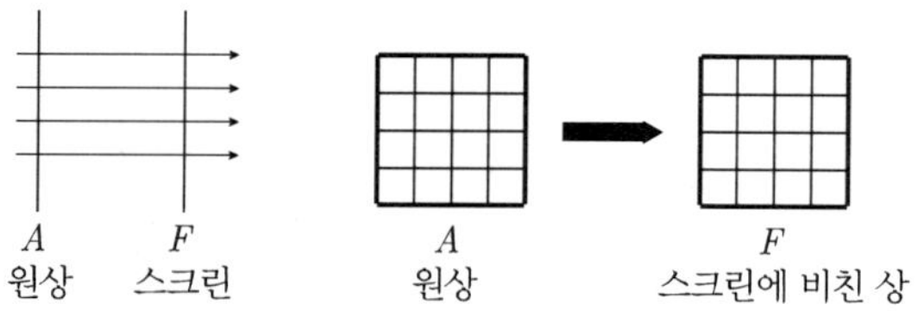

- **닮음 변환** : 「한 점으로부터 나오는 방광선(放光線)에 의해 평면 위의 도형을 그 도형과 수직인 평면 위로 옮기는 변환으로 도형을 확대 또는 축소해서 얻어지는 변환을 **닮음변환**」이라 한다. 즉 도형 F에서 도형 F′로의 변환에 있어서 F와 F′가 닮음일 때, 그 변환을 **닮음변환**이라고 한다.

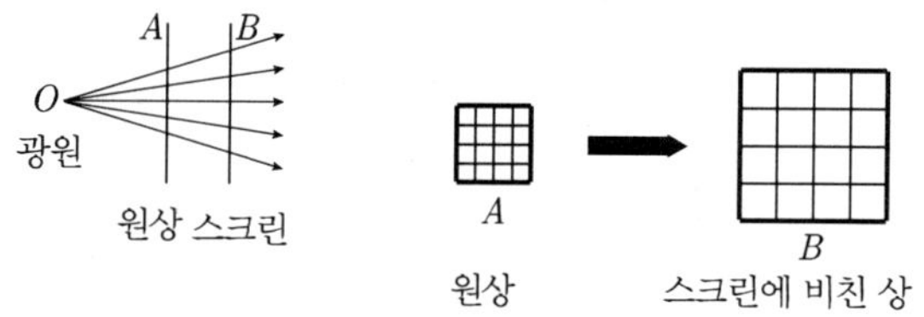

닮음변환에서 각의 크기는 불변이고 선분의 길이는 닮음비와 같다. 즉 닮음변환은 도형의 확대·축소에 의한 변환으로 모양은 변하지 않으나 크기가 변한다. 따라서 각의 크기, 변의 평행성과 수직 관계는 유지되며, 변의 길이의 비도 일정하게 변한다.

- **아핀변환** : 「평행광선에 의해 평면 위의 한 도형을 그 도형과 비스듬한 평면 위로 옮기는 변환을 **아핀변환**」이라고 한다. 이 변환은 점은 점으로, 직선은 직선으로 옮겨지면, 또 만나는 직선은 만나는 직선으로, 평행선은 평행선으로 옮겨지는 성질이 있다.

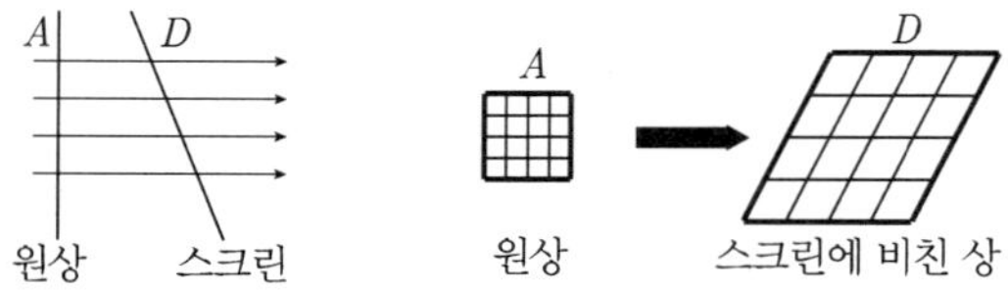

따라서 각도, 길이, 넓이 등 도형의 크기는 변하지만 점의 위치관계나 변의 평행성, 선분의 길이의 비와 도형의 넓이의 비는 변하지 않는다.

- **사영변환** : 「한 점으로부터 나오는 광선에 의해서 평면 위의 도형을 그 도형과 비스듬한 평면 위로 옮기는 중심사영을 **사영변환**」이라 한다. 이 변환은 직선은 직선으로, 평면은 평면으로 옮겨지며 점의 순서나 연결관계는 보존되지만 그 외에 도형이 갖는 성질인 각도, 길이, 넓이, 수직·수평관계 등 모든 것이 변한다.

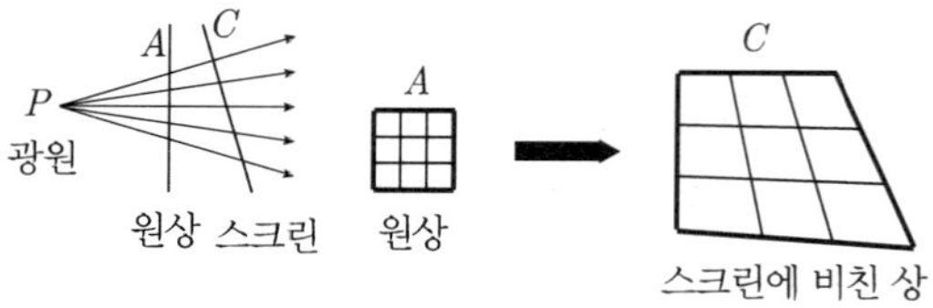

- **위상변환** : 「한 점으로부터 나오는 광선에 의해서 평면 위의 도형을 불규칙한 면 위의 도형으로 옮기는 중심사영을 **위상변환**」이라 한다. 고무막 위에 그려진 도형을 연속적으로 변형하는 변환이 그 한 예이다. 점의 순서나 연결관계만 보존되고 그 외에 도형이 갖는 성질인 각도, 길이, 넓이, 수직·수평관계 등 모든 것이 변한다.

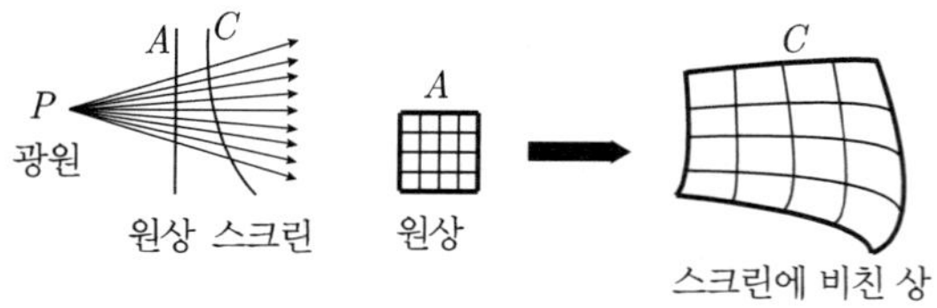

도형의 이동

「일정한 규칙에 의해서 도형 위의 점을 옮겨서 새로운 도형을 만드는 것을 **도형의 이동**(移動)」이라고 한다. 도형의 모양이나 크기를 바꾸지 않는 변환인 합동변환은 일종의 이동이다. 변환은 도형을 포함하는 평면 위에 있는 점 전체를 평면에 옮겨서 점과 점을 대응시키는 것에 초점을 둔다면 이동에서 옮겨지는 것은 평면 전체가 아니고 도형 그 자체만 생각할 수 있다.

모래밭에서 막대가 지나간 자취[1)]는 그 흔적이 선으로 나타나며 판자가 지나간 자취는 면으로 나타나는 것처럼 점이나 선의 이동은 그것에 의해 만들어지는 도형과 밀접한 관계가 있다. 이 관계를 관찰하는 방법은 다음 2가지가 있다.

① 이동과정과 결과 모두를 생각하는 경우 : 도형의 자취가 도형을 이루는 것으로 평행이동과 회전이동이 있다. 그리고 그 결과 얻어지는 도형은 선, 평행사변형, 원, 회전체 등을 생각할 수 있다. 예컨대 선은 점의 연속적인 평행이동이며, 원은 한 정점을 중심으로 같은 거리에 있는 점의 회전이동에 해당한다.

② 이동의 초기 상태와 결과만 생각하고 과정을 무시하는 경우 : 대칭과 닮음, 등적변형을 생각할 수 있다. 이 경우는 일반적으로 대응점, 대응하는 선분 등 대응관계를 중시하며, 그 대응의 방법이나 조건에 주목한다면 구성해 가는 과정까지 명확히 알 수 있다. 예컨대 다음 △ABC의 변 위의 점 P가 움직일 때, 점 P에 대응하는 점 P′는 어떻게 움직이는가를 관찰하는 방법이다. 평면상에서 도형의 이동에는 평행이동, 회전이동, 대칭이동 등 3종류가 기본이며, 이 밖의 이동은 이들을 조합해서 만든 것이다.

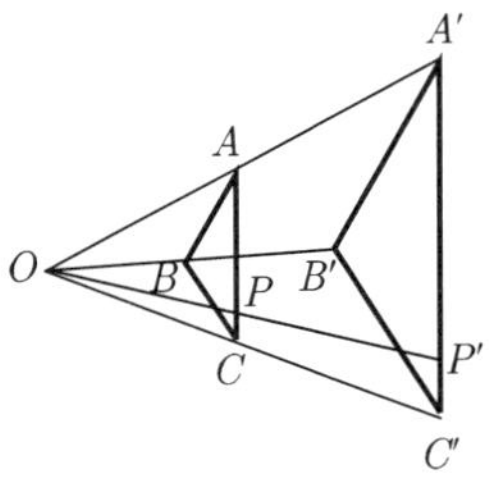

1) 자취(軌跡;궤적, locus)란 어떤 조건 C를 만족하면서 움직이는 점 P가 있을 때, 만일 점 P가 항상 도형 F 위에 있으면서 도형 F 위의 모든 점이 조건 C를 만족하면, 도형 F를 점 P의 자취라고 한다. 예컨대 한 정점에서 같은 위치에 있는 점의 자취는 '원'이다. 한 정점을 O, 같은 거리를 r이라면 이 점의 자취는 $x^2+y^2=r^2$인 원이다.

■ **평행이동**

「평면상의 점이나 도형을 일정한 방향으로 일정한 거리만큼 밀어 옮기는 이동을 **평행이동**」이라고 한다. 회전이동이나 대칭이동과 달리 평행이동에서는 모든 점이 이동해서 부동점이 존재하지 않는다.

■ **회전이동**

「평면상의 한 점 O를 부동점으로 해서 다른 모든 점이 O로부터 거리를 바꾸지 않고 일정한 방향으로 일정한 각도만큼 회전하는 이동을 **회전이동**이라 하고, 부동점 O를 **회전의 중심**」이라고 한다. 점대칭은 180도의 회전이동으로 특별한 경우이다.

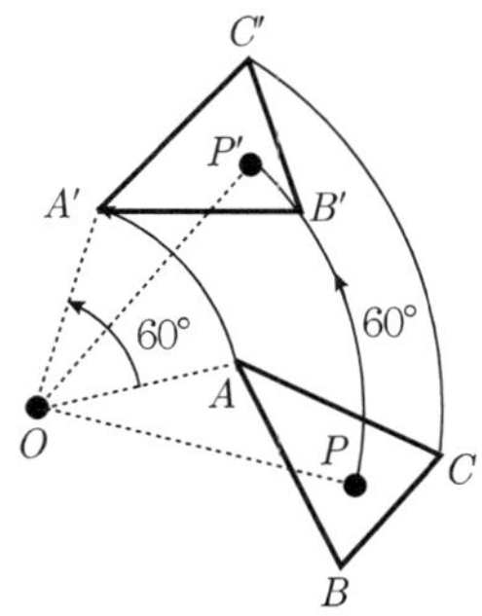

회전이동에서는 대응점과 O를 연결해서 이루어지는 각은 모두 같다.

■ **대칭이동**

「어떤 직선 l을 축으로 해서 모든 점을 선대칭의 위치에 옮기는 이동을 **대칭이동**이라 하고, 직선 l을 **대칭축**」이라고 한다. l 위의 점은 모두 부동점이다. 대응하는 두 점을 맺는 선분은 대칭축 l에 의해서 수직 이등분된다. 대응하는 도형은 서로 뒤집어진 합동의 관계에 있다. 초등학교에서 취급하는 '접어 붙이기'의 이동은 평면의 반만 나머지의 반에 옮기므로 본래의 '이동'은 아니다.

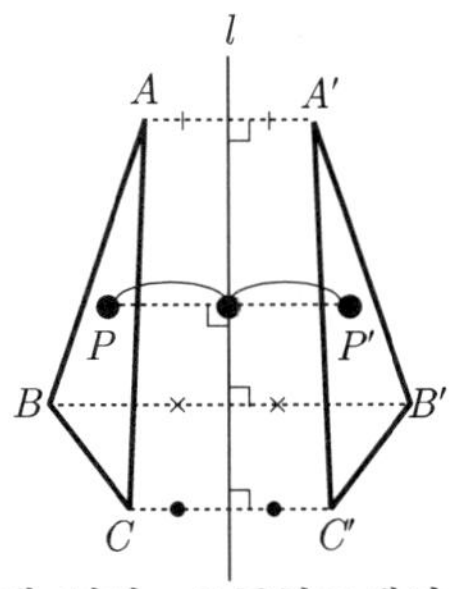

■ **이동의 합성**

몇 개의 이동을 연속적으로 이루어지는 것을 이동의 합성이라고 한다. 평행이동의 합성은 다시 평행이동이고 회전이동의 합성은 역시 하나의 회전이동이 된다. 대칭이동의 합성은 축이 서로 평행일 때는 평행이동이 되고 축이 만날 때는 회전이동이 된다. 3종류의 이동 중에서는 회전이동이 보다 기본적이고 평행이동과 회전이동 등 어느 이동도 대칭으로 합성된다.

독립사건/배반사건

어떤 사건이 일어날 가능성을 모두 m가지라면 그 사건이 일어나는 경우의 수는 m이다. 어떤 사건이 같은 상태에서 반복할 수 있고 그 결과가 우연에 의해 좌우되어 나타나는 실험이나 관찰을 **시행**이라고 한다. 한 시행에서 나타날 수 있는 모든 가능성의 집합을 그 시행의 **표본공간** 또는 **전사건**이라 하고, 표본공간의 부분집합을 **사건**이라고 한다. 이때, 오직 한 원소로 이루어진 사건을 **근원사건**이라 한다. 또 시행에서 나타날 수 없는 것도 하나의 사건으로 볼 때, 이를 **공사건**이라 하고 기호 ∅로 나타낸다.

예컨대 2개의 동전을 1회(또는 1개의 동전을 2회) 던지는 시행에서 앞면을 H, 뒷면을 T로 나타내면 오른쪽 수형도처럼 나타낼 수 있다. 이때, 표본공간 S={HH, HT, TT}. 근원사건은 {HH}, {HT}, {TH}, {TT}이다. 앞면이 1회 나타나는 사건을 A라면 A={HT, TH}이며, 뒷면이 적어도 1회 나타나는 사건을 B라면, B={HT, TH, TT}이다. 또 앞면이 3회 나타나는 사건을 C라면 C=∅이다. 이와 같이 시행의 결과를 나타날 수 있는 여러 가지의 경우를 집합 기호를 이용하여 나타낼 수 있다.

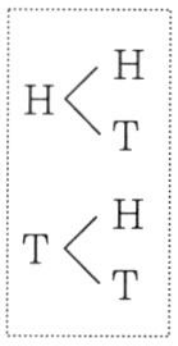

예컨대 사건 A나 B가 각각 일어날 경우를 A∪B로, 사건 A나 B가 동시에 일어날 경우를 A∩B로, 사건 A나 사건 B가 동시에 일어날 수 없을 경우 A∩B=∅로 나타낸다. 또, 「표본공간 S에서 사건 A에 대해 사건 A가 일어나지 않을 사건을 A의 **여사건**이라고 하고, 기호로 A^c로 나타낸다. 즉 A^c=S−A」이다.

또, 사건을 집합으로 바꾸어 생각함으로써 사건 A가 일어나는 경우의 수는 집합 A에 속하는 원소의 개수 n(A)로 나타낸다. 사건이 일어날 경우의 수를 구하는데 집합과 그 원소의 개수 사이에는 다음과 같은 법칙이 성립한다.

- 합의 법칙 : ① n(A∪B)=n(A)+n(B)−n(A∩B).
  ② A∩B=∅이면, n(A∪B)=n(A)+n(B)
- 곱의 법칙 : ① n(A×B)=n(A)×n(B)

예컨대 1개의 주사위를 1회 던지는 시행에서 나타나는 표본공간인 경우의 수를 S라면, S={1, 2, 3, 4, 5, 6}이고, 홀수의 눈이 나오는 사건을 A, 짝수의 눈이 나오는 사건을 B라 할 때, A={1, 3, 5}, B={2, 4, 6}에서 n(A)=3, n(B)=3이고, A∩B=∅이므로 n(A∪B)=n(A)+n(B)=3+3=6이다. 또 A∪B=S이고, A^c={2, 4, 6}=B, B^c={1, 3, 5}=A이다.

■ **독립사건**(獨立事件, independent events)

「어떤 사건이 일어났을 때 한 사건의 결과가 다른 사건의 결과에 전혀 영향을 미치지 않는 경우 두 사건은 서로 **독립사건**」이라고 한다. 사건 A와 B가 있을 때, 사건 A가 일어나느냐, 또는 일어나지 않느냐에 관계없이 사건 B가 일어나는 확률에 아무런 영향을 주지 않을 때, 이들 두 사건은 서로 독립이라 한다. 이때, 두 사건이 동시에 일어날 확률은 $P_r(A\cap B)=P_r(A)\cdot P_r(B)$이다.

예컨대 "1개의 주사위와 1개의 동전을 동시에 던졌을 때, 홀수의 눈과 앞면이 일어날 확률을 구하여라"는 문제에서 주사위가 홀수의 눈이 일어날 사건을 A라 하고, 동전이 앞면이 일어날 사건을 B라 하면, 이 두 사건은 독립이므로, 홀수의 눈과 앞면이 동시에 일어날 확률은 $P_r(A\cap B)=P_r(A)\cdot P_r(B)=\frac{3}{6}\times\frac{1}{2}=\frac{1}{4}$이다.

■ **배반사건**(排反事件, exclusive events).

「한 번 시행에서 2개의 사건이 동시에 일어날 수 없는 경우를 서로 **배반사건**」이라고 한다. 예컨대 동전 1개를 던졌을 때 앞면이 나오는 경우를 A, 뒷면이 나오는 경우를 B라고 할 때 A, B는 동시에 일어날 수 없으므로 서로 배반사건이다. 또, 두 사건 A, B(단, P(A>0), P(B>0)가 서로 배반사건이면 P(A∪B)=P(A)+P(B)이다.

독립사건이란 두 사건이 일어날 때 서로 영향을 미치지 않는 사건이라면, 배반사건은 두 사건이 동시에 일어날 수 없는 사건으로 두 사건의 교집합은 공집합이다. 동전을 던졌을 때 앞면이 나오는 사건을 A, 뒷면이 나오는 경우를 B라면 앞면과 뒷면이 동시에 나올 수 없으므로 두 사건은 서로 배반사건이다.

예컨대 주머니 속에 똑같은 크기의 흰 공 5개와 파란 공 3개와 붉은 공 2개가 들어 있다. 이 중에서 1개의 공을 끄집어 낼 때, 흰 공이 나올 사건을 A라 하고 파란 공이 나올 사건을 B라 하면, 사건 A와 B는 서로 배반사건이므로, 흰 공 또는 파란 공이 나올 확률은 $P(A\cup B)=P(A)+P(B)=\frac{5}{10}+\frac{3}{10}=\frac{8}{10}=\frac{4}{5}$이다.

동일법

동일법이란 간접증명법의 일종으로 「참인 명제 $p \to q$와 p, q를 만족하는 것이 각각 하나밖에 존재하지 않는다는 것을 전제로 했을 때 그의 역명제 $q \to p$가 성립하는 것을 유도하는 증명방법 또는 도형 F가 성질 P를 가지고 있음을 증명할 때, 별도로 P라는 성질을 가진 도형 F′를 생각하여 F가 F′와 서로 일치하는 것을 보이는 증명방법을 **동일법**」이라고 한다.

좀 더 부언하면, 명제 「A이면 B이다.」가 성립할 때, 다음 2가지 조건인 「① A인 성질의 것이 존재한다. ② 「B인 성질을 갖는 것은 단 하나 존재한다.」라는 조건이 만족되면, 그 역인 「B이면 A이다」도 성립한다. 이것은 「A이면 B이다.」가 성립하므로 ① A인 성질을 갖는 집합은 B인 성질을 갖는 집합에 포함되므로 ②에서 조건 A인 것은 단 하나 존재하기 때문에 그 역도 성립한다. 이 사실에서 조건 ①, ②를 만족하는 정리의 역은 동일법에 의하여 증명할 수 있다.

예컨대 '이등변삼각형에서 꼭지각의 이등분선은 밑변을 수직이등분한다.'는 것의 역이 성립함을 동일법으로 증명하면, 이등변삼각형에서 밑변의 수직이등분선은 단 하나 존재한다. 따라서 꼭지각의 이등분선은 밑변의 수직이등분선과 동일한 것이므로 밑변의 수직이등분선은 꼭지각을 이등분한다.

■ 도형 증명에서 동일법의 이용

동일법은 도형을 증명함에 있어서 다음 2가지 경우에 종종 이용된다.

① 명제 $p \to q$가 이미 증명되어 있고, 그 역명제를 증명할 경우이다. 예컨대 '원의 중심 O로부터 현 AB에 내린 수선 OM은 현 AB를 이등분한다.'가 이미 증명되어 있을 때, 이 정리와 O로부터 AB에의 수선 및 AB에의 이등분점은 단 하나밖에 존재하지 않는다는 것을 근거로 해서 이 정리의 역인 '원의 중심 O와 현 AB의 이등분점 N과를 맺는 선분은 현 AB에 수직이다.'가 성립한다고 하는 증명은 동일법이다.

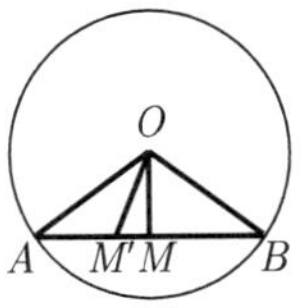

위의 증명이 바르다는 것은 다음과 같은 방법으로 밝힐 수 있다.

'원의 중심 O와 AB의 이등분점 M을 맺는다. 또 O로부터 AB에 내린 수선의 발을 M′라고 하면 위의 정리로부터 M′는 AB의 이등분점이다. 그런데 AB의 이등분점은 하나밖에 존재하지 않으므로 M과 M′는 일치한다. 따라서 OM은 AB에 수직이다. 이와 같은 진술방법을 동일법이라고 불린다.

② 동일법이 자주 쓰이는 또 하나의 경우는 삼각형의 내심이나 수심 등과 같이 3개의 직선이 한 직선에서 만나는 것을 증명하는 경우이다.

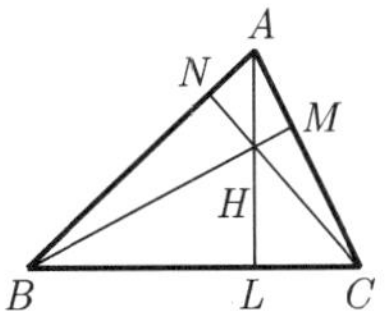

예컨대 수심의 경우는 '삼각형의 각 꼭짓점에서 대변에 내린 세 수선은 한 점에서 만난다.'……ⓐ를 증명하는 대신에 '삼각형의 두 꼭짓점에서 대변에 내린 수선의 교점과 나머지 한 꼭짓점을 맺는 선분의 연장은 나머지 한 꼭짓점의 대변과 수직이다.'……ⓑ를 증명하고 있다.

여기서 다음과 같은 동일법이 이용된다. 명제 ⓐ를 삼각형 ABC에서 살펴보면 '삼각형 ABC에 있어서 AB⊥CN, AC⊥BN, BC⊥AL이면 AL은 BM과 CN의 교점 H를 지난다.'……ⓐ′가 된다. 다른 한편 명제 ⓑ는 AB⊥CN, AC⊥BM, BM과 CN의 교점을 H, AH의 연장과 BC와의 교점을 L이라고 하면 AL⊥BC……ⓑ가 된다.

이와 같이 나타내면 ⓑ는 ⓐ의 역이라는 것을 알 수 있다. 그러므로 ⓑ를 증명하고 AH를 지나는 직선 및 A로부터 BC에의 수선이 각각 하나이라는 것을 근거로 해서 ⓐ를 증명했다고 할 수 있다. 이것은 바로 동일법이다.

[예] 직각삼각형 ABC에서 빗변 BC의 중점을 M이라 하면, MA=MB=MC이다. 이것을 동일법으로 증명해 보자.

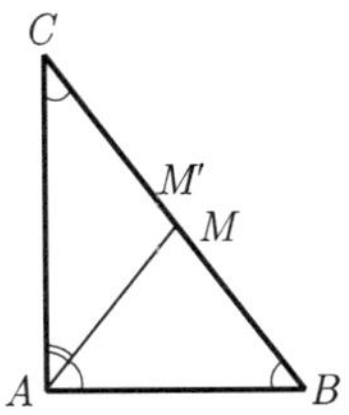

〈증명〉 변 BC 위에 점 M′를 ∠BAM′=∠B이 되게 정하면 ∠CAM′=∠R−∠BAM′=∠R−∠B=∠C이므로 M′A=M′B=M′C이다. 따라서 M과 M′는 일치하고 MA=MB=MC이다.

동치관계/유별

우리는 일상에서 '같다.'라는 말을 자주 사용하는 데 이를 수학적인 용어로 해석하면 동치관계를 의미하는 경우가 많다. 동치관계를 수학적으로 정의하면 공집합이 아닌 어떤 집합 X에서 임의의 두 원소 x, y 사이에 다음의 3가지 조건을 만족할 때 관계 R을 동치관계라 한다.

- 임의의 $x \in X$에 대해서 xRx(반사율)
- 임의의 x, $y \in X$에 대해서 xRy이면 yRx(대칭률)
- 임의의 x, y, $z \in X$에 대해서 xRy이고 yRz이면, xRz (추이율)

동치관계의 한 예로서 도형의 합동과 닮음, 수의 상등관계 등이 있다. 예컨대 다음 3가지 모양 x, y, z에서 x는 x 자신과 닮았으며, x와 y가 닮았으면 y는 x와 닮았다. 그리고 x와 y가 닮았고 y와 z와 닮았으면 x는 z와 닮았고 할 수 있다.

■ 유별

「유별이란 주어진 대상이나 현상을 어떤 기준을 정하여 공통적인 속성에 따라 분류하는 활동을 유별」이라고 한다. 즉 집합 A에서 어떤 동치관계가 정해져있을 때 집합 A를 서로 동치인 몇 개의 부분집합으로 나누는 것을 **유별**이라 하고, 각각의 부분집합을 **동치류**, **잉여류**, 혹은 **류**(類;Class)」라고 한다.

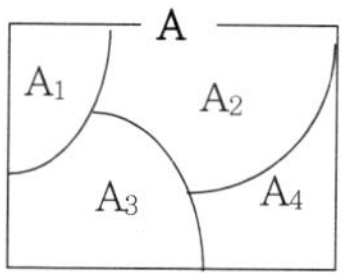

유별이란 단순히 부분집합을 만드는 것만이 아니라 어떤 관계에 의하여 전체집합 A에 속해있는 어떤 원소든 어느 한 부분집합에만 속하도록 하고, 또 어떤 원소도 둘 이상의 부분집합에 속하지 않도록 공집합이 아닌 몇 개의 부분집합으로 나누는 것이다. 동치류는 공집합이 아니며 다음 2가지 조건을 만족한다.

[조건 1] 모든 동치류를 합병하면 처음 집합인 전체집합이 된다. 즉 $A=A_1 \cup A_2 \cup A_3 \cup \cdots\cdots A_n.$

[조건 2] 서로 다른 두 동치류는 공통 원소를 갖지 않는다. 즉 $Ai=\varnothing$, $A_j=\varnothing$일 때, $A_i \cap A_j=\varnothing(i,\ j = 1,\ 2,\ 3,\ \cdots,\ n.\ i \neq j)$

예컨대 자연수의 집합 N에 있어서 '3으로 나누었을 때의 나머지가 같다.'라고 하는 관계는 동치관계이다. 자연수를 3으로 나누었을 때의 나머지는 0, 1, 2의 중의 어느 하나이다. 이 동치관계에 의해서 자연수의 집합 N은 나머지가 0인 자연수의 집합, 나머지가 1인 자연수의 집합, 나머지가 2인 자연수의 집합 등 3개의 부분집합으로 나눌 수 있는 데 이들 집합을 각각 A_1, A_2, A_3라면

$A_1=\{0,\ 3,\ 6,\ 9, \cdots n\}$,

$A_2=\{1,\ 4,\ 7,\ 10, \cdots, n-2\}$,

$A_3=\{2,\ 5,\ 8,\ 11,\ \cdots\ n-1\}$이다.

여기서 $N=\{A_1 \cup A_2 \cup A_3\}$이며, $A_1 \neq \varnothing$, $A_2 \neq \varnothing$, $A_3 \neq \varnothing$이고, $\{A_1 \cap A_2 \cap A_3\}=\varnothing$일 때, 집합 N은 A_1, A_2, A_3로 의해 유별할 수 있다.

■ 수학학습에서 유별

수학학습에서 유별은 귀납적 탐구나 추론처럼 개개의 특수한 사례로부터 일반적인 사실로 이끄는 활동으로 수학적 개념 형성에 핵심 중의 하나이다. 예컨대 다각형에서 둘러싸인 변의 수에 따라 삼각형, 사각형의 개념을 도입하는 것은 변의 수에 착안한 유별이고 삼각형 중에서 이등변삼각형, 정삼각형으로 나누는 것은 변의 상등관계의 관점에서 유별(분류)한 것이다. 또 홀수나 짝수는 0과 자연수를 2로 나누었을 때의 나머지가 동치라는 관점에서 유별한 것이다.

어린이들은 물리적인 특성인 색깔, 크기, 모양과 같이 현저하게 눈에 띄는 1가지 속성에 따라 물체를 분류하기 시작한다. 유별은 어떤 관점 또는 기준에 따라 분류하기 때문에 관계개념에 기반을 두고 있으며, 일반적으로 어린이들은 단순한 분류를 할 경우에 모양→색깔→크기의 순서로 분류할 수 있다고 한다. 이러한 피아제는 분류 개념은 연령이 증가함에 따라 발달하는 것으로 4~6세 학생은 한 가지 속성에 의한 분류만 가능하고, 2가지 속성을 동시에 고려한 분류는 7~8세경에 나타난다고 하였다.

들이

「용기의 내부 공간에 담을 수 있는 양의 크기를 **들이**」라 하며 들이는 직접 측정의 대상이 되는 양이다. 그러나 들이도 용기 속에 담기는 물질로 보면 부피라고 생각할 수도 있다. 일반적으로 들이는 용기에 들어가는 액체의 부피로 측정하는데 이는 표준기압에 최대 밀도의 온도(3.98℃)일 때 순수한 물 1㎏의 부피를 1ℓ이라고 정한다. 이에 의하면 1ℓ=1000.0028cm^3이므로 부피와 들이는 근사적으로 1ℓ=1000cm^3로 취급한다.

■ 들이의 비교

들이의 개념을 지도하기 위하여 숟가락, 컵, 깡통 등 용기를 사용한다. 실제로 들이는 용기의 내부 공간의 크기와 관련된 양이므로 외형만으로는 정확하게 비교할 수 없다. 따라서 용기의 모양이 다른 경우에는 직접 비교할 수 없게 된다. 이때는 다음과 같이 간접 비교하게 된다.

◻ 용기가 비어 있는 경우

각 용기에 일정한 양의 액체가 가득 찰 때까지 붓는다. 이때 붓는 양이 적을수록 용기의 들이가 작다.

◻ 용기에 액체가 들어있는 경우

① 용기에 들어 있는 액체를 같은 모양의 용기에 붓고, 그 수면의 높이를 비교한다. 이때 수면의 높이가 높을수록 들이가 크다.

② 컵이나 비커를 이용하여 액체를 등분할한다.

액체를 등분할하거나 여러 용기의 액체를 큰 용기에 합하는 실험을 통하여 학생은 들이의 보존성을 이해한다. 컵이나 비커에 의한 액체의 등분할 조작은 임의 단위에 의한 측정이므로 한 컵, 두 컵, 세 컵 등으로 셀 수 있다. 그러나 임의 단위에 의한 들이 측정은 꼭 맞아떨어지는 경우가 거의 없고 대부분 양이 약간 부족하거나 남게 된다.

이때는 어림값으로 '약간 더 된다', '약간 덜 된다'를 사용한다. 임의단위를 이용할 경우 컵에 따라 측정한 결과가 달라지므로 양의 크기나 그 비교할 수 있는 판단기준이 애매함에 따른 불편을 해소하기 위해 보편 단위의 필요성을 인식시킨다.

■ 들이의 단위

다른 측정량과 마찬가지로 들이의 단위도 개별단위(임의단위), 공통단위, 보편단위(표준단위)의 순서로 도입한다. 일반적으로 들이지도는 액량을 이용하는데 들이의 개별단위로는 일정한 액량에 대해 숟가락이나 컵 등 용기를 이용하여 측정하지만 자료 공유 및 의사소통을 위하여 특정용기를 이용한 공통단위를 이용하며, 이를 일반화하기 위해서는 보편단위를 도입한다.

1L는 용기의 내부 공간이 가로, 세로, 높이가 각각 10cm인 정육면체의 부피에 해당하는 양이다. 따라서 1L의 들이는 부피가 1000cm^3이다. 1mL는 1L의 1/1000이며, 용기의 내부공간이 가로, 세로, 높이가 각각 1cm인 정육면체의 부피에 해당하는 양이다.

들이의 양에 대한 덧셈과 뺄셈을 위해서는 단위가 다를 경우 단위를 같게 해야 한다. 즉 1L=1000mL라는 관계를 이용하여 1500mL=1L 500mL처럼 단명수와 복명수를 서로 바꿀 수 있어야 한다.

들이에 대한 양감을 길러 주기 위해서는 우유팩이나 음료수 병의 들이 등 일상에서 활용하는 용기의 들이를 조사하도록 탐구과제를 제시하는 것이 바람직하다. 1L에 대한 양감은 1L짜리 우유팩을 기준으로, 그리고 1mL에 대해서는 너무 적은 양이라 일상생활에서 찾기가 쉽지 않기 때문에 1mL=1cm^3임을 상기시키고, 1cm^3의 부피는 한 모서리가 1cm인 주사위 등 구체물을 연상하도록 한다.

■ 들이와 부피 사이의 관계

들이와 부피(체적)는 서로 다른 개념이다. **들이**는 용기의 내부 공간이 차지하는 양의 크기를 말하며, **부피**는 일반 공간에서 입체(도형)가 차지하는 양을 나타내는 것이다. 들이는 용기의 모양과 관계되므로 직접비교가 어렵기 때문에 같은 용기에 담아보고 그 양을 간접비교한다.

또 들이는 직접측정이 가능하지만 부피는 간접측정에 의해 이루어지는 양으로 기본적인 생각은 넓이 개념에서 유추할 수 있다. 부피지도는 보편단위를 이용한 측정부터 시작하며, 또 공간감각이 필요하기 때문에 1cm^3인 쌓기나무를 이용하여 입체를 구성해 보는 경험을 통하여 직육면체의 부피를 구하는 공식을 유도하고 이를 활용한다. 그러나 아직 들이를 구하는 일반화된 공식은 없다.

등식/부등식

「두 수나 식 사이의 관계를 등호(=)로 연결한 식을 **등식**, 부등호(<, >)나 등호와 부등호가 결합된 기호(≤, ≥)로 연결한 식을 **부등식**」이라고 한다. 그리고 「등식이나 부등식에서 등호나 부등호의 왼쪽 부분을 **좌변**, 오른쪽 부분을 **우변**이라고 하며, 좌변과 우변을 통틀어 **양변**」이라고 한다. 「부등식을 만족시키는 미지수의 값을 그 부등식의 해라 하고, 부등식의 해를 모두 구하는 것을 그 **부등식을 푼다**.」고 한다.

동치와 순서를 규정하는 3가지 조건에 따라 등호와 부등호를 비교하면 다음과 같다.

	←----동치관계-----→		←-----순서관계------→	
	대칭률	추이율	반사율	반대칭률
a=b	○	○	○	○
a>b	×	○	×	×
a≧b	×	○	○	○

등식과 부등식이 갖는 성질을 비교하면 다음과 같다.

등식의 성질	부등식의 성질
❶ a=b이면, a±c=b±c ❷ a=b이면 ac=bc ❸ a=b이면 $\frac{a}{c}=\frac{b}{c}$(c≠0) 위 식은 「등식이 성립할 때, ❶은 같은 수를 더하거나 빼도, ❷는 같은 수를 곱해도, ❸은 0이 아닌 수로 나누어도 등식은 성립한다.」는 의미이다.	1 a>b이면 a±c>b±c 2 a>b이면, c>0일 때 ac>bc, c<0일 때 ac<bc 3 a>b이면, c>0일 때 $\frac{a}{c}<\frac{b}{c}$ c<0일 때 $\frac{a}{c}<\frac{b}{c}$ 4 a>0, b>0, ab>0

위의 사실로부터 다음 두 명제를 도출할 수 있다.

① a>b, c>d이면, a+c>b+d

② a>b, b>0, c>d, d>0이면, ac>bd

위 명제는 다음과 같이 증명할 수 있다.

①의 증명; 부등식의 성질 1로부터 a+c>b+c, b+c>b+d이다. 추이율에 의해서 a+c>b+d

②의 증명; 부등식의 성질 2로부터 ac>bc, bc>bd이다. 추이율에 의해서 ac>bd이다. 등식의 성질 ❸ a=b이면 $\frac{a}{c}=\frac{b}{c}$(c≠0)에서 왜 c≠0인지를 생각해 보자. 만일 c=0라면 $\frac{a}{0}$라는 수가 존재한다. 만일 $\frac{a}{0}$=k라면 a=k×0으로 나타낼 수 있다. 그런데 모든 수 k에 대해 k×0=0이므로 a=0이라는 기묘한 결과가 나타난다. 따라서 어떤 수를 0으로 나누는 것은 의미 없는 일이다. 이처럼 분모가 0인 분수, 즉 어떤 수를 0으로 나누는 것은 성립하지 않으므로 이런 경우를 수학에서는 불능이라고 한다.

또, 부등식의 성질 4에서 만일 a<0, b<0이면 −a>0, −b>0이 성립하기 때문에 ab=(−a)(−b)>0.

따라서 다음 사실을 말할 수 있다.

ab>0⇔(동치) a>0, b>0 or a<0, b<0

ab<0⇔(동치) a<0, b>0 or a>0, b<0

특히 a≠0이면 a>0, a<0이기 때문에 어느 쪽이든 a^2>0이기 때문에 당연히 $1=1^2>0$

■ 해의 집합에 의한 등식, 부등식의 분류

등식과 부등식은 그의 해집합에 의해서 다음과 같이 분류한다.

	해집합이 변수 x의 변역의 진부분 집합	해집합이 변수 x의 변역과 일치
등식	방정식 예: $x+5=7$	항등식 예: $(x+5)^2=x^2+10x+25$
부등식	조건부 부등식 예: $x+5>7$	절대부등식 예: $(x+5)^2\geq 0$

① 조건부등식 : x+5>7은 x>2일 때 한하여 성립한다. 이와 같이 「부등식 속에 포함되어 있는 문자에 어떤 특정한 제한이 있을 때에만 성립하는 부등식을 **조건부등식**」이라 한다.

② 절대부등식 : 부등식 $(x+5)^2>0$과 같이 「부등식 속에 포함되는 문자의 값이 어떤 값을 갖더라도 항상 성립하는 부등식을 **절대부등식**」이라 한다.

■ 등식의 종류

등식에는 항등식과 방정식이 있다. 항등식이란 2+3=5, 7=7, $3x+6=3(x+2)$처럼 어떤 장면이나 대상을 표현한 등식으로 미지수 x대신에 어떤 값을 대입하여도 항상 등식이 성립한다. 반면 방정식은 $2x=8$에서 $x=4$일 때만 성립하는 것처럼 미지수 x가 특정한 값을 가질 때만 성립하는 등식으로 미지수 x의 값을 구하는 데 초점을 있다.

등적변환

「주어진 도형을 넓이나 부피는 변화시키지 않고 단지 그 모양만 변화시키는 것을 **등적변환**」이라 한다. 등적변환의 기본 정리는 Cavalieri의 원리이며, 등적변환 또는 등적변형에 관한 정리들은 모두 Cavalieri의 원리의 특수한 경우이다.

① [그림 1] 삼각형 ABC의 꼭짓점 A가 밑변 BC에 평행인 직선 위를 움직여도 이 삼각형의 넓이는 변하지 않는다.

② [그림 2] 평행사변형 ABCD의 변 AD가 변 BC에 평행인 직선 위를 움직여도 이 평행사변형의 넓이는 변하지 않는다.

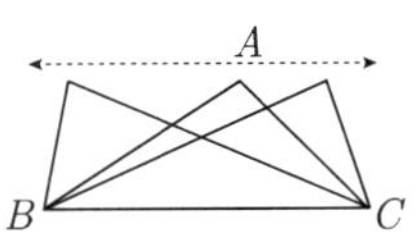

[그림 1]

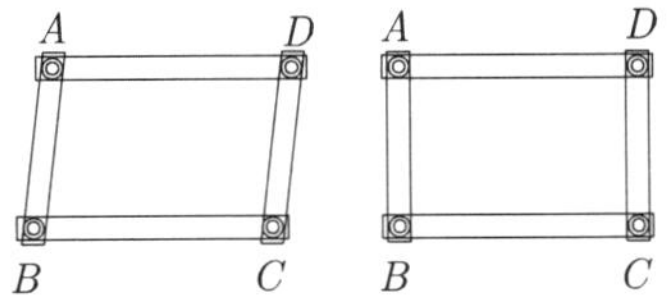

[그림 2]

③ 뿔의 꼭짓점이 밑변에 평행인 평면 위를 움직여도 그 뿔의 부피는 변하지 않는다.

④ 기둥의 한 밑면이 다른 밑면에 평행인 평면 위를 움직여도 그 기둥의 부피는 변하지 않는다.

이들 정리에서 도출된 것이 곧 삼각형, 평행사변형의 넓이를 구하는 공식이고 또 뿔과 기둥의 부피를 구하는 공식이다.

수학 지도에서 이들 정리를 설명하거나 또는 공식을 유도하는 방법으로는 다음 그림처럼 옮겨 붙이는 방법과 Cavalieri의 원리를 이용하는 방법이 있다.

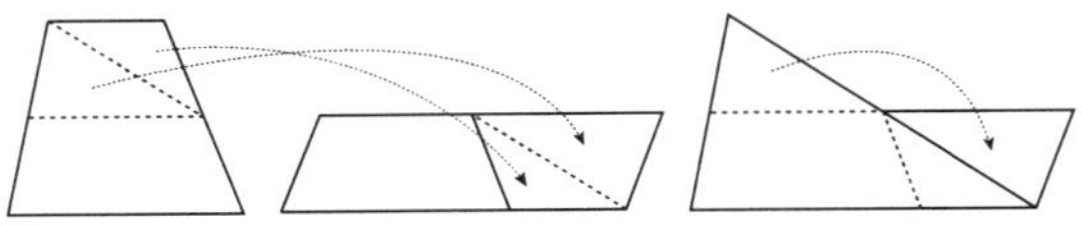

[옮겨 붙이는 방법]

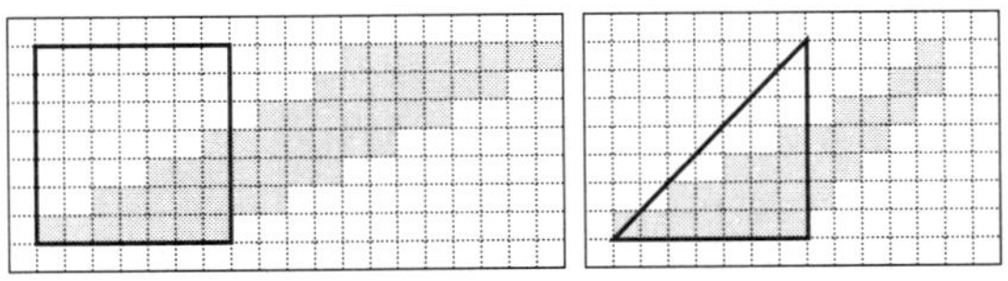

[Cavalieri의 원리 이용]

• 등적변형의 정리는 어느 것이나 평행선에 관계있는 것으로 비례선이 있다. 따라서 등적평행과 비례선 사이에는 밀접한 관계가 있고 실제로 비례선에 관한 정리는 그 대부분이 등적변환이 기본이 되어 유도된다.

위 [그림 1]처럼 세 삼각형은 모양은 다르지만 넓이는 같다는 것은 평행선 사이의 거리가 같다는 성질을 이용한 등적변환의 한 예이다. 이와 같이 평행선의 성질을 이용하여 넓이는 같으나 모양이 다른 도형을 만드는 것과 같은 변형을 **등적변형**이라고 한다. 평행사변형이나 삼각형의 넓이를 구하는 공식을 유도할 경우, 평행선 사이의 거리는 같다는 성질을 이용하여 등적변형을 이용하는 것은 좋다.

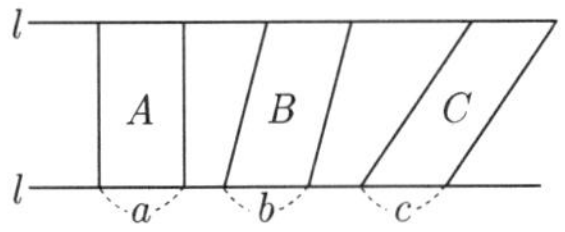

위 그림에서 $l_1 /\!/ l_2$이고, $\bar{a}=\bar{b}=\bar{c}$이면 평행사변형A, B, C는 밑변과 높이가 같으므로 그 넓이는 같다.

■ 카발리어리(Cavalieri)의 법칙

[**제 1법칙** : 평면도형의 넓이에 관한 법칙] 한 쌍의 평행선 l_1, l_2사이에 끼인 평면도형을 이들 평행선과 평행인 직선으로 잘랐을 때, 잘려진 선분의 길이의 비가 항상 m:n으로 일정하면 그 넓이의 비도 항상 m:n으로 일정하다. 즉 세 도형 A, B, C를 한 쌍의 평행선 l_1, l_2와 평행하게 n등분 했을 때, 이웃하는 두 평행선 사이에 끼인 도형은 n을 충분히 크게 하면 직사각형으로 볼 수 있다. 따라서 가로와 세로의 길이가 같으므로 세 도형 A, B, C의 넓이는 같다.

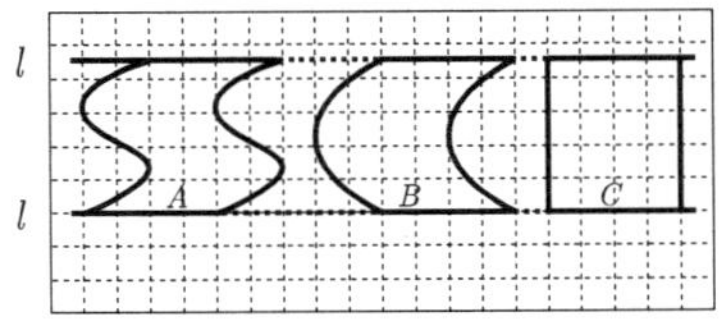

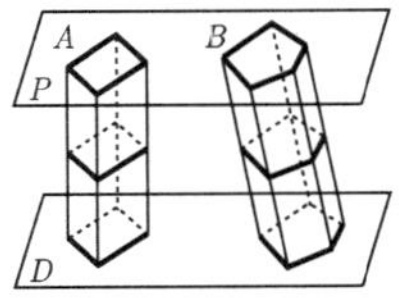

[**제 2법칙** : 입체도형의 부피에 관한 법칙] 평행인 두 평면 사이에 끼인 입체도형을 이들 평면과 평행인 평면으로 잘랐을 때, 잘려진 부분의 넓이의 비가 항상 m:n이면 그 입체도형의 부피의 비도 항상 m:n과 같다. 즉 평행인 평면 P, Q 사이에 있는 밑넓이가 같은 두 각기둥 A, B를 밑면에 평행인 평면으로 n등분하면 n개의 부분으로 나누어진다.

n을 충분히 크게 하면 각 부분은 밑넓이와 높이가 같은 직각기둥으로 생각할 수 있다. n개의 입체를 모아 쌓으면 입체도형의 부피가 된다. 두 입체도형 A, B는 밑넓이와 높이가 같으므로 부피는 같다. 이를 이용하면 각뿔의 부피 $V=\frac{1}{3}\times$(밑넓이)$\times$(높이)이다.

등차수열/등비수열

「수를 일정한 규칙에 따라 차례로 배열한 것을 **수열**이라 하고, 수열을 이루는 각각의 수를 **수열의 항**」이라고 한다. 일반적으로 수열은 항에 번호를 붙여서 (a_1, a_2, a_3,⋯, a_{n-1}, a_n)과 같이 나타내거나 간단히 (a_n)으로 나타낸다. 수열에서 첫 번째 수 a_1을 **첫째 항(초항)**, n번째 수 a_n을 **일반항**이라 한다. 또 수열에서 일반항 a_n이 그보다 앞선 항 a_{n-1}, a_{n-2}, ⋯ 등에 의해 규칙적으로 구해질 수 있을 때 이 수열에는 **점화관계**가 있다고 한다.

■ 등차수열

「수열 1, 3, 5, 7, 9, 11, ⋯처럼 앞뒤 두 수의 차가 일정한 수열을 **등차수열**이라 하고, 앞뒤 두 수의 차를 **공차**라고 하며 기호 d」로 나타낸다. 등차수열에서 일반항 a_n을 점화관계로 나타내면 $a_n=a_{n-1}+d(n=2,\ 3,\ \cdots)$으로 나타낸다. 첫째항이 a_1, 등차가 d인 등차수열의 일반항 a_n은 다음과 같다.

- $a_2=a_1+d$,
- $a_3=a_2+d=a_1+2d$
- $a_4=a_3+d=a_1+3d$
- ⋯⋯

$a_n=a_1+(n-1)d$. (n=2, 3, 4, ⋯)

ㅁ 등차수열의 합

등차수열 a_n에서 첫째항부터 제n항까지의 합을 S_n이라면 S_n은 다음처럼 두 등식으로 나타낼 수 있다.

$$S_n=a_1+a_2+a_3+\cdots+a_{n-2}+a_{n-1}+a_n \quad \cdots①$$

$$S_n=a_n+a_{n-1}+a_{n-2}+\cdots+a_3+a_2+a_1 \quad \cdots②$$

위 두 식 ①과 ②의 양변을 변끼리 더하면, $2S_n=(a_1+a_n)+(a_2+a_{n-1})+(a_3+a_{n-2})+\cdots+(a_n+a_1)$.

여기서 $(a_1+a_n)=(a_2+a_{n-1})=\cdots=(a_n+a_1)$이고 $2S_n=n(a_1+a_n)$이므로 $S_n=\dfrac{n(a_1+a_n)}{2}$이다.

등차수열의 일반항 $a_n=a_1+(n-1)d$. (n=2, 3, 4, ⋯)를 위 식에 대입하면 등차수열의 첫째항부터 제 n항까지의 합은 다음 식으로 구할 수도 있다.

$$S_n=\frac{n\{2a_1+(n-1)d\}}{2} \quad (n=2,3,\cdots)$$

[예] 1부터 10가지의 자연수의 합을 구할 경우, 그 합을 S, $n=10$, $a=1$, $d=1$이므로 위 식을 이용하면

$s=\dfrac{10(1+10)}{2}=55$ 또는

$s=\dfrac{10(2\times1+(10-1)\times1}{2}=\dfrac{10\times(2+9)}{2}=55$이다.

■ 등비수열

「수열 2, 4, 8, 16, ⋯처럼 앞뒤 두 수의 비가 일정한 수열을 **등비수열**이라 하고, 등비수열에서 앞뒤 두 수의 비를 **공비**라며 기호 r」로 나타낸다. 등비수열에서 일반항 a_n을 점화관계로 나타내면

$a_n=ra_{n-1}.(n=1,\ 2,\ 3,\ \cdots)$으로 나타낸다.

첫째 항이 a_1이고 공비가 r인 등비수열에서 일반항 a_n은 다음과 같다.

$a_2=ra_1$

$a_3=ra_2=r^2a_1$

$a_4=ra_3=r^3a_1$

⋯

$a_n=r^{(n-1)}a_1\ (n=2,\ 3,\ \cdots)$

ㅁ 등비수열의 합

첫째항이 a_1이고 공비가 r인 등비수열 (a_n)의 첫째항부터 제n항까지의 합 S_n은 다음과 같은 식으로 구한다.

$$\begin{aligned}S_n&=a_1+a_2+a_3+\cdots+a_n\\&=a_1+ra_1+\cdots+r^{n-1}a_1\\&=a_1(1+r+r^2+r^3+\cdots+r^{n-1})\end{aligned}$$

위 등식의 양변에 r을 곱하면

$rS_n=a_1(r+r^2-r^3+\cdots+r^{n-1}+r^n)$이고, $S_n-rS_n=a_1(1-r^2)$ 즉 $(1-r)=a_1(1-r^2)$이다. 즉, 첫째항이 a_1이고 공비가 r인 등비수열 a_n의 첫째항부터 제n항까지의 합 S_n은 다음과 같다.

$s_n=\dfrac{a_1(r^n-1)}{r-1}$. $(r\neq1)$

$s_n=na_1$. $(r=1)$

[예] 수열 1, 2, 4, 8, 16, 32, 64의 합 $a_1=1$, $r=2$, $n=7$이므로 $s_n=\dfrac{1(2^7-1)}{2-1}=$ 127이다.

등호/부등호

우리가 두 사물이 같다고 인정하는 배후에는 어떤 관점을 정한 후 그 관점에서 같다고 판단하게 된다. 예컨대 두 삼각형 △ABC=△A′B′C′는 넓이가 같다는 측도에 관점을 둔 것이라면, △ABC≡△A′B′C′는 모양과 넓이가 같다는 관점이다.

■ 등호(=)의 기원과 의미

등호(=)는 레코드*Recode*가 1557년 펴낸 책 '지혜의 숫돌'에 처음 소개했으며, 평행한 두 선분을 등호로 사용한 이유는 "어떤 2개도 이 보다 더 같을 수 없기 때문이다."고 말했다. 등호의 사전적 의미는 어떤 두 양 사이의 관계에서 좌변과 우변이 같다는 뜻이다.

'같다.'는 관계는 다음과 같은 규칙이 성립한다.

① 모든 양은 자기 자신과 같다. a=a(반사성)

② 등식에서 좌변과 우변을 교환할 수 있다. a=b는 b=a로 유도한다.(대칭성)

③ 만약 두 양이 제3의 양과 같으면 그것은 서로 같다. a=b이고 b=c이면 a=c로 유도한다.(추이성, 이행성)

■ 등호의 쓰임

등호는 여러 가지 관점에서 사용하고 있다.

- **이항연산의 결과를 나타내는 경우** : 예컨대 3+6=9, 7×8=56에서 9나 56 앞에 붙어있는 등호는 연산의 결과를 나타내는 것으로서 좌변에서 우변으로의 일방통행적 이동을 나타낸다.
- **다른 이름을 나타내는 경우** : 하나의 수를 다른 수의 합이나 차로 보거나 같은 양을 단위가 다른 수로 나타내는 경우이다. 예컨대 8=3+5=2+6=…, 또는 8=12−4=15−7=…에서의 등호는 8을 3+5, 2+6, 12−4, 15−7,… 등으로 생각한 것이며, 1m=100cm, 0.5=$\frac{1}{2}$에서의 등호는 같은 양을 서로 다른 단위로 나타낸 것이다.
- **관계를 나타내는 경우** : 수량관계를 공식으로 나타내는 경우로, 예컨대 (원 넓이)=(원주율)×(반지름)×(반지름)에서의 등호는 원의 넓이와 반지름과의 관계를 나타낸 것이다.
- **등식을 나타내는 경우** : 등호는 한 등식에서 우변과 좌변이 같다는 뜻을 나타내는 경우에 이용된다. 예컨대 등식의 양변에 같은 수를 더하거나 빼어도 등호를 나타내는 관계는 변하지 않는다는 등식의 성질을 나타낸다.

■ 부등호

부등호 도입의 목적은 단지 부등식을 취급하기 위한 것만이 아니고 대소관계를 나타내는 수학적인 언어나 문장으로서의 의의를 가진다.

- **일대일 대응에 의한 경우** : 두 집합 A, B의 원소 사이에 일대일 대응을 할 경우 집합 A의 진부분집합이 다른 집합 B의 전체의 원소와 일대일 대응을 했을 때, 집합 A의 원소의 수 a는 집합 B의 원소의 수 b보다 많다고 하고, a>b로 나타낸다. 이 경우는 대응과 집합수라는 관점에서 부등관계를 나타낸 것이다.
- **순서관계에 의한 경우** : 수를 수직선상의 왼쪽에서부터 오른쪽으로 순서성에 의해 차례대로 배열했을 경우, 두 수 a, b 사이의 관계가 a>b인 것은 수 a는 수 b보다 오른쪽에 위치하는 것을 나타낸다. 이때 두 수 a, b는 대소의 의미와 집합수의 의미를 나타내지 않고, 단지 「보다 오른쪽에 있다.」는 관계를 나타내는 기호이다.
- **연산에 의한 경우** : 일반적으로 '수 a는 수 b보다 크다.'라는 것을 나타낼 경우 a>b로 나타낸다. 두 수 a, b의 대소를 연산에 의해서 판정할 때는 차를 가지고 비교하는 경우와 비를 가지고 비교하는 경우가 있다. 즉 a−b가 양수일 때는 a>b이고, a÷b가 진분수일 때는 a<b이다.
- **등호에 의한 경우** : 수학적으로는 두 수 a, b의 부등관계를 동치관계를 바탕으로 'a=b+c, c>0이면 a>b이다.'로 정의하는 경우가 있다. 예컨대 3=2+1이면 3>2이다. 또 −3=−4+1이면 −3>−4이다.

※ 학생들 중에는 등호를 '어떤 것을 하라.'는 작용소 기호로 잘못 생각하는 경우가 있다. 예컨대 63+17−25=x에서 63+17=80−25=65와 같이 계산하는 오류를 범하고 있는데 이는 생각하고 있는 순서대로 계산결과를 기술해나가는 것으로 절차와 관계가 미분화된 상태인 것이다.

딘스 블록

■ 십진블록

십진블록은 Dines가 개발한 교구로 블록 중 가장 작은 것은 각 변이 1cm인 정육면체로 (밑넓이)=$1cm^2$, (부피)=$1cm^3$이다. 이것은 수 1을 나타내며 **단위(unit)**라 한다. $1cm^3$짜리 정육면체가 10개로 구성된 직육면체는 수 10을 나타내며 **막대(long)**, 또 $1cm^3$인 정육면체가 100개, 또는 $10cm^3$인 막대 10개로 구성된 직육면체는 수 100을 나타내며 **평면(flat)**, 그리고 $1cm^3$인 정육면체가 1000개 또는 $100cm^3$인 평면 10개로 구성된 정육면체는 수 1000을 나타내며 **입체(cube)**라 부른다. 십진블록은 자릿값 개념과 사칙연산의 원리를 이해하는 데 도움을 준다.

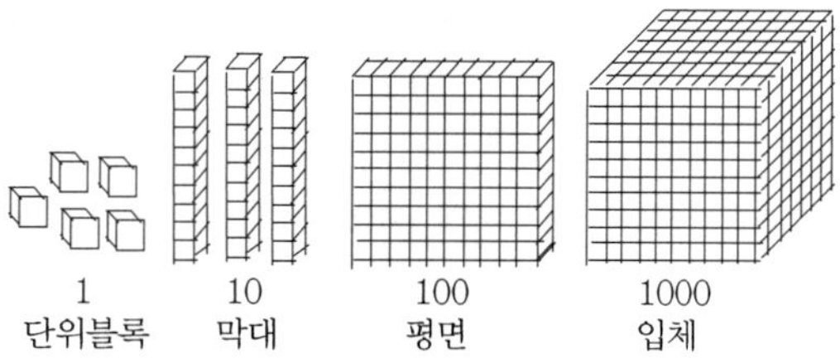

또 십진블록은 양감을 이용하여 수 및 자릿값의 개념과 덧셈과 뺄셈의 원리를 이해하는 데 도움을 주며, 넓이, 들이, 부피 등 도형의 측정 개념을 알 수 있게 한다. 예컨대 단위블록인 낱개가 10이면 막대블록 1개와 같고, 막대블록 10개이면 평면블록 1개와 같으며, 평면블록 10개이면 입체블록 1개가 됨을 체험적·시각적으로 알 수 있다.

■ 속성블록(attribute blocks)

속성블록은 논리블록(logical blocks)이라고도 불린다. 수학의 구조를 구체적으로 구현하기 위해 고안된 교수 자료로 학생들은 놀이나 게임을 통하여 집합 개념지도를 위한 분류의 원리를 발견할 수 있게 된다. 속성블록은 모양, 색, 크기, 두께의 4가지 속성에 따라 모두 4×3×2×2=48개의 조각판으로 되어 있다.

이를 각 속성에 따라 분류하면 다음과 같다.

① **모양에 따른 분류** : 원, 정사각형, 직사각형, 정삼각형의 4종류

② **색에 따른 분류** : 빨강, 파랑, 노랑 의 3종류

③ **크기에 따른 분류** : 큰 것과 작은 것의 2종류

④ **두께에 따른 분류** : 두꺼운 것과 얇은 것의 2종류

속성블록은 어떤 기준에 따라 분류하는 속성으로부터 개념 지도를 위해 집합을 만들거나, "~이거나 ~", "~ 또는 ~" 등의 논리를 지도하는 데 유용한 교구이다. 또 이 교구는 러시아의 심리학자 비고츠키(*Vygotsky*)가 개념형성을 평가하기 위하여 사용했던 교구이다.

■ 속성블록의 활용

속성블록은 분류 활동의 경험, 집합의 특성 발견, 논리적 사고의 발달에 도움이 된다. 구체적인 활용방법을 설명하면 아래와 같다.

- **분류 활동** : 설명을 듣고 속성블록 찾기와 분류하기, 분류된 블록을 보고 공통적인 속성 찾기, 분류된 블록 중에서 잘못 분류된 것 찾기, 크기나 모양 등에 따른 1~2가지 속성을 정하여 분류활동을 경험할 수 있다.
- **집합의 특성 발견** : 색, 크기, 모양 등 시각적 기준에 따라 집합 만들기와 집합 사이의 관계를 파악할 수 있다. 또 합집합, 교집합, 여집합 및 차집합 등 개념지도에 이용할 수 있다.
- **논리적 사고력 발달** : 논리곱, 논리합, 부정 등 논리적 원리를 체험적으로 이해할 수 있으며, 여러 가지 논리 게임에 활용할 수 있다.
- **공간감각의 발달** : 도형의 구성과 분해, 여러 조건을 결합하는 활동을 통한 분석력과 종합력을 기를 수 있으며, 다음 그림처럼 디자인이나 테셀레이션 활동을 지원할 수 있다.

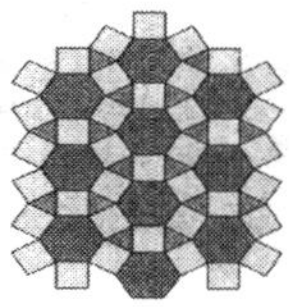

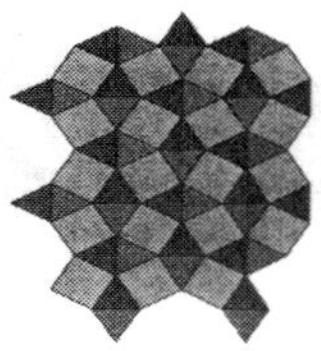

- 그 밖에 규칙성 찾기, 기본 연산, 측정 등 여러 영역의 학습지도 자료로 활용할 수 있다.

로고

로고(LOGO)는 Papert와 Feurzeig, Bobrow에 의해 인공지능 언어인 LISP로 개발된 프로그램이다. 로고의 여러 기능 중 교육적 특성을 극대화한 거북 그래픽(turtle graphic)은 직접양식(direct mode)과 편집양식(editor mode)으로 나뉘는데, 전자는 명령어를 친 후 Enter 키를 누르자마자 곧 실행 결과가 화면상에 나타나므로 즉각적인 피드백에 의해 학습자의 학습동기를 유발시킬 수 있으며, 후자는 오류 수정을 가능하게 하여 문제해결 전략 및 메타인지 능력의 개발을 촉진시킨다.

로고를 활용하는 기하를 **거북기하**(turtle geometry)라고 부르기도 하며, 그래픽 기능뿐 아니라, 계산 기능, 음악 연주 기능 등 다양하게 프로그래밍하여 활용할 수 있다.

▪ 수학교육에서 이용되는 로고의 3가지 특징

- ㅁ 신체동조적이다. 즉, 로고 명령에 따르는 거북의 움직임은 사고수준에서 학생들의 행동과 쉽게 일치된다.
- ㅁ 로고는 절차적 언어, 즉 작성된 프로그램을 하나의 절차로 만들어 놓고 이것을 기본 명령어와 똑같이 사용할 수 있다.
- ㅁ 로고는 재귀적(recursive) 언어, 즉 어떤 절차가 그 절차 내의 한 부분이 될 수 있다.

▪ 로고와 문제해결 단계

로고 프로그래밍 과정은 다음 예처럼 Polya가 권고하는 문제해결 4단계와 유사하다.

[예] 집 모양 만들기 : 오른쪽 그림과 같은 집 모양을 만들어 보자.

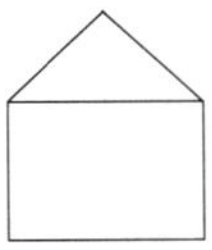

문제

[단계 1] 문제의 이해 : 문제를 분석하고 필요한 도형을 생각한다. 지붕은 정삼각형 모양이고, 아래는 정사각형이다.

[단계 2] 계획하기 : 집을 그리기 위해 앞 단계에서 분석한 각각의 간단한 도형에 대한 프로그래밍을 한다. 한 변의 길이는 80으로 정하고 정사각형을 먼저 그리고, 거북이를 지붕으로 옮긴 다음 정삼각형을 그리면 될 것이다.

[단계 3] 실행하기 : 그림을 그리기 위해 로고 명령어로 바꾼다. 예컨대 다음과 같은 절차 명령어를 이용하여 그림을 그려본다.

```
* TO SAGAK→ REPEAT 4[FD 80 RT 90]→END
* TO SAMGAK→REPEAT 3[FD 80 RT 120]→END
* TO HOUSE→SAGAK→FD 80→SAMGAK→
  HIDETURTLE→END
```

[단계 4] 반성하기 : 그리는 절차가 정확하게 수행되지 않은 경우 오류수정(debugging) 활동을 통해 올바른 그림을 완성할 수 있다. 예컨대 위의 실행에서는 지붕이 바르게 얹혀 있지 않고 깃발 모양으로 되어 있다. 이것은 다음 그림과 같이 정삼각형의 내각이 60°이므로 거북이를 오른쪽으로 30°회전시킨 다음 그려야 한다는 것을 알 수 있다. 따라서 다음과 같이 로고 명령어를 수정하여 재실행해 본다.

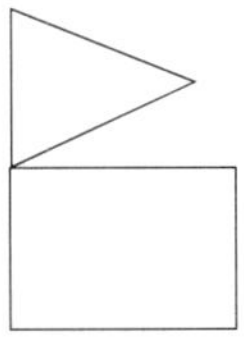

실행결과

```
* TO HOUSE→SAGAK→FD 80→RT 30→
  SAMGAK→HIDETURTLE→END
```

▪ 로고를 활용한 수학 교수-학습의 실제

로고 프로그래밍을 활용한 수업은 다음과 같이 6단계로 설계할 수 있다.

① **준비단계** : 용어나 기본개념을 지도하거나 생각해 보는 단계

② **구체적 행동 및 행동의 토론** : 스크린상의 거북이가 그릴 도형이나 형상대로 똑같이 행동해 보게 하며, 자신의 행동을 관찰하고 음미해 보게 하는 교사와 학생의 토론이 주가 된다.

③ **행동의 표현** : 전 단계에서 음미하고 토론한 내용을 말로써 표현해 보게 함으로써 자신의 사고를 반성하고 명료화한다.

④ **프로그래밍 및 실행** : 말로써 표현된 것을 LOGO 언어로 번역하며, 그 프로그래밍을 직접 실행해 보는 단계이다.

⑤ **오류수정** : 자기 자신이 직접 프로그래밍상의 잘못된 점을 찾아냄으로써 사고를 촉진하고, 대상에 대한 직관력을 배양시키는 단계이다.

⑥ **확장, 일반화 및 평가** : 배운 내용을 보다 확장하고 일반화하며 평가하는 단계이다.

마방진

「자연수를 정사각형 모양의 방(方·cell)에 배열하여, 세로, 가로, 대각선에 있는 수들의 합이 똑같게끔 만든 것을 **마방진**(魔方陣, magic square)」이라 한다.

▪ 마방진의 역사

마방진이라는 말은 마법(魔法)의 방(方)인 정사각형 속에 수가 진(陣)을 치고 있다는 뜻이다. 다시 말하면, 가로와 세로에 각각 3개의 작은 정사각형 모양의 방이 9개 있다. 이 속에 1에서 9까지의 수를 넣어, 가로와 세로 및 대각선에 놓인 세 수의 합이 모두 15가 되게 한다는 뜻이다. 이것을 풀기 위해 가운데 방에 5를 넣고 나머지 8개의 방에 미지수 8개를 넣어 방정식 8개를 만들 수는 있으나 미지수를 하나하나 계속해서 소거하면 끝에 가서는 미지수 4개인 방정식이 2개밖에 남지 않아서, 결국 이 문제는 풀리지 않는다는 말이 된다. 그래서 이러한 문제를 마방진이라고 한다.

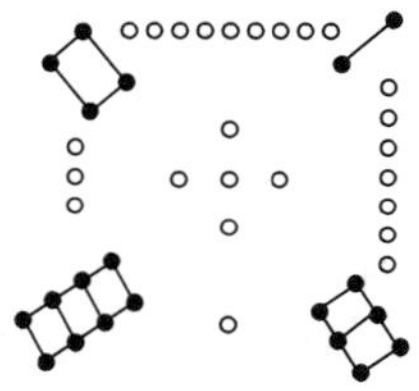

[거북이 등에 있는 점]

4	9	2
3	5	7
8	1	6

[3차의 마방진]

기원전 2200년경 중국의 우(禹)나라 황제가 황허강에서 뱃놀이를 하고 있었을 때, 한 마리의 거북이가 나타났는데 그 등을 자세히 살펴보니 여러 개의 점이 있는 것을 알았다. 이 점들을 이웃에 있는 점과 적당히 연결해 보니 1에서 9까지의 개수가 각각 나오고 이 개수를 정사각형 속에 있는 9개의 작은 방에 차례로 적어 보니 가로와 세로 및 대각선에 있는 3개의 수의 합이 모두 15가 되었다. 이것이 마방진의 시초이다.

▪ 마방진의 종류

가로, 세로로 배열된 정사각형의 수가 홀수이면 **홀수방진**, 짝수이면 **짝수방진**이라 하며, 가로, 세로로 배열된 정사각형의 칸 수가 3칸, 4칸, 5칸, …에 따라 3차 방진, 4차 방진, 5차 방진 , … 등으로 불린다.

또, 마방진과 약간 다르게 정사각형 안에 n개의 서로 다른 숫자를 다음 그림처럼 각 행과 열에 꼭 한 번씩만 들어가도록 배열한 것을 n차 **'라틴방진'**이라고 한다. 또, 다음 그림에서 왼쪽처럼 배열에서 빈 칸이 없이 배열된 방진을 **중실방진**(中實方陣), 중앙에 빈칸이 배열된 방진을 **중공방진**(中空方陣)이라고 한다.

1	3	2
1	2	3
3	1	2

1	3	2
3	2	1
2	1	3

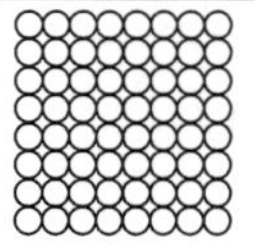

중실방진

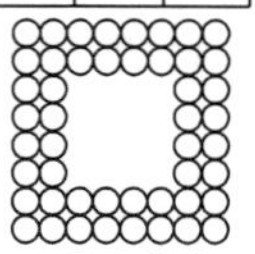

중공방진

▪ 마방진의 수학적인 풀이

정사각형 빈 칸에 1에서 9까지의 수를 각각 한 번씩만 넣어서 가로, 세로, 대각선에 놓인 세 수의 합이 모두 15가 되도록 만들어 보라는 문제가 있다. 이러한 문제는 수학적인 풀이가 가능한가? 한가운데 칸에 1에서 9까지의 중간 수인 5를 넣고, 차례대로 미지수 a, b, c, d, e, f, g, h 등 8개를 정하면 다음과 같이 방정식 8개를 만들 수 있다.

$a+b+c=15$…① $d+e=10$……②

$f+g+h=15$…③ $a+d+f=15$…④ $b+g=10$…⑤

$c+e+h=15$…⑥ $c+f=10$…⑦ $a+h=10$…⑧

	5	

→

a	b	c
d	5	e
f	g	h

이들 방정식의 미지수를 h, g, f, e의 순으로 차례로 소거해 보자.

③ − ⑧에서 h를 소거하면, $f+g-a=5$…⑨

⑥ − ⑧에서 h를 소거하면, $c+e-a=5$…⑩

⑨ − ⑤에서 g를 소거하면, $f-a-b=-5$…⑪

④ − ⑦에서 f를 소거하면, $a+d-c=5$…⑫

⑦ − ⑪에서 f를 소거하면, $a+b+c=15$…⑬

⑩ − ②에서 e를 소거하면, $c-a-d=-5$…⑭

그러나 여기서 보면, ①과 ⑬은 방정식 $a+b+c=15$로 같은 것이고, ⑫와 ⑭는 방정식 $a-c+d=5$로 같은 것이 되어, 결국 방정식 2개만 남게 된다. 그런데 미지수는 a, b, c, d 등 4개이므로, 이 연립방정식은 풀 수가 없다. 그래서 이 문제는 근본적으로 수학적인 방법으로서는 해결이 불가능하다.

마야의 수 체계

마야족은 농경민족으로서 거대한 석조건물과 피라미드 신전을 세우고 금·구리로 세공품을 만들었으며 상형문자를 사용하였다. 마야문명의 전성기는 B.C. 2000년~A.D. 1700년이다. 산술, 태양력, 천문학 등의 내용에 관한 지식들은 다른 어떤 시대보다 마야인들에 의해 크게 발전되었으며, 산술 체계는 간단하지만 아주 정교하다. 마야인이 기수 체계를 발명한 목적은 일상생활에서의 계산보다 시간 계산과 천문학 관찰에 시용했던 것으로 알려지고 있다.

A.D. 300년~A.D. 900년 사이에 발전된 마야의 수 체계는 종적(縱的)인 자릿값을 가지는 수 체계였고, 0을 나타내는 기호(⊖)를 도입했다. 그들의 초기의 수 체계는 [그림 1]처럼 점과 선과 영(⊖)등 단지 3개를 기본 숫자로 하여 수를 나타냈으며, 0~19까지는 [그림 2]처럼 이들 3개의 기본 숫자의 조합으로 나타냈다.

그리고 19보다 큰 수에 대해 초기에는 [그림 3]처럼 $1(=20^2)$, $20(=20^1)$, 20^2, 20^3, …처럼 20진법을 사용하여 밑에서부터 위로 자릿값을 부여하는 위치적 기수법을 사용하였으며, 후기에는 [그림 4]처럼 $1(=20^2)$, $20(=20^1)$, (18×20^1), (18×20^2), (18×20^3), …의 차례로 나타냈다.

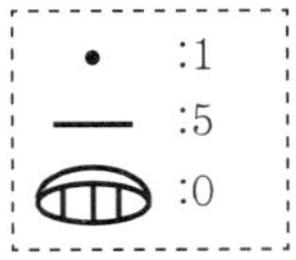

[그림 1]

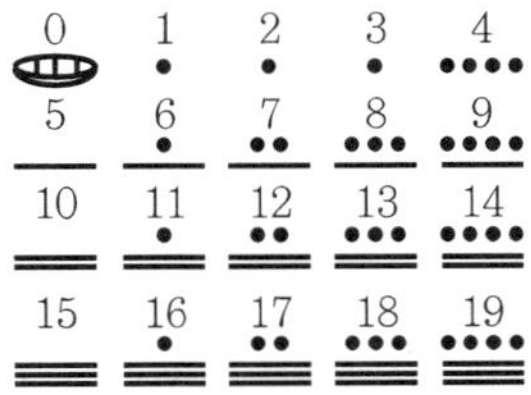

[그림 2]

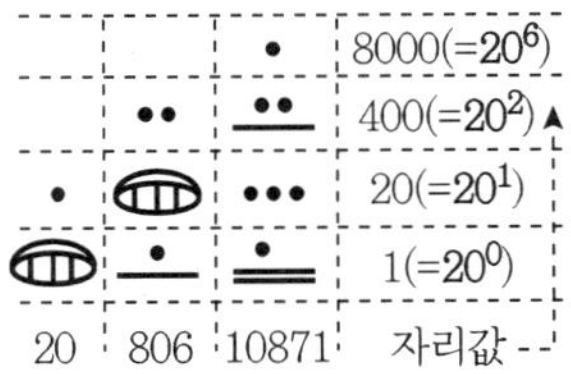

[그림 3]

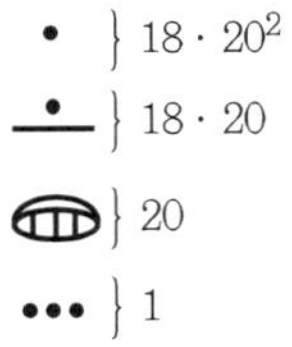

[그림 4]

마야의 수 체계는 수들이 위치하는 방법에 유의해야 한다. 예컨대, 2개의 막대가 어떻게 위치하느냐에 따라 2개의 수평 막대(=)는 (5+5)인 경우도 있고, (5×20+5)인 경우도 있다. 또 후기 마야의 수 체계 역시 위치적 기수법을 이용하지만 자릿값의 특징은 다소 불규칙적이다. 마야 체계는 명목상 20진법이었으나 360일로 된 역법(曆法)에 맞추기 위해 연속되는 자릿값이 20의 거듭제곱($20^0=1$, $20^1=20$, $20^2=400$, $20^3=8,000$, ……)에서 $20^0=1$, $20^1=20$, $18\times20^1=360$, $18\times20^2=7,200$, $18\times20^3=144,000$, ……으로 변형되었다.

[그림 4]를 아라비아수로 나타내면, $1\times(18\times20^2)+6\times(18\times20)+0\times(20)+3\times(1)=9363$이다. 또 [표 1]은 초기 마야 수 체계와 후기 수 체계를 나타낸 것이다.

[표 1]

	초기 수 체계 ➡	후기 수 체계
•	$8000(=1\times20^3)$	$7200(=1\times18\times20^2)$
·· / —	$2800(=7\times20^2)$	$2520(=7\times18\times20^1)$
···	$60(=3\times20^1)$	$60(=3\times20^1)$
· / — / —	$11(=11\times1)$	$11(=11\times1(=20^0))$
	10871	9791

흥미로운 것은 마야인들은 0~19까지 나타내기 위해 다음 그림처럼 머리변형(head variants)이라 불리는 20개의 표의문자(ideogram)를 사용해서 나타내기도 했다.

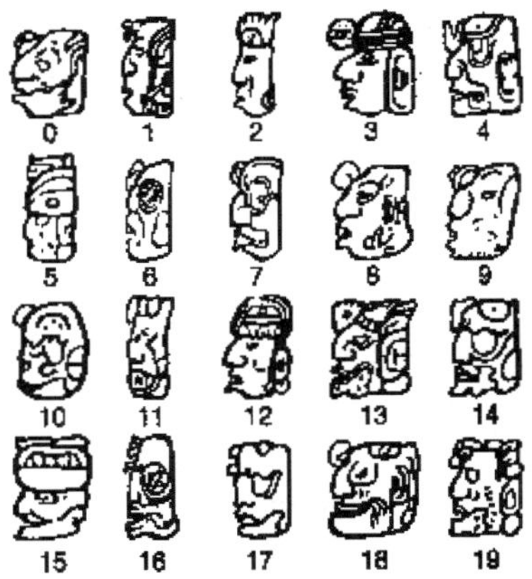

■ **마야 수 체계의 특징**

- 기본적으로 20진법을 사용함.
- 0을 사용했으며, 위치적 기수법을 사용함.
- 덧셈, 뺄셈의 규칙으로 점은 1을, 점이 5개 모이면 선(bar)으로, 선(bar)이 4개 모이면 상위의 자릿수에서 점으로 나타냄.
- 곱셈과 나눗셈의 용어가 있으나 확인할 수 없으며, 덧셈과 뺄셈의 반복으로 곱셈과 나눗셈을 한 것으로 추측된다.

막대그래프/히스토그램

막대그래프와 히스토그램은 막대의 높이로 자료의 크기를 나타낸다는 공통점이 있으나 일반적으로 막대그래프는 이산량을 나타내고, 히스토그램은 연속량을 나타내는 데 주로 사용한다. 또, 히스토그램은 수학적인 것이고, 막대그래프는 일상의 상식적인 것이라고 말하기도 한다.

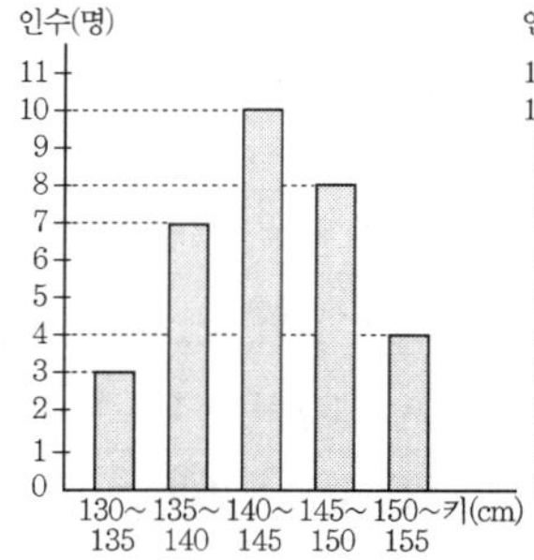

막대그래프

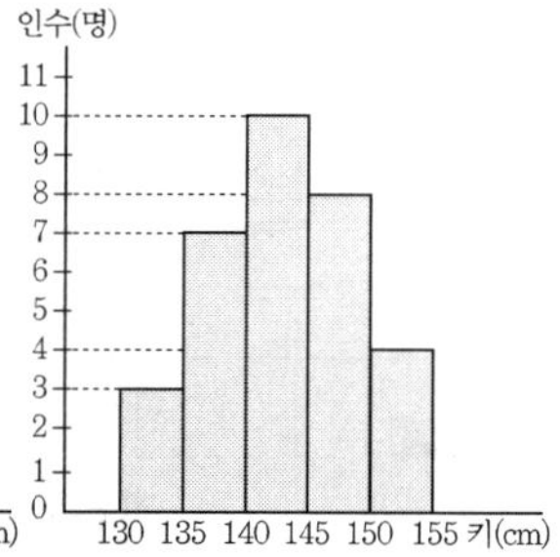

히스토그램

■ 막대그래프

「도수를 막대로 나타내어 둘 이상의 자료의 크기를 쉽게 비교할 수 있도록 나타낸 그래프를 **막대그래프**」라고 한다.

막대그래프를 그릴 때 주의할 사항은 다음과 같다.

- 막대의 폭과 막대 사이의 간격은 일정하게 그린다.
- 그래프를 그리기 시작하는 선을 **기선**이라 하는데 기선은 0부터 시작해야 한다.
- 기선으로부터 시작하여 같은 간격으로 그리되 간격 사이의 값은 일정해야 한다.
- 막대 사이의 간격은 막대 폭의 $\frac{1}{2}$ 정도가 보기 편리하다.
- 막대는 크기의 순으로 늘어놓는 것이 보통이나 시간적인 순서나 관습적인 순서가 있을 경우에는 그 순서로 늘어놓는 것이 편리하다.
- 대소의 차이만 고려할 경우라면 0부터 막대를 그리지만 막대의 길이가 너무 길 경우는 물결선을 넣어서 중간 부분을 생략할 수도 있다.
- 그래프를 그리는 순서로는 우선 표에 있는 수치를 정리해서 어느 수준의 어림수를 택할 필요가 있다.

■ 히스토그램

「도수분포표의 자료 중 계급의 구간을 밑변, 도수를 높이로 하여 기둥 사이에 간격이 없이 그린 그래프를 **히스토그램** 또는 **도수분포그래프**」이라고 한다. 히스토그램에서는 변량의 가로축에, 그리고 도수를 세로축으로 잡아 계급의 폭을 밑변으로 하고, 도수를 높이로 하는 직사각형 모양의 기둥으로 나타낸다. 직사각형의 넓이의 합이 자료 전체의 도수를 나타내며, 각 계급의 도수는 직사각형의 넓이의 비율로 나타낸다.

두 종류의 히스토그램을 한 눈에 비교할 수 있도록 하기 위해서 도수인 점수의 축을 공통으로 하고 다음 그림처럼 양쪽으로 나타낼 수 있다.

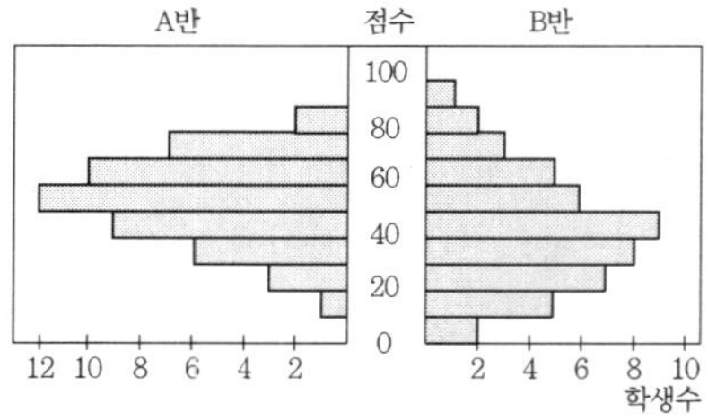

■ 막대그래프와 히스토그램의 차이점

구 분 / 내 역	막대그래프	히스토그램
나타내는 양	이산량	연속량
계급값 표시	기둥의 중앙	기둥의 양 끝
세로축	도수	도수
가로축	계급, 또는 명칭	계급(수량)
도수	기둥의 높이	기둥의 넓이
기둥 사이	간격이 있다.	간격이 없다

- 히스토그램은 각 기둥의 중점을 선분으로 연결하여 만든 꺾은선그래프를 **도수분포다각형**이라 하며, 자료의 수가 매우 많을 경우는 꺾은선그래프 대신에 미끄러운 곡선인 **도수분포곡선**으로 나타낸다. 도수분포곡선은 하나의 함수로써 통계처리를 하는데 유용하게 활용된다.

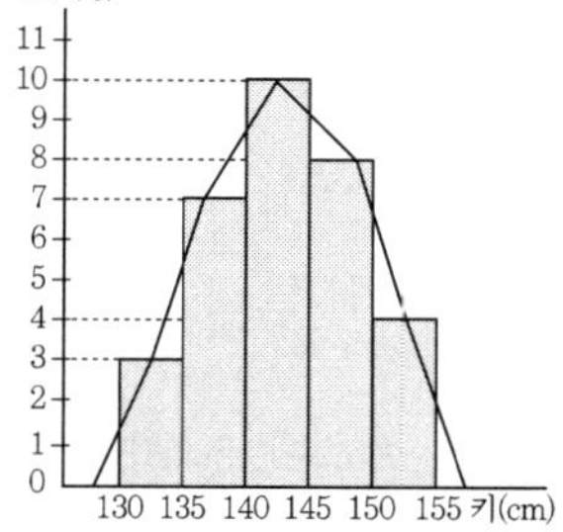

도수분포다각형

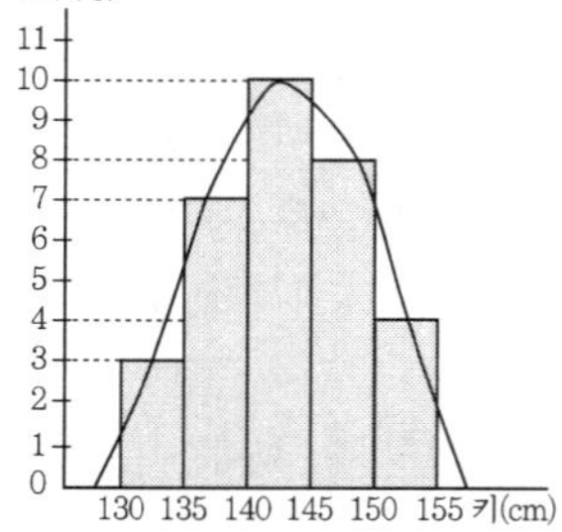

도수분포곡선

매지믹서

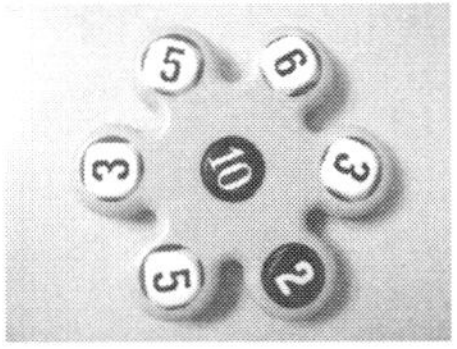

매지믹서(Magimixer)는 게임을 통하여 계산능력, 특히 암산능력을 기르기 위한 교구로서 이스라엘에서 개발하였다.

매지믹서는 7개의 주사위로 이루어졌는데 5개는 흰색이고 2개는 검은색이다. 가운데 위치한 검은색 주사위의 각 면에는 10, 20, 30, 40, 50, 60이 쓰여 있고, 그 둘레에 위치한 6개의 주사위의 각 면에는 1, 2, 3, 4, 5, 6의 숫자가 쓰여 있으며 그 중 한 주사위의 면은 검은색이다. 5개의 흰색 주사위의 각 면에 쓰인 수를 더하고, 빼고, 곱하고, 나누는 사칙연산과 괄호를 사용하여 2개의 검정주사위의 면에 나타난 수의 합과 같게 만드는 것이다.

■ 매지믹서의 활용

매지믹서는 주로 사칙연산만 사용하므로 게임의 난이도에 따라 유아부터 성인에 이르기까지 다양한 계층에서 활용할 수 있다. 예컨대 유아나 저학년은 나타난 숫자 읽기, 간단한 덧셈·뺄셈하기, 중·고학년은 사칙 연산 및 혼합계산하기를 생각할 수 있다.

■ 활용 방법

① 매지믹서를 손바닥으로 돌려 주사위를 섞는다.
② 먼저 2개의 검정주사위에 나온 수를 더한다.
③ 이 숫자와 같아지도록 흰 주사위에 나타난 5개의 숫자를 순서에 상관없이, 빠짐없이 한 번씩만 사용하여 가감승제한다.
④ 올바른 풀이를 가장 먼저 구한 사람이 승자가 된다. 정답이 나오지 않을 경우에는 정답에 가장 가까운 수를 맞춘 사람이 승자가 된다.

위의 방법과 같이 하는 것이 일반적이나, 여러 학생을 상대로 할 때에는 적당한 시간(5분 정도)을 준 후 보다 많은 풀이를 찾게 하는 것이 더 효과적일 수 있다. 한편, 잘하는 학생을 대상으로 할 때에는 검정주사위의 합이 41, 43, 53과 같이 소수로 하면 적당한 수의 풀이가 나온다.

■ 게임의 예

[예 1] 매지믹서의 구조와 계산 방법

□ 매지믹서의 구조를 알아봅시다.

매지믹서를 살펴보고, 어떻게 되어 있는지 말해 보세요.

- 주사위는 몇 개인가요?
- 가운데 주사위는 어떤 수인가요?
- 둘레에 있는 주사위는 어떤 수인가요?

□ 계산하는 방법을 알아봅시다.

- 먼저, 검정 주사위의 나온 수를 더합니다.
  예) 50 + 4 = 54
- 합과 같아지도록 흰 주사위에 나타난 5개의 숫자를 순서에 상관없이 사칙연산을 합니다.
  예) 2 × 5 × 5 + 4 × 1 = 54
- 5개의 흰 주사위의 숫자를 하나도 빠짐없이 사용합니다. 예) 5 × 5 × 2 + 4 = 54(×)
- 필요할 경우, ( )나 { }, [ ]를 사용할 수 있습니다.
  예) (5 × 5 × 2 + 4) ÷ 1 = 54
- 정확한 계산을 가장 먼저 한 사람이 이깁니다.
- 정답이 나오지 않을 경우, 정답에 가장 가까운 답을 만든 사람이 이깁니다.

[예 2] 매지믹서에 다음과 같은 숫자가 나타났을 경우, 흰주사위에 숫자 2, 4, 4, 5, 6을 이용하여 검은 주사위에 나타난 숫자 46을 만들어 보자.

- 검정 주사위 : 40, 6→ 40+6=46
- 흰 주사위 : 2, 4, 4, 5, 6

① 4×6+4×5+2=46	② (5+6)×4+4−2=46
③ (4×5)×(4÷2)+6=46	④ (4×5)×(4−2)+6=46
⑤ (4+4)×2+5×6=46	⑥ 4×5+2+6×4=46

등 여러 가지 계산규칙을 이용하여 답을 구할 수 있다.

명수 · 무명수/단명수 · 복명수/완전수 · 불완전수

■ **명수와 무명수**

양의 크기를 나타내거나 비교할 때 일정한 양을 단위량으로 하여 그 단위량의 수로써 양의 크기를 판단한다. 양의 크기는 측정의 토대인 단위(Unit)에 따라 달라지기 때문에 각각의 양은 고유한 단위를 갖고 있다. 예컨대 1cm가 2이면 2cm, 1kg이 5이면 5kg으로 나타내는데, 2cm, 5kg처럼 양의 크기에 단위를 붙여서 나타낸 수를 **명수(名數)**라고 하고, 1, 2처럼 양의 크기만 숫자로 나타낸 수를 **무명수(無名數)**라고 한다.

명수, 무명수의 구별이 가장 문제가 되는 것은 문장제에서 나눗셈이 이루어지는 경우이다. 그것은 같은 종류의 양을 동수누가로써 곱셈이 도입할 때, 예컨대 2m가 3이면 2m+2m+2m=2m×3=6m으로 나타내는 것처럼 피승수 2m는 명수이고 승수 3은 **무명수**이며 그 곱인 6m는 **명수**이다. 따라서 곱셈의 역인 나눗셈은 다음 2가지 경우를 생각할 수 있다. ① □m×3=6m, ② 2m×□=6m에서 ①의 경우는 등분제로서 6m÷3=2m이고, ②의 경우는 포함제로서 6m÷2m=3으로 나눗셈 지도에서는 서로 구별해서 지도한다. 그러나 이러한 구별은 상당히 어려우므로 ①의 경우는 (명수÷무명수)로 그 답은 명수이고, ②의 경우는 (명수÷명수)로 그 답은 무명수이므로 문제 장면에 따라 판단해야 한다.

■ **단명수와 복명수**

양의 단위는 같은 속성을 측정하더라도 대상의 크기에 따라 여러 가지 보조 단위가 있다. 예컨대 길이를 나타내는 단위는 기본단위인 m를 포함하여 mm, cm, km 등이 있으며, 무게를 나타내는 단위는 기본단위인 kg을 포함하여 mg, g, t, Mt 등이 있다.

명수 중에서 양을 1가지 단위만 사용하여 나타내는 것을 **단명수(單名數)**, 2가지 이상의 단위를 사용하여 나타내는 것을 **복명수(複名數)**라고 한다. 예컨대 187cm, 4300g, 70분, 450mL처럼 1가지 단위로 나타내는 것은 단명수로 나타낸 것이고, 1m 87cm, 4kg 300g, 1시간 10분, 4L 500mL처럼 2가지 단위로 나타낸 것은 복명수로 나타낸 것이다.

■ **완전수**(perfect number)와 **불완전수**(defective number)

피타고라스는 "만물의 근원은 수이다."고 수에 관해 남다른 관심을 가졌다. 자연수 중에는 자신을 제외한 약수의 합이 자신의 수가 되는 수를 **완전수**라 하고, 완전수가 아닌 수를 **불완전수**라 한다. 예컨대 6의 약수는 1, 2, 3, 6이고, 28의 약수는 1, 2, 4, 7, 14, 28이다. 자신의 수를 제외한 약수들의 합은 1+2+3=6이고, 1+2+4+7+14=28로써 자신의 수가 된다. 따라서 6과 28은 완전수이다.

불완전수는 다시 부족수와 과잉수로 나뉘는데 **부족수**는 자신의 수를 제외한 약수의 합이 자신의 수의 2배보다 작은 수를 말하며, **과잉수**란 부족수와는 반대되는 개념의 수로 자신의 수를 제외한 약수의 합이 자신의 수의 2배보다 큰 수를 말한다. 예컨대 8의 약수는 1, 2, 4, 8이며, 24의 약수는 1, 2, 3, 4, 6, 8, 12, 24이다. 이 중에서 자신의 수를 제외한 약수의 합을 구해보면 8 > 1+2+4=7이고, 24 < 1+2+3+4+6+8+12=36이다. 따라서 8은 부족수이며, 24는 과잉수이다.

■ **친화수**(friend number, amicable number)

두 자연수 a, b에서 자신의 수를 제외한 a의 약수의 합이 b와 같고, b의 약수의 합이 a와 같을 때 두 수 a와 b를 서로 **친화수** 또는 **우애수**라고 한다. 예컨대 자신의 수를 제외한 약수의 합을 구해보면 (284의 약수의 합)=1+2+4+71+142=220이고, (220의 약수의 합)=1+2+4+5+10+11+20+22+44+55+110=284로서 220과 284는 서로 친화수이다.

■ **형상수**(figulate number)

피타고라스는 수와 도형이 같은 성질을 가지고 있다고 생각하고, 도형을 수로 표현하는 과정에서 나타난 용어로 삼각수, 사각수 등이 있다.

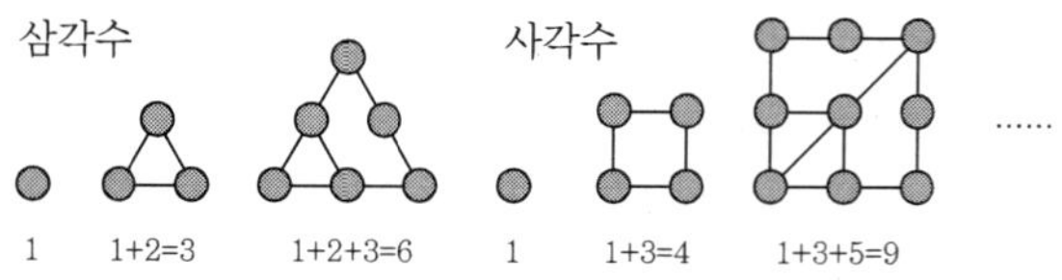

명제

「어떤 사실을 알리거나 보고하는 성격을 지닌 문장으로 그 사실에 대해 판단한 결과를 주어와 술어로 나타낸 진술문을 **명제**(proposition)」라고 한다. 따라서 단어는 명제가 될 수 없지만 주어인 단어에 술어가 붙은 '사람은 말한다.'는 문장은 명제이다. 명제는 진위(眞僞)를 따지지 않기 때문에 '해가 서쪽에서 뜬다.'는 참이 아닌 문장도 명제이다.

명제가 다른 언어형식과 구별되는 특성은 그것이 참(眞)이든가 거짓(僞)이든가 중의 어느 하나이며, 참인 동시에 거짓인 명제는 없다. 따라서 단어나 감탄문, 의문문, 명령문, 희망이나 신념 등을 나타내는 것 등은 명제가 될 수 없다.

일반적으로 「명제는 'A이면 B이다.'의 형식으로 진술하며, 'A이면'을 **가정**, 'B이다.'를 **결론**이라 한다. 어떤 명제를 부정한 명제를 원래 명제의 **부정명제**」라고 하는데, 예컨대 '맞꼭지각은 같다.', '8은 짝수이다.'의 부정명제는 각각 '맞꼭지각은 같지 않다.', '8은 짝수가 아니다.'이다.

[예 1]	
① $x+3>8$	② 너는 어디로 가느냐?
③ $2\times3=6$	④ 물은 H_2O이다.
⑤ 밥을 먹지 마라!	⑥ $1+4=7$

위 [예 1]에서 진술문 ②, ⑤는 명제가 될 수 없으나 나머지는 모두 명제이다. 그 중에서 ③과 ④는 참(眞)인 명제이고, ⑥은 거짓(僞)인 명제이며, ①은 변수 x를 포함하고 있으므로 진위, 즉 참과 거짓을 구별할 수 없으므로 명제라고 할 수 없다.

진술문 ①은 x가 6 이상이면 참이지만 6 미만이면 거짓이다. 이와 같이 어떤 명제가 참이거나 거짓인 성질, 즉 진리성(truth fullness)이나 허위성(falsity)을 그 명제의 **진릿값**(眞理値;truth value)라 한다.

일반적으로 명제들은 단일명제와 합성명제로 나눈다. 단일명제는 명제가 될 수 있는 가장 기본적인 단위이므로 **원자(atomic)명제**라고도 한다. 앞의 [예 1]에서 ①, ③, ④, ⑥은 모두 단일명제이며, 단일명제가 결합되어 이루어진 명제를 **합성명제**라고 한다. 합성명제는 분해하면 단일명제들이 그 기본요소로 나타난다고 하여 합성명제를 **분자명제**(molecular)라고도 한다. 예컨대 다음의 두 명제는 합성명제이다.

[예 2]
① 진수는 수학을 좋아하고, 민수는 과학을 좋아한다.
② 그 사람은 남자이거나 여자이다.

[예 2]에서 명제 ①은 '진수는 수학을 좋아한다.'와 '민수는 과학을 좋아한다.'는 단일명제들이 결합된 합성명제이며, 명제 ②는 "그 사람은 남자이다."와 "그 사람은 여자이다."라는 단일명제가 결합된 합성명제이므로 합성명제의 진릿값은 그것의 구성요소가 되는 단일명제들의 진릿값에 의해 결정된다. 이것이 합성명제의 기본적인 성질이다.

합성명제에는 명제와 명제를 결합하는 접속사로 「그리고」, 「또는」, 「~아니다.」, 「~이면」, 「합동 」 등이 있는데 이것을 차례대로 기호로 「∨」, 「∧」, 「~」, 「→」, 「≡」로 나타낸다. 「명제의 접속사가 가지는 의미나 작용을 기초로 해서 합성명제의 진위를 고찰하거나 몇 개인가의 명제를 근거로 하여 다른 명제를 결론으로 유도하는 방법을 연구하거나 하는 것을 **명제논리학**」이라고 한다.

[예 1-①]의 명제 ①은 변수를 포함하고 있으므로 명제가 아니지만 다음 ①′, ①″는 명제이다.

①′ $x+3>8$ 인 자연수가 x가 존재한다.

①″ 모든 자연수 x에 대해서 $x+3$은 8보다 크다.

일반적으로 변수 x를 포함하는 문장을 $P(x)$로 나타내면 '모든 x에 대해서 $P(x)$이다.' '$P(x)$가 되는 어떤 x가 존재한다.'는 명제이다. 전자를 **전칭명제**, 후자를 **특칭(존재)명제**라 하고 그들 각각을 $\forall x P(x)$, $\exists x P(x)$로 나타낸다. 이들을 포함한 '명제의 성질을 연구하는 분야를 **술어 논리학**'이라 한다.

다음 [예 3]처럼 명제 ①과 명제 ②처럼 같은 의미를 가진 경우는 같은 명제로 본다. 그리고 논리적 추론은 문장의 형식이나 표현되는 언어에 의존하는 것이 아니라 문장의 의미에만 관심을 둔다. 즉 명제는 다음 [예 4]처럼 그것을 진술하는 언어가 다르더라도 의미가 같으면 같은 명제로 본다.

[예 3]
① 철수는 순이를 사랑한다.
② 순이는 철수의 사랑을 받고 있다.

[예 4]
① 2와 3의 합은 5이다.
② $2+3=5$.
③ 2 plus 3 equals 5

명제의 논리곱/논리합

「몇 개의 명제를 접속사를 사용하여 하나로 묶어서 만든 새로운 명제를 **합성명제**라 하고, 합성명제를 구성하는 본래의 명제를 **단일명제**」라 한다. 합성명제를 만들 때 사용한 '그리고', '또는', '…이면', '~이 아니다.' 등과 같은 것을 **접속사**, 또는 **연결사**라고 하며, 접속사에는 합접과 이접이 있다.

■ **논리곱(합접; conjunction)**

「명제 p와 q를 '그리고'로 결합한 'p, 그리고 q'를 p와 q의 **합접**, 또는 **연언(連言)**, **논리곱**이라 하고, 기호로 p∧q, p·q, p and q」로 나타낸다.

[예 1] 다음 명제는 합성명제로서 2개의 단일명제 ①과 ②로 나눌 수 있다.

[명제] P : 가우스는 열심히 공부하였으며, 위대한 수학자가 되었다.

① q : 가우스는 열심히 공부를 하였다.

② r : 가우스는 훌륭한 수학자가 되었다.

[예 2] 다음 두 단일명제 ③과 ④를 결합하면 하나의 새로운 합성명제를 만들 수 있다.

③ s : 나는 아버지를 존경한다.

④ t : 나는 어머니를 사랑한다.

[명제] U : 나는 아버지를 존경하고, 어머니를 사랑한다.

이처럼 몇 개의 명제를 '그리고', '및', '이며', '또한', '이고', '과(와)' 등을 사용하여 하나의 명제로 연결할 수 있으며, 이들 말을 명제의 합접이라 하고 기호 '∧'로 나타낸다. 위 [예 1]과 [예 2]를 기호로 'p=q∧r'. 'u=s∧t'로 나타낼 수 있다.

또, 집합에서 '교집합'의 기호 '∩'과 '그리고'의 기호 '∧'는 $P=\{x \mid p(x)\}$, $Q=\{x \mid q(x)\}$라 할 때, $P\cap Q=\{x \mid p(x)\wedge q(x)\}$라는 관계가 있다.

■ **합성명제의 성질**

[성질 1] P가 참이고 q가 참이면, 「P∧q」는 참이고, 그렇지 않으면 「P∧q」는 거짓이다. 즉 두 명제가 결합된 합성명제는 두 명제 모두 참일 때만 참이다. 이것을 '진리표'로 나타내면 다음과 같다.

[예 2] p : 2×3=6, q : 직사각형의 내각의 크기는 같다.	p	q	p∧q
	T	T	T
	T	F	F
	F	T	F
	F	F	F

p∧q
2×3=6이고, 직사각형은 내각의 크기가 같다. (T)
2×3=6이고, 직사각형은 내각의 크기가 같지 않다. (F)
2×3=5이고, 직사각형은 내각의 크기가 같다. (F)
2×3=5이고, 직사각형은 내각의 크기가 같지 않다. (F)

■ **논리합(이접; disjunction)**

「명제 p와 q를 '또는, 혹은' 등으로 결합한 'p, 또는 q'를 p와 q의 **이접**, 또는 **선언(選言)**, **논리합**이라 하고, 기호로 p∨q, p or q」으로 나타낸다. 또 집합의 합집합의 기호인 '∪'와 '또는'의 기호인 '∨'는 $P\cup Q=\{x \mid p(x)\vee q(x)\}$의 관계가 있다.

[예 3] 다음 합성명저는 2개의 단일명제 ①과 ②로 나눌 수 있다.

[명제] k : 2×3=6이든가, 직사각형의 내각의 크기는 같다.

① p : 2×3=6

② q : 직사각형의 내각의 크기는 같다.

위 명제를 기호로 나타내면 'k=p∨q'로 나타낸다.

이접으로 구성된 합성명제는 그것을 구성하는 명제들의 진릿값이 모두 거짓일 때 그 진릿값은 거짓이다. 즉 합성명제 「p∨q」는 다음의 성질을 갖는다.

[성질 2] 두 명제 p, q가 있을 때, p가 참이든가 q가 참 또는 p와 q 모두가 참이면 p∨q는 참이다. 그렇지 않으면 p∨q는 거짓이다. 즉 두 명제의 '이접'은 두 명제 모두가 거짓일 때만 거짓이다. 이것을 진리표로 나타내면 다음과 같다.

[예 4] p : 2×3=6, q : 직사각형의 내각의 크기는 같다.	p	q	p∨q
	T	T	T
	T	F	T
	F	T	T
	F	F	F

p∨q
2×3=6이거나, 직사각형은 내각의 크기가 같다. (T)
2×3=6이거나, 직사각형은 내각의 크기가 같지 않다. (T)
2×3=5이거나, 직사각형은 내각의 크기가 같다. (T)
2×3=5이거나, 직사각형은 내각의 크기가 같지 않다. (F)

명제의 성질/진리표

■ 명제의 성질

명제는 다음과 같은 성질이 있다.

[성질 1] 어떤 명제와 그 명제의 부정은 서로 모순관계에 있으므로 이들이 동시에 성립할 수 없다. 즉 p가 참(眞)이면 ~p는 거짓(僞)이고, ~p가 참이면 p는 거짓이다.

[성질 2] 명제의 부정은 의미가 서로 모순관계에 있는 것이지 반대관계에 있는 것이 아니다. 따라서 서로 반대관계에 있는 두 명제는 동시에 성립할 수 있다.

예컨대 「① 내 옷은 흰색이다. ② 내 옷은 검은색이다.」에서 흰색과 검은색은 서로 반대관계에 있는 것이므로 명제 ①을 p라면 명제 ②를 ~p라고 할 수 없다. 만일 명제 ①을 p라면 ~p는 내 옷은 흰색이 아니다 또는 내 옷이 흰색이라는 것은 거짓이다.

[성질 3] 어떤 명제의 '부정의 부정, 즉 이중부정'은 그 명제와 같다. 즉 p가 참이면 ~(~p)도 참이다. 예컨대 p:2×3=6. p의 부정인 ~p:2×3≠6이고, p의 부정의 부정인 ~(~p):2×3=6이다. 즉 p:2×3=6이 참이면 ~p:2×3=6는 '거짓'이고, ~(~p)는 '거짓의 거짓'이므로 p=~(~p)이다.

■ 부정(Negation). ~P

명제들은 일반으로 p, q, …처럼 영어의 소문자를 이용하여 나타낸다. 「명제 p의 부정은 p가 아니다 또는 p는 거짓이다.'고 하고, 기호 「~p」로 나타낸다.

명제	명제의 부정
p:내 옷은 흰색이다. q:물은 H_2O다.	~p:내 옷은 흰색이 아니다. ~q:물은 H_2O가 아니다. 또는 물이 H_2O라는 것은 거짓이다.

■ 진릿값

다음 [예 1]처럼 명제 ①과 명제 ②처럼 같은 의미를 가진 경우는 같은 명제로 본다. 그리고 논리적 추론은 문장의 형식이나 표현되는 언어에 의존하는 것이 아니라 문장의 의미에만 관심을 둔다. 즉 명제는 다음 [예 2]처럼 그것을 진술하는 언어가 다르더라도 의미가 같으면 같은 명제로 본다.

[예 1]	[예 2]
① 철수는 순이를 사랑한다. ② 순이는 철수의 사랑을 받고 있다.	① 2와 3의 합은 5이다. ② 2+3=5. ③ 2 plus 3 equals 5

명제는 참이나 또는 거짓 중의 어느 하나이다. 명제의 진위를 그 명제의 **명제값**(propositional value) 또는 **진릿값**(truth value)이라 하는데, 명제가 참일 경우 그의 명제값을 기호로 T라 하고, 거짓일 경우 그 명제값을 기호로 F라고 나타낸다. 명제값 T, F 대신 1과 0을 사용하는 경우도 있다.

■ 진리표

어떤 명제가 참이면 기호 T로, 거짓이면 기호 F로 나타낸 후 그들 사이의 관계를 다음과 같이 하나로 표로 나타낸 것을 **진리표**라고 한다. 예컨대

명제	명제의 부정
p:내 옷은 흰색이다. q:1+4=7	~p:내 옷은 흰색이 아니다. ~q:1+4≠7

→

p	~p
T	F
F	T

[예 3] 「물가가 높다」를 p, 「물가가 오르고 있다」를 q로서 나타낸다면 「물가가 높지도 않고, 또 오르지도 않는다.」는 '~p∧~q'로 나타낼 수 있으며, 그 진리표는 [표 1]과 같으며 구하는 순서는 다음과 같다.

① 명제 p, q의 진릿값을 차례대로 기입하고, 그 차례를 하단에 기록한다. → ② p, q를 각각 부정한 ~p와 ~q의 진릿값은 p, q의 반대로 (차례 2)기록한다. ③ ~P와 ~q의 합접의 진릿값을 구하여 기록(차례 3)한다. 따라서 ~P와 ~q의 합접의 진릿값은 제 4행만 T이고 다른 것은 모두 F가 된다(차례 3).

[표 1] ~p∧~q

p	q	~ p ∧ ~ q
T	T	F T **F** F T
T	F	F T **F** T F
F	T	T F **F** F T
F	F	T F **T** T F
차례		2 1 **3** 2 1

명제의 역/이/대우

「**명제**란 참과 거짓이 명백한 식이나 문장을 말하는 데 참과 거짓을 그 명제의 **진릿값**이라고 한다. 예컨대, '2+3=5'는 참이 명제이고, '5−3=1'은 거짓인 명제이지만, '$x+5>0$'처럼 참인지 거짓인지를 판단할 수 없는 식이나 의문문이나 명령문, 감탄문 등은 명제가 될 수 없다.

■ **명제의 기본 연산**

명제의 기본 연산은 다음 5가지가 있다.

① **부정(否定; not)** : 「~이 아니다.」는 의미를 뜻하는 것으로 명제 앞에 기호 「~」을 붙여 나타낸다. 즉 명제 P의 부정은 ~P로 나타내고, 「비(非) P, not P, non P」라고 읽는다.

② **논리곱(and; 연언(連言))** : 「~그리고, ~ 및, ~이며, ~이고, ~과」라는 의미를 뜻하는 것으로 명제 사이에 기호 「∧」을 붙여 나타낸다. 「∧」으로 표현된 명제는 둘 이상의 명제가 결합된 합성명제이며, 집합에서는 교집합에 해당된다. 두 명제의 연언은 각 명제가 모두 참일 때만 참이다.

③ **논리합(or; 선언(選言))** : 「~혹은, ~든가」라는 의미를 뜻하는 것으로 명제 사이에 기호 「∨」을 붙여 나타낸다. 「∨」으로 표현된 명제는 둘 이상의 명제가 결합된 합성명제이며, 집합에서는 합집합을 정의하는 데도 사용된다. 두 명제의 선언은 각 명제가 모두 거짓일 때만 거짓이다.

④ **조건문(If then)** : 「만일 ~이면 …이다.」라는 의미를 뜻하는 것으로 명제 사이에 기호 「→」로 나타낸다.

⑤ **쌍조건문(if and only if)** : 「~일 때 오직 그 때만 …이다.」라는 의미를 뜻하는 것으로 명제 사이에 기호 「↔」로 나타낸다.

p q	P∧q	p∨q	~p	p→q	p↔q
T T	T	T	F	T	T
T F	F	T	F	F	F
F T	F	T	T	T	F
F F	F	F	T	T	T

■ **명제의 부정, 역, 이, 대우**

ㅁ **명제의 부정** : 어떤 명제를 부정한 명제를 원래 명제의 **부정**이라고 한다. 예컨대 명제 '4는 짝수이다.'의 부정은 '4는 짝수가 아니다.'이다.

ㅁ **명제의 역** : 명제의 일반형은 「A이면 B이다.」이며, 기호 「A→B」로 나타낸다. 여기서 A를 가정, B를 결론이라 한다. 명제의 역이란 가정과 결론이 바뀐 명제를 원래 명제의 **역**이라 하고 기호 「B→A」로 나타낸다. 예컨대 「사람은 걷는다.」의 역은 「걸으면 사람이다.」가 된다. 어떤 명제의 역의 역은 반드시 원래 명제는 아니며, 또 어떤 명제의 역끼리 서로 역의 관계가 되는 수도 있다. 예컨대 「4의 배수는 2이다.」의 역은 「2의 배수는 4이다.」처럼 원래 명제가 성립하더라도 그 역이 반드시 성립하는 것은 아니다.

ㅁ **명제의 이** : 명제의 가정의 부정을 가정으로 하고, 결론의 부정을 결론으로 하는 명제를 원래 명제의 **이**라고 한다. 「A이면 B이다.」의 이는 「A아니면 B아니다.」이고 기호 「$\overline{A}\to\overline{B}$」로 나타낸다. 즉 어떤 명제의 역의 대우는 이이다. 따라서 역과 이의 참과 거짓은 항상 일치한다.

ㅁ **명제의 대우** : 명제의 결론의 부정을 가정으로 하고, 가정의 부정을 결론으로 하는 명제를 원래 명제의 **대우**라고 한다. 「A이면 B이다.」의 대우는 「B아니면 A아니다.」이고, 명제 「A→B」의 대우는 기호 「$\overline{B}\to\overline{A}$」로 나타낸다. 어떤 명제와 그 대우와의 참과 거짓은 항상 일치한다.

명제 「A→B」에 대한 역, 대우, 이 사이의 관계를 그림으로 나타내면 다음과 같다.

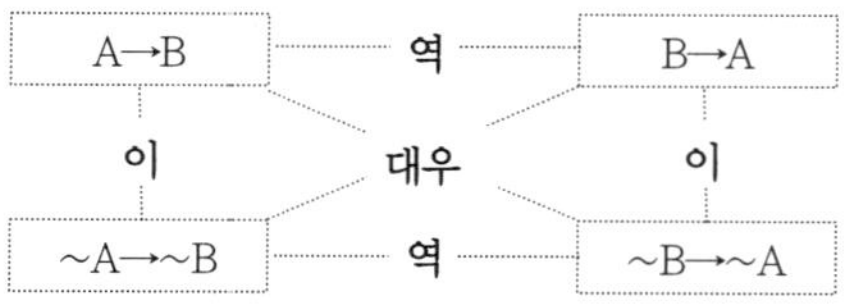

[예] 다음 명제 P의 역, 이, 대우를 알아보고, 그것이 참인지 거짓인지 알아보자.

- 명제 P(A→B) : (A) <u>정사각형이면,</u> (B) <u>4각의 크기가 같다.</u>
- 명제 P의 **역**(B→A) : (B) 4각의 크기가 같은 사각형은 (B) 정사각형이다. 직사각형은 4각의 크기가 같아도 4변의 길이가 같지 않으면 정사각형이라 할 수 없으므로 거짓이다. 즉 반례가 나타남으로 거짓이다.
- 명제 P의 **이**(~A→~B) : (~A) 정사각형이 아니면 (~B) 4각의 크기가 같지 않다. (거짓)
- 명제 P의 **대우**(~B→~A) : (~B)4각이 같지 않은 사각형은 (~A)정사각형이 아니다. (참)

뫼비우스의 띠

뫼비우스의 띠란 소련 태생의 독일 수학자인 뫼비우스의 이름을 딴 것이다. 무한을 상징하는 것으로 잘 알려진 뫼비우스 띠는 1858년 파리의 과학협회에서 수학을 주제로 가장 우수한 논문을 공모했는데 뫼비우스는 이 대회에 제시할 논문을 생각하던 중 한 면으로만 된 도형을 발견했다. 그는 순수 수학적인 관점에서 이 띠를 발견했는데 그 당시는 유클리드 기하학이 널리 퍼져 있었다.

사람도 앞과 뒤가 있듯이 모든 물체도 앞면이 있으면 반드시 뒷면이 있다고 믿고 있었으며, 아무도 앞면만 있을 수 있다는 것을 생각하지도 않았던 때, 뫼비우스는 혹시 앞면만 있을 수 없을까를 생각하여 만들어 낸 띠가 바로 뫼비우스의 띠이다. 그 발견 이래로 전문가들 사이에서뿐만 아니라 일반인들도 기하학이 매력적인 관심사가 되었고 그 발견은 위상수학이라는 완전히 새로운 수학분야의 모태가 되었다.

또한 뫼비우스의 띠는 한때 수학적 호기심을 자극하는 것으로 유명했지만 세월이 흐른 뒤에는 예술가들에게 영감을 주는 원천으로 더욱 유명해졌다. 이 띠는 1847년 요한 베네딕트 리스팅이 '이론적 접근'을 하였고 뫼비우스가 그 존재성을 증명하였다.

뫼비우스 띠에서 영감을 얻어 자신의 작품으로 승화시킨 예술가로서 네덜란드의 그래픽 예술가인 에셔*Escher*가 있다. 그는 뫼비우스의 띠를 응용하여 시각적으로 새로운 반응을 일으킬 수 있는 여러 가지 판화작품을 제작하였는데 다음 그림은 그가 창작한 작품 중의 일부이다.

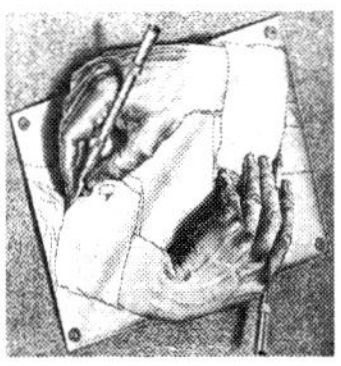
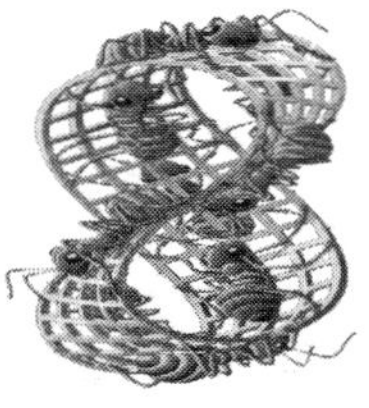

뫼비우스의 띠는 종이 띠의 한쪽 끝을 반 바퀴 돌린 다음 양끝을 서로 붙여서 만들 수 있다. 이렇게 하면 닫힌곡면과는 다른 하나의 경계를 가지는 열린 곡면을 얻는다. 뫼비우스 띠의 표면을 걸을 수 있다면 우리는 뫼비우스 띠의 모든 곳을 여행할 수 있다. 이상하게도, 특별한 일이 발생하지 않으면 출발점으로 다시 돌아올 수 있었던 구의 표면에서의 이동과는 다르게 뫼비우스 띠 위에서 같은 방향으로 이동하여 출발점으로 돌아올 수 없는 대신 돌아왔을 때의 위치는 위아래가 바뀌게 된다. 이러한 성질이 있는 곡면은 오른쪽과 왼쪽의 의미를 일관되게 정의할 수 없기 때문에 방향성이 없다(nonorientable)고 하며, 반면에 일반적인 구의 표면을 따라 돌면, 예컨대 원을 따라 돌면 출발할 때와 같은 방향을 유지하며 돌아올 수 있기 때문에 방향성이 있다(orientable)고 한다.

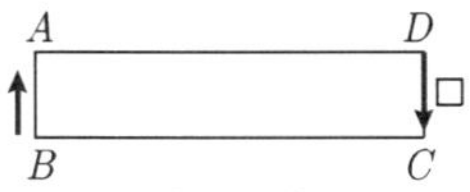

[그림 1]

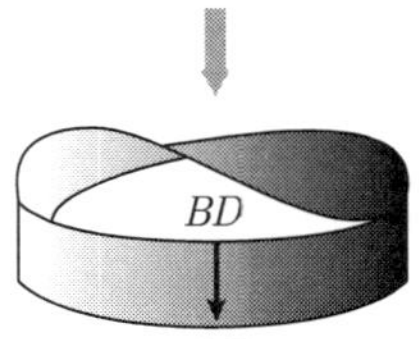

[그림 2]

뫼비우스 띠를 만들려면 [그림 1]처럼 생긴 직사각형 모양의 종이테이프를 180° 비틀어서 두 꼭짓점 A와 C, B와 D가 겹치도록 붙이면 [그림 2]같은 모양의 뫼비우스 띠가 만들어진다.

■ **생활 속의 뫼비우스 띠**

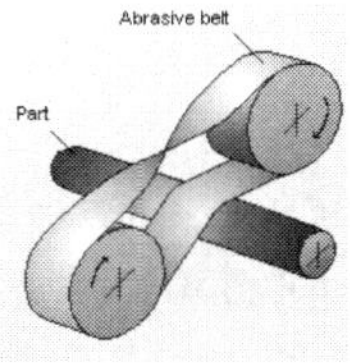

뫼비우스의 띠를 이용한 특허는 100여 가지나 된다. 그 중 가장 많이 볼 수 있는 거대한 뫼비우스의 띠는 컨베이어 벨트로 사용된다. 뫼비우스 벨트에서 실제로는 한 면인 각 면은 동일한 마모를 가지므로 더 오래 사용할 수 있다.

2개의 바퀴에 둥그런 띠 모양의 벨트를 그대로 걸면 기계에 닿는 한쪽 면만 닳게 되고 또 쉽게 빠지기도 한다. 이것을 뫼비우스의 띠처럼 한 번 꼬아서 걸게 되면 벨트의 양쪽 면이 골고루 닳을 뿐만 아니라 잘 빠지지도 않게 된다. 이런 벨트는 공장의 기계에서 볼 수 있다.

급한 경사를 만든 레일(rail)에 차를 달리게 하는 놀이공원의 롤러코스터 또한 뫼비우스의 띠를 이용한 것이고, 한복에서 매듭짓기나 허리에 차고 다녔던 전대 등도 뫼비우스 띠의 원리를 이용한 것이다.

무게

「물체에 작용하는 중력을 측정한 값을 **무게**(weight) 또는 **중량**이라 하고, 어떤 물체에 포함되어 있는 물질의 고유한 양을 **질량**(mass)」이라고 한다. 달에서는 중력이 지구보다 작기 때문에 물체의 무게는 작지만 질량은 지구에서의 질량과 똑같다. 무게와 질량을 측정하는 도구도 서로 다른데 무게는 용수철 저울을 이용하여 측정할 수 있고, 질량은 양팔저울을 이용하여 측정한다. 그런데 지구에서 질량과 무게는 거의 같기 때문에 무게와 질량이라는 용어를 서로 구분하지 않고 사용한다.

길이나 부피는 시각적으로 비교하거나 크기를 어림할 수 있지만 무게는 물체의 재질에 영향을 받기 때문에 같은 성질의 물질이나 물체가 아닌 경우 시각적으로 양의 크기를 비교하거나 판단하기 어렵다. 무게는 본질적으로 물체와 지구의 인력작용에 의한 양으로서 대상을 직접 들어보고 근육의 이완정도나 압박감에 의해서 판단한다.

무게 개념의 도입은 생활 주변의 여러 가지 물체를 손이나 팔로 들어보고 피부에 느껴지는 압박감에 의해 직접비교를 해 보도록 한다. 무게를 비교할 때 직접 비교하는 방법으로 들어보는 방법 이외에도 물체를 시소나 양팔저울을 이용하여 시각적으로 비교할 수 있다.

무게를 처음으로 비교할 때 솜 1kg과 쇠 1kg은 무게가 같음에도 솜이 더 무겁다고 생각하는 경우도 있기 때문에 시각적으로 인식하는 부피만으로 무게를 판단할 수 없음을 인식할 수 있도록 지도할 필요가 있다.

■ 무게의 성질

무게는 다음과 같은 성질을 가지고 있다.

- 모든 물체는 무게를 지니고 있다.
- 무게는 모양이나 부피만으로는 판단할 수 없다.
- 무게는 비교할 수 있는 양이며 가법적인 양이다.

무게를 직접비교하는 방법으로 '어느 쪽이 더 무거운가?'는 알 수 있으나 '얼마나 더 무거운가?'는 알 수 없다. 이를 위하여 매개물을 이용한 간접비교의 방법, 예컨대 양팔저울에 임의 단위인 동전, 바둑돌 등을 올려놓아 균형을 맞춘 다음 임의 단위의 개수로 무게를 나타내고 비교하게 한다.

■ 무게의 단위

초기에는 각 나라별로 언어가 다르듯이 단위계도 서로 달랐다. 이후 국제교류가 활발해지면서 국제협약에 따라 1967년부터 약 70여 개국에서 미터법에 따른 단위계를 도입하였다.

우리나라도 계량법 제11조에 의해 1963년 5월 31일부터 거래·증명에 미터법(건물·토지 제외)을 사용할 것을 규정하였으며, 1983년부터 건물·토지까지도 미터법을 사용하도록 하였다. 무게단위 관계는 다음 표와 같다.

미터법 구조

	10^6	10^3	10^2	10	1	10^{-1}	10^{-2}	10^{-3}	10^{-6}
무게	Mg	kg	hg	Dg	g	Dg	Cg	mg	μg
	Mt	kt			t				

전통단위 구조(척관법)

1000배, 100배, 10배

관	근	냥	돈
3.75kg	야채 : 375g 고기 : 600g	37.5g	3.75g

■ 무게의 양감 기르기

무게의 양감을 길러주기 위해서는 일정한 무게의 구체물의 직접 들어보고 피부로 느끼는 압박감으로 무게를 짐작하게 한다. 예컨대 1kg인 물체를 들려보게 한 후 1kg에 가장 가까운 물건을 찾게 한다. 그리고 각 물체를 저울로 측정함으로써 1kg에 가깝게 어림했는지를 확인시켜줄 수 있다. 특히 저울, 시계, 자 등 계측기로 양을 측정할 경우는 참값을 알 수 없으므로 어림의 중요성을 인식하도록 할 필요가 있다.

무게는 본질적으로 시각화할 수 없는 양이지만, 물을 이용한다면 어느 정도 시각화하는 것이 가능하다. 1kg이 물 1L의 무게이고, 1L는 1000cm^{3}의 부피와 같다. 따라서 물과 우유의 단위 부피당 질량이 비슷하다고 가정한다면, 우유 1L의 무게가 약 1kg이다. 또한 1kg은 1000g이고, 1g은 물 1mL 혹은 1cm^{3}의 무게와 같다. 이것을 요약하면 다음과 같다.

- 1kg = 물 1L의 무게 = 물 1000㎤의 무게
- 1g = 물 1mL의 무게=물 1㎤의 무게
- 1kg = 1000g

이러한 관계를 이용하여 복명수를 단명수로 나타내고 무게의 합과 차의 계산을 수행할 수 있다.

무리수

실수 중에서 유리수와 무리수가 있는데, 「수를 분수형태로 나타낼 수 있는 수를 **유리수**라면 분수형태로 나타낼 수 없는 수를 **무리수**」라고 한다. 예컨대 무리수 집합을 I^*라면 $I^* = \{\cdots\cdots \log_2,\ \log_3,\ \sqrt{2},\ \sqrt{3},\ \Pi, \cdots\cdots\}$로 표시되는 수 집합으로 유리수와 대립되는 개념이다. 모든 유리수는 순환소수로 나타낼 수 있으나 무리수는 순환하지 않는 무한소수이다.

무리수에 대해서는 기원전 500년경에 피타고라스 학파에 의해 두 변의 길이가 1인 정사각형의 대각선의 길이는 자연수로 나타낼 수 없음을 알게 되었지만 당시 그들은 만물은 자연수에 의해 좌우된다는 믿음 때문에 무리수의 존재를 비밀에 부쳤다고 알려지고 있다. 이후 19세기말 데디킨트*Dedekind*와 칸토르*Cantor*에 이르러 무리수에 대한 체계적인 연구가 행해지면서 보다 정확한 수 개념의 확립이 이루어지게 되었다.

일반적으로 무리수의 도입은 유리수를 소수로 나타냈을 때, 유한소수 또는 순환소수가 됨을 설명하고, 순환되지 않는 무한소수를 무리수라고 정의하며, $\sqrt{2}=1.41421356223\cdots$, $\sqrt{3}=1.7320508\cdots$, $\sqrt{5}=2.2236679\cdots$처럼 순환하지 않는 무한소수를 무리수라고 한다. 그리고 $\sqrt{2}$가 유리수가 아님을 다음처럼 증명하는 것으로 밝히고 있다.

■ 무리수의 성질

- 무리수는 순환하지 않는 무한소수이다.

[예 1] $\sqrt{2}$가 유리수가 아님을 증명해 보자.

$\sqrt{2}$가 유리수라면 $\sqrt{2}=\frac{n}{m}(m \neq 0,\ m \neq 1)$인 기약분수 $\frac{n}{m}$으로 나타낼 수 있다. 즉 $\sqrt{2}=\frac{n}{m}$……㉠이다. 식 ㉠의 양변을 제곱하면 $2m^2 = n^2$……㉡에서 n은 2의 배수(짝수)이므로 $n=2p$……㉢으로 나타낼 수가 있다. 식 ㉢을 식 ㉡에 대입하면 $2m^2 = 4p^2$, 곧 $m=2q$…… ㉣인 꼴이 되어 m도 2의 배수이다. 따라서 ㉢, ㉣에 의해 m, n은 2의 배수가 되어 본래 $\frac{n}{m}$이 기약분수라는 가정에 모순된다. 따라서 $\sqrt{2}$는 무리수이다.

[예 2] $\sqrt{3}$이 유리수가 아님을 증명해 보자.

$\sqrt{3}=\frac{n}{m}$(m, n : 양의 정수)인 기약분수라면 다음 식과 같이 나타낼 수 있다.

$\sqrt{3}=\frac{n}{m}$……㉠

㉠의 양변을 제곱하면 $3m^2 = n^2$……㉡에서 $n = 3p$……㉢으로 나타낼 수가 있으므로 n은 3의 배수이다. 식 ㉢에 식 ㉡를 대입하면 $3m^2 = 9p^2$, 곧 $m=3q$…… ㉣인 꼴이 되어 m도 3의 배수이다. 따라서 ㉢, ㉣에서 m, n은 3의 배수가 되어 가정에서 $\frac{n}{m}$이 기약분수라는 가정에 모순된다. 따라서 $\sqrt{3}$는 무리수이다.

또는 $\sqrt{3}=\frac{n}{m}$(m, n : 양의 정수)인 기약분수라면, $\sqrt{3}=\frac{n}{m}$의 양변을 제곱하면 $3^2=\frac{n^2}{m^2}$이다.

∴ $m^2 = 3n^2$, m^2은 3의 배수가 되므로 m도 3의 배수이다. $m = 3m'$(m : 양의 정수)라면 $3n^2=(3m')^2$.

∴ $n^2=3m'^2$이므로 n도 3의 배수라야 한다. 따라서 m, n이 기약분수라는 가정에 모순이다. 따라서 $\sqrt{3}$은 무리수이다.

- 무리수에도 대표되는 수는 있다.
  상용대수에서 대표되는 수를 생각하면, $\log_2=0.3010$, $\log_3=0.4771$ 등은 대표되는 수이지만 $\log_4=\log_2{}^2=2\log_2$, $\log_5=\log_{\frac{10}{2}}=\log_{10}-\log_2=1-\log_2$가 되어 앞의 $\log_2$로 계산할 수 있으므로 대표 수가 될 수 없다. 또 제곱근의 경우에도 $\sqrt{2}$, $\sqrt{3}$ 등은 대표 수가 될 수 있으나 $\sqrt{4}=2$가 되어 무리수가 아니고, $\sqrt{6}=\sqrt{2}\times\sqrt{3}$으로 처리되므로 $\sqrt{6}$은 대표되는 수가 아니다.
- 무리수의 집합에서는 가법연산(加法演算)만 가능하다.
  예컨대 $\sqrt{3}-\sqrt{3}=0$(정수), $\sqrt{3}\times\sqrt{3}=3$(정수), $\frac{\sqrt{3}}{3}=1$(정수), $\sqrt{3}+\sqrt{3}=2\sqrt{3}$로써 무리수의 집합에서는 −, ×, ÷에서는 폐쇄성이 없으나 덧셈에 대해서는 폐쇄성과 일의성이 성립한다.
- 가법과 승법에 대한 단위원과 역원이 존재하지 않는다. 그 밖의 성질은 유리수와 비슷하다.

문제

Lester(1978)는 「**문제**(Problem)란 처음에는 정확한 해결 방법을 알지 못하지만 해답을 요구하는 개인 또는 단체에 부과된 양적인 장면」으로 정의하고 있으며, Krulik & Rudnick(1984)은 간략하게 어떤 해답을 요구하는 상황을 문제라고 정의하고, 문제의 의미를 명확히 하기 위하여 질문, 예제, 문제의 의미를 구분하고 있다.

- **질문**(Question) : 「이미 학습한 내용을 회상함(Recall)으로써 해결할 수 있는 장면」으로 질문의 주된 목적은 이미 학습한 내용을 올바르게 이해·기억하고 있는지를 확인하기 위해 제공되는 장면이다.
- **예제**(Exercises) : 「내용의 이해를 돕거나 이미 학습한 기능이나 알고리즘을 보다 강화하기 위해 반복연습(Drill Exercises)과 실제 장면에의 적용(Practice)을 위해 제공되는 장면」으로 연습의 주된 목적은 학습된 지식을 보다 확실하게 정착시키기 위한 것으로 답에 도달하기 위해 정해진 순서(알고리즘 및 원리)를 따른다.
- **문제**(Problem) : 「당면한 과제를 해결하기 위해 이미 학습한 지식의 종합하고 깊은 사고가 요구되는 장면. 즉 학습자가 이해하고 해결해야 할 당면 과제로써 그의 해결 방안이 뚜렷이 떠오르지 않는 장면」이다. 해결해야 할 과제가 학습자에게 생소하므로 주어진 과제를 해결하기 위하여 여러가지 정보의 수집·분석과 이전에 학습한 지식과 기능과 경험을 통합·재구성하여 해결 방법을 심사숙고하게 탐색하여 이전에는 사용한 적이 없는 독창적인 단계를 밟아나가야 한다.

한편 Bosse and Rotigel(2006)은 **문제**는 '풀이를 위한 방법과 결과를 모두 알지 못하고 자신의 독특한 아이디어로 해결해야 하는 장면'이고, **예제**는 '풀이 방법은 알지만 해결 결과는 알지 못하는 장면'으로 구분하고 있다.

문제는 학습자 개개인이 갖고 있는 수학적 지식이나 이해력, 인지 능력이나 과거의 경험 등의 차이로 인해 모든 학습자들의 수준에서 공통적으로 정의될 수 없기 때문에 동일한 장면에 대해서도 학습자의 능력 수준에 따라 한 학생에게 예제가 되는 것이 다른 학생에게는 문제가 될 수도 있다. 또 문제에서 풀이 방법을 알지 못하면 그 풀이 방법을 알 때까지는 문제이고, 그 이후에 풀이 방법을 알게 되면 이 문제는 장면은 예제, 또는 연습문제가 된다.

■ 문제의 유형

문제의 유형은 연구자에 따라 여러 가지로 분류한다. 2가지만 소개하면 다음과 같다.

① **Holmes의 분류**: 정형문제와 비정형문제

Holmes는 문제의 유형을 크게 정형문제와 비정형문제로 나누고, 정형문제란 이미 학습한 수학적 개념, 원리, 법칙과 알려진 절차(알고리즘)에 따라 해결할 수 있는 유형의 문제를 말한다. 또한 비정형 문제는 이미 학습한 수학적 지식과 기능 중 몇 가지를 복합적으로 적용하여 해결하되 이미 알려진 절차뿐만 아니라 문제해결을 위해 학습자의 창의적인 아이디어가 요구되는 유형의 문제로 학습자 스스로 해결 방법을 고안해야 하며, 해답을 찾는 일뿐만 아니라 해답을 찾기 위한 방법을 계획해야 한다.

② **Charles와 Lester**(1982)는 다음 6가지 유형을 제안했다.

- 반복 문제 : 알고리즘을 사용하여 반복연습의 기회를 주는 문제로 주로 계산력을 신장시키는데 도움이 되는 문제.
- 간단한 적용 문제 : 사칙연산 중 어느 하나를 포함하는 수식으로 번안하여 해를 구할 수 있는 문장제로써 수학적인 지식 이해의 강화와 계산력의 신장에 도움이 되는 문제로 1단계(one-step)문제라고도 한다.
- 복잡한 적용 문제 : 사칙연산 중 2개 이상을 포함하는 수식으로 번안하여 해를 구할 수 있는 문장제로서 다단계(multi-step)문제라고도 한다.
- 과정 문제 : 단계적으로 사고하는 과정이 중시된 문제로서 구체적 해결 전략을 이용하여야만 해결할 수 있는 문제
- 응용 문제 : 수학적인 지식과 사고력을 활용한 기회를 제공하는 문제로서 문제해결과정이나 결과에서 수학의 가치와 유용성을 느끼게 한다.
- 퍼즐 문제 : 통합된 수학적 지식과 경험을 활용하여 해결해야 하는 유형의 문제이다. 사고의 유연성이 중시되며 교육적으로도 여러 가지 관점에서 고찰해 볼 가치가 있는 문제이다.

문장제

수학교육에서 문장제는 여러 변천과정을 거쳐서 현재에 이르고 있다. 초기에는 「사실적인 장면의 문제를 제시하는 방법으로서 그림, 설화, 도표 등이 쓰였고 그 중에서 문제가 문장으로 제시되었을 때 문장제」라고 하였으며, 영어로는 written problem, verbal problem, word problem 등으로 표현한다. 「문장제란 생활에서 일어날 수 있는 상황에서 수량적 요소와 조건을 수학적 기호와 문자로 진술한 문제」로 문제를 이해하고 적절한 해결 전략의 선택과 연산과정을 순차적으로 밟아야 해결할 수 있는 문제이다. 문장제의 요건을 3가지로 정리하면 다음과 같다.

- 수학적 언어와 일상언어를 혼합하여 문장으로 표현되어야 한다.
- 구체적인 장면을 가지고 있어야 한다(단, 학생들의 사고수준에서 이해할 수 있으면 가상적인 장면을 포함할 수 있다).
- 수학적 지식과 기능을 적용하여 해결하는 요건을 갖추고 있어야 한다.

■ 문장제의 교육적 가치

문장제의 교육적 가치를 크게 2가지로 나누어 생각해 보면

첫째, 문장제는 문제해결력 및 분석력과 종합력 등 수학적 사고력 신장에 긍정적인 역할을 한다. 예컨대 문장제는 당면한 문제 해결을 위해 조리있고 이치에 맞게 생각하는 능력, 여러 가지 사실을 합리적으로 처리하는 능력, 새로운 것을 이해하고 창조하는 능력과 태도를 기르는 데 있다.

둘째, 실용성 측면에서 본다면 문장제는 실생활의 구체적인 경험의 세계와 추상적인 수학의 가교역할을 한다. 예컨대 수학을 경험의 세계에 적용함으로서 수학은 실생활의 문제를 문제 해결의 유용한 도구임을 인식할 수 있다. 그리고 수학적 지식을 체험적으로 이해하고 적용함으로써 수학의 역동성을 알 수 있으며, 다른 분야의 학문 연구에 수학을 연결시킬 수 있으므로 해서 수학의 유용성과 가치를 인식할 수 있다.

■ 문장제 지도의 일반적인 방법

- 문제를 한 문제씩 줄 것이 아니라 여러 문제를 동시에 제시한다.
- 모든 어린이가 동시에 문제를 해결할 것을 기대하지 말라. 즉 개인차를 인정해야 한다.
- 생각하고 있는 어린이에게 질문이나 발문, 조언을 하지 말라. 그것은 사고를 방해할 수 있다.
- 해결 과정의 오류를 스스로 찾아 수정하도록 하라.
- 식이나 계산과정의 오류보다 잘못된 생각을 하는 것에 관심을 가져라.
- 문제를 시각화, 행동화할 기회를 제공하라.
- 문제의 핵심 단어를 찾기보다 오히려 상황을 분석하는 데 초점을 두라.

문장제 해결과정의 모형

해결 과정	구체적 활동
1. 문제의 이해	문제 장면의 이해를 위해 전체의 문맥 중에서 낱말이나 수학적 용어의 뜻을 파악하기
↓	
2. 주어진 정보 사이의 관계 파악	문제에 제시된 사실과 자신의 경험을 연결시켜 이미지를 형성하고, 자신의 관점에서 재해석한 문장으로 번안한다. 이는 하나의 관점에서 문제 내용의 파악이 가능하게 된다.
↓	
3. 문제를 시각화하기	문제 장면을 그림, 표, 가상적 장면 등으로 나타내고, 주어진 요소 사이에 작용하는 연산자를 선택하고, 미지수를 결정한다.
↓	
4. 식 세우기	문제 해결에 필요한 조건을 모두 포함하고 있는 문장을 수학적 모델과 연결시켜 수학적 표현, 즉 식으로 나타낸다.
↓	
5. 정답 예상하기	식을 계산하기에 앞서서 답이 대략 얼마쯤 될 것인가?를 예상·어림해 본다.
↓	
6. 방정식 풀이	계산 원리나 법칙, 알고리즘을 적용하여 정확히 계산한다.
↓	
7. 검산	계산 과정을 검토하여 구한 답을 잠정적인 답으로 결정한다.
↓	
8. 답의 확인·결정	구한 답이 문제의 요구 조건을 만족하는지 주어진 문제 장면과 연결하여 해석해 본 다음 적합성 여부를 판단하여 답으로 결정한다.
↓	
9. 문제의 확장	해결한 문제해결 전략이나 알고리즘을 적용하여 해결할 수 있는 또 다른 장면의 문제를 만들어 해결해 본다.

바빌론/로마 수 체계

■ 바빌로니아의 수 체계

B.C. 3000년과 2000년 사이에 발전된 바빌론의 수 체계는 [그림 1]처럼 단 두 기호를 사용하여 양을 표시했기 때문에 양을 표현하는 것이 명확하지 않아 문맥을 분석해야만 해결되었다. 이들은 59까지의 수는 [그림 2]처럼 단순히 1과 10을 나타내는 기호의 덧셈에 의해 나타냈다. 바빌론의 수 체계가 이집트의 수 체계와 비슷한 시기에 발전되었지만 바빌로니아인들은 자릿값이라는 복잡한 개념을 사용했다. 60진법을 사용한 바빌론 수 체계는 [그림 3]처럼 숫자가 쓰인 위치에 따라 오른쪽부터 1, 10, 60^1, 60^2, 60^3, …의 차례로 서로 다른 값을 가진다.

[그림 1]

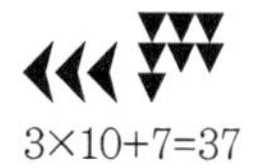

[그림 2]

[그림 3]

바빌로니아 수 체계가 생긴 초기에는 여러 가지 혼란이 생기기도 했다. 예컨대 [그림 4]처럼 기호 사이의 간격에 따라 수가 74(=1×60+14)를 나타 낼 수도 있고, 3614(=1×60×60+0×60+14)를 나타낼 수도 있었다. 이런 오해의 소지가 있어서 B.C. 300년경부터 [그림 5]처럼 두 수 사이에 2개의 작은 삼각형을 배열하여 값이 없는 자리를 나타내 주는 자릿값을 하도록 사용했다. 이것은 약간의 혼란함을 없애 주기는 했으나 이 역시 10 두 개는 20, 610 심지어는 3660으로 해석되는 혼란도 생겼다. 비록 0과 같은 역할을 하는 기호(place holder)가 있지만 그들은 0을 수로 생각하지 않았다

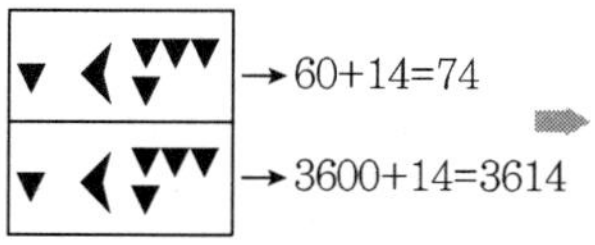

[그림 4]

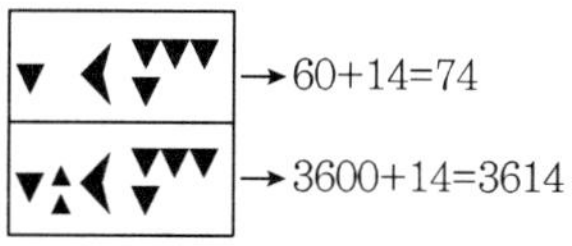

[그림 5]

■ 로마의 수 체계

B.C. 500년에서 A.D. 100년 사이에 발전된 로마의 수 체계는 [표 1]의 기본 숫자를 조합하여 수를 나타냈다. 로마 수 체계가 가지는 특징은 덧셈의 원리와 곱셈의 원리를 이용한다는 것이다. 이런 원리는 수를 표현하는 데 좀 더 적은 기호를 사용하여 수를 나타낼 수 있다.

CCLXXXI = (100×2+50+10×3+1) = 281

MCVIII = (1000+100+5+1+1+1) = 1108

[표 1] [표 2]

로마수	값	로마수	값
I	1	IV	4
V	5	IX	9
X	10	XL	40
L	50	LC	90
C	100	CD	400
D	500	CM	900
M	1000		

또한 뺄셈의 원리를 이용하여 좀 더 간단하게 수를 표기하기 위해 기본 숫자들을 조합하여 수를 나타내도록 했다. 예컨대 [표 2]처럼 '4'를 나타내기 위해 'IIII'보다는 'IV(I의 왼쪽에 V는 5'−1'를 의미한다.)'을, '9'를 나타내기 위해 'VIIII'보다는 'IX(10−1)'을, '40'을 나타내기 위해 'XL'을, '90'을 나타내기 위해 'XC'를, '400'을 나타내기 위해 'CD'를, '900'을 나타내기 위해 'CM'을 사용한다. 이런 식으로 왼쪽에서 오른쪽으로 읽을 때 만약 기호에 어느 한쪽의 값이 증가하면 그 전체 값도 함께 변한다. 이런 숫자들을 결합한 값은 더 작은 수의 값보다는 더 큰 수의 값을 생각해야 한다. 복잡한 로마 숫자의 값을 알기 위해서 암산으로 이와 같은 뺄셈으로 계산되어야 하는 쌍이 있는지 알아본 후 왼쪽에서 오른쪽으로 값을 더한다.

예컨대 MCMXLIV는 M CM XL IV로 생각해서 (MCMXLIV)=(1000+900+40+4)=1944이다. 만약 뺄셈의 원리가 없다면 1944를 나타내기 위해 MCMXLIV에 사용된 7개의 숫자 대신에 14개의 숫자가 필요할 것이다. 또 뺄셈의 원리 때문에 로마숫자는 위치적 자릿값을 가지는 수 체계이다. VI는 6인 반면 IV는 4이다. 또, 로마의 수 체계는 수의 1000배를 나타내기 위해 숫자 위에 수평 막대를 사용한다. 예를 들면 $\overline{V}$는 5의 1000배, 즉 5000을 의미하고, $\overline{XI}$는 11000을 의미한다. 따라서 로마의 수 체계는 곱셈체계이기도 하다. 로마인들은 수 표현의 복잡성 때문에 계산을 하기 위해 지필 대신 주판을 주로 이용한 것으로 알려지고 있다.

반비례

넓이가 일정한 직사각형에서 가로의 길이가 정해지면 그에 따라 세로의 길이가 정해진다. 또 일정한 거리를 가는데 속도가 빠를수록 걸리는 시간도 짧아진다. 이와 같이 「대응하면서 변하는 두 양 중 한쪽 양이 정해지면 다른 쪽 양이 정해지고, 또 한쪽 양이 변하면 그에 대응하는 다른 쪽 양도 일정한 규칙에 따라 변하는 관계를 **함수관계**」라고 한다.

함수관계에 있는 반비례는 정비례와 반대의 성질을 가지는 것으로 「두 양 x, y가 있을 때, x가 기준양의 2배, 3배, …로 변하면, 이에 대응하는 y는 $\frac{1}{2}$, $\frac{1}{3}$, …로 변하고, x가 $\frac{1}{2}$, $\frac{1}{3}$, …로 변하면 y는 2배, 3배, …로 변할 때, y는 x에 **반비례한다.**」 또는 「X, Y를 변역으로 하는 두 변수 x, y 사이에 $y=\frac{a}{x}$, 또는 xy=a(단 a는 상수)인 관계가 있으면 y는 x에 **반비례한다.**」고 한다.

서로 반비례하는 두 양 x, y 사이의 대응관계를 다음 표와 같이 나타냈을 때, 다음 두 식 ①, ②가 성립함을 알 수 있다.

x	x_1	x_2	x_3	…	x_i	…	x_j	…
y	y_1	y_2	y_3	…	y_i	…	y_j	…

① $x_i \div x_j = y_j \div y_i$

② $x_i y_i = x_j y_j$ = a(a는 상수)

또, $y=\frac{a}{x}=a\times\frac{1}{x}$에서 $\frac{1}{x}=x'$라면, $y=ax'$로 나타낼 수 있으며 'y는 x'에 비례한다.'고 할 수 있다. 그런데 x'는 x의 역수이므로 y는 x의 역수에 비례하기 때문에 반비례를 **역비례**라고도 한다. $y=\frac{a}{x}$의 그래프는 x, y가 모든 실수값을 취하면 쌍곡선으로 나타나며, 정수만 취하면 정수점만 나타난다. 반비례 그래프는 직선 $y=x$에 대해 대칭이며, x축과 y축에 무한히 접근한다.

■ 반비례 그래프의 특징

반비례 관계에 있는 두 양 X, Y에 있어서 X의 임의의 값 x에 대응하는 Y의 값을 y라고 하면 $x\times y=k$(k는 비례정수)인 관계가 있고 그래프는 다음과 같다.

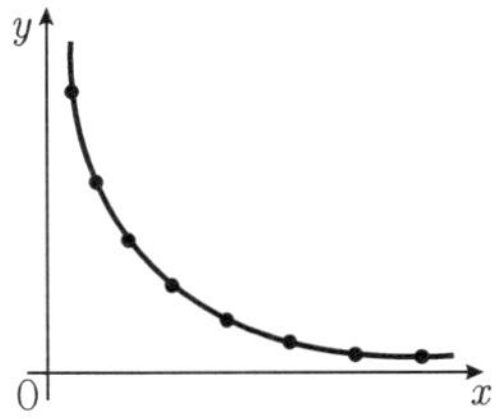

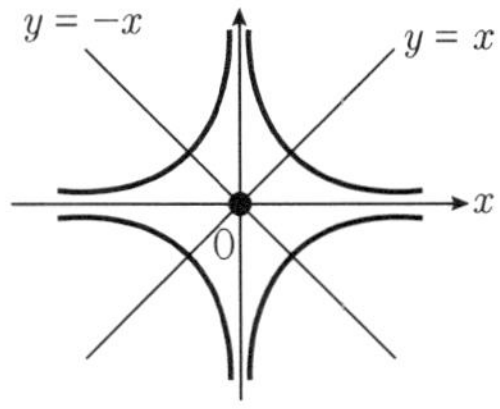

반비례 그래프의 특징을 살펴보면, x값이 무한히 커질 때, 그에 대응하는 y의 값은 0에 가까워지고, 반대로 x의 값이 0에 가까워질 때 y의 값은 무한히 커진다. 그러나 반비례식 $y=\frac{a}{x}$에서 x=0일 때 $y=\frac{a}{0}$(불능)이 되어 아무런 뜻을 갖지 못한다. 따라서 정의역이나 치역에서는 항상 원소 0을 제외해야 한다. 일반적으로 $y=\frac{a}{x}$의 정의역이나 치역은 다 같이 R−{0}이다. 일반적으로 $y=\frac{a}{x}(x\neq 0)$의 그래프는 쌍곡선을 이루며, a$>$0일 때는 1상한이나 3상한에서 쌍곡선이 되고 a$<$0일 경우는 2상한과 4상한에서 쌍곡선이 된다. 그리고 이들 쌍곡선은 각각 $y=x$, 또는 $y=-x$에 관하여 대칭을 이룬다.

■ 반비례 지도상의 유의점

정비례 관계에 대해 반비례 관계는 어린이들이 잘못 이해하는 경우가 있다. 정비례에 대해서는 '한쪽이 2배, 3배, …됨에 따라 다른 쪽도 2배, 3배, …됨'은 이해하고 있으면서 반비례의 경우는 '한쪽이 증가할 때, 다른 쪽도 단순히 감소한다.'고 하는 정도로 잘못 알고 있는 어린이가 있다. 예컨대 일정한 돈으로 물건을 살 때 산 물건의 값과 남은 돈의 관계, 초에 불을 켰을 때 타버린 초의 길이와 남은 초의 길이 관계, 또는 탄 시간과 나머지 초의 길이 관계, … 등의 경우 두 양 사이의 관계를 반비례 관계라고 오해하는 경우가 있다.

두 양 x, y 사이의 관계가 정비례 관계인 경우는 $\frac{y}{x}(=y\div x)$=a(a:상수)이고, 반비례 관계인 경우는 xy=a(a:상수)이라는 사실을 명확히 해야 한다.

다음에 제시하는 두 양 사이의 관계가 반비례 관계에 있는 양임을 예로써 제시할 필요가 있다.

- 일정한 거리를 가는데 걸리는 시간과 속도
- 일정한 일을 하는데 필요한 사람 수와 시간
- 일정한 넓이를 가진 직사각형에서 가로와 세로의 길이
- 일정한 부피를 가진 직육면체의 밑넓이와 높이

반복/연습

반복(drill)과 연습(practice)은 수학을 가르치기 위한 보증된 교수법이 아님에도 불구하고 거의 모든 교실에서 사용되고 있는 전통적인 교수·학습 전략의 하나이다. 대부분의 교과서의 마지막 부분은 연습문제(exercises)로 구성되어 있는데, 이러한 교과서 구성은 반복적인 절차를 수행하도록 함으로서 앞서 학습한 내용이나 아이디어를 기억시키기 위한 시도이다. 흔히 '반복과 연습'의 두 단어는 서로 같은 의미를 지닌 것으로 생각하거나 서로 붙여서 일컫는 경우가 많은데 그 의미는 차이가 있다.

'Practice'란 단어는 실행, 관행, 실제 등의 용어로 번역하기도 하지만 연습으로 번역할 경우 다음과 같은 의미를 지닌다.

- **연습**이란 '익숙하도록 되풀이 하여 익히는 것'으로 기본적으로는 동일한 범주의 아이디어나 전략 및 원리·법칙을 활용하여 해결하는 문제중심의 과제(problem-based tasks)나 경험을 제공하는 것을 일컫는다. 연습은 사고중심의 정적(靜的)인 활동으로 반성적 사고를 수반하며, 문제를 해결하는 과정에서 새로운 아이디어를 창출해 낼 수 있다.

- **반복**이란 '시계추가 움직이듯 동일한 활동을 연속적으로 되풀이하는 동적(動的)활동'으로 이미 학습한 전략이나 알고리즘을 신속하게 회상(retrieval)·재생(recall)할 수 있는 기능을 신장시키기 위해 계획된 비문제 중심의 훈련(non-problem-based exercises)을 일컫는다. 반복을 위한 문제는 발음 훈련, 구구단 외우기, 동일한 알고리즘을 적용한 사칙계산이나 도형의 작도처럼 기능중심의 동적(動的)인 활동으로 반성적 사고를 수반하지 않으며, 절차적 지식을 활용은 하지만 새로운 기술이나 아이디어를 창출하지 않는다.

■ 연습과 반복의 차이점

연습은 학습한 내용의 이해도를 높이고 보다 융통성있게 활용하기 위한 목적으로 행하는 조직적인 훈련으로 학습내용의 전이력 및 반응의 응용성(practical application)에 초점을 두며, 사고의 융통성과 독창성을 신장시킬 수 있다. 한편 반복은 학습한 내용을 습관적으로 신속하게 반응할 수 있도록 하기 위해 행하는 훈련으로 학습내용의 파지력 및 반응의 자동성(automaticity)에 초점을 두며, 기능의 유창성과 정교성을 신장시킬 수 있다.

연습을 통해 기대되는 학습 효과는 새롭거나 대안적 전략 개발 및 알고 있는 것을 더 정확하게 수행할 수 있도록 돕는 반면 민첩성이나 알고리즘을 적용한 문제해결에서 시간을 지연시킬 수 있다. 이에 반해 반복은 이미 학습한 전략이나 알고리즘을 더 신속하게 수행할 수 있는 기능 신장시킬 수 있는 반면, 추론이나 패턴의 발견과 관련된 사고를 제한할 수 있으며, 반복하여 수행하면 학습내용을 이해한 것으로 착각을 일으킬 수 있으며 기계적 학습을 조장할 가능성이 있다.

받아올림이 있는 두 자리수의 덧셈의 원리를 배운 후, '25+47=□,' '바구니에 검은 바둑돌이 46개, 흰바둑돌 39개가 들어 있다. 바구니에 담긴 바둑돌은 모두 몇 개인가?' 형의 문제는 반복을 위한 문제에 가깝다면, '25+□7=△2에서 □ 안에 들어갈 가장 큰 숫자는 얼마인가?', '할머니의 연세는 80세이고 아들의 나이는 41세이다. 아들과 딸의 나이의 차는 3살이고 합은 할머니 연세보다 작다면 딸의 나이는 몇 살인가?'형의 문제는 연습을 위한 문제에 가깝다고 할 수 있다.

■ 반복을 통한 학습지도에서 유의할 사항

수학적 능력을 신장시키기 위해서는 사칙계산 능력은 수학학습의 필수적인 요소이다. 비록 추론력이나 논리력 등 수학적 사고력이 우수하더라도 연산력이 뒤지면 수학적 능력 신장을 기대하기 어렵다. 초등학교 시절에 완성되는 사칙 연산능력은 상급학교의 수학학습뿐만 아니라 일상생활의 계산 장면에도 강력한 영향을 미치기 때문에 연산력을 기르기 위해서는 반복은 필수적이다. 그러나 반복을 많이 한다고 해서 수학적 수행을 잘하거나 수학적 능력이 신장되는 것은 아니라는 것을 명심할 필요가 있으며, 더욱이 지나친 반복은 일시적인 성공감이나 학습효과는 기대할 수 있으나 오히려 수학학습에 대한 지루함과 싫증을 느끼게 하며 이는 결국 수학학습의 의미와 가치를 상실하게 할 뿐만 아니라 수학에 대한 부정적인 신념 형성과 함께 최악의 경우 수학학습을 포기하게 할 가능성을 배제할 수 없다.

반올림/올림/버림

우리는 일상적으로 어떤 양을 다룰 경우 '약 ~.' 또는 '대략 ~' 등 근삿값을 이용하는 경우도 있다. 십진기수법 체계에서 양이나 수의 근삿값을 구하는 방법으로 올림, 버림, 반올림이 있다.

- **올림**(counting fractions as one) : 「어떤 수의 근삿값을 구할 때 구하려는 자리보다 아래 자리의 수를 올려서 구하려는 자리의 수에 1을 더해주는 것을 **올림**」이라고 한다. 예컨대 원주율 π는 소수 부분까지 나타내면 $\pi \fallingdotseq 3.14159\cdots$로 나타낼 수 있다. 이를 올림하여 소수 둘째 자리까지 나타내면 $\pi \fallingdotseq 3.15$이다. 일상에서 올림하는 예를 살펴보면 여객선 1척의 정원이 100명인 여객선에 201명이 승선하려면 여객선은 몇 척이 필요한가? 라는 문제에서 100명씩 2척에 승선하더라도 나머지 1명이 승선하려면 또 1척이 필요하여 201명이 승선하려면 3척이 필요하다.

- **버림**(emission of fractions) : 「어떤 수의 근삿값을 구할 때 구하려는 자리까지 취하고 나머지 수를 버리는 것을 **버림**」이라고 한다. 예컨대 원주율 π는 소수 부분까지 나타내면 $\pi \fallingdotseq 3.14159\cdots$로 나타낼 수 있다. 이를 버림하여 소수 둘째자리까지 나타내면 $\pi \fallingdotseq 3.14$이다. 예컨대 일상에서 버림하는 예를 살펴보면 정원 100명이 승선해야 출항하는 여객선이 있다. 승객수가 299명이라면 여객선은 몇 척이 출항할 수 있는가?라는 문제에서 1척에 100명이 승선해야 출항하므로 299명을 100명씩 태워서 2척이 출항했다면 남은 99명은 100명에서 1명이 모자라므로 출항할 수가 없다. 따라서 여객선은 2척만 출항할 수 있다.

- **반올림**(round-off) : 「근삿값을 구할 때 구하려는 자리보다 한 자리 아래에 있는 숫자가 5보다 작으면 버리고, 5보다 작지 않으면, 즉 5이거나 5보다 크면 바로 윗자리로 1을 더해주는 것을 **반올림** 또는 **사사오입**(四捨五入)」이라고 한다. 반올림은 길이를 자로 측정했을 때, 가장 가까운 최소눈금에 맞추어서 측정값을 읽는 것과 일치한다고 생각할 수 있다.

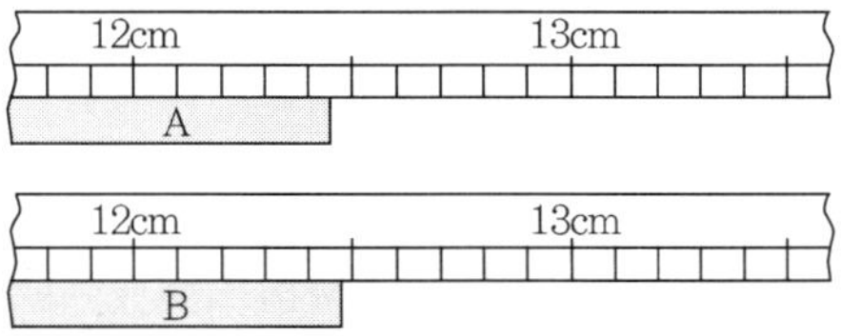

예컨대 위의 두 그림에서 검은 부분의 실제의 길이는 12.4cm와 12.5cm 사이에 있으나 위쪽은 12.4cm에 가까우므로 12.4cm라고 하고, 아래쪽은 12.5cm에 가까우므로 12.5cm라고 하면 이것은 측정값을 소수 둘째자리에서 반올림한 것으로 볼 수 있다. 그리고 만일 중간인 12.45cm라면 올림하여 12.5cm이다. 따라서 어떤 측정을 소수 두 자리에서 반올림해서 12.4가 되었다면 참값 x의 범위는 $12.35 \leq x < 12.45$이다.

이로부터 $12.35-12.4 \leq x-12.4 < 12.45-12.4$ ➡

$-0.05 \leq x-12.4 < 0.05$ ➡ $|x-12.4| \leq 0.05$

가 되어 반올림으로 얻은 근삿값 12.4와 참값의 차, 즉 절대오차는 0.05 이하인 것을 알 수 있다.

이 사실을 일반화하면 반올림하여 얻은 근삿값의 오차의 한계는 최소 단위(최후의 무효숫자의 자리)의 $\frac{1}{2}$ 이하이다. 따라서 측정값에서 오차는 아무리 크더라도 최소눈금의 반$(\frac{1}{2})$ 이하이다.

근삿값은 '약 ~'로 나타내기 때문에 반올림하여 약 3500명이란 십의 자리에서 반올림한 수이며, 100의 자리에서 반올림하면 '몇 천'으로 나타난다. 따라서 '100의 자리에서 반올림'이라 말과 '반올림하여 100의 자리까지 나타낸다.'는 것은 의미가 다르다.

- **올림, 버림, 반올림에서 수의 범위**

올림, 버림, 반올림하여 30이 되는 수의 범위를 알아보자. 올림, 버림, 반올림한 수를 각각 x라면 x의 범위는 다음과 같다.

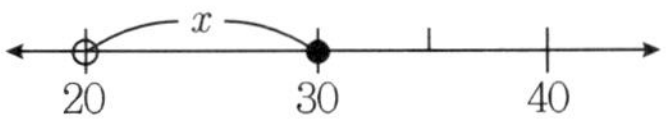

올림 : $20 < x \leq 30$

20 초과 30 이하인 수 중에서 일의 자리에서 올림하여 30이 되는 수의 범위

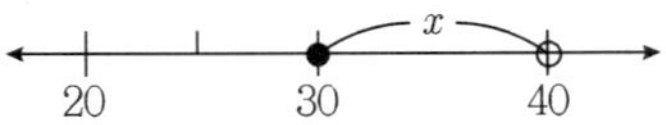

버림 : $20 \leq x < 30$

30 이상 40 미만인 수 중에서 일의 자리에서 버림하여 30이 되는 수의 범위

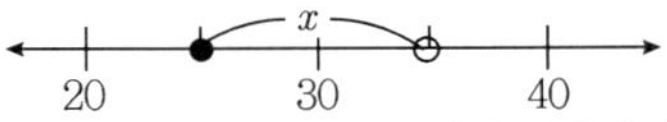

반올림 : $25 \leq 30 < 35$

25 이상 35 미만인 수 중에서 일의 자리에서 반올림하여 30이 되는 수의 범위

받아올림/받아내림

십진수는 자릿값의 원리에 의해 구성된 수이다. [그림 1]처럼 「덧셈에서 자릿값이 낮은 자리에 있는 수의 합이 10이상일 경우 10씩 묶은 묶음의 수를 자릿값이 높은 바로 윗자리 수에 1을 더하여 계산하는 조작을 **받아올림**이라 하고, 「뺄셈에서 피감수가 감수보다 작을 경우 자릿값이 높은 바로 윗자리에서 1을 빼어서 아랫자리의 수에 10을 더하여 계산하는 조작을 **받아내림**」이라고 한다.

받아올림이 있는 덧셈에서는 (한 자리수)+(한 자리수), 받아내림이 있는 뺄셈에서는 (두 자리수)+(한 자리수)의 경우가 지필계산의 기초가 된다. 다음 [그림 2]은 받아올림이 3번인 덧셈이며, [그림 3]은 받아내림이 2번인 뺄셈의 예이다.

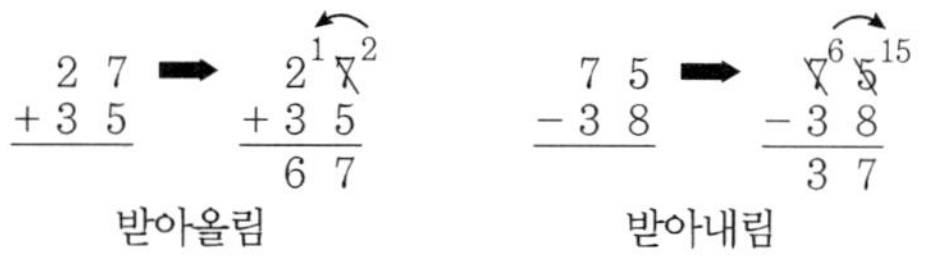

[그림 1]

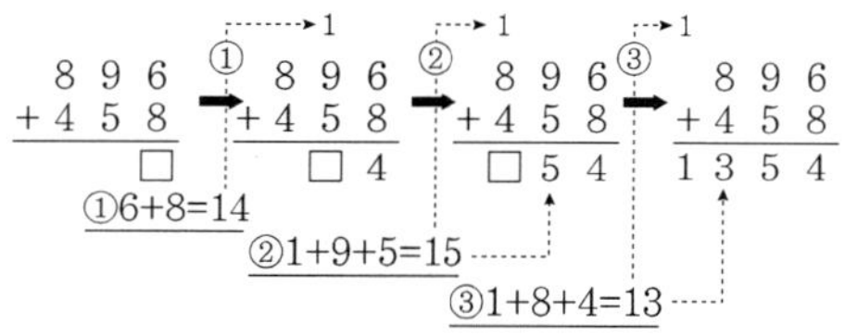

[그림 2]

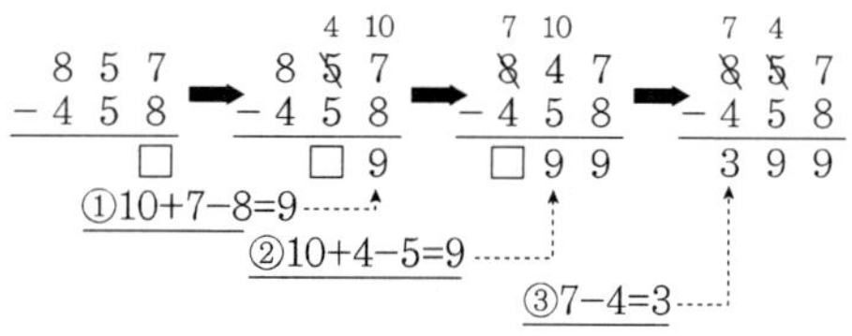

[그림 3]

■ 받아올림과 받아내림의 몇 가지 원리

□ **가가법(加加法)** : 가수나 피가수를 분해하여 계산하는 방법으로 (7+5)의 계산을 살펴보면 다음과 같다.

> [방법 1 : 가수를 분해하기]
> • 10에 대한 피가수 7의 보수를 구한다. → 3
> • 가수 5를 3과 2(나머지)로 분해한다.
> • (7+3)으로 10의 묶음이 1개, 나머지 : 2.
> 따라서 합은 12이다.
> 위 사고과정을 식으로 나타내면 다음과 같다.
> • 7+5=7+(3+2)=(7+3)+2=10+2=12.

> [방법 2 : 피가수를 분해하기]
> • 10에 대한 가수 5의 보수를 구한다. → 5
> • 피가수 7을 5와 2로 분해한다.
> • (5+5)로 10의 묶음이 1개, 나머지 : 2.
> 따라서 합은 12이다.
> 위 사고과정을 식으로 나타내면 다음과 같다
> • 7+5=(2+5)+5=2+(5+5)=2+10=12

□ **가감법**(加減法)

가수와 피가수에 각각 같은 수를 더하거나 빼어주는 계산 방법으로 (7+5)의 계산에서 다음과 같은 절차를 생각할 수 있다.

• 7+5=(7+3)+(5−3)=10+2=12.

피가수를 10으로 보기 위해 10에 대한 7의 보수인 3을 더해줬으므로 더한 3만큼 빼어 상쇄하는 계산 방법을 **가감법**이라 한다.

□ **감감법**(減減法)

덧셈에서 가수를 분해하여 계산하는 방법처럼 뺄셈에서 감수를 분해하여 계산하는 방법을 **감감법**이라 한다. 예컨대 (14−6)의 경우 (14−6)=14−(4+2)=(14−4)−2=8처럼 14에서 6을 4와 2로 분해한 수 중에서 4를 빼어 10을 만들고, 다시 10에서 나머지의 2를 빼서 8을 얻는 방법이다.

□ **감가법**(減加法)

덧셈에서 피가수를 분해하여 계산하는 방법처럼 뺄셈에서 피감수를 분해하여 계산하는 방법을 **감가법**이라 한다. 예컨대 (14−6)의 경우 (14−6)=(10+4)−6=(10−6)+4=4+4=8처럼 14를 10과 4로 분해한 후, (10+4)−6을 결합법칙에 의해서 (10−6)+4로 생각하면 그 결과 8을 얻을 수 있다.

※ 감감법이나 감가법은 간편셈의 한 방법으로 감가법은 세로셈에 자주 이용되며, 계산조작에서 감가법이 감감법에 비해 효율적이라 할 수 있다.

방정식

학교수학에는 일차방정식으로부터 미분방정식까지 여러 가지 유형의 방정식이 있지만 그 어느 것이라도 변수가 특정한 값을 취할 때만 등호가 성립한다. 즉「등식 중에서 변수가 어떤 특정한 값을 취할 때만 성립하는 등식을 **방정식**」이라고 한다.」특히「변수가 변역 내의 어떤 값을 취하더라도 성립하는 등식을 **항등식**」이라고 한다.「방정식은 하나의 명제함수라고도 할 수 있는데 이 명제를 참이 되도록 하는 수를 이 방정식 해라고 하고 이 해를 구하는 일을 **방정식을 푼다**.」고 한다.

보충설명하면, 등식에서는 참인 것과 거짓인 것이 있다. 예를 들면 2+3=5, 2+3≠6은 참이고 2+3=6, 2+3≠5은 거짓이다. 그러나 등식 x+3=5처럼 미지수를 포함하고 있는 등식은 x의 값이 정해지지 않았기 때문에 참인지 거짓인지를 판단할 수가 없다. 즉 x의 값이 2이면 이 등식은 참이고 그 밖의 수일 때는 거짓이다. 이와 같이 값이 정해지지 않은 x를 **미지수** 또는 **미지항**이라 하고 일반적으로 미지항이 있는 등식을 **방정식**이라고 한다. 그리고 방정식을 참으로 하는 미지항의 값을 그 방정식의 해라고 하고 방정식의 해를 구하는 것을 **방정식을 푼다**고 한다.

■ 방정식의 종류

- 방정식
  - 대수방정식
    - 유리방정식
      - 정방정식
        - 일차방정식: $x+1=3$
        - 이차방정식: $x^2-x-2=0$
        - 고차방정식: $x^3+4x^2-3x-1=0$
      - 분수방정식: $\dfrac{x}{x-1}+2=0$
    - 무리방정식: $\sqrt{x^2-4}=0$
  - 초월방정식
    - 삼각방정식: $\sin^2 x-3\sin x+2=0$
    - 지수방정식: $e^x-1=0$
    - 로그방정식: $\log(x-1)=0$

■ 방정식 지도

방정식을 해결하는 전략에는 비형식적 전략과 형식적 전략이 있다. 학생들은 여러 가지 비형식적 전략을 이용한다. 예컨대 방정식 3x+5=23에서 x를 구하기 위해 x대신에 5를 대입하여 계산한 결과인 3×5+5=20에서 20≠23이므로, 다시 x대신에 6를 대입하여 계산한 결과인 3×6+5=23에서 23=23처럼 시행착오를 거치면서 계산한다. 또, 거꾸로 풀기나 역연산을 활용하는 전략을 이용하여 (3x+5)−5=23−5에서 3x=18이므로 3x÷3=18÷3에서 x=6을 구하기도 한다.

방정식은 등식의 성질을 이용하여 해결하거나 이항(移項)하여 해결한다. 보통 교사들은 등식의 성질을 간략히 설명한 후에 대수적 해법인 이항하여 방정식을 풀도록 지도하는 경우가 있다. 이럴 경우 정답을 구할 수 있지만 왜 그렇게 되는지 그 원리를 제대로 이해하지 못함으로 해서 수학학습 장애를 일으킬 가능성도 배제할 수 없다.

■ 방정식 지도에서 유의할 사항

방정식 해결을 지도에서 다음 몇 가지 사항에 유의할 필요가 있다.

- 등식에 의한 수량 사이의 상등관계를 바르게 이해해야 한다. 특히 8=3+5=4+4, 1km=1000m, 4×5−2=28−10처럼 표현 방법에 차이는 있을지라도 등호의 양쪽에 있는 양이 같다는 것을 이해해야 한다.
- 가역적으로 생각하는 논리적 사고에 의한 역산법(逆算法)으로 간단한 방정식을 해결하는 체험이 뒷받침되도록 한다. 예컨대 x+5=12인 식에서 좌변은 x에 5를 더한 식이므로 x만 남기려면 −5를 하면 된다. 따라서 더한 수만큼 빼거나 곱한 수만큼 나누어 주는 상쇄하는 원리를 이용하여 (x+5)−5=12−5에서 x=7임을 구하도록 한다.
- 학생들의 비형식적 전략을 경시하고 형식적 전략이나 절차를 강조하지 않아야 한다. 예컨대 x+5=9에서 x=4임을 직관적으로 알 경우 등식의 성질을 이용하는 것보다 더 신속하고 간편한데도 등식의 성질이나 이항을 하여 해결하도록 강요할 필요는 없다.
- 비형식적 전략을 경험한 후에 형식적 절차의 적용이 신속·정확하며 간편함을 느끼고 이를 활용하게 한다.
- 양팔저울을 이용하는 등 구체적인 실험·실측을 통하여 등식의 성질에 대해 충분히 이해하도록 한다.
- 등식의 성질을 토대로 이항하여 해결하는 대수적 해법을 지도하되 대수적 해법을 강조하게 되면 기계적인 이항이나 단순한 기호조작이 될 가능성이 있음을 유의해야 한다. 따라서 등식의 성질을 이용한 지도가 충분히 이루어진 후에 이항하는 대수적 해법을 학생 스스로 발견하도록 지도해야 한다.

방진산

「바둑돌 등 물체나 수를 일정한 규칙에 따라 배열하여 정사각형이나 직사각형, 원 등 특정한 도형을 만든 것을 **방진**이라 하며, 방진에서 배열하는 규칙이나 물체의 수 등을 구하는 문제를 **방진산**」이라 한다. 원래 방진산은 정사각형 모양으로 배열하는 문제를 해결하는 뜻이지만 다음 그림처럼 여러 가지 모양이 있다. 중국에서는 이를 수진(數陣)이라고도 한다.

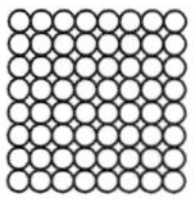
[그림 1]

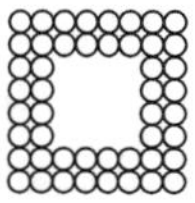
[그림 2]

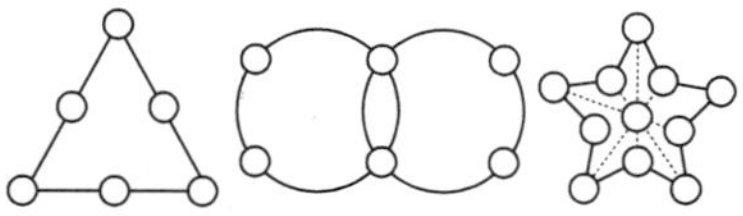
[그림 3]

특히 [그림 1]처럼 전체가 채워진 방진인 **중실방진**(中實方陣)도 있고, [그림 2]처럼 가운데가 빈 방진인 **중공방진**(中空方陣)도 있다.

[예 1] 위 [그림 1]처럼 바둑돌을 1변에 8개씩 정사각형으로 배열하면 바둑돌은 모두 몇 개인가? 또, 둘레에 놓인 바둑돌은 모두 몇 개인가?

〈풀이〉 1변에 8개씩 8줄로 놓인 바둑돌의 전체 개수는 8×8=64(개)이다. 또 4개의 꼭짓점에 놓은 바둑돌은 서로 겹쳐지므로 둘레에 놓인 개수는 (8−1)×4=28(개)이다.

> ■ 정사각형 모양의 중실방진인 경우
> • (방진의 총 수)=(1변의 개수)×(1변의 개수)
> • (바깥의 둘레의 개수) = (1변의 개수−1)×4
> • (1변의 개수)=(바깥 둘레의 개수)÷4+1

[예 2] 한 변에 5개씩 바둑돌을 놓아 정사각형을 만들었다. 가로, 세로에 1줄씩 더 놓으려면 바둑돌이 몇 개가 더 필요한가? 또, 둘레에 1줄씩 더 놓으려면 바둑돌이 몇 개가 더 필요한가?

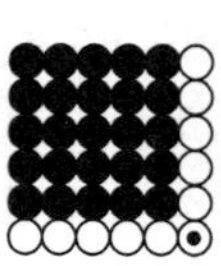
[그림 4]

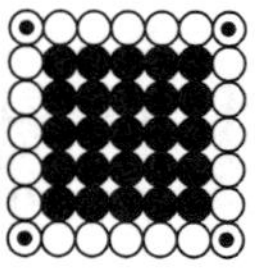
[그림 5]

〈풀이〉 [그림 4]처럼 세로, 가로를 1열씩 늘리면 한 변이 6개인 중실방진이 된다. 1변이 5개일 때 바둑돌의 수는 5×5=25(개)이고, 1변이 6개인 경우의 바둑돌의 수는 6×6=36(개). 구하는 개수는 그 차이이므로 36−25=11(개)가 필요하며, [그림 5]처럼 둘레에 1줄씩 늘리려면 5×4+4=24(개) 또는 둘레에 1줄씩 늘리면 1변이 7개인 중실방진이 되므로 (7×7)−(5×5)=24(개)가 더 필요하다.

> • (세로, 가로 모두 1줄씩 늘리는데 필요한 개수)
> =(원래의 1변의 수×2)+1
> • (둘레에 1줄씩 늘리는데 필요한 개수)
> =(원래의 1변의 개수×4)+4

[예 3] 몇 개의 바둑돌을 가로, 세로로 같은 개수씩 배열하니 5개가 남아서 가로, 세로에 1줄씩 더 배열하였더니 6개가 부족했다. 바둑돌은 모두 몇 개인가?

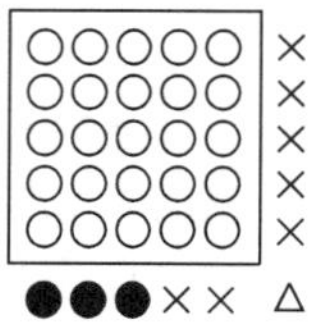
[그림 5]

〈풀이〉 한 변에 5개씩 배열하였을 때 3개가 남았다면 [그림 6]처럼 가로, 세로에 1줄씩 더 배열하려면 11개가 더 필요하다. 11개의 바둑알은 처음에 배열하고 남은 수와 1줄씩 더 배열할 때 부족한 수와의 합계가 된다. 또 모서리(△표)에 놓인 바둑돌은 중복되기 때문에 11−1=10. 10÷2=5(개)에서 처음 가로, 세로에 배열한 바둑돌 수는 각 5개씩이다. 따라서 전체 개수는 5×5+5=30(개)이다.

> ■ 남거나 부족할 경우
> • (처음 1변의 수)=(남은 수+부족한 수−1)÷2
> • (총 수)=(1변의 수)×(1변의 수)+남은 수

[예 4] 바둑돌을 둘레에는 1줄에 7개씩 배열하고, 가운데는 1줄에 2개씩 배열하지 않았다면 배열한 바둑돌은 모두 몇 개인가?

〈풀이〉 [그림 7]처럼 4개의 직사각형으로 나누어 생각하면, 1개의 직사각형에 배열된 바둑돌 수는 5×2=10(개). 직사각형은 4개이므로, 바둑돌 전체의 수는 10×4=40(개) 또는 • 하나의 직사각형의 세로에 배열된 수=7−2=5(개).

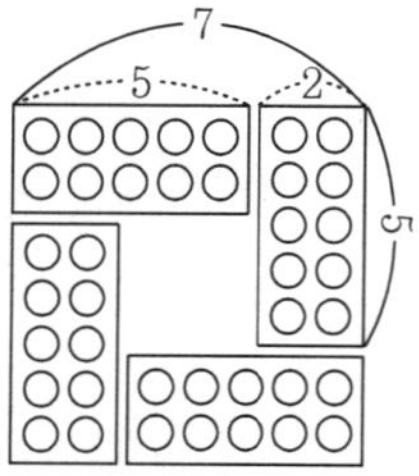

[그림 7]

• 하나의 직사각형에 배열된 총 수=5×2=10
• 총수=10×4=40

> ■ 중공방진의 수
> • (총 수)={(1변의 수)−(두께의 수)}×(두께의 수)×4

배수/약수

두 정수 a, b가 있을 때, b를 a($0<a$)로 나눈 몫을 q, 나머지를 r이라면, $b=aq+r$, $0 \leq r < a$이라고 나타낼 수 있다. 여기서 q와 r은 a, b에 대해서 정해진다. 특히 $r=0$일 때 b는 a로 **나누어떨어진다**고 하고, b를 a의 배수, a를 b의 약수라 하며 기호 $a|b$로 나타낸다. 여기서 '|'의 왼쪽에 있는 수 a를 오른쪽에 있는 수 b의 **약수**라 하고, 오른쪽에 있는 수 b를 왼쪽에 있는 수 a의 **배수**라고 한다. 위의 정의에 따르면 $a \in Z$(Z: 정수)에 대하여 $0=a \times 0$이므로 a는 0의 약수이고, 0은 a의 배수이다. 다시 말하면 0은 모든 수의 배수이다.

- 약수와 배수의 성질 : a, b, $c \in Z$라면 약수와 배수는 다음과 같은 성질을 가지고 있다.

> ① $c|a$이고, $c|b$이면 $c|(a \pm b)$
> ② $c|a$이고, $c \nmid b$이면 $c \nmid (a \pm b)$

여기서 ①만 증명해 보면, $c|a$이고, $c|b$이므로 $a=cm$, $b=cn$이다. 따라서 $a+b=cm+cn=c(m+n)$이므로 $c|(a+b)$이다.

■ 공배수와 공약수, 최대공약수와 최소공배수

「a, $b \in Z$에 대하여 $c|a$, $c|b$인 정수 c를 a와 b의 **공약수**라 하고, 공약수 중에서 가장 큰 정수 c를 **최대공약수**(GCD; greatest common divisor)라 하며, 기호로 (a, b)」로 나타낸다.

또 「a, $b \in Z$에 대하여 $a|d$, $b|d$인 정수 d를 a와 b의 공배수라 하고, 공배수 중에서 가장 작은 정수 d를 a, b의 **최소공배수**(LCM; least common multiple)라 하며, 기호로 [a, b]」로 나타낸다.

ㅁ 최대공약수와 최소공배수 사이에는 다음과 같은 정리가 성립한다.

[정리 1] $(a, b) \times [a, b] = a \cdot b$. 즉, 두 수 a, b의 (최대공약수)×(최소공배수)=(두 수 a, b의 곱)

[정리 2] $(a, b)=c$라면, $ax+by=c$가 되는 정수 x, y가 존재한다. 즉 두 수 a, b의 최대공약수를 c라면 a, b를 각각 몇 배한 수의 최대공약수도 c이다. 특히 a, b가 서로소(素)이면 $(a, b)=1$이므로 관계식 $ax+by=1$.(x, $y \in Z$)이 성립한다.

[예] 위 [정리 2]를 이용하여 (1001, 343)의 최대공약수를 호제법을 사용하여 구하면 1001과 343의 최대공약수는 7이다. 다시 오른쪽 계산을 거꾸로 고쳐보면, $7=315-28 \times 11=315-(343-315 \times 1) \times 11=315 \times 12-343 \times 11=(1001-343 \times 2) \times 12-343 \times 11=1001 \times 12+343 \times (-35)$. 따라서 부정방정식 $1001x+343y=7$의 해로서 $x=12$, $y=-35$를 얻을 수 있다.

	1001	343	2
	686	315	
1	315	28	11
	308	28	
4	7	0	

- $1001 = 343 \times 2+315$
- $343 = 315 \times 1+28$
- $315 = 28 \times 11+7$
- $28 = 7 \times 4+0$

$\therefore$ (1001, 343)=7이다.

또 [정리 1]을 이용하여 최소공배수를 구하면 $(1001, 343) \cdot [1001, 343]=1001 \times 343$이다. 1001과 343의 최대공약수 (1001, 343)=7이므로 최소공배수를 구하면 $[1001, 343]=1001 \times 343 \div (1001, 343)=343343 \div 7=49049$이다.

■ 0의 공배수와 공약수

어떤 두 수 중에서 어느 한 수가 0인 경우, 예컨대 0과 2에서 0의 약수는 0이 아닌 모든 정수이므로 0의 약수는 {±1, ±2, ±3……}이고, 2의 약수는 {±1, ±2}이므로 0과 2의 공약수는 {±1, ±2} 등 4가지뿐이다. 따라서 0과 2의 최대공약수는 2이다. 또 0은 0이 아닌 모든 정수의 배수이므로 0이 아닌 모든 정수는 0의 약수이다. 0의 약수의 집합을 A라면 A={±1, ±2, ±3……}로 무한대이기 때문에 존재하지 않는다. 즉 **부정**이다. 따라서 0과 0의 공약수나 최대공약수는 정할 수가 없다.

또 어떤 두 수 중에서 어느 한 수가 0인 경우 0은 몇 배하더라도 그 곱은 0이기 때문에 0의 배수는 존재하지 않는다. 따라서 0과 어떤 수의 공배수나 최소공배수는 존재하지 않는다.

■ 최대공약수와 최소공배수 구하기

암산력이 부족하거나 초등학교 수준에서는 다음과 같은 방법으로 최대공약수와 최소공배수를 구할 수 있다.

2)	18	24	36
3)	9	12	18
2)	3	4	6
3)	3	2	3
	1	2	➤1

⇐세 수를 모두 나눌 수 있는 수인 2와 3의 곱 $2 \times 3=6$이 이들 세 수의 최대공약수이며, 어느 두 수의 공약수가 없을 때까지 나눈 후 점선을 따라 몫과 나머지들의 곱인 $2 \times 3 \times 2 \times 3 \times 1 \times 2 \times 1=72$가 이들 세 수의 최소공배수이다.

배수판정법

「정수의 집합을 Z라면, a, b(b>0), m∈Z이고, a×b=m일 때, a를 b배한 수를 m이라면 ab=m → a=m÷b=$\frac{m}{b}$로 나타낼 수 있다. 또「어떤 두 수가 있을 때 한 수를 다른 수로 나누어떨어지는지를 알아보는 방법을 **배수판정법**」이라고 한다. 어떤 수의 배수는 지필이나 계산기 등을 이용하여 나누어 보면 알 수 있지만 다음과 같은 규칙성을 이용하여 판정할 수도 있다.

- **2의 배수** : 일의 자리의 수가 짝수이면 2의 배수이다.
- **4의 배수** : 끝 두 자리의 수가 00 이나 4의 배수인 수
- **8의 배수** : 끝 세 자리의 수가 000 이나 8의 배수인 수
- **16의 배수** : 끝 네 자리의 수가 0000이거나 16의 배수인 수
- **32의 배수** : 끝 다섯 자리의 수가 00000이거나 32의 배수인 수
- **64의 배수** : 끝 여섯 자리의 수가 000000이거나 64의 배수인 수
- **5의 배수** : 일의 자리의 수가 0이나 5인 수
- **25의 배수** : 끝 두 자리의 수가 00이거나 25의 배수인 수
- **125의 배수** : 끝 세 자리의 수가 000이거나 125의 배수인 수
- **625의 배수** : 끝 네 자리의 수가 0000이거나 625의 배수인 수
- **3과 9의 배수** : 각 자리 숫자의 합이 3의 배수인 수. 예컨대 세 자리수를 abc라고 할 때, 이를 십진기수법의 전개식으로 나타내면 abc=100a+10b+c=(99a+9b)+(a+b+c)에서 (a+b+c)가 3의 배수이면, 그 수는 3과 9의 배수이다.
- **7과 11, 13의 배수** : 어떤 수의 마지막 세 자리의 수와 그 앞에 있는 수의 차(큰 수-작은 수)가 7, 11, 13으로 나누어떨어지면 그 수는 7, 11, 13의 배수이고, 7, 11, 13은 그 수의 약수이다.

예컨대 39984에서 마지막 세 자리의 수는 984이고, 그 앞의 수는 39이다. 그 차는 (984−39)=945인데 945는 7로 나누어떨어지므로 39984는 7로 나누어떨어진다. 이 원리는 다음과 같다. 7×11×13=1001이다. 1001과 임의의 세 자리수와의 곱은 이 세 자리수를 중복하여 쓴 여섯 자리의 수이다. 예컨대 945×1001=945945이기 때문에 945945꼴의 수는 7, 11, 13로 나누어떨어진다.

또 39984=39000+984=(984−39)+39039에서 39039=39×1001는 7, 11, 13로 나누어떨어지기 때문에, 39984가 7, 11, 13으로 나누어떨어지는지를 알려면 (984−39)가 7, 11, 13으로 나누어떨어지는를 알아보면 된다. 자리수가 큰 수는 이 방법을 여러 번 사용할 수 있다.

예컨대 392894411이 13으로 나누어떨어지는가를 알려면 우선 (392894−411)=392483을 구한 다음 다시 (483−392)=91을 구한다. 91은 13으로 나누어떨어지기 때문에 392483도 3928943도 13으로 나누어떨어진다.

[7의 배수판정법과 증명]

① 먼저 주어진 수의 일의 자리의 수를 지운다.
② 남은 수에서 지운 수를 2배한 수를 뺀다.
③ 위와 같은 절차를 반복하여 주어진 수가 두 자리의 수가 되도록 한다.
④ 마지막 남은 두 자리의 수가 7의 배수이면 처음 주어진 수는 7의 배수이다.

(증명)
① abcd⇒abc d→abc ⇒ ② abc−2d=7k(k:7의 배수)
• 100a+10b+c−2d=7k(양변에 10을 곱한다.)
• 1000a+100b+10c+−20d=70k(양변에 21d를 더한다.)
• 1000a+100b+10c+−20d+21d=70k+21d=7(10k+3d)에서 abcd는 7의 배수이다.
(예) ① 596 4→596 ② 596−(2×4)=588
① 58 8→58 ② 58−(2×8)=42
④ 42=7×6이므로 5964는 7의 배수이다.
※ 위 방법 이외에도 여러 가지 방법이 있다.

- **11의 배수** : 홀수자리의 합과 짝수자리의 합이 0이거나 11의 배수이다. 예컨대 13520785 = (1+5+0+8) − (3 +2+7+5)=0. 따라서 13520785는 11의 배수이다. (단, 답이 음수가 나오면 부호를 반대로 한다)

※ 합성수는 서로 소인 자신의 약수들의 곱으로 표현되므로 그들을 이용하여 배수를 판정할 수 있다. 예컨대 2의 배수이면서 3의 배수인 수는 6(6=2×3)의 배수이고, 2의 배수이면서 5의 배수인 수는 10(10 =2×5)의 배수이다.

복면산/식충산

■ 복면산

「수학 퍼즐의 한 종류로 수식 중에서 숫자 대신에 문자를 이용하여 나타낼 경우 문자에는 숫자가 숨어있으므로 숫자가 복면을 쓰고 있는 계산이라는 뜻에서 **복면산**(覆面算, Verbal arithmetic)이라 한다. 이를 중국에서는 **숫자수수께끼**(數字謎)」라고 한다.

왼쪽 [그림 1]에서 각 문자인 D=7, E=5, M=1, N=6, O=0, R=8, S=9, Y=2)인데 이 처럼 어떤 의미를 지닌 수식으로 표현된 복면산을 alphametic이라고, 'FORTY+TEN+TEN=SIXTY'에서 각 문자 E=5, F=2, I=1, N=0, O=9, R=7, S=3, T=8, X=4, Y=6)'인데 이처럼 수식 자체가 참인 등식의 의미를 지닌 경우를 이중으로 옳은 복면산*doubly true alphametic*이라 부른다.

```
  S E N D
+ M O R E
---------
M O N E Y
```

[그림 1]

복면산 문제는 특별한 언급이 없는 한 같은 문자는 같은 숫자를 나타내며, 일반적으로 첫 번째 문자는 0이 아니며, 대부분의 복면산은 답이 유일한 경우가 많다. 복면산은 수감각, 암산력, 추론력 등 사고를 단련시키는 정신체조의 도구로써 수학을 배우는 데에 있어서, 특히 분석력을 향상시키는데 매우 유익하다.

[예 1] 다음 문자로 나타낸 식을 숫자로 나타내시오.

```
    E Y E
+   A R E
---------
  A R E Y
```

〈풀이〉 세 자리 수끼리의 합이 4자리 수이므로, A=1이다. 십의 자리가 최대가 되어 백의 자리로 1을 올림하고, R은 다시 1을 취할 수 없고, 단지 0만 취할 수 있으므로, R=0이다. R=0이므로, E는 8 또는 9를 취한다.

먼저, 만약 E=8이라면, 일의 자리에는 8+8=16이기 때문에, Y는 6이며, 일의 자리는 십의 자리로 1을 올림하면, 십의 자리에는 6+0+1=78이 되어, 가설의 E=8과 모순이 되어 E≠8이다. 다음으로 만약 E=9라면, 일의 자리는 9+9=18이기 때문에 Y=8인데, 십의 자리는 8+0+1=9가 되어, 바로 E=9이고 백의 자리 위에는 9+1=10이다.

```
[답]    9 8 9
     +  1 0 9
     --------
      1 0 9 8
```

■ 식충산

「수식이 쓰인 종이의 일부를 벌레가 갉아 먹어서 숫자가 보이지 않는 경우, 그 숫자를 □, ○, ＊ 등 그림으로 나타내고 그에 해당하는 숫자를 구하는 계산을 **식충산**(蟲食算; 벌레 먹은 셈)」이라 부른다.

식충산은 식에서 주어지는 연산관계나 수량관계에 근거하여 연산법칙과 추리방법을 이용하여 특정한 숫자를 찾는 것이다. 식충산은 관찰력, 분석력 및 연상, 탐색 등의 사고력을 신장시키는 데 중요하다.

[예 1] 다음 계산식의 빈 칸에 하나의 적합한 숫자를 채워서 식이 성립되도록 하라.

```
      □ 8 □
+   □ 6 □ 3
-----------
  □ □ 1 2 8
```

〈풀이〉 세 자리 수에 하나의 네 자리 수를 더한 것으로, 그 합이 다섯 자리 수가 되는 식이다. 따라서 합의 첫 자리 숫자는 1이 되며, 백의 자리가 많으며, 천의 자리로 1이 자리 올림하므로, 두 번째 덧셈수의 천의 자리 숫자는 9가 되며, 합의 천의 자리 숫자는 0이 된다. 현재 일의 자리를 보면, 5+3=8이 되므로, 따라서 첫 번째 덧셈 수의 일의 자리는 5가 된다. 다시 십의 자리를 보면, 8+4=12이므로, 두 번째 덧셈수의 십의 자리 숫자는 4가 된다. 마지막으로 백의 자리를 보면, 4+6+1=11이므로, 첫 번째 덧셈수의 백의 자리 숫자는 4이다.

```
[답]    4 8 5
     +9 6 4 3
     --------
    1 0 1 2 8
```

[예 2] 1부터 9까지 9개의 수를 다음 두 문제의 □ 안에 써 넣어 등식이 성립되게 하여라.

□×□=5□, 12+□−□=□

〈풀이〉 첫 번째 등식에서 7×8=56 또는 6×9=54를 얻는다. 만일 7×8=56이라고 하면 3, 4, 9로는 두 번째 등식이 성립되게 할 수 없다. 그러므로 6×9=54가 되게 써 넣어야 한다. 나머지 숫자 3, 7, 8을 두 번째 등식에 써 넣기는 어렵지 않다.

「답」 6×9=54, 12+3−8=7

부정/불능

방정식에서 부정(不定)이란 답이 너무 많아 답을 정할 수 없는 경우를 말하며, 불능(不能)이란 답이 없는 경우를 말한다. 예컨대, 방정식 ax=b에서 a≠0이면 $x=\frac{b}{a}$이며, a=0이고 b≠0이면 어떤 값을 x에 대입하여도 $0\times x\neq$b이므로 **불능**이며, a=0이고 b=0이면 어떤 값을 x에 대입하여도 $0\cdot x=0$이므로 **부정**이다.

▪ 사칙계산에서 숫자 '0' 역할

어떤 수에 0을 더하거나 빼도 그 수는 변하지 않지만 0과 어떤 수의 곱은 항상 0이다. 일반적으로 3×3=9, 3×2=6, 3×1=3, 3×0=0, …이라는 규칙성을 이용하여 □×0=0으로부터 어떤 수와 0의 곱은 항상 0임을 도입한다.

▪ 0을 포함한 나눗셈(불능)

- **0을 어떤 수로 나누기** : 0÷7=a라면 이 식은 $\frac{0}{7}$=a으로 나타낼 수 있다. 이를 역연산인 곱셈식으로 나타내면 0×7=a이다. 이 경우 a의 값은 유일하게 0 그 자체이다.
- **어떤 수를 0으로 나누기** : 7÷0의 몫을 b라면 $\frac{7}{0}$=b라는 식으로 나타낼 수 있다. 이의 역연산은 0×b=7이며 0=7이라는 비정상적인 식을 얻게 된다. $\frac{7}{0}$을 숫자로서의 가능성을 인정하는 것은 잠재적으로 숫자에 대한 체계가 무너질 수 있음을 의미한다. 이것을 해결하기 위한 방법으로 $\frac{7}{0}$을 정의하지 않는 것이다.

$\frac{7}{0}$처럼 0이 아닌 어떤 수를 0으로 나누는 연산은 정상적인 값을 얻기란 불가능하며, 이런 경우를 수학적 용어로 **불능**이라고 한다. 그리고 수학에서는 이러한 연산을 허락하지 않는다.

12세기 Brahmagupta의 뒤를 따른 인도 수학자 Bhaskara는 0에 의한 나눗셈을 심사숙고한 끝에 '무한'으로 정의내리자고 제안하였다. 우리가 어떤 수를 매우 작은 수로 나눈다면 그 값은 굉장히 커지기 때문에 이는 합리적이다. 예컨대 $7\div\frac{1}{10}$=70이고, $7\div\frac{1}{100}$=700, $7\div\frac{1}{1000}$=7000, …이다. 분모를 점점 작게 함으로써 그 몫은 점점 더 큰 값을 얻게 된다. 만일 분모가 0일 경우 그 값은 무한일 것이다. 이러한 형식을 받아들임으로써 우리는 훨씬 더 설명하기 어려운 개념인 무한을 설명해야 하는 상황에 놓이게 된다. 하지만 무한에 대한 고민은 무한의 개념을 설명하는데 큰 도움을 주지 못한다.

기호 '∞'으로 나타내는 무한을 일반적인 수의 법칙으로는 설명이 불가능한 개념이며 일반적 의미로 수가 아니라고 결론짓는다. 수학에서는 $\frac{7}{0}$처럼 어떤 수를 '0'으로 나누는 것은 불능으로 취급할 뿐 그 의미는 명확히 규정하지 않고 있다.

▪ 부정(indefinite)과 불능(impossible)

만약 $\frac{7}{0}$이 여전히 숙제로 남아있다면 훨씬 더 기괴한 $\frac{0}{0}$은 어떻게 처리될 수 있을까? 만약 0÷0=c. 즉 $\frac{0}{0}$=c라면, 곱셈의 역연산 관계에 의해 0=0×c라는 방정식을 얻을 수 있고 결국 0=0이다. 이것은 확실하게 명백하진 않지만 비논리적이지는 않다. 사실 c는 어떤 수도 가능하기 때문에 c의 값은 정할 수 없다. 따라서 이를 수학적 용어로 **부정**이라고 한다.

「방정식에서 그 해가 무수히 많이 존재할 때 그 방정식은 부정」이라 한다. 예컨대, $x-y$=2을 만족하는 음이 아닌 정수 x와 y의 값은 무수히 많으므로 이 방정식은 부정이다. 즉 x=2와 y=0, x=3와 y=1, x=4와 y=2, … 등 많이 있다.

그러나 이 방정식 $x-y$=2에 $x+y$=2를 첨가시킨 2원 1차 연립방정식은 x=2와 y=0인 한 쌍의 답만 갖는다. 또 1차방정식은 ax=b은 a≠0일 때 $x=\frac{b}{a}$인 오직 하나의 해를 갖고, a=0이고 b=0일 때는 x가 어떠한 값을 갖더라도 이 방정식은 만족하므로 부정이며, a=0이고 b≠0일 때는 x가 어떠한 값이라도 이 방정식은 만족하지 않으므로 불능이다. 즉 방정식 ax=b에서 미지수 x의 값은 a=0, b≠0이면 x는 **불능**, a=0, b=0이면 x는 **부정**, a≠0이면 $x=\frac{b}{a}$이다.

부피

「입체도형의 표면에 의하여 둘러싸인 공간의 크기, 즉 입체도형이 공간을 차지하는 양을 **부피**, 또는 **체적**」라고 한다. 부피의 단위는 보통 단위길이인 1m 또는 1cm를 한 변으로 하는 정육면체의 부피를 단위부피로 생각하여 한 변이 1m인 정육면체의 부피를 $1m^3$, 한 변이 1cm인 정육면체의 부피를 $1cm^3$, 또는 들이로 말하면 1cc(cubic centimeter)로 정한다.

부피는 간접측정의 대상이 되는 양이고, 이에 대해 「**들이**는 액체를 용기 속에 담을 수 있는 최대의 양」으로 직접 측정의 대상이다. 그러나 들이도 용기 속에 담기는 물질로 보면 부피이라고 생각할 수도 있다. 그러나 일상생활에서는 부피와 들이를 혼돈하는 경우가 있는데 그것은 액체의 부피는 용기의 들이에 의해 표시되기 때문이다.

들이와 부피의 관계를 이해하기 위해서 가로, 세로, 높이의 치수가 10cm인 용기 안에 $1cm^3$인 정육면체 모양이 몇 개 들어가는지를 조작이나 계산을 통하여 확인한다. 즉, 학생은 그 용기에 담을 수 있는 부피가 $10cm \times 10cm \times 10cm = 1000cm^3$임을 알고, 그 용기에 물을 가득 채워 매스실린더에 부어 봄으로써 1ℓ의 양과 같음을 확인한다.

들이의 단위는 액체를 측정하는 단위인데, 이는 표준기압에서 최대 밀도의 온도(3.98℃)일 때의 순수한 물 1㎏의 부피를 1L이라고 정한다. 이에 의하면 $1\ell = 1000.0028cm^3$이므로 부피와 들이는 근사적으로 $1\ell = 1000cm^3$로 생각한다. 이밖에 들이와 부피 단위 사이의 관계를 알아보면 다음과 같다.

$$1m\ell = \frac{1}{1000} \times 1\ell = \frac{1}{1000} \times 1000cm^3 = 1cm^3$$

$$1k\ell = 1000 \times 1L = 1000 \times 1000cm^3 = 1000000cm^3 = 1m^3$$

■ 직육면체의 부피

직육면체의 부피를 도입하기 위해서는 우선 크기 차이가 많은 두 직육면체 모양의 상자를 직관적으로 비교하게 한다. 다음으로 가로, 세로, 높이를 직접 비교해 봄으로써 부피를 비교하는 활동을 한다. 그 다음에 부피가 비슷하여 직관적 비교나 직접비교하는 방법으로 알 수 없거나 직접 비교할 수 없는 상황에서 임의단위를 이용하여 부피를 비교하도록 한다. 예를 들어 크기가 다른 두 라면상자의 부피를 비교하기 위해서 임의단위인 똑같은 휴지통을 상자에 넣어 보거나 쌓아서 라면상자와 모양과 크기가 같게 만들어 보는 활동을 한다. 그러한 활동을 통하여 크기가 다른 두 라면상자를 만들기 위해 휴지통이 몇 개 필요한가를 통하여 부피를 비교할 수 있게 한다.

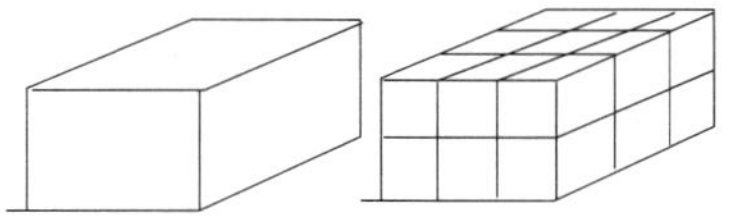

[그림 1]

입체도형의 부피를 측정하기 위해서 가로, 세로, 높이가 각각 1cm인 정육면체를 기본단위($1cm^3$)로 사용한다. 직육면체의 부피 공식을 유도하기 위해서 [그림 1]의 다음 그림과 똑같은 직육면체를 가로와 세로, 높이가 각각 1cm인 쌓기나무로 만들어보게 한다. 그 다음에 그러한 직육면체의 부피는 $1cm^3$짜리 쌓기나무 몇 개의 부피와 같은지를 알아내는 과정에서 공식을 유도하도록 한다.

쌓기나무의 개수를 알아보기 위해서는 한 층에 놓인 나무의 개수는 밑넓이와 같고 층수는 높이와 같다. 따라서 직육면체의 부피를 구하는 공식은 다음과 같다.

(직육면체의 부피)=(밑넓이)×(높이)(가로)×(세로)×(높이)

■ 원기둥의 부피

원기둥의 부피는 각기둥의 부피를 구하는 공식으로부터 유도할 수 있다. 예를 들어 원기둥을 16등분하여 [그림 2]의 오른쪽과 같이 이어 붙이면 밑면이 평행사변형 모양과 유사할 것이다. 이것을 다시 32등분, 64등분, …등 한없이 잘게 잘라 붙이면 밑면의 모양이 직사각형에 가까우며 그 모양은 각기둥에 가깝게 될 것이다.

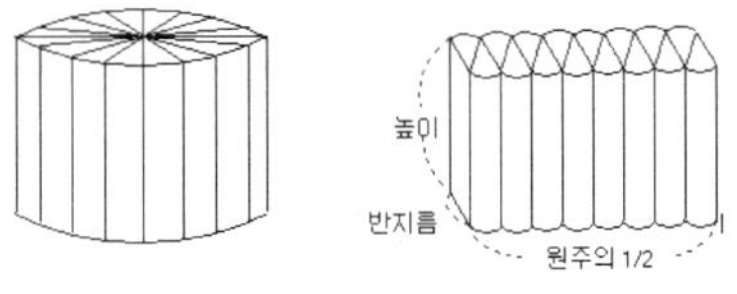

[그림 2]

따라서 원기둥은 사각기둥으로 등적 변형되므로 원기둥의 부피는 다음과 같이 구할 수 있다.

원기둥의 부피 ≒ 사각기둥의 부피

$$= (\text{원주의 } \frac{1}{2}) \times (\text{반지름}) \times (\text{높이})$$

$$= (\text{반지름} \times 3.14) \times (\text{반지름}) \times (\text{높이})$$

$$= (\text{원기둥의 밑넓이}) \times (\text{높이})$$

분리량/연속량

모든 사물은 길이, 무게, 부피, 재질, 색깔 … 등 여러 가지 속성을 가지고 있다. 그 중에서 재질이나 색깔과 같이 대소의 차이를 느낄 수 없는 것은 측정의 대상이 아니며, 길이, 무게, 부피와 같이 대소의 차이를 느낄 수 있는 속성은 측정의 대상이 되는데, 이를 「측정의 대상이 되는 물체의 속성을 **양**」이라 한다.

또 **양감**이란 주위 환경에서 흔히 볼 수 있는 물체와 상황을 측정한 값의 의미를 머릿속에서 대략적으로 파악할 수 있는 직관의 하나이다.

양의 종류는 많고 다양하다. 헤겔의 분류에 의하면 양은 다음과 같이 분류할 수 있다.

- 양
  - 분리량
  - 연속량
    - 외연량:가법적인 양
    - 내포량:비가법적인 양
      - 율(率)
      - 도(度)

■ 분리량

「낱개로 독립된 개체를 이루고 있기 때문에 셀 수는 양으로 **이산량**」이라고도 하며, 양의 크기는 정수만으로 표시할 수 있으며 1보다 작은 수로 나타낼 수 없다.

영어의 'How many'에 해당하는 양으로 분리량을 수치화하는 과정을 **센다**고 한다. 그 수치는 정수만 대응되며 단위는 '명', '자루', '개'…처럼 측정하는 대상에 따라 다양하다. 분리량은 자연수 개념의 기초가 된다.

■ 연속량

「낱개로 독립된 개체를 이루고 있지 않기 때문에 셀 수는 없고, 측정도구를 이용하여 잴 수 있는 양」으로 양의 크기를 정수, 소수, 분수 등 실수로 나타낸다.

영어의 'How much'에 해당하는 양으로 연속량을 수치화하는 과정을 **잰다**, 또는 **측정한다**고 한다. 따라서 도구를 이용한 측정의 대상은 연속량이며 연속량의 크기는 측정이라는 조작을 거쳐서 측정치 혹은 측정치 사이의 연산 결과에 의해서 얻어진다.

분리량과 연속량의 또다른 차이점을 살펴보면, 분리량은 1보다 작은 수로 나타낼 수 있다. 예컨대 연필 3자루를 4명이 똑같이 나누면 1사람이 가질 수 있는 양은 $3 \div 4 = \frac{3}{4}$ 자루인데 $\frac{3}{4}$ 자루는 존재하지 않는다. 그러나 주스 3L를 4명이 똑같이 나누면 1사람이 가질 수 있는 양은 $3 \div 4 = \frac{3}{4}$L로 존재한다. 이것은 연필은 분리량이고 주스는 연속량이기 때문이다. 따라서 분리량은 1보다 작은 양으로 표시할 수 없다.

■ 연속량의 분류

연속량은 가법성의 성립 여부에 따라 외연량과 분리량으로 나눈다.

- ㅁ **외연량**이란 「사물의 외형적 크기를 나타내는 양으로 합병이나 첨가에 의해서 가법이 성립되는 양」으로서 측정값 혹은 그들의 곱으로 나타낸다. 예컨대 10m인 철사와 20m인 철사를 연결하면 그 길이는 30m가 되므로 길이는 가법적인 양이다. 길이, 무게, 넓이, 부피, 시간 등 규모나 크기를 나타내는 양이 이에 해당한다.
- ㅁ **내포량**이란 「사물의 속성의 크기를 나타내는 양으로 합병이나 첨가에 의해서 가법이 성립되지 않는 양」으로서 측정값의 몫으로 나타낸다. 예컨대 농도가 10%인 소금물과 20%인 소금물을 합치더라도 그 농도는 30%가 되지 않으므로 농도는 가법적인 양이 아니다.

■ 내포량의 분류

내포량은 두 외연량의 몫으로 나타내는 경우와 나타내지 못하는 경우에 따라 2가지로 나눈다.

ㅁ **두 외연량의 몫으로 나타내는 경우**

- **도(度)** : 「서로 다른 두 종류의 외연량의 몫으로 나타내는 경우를 **도**」라고 하며, 단위당 분포율을 나타낸다. 예: 속도(km/sec), 밀도(명/㎢), 물건의 단가(원/개) 등이 있다. 그러나 농도는 **도**(度)자가 들어가지만 율(率)로써 나타낸다.
- **율(率)** : 「서로 같은 두 종류의 외연량의 몫으로 나타내는 경우를 **율**(率)」이라 하며, 같은 종류의 두 양의 비의 값으로 나타낸다. 예: 원주율(cm/cm), 확률, 기울기, 혼합율 등이 있다.

ㅁ **두 외연량의 몫으로 나타내지 못하는 경우** : 온도는 물체의 양이 아닌 차고 뜨거운 정도를 수치로 나타낸 것으로 물체의 양과 무관하며 열의 평형상태를 온도계를 이용하여 측정한다.

분수

분수란 글자의 뜻은 어떤 수를 몇 개의 수로 '부수는 수'라는 의미를 가지고 있다. 1보다 큰 양을 나태내기 위해서 발생한 수가 **자연수**라면 1보다 작은 양의 크기를 나타내기 위하여 생긴 수가 **분수**이다. 수학에서는 「두 양 p, q(q≠0) 사이의 관계를 $\frac{q}{p}$의 형식으로 나타낸 수를 **분수**」라고 한다. 분수는 항상 범자연수에 대한 범자연수의 형태를 가지는데 분수 $\frac{p}{q}$에서 막대(bar)의 아래에 있는 수를 **분모**, 윗부분에 있는 수를 **분자**라고 한다.

분수 $\frac{q}{p}$의 의미는 일반적으로 다음 4가지 관점에서 생각할 수 있다.

① **조작으로써의 분수(등분할의 관점)** : 전체를 몇 등분한 단위분수의 개수로 보는 경우. 즉 '$\frac{q}{p}$는 주어진 전체의 양을 p등분한 것 중에서 q개를 취하는 조작으로 단위량 $\frac{1}{p}$이 q개라는 의미이다. 예컨대 $\frac{2}{3}$는 전체 1을 3등분했을 때 단위분수 $\frac{1}{3}$이 2인 수($\frac{2}{3}=\frac{1}{3}\times 2$)이다.

조작으로서의 분수는 크기 비교나 사칙연산을 설명하기는 어렵다. 예컨대 '병아리 9마리 중에서 $\frac{2}{3}$가 암탉이다.'라는 문장에서 $\frac{2}{3}$는 '9마리를 3등분한 것 중의 2'를 의미하는 것으로, 이것은 9÷3×2에서 '÷3×2'라는 조작에 해당되는 것이다. 이때 전체 양은 9이고, 전체 양 9의 $\frac{2}{3}$가 6이지 $\frac{2}{3}$라는 양이 있다는 것을 의미하는 것은 아니다.

② **비율로써의 분수(比率의 관점)** : 전체에 대한 부분의 크기를 일정한 비율로 보는 경우로써 같은 성질을 가진 두 양 p, q에서 'p를 1이라고 생각할 때 다른 양 q의 크기를 나타낸 비율이다. 즉 기준량(전체의 양) p에 대한 비교하는 양(부분의 양) q의 비율을 나타낸 것이다. 예컨대 9마리의 병아리 중에서 암탉이 5마리이면 암탉이 차지하는 비율은 $\frac{5}{9}$이다.

③ **양으로써의 분수($\frac{q}{p}$)** : $\frac{2}{3}$m는 단위량 1m를 3등분한 것의 하나는 $\frac{1}{3}$이고 둘은 $\frac{2}{3}$m이다. $\frac{4}{5}$kg은 1kg을 5등분한 것 중 하나인 $\frac{1}{5}$kg이 4개인 수가 $\frac{4}{5}$kg이다. 양을 정수로 나타내고 남는 부분을 소수나 분수로 나타낼 수 있는 데 $3\frac{1}{4}$m에서 $\frac{1}{4}$은 남는 부분을 나타낸 수로 $\frac{1}{4}$이 4이면 1이 된다는 것을 의미한다.

④ **몫으로써의 분수(수의 관점)** : 두 정수의 나눗셈의 몫은 소수나 분수로 나타낼 수 있는데 두 양 p, q에서 q를 p로 나눈 몫을 $\frac{q}{p}$로 나타낸 것이다. 예컨대 $\frac{2}{3}$는 2를 3으로 나눈 몫을 의미한다.

■ 유리수와 분수의 관계

다음 분류에서 보듯이 유리수에는 정수와 분수가 있다. 예컨대 0이 아닌 세 정수 a, b, c에서 a×b=c라면 이 곱셈의 역연산은 a=c÷b이다. 이때 b, c가 '서로소'가 아닐 경우는 그 몫을 정수로 나타낼 수 있지만 '서로소'일 경우는 그 몫을 정수로 나타낼 수 없기 때문에 분수 $a=\frac{c}{b}$로 나타낸다. 따라서 유리수는 분수를 포함하지만 유리수와 분수는 의미가 다르다.

- 유리수
  - 정수
    - 양수(자연수)
    - **영**(0)
    - 음수
  - 분수(소수)

한 유리수는 무한 개의 분수로 나타낼 수 있기 때문에 분수의 집합과 유리수의 집합은 서로 동치이지만 1:1대응 관계는 될 수 없다.

표기하는 방법의 차이로 인하여 정수와 분수를 전혀 관련이 없는 수로 생각하는 경우가 있으나 정수도 분수로 볼 수 있다. 즉 $2=\frac{2}{1}=\frac{4}{2}=\cdots$처럼 수(유리수)로서는 같으나 수의 이름만 다를 뿐이다. 또 다른 수와 달리 분수가 갖는 독특한 성질은 분모와 분자에 0이 아닌 같은 수를 곱하거나 나누어도 분수의 크기는 변하지 않는다.

■ 분수의 종류

- **단위분수** : $\frac{1}{2}$, $\frac{1}{3}$처럼 분자가 1인 분수로 모든 분수는 단위분수들의 합으로 나타낼 수 있다.
- **진분수** : $\frac{3}{4}$처럼 분자가 분모보다 작은 분수로 전체에 대한 부분의 비율을 나타내는 분수는 모두 진분수이다.
- **가분수** : $\frac{4}{3}$, $\frac{4}{4}$처럼 분자가 분모보다 크거나 분자와 분모가 같은 분수
- **대분수** : $2\frac{3}{4}$처럼 정수와 진분수의 합으로 이루어진 분수로 $(2+\frac{3}{4})=2\frac{3}{4}$처럼 정수와 진분수 사이에는 덧셈 기호를 생략한다.

비

「두 수 또는 같은 종류의 두 양 a, b(b≠0)가 있을 때, a가 b의 몇 배인가의 관계를 **b에 대한 a의 비**, 또는 **a와 b의 비**, **a대 b**라 하고, 기호로 **a:b**로 나타낸다. 여기서 a를 **비교하는 양**, b를 **기준량**이라 하며, 'a:b'에서 a를 비의 **전항**, b를 **후항**」이라 한다.

▪ 비의 여러 가지 관점

비는 다음 3가지 관점에서 해석할 수 있다.

- **분수로서의 비(比)** : 분수와 비는 모두 양의 크기를 비교하는 것이다. 분수는 전체에 대해 부분의 크기를 비교하는 양을 나타낸다. 분수 $\frac{3}{4}$는 '전체량 4에 대해 비교하는 양 3'을 비교한 것으로 이것을 비로 나타내면 3:4이다. 그래서 모든 분수는 비이다.
- **비교하는 방법으로써의 비(比)** : 비는 전체가 같을 때 다른 부분을 비교할 수 있다. 분수가 전체에 대한 부분(part-to-whole)을 나타내지만, 어떤 비는 전체의 한 부분에 대한 다른 부분(part-to-part ration)을 비교할 수도 있다. 예컨대 파란구슬이 8개, 노란구슬이 12개라면 전체 구슬 수에 대한 파란구슬 수의 비, 즉 전체에 대한 부분의 비는 $8:20=\frac{8}{20}$이지만, 노란구슬 수에 대한 파란 구슬 수의 비, 즉 부분에 대한 부분의 비는 $8:12=\frac{8}{12}$이다.
- **비율(rate)로써의 비(ratio)** : 모든 물건의 가격은 비율인 동시에 비이다. 예컨대 '사탕 3개에 150원이다.'라는 것은 사탕 수에 대한 돈의 비인 동시에 비율이다. 즉 $150(원):3(개)=\frac{150(원)}{3(개)}$이다. 또 속력의 비율은 거리와 시간의 비이며, 지도의 축척 1:100에서 실제거리 1m는 몇 cm인가? 등은 두 측정 단위가 달라서 언뜻 보기에는 비가 아닌 것 같지만 비율로써 비이다.

▪ 비의 특성

비는 3가지 관계적 특성을 지닌다.

- 비는 특별한 유형의 고정된 관계이다. 1인당 입장료 등 정해진 요금이나 2배, 3배, π(pi), … 등 고정된 측도 … 등은 비라 할 수 있다. 그러나 정사각형 대각선의 길이는 한 변 길이의 $\sqrt{2}$ 배인 것처럼 고정되지 않은 관계는 비(비율)가 아니다. 예컨대 정사각형의 변의 길이를 2배로 하여도 그 정사각형의 넓이는 2배가 아니다.
- 비(비율)는 가법적 관계가 아니라 승법적 관계를 나타낸다. $\frac{3}{5}$같은 비율은 비교되는 두 양인 3과 5의 크기뿐 아니라 두 양 사이의 승법적 관계를 나타낸다. 다시 말하면, $\frac{3}{5}$은 '3보다 2 많은 것이 5'라거나 '5는 3보다 2 더 크다.'가 아니라 '3은 5의 $\frac{3}{5}$($3=5\times\frac{3}{5}$)이고 5는 3의 $\frac{5}{3}$($5=3\times\frac{5}{3}$)이다.'는 관계로 두 양을 비교한다.
- 비(비율)는 두 양을 특정한 순서에 따라 비교한다. 예컨대 1.25ha가 15000원이라는 것과 1.25원에 15000ha라는 것은 다르다. 순서의 중요성과 의미를 모르는 학생은 1.25ha에 15000원이라는 것을 기계적으로 (1.25:15000)이라 쓰고 ha당 가격을 $\frac{1.25}{15000}$으로 잘못 계산하기도 한다.

모든 분수는 비인 동시에 비는 몫으로 해석할 수 있으므로 분수와 비는 유사한 성질을 갖고 있다. 즉 분수의 성질로써 분자와 분모에 '0'이 아닌 같은 수를 곱하거나 나누어도 분수의 크기는 변하지 않는 것처럼 비가 갖는 성질은 비의 전항과 후항에 0이 아닌 같은 수를 곱하거나 나누어도 비의 값은 같다.

▪ 내적비와 외적비

프로이덴탈(1983)은 내적인 비와 외적인 비를 구분하고 있다. 같은 성질을 갖는 양의 비교, 예컨대 「(길이:길이)처럼 같은 단위끼리의 비를 **내적비**」라 하고, 다른 성질을 갖는 양 사이를 비교, 예컨대 「(길이:시간)처럼 다른 단위끼리의 비를 **외적비**」라 한다. 직사각형의 가로와 세로처럼 한 대상의 서로 다른 측면을 비교하는 비는 내적비도 될 수 있고 외적비도 될 수 있으나 두 나라의 인구의 비처럼 서로 다른 대상에서 한 가지 측면을 비교하는 비는 내적비이다. 내적비는 한 체계 내에서의 두 양의 비이므로 그 몫은 수인 반면, 외적비는 두 체계 사이의 비이므로 그 몫은 양이 된다.

비교그래프

그래프는 둘 이상의 수량 관계나 우리들의 신변에서 일어나는 현상 및 그 구조를 점, 선분, 곡선, … 등의 기하학적 표현 수단을 사용함으로서 식이나 표로서 나타낼 수 없는 변화해 가는 모습까지도 알 수 있게 되는 장점이 있다.

「**비교그래프**란 둘 이상의 수량적인 정보의 상대적 크기를 나타낸 그래프이며, **경과그래프**란 통계 수량의 시간적인 변화를 나타낸 그래프이다. 그리고 **내역그래프**란 통계 수량의 내역이나 구성 비율을 나타낸 그래프로써 **비율그래프**」라고도 한다. 또 도수분포그래프란 도수분포를 그림으로 나타낸 것으로 일반적으로 변수를 가로축에, 그리고 도수를 세로축에 나타내는 것이 보통이다.

■ 통계그래프의 종류

통계그래프는 다음과 같이 분류할 수 있다.

- **비교그래프** : 막대그래프, 점그래프, 넓이그래프, 체적그래프 등
- **경과그래프** : 막대그래프, 꺾은선그래프, 곡선그래프, 극좌표그래프, 등
- **내역(비율)그래프** : 띠그래프, 정사각형그래프, 원그래프 등
- **도수분포 그래프** : 기둥그래프, 도수분포다각형, 누적도수꺾은선 등
- **지도그래프** 등으로 분류할 수 있다.

■ 비교그래프의 종류

비교그래프의 종류에는 여러 가지가 있다. 그 중 몇 가지를 살펴보면 다음과 같다.

비교그래프는 두 종류 이상의 통계수량의 크기를 비교하는 것으로 다음과 같은 것들이 있다.

□ **막대그래프** : 그리기가 간단하고 수량의 많고 적음을 판단하기가 쉽다. 막대그래프를 그리는 방법은 다음과 같다.

- **막대의 폭** : 막대그래프를 그릴 때, 동일한 그래프에서는 막대의 폭과 막대 사이의 간격을 항상 같도록 해야 한다.
- **눈금** : 막대그래프의 눈금은 반드시 0부터 시작해야 한다. 막대를 시작하는 선을 기선(基線)이라고 하는데, 기선은 반드시 0이라야 한다.

□ **점그래프** : 점그래프는 수량을 비례하는 점의 수나 점의 크기로 나타내는 그래프이다. 이때에 중요한 것은 한 개의 점이 얼마의 수량을 나타내는가를 분명히 해야 한다. 점그래프의 특징은 수량의 많고 적음을 비교하기도 하지만 점들이 흩어진 정도로 분포를 비교할 수도 있다.

□ **그림그래프** : 보는 사람의 관심을 끌기 위해 그림이나 도안 등으로 수량을 나타낸 그래프이다.

□ **넓이그래프** : 수량을 이에 비례하는 넓이로 표현한 것이고 지도그래프에 이용되기도 한다. 그림그래프는 일반적으로 정사각형, 원 등으로 나타내며, 그래프를 그리기 위해서는 한 변의 길이, 또는 반지름을 정하는 데 복잡한 계산이 필요하다.

□ **체적그래프** : 수량을 이에 비례하는 체적으로 표현하는 것으로서 직육면체, 또는 구를 많이 사용한다. 넓이 그래프에서와 마찬가지로 입체의 모서리의 길이, 또는 구의 반지름을 정하는 데 복잡한 계산이 필요하다.

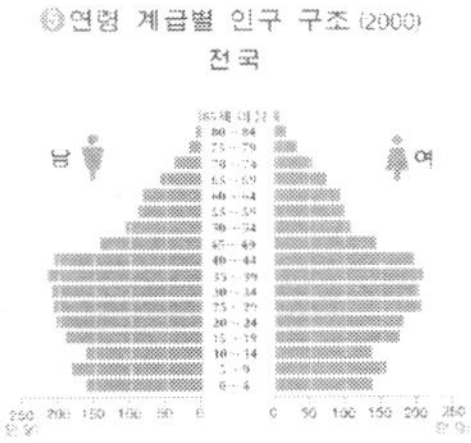

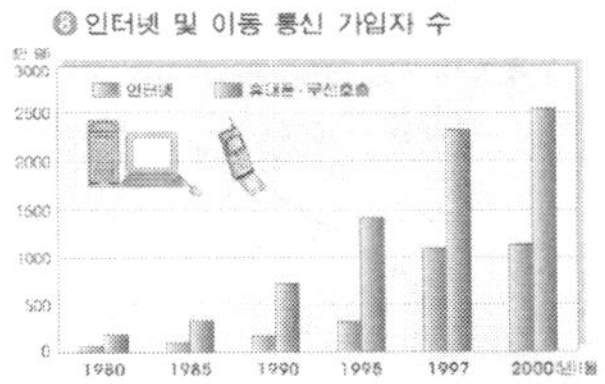

막대그래프

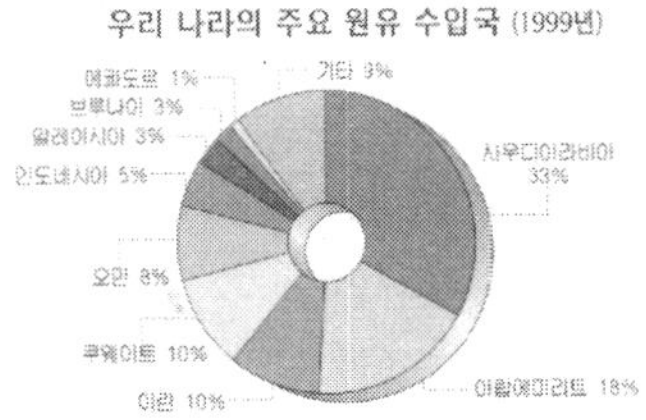

그림그래프

원그래프

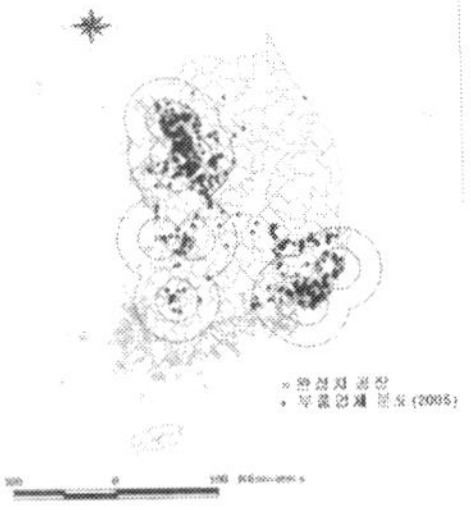

완성차 공장과 부품 업체의 분포

점그래프

비둘기집(서랍·디리클리) 원리

'비둘기 3마리가 2개의 둥지에 들어가려면 몇 가지 방법이 있는가?"라는 문제를 생각해 보면, 한 둥지에 2마리가 들어가고 나머지 둥지에 1마리가 들어가거나 3마리 모두 한 둥지에 들어가고 다른 둥지에는 들어가지 않는 방법이 있다.

이 2가지를 합하여 하나의 둥지에는 적어도 2마리나 그 이상이 들어갈 수 있다고 생각할 수 있을 것이다. 이와 같이 문제를 푸는 방법을 **비둘기집 원리**(Pigeonhole principle)라고 한다. 또, 이 문제는 "사과 3개를 2개의 서랍에 넣으려고 한다. 넣는 방법은 몇 가지가 있는가?", "3명의 학생이 의자 2개에 앉으려면 몇 가지 방법이 있는가?"와 같은 문제로 바꾸어 생각할 수 있다는 점에서 **서랍 원리**, 또는 **걸상 원리**라고도 하며, 독일의 수학자 디리클리의 이름을 따서 **디리클리의 원리**라고도 한다.

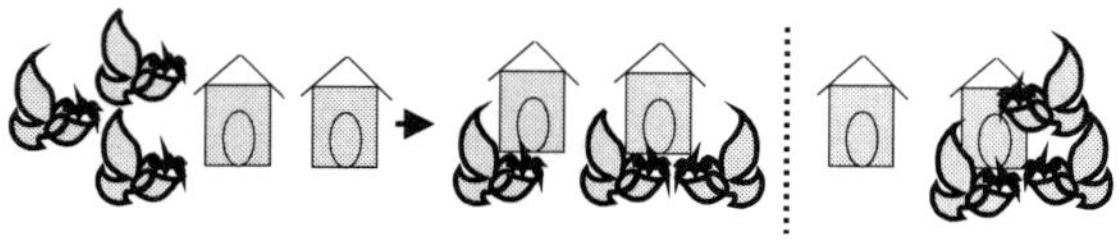

비둘기집 원리를 정리하면 다음과 같다.

[정리 1] (제1 비둘기집 원리) n+1마리의 비둘기가 n개의 비둘기집에 들어가려면 적어도 하나의 비둘기집에는 두 마리 이상의 비둘기가 들어가게 된다.

[정리 2] (제2 비둘기집 원리) 비둘기의 수가 비둘기집의 수보다 k배 이상인 경우. 즉, m마리의 비둘기가 n개 집에 들어가는 $m>kn$이면, 어떤 비둘기집에는 적어도 k+1마리의 비둘기가 들어가게 된다.

정리 2는 다음과 같이 쉽게 풀어 생각할 수 있다.

[정리 2′] (제2 비둘기집 원리) m개의 원소를 n개의 집합으로 나누면, 그 속에는 다음과 같은 k개 이상의 원소를 가지는 집합이 적어도 하나 존재한다.

① 만약, m이 n으로 나누어떨어지면 $k=\frac{m}{n}$이다.

② 만약, m이 n으로 나누어떨어지지 않으면 $k=[\frac{m}{n}]+1$(단, $[\frac{m}{n}]$는 $\frac{m}{n}$를 넘지 않는 가장 큰 정수이다.

[예 1] 27명의 학생들 중에서 적어도 3명은 같은 달에 태어났다는 것을 보여라'라는 문제에서 비둘기집에 해당하는 것은 1년의 달의 수인 12개의 비둘기집이 존재하는 것이고, 비둘기는 학생들의 수이므로 27이 비둘기의 수에 해당하는 것이다. 따라서 [비둘기집 원리 2]에 의해 27은 12로 나누어떨어지지 않고, $[\frac{27}{12}]=2.25$에서 $[\frac{27}{12}]+1=3$이므로 적어도 3명이 같은 달에 태어났음을 알 수 있다.

※ 비둘기집 원리를 이용할 때 문제 중에서 어떤 조건을 '비둘기집'으로 볼 것인가와 그 수를 아는 것이 중요하다.

- **[제1 비둘기집 원리]** : (n+1)마리의 비둘기가 n개의 비둘기집에 들어간다고 하면, 적어도 하나의 비둘기집에는 2마리 이상이 들어가게 된다는 원리이다.

[예 2] 비둘기 4마리가 3개의 둥지에 들어가려고 한다. 넣는 방법은 몇 가지 있겠는가?

① 2개의 둥지에는 각각 1마리씩 들어가고, 남은 1개의 둥지에는 2마리 들어간다.

② 2개의 둥지에는 각각 2마리씩 들어가고, 남은 1개의 둥지에는 1마리도 들어가지 않는다.

③ 2개의 둥지에는 각각 3마리와 1마리를 들어가고, 남은 1개의 둥지에는 1마리도 들어가지 않는다.

④ 1개의 둥지에는 4마리를 들어가고, 남은 2개의 둥지에는 1마리도 들어가지 않는다.

- **[제2 비둘기집 원리]** : 비둘기의 수가 비둘기집의 수보다 k배 이상 많으면 어떤 비둘기집에는 적어도 (k+1)마리의 비둘기가 들어가게 된다는 원리이다.

[예 3] 비둘기 6마리가 2개의 둥지에 들어가는 방법은 모두 몇 가지가 있겠는가?

① 2개의 둥지에 각각 3마리씩 들어간다.

② 한 둥지에 4마리, 남은 둥지에 2마리 들어간다.

③ 한 둥지에 5마리, 남은 둥지에 1마리 들어간다.

④ 한 둥지에 6마리, 남은 둥지에는 1마리도 들어가지 않는다. 즉 $[\frac{6}{2}]+1=4$가지이다.

비례(정비례)

비례란 함께 변하는 두 수 중에서 한쪽 변수가 일정한 비율로 증가 또는 감소하면 그에 대응하는 다른 변수도 같은 비율로 증가 또는 감소하는 것으로 변화와 대응에 초점을 둔 사고이다. 1:1로 대응하면서 일정한 규칙에 따라 변화하는 정비례는 다음 2가지로 정의한다.

[정의 1] 「1:1로 대응하면서 함께 변하는 두 양 x, y가 있을 때, x가 기준량의 2배, 3배, …로 변하면, 이에 대응하는 y도 2배, 3배, …로 변하고, 또 x가 $\frac{1}{2}$, $\frac{1}{3}$, …로 변하면, y도 A가 $\frac{1}{2}$, $\frac{1}{3}$, …로 변할 때, A는 B에 (정)비례한다.」 이렇게 정의할 경우 만일 기준량이 0일 경우는 몇 배씩 증가하는 것은 성립하지 않기 때문에 다음 [정의 2]처럼 정의하는 것이 수학적으로 더 바람직하다.

x, y 사이의 대응관계를 다음 표와 같이 나타냈을 때 관계식 y=ax에서 다음 두 식 ①, ②가 성립함을 알 수 있다.

x	x_1	x_2	x_3	…	x_i	…	x_j	…
y	y_1	y_2	y_3	…	y_i	…	y_j	…

① $x_i \div x_j = y_j \div y_i$

② $x_i y_i = x_j y_j$ = a(a는 상수)

위 식 ①은 같은 계열의 두 항의 비와 그것에 대응하는 다른 계열의 두 항의 비가 같다는 것을 나타낸 것으로 같은 종류의 양의 비를 나타낸 것이라면, ②는 대응하는 변수의 값이 항상 일정함을 나타낸 것으로 다른 종류의 비를 나타낸 것이다.

[정의 2] 「X, Y를 변역으로 하는 두 변수 x, y 사이에 y=ax인 관계가 있을 때 y는 x에 (정)비례한다고 하고 a를 비례상수」라고 한다. 이때 x:y=1:a이므로 (x, y)의 집합은 (x:y)와 (1:a)는 동치류 F={(x,y)|x:y=1:a, x∈X, y∈Y}이다. 이것은 x, y를 변수로 보는 것이다.

y=ax의 정의역과 치역은 각각 X, Y이고, 집합 F={(x, y)|x:y=1:a, x∈X, y∈Y}는 점집합인 G={p(x,y)|y=ax, x∈X, y∈Y}에 대응하며 원점을 지나면서 기울기가 a인 직선 그래프이다. 그러나 X, Y는 항상 실수의 집합일 필요는 없다. X=Y={0, 1, 2, …10}이고, $y=\frac{2}{3}x$인 관계가 있으면 F={(x, y) | $y=\frac{2}{3}x$, x∈X, y∈Y}={(0, 0), (3, 2), (6, 4), 9, 6)}이므로 이 그래프는 [그림 1]과 같이 직선상의 4점 O(0,0), A(3,2), B(6,4), C(9,6)으로 된 점집합 G={O, A, B, C}이다.

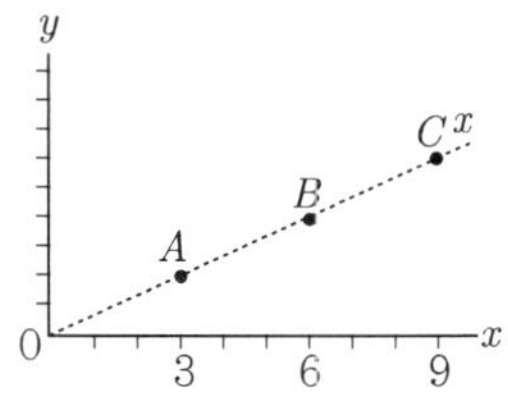

만일 점의 수가 많을 경우는 그 들 점을 모두를 나타내는 것은 매우 어려우며, 또 x, y가 유리수일 때 유리수는 조밀하므로 그에 대응하는 유리수인 점을 모두 나타낼 수 없다. 이런 경우는 [그림 3]처럼 연속인 직선그래프로 나타낸다.

■ 비례가 갖는 수학적 구조

- **순서구조** : y=ax(a>0)에서 $x_1 < x_2$이면 $y_1 < y_2$이다. 즉 집합 X의 원소의 대소관계와 집합 Y의 원소의 대소관계가 일치하므로 X, Y의 대응원소는 순서구조를 가진다. 따라서 x가 증가하면 y도 증가한다.
- **대수구조** : y=ax일 때, [그림 2]처럼 $y_1 \pm < y_2$=a($x_1 \pm x_2$), ky_1=a(kx_1)이다. 따라서 비례함수에서는 독립변수의 합, 차, k곱에 대해서 종속변수도 각각 대응하는 것의 합, 차, k곱이 성립하므로 X, Y의 대수적 구조는 동형이다. 특히 [그림 3]처럼 (y_2-y_1)=a(x_2-x_1), 즉 $(y_2-y_1)\div(x_2-x_1)$=a로 변화율이 일정하므로 비례그래프는 직선이다.

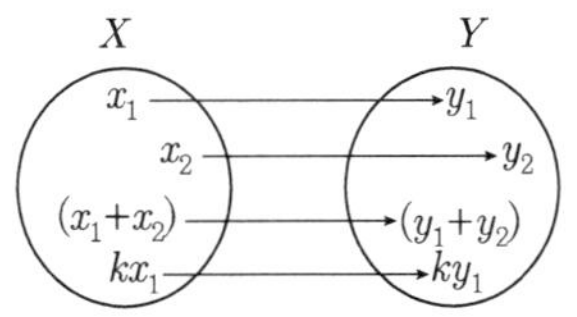

[그림 2]

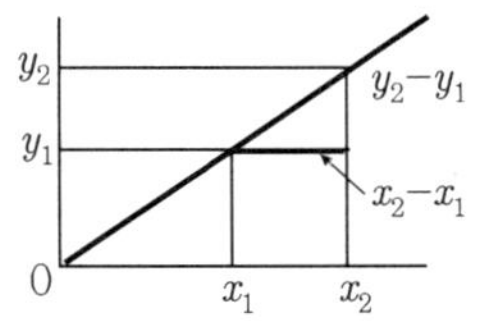

[그림 3]

이 대수구조적 동형에서 비례관계는 다음 3가지 성질을 가지고 있다.

- **반사율** : x는 x 자신에 비례한다(y=ax(단, a=1))
- **대칭률** : y가 x에 비례하면, x도 y에 비례한다(y=a$x \to x=\frac{1}{a}y$).
- **추이율** : y가 x에 비례하고, z가 y에 비례하면 z는 x에 비례한다(y=ax, z=b$y \to z$=ab$x$).

비례식/비례배분

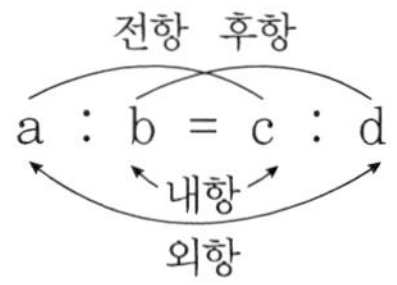

「두 비 (a : b)와 (c : d)의 비의 값이 같을 때, 이들의 상등관계를 (a : b)=(c : d)로 나타낸 것을 **비례식**이라 하고, 비 (a : b)에서 a을 **전항**, b를 **후항**」이라고 한다.

그리고「비례식 (a : b)=(c : d)에서 등호를 중심으로 안쪽에 있는 b와 c를 **내항**이라 하고, a와 d를 **외항**」이라고 한다. 또, 「비의 값이 같은 두 비를 다음과 같이 등호 '='을 이용하여 나타낸 식 (a : b) = (c : d)를 비례식」이라고 한다. 비례식은 다음과 같은 성질이 있다.

- 비례식 a:b=c:d이면 $\frac{a}{b}=\frac{c}{d}$이므로 a×d=b×c로서 내항끼리의 곱은 외항끼리의 곱과 같다.
- (a:b)=(c:d) ↔ (d:b)=(c:a). 즉 전항과 후항을 바꾸어도 비례식은 성립한다.
- (a:b)=(c:d) ↔ (a:c)=(b:d). 즉 내항과 외항을 바꾸어도 비례식은 성립한다.
- a×d=b×c. 즉 내항의 곱과 외항의 곱은 같다.

그 밖에도 다음과 같은 성질이 있다.

- (a+b):b=(c+d):d ↔ $\frac{a+b}{b}=\frac{c+d}{d}$
- (a−b):b=(c−d):d ↔ $\frac{a-b}{b}=\frac{c-d}{d}$
- a:(a+b)=c:(c+d) ↔ $\frac{a}{a+b}=\frac{c}{c+d}$
- a:(a−b)=c:(c−d) ↔ $\frac{a}{a-b}=\frac{c}{c-d}$
- (a+b):(a−b)=(c+d):(c−d)
- a:b=$(ma+nc)$:$(mb+nd)$
- $ma:mb=nc:nd$, $ma:nb=mc:nd$
- a:b=$\frac{1}{d}:\frac{1}{c}$, $\frac{1}{b}:\frac{1}{a}$=c:d, $\frac{1}{a}:\frac{1}{b}=\frac{1}{c}:\frac{1}{d}$

[예 1] 어떤 정사각형의 한 변은 10%를 늘이고, 다른 한 변은 10%를 줄여서 직사각형을 만들었을 때, 정사각형의 넓이와 직사각형의 넓이의 비를 구하여라.

〈풀이〉 정사각형의 한 변의 길이를 a라면, 그 넓이는 a×a=a^2이다. 각 변을 10%=0.1씩 줄이고 늘인 직사각형의 가로는 {a+(a+0.1)}라면 세로는 {a−(a×0.1)})이므로 그 넓이는 {(a+(0.1×a))×(a−(0.1×a)}=a(1+0.1)×a(1−0.1)=1.1a×0.9a=0.99a^2이다.

따라서 (정사각형의 넓이):(직사각형의 넓이)=(1:0.99)=(100:99)이다.

■ **비례배분**

「주어진 수나 양을 연비 (a:b:c:…)에 따라 일정한 비율로 나누는 것을 **비례배분**」이라고 하며, 두 양의 비로 비례배분하는 경우와 연비로 비례배분하는 2가지 경우를 생각할 수 있다.

[두 양으로 비례배분하기]
전체 ●를 (가:나)=(■:▲)로 비례배분하면
가=●×$\frac{■}{(■+▲)}$, 나=●×$\frac{▲}{(■+▲)}$

[연비로 비례배분하기]
전체 ●를 (가:나:다)=(★:▲:◆)로 비례배분하면
가 : ●×$\frac{▲}{(▲+★+◆)}$, 나 : ●×$\frac{★}{(▲+★+◆)}$,
다 : ●×$\frac{◆}{(▲+★+◆)}$

[예 1] 5000원을 A, B, C가 A:B:C=2:3:5로 비례배분하면, 전체 5000원을 '1'로 볼 때, 각각이 차지하는 비율은 $\frac{2}{2+3+5}=\frac{1}{10}$, $\frac{3}{2-3+5}=\frac{3}{10}$, $\frac{5}{2+3+5}=\frac{5}{10}$이므로, A : 5000×$\frac{2}{10}$=1000(원), B : 5000×$\frac{3}{10}$=1500(원), C : 5000×$\frac{5}{10}$=2500(원)을 갖게 된다.

[예 2] A, B, C 3명이 같은 가격의 책을 한 권씩 샀는데 책값은 A가 가진 $\frac{3}{8}$, B가 가진 돈의 $\frac{1}{2}$, C가 가진 돈의 $\frac{2}{5}$이라고 한다. 3명이 가진 돈의 액수를 정수의 비로 나타내어라.

〈풀이 1〉 3명이 가진 돈을 각각 a, b, c라면, A, B, C 3명이 가진 돈 사이의 관계는 $\frac{3}{8}$a=$\frac{1}{2}$b=$\frac{2}{5}$c이다. 따라서 a:b=c:d에서 ac=bd이므로 $\frac{3}{8}$a=$\frac{1}{2}$b에서 a:b=$\frac{1}{2}:\frac{3}{8}$=4:3이고, $\frac{1}{2}$b=$\frac{2}{5}$c에서 b:c=$\frac{2}{5}:\frac{1}{2}$에서 b:c=$\frac{2}{5}:\frac{1}{2}$=4:5이다. 따라서 a:b:c=16:12:15이다.

〈풀이 2〉 a:b:c=$x:y:z$라면 $\frac{a}{x}=\frac{b}{y}=\frac{c}{z}$이고, 그 역도 성립한다. 따라서 $\frac{3}{8}$a=$\frac{1}{2}$b=$\frac{2}{5}$c에서 a:b:c=$\frac{8}{3}:\frac{2}{1}:\frac{5}{2}$=16:12:15이다.

비유클리드 기하

유클리드 기하학에는 다음 5가지 공준이 있다.

- 「제 1공준: 한 점에서 다른 점에 직선을 그을 수 있다.」
- 「제 2공준: 선분을 연장하여 하나의 직선을 만들 수 있다.」
- 「제 3공준: 한 점을 중심으로 하고, 한 선분을 반지름으로 하는 원을 그릴 수 있다.」
- 「제 4공준: 모든 직각은 서로 같다.」
- 「제 5공준: 어떤 직선 ℓ과 그 직선 위에 있지 않은 점 P가 주어졌을 때, 점 P를 지나서 직선 ℓ과 평행인 직선은 단 1개만 존재한다.」

많은 수학자들은 위 5가지 공준들 중에서 제 5공준을 제외한 4개의 공준에 대해서는 인정했으나 '평행선의 공리'라 부르는 제 5공준에 모순이 있을 것이라는 의문을 갖는다. 그래서 「어떤 직선 ℓ과 그 직선 위에 있지 않은 점 P를 지나서 직선 ℓ과 평행인 직선은 단 1개만 존재하지 않는다.」고 이 공리의 결론을 부정하고 이를 증명하려고 지속적으로 도전했으나 실패했다. 수학자들은 다른 4개의 공준과 제 5공준과는 다른 공준을 적용해도 기하학이 성립되는 것으로 밝혀졌다. 달리 표현하면 제 5공준은 다른 4개의 공준과 독립적으로 존재한다는 사실을 인정하고 제 5공준을 자명한 공준으로 받아들였다.

이런 연구 과정에서 오히려 새로운 기하학인 타원기하학과 쌍곡기하학을 발견하게 되었는데 이 기하학을 비유클리드기하학이라고 한다.

비유클리드 기하학은 제 5공준을 다른 공준으로 바꿔도 괜찮다고 생각하고, 제 5공준을 「직선 ℓ과 ℓ 위에 있지 않은 점 P가 주어졌을 때, 점 P를 지나서 직선 ℓ과 평행인 직선이 무수히 많이 존재하거나 아예 존재하지 않는다고 바꿨다. 즉 비유클리드 기하학은 휘어진 공간에서의 기하학. 즉 타원기하학과 쌍곡기하학을 생각하면 된다. 수학에서는 평행선이 무수히 많이 존재한다고 한 경우는 「쌍곡기하학」이라고 부르고, 존재하지 않는 경우는 「구면기하학」이라고 부른다.

유클리드 기하학에서 얻어진 정리와는 다른 정리의 예를 2개 들어보면

- 삼각형 내각의 합은 180°보다 작다.
- 대응하는 각이 같은 두 삼각형은 합동이다.

쌍곡기하학 모델은 벨트라미(1868년)의 의구면을 시초로 해서 클라인과 벨트라미에 의한 원반모델(1871년)과 보앵카레(1881년)의 원반모델로 완성을 보았다. 다음 [그림 1]은 보앵카레의 원반에 관한 직선, 삼각형, 평행선의 예이다.

[그림 1]

한편, 리만(1854년)은 비유클리드 기하학의 또 한 가지의 형식인 구면기하학을 냈다. 그것은 지구와 같은 구면에 관한 기하학이다. 거기서 직선은 큰 원이고 구면 위의 2점을 묶는 최단거리의 선이 있다. 또 직선에로의 인식이 보다 깊어져서 측지선이라는 개념이 나왔다. 이 기하학에서는 평행선은 존재하지 않는다. 정리는 다음과 같다.

- 삼각형 내각의 합은 180°보다 크다.
- 대응하는 각이 같은 두 삼각형은 합동이다.

이러한 유클리드 기하학과 비유클리드 기하학에서는 삼각형의 내각의 합이나 합동, 상이한 개념 등에 큰 차이가 있다. 또 모델 등에서 관측되듯이 '평탄함'의 차이에서도 볼 수가 있다. 평행선의 공준이 다른 이론으로 대체됨으로서 유클리드 기하학과 비유클리드 기하학은 공존하게 된다.

기하학을 다루는 범위는 크게 3가지로 분류할 수 있는데 첫 번째는 [그림 2]의 1처럼 평면공간에서의 기하학, 두 번째는 [그림 2]의 2처럼 입체공간에서 곡률이 양인 공간에서의 기하학(구면과 같은), 세 번째는 [그림 2]의 3처럼 입체공간에서 곡률이 음수인 공간에서의 기하학으로 나누는데 첫 번째가 유클리드 기하학, 두 번째와 세 번째가 비유클리드 기하학이다. 이로써 유클리드 기하학만이 절대적인 진리라고 할 수는 없다.

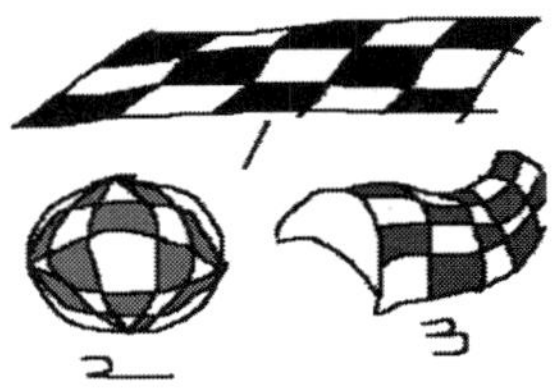

[그림 2]

비율

비율에서 비(比)는 '견주다'의 뜻이 있고, 율(率)은 '헤아리다', '셈하다'의 뜻이 있다. 그래서 비율에는 '견주어 헤아리다' 또는 '견주어 셈하다'의 뜻의 있다. 「어떤 양을 기준으로 비교하는 양이 기준량의 몇 배인가를 나타내는 수. 즉, a를 b로 나눈 몫 $\frac{a}{b}$(b≠0)를 (a : b)의 **비율**」이라 한다.

예컨대 2개의 양 a, b에 대하여 $a \div b = \frac{a}{b}$는 하나의 양이다. 이 양을 'a의 b에 대한 비율'이라고 하는데, 이것은 두 양 a와 b를 견주어 셈한 것으로 볼 수 있다.

한편 「**비의 값**이란 비교되는 양 a가 기준량 b의 몇 배인가를 나타내는 수, 즉 b를 단위 '1'로 보았을 때의 a의 상대적인 크기를 나타낸 수」를 말한다. 비율이 k이면 $\frac{a}{b}=k$ $(=\frac{k}{1})$이고, (a:b)=(k:1), 또는 a=k×b이므로 「비의 값은 기준량을 1로 보았을 때의 비교하는 양의 상대적 크기를 나타낸 비율」이다. 이로부터 $\frac{(\text{비교되는 양})}{(\text{기준량})}$=(비율)의 관계. 즉, (비교하는 양)=(비율)×(기준량)이다.

비율과 비의 값은 종종 혼동을 일으키는 경우가 있는데, 「기준량이 1일 때의 비율을 **비의 값**」이라고 하며, 비의 값은 비를 소수나 분수로 나타낸다. 두 양 a, b에서 a가 b의 r(r:유리수)배가 될 때 a와 b의 비가 존재한다. 이때 만약 a가 b의 r배이면 r을 $a:b$의 비의 값이라고 한다. a와 b가 같은 종류의 양이면 비율은 수이다. 특히, 이 수가 유리수이면 그것은 비의 값이 된다. 즉, 유리수 범위에서는 비율과 비의 값이 같다. 따라서 내적비의 몫은 비의 값에 해당하며, 이와 더불어 외적비의 몫까지도 총칭하여 **비율**이라고 할 수 있다.

여기서 말하는 내적비란 (길이:길이)처럼 서로 같은 성질을 가진 두 양 사이의 비를 말하며, 외적비란 (길이:시간)처럼 성질이 서로 다른 두 양 사이의 비를 말한다.

비율은 (전체:부분), (부분:전체), (부분:부분)의 비교가 가능하다. 비는 두 양의 상대적 크기를 비교할 때 이용되기 때문에 두 양의 크기를 비교하는 현실 장면과 관련짓는 활동을 통해 지도해야 한다.

■ 할푼리와 백분율

• 할푼리

비율을 나타내는 방법으로 기준량을 1로 보지 않고, 10 또는 100으로 보는 경우가 있다. a와 b에 대한 비율이 k일 때 기준량을 10 또는 100으로 보면, 비교하는 양의 크기 k_1, k_2는 각각 (a:b)= (k:1)=(K_1:10)=(K_2:100)이다. k_1=10k, k_2=100k가 되고, 비율의 0.1, 0.01, 0.001, …이 k_1에서는 1, 0.1, 0.01, …이 된다. 이것을 차례로 '1할, 1푼, 1리', …라 하고, 이는 '할, 푼, 리, …'는 십진기수법에 바탕을 둔 명수법이다. 즉 비율을 소수로 나타내었을 때 그 소수 첫째 자리를 **할**(割), 소수 둘째 자리를 **푼**(分), 소수 셋째 자리를 **리**(厘), 소수 넷째 자리를 **모**(毛), …라고 명명하였다. 이때 기준량은 각각 10, 100, 1000, 10000, …이다.

할푼리는 비율을 소수로 나타내었을 때 소수의 자리로 알아보는 것이기 때문에 비율을 소수로 나타내는 현실 장면과 함께 지도하는 것이 바람직하다. 보통 야구 경기에서 타율을 나타낼 때 많이 쓰이므로 야구 경기와 관련된 여러 가지 활동을 하도록 한다.

• 백분율

「백분율은 기준량을 100으로 보았을 때 비교하는 양의 크기를 **백분율** 또는 퍼센트라 하고, 기호 %」으로 나타낸다. 예컨대 3의 8에 대한 비율은 0.375인데 할푼리로는 3할7푼5리가 되고, 백분율로는 $\frac{3}{8}\times100=37.5$(%)이다.

※ 백분율 문제는 비의 3용법에 따라 다음 3가지 유형이 있다.

- 부분을 모르는 경우 : 3의 7%는 얼마인가?, 3×7%=□
- 백분율을 모르는 경우 : 0.21은 3의 몇 퍼센트인가? 3×□%=0.21
- 전체를 모르는 경우 : 0.21은 얼마의 7%인가? □×7%=0.21

이상에서처럼 비율을 나타내는 분수나 소수, 할푼리, %의 상호관계의 지도에 있어서는 그들이 모두 기준량에 대한 비교하는 양의 상대적인 크기, 즉 배율을 나타내는 값이고, 다만 기준량의 크기만 다를 뿐이다.

뺄셈

「두 수 자연수 a, b에 대하여 $a-b=x$를 만족하는 x를 구하는 것을 **뺄셈**이라 하고, 이때 a를 **피감수**, b를 **감수**라 하며, x를 두 수 a, b의 **차**」라고 한다. 집합에서 뺄셈의 의미는 여집합, 또는 차집합으로 생각할 수 있다. 즉 두 집합 A, B 사이의 관계가 $A \supset B$일 때의 뺄셈은 $n(A)-n(B)=n(A-B)$의 의미를 가진다. 그러나 일반적인 경우의 차집합은 뺄셈이 되지 않는다. 왜냐하면, $A=\{1, 2, 3, 4\}$, $B=\{3, 4, 5\}$라면 $n(A)=4$, $n(B)=3$인데, $A-B=\{1, 2\}$, $n(A-B)=2$로 $n(A-B) \neq n(A)-n(B)$이기 때문이다.

■ 뺄셈의 의미

뺄셈의 의미는 다음 3가지 경우로 생각할 수 있다.

- a, $b \in W$일 때 $b+x=a$, 또는 $x+b=a$에서 x를 구하기
- $n(A)-n(B)=n(A-B)$(단, $A \supset B$(전체에서 부분을 구하기)
- $n(A)-n(B)=n(C)$(단, $B \cap C=\varnothing$일 때, $A \sim (B \cup C)$

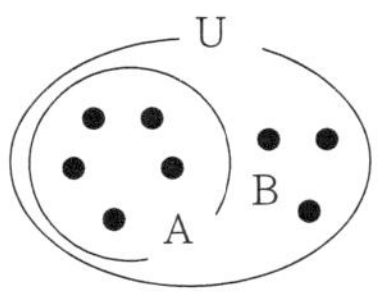

뺄셈은 덧셈과 마찬가지로 같은 종류의 양 사이에 일어나는 조작이다. 오른쪽 그림과 같이 뺄셈을 전체집합과 부분집합 사이의 관계를 바탕으로 생각한다면, 전체집합 U와 U의 부분집합을 A라고 할 때, A의 여집합을 구하는 것으로 생각할 수 있다. 덧셈은 두 양 A, B로부터 그의 합병인 U를 구하는 연산이라면, 뺄셈은 U와 A, B 중 어느 한쪽을 알고 다른 쪽을 구하는 연산이므로 뺄셈은 덧셈의 역연산이다.

처음에는 낱개의 물건과 같은 분리량에 대해서 생각하지만 점점 길이나 액량 등의 연속량에 대해서도 생각하도록 하는 것이 중요하다.

형식적으로 보아 $a+b=c$로부터 $c-a=b$와 $c-b=a$의 2가지를 생각할 수 있는 데 이것을 구체적으로 생각하면 다음의 4가지의 장면이다. ① 남은 수를 구한다(구잔). ② 제거한 수를 구한다(제거). ③ 같게 되려면 얼마가 부족한가를 구한다(부족 수). ④ 차를 발견한다(구차).

이들 장면은 모두 수학적으로는 $a-b=c$와 같은 형식으로 통일되도록 해야 한다.

실제 덧셈을 먼저 지도한 다음 이를 바탕으로 뺄셈을 지도하는데 사고과정을 생각해 보면 덧셈과 뺄셈은 동시에 이해시킬 수 있다. 즉 실제 문제에 대해서 $a+b=c$를 이해하는 것은 $c-a=b$, $c-b=a$와 함께 이해시킬 수 있을 것이다.

뺄셈 개념의 지도과정을 살펴보면, 우선 구체적인 장면에서 제거하려는 의미로 도입한 후, 다음으로 전체집합과 부분집합을 알고 그 여집합을 구하는 것으로 발전시켜 마지막 단계에서 차를 구하는 지도가 권고되고 있다. 즉 ① 구잔 → ② 제거 ③ 부족 수 → ④ 구차의 장면으로 지도한다. 3개의 양 사이의 관계가 $a+b=c$일 때, ① 구잔은 c로부터 a를 제거한 나머지 b를 구하는 것으로 구체적인 조작을 하면서 결과를 구할 수도 있고 이미지도 만들기 쉽다. ②, ③에서는 a, b, c의 세 수량 사이의 관계를 이해하고 파악하게 하는 것이 중요하다. ④에서는 ①~③과는 달리 차라는 개념을 구체적으로 이해시킨다.

■ 뺄셈이 이루어지는 유형

□ **제거형(감소, 계속적)** : 전체에서 한 부분을 제거하면 나머지 부분이 얼마인지를 알아내는 조작인 구잔이다. 즉, 수량 A가 B만큼 감소하여 C만큼 남았을 때, A와 B의 크기에서 C의 크기를 구하는 경우이다. 예컨대 "참새 5마리 앉아있다. 그 중에서 2마리가 날아갔다. 몇 마리가 남아있는가?"와 같은 장면으로 정적인 상태에서 동적인 상태로의 변화가 일어난다.

□ **비교형(동시적)** : 두 부분을 알고 그들을 비교시켜 차를 알아내는 조작인 구차이다. 즉, 두 수량 A, B의 크기로부터 A, B의 크기의 차를 구하는 경우이다. 예컨대 "철수는 구슬 5개를, 영희는 구슬 3개를 가지고 있다. 누가 몇 개 더 가지고 있느냐?"와 같은 장면으로 정적인 두 상태 사이의 관계에서 이루어진다.

■ 범자연수 범위에서 뺄셈의 성질

① a, $b \in W$일 때 $a-b \notin W$일 수도 있다. 즉, a, b가 범자연수일 때, $a-b$는 $a \geq b$일 때만 의미를 가진다.

② a, $b \in W$일 때, $a-b \neq b-a$일 수도 있다.

③ a, b, $c \in W$일 때, $(a-b)-c \neq a-(b-c)$일 수도 있다.

④ 임의의 $a \in W$에 대하여 $a-o=a$에서 0은 뺄셈에서 특별한 역할을 한다.

⑤ a, $b \in W$일 때, $(a-b)+b=a$, $(a+b)-b=a$

⑥ a, b, $m \in W$일 때, $a-b=(a \pm m)-(b \pm m)$(복호동순)

뺄셈 방법

교과서에 제시된 표준알고리즘 이외의 방법을 몇 가지 소개하면 다음과 같다.

■ **더해가기(adding up)를 이용한 계산**

뺄셈을 비교하는 의미에 초점을 두거나 덧셈의 역이라는 개념에 초점을 둔 것이다. 예컨대 '41−25'에서 '45와 25는 얼마만큼 차이가 있는가?' 또는 '25를 41로 만들기 위해서는 얼마를 더해야 하는가?'와 같은 생각을 바탕으로 한 알고리즘이다. 25에다 10을 더하면 35이고, 다시 5를 더하면 40이며 41이 되기 위해서는 1을 더 더하면 된다. 즉 25+10=35→35+5=40→40+1=41의 과정을 생각할 수 있다.

```
   4 1  +1
        +5
 − 2 5  +10
 ────
   1 6
```

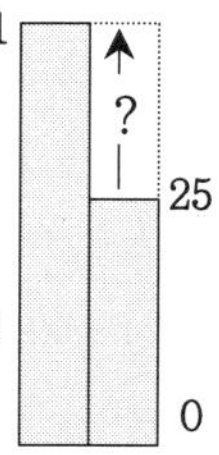

■ **부분차를 이용한 계산**

이 방법은 덧셈의 부분합 알고리즘과 유사한 개념으로 표준알고리즘과 달리 계산순서가 (1)과 같이 두산법이나 (2)와 같이 미산법과 관계없이 연산이 이루어진다. '541−279'에서 각 자리에 있는 피감수보다 감수가 큰 경우, 즉 십의 자리의 계산에서 '40−70'의 값을 백의 자리에서 받아내림하는 개념보다는 비교하는 개념에서 부족하다는 의미로 '−'를 이용한다.

```
    (1)        (2)
   5 4 1      5 4 1
 − 2 7 9    − 2 7 9
 ───────    ───────
   3 0 0        − 8
   − 3 0      − 3 0
     − 8      3 0 0
 ───────    ───────
   2 6 2      2 6 2
```

■ **동수등가법을 이용한 계산**

(equal−addition algorithm)

: 피감수와 감수에 각각 같은 수를 더한 다음 미산법으로 계산하는 방법으로 표준 알고리즘을 지도하기 이전 단계에서 활용될 수 있다. 일의 자리끼리 뺄셈인 (1−4)는 계산할 수 없으므로 피감수 10을 더한 11에서 4를 뺀 차를 일의 자리에 쓰고, 감수 20에도 10을 더하여 30을 만든 후 90에서 30를 뺀 차를 십의 자리에 쓴 것이다.

```
     10
   9 1
   3
 − 2 4    11−4=7
 ─────    9−3=6
   6 7
```

■ **9의 보수를 이용한 계산**

이 방법은 감수를 9에 대한 감수의 보수로 대치하고 피감수에 더하는 방법으로 뺄셈에 대해 불안감을 갖는 학생들에게 유용한 방법이다.

2 3 8 4 −1 6 9 5 (8 3 0 4) 8 3 0 4	• 감수 대신에 자릿값이 다른 각 자리에 있는 수를 '9'에 대한 감수의 보수를 아래 쓴다. 즉 9에 대한 1, 6, 9, 5의 보수는 각각 8, 3, 0, 4이다.
2 3 8 4 +8 3 0 4 1 0 6 8 8	• 피감수의 각 자리에 '9의 보수'를 더한다.
1 0 6 8 8 + 1 6 9 9	• 합의 첫째 자리에 있는 숫자인 '1'을 지우고, 일의 자리에 '1'을 더한다. 1을 지운 0688에서 제일 앞의 숫자 0은 의미가 없다.

■ **수선(數線, Number line & Number curve)을 이용한 계산**

이 방법은 직선이나 곡선에 수를 표시함으로서 계산과정에서 시각적 직관력과 양감을 이용하는 방법이다. 문제상황을 시각화하면서 계산을 하는 방법으로 계산과정에서 암산에 따르는 계산 불안을 줄일 수 있으며, 계산지도의 초기 단계나 계산학습 부진을 예방하기 위한 방안으로서 활용하는 데 효과적이며, 암산 능력이 발달할수록 그 단계를 축소할 수 있다. 그러나 차가 큰 수를 계산할 경우 선에서 나타내는 수 사이의 거리를 비율에 따라 표현하기 어려우므로 두 수 사이의 간격을 임의로 나타낼 수밖에 없어 양감 형성에는 바람직하지 못한 영향을 줄 수도 있다. 뺄셈 '53−26'을 수선를 이용하여 접근해보면 다음과 같다.

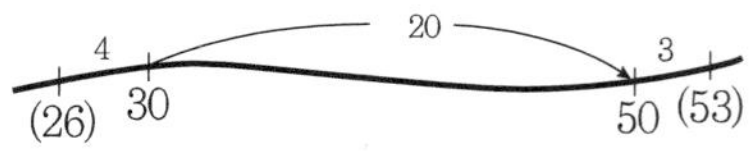

26+(4) → 30+(20) → 50+(3) → 53+26=27

26+(20) → 46+(7) → (53) → 53226=27

■ **그 밖의 비형식적 계산** : 각 개인에 따라 계산 방법은 다양하다.

[예 1] 44 −15	40−10=30 4−5=−1이므로 30−1=29	40−10=30 30−5 =25 25+4 =29	40−10=30 30+4 =34 34−5 =29

사각형

■ 사각형은 다음 2가지로 정의한다.

[정의 1] 점의 연결로 정의하는 경우, 「한 평면 위에서 어느 3점도 동일한 직선 위에 있지 않는 4점을 차례로 이어서 만든 닫힌도형을 **사각형**」이라 한다. 특히 4개의 점이 동일 평면 위에 있을 때를 **평면사각형**이라 한다. 또 동일한 평면 위에 있지 않는 때는 **공간사각형**이라 한다.

[정의 2] 선분으로 정의하는 경우, 「4개의 선분을 차례로 이어서 만든 닫힌도형을 **사각형**」이라 하고, 이 4개의 선분이 동일 평면 위에 있는 경우가 평면사각형, 그렇지 않는 경우가 공간 사각형이 된다. 4개의 선분을 **변**이라 하고, 선분끼리 만나는 점을 **꼭짓점**이라 한다.

평면사각형에서 대각선을 그었을 때, [그림 1]처럼 두 대각선이 모두 도형 내부에서 만나면 **볼록사각형**이라 하고, [그림 2]처럼 대각선이 도형 밖에 있는 사각형을 **오목사각형**이라 한다. 볼록사각형의 두 대각선은 도형 안에서 만나지만 오목사각형은 도형 밖에서 만난다.

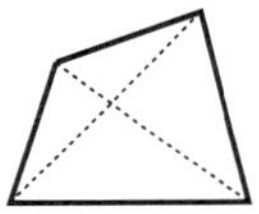

[그림 1] 볼록사각형

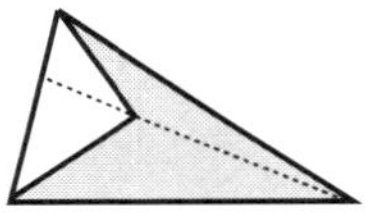

[그림 2] 오목사각형

■ 사각형의 결정 조건

삼각형은 세 변으로 단 한 가지 모양의 삼각형이 결정되지만 사각형은 네 변으로 단 한 가지 모양의 사각형이 결정되는 것이 아니라 [그림 3]처럼 변을 연결하는 순서나 변의 위치, 그리고 꼭지각의 크기에 따라 여러 가지 모양이 될 수 있으며, 또 4개의 점을 차례대로 연결하지 않으면 [그림 4]처럼 2개의 삼각형이 될 수도 있다.

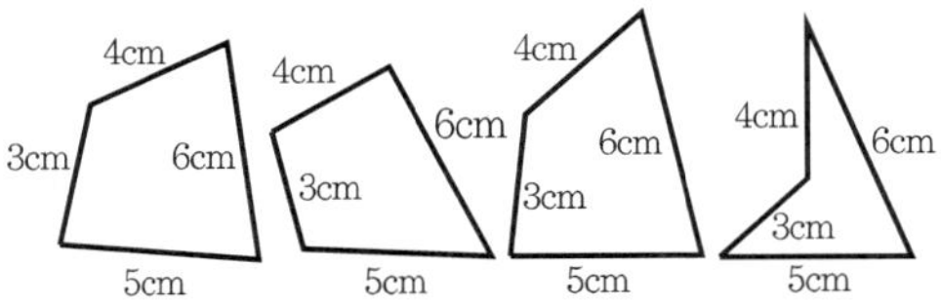

[그림 3]

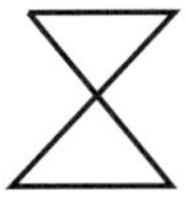

[그림 4]

사각형은 1개의 대각선에 의해서 2개의 삼각형으로 나누어 삼각형의 결정 조건을 생각하면 된다. [그림 5]를 보고 5가지의 사각형의 결정 조건을 살펴보자.

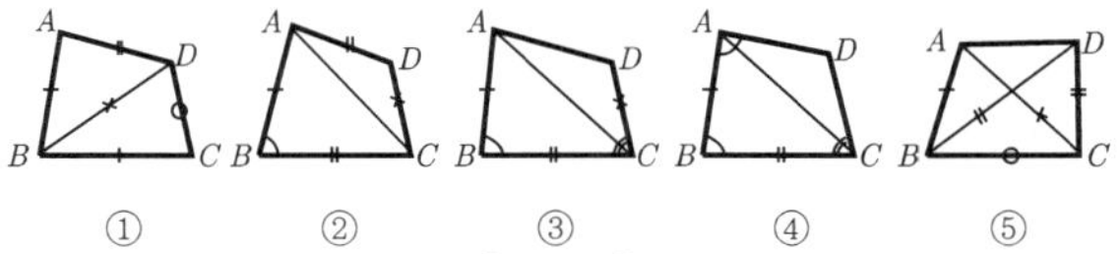

[그림 5]

① 4변과 1개의 사잇각이 주어질 때 (△ABD 및 △BDC에 공통으로 3변이 주어진 것이다)

② 3변과 2개의 사잇각이 주어질 때 (△ABC는 두 변과 사잇각이 정해지므로 AC가 정해져서 △ACD는 3변이 주어진 것이다)

③ 3변과 2개의 사잇각이 주어질 때 (△ABC는 두 변과 그 사잇각으로 정해지므로 AC가 정해져서 △ACD는 두 변과 그 사잇각이 주어진 것이다)

④ 3각과 그 사이의 두 변이 주어질 때 (△ABC는 두 변과 그 사잇각으로 정해지므로 AC도 정해진다. △ACD는 2각과 그 사이의 변이 주어진 것이다)

⑤ 3변과 두 대각선이 주어질 때 (△ABC, △DCB는 다 같이 3변이 주어진 것이 된다)

■ 사각형의 성질 및 포함관계

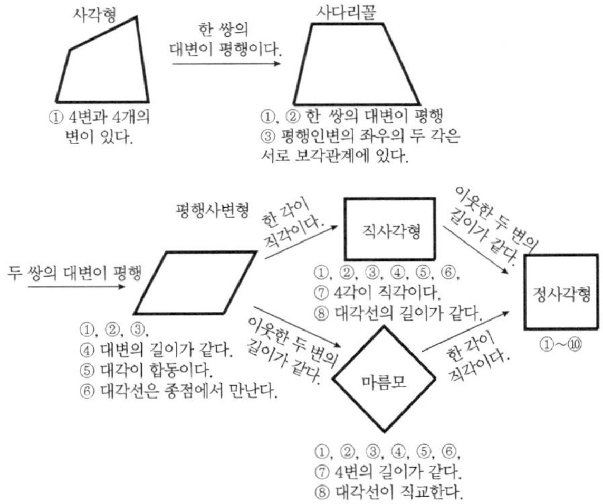

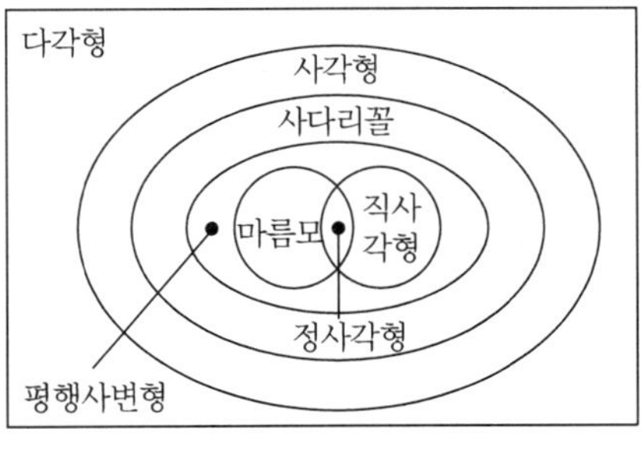

사다리꼴/가오리꼴

▪ 사다리꼴

「사각형 중 한 쌍의 대변이 평행인 사각형을 **사다리꼴**이라 하고, 사다리꼴에서 마주보는 평행인 두 변을 **밑변**이라고 한다. 사다리꼴이 놓인 위치에 따라 위에 있는 변을 **윗변**, 아래에 있는 변을 **아랫변**이라고 하며, 또는 상대적인 개념으로 평행인 두 변 중 한 변을 **윗변**이라면 그와 마주보는 평행인 변을 **아랫변**이라고 한다. 사다리꼴 중에서 양 밑각이 같은 사다리꼴을 **등변사다리꼴**, 또는 **등각 사다리꼴**, 한 각이 직각인 것을 **직각사다리꼴**」이라 한다. 등변사다리꼴에서 평행이 아닌 두 변을 특히 등변사다리꼴의 **다리**(脚)라고 한다.

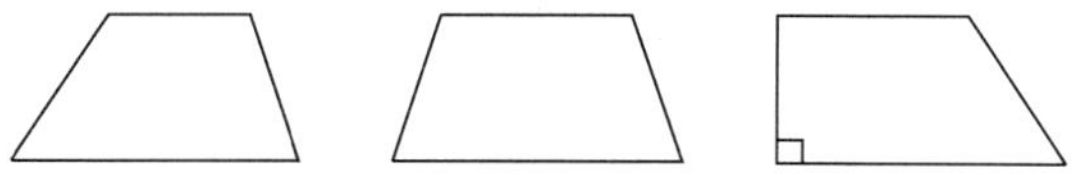

사다리꼴　　등변사다리꼴　　직각사다리꼴

[그림 1]

▫ 사다리꼴의 성질

① 평행이 아닌 두 변 AB와 CD의 중점을 이은 선분 EF는 두 밑변인 AD와 BC의 합의 $\frac{1}{2}$이다.

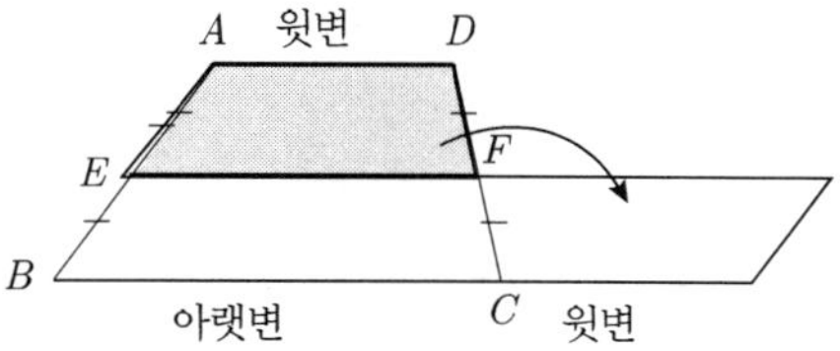

[그림 2]

② 사다리꼴의 두 대각선은 서로 양 밑변(위변과 아랫변)을 같은 비로 나누는 점에서 만난다. [그림 3]에서 △ODA∽△OBC이므로 (AD:BC)=(AO:OC)=(DO:OB)이다.

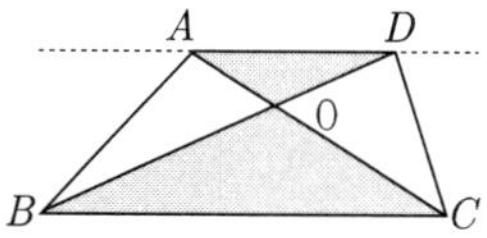

[그림 3]

▫ 사다리꼴의 넓이 구하기

위 [그림 2]처럼 평행이 아닌 두 변의 중점은 맺는 선분으로 잘라서 그 한 쪽을 180° 돌려서 이어 붙이면 평행사변형이 된다. 이것으로부터 사다리꼴의 넓이를 구하는 다음과 같은 공식을 얻을 수 있다.

$$(\text{사다리꼴의 넓이})=(\text{윗변}+\text{아랫변})\times(\text{높이})\times\frac{1}{2}$$

이 밖에도 [그림 4]처럼 사다리꼴 ABCD를 180° 회전하여 변끼리 이어붙이면 평행사변형이 되며 평행사변형의 밑변은 사다리꼴의 아랫변과 윗변의 길이의 합과 같고 높이도 같으므로 이를 이용하면 (사다리꼴의 넓이)=(윗변+아랫변)×(높이)×$\frac{1}{2}$를 구할 수 있다. 또 [그림 5]처럼 사다리꼴을 평행사변형과 삼각형으로 나눈 후 두 도형의 넓이의 합으로 구할 수 있으며, [그림 6]처럼 2개의 삼각형으로 나누어 두 삼각형의 넓이의 합으로 사다리꼴의 넓이를 구하는 공식을 유도할 수 있다. 따라서 사다리꼴의 넓이를 구하는 공식은 평행사변형과 삼각형 넓이를 구하는 공식을 이해한 후에 지도하는 것이 바람직하다.

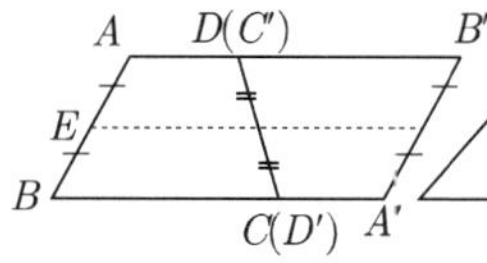

[그림 4]

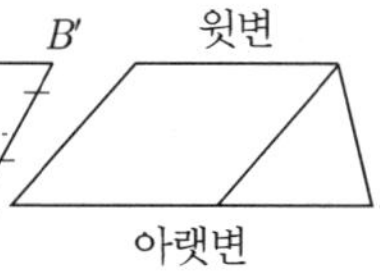

[그림 5]

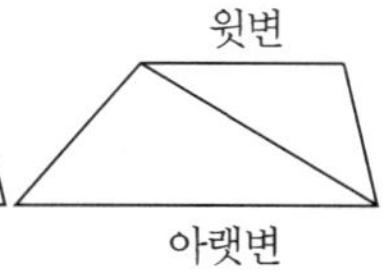

[그림 6]

▪ 가오리꼴(연모양 사각형)

「사각형 중 이웃하는 한 쌍의 변의 길이가 같고, 이 두 변이 다른 변과 이루는 두 각이 같은 사각형을 **가오리꼴사각형** 또는 **연모양 사각형**」이라 한다. 이 정의에 의하면 왼쪽 그림에서 $\overline{AB}=\overline{AD}$, ∠B=∠D인 □ABCD는 가오리꼴 사각형이다. 다음 [그림 7]처럼 가오리꼴 사각형에서 마주보는 두 꼭짓점 BD를 이으면 ∠ABD=∠ADB, ($\overline{AB}=\overline{AD}$)이므로 ∠CBD=∠CDB. 따라서 $\overline{BC}=\overline{CD}$D이다. 이처럼 가오리꼴 사각형은 이웃하는 한 쌍의 변이 같을 뿐 아니라 남은 한 쌍의 이웃하는 두 변의 길이도 같다.

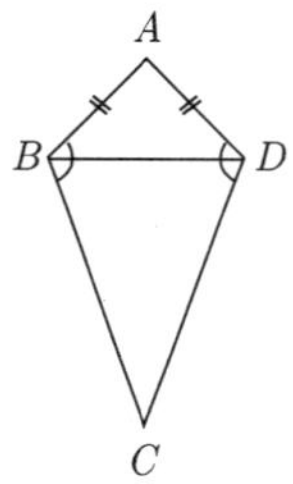

[그림 7]

또 가오리꼴 사각형에서 $\overline{AC}\perp\overline{BD}$이고, $\overline{AC}$를 대칭축으로 갖는 선대칭도형이다. 이 성질에 따르면 「**가오리꼴사각형을 두 쌍의 이웃하는 변의 길이가 같은 사각형**」이라고 정의할 수도 있다.

사영변환/아핀변환

■ **사영(射影, Projection)변환**

사영이란 '빛을 발사한다.'는 뜻이지만 기하학에서는 어떤 한 점으로부터 발사되어 대상물에 집중하는 빛의 다발. 즉 대상물을 보는 시선의 집합 또는 대상물로부터 그것을 보는 사람의 눈에 집중하는 광선의 집합이란 뜻이다.

다음 [그림 1]처럼 「한 점 P에서부터 중심투영에 의해 모델인 도형 A를 통과한 방사형광선을 모델과 비스듬하게 자랐을 때, 평면인 스크린 C에 생긴 도형의 변환을 **사영변환**」이라고 한다.

다음 2가지 조건이 만족할 경우 사영변환이 일어난다.

㉠ 한 점에서부터 발사된 방사형 광선이 모델인 도형을 비치고 있다.

㉡ 모델인 도형과 스크린이 평행이 아니다.

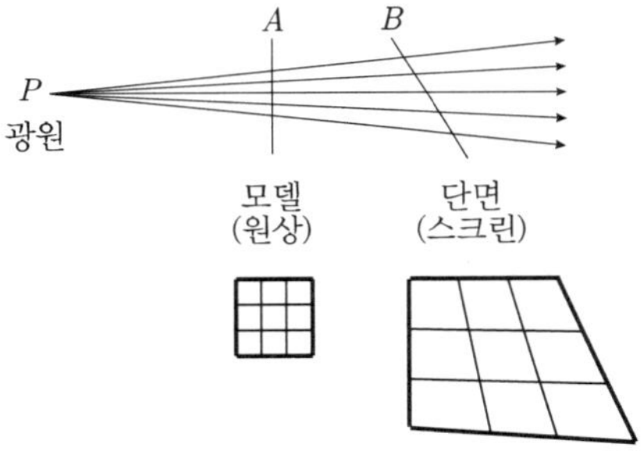

[그림 1]

□ **사영적 성질** : [그림 2]에서 π, π'를 점 O를 지나지 않는 두 평면이라 하고, F를 π 위의 도형이라 할 때, F를 O에서 사영한 다음, 이것을 π'로 절단(切斷). 즉 어떤 한 점으로부터 발사되어 대상물에 집중하는 빛의 다발을 평면으로 끊었을 때 평면에 나타난 도형이라면, π' 위에 평면도형 F_1이 생긴다. 이와 같이 어떤 도형에 사영 및 절단을 몇 번 반복하여 같은 차원의 새로운 도형으로 변환할 수 있다. 이 변환을 **사영 변환**이라 하고 이러한 두 도형은 **서로 사영적**이라 한다. 「사영변환에 의해서 변하지 않는 도형의 성질을 **사영적 성질**」이라 한다.

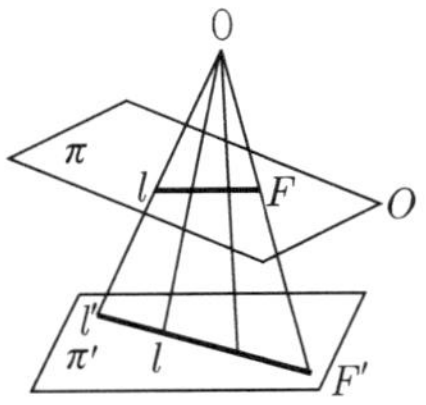

[그림 2]

예컨대 π 위의 점 A, 직선 ℓ이 π' 위의 점 A' 및 직선 ℓ'에 대응할 때, A가 ℓ 위에 있으면 A'도 ℓ' 위에 있고, A가 ℓ 위에 없으면 A'도 ℓ' 위에 없다. 즉 일반으로 '어떤 도형이 직선이다.'라는 성질이든지, '점이 직선 위에 있다.'는 성질 등은 사영적인 성질이다. 그러나 π 위의 두 직선이 직교하더라도 이에 대응하는 π' 위의 두 직선이 반드시 직교한다고 할 수는 없다. 즉 길이라든지, 각의 크기 등은 사영적 성질이 아니다. 사영변환에 대해서 성질을 살펴보면 다음과 같다.

① 점의 위치의 순서관계는 변하지 않는다.
② 각의 크기는 변할 수 있다.
③ 선분은 불변이지만 그 길이는 변할 수 있다.
④ 평행관계는 변할 수 있다. 곧 두 직선은 만난다.
⑤ 넓이뿐만 아니라 넓이의 비도 변할 수 있다.

■ **아핀(affine)변환**

다음 [그림 3]처럼 「평행투영에 의해 모델인 도형 A를 통과한 평행광선을 모델과 비스듬하게 잘랐을 때, 평면인 스크린 C에 생긴 도형의 변환을 **아핀변환**」이라고 한다.

다음 2가지 조건이 만족할 경우 아핀변환이 일어난다.

㉠ 평행광선이 모델인 도형을 비치고 있다.

㉡ 모델과 스크린이 평행이 아니다

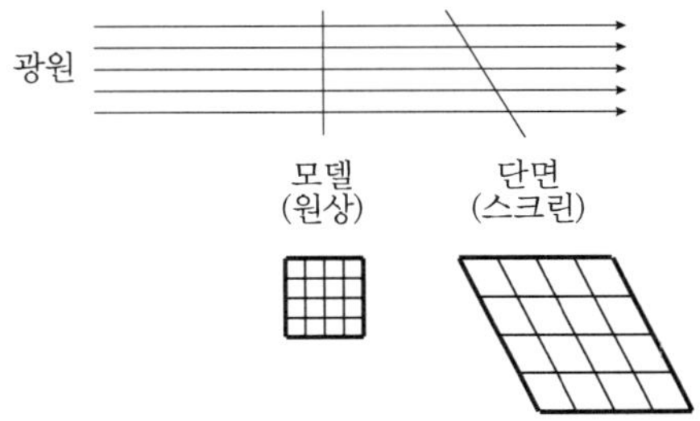

[그림 3]

□ **아핀적 성질** : 아핀변환에 의하여 변하지 않는 도형의 성질을 아핀적 성질이라 하고, 그 성질을 살펴보면 다음과 같다.

① 점의 위치의 순서관계는 변하지 않는다.
② 평행관계는 변하지 않는다.
③ 두 선분은 같은 직선 위에 있을 경우 길이의 비는 변하지 않는다. 그러나 동일 직선 위에 있지 않을 경우는 선분의 길이의 비가 변하지 않는다는 보장이 없다.
④ 각의 크기는 변할 수 있다.
⑤ 넓이의 비는 변하지 않는다.

사칙계산 규칙

■ 덧셈과 곱셈에서의 계산법칙

- **교환법칙** : 임의의 두 수를 더하거나 곱할 경우 순서를 바꾸어 계산해도 결과는 같다. 즉, $(a+b)=(b+a)$, $(a\times b)=(b\times a)$.
- **결합법칙** : 임의의 세 수를 더하거나 곱할 경우 더하거나 곱하는 순서를 바꾸어 계산해도 결과는 같다. 즉 $(a+b)+c=a+(b+c)$, $(a\times b)\times c=a\times(b\times c)$
- **분배법칙** : 임의의 세 수에 대하여 2개의 연산을 분배하여 계산해도 결과는 같다. 다음 식을 덧셈에 관한 곱셈의 분배법칙, 또는 곱셈은 덧셈에 관하여 분배법칙이 성립한다고 한다.

  식 ① $a\times(b+c)=(a\times b)+(a\times c)$: 좌분배법칙

  식 ② $(b+c)\times a=(b\times a)+(c\times a)$: 우분배법칙

※ $(b\pm c)\div a=(b\div a)\pm(c\div a)$.

$a\div(b\pm c)\neq(a\div b)\pm(a\div c)$.

즉 나눗셈은 덧셈이나 뺄셈에 관해서 우분배법칙이 성립하지만 좌분배법칙은 성립하지 않는다.

[예]
- $(18+12)\div 3=(18\div 3)+(12\div 3)=6+4=10$
- $(18-12)\div 3=(18\div 3)-(12\div 3)=6-4=2$
- $\underline{24\div(8+4)}\neq\underline{(24\div 8)}+\underline{(24\div 4)}$
  $(2 \neq 3 + 12)$
- $\underline{24\div(8-4)}\neq\underline{(24\div 8)}-\underline{(24\div 4)}$
  $(6 \neq 3 - 6)$

■ 여러 가지 계산 규칙

다음 몇 가지 계산 규칙은 기본법칙은 아니지만 a, b, c가 자연수일 경우 계산의 신속성이나 간편성 측면에서 활용할 수 있다.

- **세 수 이상의 연속된 뺄셈** : 한 수 a에서 연속적으로 몇 개의 수를 빼는 경우, 처음 수 a에서 빼는 수들의 합을 빼는 것과 같다. 즉 $a-b-c-d=a-(b+c+d)$.

  [예] $52-11-32-7= 52-(11+32+7)=52-50=2$
- **한 수에서 두 수의 차를 빼는 뺄셈** : 한 수 a에서 두 수의 차를 빼는 것은 처음 수 a에서 두 번째 수를 빼고 세 번째 수를 더하는 것과 같다.

  즉 $a-(b-c)=a-b+c$.

  [예] $253-(153-36)=253-153+36$.
- **연속된 세 수의 나눗셈** : 첫 번째 수 a를 두 번째 수 b와 세 번째 수 c의 곱으로 나누는 것과 같다. 즉 $a\div b\div c=a\div(b\times c)$. 예컨대

  $35000\div 625\div 8=35000\div(625\times 8)$
- **곱셈과 나눗셈이 연속된 혼합셈** :

  $a\times b\div c=a\times(b\div c)$.

  [예] $1991\times 432\div 216=1991\times(432\div 216)$
- **두 수의 뺄셈에서 피감수와 감수 각각에 같은 수를 더하거나 빼도 그 합이나 차는 일정하다.**

  즉 $a-b=(a\pm c)-(b\pm c)$. [예] $8-5=(8\pm 3)-(5\pm 3)=3$
- **두 수의 곱셈에서 피승수에 곱한 수와 같은 수로 승수를 나누거나 피승수를 나눈 수와 같은 수를 승수에 곱해도 곱은 같다.**

  $a\times b=(a\times c)\times(b\div c)=(a\div c)\times(b\times c)$.(단, $c\neq 0$)

  [예] $12\times 8=(12\times 4)\times(8\div 4)=(12\div 4)\times(8\times 4)=96$
- **두 수의 나눗셈에서 피제수나 제수에 같은 수를 곱하거나 나누어도 그 몫은 일정하다.** 즉

  $a\div b=(a\times c)\div(b\times c)=(a\div c)\div(b\div c)$.(단, $c\neq 0$)

  [예] $18\div 6=(18\times 3)\div(6\times 3)=(18\div 3)\div(6\div 3)=3$
- $a\div(b\times c)=(a\div b)\div c$. [예] $24\div(2\times 3)=(24\div 2)\div 3=4$
- $a\div(b\div c)=(a\div b)\times c$.

  [예] $24\div(6\div 3)=(24\div 6)\times 3=12$
- $(a\times b)\div c=(a\div c)\times b=(b\div c)\times a$.

  [예] $(12\times 6)\div 3=(12\div 3)\times 6=(6\div 3)\times 12=24$

■ 사칙혼합 계산규칙

사칙혼합산의 경우는 ×, ÷을 차례대로 먼저 계산한 후 +, −을 차례로 계산해야 한다.

그 이유를 예를 들어 살펴보면 다음과 같다. 「250원짜리 컵 3개와 300원짜리 컵 4개 값의 합은 몇 원인가?」라는 문제를 수식으로 나타내면 의 수량만 식으로 나타내면 $\{250(\frac{\text{원}}{\text{개}})\times 3(\text{개})+300(\frac{\text{원}}{\text{개}})\times 4(\text{개})\}$…①이다.

그러나 곱셈, 나눗셈은 단위가 달라도 계산이 가능하다. 위 식 ①의 경우 각 식에서 단위 '개'를 상쇄하면 단위가 (원)+(원)이 되어 덧셈이 가능하게 된다. 따라서 ×, ÷을 +, −보다 먼저 계산해야 한다. 그러나 덧셈과 뺄셈은 단위가 다르면 서로 이질적인 양이므로 계산할 수 없다. 예컨대 강아지 3마리와 어린이 3명이 있다고 하자. 강아지와 어린이는 서로 이질적인 양이므로 무명수인 (3+3)은 가능하지만 (3마리+3명)은 단위가 다르기 때문에 계산 불가능이다.

산술

산술(算術, Arithmetic)과 산수는 같은 의미로 사용하기도 하지만 뉘앙스에서 차이점이 있다. 「산술이란 일상생활에서 사용하는 수와 양의 성질 및 계산하는 방법」을 의미하며, 「산수란 수, 수의 의미, 수의 성질, 셈의 기초, 계산규칙, 초보적인 기하 등을 다루는 교과목」을 의미한다. 그리고 이들보다 포괄적인 의미를 지닌 「수학(Mathematics)이란 수량 및 공간의 성질에 관하여 연구하는 학문으로 대수학, 기하학, 해석학 및 이를 응용하는 학문을 통틀어 이르는 말」로 정의하고 있다(http://krdic.naver.com).

학교수학은 크게 2가지 전통이 있는데, 하나는 고대 바빌론의 천문학, 이집트인의 지구 측정과 고대 상업 등 실용성에 뿌리를 둔 수학이다. 일반 대중을 대상으로 자신의 업무를 수행하기 위해 요구되는 도구와 계산으로서의 수학으로 과거에는 산술이라는 명칭으로 초등수학에 영향을 미쳤으며, 교육방법은 주로 반복·연습과 암기 등 기능중심으로 이루어져 왔다.

다른 하나는 그리스의 기하학과 중세의 대수학 등 도야성에 뿌리를 둔 수학이다. 당시는 예술을 추구하는 것은 교육받은 사람임을 상징했기 때문에 수학을 예술의 하나로 생각하는 이성으로서의 수학이다. 수학은 미적 만족을 제공할 뿐만 아니라 추상적인 사고를 위한 심적능력을 발달시키는 교과로 보고 지배계층의 엘리트를 대상으로 주로 사교육의 형태로 교육이 이루어져 왔다.

위 두 전통은 종종 충돌이 있었으나 대중교육이 중등학교로 확대되고, 이론중심 수학의 기본·기초로서 초등수학이 강조되고, 또 초등수학 내용이 단순한 계산기능 이상으로 확대됨에 따라 두 전통은 통합을 이루게 되었다.

히라바시 이치에이(平林一營, 1994)는 산수는 수학에의 출발점이지만 수학과 다른 점은 산수는 수나 도형에 대한 지식과 기능을 가르치는 이상으로 원만한 '인간형성'에 기여하고 수 있다는 점에서 수학과 산수를 구별하고 있다. 산술은 중국에서 유래된 용어로 수, 수의 의미, 수사이의 관계, 여러 가지 계산 규칙을 다루는 수학의 한 부분으로써 대수, 기하, 삼각법 등을 학습하기 위한 선수학습(先受學習, prerequisite learning) 내용이다.

브라우넬*Brownell*은 산술의 의미를 4가지 범주로 나누고 있다.

① 자연수, 분수, 소수, 비와 비율과 같은 기초 개념으로 이루어진다.

② 기초적인 사칙연산의 이해를 포함한다. 여기서 학생들은 언제 더하고, 빼고, 곱하고, 나누어야 하는지를 알아야 한다. 학생들은 또한 주어진 연산이 적용되었을 때 사용된 수에는 어떤 변화가 일어났는지를 알아야 한다.

③ '두 인수의 곱에서 순서를 다르게 곱하더라도 그 곱은 같다.'와 같은 산술의 원리, 관계, 일반화로 이루어진다.

④ 십진수 체계의 이해, 그리고 계산 절차와 알고리즘을 합리화하는 데 있어서 그 체계를 사용하는 것이 포함된다.

우리나라의 경우, 1946년 3월 군정청령으로 공포된 교육과정에서는 종래의 '산술'이란 교과명을 '셈본'으로 바꾸어 종래와 같이 계산 위주의 수학교육을 실시하였으며, 1954년에 개정된 제 1차 교육과정부터 계산위주의 교육에서 탈피하고자 당시 듀이*Dewey*의 경험중심 사상의 영향을 받아 생활에 필요한 수학, 생활에서 이용할 수 있는 수학을 배우고 가르치자는 사상이 크게 각광을 받으면서 '셈본'이란 교과명은 '산수'로 바뀌었다.

제 6차 교육과정부터 계산기능 중심의 산수교육에서 분석, 종합, 비판, 추론 등 수학적 사고력 향상과 문제해결력을 강조하기 위해 교과명칭을 '산수'에서 '수학'으로 개칭하였다.

역사적으로 산술은 계산을 행하는 기능과 동의어로써 사용되기도 했으며, 한때 수학에서 뒤쳐진 부문이라는 생각 때문에 소홀하게 취급되기도 했다. 로마인에 의해 글을 읽고 쓸 수 없는 사람들을 위해 만들어진 abaci(초기의 주판)을 이용하여 셈하였으나 곱셈이나 나눗셈, 그리고 수의 단위가 커지면서 필산의 편리함이 널리 알려지게 되었다. 필산이 가능한 인도 수 체계와 아라비아 숫자가 전파되면서 산술은 측정 및 계산에 실제적으로 사용되고, 추론, 논리적 사고 등 고차적인 사고력 요구됨에 따라 수학의 한 부분으로 자리 잡게 되었다.

산포도

「통계자료가 흩어져 있는 정도를 **산포도** 또는 **분산도**」라 하며, 산포도로는 범위, 사분위편차, 상자-수염그래프, 분산, 표준편차 등을 사용한다.

- **범위** : 「범위란 주어진 자료에서 가장 큰 값과 가장 작은 값 사이의 차, 즉 (범위)=(최대값)-(최소값)」을 말한다.

[표 1] 13명의 수학성적

20	25	40	50	50	60	70	75	80	80	90	100	100

[표 1]에서 가장 큰 값은 100이고, 가장 작은 값은 20이므로 그 범위는 (100-20)=80이다. 범위는 자료의 수가 많은 경우 산포도를 측정할 수 없다.

- **사분위편차** : 자료의 범위가 같다고 산포도도 같은 것은 아니다. 예컨대 다음 두 자료 (1, 3, 7, 8, 10)과 (1, 10, 10, 10, 10)에서 범위는 (10-1)=9로 같으나 산포도는 같지 않다. 이와 같이 통계자료의 극단값의 영향을 받지 않도록 큰 값과 작은 값을 제거한 사분위편차를 이용한다. 「**사분위수**란 자료를 크기순으로 나열하여 4등분되는 위치에 있는 수」를 말한다. 통계자료에서 전체의 $\frac{1}{2}$인 위치에 있는 수를 **중앙값** 또는 **제 2사분위수**라 하며 Q_2로, 중앙값 아래쪽과 위쪽에 있는 자료의 $\frac{1}{2}$인 위치에 있는 수를 각각 제 1사분위수, 제 3사분위수라 하고 Q_1, Q_3로 나타낸다. 또, 「**사분위편차**(IQR)란 제 1사분위수와 제 3사분위수의 차인 IQR=Q_3-Q_1」을 말한다.
위 [표 1]에서 Q_2인 중앙값은 70이고, Q_1은 (20, 25, 40, 50, 50, 60)에서 중앙에 위치한 40과 50의 평균인 45이며, Q_3는 (75, 80, 80, 90, 100, 100)에서 중앙에 위치한 80과 90의 평균인 85이고, 사분위편차인 (IQR)=(Q_3-Q_1)=85-45=40이다.

- **상자-수염 그림** : 자료를 시각적으로 나타내어서 결론을 도출해내는 방법으로 중앙값, Q_1과 Q_3. 그리고 극단값인 가장 큰 값과 가장 작은 값을 '*'로 나타내며, 이들을 이용하여 자료의 집중 경향성, 흩어짐 정도, 전반적인 범위를 알 수 있다.
상자-수염 그림은 다음 순서로 그린다.
① Q_1과 Q_3을 연결하여 상자를 그리고, 상자 속에 중앙값의 위치를 수직선으로 표시한다.
② 자료의 가장 큰 값과 가장 작은 값을 직선으로 연결한다.
③ 극단값이 있을 경우 별표(*)로 표시한다.

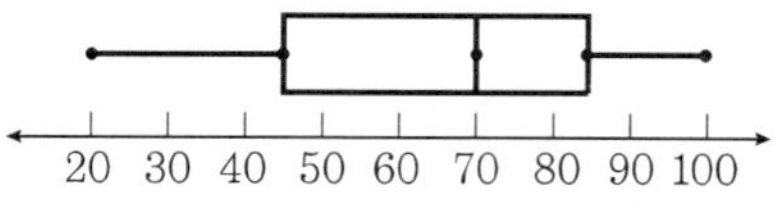

[그림 1]

상자의 길이인 사분위편차로써 산포도를 나타내며, 중앙값은 상자 속에 수직선으로 나타낸다. 다음 [그림 1]은 위에서 [표 1]의 자료를 상자-수염 그림으로 나타낸 것으로 제 1사분위수인 Q_1=45, 제 3사분위수인 Q_3=85, 중앙값인 Q_2=70는 상자 중앙에서 위쪽에 위치하고 있기 때문에 자료가 상자의 위쪽으로 많이 분포되어 있다. 자료의 가장 큰 값은 100이고, 가장 작은 값은 20이다.

- **분산과 표준편차** : 분산과 표준편차는 자료가 평균에서 얼마나 떨어져 있는지를 나타내는 측정값으로「각 자료와 평균과의 차를 **편차**」라고 하는데 이들의 합은 항상 0이다. 그래서 편차 제곱의 평균을 산포도로 사용하는데 이것을 **분산**이라 한다. 분산은 v로 나타내는데, 자료들의 편차를 제곱하여 구하기 때문에 주어진 자료의 측정 단위와 같지 않다. 그래서 주어진 자료와 측정 단위가 같은 산포도로 분산의 제곱근을 사용하는데 이것을 **표준편차**라 하며, s로 나타낸다. 자료 x_1, x_2, x_3, ⋯, x_n에서 평균을 $\bar{x}$라면 분산과 표준편차는 다음과 같다.

$$s=\sqrt{v}=\sqrt{\frac{(x_1-\bar{x})^2+(x_2-\bar{x})^2+(x_3-\bar{x})^2+\cdots+(x_n-\bar{x})^2}{n}}$$

A 집단			B 집단		
x	$x-\bar{x}$	$(x-\bar{x})^2$	x	$(x-\bar{x})$	$(x-\bar{x})^2$
100	40	1600	70	10	100
80	20	400	70	10	100
70	10	100	60	0	0
50	−10	100	60	0	0
50	−10	100	60	0	0
10	−50	2500	40	−20	40
360	0	4800	360	0	600

자료들이 많이 흩어져 있을수록 표준편차는 커진다. 위 두 집단 A, B를 비교해 보면, 평균은 각각 $\bar{x}=\frac{360}{6}=60$이지만 분산과 표준편차는

A집단 : $v_A=\frac{4800}{6}=800$, $s_A=\sqrt{800}\fallingdotseq 28.3$.
B집단 : $v_B=\frac{600}{6}=100$, $s_B=\sqrt{100}=10$이다.

따라서 A집단의 점수가 B집단의 점수보다 많이 흩어져 있다. 즉 B집단의 성적 분포가 고른 편이다.

삼각형

「동일한 평면 위에 있는 세 점을 연결한 폐곡선, 또는 3개의 선분으로 둘러싸인 평면도형을 **삼각형**이라 하고, 이 3개의 선분을 **변**, 선분의 교점을 **꼭짓점**」이라 한다.

삼각형이란 세 변의 합병으로 형성된 도형이지 그 내부를 포함한 이름은 아니다. 삼각형의 한 꼭짓점에서 그 대변에 내린 수선을 **높이**, 꼭짓점의 대변을 높이에 대한 **밑변**이라 한다. 삼각형에서 높이, 밑변 등의 용어는 절대적 위치에 대한 것이 아니고 다음 그림처럼 어느 선분을 밑변으로 정하느냐에 따라 높이가 정해지는 상대적인 이름이다. 또 높이는 그 삼각형의 내부에만 있는 것이 아니라 변 위, 또는 삼각형의 외부에 있는 경우도 있다. 삼각형의 한 꼭짓점과 그 대변의 중점을 이은 선분을 삼각형의 **중선**이라고 한다. [그림 4]의 △ABC에서 꼭짓점 A에서 밑변에 그은 선분 AM은 중선이다. 삼각형을 나타내는 데에는 각 꼭짓점에 차례로 기호를 붙여서 삼각형 ABC라 부르고 △ABC으로 쓴다.

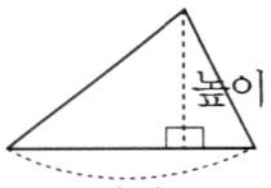

[그림 1]

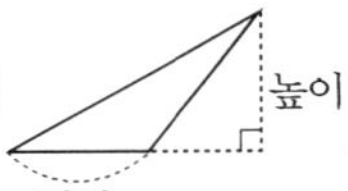

[그림 2]

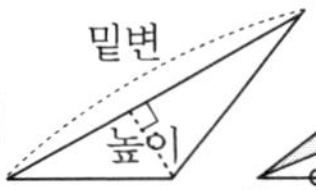

[그림 3]

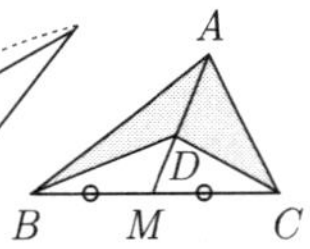

[그림 4]

삼각형은 변의 길이와 각의 크기에 따라 다음과 같이 분류한다.

① **변의 길이에 따른 분류**

삼각형 ─ 부등변 삼각형
　　　　└ 이등변 삼각형 ─ 밑변이 등변과 다르다.
　　　　　　　　　　　　└ 밑변도 등변과 같다(정삼각형).

② **각의 크기에 따른 분류**

- 예각삼각형 : 3각이 모두 예각인 삼각형
- 직각삼각형 : 한 각이 직각인 삼각형
- 둔각삼각형 : 한 각이 둔각인 삼각형

■ 삼각형의 성질

- 세 내각의 합은 180°이다. 이 성질에서 직삼각형의 직각이 아닌 두 각은 서로 여각(餘角)이고, 둔각삼각형의 둔각 아닌 두 각은 예각이다.
- 삼각형의 한 외각은 그 각에 접하지 않는 두 내각의 합과 같다. 이때, 이 내각을 외각에 대한 내대각이라 한다.
- 삼각형에서 변의 길이가 같지 않을 때, 큰 변에 대한 각은 작은 변에 대한 각보다 크다. 이의 증명은 다음과 같다.

[그림 5]에서 △ABC에서 AB > AC라면 AB 위에 AD=AC인 점 D를 잡으면, ∠ADC > ∠ABC. 즉 ∠ABC < ∠ACD이므로 ∠ACB > ∠ABC이다. 역으로 삼각형에서 각의 크기가 같지 않을 때 큰 각에 대한 변은 작은 각에 대한 변보다 길다.

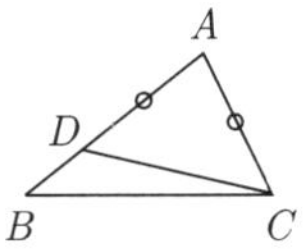

[그림 5]

- 삼각형의 한 변의 길이는 다른 두 변의 길이의 합보다는 짧고 작고 차보다는 길다. 즉 어느 두 변의 길이의 합은 남은 한 변의 길이보다 길지만 차는 남은 한 변의 길이보다 짧다.

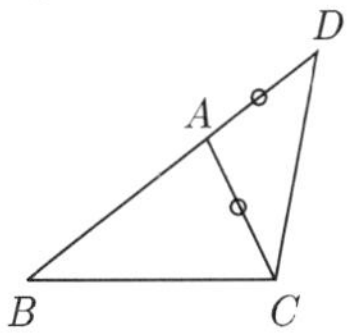

[그림 6]

■ 삼각형의 결정 조건

삼각형에서 3변과 3각을 삼각형의 6요소라 한다. 이 6요소 가운데 3요소의 크기가 정해지면 삼각형은 결정된다. 삼각형의 결정될 조건은 합동인 삼각형을 작도하는 조건과 같은 ①, ②, ③이 많이 쓰인다.

① 세 변의 길이가 주어졌을 때
② 두 변의 길이와 그 사이의 각이 주어질 때
③ 한 변과 그 양쪽 끝 각이 주어질 때
④ 세 각의 크기가 주어졌을 때
⑤ 두 변과 그 한 대각의 크기가 주어졌을 때

삼각형을 작도할 수 있다.

④의 경우는 모양은 결정되지만 크기는 알 수 없기 때문에 닮은 삼각형을 작도하는 것을 생각할 수 있다.

⑤의 경우는 두 변을 각각 b, c, 주어진 한 대각을 ∠B라면 [그림 7]과 같은 2가지 모양의 삼각형을 그릴 수 있다.

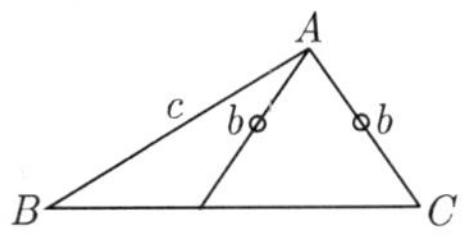

[그림 7]

삼각형의 오심

삼각형에서 중심(重心), 수심(垂心), 내심(內心), 외심(外心), 방심(傍心)을 합쳐서 **삼각형의 오심**(五心)이라 한다.

■ 중심

「삼각형에서 한 꼭짓점과 마주보는 변의 중점과를 맺는 선분을 **중선**」이라 한다. 예컨대 [그림 1]의 삼각형 ABC에서 선분 AM은 중선이다. 그리고 [그림 2]에서 보듯이 「한 삼각형에서 중선은 모두 3개이며, 이들 세 중선은 한 점에서 만나는 데 이 교점을 **삼각형의 중심**, 또는 **무게중심**」이라 한다.

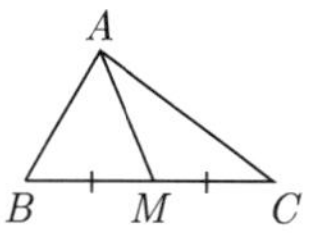

[그림 1]

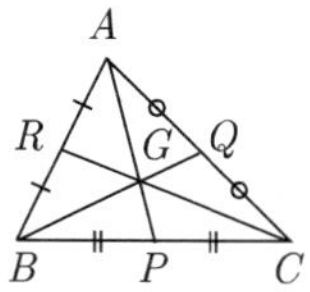

[그림 2]

세 중선이 한 점에서 만나는 것을 증명하는 방법으로 예컨대 위의 [그림 2]에서 두 중선 AP와 BQ의 교점을 G라 하고 G와 C를 맺는 직선이 중선이라는 것을 밝히면 된다. 이러한 증명 방법은 수심의 경우도 동일하다. 삼각형의 무게중심은 중선을 2대 1로 내분한다. 위의 [그림 2]에서 $\frac{AG}{GP}=\frac{BG}{GQ}=\frac{CG}{GR}$ = 2이다.

■ 수심

[그림 3]처럼 「삼각형의 세 꼭짓점으로부터 각각의 대변에 내린 세 수선은 한 점에서 만난다. 이 교점을 삼각형의 **수심**」이라 한다. 다음의 삼각형 ABC의 수심은 H이다.

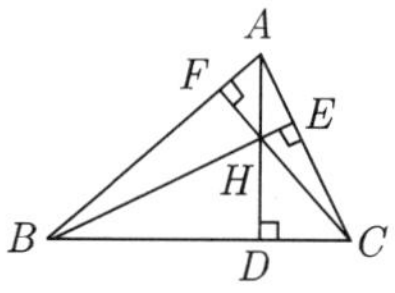

[그림 3]

직각삼각형의 수심은 직각인 꼭짓점이 수심이고, 예각삼각형의 수심은 삼각형 내부에, 그리고 둔각삼각형의 수심은 삼각형의 외부에 위치한다.

■ 내심

「삼각형에서 세 변에 접하는 원을 이 삼각형의 **내접원**이라 하고 내접원의 중심 I를 이 삼각형의 **내심**」이라고 한다. 즉 삼각형의 세 내각의 이등분선은 한 점에서 만난다. 이 만나는 점을 삼각형의 내심이다.

• **내심의 성질** : ① ID=IE=IF, ② ∠BIC=90°+$\frac{1}{2}$∠A

③ 삼각형의 내심은 항상 삼각형의 내부에 있다. 삼각형에서 세 내각의 이등분선이 한 점(내심)에서 만나는 것을 증명할 경우, 그 방법은 두 내각의 이등분선을 I라 하고 남은 각의 꼭짓점과 I를 맺는 선분이 그 각의 이등분선이다. 이 증명 방법은 다음에 말하는 외심 방심의 경우도 마찬가지이다.

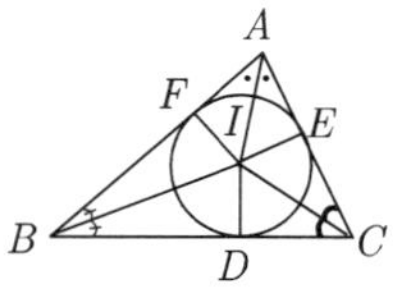

[그림 4]

■ 외심

「삼각형의 세 꼭짓점을 지나는 원을 이 삼각형의 **외접원**이라 하고, 외접원의 중심 O를 이 삼각형의 **외심**」이라 한다. 삼각형의 세 변의 수직이등분선은 한 점에서 만난다. 이 만나는 점이 삼각형의 외심이다.

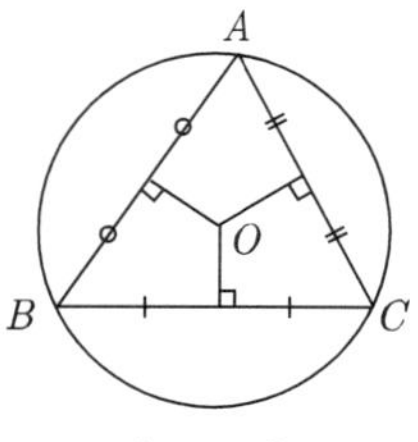

[그림 5]

• **외심의 성질** ① OA=OB=OC,
②∠BOC=2∠A이며, 삼각형의 외심의 위치는 그 삼각형이 예각삼각형, 직각삼각형, 둔각삼각형의 어느 것인가에 따라 각각 삼각형의 내부, 변 위, 외부에 있다.

■ 방심

「삼각형에서 어느 한 변과 다른 두 변의 연장에 접하는 원을 이 삼각형의 **방심원**이라 하고, 방심원의 중심을 그 삼각형의 **방심**」이라 한다.

또는 「삼각형에서 한 내각의 이등분선과 두 외각의 이등분선은 한 점에서 만나는데, 이 점을 삼각형의 **방심**」이라 한다. 한 삼각형의 방심은 방접원의 중심이며, 각 변의 바깥에 각각 1개씩 모두 3개가 있다. 즉 어느 한 변에 접하는가에 따라 한 삼각형의 방심은 3개이며, 이들은 모두 그 삼각형의 외부에 있다.

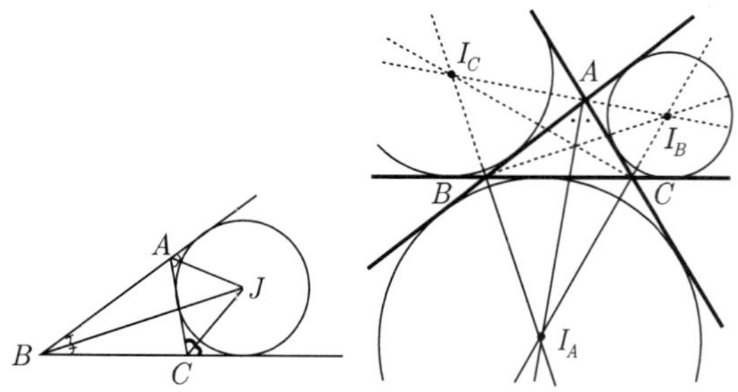

[그림 6]

상관관계/상관도

「두 변량 중 한쪽 양이 증가하거나 감소하면, 그에 대응하는 다른 양도 증가하거나 감소하는 경우, 두 변량 사이에는 **상관관계가 있다.**」고 한다. 또 「두 변량 x, y 사이의 관계를 도수분포표로 나타낸 것을 **상관표**, 두 변량 x, y를 순서쌍으로 하는 점 (x, y)를 좌표평면 위에 그림으로 나타낸 것을 **상관도**, 그리고 상관관계의 정도를 수치화하는 방법으로 **상관계수**」가 있다.

[표 1] 성적의 통계자료

영어	수학	영어	수학	영어	수학
62	65	81	70	83	74
71	64	71	74	80	81
78	77	85	87	73	64
89	78	71	70	77	79
78	75	75	66	64	72
67	54	67	55	79	74
78	65	68	60		

[표 2] 성적의 상관표

수학 \ 영어	50~55	55~60	60~65	65~70	70~75	75~80	80~85	85~90	계
50~55				1					1
55~60				1					1
60~65				1	2				3
65~70			1			2			3
70~75			1		2	1	2		6
75~80						3		1	4
80~85							1		1
85~90								1	1
계			2	3	4	6	3	2	20

[표 1]은 20명의 영어와 수학성적 자료이다. 그리고 [표 2]는 영어와 수학성적 사이의 관계를 분류한 상관표이며, [그림 1]은 이것을 상관도로 나타낸 것이다. **상관표**는 두 변량인 영어성적과 수학성적의 조합에 의한 도수분포표이며, **상관도**는 영어와 수학 성적을 순서쌍을 만들어 좌표평면에 점으로 나타낸 그림이다.

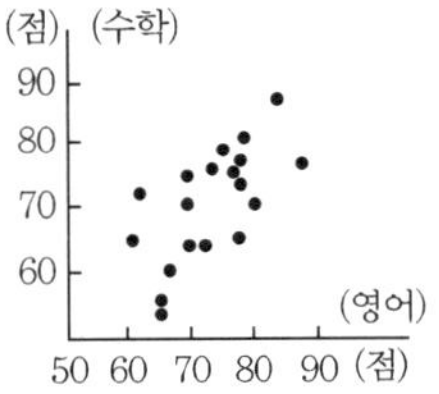

[그림 1] 상관도

■ 여러 유형의 상관도

두 변량 x, y 사이의 관계를 상관도로 나타내면 크게 그림 ①, ②, ③, ④, ⑤와 같은 5가지 형태가 나타난다.

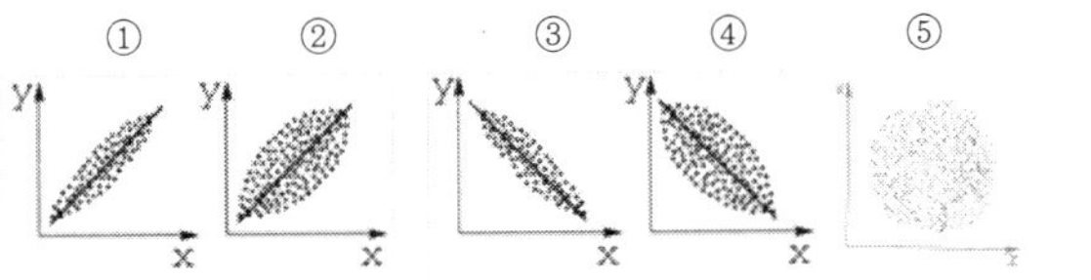

위 「상관도 ①, ②처럼 x값이 증가하면 y값도 증가하는 상관관계를 **양의 상의관계**, ③, ④처럼 x값이 증가하면 y값은 감소하는 상관관계를 **음의 상의관계**라 하며, ⑤처럼 점들이 흩어져서 두 변량 x, y 사이의 증감관계를 구분하기 어려운 상관도는 **상관관계가 없다.**」고 한다. 또, ①, ③처럼 점들의 분포가 직선에 가까울수록 강한 상관관계가 있다고 한다.

■ 상관계수

상관관계의 정도를 수치화하는 상관계수는 다음 공식에 의해서 구해진다. 두 변량 {X, Y}의 측정값이 각각 (x_1, y_1), (x_2, y_2), …, (x_n, y_n)일 때,

$$\text{상관계수 } r=\frac{\frac{1}{N}\sum_{i=1}^{N}(x_i-\bar{x})(y_i-\bar{y})}{\sigma_x\sigma_y} \cdots\cdots ①$$

단, σ_x, σ_y는 각각 X와 Y의 표준편차이며, $\bar{x}$와 $\bar{y}$는 각각 X, Y의 평균값이다. 그리고 상관계수 r이 ±1에 가까울수록 상관관계가 강하다고 한다.

평균 $\bar{X}$를 구하는 공식은 $\bar{X}=\frac{1}{n}\sum_{i=1}^{n}x_i$이고, 표준편차 σ를 구하는 공식은

$$\sigma_x=\sqrt{\frac{(x_1-\bar{x})^2+(x_2-\bar{x})^2+(x_3-\bar{x})^2+\cdots+(x_n-\bar{x})^2}{n}} \text{ 이다.}$$

[예 1] 다음 표는 5명의 수학과 국어 성적이다.
평균과 표준편차 그리고 상관계수를 구하여라.

번호	1	2	3	4	5
수학	85	90	77	80	93
국어	80	95	60	70	90

• 국어 평균은 $\bar{X}=\frac{85+90+77+80+93}{5}=85$(점)이고,

표준편차

$$\sigma_x=\sqrt{\frac{1}{5}(85-85)^2+(90-85)^2+(77-85)^2+(80-85)^2+(93-85)^2}$$

=5.97이다.

• 수학 평균은 $\bar{Y}=\frac{80+95+60+70+90}{5}=79$(점)이고,

표준편차

$$\sigma_y=\sqrt{\frac{1}{5}(80-79)^2+(95-79)^2+(60-79)^2+(70-79)^2+(90-79)^2}$$

=12.81이다.

• 상관계수는 식 ①에 의해 $r=\frac{\frac{1}{N}\sum_{i=1}^{N}(x_i-\bar{x})(y_i-\bar{y})}{\sigma_x\sigma_y}$

$$=\frac{\frac{1}{5}(0+80+152+45+88)}{5.97\times12.81}=\frac{73}{76.4757}\fallingdotseq0.955\text{이다.}$$

0.955는 1에 아주 가깝다. 따라서 국어성적과 수학성적은 매우 강한 양의 상관관계를 가지고 있다고 할 수 있다.

상수/변수

■ 상수(常數, constant)

「상수란 정수(定數), 또는 항수(恒數)라고도 하며, 어떠한 경우에도 변하지 않는 일정한 수를 **상수**」라고 한다. 상수는 특정한 수치를 나타내는 것은 아니지만 변수의 값의 변화에 관계없이 항상 일정한 값을 취하는 문자로써 모든 수는 상수이다. 또, 함수를 정의하는 방정식 y=ax+b에서 a와 b는 상수라면 x와 y는 변수이다.

■ 변수(變數, variable)

「문자가 여러 가지 값을 취할 때 그 문자를 변수라 한다. 즉 항상 변하지 않는 일정한 수를 **상수**라면 언제든지 변할 수 있는 수를 **변수**」라 한다. 일반적으로 변수는 알파벳 x, y, z 등으로 나타내며, 또 변수는 집합 X의 임의의 원소를 대표하는 수로 볼 수 있다. 이에 대해서 「집합 X에서 특정한 1개의 원소나 수를 나타내는 문자나 숫자를 **상수**라 하고 a, b, c 등」으로 나타낸다.

예컨대 방정식 y=7x+3에서 x와 y는 변수이고 7과 3은 상수이다. 「변수가 취할 수 있는 값의 범위는 정해져 있는데 그 범위를 **변역**」이라 한다.

변수의 문법적 기능은 일상 언어의 대명사나 보통명사의 기능과 닮았다면 상수의 문법적 기능은 고유명사의 기능과 닮았다. 예를 들면 '어떤 것도 붉거나 붉지 않거나의 한 쪽이다.'라고 하는 문장에 있어서 이 문장과 동치인 수학적 표현은 '모든 x에 대해서 x는 붉거나 붉지 않거나 한쪽이다.'이다. 이 경우 문자 x 대신에 문자 y를 써도 된다.

■ 변수의 역사

16세기 말 프랑스 수학자 비에트가 처음으로 사용했다고 알려져 있다. 당시 비에트는 미지수를 나타내기 위하여 모음 문자 A, E, I, O, U를, 기지수를 나타내기 위하여 자음 문자를 사용했다고 한다. 그리고 1637년, 데카르트에 의하여 미지수를 x, y, z 등 알파벳의 마지막 문자들로, 기지수를 a, b, c 등 알파벳의 시작 문자들로 나타내는 표기법이 소개되었다. 데카르트가 고안한 이 표기법은 현대 수학에서도 널리 사용되고 있다(http://terms.naver.com).

■ 독립변수와 종속변수

변수에는 독립변수와 종속변수가 있다. 「방정식 y=7x+3에서 x는 임의의 수로써 하나의 **독립변수**라 하고, 또 다른 변수 y는 x의 값이 정해짐에 따라 그 값이 정해지며, 또 x가 일정한 비율로 증가하거나 감소하면 y도 같은 비율로 증가하거나 감소하는 등 y는 x에 종속되기 때문에 y를 **종속변수**라 하고, 변수가 취할 수 있는 수의 범위를 **변역**(變域)」이라 한다. 변수는 함수개념과 깊이 관련되어 있다. 즉, 함께 변하는 두 양 사이에서 한쪽 값이 변하면 이에 대응하는 다른 값이 변할 때 이 대응을 함수라고 한다. 위 방정식 y=7x+3에서 x값이 정해지면 y값이 정해지므로 y는 x의 함수라고 한다.

■ 변수로써 문자의 의미와 기능

상수 및 변수로써 문자 a, b, …, x, y, … 는 다음과 같은 여러 가지 의미와 기능을 갖고 있다.

- 수의 추상화, 일반화로서의 문자
- 미지수로서의 문자
- 변하는 수인 변수(변량)로서의 문자
- 원소를 대입할 수 있는 빈자리(place holder)로서의 문자. 이 경우 문자에 수치를 대입될 수 있을 뿐만 아니라 식도 대입할 수 있다.

빈자리(place holder)로서의 문자의 의미와 관련하여 수학교육에서 문자 및 변수지도의 살펴보면, 초등학교 저학년에서 미지수로써 □ 등이 이용되고, 중학년에서 수량의 관계를 지도할 때 변수로써 □, △ 등이 다루어지며, 고학년이 되면 □, △ 대신에 변수로써의 문자 x, y를 사용한다.

※ 기호 □, △ 등의 사용은 수학교육 입문기인 1학년에서 다루는 수식 5+□=12, 15−△+3=13에서 □, △ 등은 방정식에서 x, y 등과 같은 미지수를 나타내는 기호(place holder)로 지도한다. 그러나 이후 단계에서 다루는 수식 3+5>□, □+△=10, □×△=15에서 □, △ 등은 수량관계를 나타내는 x+y=3, x×y=12에서 x, y처럼 변수를 나타내는 기호로 이해하도록 그 의미를 확장시킬 필요가 있다.

색막대

색막대는 벨기에 교사인 퀴즈네어*Cuisenaire*가 창안하고, 영국의 수학교육자 가테뇨*Gattegno*가 개량한 교구이다. 음악에도 능했던 퀴즈네어는 악보에서 음의 높낮이에 힌트를 얻어 수들의 관계를 높낮이로 나타내고, 색깔도 달리 나타냈다. 색막대의 구성을 살펴보면 다음과 같다.

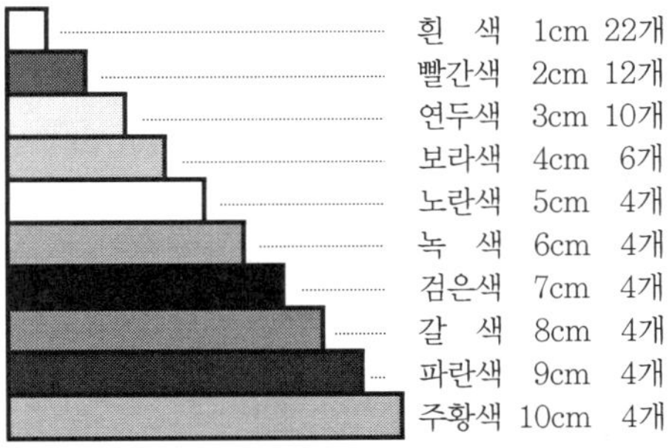

퀴즈네어 막대는 한 세트는 주황색, 파란색, 갈색, 검은색, 녹색, 노란색이 각각 4개씩 있고, 보라색 6개, 연두색이 10개, 빨간색 12개, 흰색 22개 등 길이가 1cm~10cm까지 모두 74개로 이루어졌으며, 규격은 밑면의 넓이가 $1cm^2$인 정사각형 모양이고, 높이는 1cm부터 10cm까지인 직각사각기둥 모양의 막대이다. 이들 막대는 길이별로 배열했을 때 '계단' 모양으로 만들어지며 각 막대는 1cm씩 차이가 난다. 막대에 눈금이나 길이가 주어지지 않은 이유는 각 막대를 임의의 단위길이로 활용할 수 있도록 하기 위함이다.

▪ 색막대의 활용

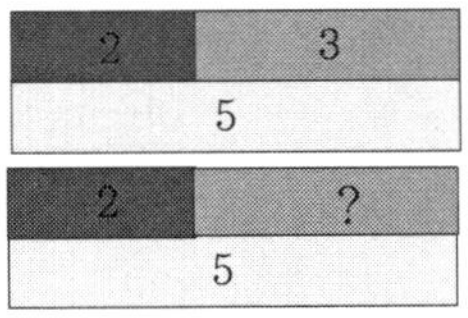

퀴즈네어 막대는 기본적인 수 개념 및 수 감각을 형성·개발하기 위한 모델이다. 예컨대 '흰색 막대의 길이를 1이라면 빨간색 막대는 흰색 막대 2개를 연결한 것과 같으므로 빨간색 막대의 길이는 2이고, 연두색 막대는 흰색 막대 2개를 연결한 것과 같으므로 연두색 막대의 길이는 3이다.'와 같은 방법으로 수 사이의 관계를 알 수 있다.

또한 퀴즈네어 막대는 자연수의 사칙계산뿐만 아니라 약수와 배수를 구할 수 있고 분수의 덧셈과 뺄셈을 할 수 있다. 또한 길이, 넓이, 부피의 측정과 평면도형과 입체도형의 탐구 및 논리적인 추론 능력을 형성시키는 데에도 활용된다.

색막대는 다른 계산지도의 교구와 다른 점은 수 계산 그 자체보다도 수가 가지는 관계나 구조에 착안시키는 데 있다. 예컨대 위의 그림은 '2+3=5, 2+?=5→5−?=2'를 나타내고 있으나 아이들은 다만 이 계산할 수 있다는 사실뿐 아니라 "더한다"는 의미, "뺀다"라는 사실과의 관계, "같다"라고 하는 것, 덧셈에서의 대수법칙인 교환성과 결합성 지도에 이용할 수 있다. 2×5와 같은 곱셈의 경우 빨간색 막대를 5개 놓거나 노란색 막대를 2개 놓아 값을 알 수 있다.

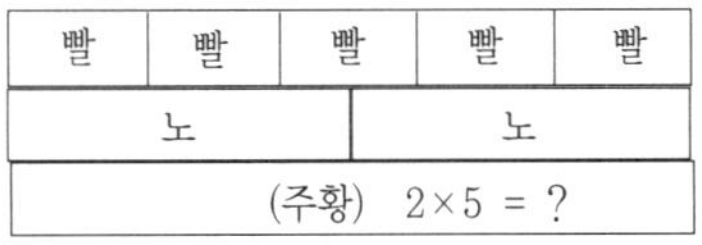

만약, 녹색을 단위막대로 할 경우 흰색, 빨강, 연두색은 $\frac{1}{6}$, $\frac{2}{6}$, $\frac{3}{6}$으로 표현된다. 단위막대가 주어졌을 경우 소수의 덧셈, 뺄셈, 곱셈, 나눗셈도 자연수와 마찬가지로 할 수 있다.

- 색막대는 기하나 측정지도에도 유용한 도구이다. 흰막대를 1cm를 단위길이로 이해할 경우 밑면이 1cm×1cm($1cm^2$:단위넓이)인 흰색 막대를 직(정)사각형의 면을 덮는 활동을 통하여, 그리고 부피가 1cm×1cm×1cm ($1cm^3$:단위부피)인 흰색 막대를 직(정)육면체 모양의 상자에 넣거나 직(정)육면체 모양을 쌓은 개수로써 직(정)사각형이나 직(정)육면체의 부피 구하는 공식을 이해할 수 있다.

  또, 흰막대를 용기에 넣는 활동을 통해 mL의 개념도 이해할 수 있으며, 하나의 막대는 다른 길이의 합으로 구성하고 만드는 활동을 통해 수열에서 규칙성을 탐구할 수 있을 뿐만 아니라 다음과 같은 활동을 통하여 인수와 소수의 개념의 이해를 돕는다.

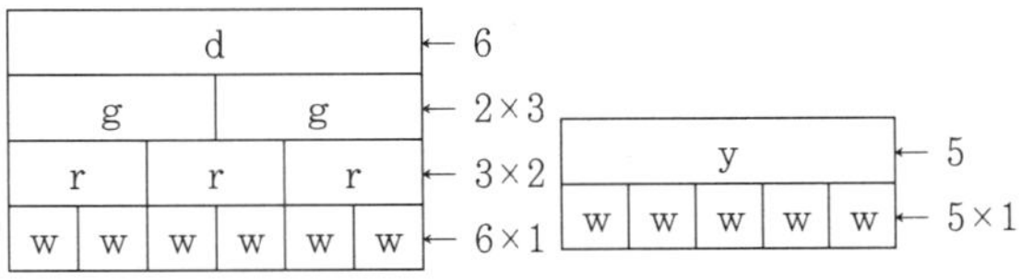

즉 6의 약수는 1, 2, 3이 있음을 알 수 있으며, 그 역으로 6은 1, 2, 3의 배수임을 알 수 있다.

선/면

■ **선(線)**

선의 정의는 공간에서 위치와 길이만 있고, 폭과 두께가 없는 도형을 **선**이라고 한다. 또 정적인 집합의 입장에서 정의는 한 점으로부터 다른 한 점으로 이어진 연속된 점의 집합을 **선**이라 하며, 또 동적(動的)인 입장에서 정의는 점이 움직인 자취를 **선**」이라고 한다. [그림 1]처럼「한 점이 방향을 바꾸지 않고 양쪽으로 한없이 이동한 점의 자취를 **직선**, [그림 2]처럼「한 점이 방향을 바꾸면서 양쪽으로 한없이 이동한 점의 자취를 **곡선**」이라고 한다.

[그림 1]

[그림 2]

평면을 두 부분으로 나눌 때 그 경계에서 선을 얻을 수 있는데 이 경계는 길이는 있으나 폭은 없다. 만일 폭이 있다면 두 평면 중 어느 한 평면에 속해야 하기 때문이다. 또 두 점을 연결하는 선 가운데 직선이 가장 짧고 이것은 단 하나뿐이다. 직선은 그 양쪽으로 한없이 뻗은 선, 즉 무한 직선이기 때문에 끝점은 존재하지 않는다.

곡선에는 개곡선과 폐곡선이 있는데 [그림 3]처럼 평면을 내부와 외부의 두 영역으로 나눌 수 있는 곡선으로 시작점과 끝점이 같은 곡선을 폐곡선이라 하고, [그림 4]처럼 평면을 분할하지 못하며 시작점과 끝점이 같지 않은 곡선을 개곡선이라고 한다.

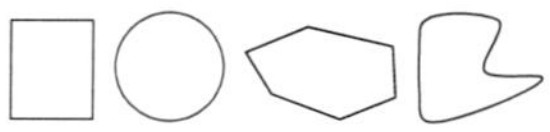
[그림 3]

[그림 4]

■ **직선, 선분, 반직선(사선)**

「직선 위에 있는 임의의 두 점을 잡고, 그 점의 이름 위에 양쪽 화살표를 붙여 $\overleftrightarrow{AB}$, 또는 $\overleftrightarrow{BA}$로 나타내고, **직선 AB**, 또는 **직선 BA**」라 한다. 한편「직선 위에 있는 두 점 A, B 사이에 있는 직선의 한 부분을 **선분** 또는 **유한직선**이라 하고, 두 점 A, B를 선분 AB의 **끝점**이라 한다. 끝점이 A, B인 선분은 $\overline{AB}$, 또는 $\overline{BA}$로 나타내고, **선분 AB**, 또는 **선분 BA**」라 한다.

또,「선분을 그 어느 한쪽으로만 연장시킨 곧은 선을 **사선**(또는 **반직선**)이라 하고 AB를 A쪽에서 B쪽으로 연장했을 때 $\overrightarrow{AB}$, B쪽에서 A쪽으로 연장했을 때 $\overrightarrow{BA}$라 쓰고 각각 **반직선 AB**, **반직선 BA**」라 한다. 그리고 두 선분이 만나는 공통부분은 점인데, 이 점을 두 선분의 **교점**이라 하며, 한 선분의 양 끝점으로부터 같은 거리에 있는 점을 그 선분의 **중점**」이라 한다.

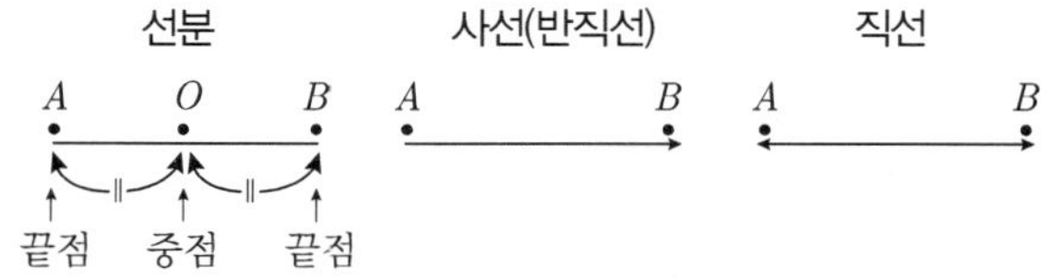

■ **면(面)**

줄의 끝에 돌을 매달고 돌리면 돌이 지나간 자취와 같이 점이 운동하면 **선**이 되고, 밀대로 모래 위를 끌면 밀대가 지난 자취와 같이 선이 운동하면 **면**이 된다. 그리고 면이 운동을 하거나 조합하면 **입체**를 이룬다. 따라서 면은 입체의 구성 요소라고 할 수 있다. 기하학에서는 정적인 입장에서「평면이나 공간에서 위치와 넓이만 있고 두께가 없는 점의 집합을 **면**」이라 하며, 동적(動的)인 입장에서는 선이 움직인 자취를 **면**」이라고 한다.

직선이 자신의 방향과 일치하지 않게 같은 방향으로 일정하게 움직이면 **평면**이 되고, 방향을 바꾸면서 움직이면 **곡면**이 된다. 다음은 곡면과 평면 위에 삼각형을 그린 것이다.

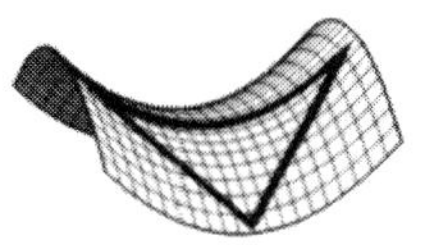
곡면

평면

평면은 무수히 많은 직선을 포함한다. 그리고 직선이 무수히 많은 점을 포함하므로 평면은 점의 집합이기도 하고 직선의 집합이기도 한다.

책상의 면이나 그 위에 놓인 한 장의 종이와 같은 평면의 한 부분을 **면분**이라 한다. 따라서 평면은 한 면분을 모든 방향으로 연장한 것이라고 생각할 수 있으므로 평면은 시작도 끝도 없다.

■ **평면의 결정 조건**

평면은 다음의 각각의 경우에 단 하나 결정된다.

① 같은 직선 위에 없는 세 점
② 한 직선과 그 위에 있지 않는 한 점
③ 서로 만나는 두 직선
④ 평행인 두 직선

선형도형/한붓그리기

■ 선형도형(net work)

「유한개의 선과 그 끝점이 연속적으로 연결되어 이루어진 도형 또는 유한개의 호로 구성된 도형으로 어느 2개의 호도 그 끝점 이외에서는 만나지 않는 도형을 **선형도형 또는 그물**」이라고 한다. 선형도형에는 철도나 지하철 안내도와 같이 **열린 선형도형**도 있고 지도와 같이 **닫힌 선형도형**도 있다.

선형도형에서 호(**위상적 직선**), 정점(호의 끝점 및 그들의 교점), 영역(**또는 평면 부분**)의 수 사이에는 일정한 규칙성이 있고 이들에 대한 통찰은 도형의 함수적인 관찰능력을 기르는 데 많이 활용된다.

선형도형의 호, 정점, 영역의 수를 각각 A, V, R이라 하면 그들의 형태에 따라서 다음의 도형들은 Euler의 정리가 성립하고 이는 다면체의 경우에도 적용된다. 위상에 대한 학습은 연결과 분리에 중점을 둠으로 도구를 사용하지 않고 손으로 곡선이나 직선을 그리는 경우 초등학교에서도 이 정리의 지도가 가능하다.

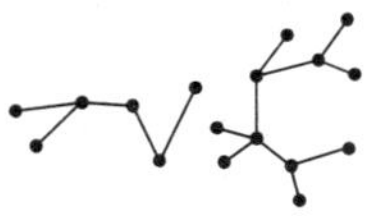
V−A=1

V+R−A=1

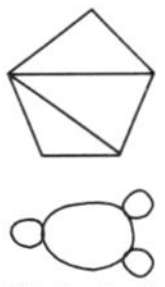
V+R−A=2

「선형도형의 한 정점에 모이는 끝점의 수를 그 **정점의 차수**라 하고, 짝수개의 끝점이 모이는 정점, 또는 한 점에 짝수개의 선이 이어져 있을 때 이 점을 **짝수점**, 홀수개의 끝점이 모이는 정점, 또는 한 점에 홀수개의 선이 이어져 있을 때 이 점을 **홀수점**」이라 한다. 「어떤 종류의 닫힌 선형도형은 정점은 몇 번이든지 관계가 없지만 모든 변이나 호는 한 번만 지나도록 그리는 것을 **한붓그리기**」라고 한다.

■ 한붓그리기

「선으로 이어진 도형을 붓을 떼지 않고, 또 같은 변을 2회 이상 지나지 않으면서 그리는 문제를 **한붓그리기 문제**」라고 한다.

① ② ③

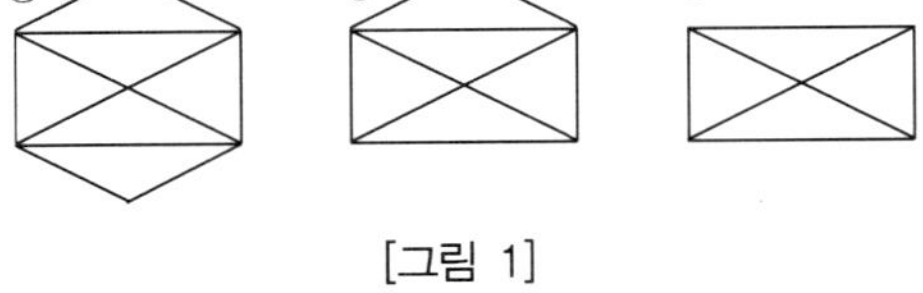

[그림 1]

위 [그림 1]에서 ①, ②는 한붓으로 그릴 수 있지만 ③는 한붓으로는 그릴 수 없다. 한붓그리기 문제는 옛날부터 있었는데 지금으로부터 약 250년 전에 쾨니히스베르크(현재의 칼리닌그라드)에 있는 프레게르강에 걸쳐 있는 [그림 2]와 같은 7개의 다리를 한 번씩만 건너는 것이 가능한가?라는 문제였다. 이것을 '7개의 다리문제'라고 한다. 이 문제를 해결한 사람은 독일의 수학자 '오일러'였다.

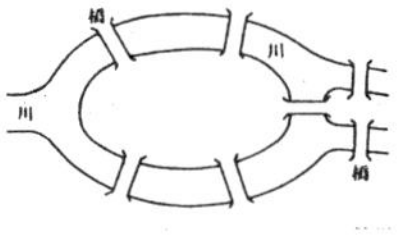

[그림 2]

그는 지금까지의 도형을 연구하는 방법과는 전혀 달리 길이나 넓이 등의 개량적 성질은 모두 제외하고 선의 연결이나 점의 순서에만 착안하는 방법으로 도형의 성질을 연구하였다.

예컨대 켄히스벨크의 다리의 문제에서 육지는 점으로 그리고 다리는 선으로 다음 [그림 3]과 같이 나타내어 그 문제를 해결하였던 것이다. 이 문제의 해결이 도화선이 되어 탄생한 학문이 위상기하학이었으며, 위상기하학은 점차 수학 전반에 도입되게 되었다.

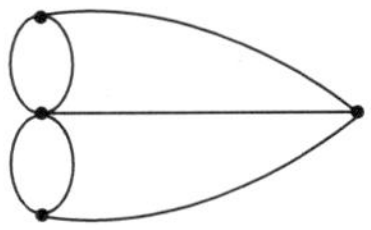

[그림 3]

■ 한붓으로 그릴 수 있는 조건

- 홀수점이 0개일 때, 즉 위 [그림 1-①]처럼 짝수점만으로 구성된 그림은 어느 점에서부터 시작해도 한붓으로 그릴 수 있다.
- 위 [그림 1-②]처럼 홀수점이 2개인 도형은 한붓그리기를 할 수 있는데, 이때 한 홀수점에서 한붓그리기를 시작하면 다른 홀수점에서 끝난다.
- 위 [그림 1-③]처럼 홀수점이 3개 이상인 도형은 한붓그리기를 할 수 없다. 그러나 홀수점을 2n개 갖는 선형도형은 n붓 그리기는 할 수 있다.
- 짝수점으로 이루어진 도형은 한붓그리기를 할 수 있다. 어느 짝수점에서 시작하든지 마지막에는 다시 그 점으로 돌아오게 된다.

[예] 다음 도형을 한붓으로 그려봅시다.

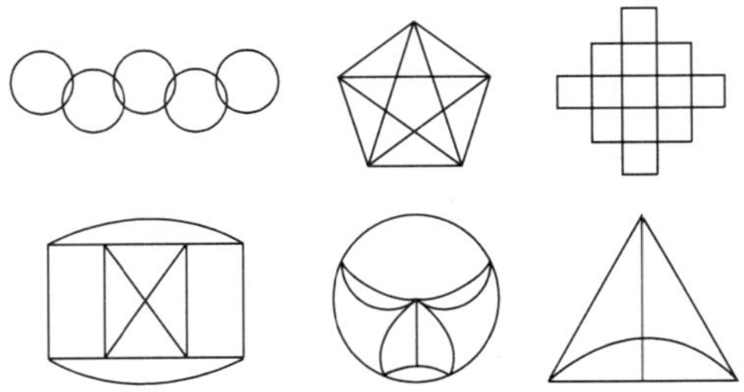

소마큐브

소마큐브(somacube)란 펜토미노에서 유래된 퍼즐로서 1936년 덴마크의 시인이자 물리학자이며 수학자인 피에트 하인*Piet Hein*가 고안한 것이다. 소마큐브는 정육면체를 여러 개 붙인 다면입체(polycube) 중 4개 이하의 정육면체로 이루어진 것에서 오목한 면을 가진 것으로 이루어져 있다.

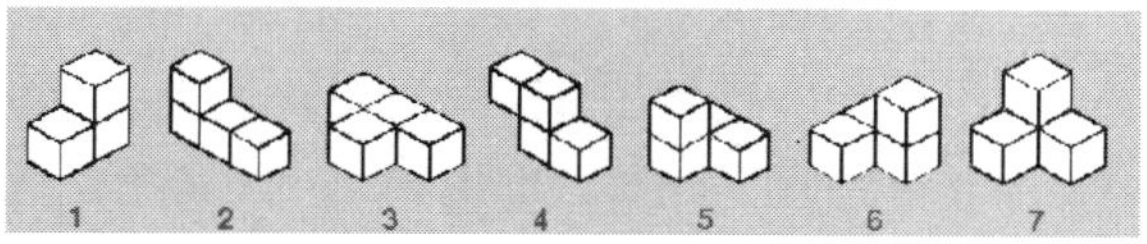

■ **소마큐브의 활용**

소마큐브를 이용하여 다음과 같은 활동들을 할 수 있다.

- 주어진 정육면체로 입체도형을 찾기
- 소마큐브의 겉넓이와 부피를 구하기
- 소마큐브의 전개도를 그리기
- 전개도를 그려봄으로써 공간감각을 기르기
- 소마큐브를 보고 일정한 규칙을 찾기

□ **활용의 예**

- 도형을 보고 규칙을 찾아봅시다.

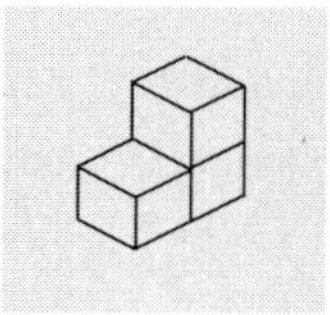

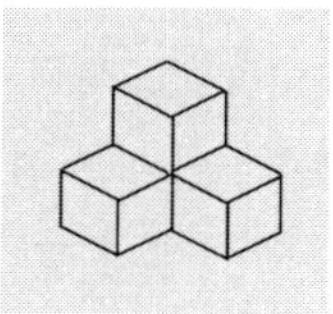

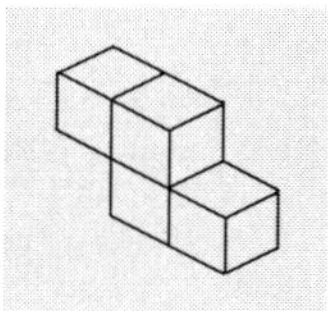

0	2	0
0	1	0
0	0	0

0	2	1
0	1	0
0	0	0

0	1	0
0	2	0
0	1	0

- 소마큐브로 다음 입체도형을 만들고 사용한 소마큐브의 번호를 쓰시오.

도형	소마큐브 번호
왼쪽	
오른쪽	

- 몇 개의 소마큐브를 이용한 입체도형을 보고 그리기와 입체도형 만들기

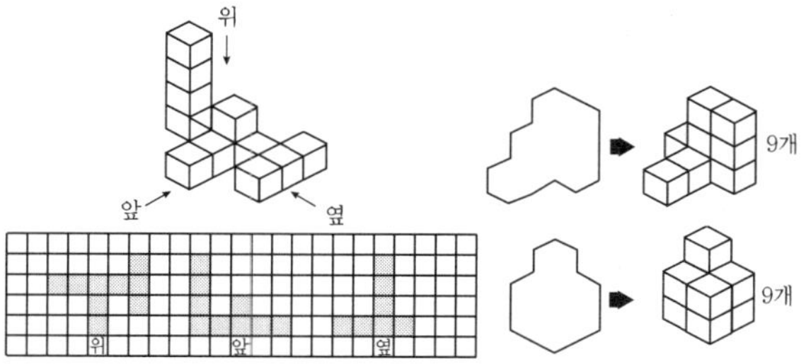

※ 지금까지 만든 큐브에 번호를 붙여 나타내면 다음과 같다.

정육면체 1개를 이용하여 만든 모양을 모노큐브(monocube), 2개의 면과 면을 붙여서 만든 모양을 디큐브(dicube), 3개의 면과 면을 붙여서 만든 모양을 트리큐브(tricube), 4개의 면과 면을 붙여서 만든 모양을 테트라큐브(tetracube), 5개의 면과 면을 붙여서 만든 모양을 펜타큐브(pentacube)라고 한다.

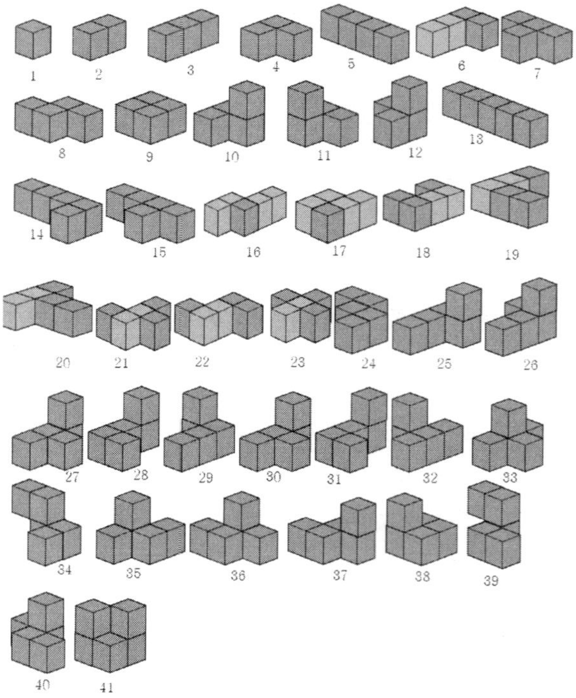

소수

소수(小數;decimal fraction)는 분수보다 약 3000년 후에 나타난 수로 분모가 10^n인 분수를 10진법과 관계를 맺으려는 생각에서 만들어진 수로써 십진기수법의 연장이라고 할 수 있다. 서양에서는 분수가 먼저 발달하였지만 동양에서는 소수가 먼저 발달하였다. 측정의 과정을 보면 서양에서는 일정한 단위로 대상을 측정하고 남는 부분을 다시 측정하기 위하여 그 단위를 3등분, 4등분, …n등분하여 측정한 결과를 분수로 나타냈다. 그러나 동양에서는 남는 부분을 측정하기 위해 그 단위를 10등분, 100등분, 1000등분, …, n등분하여 측정하여 각각의 단위를 할, 푼, 리, 모, … 등으로 나타냈다.

■ 소수의 의미

소수의 의미는 다음 4가지를 생각할 수 있다.

- 연속량의 크기인 측정값를 나타낸다. 예컨대 쌀 2.3kg, 끈 2.3m가 있다.
- 단위량을 몇 배한 수를 나타낸다. 예컨대 2.3은 0.1을 23배한 수 또는 1의 2배와 0.1을 3배를 합한 수이다.
- 비율을 나타낸다. 예컨대 23의 10에 대한 비율은 2.3이다.
- 몫을 나타낸다. 예컨대 $(23\div10)=\frac{23}{10}=2.3$

■ 소수의 성질

- 소수는 십진법으로 전개된다.
- 기수법은 아라비아 기수법을 따른다.
- 어떤 수라도 나타낼 수 있고 계산할 수 있다.

■ 소수지도

① 분모가 10^n인 분수에서 도입하는 방법 : 수직선상에서 소수와 분수를 대응시켜 도입하기

$\frac{0}{10}$	$\frac{1}{10}$	$\frac{2}{10}$	$\frac{3}{10}$	$\frac{4}{10}$	$\frac{5}{10}$	$\frac{6}{10}$	$\frac{7}{10}$	$\frac{8}{10}$	$\frac{9}{10}$	$\frac{10}{10}$
0	0.1	0.2	0.3	0.4	0.5	0.6	0.7	0.8	0.9	1

② 10진법에 따라 도입하는 방법 : 측정에서 복명수를 단명수로 고치는 경우를 통해서 도입하기

예컨대 1cm 2mm = 1.2cm, 3Kg750g = 3.75Kg…처럼 $\frac{1}{10}=0.1$, $\frac{1}{100}=(0.1)^2$,…로 나타내고, 이들과 10^0, 10^1, 10^2, …과의 단위를 조합해서 $a_n\times10^n+a_{n-1}\times10^{n-1}+\cdots+a_1\times10^1+a_0\times1+b_1\times0.1+b_2\times(0.1)^2+\cdots+b_n\times(0.1)^n$(각 a_i, b_j는 0부터 9까지의 숫자)를 $a_n a_{n-1}\cdots a_1a_0.\underline{b_1b_2\cdots b_{n-1}b_n}$로 나타낸 수를 소수라고 한다. a_1a_0와 b_1b_2 사이의 점「.」을 소수점, $a_na_{n-1}\cdots a_1a_0$ 부분을 정수부분, 밑금을 친 $b_1b_2\cdots b_{n-1}b_n$ 부분을 소수부분이다.

소수 중에는 0.23처럼 정수 부분이 포함되지 않는 소수를 **순소수**, 5.32처럼 정수와 (순)소수의 합으로 나타낸 소수를 **대소수**, 5.32, 0.785처럼 소수점 아래로 몇 자리에서 끝난 소수를 **유한소수**라고 하며, π=3.14…처럼 소수점 아래로 한없이 계속되는 소수를 **무한소수**라고 한다.

■ 분수와 소수

- 분수 $\frac{b}{a}$를 소수로 고치려면 b÷a를 계산한다. 그 결과는 나누어떨어지지 않는 경우는 $\frac{2}{3}=0.6666\cdots$, $\frac{256}{110}=2.32727\cdots$ 등으로 나타낸다. 이와 같이 소수점 아래로 숫자가 무한히 계속되는 소수를 **무한소수**라고 한다. 이처럼 무한소수 중 어떤 자리이하에서 몇 개의 숫자가 일정한 패턴이 반복되는 소수를 **순환소수**라 하고, 규칙적으로 반복되는 수의 6, 27을 각각 **순환절** 또는 **순환마디**라고 한다. 순환소수는 순환절을 이용하여 반복되는 숫자 위에 $0.\dot{6}$, $2.3\dot{2}\dot{7}$처럼 점「·」을 찍어 나타낸다. 이처럼 분수는 유한소수나 무한소수로 나타낼 수 있다.
- 위의 역으로 소수를 분수로 고치면 $2.4=\frac{24}{10}$, $22222.45=\frac{245}{100}$, …처럼 유한소수나 $0.\dot{a}=\frac{a}{9}$, $\dot{a}\dot{b}=\frac{ab}{99}$, …, $0.\dot{a}\dot{b}\dot{c}\dot{d}=\frac{abcd}{9999}$처럼 순환소수는 분수로 나타낼 수 있다. 그러나 $\sqrt{2}=1.4142\cdots$나 π=3.1415… 등과 같이 순환하지 않는 무한소수 또는 비순환무한소수는 무리수로써 분수로 나타낼 수 없다.

소수를 분류하면 다음과 같다.

- 소수
  - 유한소수:0.7, 0.96 등
  - 무한소
    - 순한소수
      - 순순환소수:$0.\dot{3}$, $0.\dot{3}\dot{6}$
      - 혼순환소수:$2.2\dot{3}\dot{5}$, $0.27\dot{5}\dot{6}\dot{8}$
    - 비순한소수:0.12345…

소수에 대한 추측

■ **소수와 합성수** : 2, 3, 5, 7, …처럼「1보다 큰 정수 중 1과 자기 자신의 수만 약수로 갖는 수. 즉 약수의 개수가 2개뿐인 수를 **소수**((素數;prime number))라 하고, 소수가 아닌 자연수. 즉 약수의 개수가 3개 이상인 자연수를 **합성수**(合成數)」라고 한다. 예컨대 4의 약수는 1, 2, 4이며, 6의 약수는 1, 2, 3, 6이고 8의 약수는 1, 2, 4, 8, …인 것처럼 약수가 3개 이상인 수를 **합성수**라고 한다. 그리고 1은 약수의 개수가 1개뿐인 수로 소수도 합성수도 아니다.

「1보다 큰 정수 중 1과 자기 자신의 수 이외의 약수를 갖지 않는 수를 **소수**(素數)」라는 정의에 대해 관점을 바꾸면「소수란 약수의 개수가 단 2개인 수」라고 단순하게 정의하기도 하지만 그 단순성 안에는 모든 복잡성이 교묘하게 숨어있다는 점은 소수 연구의 대상이다. 실제 어떤 수 n이 소수인가 소수가 아닌가의 판정법은 2000년 전의 그리스 시대에 고안된 "에라토스테네스의 체" 이상으로 진보되지 않고 있기 때문이다. 1971년까지에 발견된 최대의 소수는 6002자리($2^{19937}-1$)의 수였으나 30년이 지난 현재 그 자리 수는 531개 늘어난 것($2^{21701}-1$)에 불과하다.

■ **에라토스테네스의 체**

기원전 230년경에 태어난 그리스의 수학자인 에라스토테네스는 고대 이집트의 알렉산드리아 대학 도서관의 사서들의 감독관이었다. 그는 소수를 찾는 관심을 갖고 1부터 100까지의 수 중에서 소수가 아닌 수를 [그림 1]과 같은 방법으로 소수를 찾아냈는데 이것은 마치 체로 작은 돌을 걸러 내듯이 소수가 아닌 수를 걸러내어 소수만 남긴다고 하여 이 방법을 '에라토스테네스의 체'라고 불리며 오늘날까지도 사용하고 있다. 그가 소수를 찾은 방법을 소개하면 다음과 같다.

① 소수도 합성수도 아닌 1에 ×표, ② 2의 배수는 ○표, ③ 3의 배수는 ◇표, ④ 5의 배수는 △표, ⑤ 7의 배수는 ▽표를 했을 때 아무런 표시를 하지 않은 수는 소수이다.

1	2	3	4	5	6	7	8	9	10
11	12	13	14	15	16	17	18	19	20
21	22	23	24	25	26	27	28	29	30
31	32	33	34	35	36	37	38	39	40
41	42	43	44	45	46	47	48	49	50
51	52	53	54	55	56	57	58	59	60
61	62	63	64	65	66	67	68	69	70
71	72	73	74	75	76	77	78	79	80
81	82	83	84	85	86	87	88	89	90
91	92	93	94	95	96	97	98	99	100

※ 단 2, 3, 5, 7은 소수이기 때문에 예외로 한다.

■ **소수에 대한 여러 가지 추측**

- **골드바흐의 추측** : *Goldbach*는 '모든 짝수는 자신의 수보다 작은 두 소수의 합과 같으며, 모든 홀수는 자신의 수보다 작은 세 소수의 합과 같다.'고 추측했다. 예컨대 8=5+3, 10=7+3,… 등이 있으며, 7=3+2+2, 9=3+3+3,… 등이 있다. 이것은 같은 소수를 한 번 이상 사용하는 것을 허용할 때 성립된다.
- **레비의 추측** : 1964년에 미국의 수학자 파울 레비 *Paul Levy*는 29=(13×2)+3, 29=(11×2)+7, …처럼 '모든 홀수는 한 소수를 2배한 수와 또 다른 소수를 합으로 나타낼 수 있다.'고 했다.
- **헤이만과 폴리그낙의 추측** : 1976년에 헤이만*Hamann*은 '모든 짝수는 두 소수의 차와 같다.'고 했으며, 폴리그낙*Polignac*은 헤이만과 매우 비슷한 추측으로 '모든 짝수는 수많은 수 계열에서 연속하는 두 소수의 차와 같다.'고 했다.
- **버트랜드의 추측** : 프랑스 수학자인 버트랜드*Bertrand*는 1845년에 '1보다 큰 모든 수와 그 수를 2배한 수 사이에는 적어도 하나의 소수가 존재한다.'고 했는데 이러한 추측은 러시아의 수학자 체비쇼프*Chebyshov*(1821−1894)에 의해서 50년 후에 사실로 증명되었다.
- **타타글리아의 추측** : 이탈리아의 수학자 니콜로 타타글리아*Nicolo Tartaglia*(1499−1557)는 '1부터 2배씩 한 수들의 합은 소수와 합성수가 교대로 나타나는 규칙이 있다.'고 잘못 추측을 한 사람도 있다.

위 사람들 외에도 소수에 대한 여러 가지 추측들이 있다. 소수에 대한 또 다른 추측을 해 봄으로서 수에 대한 흥미를 갖게 될 것이다.

소인수/소인수분해

■ **소인수**

「어떤 정수 A를 몇 개의 정수의 곱으로 나타냈을 때, 이들 정수를 원래의 정수인 A의 **인수**(因數;factor)」라 하고, 정수 A의 인수 중에서 소수(素數;prime number)인 수를 정수 A의 **소인수**(素因數; prime factor)」라고 한다. 즉 「양의 정수의 집합을 Z라 할 때 a, b, c∈Z이고 a=b×d이면 b와 c를 a의 **인수**라고 하며, a의 인수인 b, c 중에서 소수를 a의 **소인수**」라고 한다. 예컨대 12=1×12, 2×6, 3×4에서 1, 2, 3, 4, 6, 12는 12의 인수이다. 그 중에서 소수인 2, 3을 12의 소인수라고 한다. 그리고 「어떤 정수를 2개 이상의 자신의 소인수들의 곱으로 나타내는 것을 **소인수분해**」라고 한다.

■ **인수분해**

인수분해는 수인 경우와 식인 경우로 나누어 생각할 수 있다.

- **정수인 경우** : 「어떤 정수 A를 2개 이상의 자신의 인수들의 곱으로 나타내는 것을 **인수분해**」라고 한다. 예컨대 자연수 12를 1×12, 2×6, 3×4, 1×2×2×3 등으로 나타내는 것을 12를 인수분해한 것이다.
- **다항식인 경우** : 「어떤 다항식을 2개 이상의 다항식의 곱으로 나타내는 것을 **인수분해**」라고 한다. 예컨대 다항식 ac+bc+ad+bd=(a+b)(c+d)처럼 좌변의 식 ac+bc+ad+bd에서 공통인수로 묶어 우변의 식 (a+b)(c+d)로 변형하는 것을 인수분해라고 한다.

또, 「다항식에서 각 항에 똑같은 인수가 존재할 때, 이 인수를 **공통인수**」라 하고 공통인수로 묶어서 인수분해할 수 있다. 예컨대 $ma+mb-mc$에서 공통인수는 m이므로 m으로 묶어 $ma+mb-mc=m(a+b-c)$로 인수분해한다.

일반적으로 「다항식에서는 더 이상 다항식의 곱으로 나타낼 수 없는 상태가 되었을 때 인수분해를 했다」고 한다. 예컨대 $(x^4+x^3-x-1)=(x^2-1)(x^2+x+1)$로 나타낸 것은 인수분해했다고 하지 않고, $(x^4+x^3-x-1)=(x+1)(x-1)(x^2+x+1)$로 나타냈을 때 '인수분해했다.'고 한다. 또 $x^2+3x+2=(x+1)(x+2)=1\times(x+1)(x+2)$로 나타낼 수 있으므로 그 인수는 1, $(x+1)$, $(x+2)$, $(x+1)(x+2)$ 등이 있다. 그러나 여기서는 더 이상 인수분해되지 않는 인수를 찾은 것이 중요하다. 따라서 $(x+1)$, $(x+2)$를 말하는 것이 보통이다. 그리고 그 역인 「인수분해한 식을 원래의 식으로 나타내는 것을 **전개했다**」고 한다.

다항식의 인수분해의 기본공식은 다음과 같은 것들이 있다.

① $ma+mb+mc=m(a+b+c)$,

② $a^2\pm 2ab+b^2=(a\pm b)^2$,

③ $a^2-b^2=(a+b)(a-b)$,

④ $x^2\pm(a+b)x+ab=(x\pm a)(x\pm b)$, … 등

■ **인수분해의 활용**

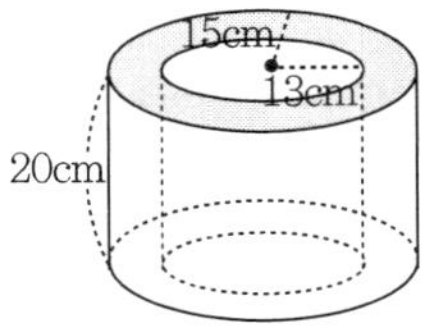

인수분해는 복잡한 다항식을 복잡한 문제를 간단히 계산하는 데 이용할 수 있다. 예컨대 오른쪽 그림과 같은 입체도형에서 바깥 원의 반지름이 15cm, 안쪽 원의 반지름이 13cm, 높이가 20cm일 때 이 입체도형의 부피는 얼마인가?

이 입체도형의 부피 $V=(\pi\times 15^2\times 20)-(\pi\times 13^2\times 20)$

$=\pi\times 20\times(15^2-13^2)$

$=\pi\times 20\times(15+13)(15-13)$

$=1120\pi(cm^3)$이다.

■ **소인수분해**

「어떤 정수 중에서 합성수 A를 자신의 소인수들의 곱으로 나타내는 것을 **소인수분해**」라고 한다. 예컨대 합성수 12와 18을 소인수 분해하는 방법은 소인수들의 순서를 무시한다면 12=2×2×3, 18=2×3×3처럼 단 한 가지뿐이다. 이것을 소인수분해의 일의성(一意性)이라 한다.

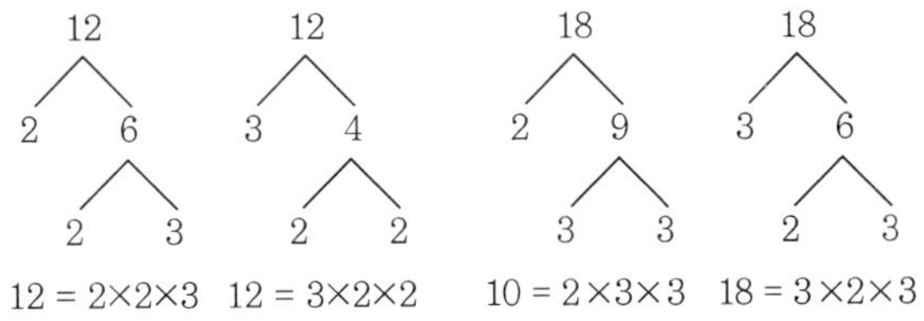

소인수 분해를 이용하여 최대공약수 및 최소공배수를 구할 수 있다. 예컨대 12와 18을 소인수 분해하면 12=2×<u>2×3</u>이고, 18=<u>2×3</u>×3이다. 여기서 공통인 소인수의 곱인 <u>2×3</u>=6은 12와 18의 최대공약수이며, 최대공약수에 나머지 수들 곱인 <u>2×3</u>×2×3=36은 12와 18의 최소공배수이다.

손익산/비의 3용법

■ **손익산**

물건을 사고 팔 경우 이익을 보기도 하고 손해를 보기도 한다. 상점에서는 물건을 사들인 가격을 **원가**라면, 원가에 일정한 금액의 이익을 붙여 판매하는 가격을 **정가**라고 한다. 이처럼 「물건 구매에 따른 원가나 정가, 이윤이나 이율, 할인 가격이나 할인율 등과 관련된 문제를 **손익산**」이라고 한다.

[예 1] 상점에서 1상자에 950원에 사들인 물건을 1140원에 팔았다. 이율은 얼마인가?

〈풀이〉 (이율)=(정가−원가)÷(원가)에서

(1140−950)÷950=20%

[예 2] 3개에 360원에 판매할 물건을 1할 5푼을 할인하여 판매하였다. 이 물건 1개의 판매 가격은 얼마인가?

〈풀이〉 (할인 판매가)=정가×(1−이율)에서

360×(1−0.15)=306, 306÷3=102(원)

> 구입가격을 **원가**, 판매가격을 **정가**, (정가−원가)=이익, 원가에 대한 이익의 비율은 **이율**이라고 한다.
> - 이익=정가−원가 • 이율=이익÷원가
> - 손해율=손해÷원가 • 손해=원가×손해율
> - 정가=원가×(1+이익)
> - 판매가=정가×(1−할인율)
> - 할인가=정가×(1−할인율)
> - 할인율=(정가−할인가)÷정가=(할인액−정가)
> - 원가=(이익÷이익률)=(정가−이익)=(손해÷손해율)
>
> (단, 할인율, 손해율, 이율 등은 소수나 분수로 계산함)

[예 3] 3500원에 사들인 물건을 28%의 이율을 붙여 판매한다면 정가는 얼마인가?

〈풀이〉 3500×(1+0.28)=4480(원)

[예 4] 어떤 물건을 원가의 3할 5푼인 140원을 손해를 보고 팔았다면 원가는 얼마인가?

〈풀이〉 원가를 1이라면 140원은 원가의 0.35이므로 140÷0.35=400(원)

■ **비의 용법산**

「a, b가 두 수 또는 같은 종류의 양일 때 a가 b의 몇 배인가의 관계를 b에 대한 a의 비 또는 a와 b의 비라 하고, a:b」로 나타낸다. 그리고 「비교되는 양 a가 기준량 b의 몇 배인가를 나타내는 수 값, 즉 b를 단위 1로 보았을 때의 a의 상대적인 크기를 나타내는 수의 값을 **비율**」이라고 한다.

a:b의 비의 값, 즉 (비율)=$\frac{(\text{비교되는 양})}{(\text{기준량})}$이고, 「비의 값이 k이면 $\frac{a}{b}=k(=\frac{k}{1})$, a=bk, b=$\frac{a}{k}$이므로, a, b, k 중 어느 2개를 알면 다른 하나의 수를 구할 수 있다. 이를 **비의 3용법**」이라고 한다.

[예 1] 진수는 가지고 있던 돈의 $\frac{3}{5}$을 사용하여 720원의 책을 샀습니다. 진수는 처음에 얼마를 가지고 있었는가?

〈풀이〉 위 문제를 선분도로 나타내면 다음 그림과 같다. 처음에 가진 돈이 기준량이라면 사용한 돈 720원은 비교되는 양에 해당하며, 비율은 $\frac{3}{5}$이므로 처음 가진 돈은 720÷$\frac{3}{5}$=1200(원)이다.

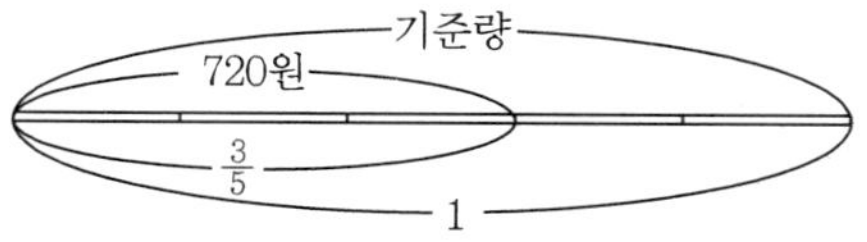

[예 2] 영호네 반 학생 중에서 야구를 좋아하는 학생 수는 전체의 72%였다. 야구를 좋아하는 학생 중 여학생이 75%라면

① 야구를 좋아하는 학생은 전체의 몇 %인가?

② 야구를 좋아하는 여학생이 27명이라면 반 전체 학생은 몇 명인가?

③ 야구를 좋아하는 학생은 모두 몇 명인가?

〈풀이〉 ① 전체 학생 수를 □명이라면 야구를 좋아하는 학생은 (□×0.72)명이다. 그리고 야구를 좋아하는 학생 중 여학생은 (□×0.72)의 75%이므로 (□×0.72)×0.75=□×0.54이므로 야구를 좋아하는 학생은 전체의 54%이다.

② 야구를 좋아하는 여학생이 27명이므로 27÷0.54=50(명)이다.

③ 야구를 좋아하는 학생은 50×0.72=36(명)이다.

수

「수(數, number)는 숫자라는 기호를 이용하여 사물의 양을 나타낸 것」으로, 예컨대 다음 그림에서 3가지의 물체는 크기, 모양, 색깔, 용도 등 모든 면에서 서로 다르다. 그러나 그들이 가진 공통적인 속성 중 양은 같다. 그 양의 크기를 우리나라는 '삼', 일본은 'さん', 영어로는 'three'로 읽고, 기호 '3'으로 나타낸다. 물건의 개수를 세기 위해 쓰인 1, 2, 3, 4,… 등과 같은 자연수는 순서를 나타내는 데도 이용한다.

「사물의 많고 적음, 대소, 위치, 순서 등을 나타내기 위한 수단으로 만들어진 자연수, 정수, 유리수, 무리수, 실수, 복소수 등을 통틀어 **수**라고 하고, 수를 나타내는 기호를 **숫자**」라고 한다.

■ 수의 확장

a, b∈N(N;자연수)이고, a<b일 경우 (a+b)∈N이고, (a×b)∈N이다. 그러나 (b−a)∉N일 경우, 그 차를 자연수로 나타낼 수 없음에 따라 새로운 수인 음수를 도입하여 수의 범위를 정수까지 확장하였으며, (a, b)∉Z(Z;정수, a, b는 서로소)인 경우, a÷b($\frac{a}{b}$)에서 그 몫을 정수로 나타낼 수 없음에 따라 새로운 수인 분수나 소수 등 유리수를 도입하여 수의 범위를 유리수까지 확장하게 되었다. 이처럼 수를 다루는 과정에서 제한을 받을 경우 새로운 수 체계를 만들어 점차 수의 범위를 확장시켜 왔다.

■ 유리수(有理數)와 무리수(無理數)

□ **유리수** : 양을 단위량으로 측정했을 때 자연수로 떨어지지 않고 남은 부분의 양을 측정하기 위해서는 그 단위량을 $\frac{1}{2}$, $\frac{1}{3}$, …, 0.1($\frac{1}{10}$), 0.01($\frac{1}{100}$), … 등으로 쪼개어 측정하는 과정에서 발생한 수가 분수나 소수 등 유리수이다. 따라서 유리수를 나타내는 방법에는 분수와 소수가 있다.

- 고대 이집트에서는 어떤 대상을 단위량으로 측정하고 남는 부분들을 측정하기 위해 단위량을 $\frac{1}{2}$, $\frac{1}{3}$, $\frac{1}{4}$, … 등으로 쪼개어 측정하는 등 단위분수를 주로 사용했다. 한편 동양에서는 대상을 단위량으로 측정하고 남는 부분을 측정하기 위해 단위량을 10등분, 100등분, … 등으로 측정하는 소수를 주로 사용했다. 즉 10등분했을 때 단위량을 0.1, 100등분했을 때 단위량을 0.01, 1000등분했을 때 단위량을 0.001, … 등으로 나타내고, 각 자리의 이름인 단위를 각각 할, 푼, 리, 모, 사, … 등으로 불렀다.

□ **무리수**(無理數)

고대 이집트나 그리스에서는 자연수로 나타낼 수 없는 양은 분수로 나타냈는데 양 중에는 분수로 나타낼 수 없는 양이 존재한다는 것을 피타고라스학파가 발견했다. 예컨대 한 변의 길이가 1인 정사각형의 대각선의 길이는 분수로 나타낼 수 없는 양이라는 것을 그들은 알고 있었다. 이와 같이 「분수로 나타낼 수 없는 수를 **무리수**」라 하는데, $\sqrt{2}$, $\sqrt{3}$, 원주율 π, e, 등이 있다.

■ 실수와 허수

□ **실수** : 유리수를 수직선에 나타내고 이를 확대경으로 크게 확대하여 보면 무수히 많은 점이 띄엄띄엄 찍혀있을 것이다. 이것은 유리수는 매우 조밀하지만 연속이 아님을 의미한다. 유리수를 나타낸 수직선에서 점과 점 사이에 무리수를 보충하면 수직선은 연속이 된다. 「유리수와 무리수를 합하여 **실수**」라고 한다. 연산의 입장에서 보면 실수에서도 여전히 모든 연산이 자유롭지 못하다. 예를 들면, $x^2=-1$처럼 어떤 두 수를 제곱하여 음수가 되는 수는 실수에 없다.

□ **허수** : 「$x^2=-1$을 만족하는 x는 $x=\sqrt{-1}$이고, $\sqrt{-1}=i$로 나타내고 이를 **허수**」라고 한다. 허수는 실제로 존재하지 않는 상상의 수로써 크기를 비교할 수 없는 수다.

□ **복소수** : 「실수와 허수를 합하여 **복소수**」라고 하는데, 복소수는 $a+bi$(a, b는 실수, i는 허수)꼴로 나타낸다. 복소수 $a+bi$는 a와 b를 좌표로 하는 평면(가우스평면) 위의 점으로 표시된다. 가우스는 '복소수를 계수로 하는 모든 대수방정식은 복소수의 근을 가진다.'라는 정리를 증명하였다.

수를 분류하면 다음과 같다.

- 복소수
  - 실수
    - 유리수
      - 정수
        - 양수(자연수)
        - **영**(0)
        - 음수
      - 분수(소수)
    - 무리수
  - 허수

수직

수직이란 도형에 대한 이름이 아니고, 두 도형 사이의 위치관계를 말하는 것이다. 즉 두 직선이 수직이라는 것은 그 두 직선의 상대적인 위치관계의 특수한 경우이고 길이와는 무관한 개념이다. 수직관계를 알기 위해서는 감각적으로 연직과 수평의 의미를 파악해야 한다. 연직과 수평[1]은 가로와 세로, 밑변과 높이처럼 상대적인 위치관계가 아니고 절대적인 위치관계이다.

다음 [그림 1]처럼 서로 직각이 되도록 접은 종이를 회전시키면서 관찰하는 것이 필요하다. 일반적으로

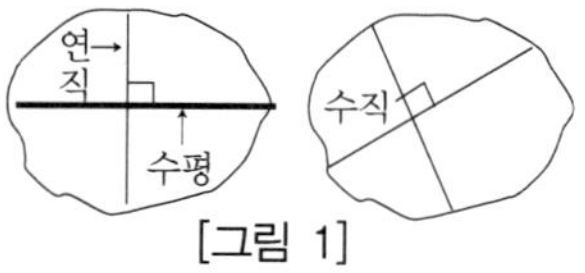

[그림 1]

「연직은 수평면에 대해서 직각을 이루는 경우이고, 수직은 두 직선이 직각을 이루는 경우」라고 볼 때 연직은 수직의 특별한 경우이다.

■ **직선과 직선의 수직** : 「두 직선이 직각으로 만날 때, 이 두 직선은 서로 **직교한다** 또는 서로 **수직이다**.」라고 하고 그 한 직선을 다른 직선의 **수선**이라 한다. [그림 2]처럼 직선 CO가 AB에 수직인 것을 CO⊥AB로 나타내고, 그 교점인 O를 **수선의 발**이라 한다. [그림 3]처럼 두 직선이 직교하지 않고 만나는 경우 이들은 서로 **빗만난다**(斜交)고 하고 그 한 직선을 다른 직선의 **빗금** 또는 **사선**(斜線)이라 하며, 직선 FP가 DE의 빗금일 때, 그 교점 P를 **빗금의 발**이라 한다.

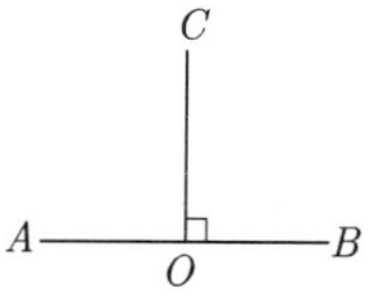

[그림 2]

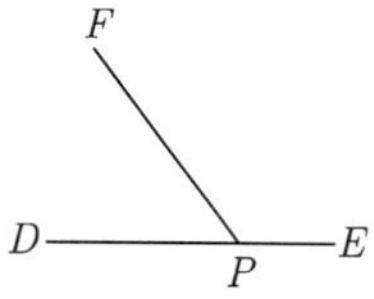

[그림 3]

■ **직선과 평면의 수직** : 직교하는 두 직선 중 어느 한 직선을 축으로 하여 회전시킬 때 다른 직선은 하나의 평면을 만들고 이때의 축은 이 평면에 수직이다. 즉 「한 직선이 한 평면과 만날 때 그 교점을 지나는 그 평면 위의 모든 직선이 처음 직선과 수직일 때 이 직선을 그 평면의 **수선**」이라고 한다.

1) 연직(鉛直)은 어떤 직선이 다른 직선이나 평면과 수직을 이루는 상태로 그 방향은 지구의 중력방향이다. 한편 수평(水平)은 지구의 중력방향과 직각을 이루는 상태로 바닷물의 수면을 기준으로 한다.

직선과 평면의 수직에 관한 정리 중에서 중요한 것은 **삼수선의 정리**(三垂線의 定理)이다. 평면 α 밖의 한 점 P에서 평면 α에 내린 수선의 발을 Q라 하고, Q에서 평면 α 위의 임의의 직선 g에 세운 수선의 발을 R이라 하면, PR⊥g이다. PQ⊥α이므로 PQ⊥g이고, 또 가정에서 QR⊥g이다. 따라서 g는 PQ와 QR이 결정하는 평면 PQR에 수직이다. 즉 g는 이 평면 위의 모든 직선에 수직이므로 g는 PR에 수직이다. 이 정리의 역은 다음의 2개이며, 이들은 모두 참이다.

① 평면 α 밖의 한 점 P에서 이 평면에 내린 수선의 발을 Q라 하고, P에서 α 위의 임의의 직선 g에 세운 수선의 발을 R이라 하면 QR⊥g이다.

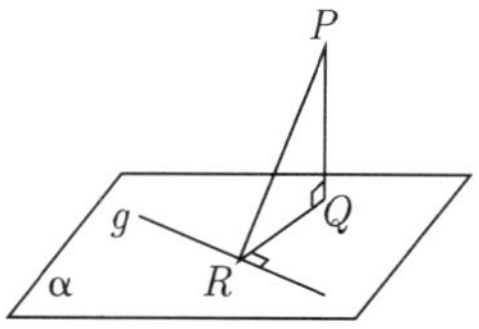

② 평면 α 밖의 한 점 P에서 평면 α 위의 직선 g에 내린 수선의 발을 R이라 하고 α 위에서 R을 지나는 g의 수선을 그어 이 직선에 P에서 세운 수선의 발을 Q라 하면 PQ⊥α이다.

이들은 각각 g가 PR, PQ의 결정하는 평면 PQR에 수직인 것 및 PQ가 g와 QR가 결정하는 평면에 수직인 것에서 알 수 있다. ②는 평면 밖의 한 점에서 이 평면에 수선을 긋는 작도에 이용된다. 즉 P에서 α에 수선을 직접 그을 수가 없기 때문에 α 위의 임의의 직선 g를 긋고, g, P가 결정하는 평면(β) 위에서 P로부터 g에 수선 PR을 긋는다. 그런 후 α 위에서 R로부터 g에 수직인 직선 RQ를 그어서 PR, RQ가 결정하는 평면 γ 위에서 P로부터 RQ에 수선 PQ를 내리면 이것이 P에서 α에 내린 수선이다.

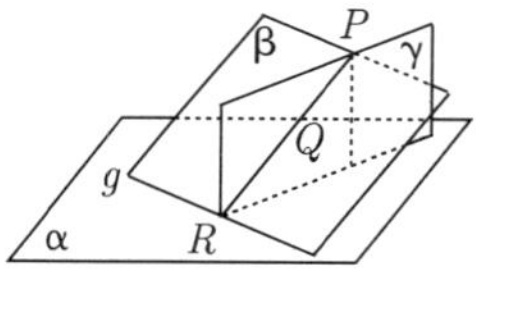

■ **평면과 평면의 수직** : 「두 평면을 α, β와 그들이 만나는 교선을 g라 할 때, g에 수직인 평면으로 자른 자리의 두 직선이 수직이면 두 평면 α, β는 서로 **수직**」이라 한다. 두 평면의 수직에 관해서는 다음 2개의 정리가 중요하다. ① 평면 α와 직선 ℓ이 수직일 때 ℓ을 포함하는 평면 β는 α에 수직이다. ② 평면 α와 β가 수직일 때 β 위의 점 P에서 α, β의 교선에 내린 수선은 α와 수직이다. 이들의 각각 1이 α의 수선인 것으로부터 α, β의 교각이 직각임과 P에서 교선에 내린 수선이 α위의 임의의 직선과 수직이다.

수직선

「직선 위의 점에 다음과 같은 방법으로 수를 대응시켰을 때 이 직선을 **수직선**」이라고 한다.

- 직선 위의 두 점 O와 E를 잡고 점 O에 수 0을, 점 E에 수 1을 대응시킨다.
- 직선 위의 두 점인 O, E 이외에 임의의 점 P에 대하여 선분 OP의 길이를 선분 OE의 길이를 단위로 하여 측정하고, 그 측정값을 $x(x>0)$라고 한다.
- 점 P가 점 O에 대해서 E와 같은 쪽에 있을 때는 점 P에 수 x를 대응시키고, 점 P가 O에 대해서 E와 반대쪽에 있을 때는 점 P에 수 $-x$를 대응시킨다.

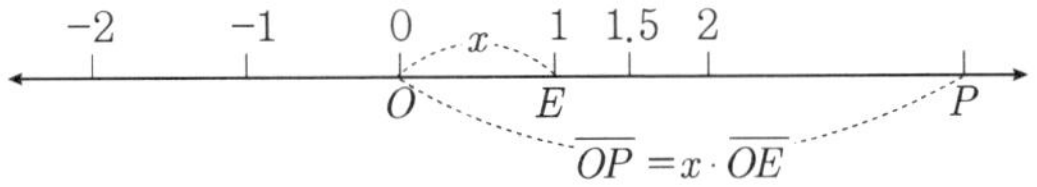

「수직선상의 점 O를 **원점**, 점 E를 **단위점**」이라고 하며, 일반적으로 단위점 E는 원점인 O의 오른쪽에 잡는다. 따라서 점 O의 오른쪽의 점에 대응하는 수를 **양수**, 왼쪽의 점에 대응하는 수를 **음수**라고 한다. 점 P에 대응하는 수를 그 **점의 좌표**라고 한다.

수직선은 직선에 실수를 대응시킨 선으로 수의 대소관계나 계열, 십진법의 구조에 대한 이해뿐만 아니라 소수를 도입하는 데 유용하다. 또 시계나 저울을 펼쳐서 수직선으로 나타내면 시간이나 무게의 양감을 길이로써 직관적으로 인식시킬 수 있다.

■ 길이 측정하기

선분 OP의 측정값이 어떻게 정해지는가에 대해 좀 더 상세하게 생각해 보면,

- 선분 OP가 단위선분인 OE의 자연수 n의 배수인 경우, 이때 측정값은 n이고 점 P에는 정수가 대응된다.
- 선분 OP가 단위선분인 OE의 자연수 n의 배수가 아닌 경우, 즉 n배하고 남은 부분이 있는 경우 : 남은 부분에 대해서는 단위선분 길이의 $\frac{1}{10}$, $\frac{1}{100}$ 등의 길이를 단위길이로 해서 반복하여 측정한다. 이 경우 그 조작이 유한회로 끝나는 경우와 끝나지 않는 경우가 있다. 유한회로 끝난 측정값은 유한소수로, 그리고 유한회로 끝나지 않은 측정값은 무한소수로 나타난다.

위의 사실로부터 직선상의 점은 모두 실수로 나타낼 수 있다는 것을 알 수 있다. 수직선은 추상적인 수를 대수적·순서적·위상적 성질 등을 유지하면서 그림으로 표시한 것이다. 따라서 이것을 활용함으로써 양의 정수를 비롯하여 분수, 소수, 음수, 유리수, 무리수 등의 개념형성이나 그 연산, 대소관계, 이산성, 조밀성, 연속성, 등의 이해를 용이하게 하거나 심화시킬 수 있다.

■ 수직선에서 수를 읽는 방법과 쓰는 방법

수직선 위에 있는 임의의 점의 위치는 하나의 수를 대응시킬 수 있다. 수의 범위를 자연수 → 유리수 → 무리수 등으로 확장시키거나 필요에 따라 단위눈금인 한 눈금의 크기를 1, 10, 50, 0.1, 0.01, $\frac{1}{2}$, $\frac{1}{3}$,··· 등으로 수직선을 읽는 방법과 쓰는 방법을 지도한다. 또 수직선 위의 점은 오른쪽으로 갈수록 큰 수를 나타낸다는 것을 근간으로 하여 수 사이의 관계를 이해시켜야 한다.

① 원점과 단위점의 위치 정하기 : 원점으로부터 단위량의 크기에 따라 정수는 1씩, 소수나 분수는 0.1이나 $\frac{1}{3}$씩 동일한 간격으로 눈금을 만든다.

② 원점과 단위점 이하 (10, 50, 100, 0.1, $\frac{1}{3}$)의 점의 위치 정하기 : 10, 0.1 $\frac{1}{3}$씩 동일한 간격으로 눈금을 만든다.

③ 원점 이외의 점(4만과 5만, 540과 541 등)의 두 점의 위치 정하기 : 큰 수를 나타낼 경우 수직선 위에 원점을 생략하고 일정한 간격으로 눈금을 표시할 수 있다.

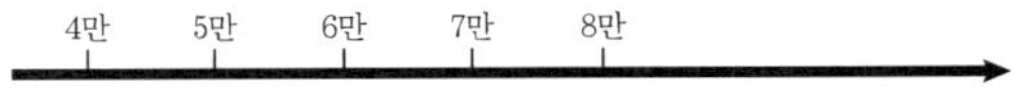

④ 수직선을 2개 이상 짝지어 나타내기

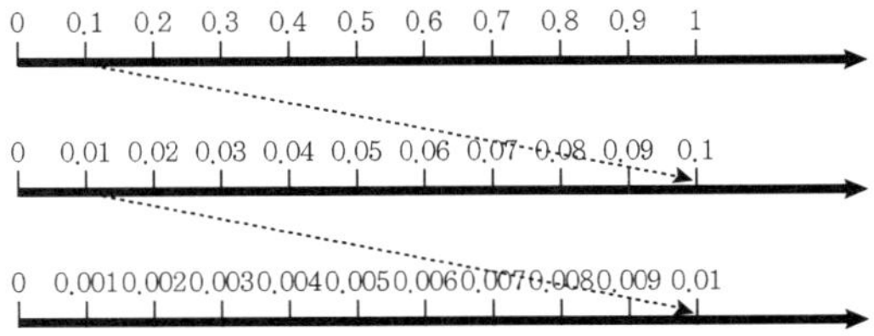

예를 들어, 위의 짝지운 수직선에 따라서 0.1은 1의 $\frac{1}{10}$로, 0.01은 0.1의 $\frac{1}{10}$이므로 0.01은 1의 $\frac{1}{100}$이 된다. 반대로 1은 0.01의 100배와 같고 각 자리의 상대적인 크기가 정수의 경우와 같다는 것을 잘 알 수 있다.

수학적 귀납법

귀납법(induction) 또는 귀납적 탐구와 수학적 귀납법은 의미가 다르다. 「**귀납법**이란 논리적인 추론의 한 가지 방법으로 개개의 특수한 사례로부터 일반적인 것, 또는 구체적인 사례로부터 추상적인 것으로의 추론방법」으로써, 예컨대 지름이 서로 다른 여러 개의 원을 대상으로 지름의 길이와 둘레의 길이를 각각 측정하여 그들 사이의 관계로부터 $\pi≒3.14$라는 사실을 추론하는 방법은 귀납적 추론의 한 예이다.

한편 수학적 귀납법이란 완전귀납법이라고도 하는데 「주어진 명제 P_1, P_2, P_3, …가 각각 참임을 차례로 증명하여 주어진 명제가 참임을 증명하는 방법을 **수학적 귀납법**」이라 한다. 직접증명은 공리나 정의, 또는 이미 증명된 정리를 논리적으로 전개하는 연역적 성격을 가진 증명 방법이라면, 수학적 귀납법은 참인 명제들을 바탕으로 또 다른 명제도 참이라는 것을 밝히는 귀납적 성격을 지닌 증명 방법이다. 예컨대 '자연수 n을 포함하는 명제 P(n)이 모든 자연수 n에 대해서 참이다.'는 사실은 다음 2가지를 증명하면 된다.

① P(1)은 참이다.

② P(n)이 참이라 하면, p(n+1)도 참이다.

이러한 증명법을 수학적 귀납법이라고 한다.

■ **수학적 귀납법의 예** : $1+3+5+\cdots+(2n-1)=n^2$(단, $n\in N$)……①. 식 ①이 성립하는지를 증명하는 방법은 다음과 같다.

① n=1일 때, 즉 P(1) : $1=1^2$은 성립한다.

② n=k일 때, 즉 P(k) : $1+3+5+\cdots+(2k-1)=k^2$이 성립한다고 가정하고, 이 식의 양변에 (2k+1)을 더하면 $1+3+\cdots\cdots+(2k-1)+(2k+1)=k^2+(2k+1)$이다.

따라서 $1+3+\cdots+(2k-1)+\{2(k+1)-1\}=(k+1)^2$이므로 n=k+1일 때도 식 ①은 성립한다. 그러므로 모든 자연수 n에 대해서 ①은 성립한다.

■ **수학적 귀납법의 변형** : 변형된 수학적 귀납법으로 다음과 같은 것도 있다.

① P(m)이 참이다. (단, m≥1은 어떤 자연수)

② P(k)(k≥m)이 참이라면, P(k+1)도 참이다. 이 2가지 조건이 성립하면 명제 P(n)은 n≥m인 모든 자연수 n에 대해서 항상 참이다. 또 다음과 같이 변형된 수학적 귀납법도 있다.

① P(1)은 참이다. ② 임의의 자연수에 대해서 P(h), P(h+1), …, p(k), (h≤k)가 참이라면, P(k+1)은 참이다. 이 두 조건이 증명되면 명제 P(n)은 모든 자연수 n에 대해서 성립한다.

수학적 귀납법은 귀납법이라는 이름이 붙어있지만 그 전개방법은 연역적인 증명법이다. 위 식 ①과 ②를 증명함으로서 왜 모든 자연수에 대해서 성립하는 것을 증명하는 것이 되는 것일까? 라는 의문을 가지는 학생에게 수학적 귀납법을 이해하는 경우 커다란 혼란을 주기도 하다. 이를 보완하기 위해 교과서에서는 다음과 같이 설명하기도 한다.

②에서 k=1, 2, 3,……이라면

p(1)이 성립하면 p(2)가 성립한다.

P(2)가 성립하면 p(3)이 성립한다.

p(3)이 성립하면 p(4)가 성립한다.

…… 이라는 것을 알 수 있고,

①에서 p(1)이 성립하는 것을 알고 있으므로 순차적으로 p(2) p(3) p(4)……이 성립하는 셈이 된다. 이 설명은 상당히 설득력을 가지고 있지만 모든 자연수에 대해서 성립한다는 이론적 근거를 제공하는 것은 아니다. 위 식 ①과 ②의 증명으로부터 모든 자연수에 대해서 성립하는 것을 이끌 수 있는 것은 수학적으로는 공리라 할 수 있다.

자연수를 공리적으로 정리한 페아노*Peano*는 이 공리를 수학적 귀납의 공리라 부르고 있다.

■ **페아노 공리**

페아노는 이탈리아의 논리학자로써 정의 없이 사용하는 개념으로서 1과 그 다음 수(successor)를 사용하여 다음 5개 공리로 자연수를 정의하였다. 이를 페아노 공리라고 한다.

① 1은 자연수이다.

② 어떤 자연수 n에 대하여 그 다음 자연수 n′가 단 하나 존재한다.

③ 두 자연수 m, n에 대하여 그 다음 수들이 같으면 m과 n은 같은 수이다. 즉, m′=n′이면 m=n

④ 1은 어떤 자연수의 그 다음 수가 아니다.

⑤ 1의 성질과 그 성질을 갖는 각 자연수의 그 다음 수의 성질은 모든 자연수의 성질과 같다.

수학적 문장/수식

수학이 다른 학문과 다른 특성 중의 하나는 기호를 이용하여 사실관계를 표현하는 것이다. 수학에서 기호나 식을 사용하는 목적은 사고의 절약, 또는 정보 처리의 간결성과 명료성에 있다고 볼 수 있다. 일반적으로 기호나 식이 가지는 장점은 물리적 대상을 직접 조작하는 것이 아닌 물리적 대상 및 그에 대한 조작을 기호로 대치해 놓고 그 기호를 이용한 정신적 조작을 하는 것이다.

■ 수학적 문장과 수식

수학적 문장이란 '3개의 선분으로 둘러쌓인 도형은 삼각형이다', '이등변삼각형에서 두 밑각의 크기는 같다', '7+8=15', '3+x<6', '3×□=△+5', '3+4=8', 'P→Q'처럼 「수학적 사실이나 현상 및 그들 사이의 관계를 유한 개의 문자나 기호를 사용하여 일정한 규칙에 따라 나타낸 문장을 **수학적 문장**」이라 한다. 따라서 정의, 정리, 명제, 공식과 수식, 조건문, 수학적 원리·법칙 등을 수학적 문장이라고 할 수 있다.

또, 「수학적 문장 중에서 유한 개의 수학 기호를 사용하여 나타낸 문장을 **수식**」이고 한다. 수식에는 등식과 부등식, 논리식, 항등식과 방정식 등이 있다. 수식의 계산 순서는 다음과 같다.

- 괄호가 있을 경우, ( )→{ }→[ ]의 차례로 계산한다.
- +, −, ×, ÷의 혼합계산은 ×, ÷을 차례대로 먼저 계산한 후에 +, −을 차례대로 계산한다.
- 부호보다 지수를 먼저 계산한다. 예컨대, $(-5)^2=(-5)\times(-5)=25$
- 근호가 있는 경우, 근호부터 계산한다. 예컨대, $\sqrt{8+1}+5=\sqrt{9}+5=3+5=8$

■ 닫힌 문장과 열린 문장

수학적 문장 중에서 '7+8=15, 3+4=8'처럼 참과 거짓을 판단할 수 있는 문장을 **닫힌문장**(closed sentence)이라 하며, '3+x<6, 3×□=△+5'처럼 참과 거짓을 판단할 수 없는 문장, 즉 □나 x에 특정한 수나 정보가 입력되었을 때 참과 거짓을 판단할 수 있는 문장을 **열린문장**(open sentence)이라고 한다.

열린문장 중에서 x나 □처럼 참과 거짓을 판단할 수 있는 특정한 수나 정보를 **변수**라 하고, 참과 거짓을 판단할 수 있도록 x나 □ 안에 특정한 수나 정보를 입력하는 것을 대입이라 한다. 그리고 열린문장이 참이 되도록 하는 변수인 x나 □ 안에 들어갈 수 있는 특정한 수나 정보를 그 문장의 해라고 한다.

수학적 문장은 조건과 결론으로 구성되며, 참과 거짓을 판단할 수 있는 문장으로 명제, 가설 등도 포함된다. 예컨대 '삼각형의 세 각의 합은 180°이다.'라는 수학적인 문장에는 '삼각형의 세 각의 합'이라는 조건과 180°라는 결론이 있으며, 참인지 거짓인지를 판단할 수 있다.

한편 열린문장 중 수식은 수량관계의 표현이나 문제해결의 근본이 되는 것으로 사칙연산의 도입이나 연산 사이의 관계를 이해시키는 토대이다. 따라서 □+3=5, x÷3=5처럼 수식에서 변수 □, x를 구하기 위해 차례대로 수를 대입하는 일은 수 감각을 풍부히 할 수 있으며, 가역적 사고를 통해 역연산을 해보는 일은 연산 사이의 상호관계를 이해하는 데 도움이 된다.

■ 수식을 지도할 때 고려해야 할 사항

- 연산자의 의미와 기능에 대한 올바르게 이해. 즉 문제 장면에서 어떤 연산이 이루어져야 하는지를 알고 정확한 계산능력이 뒷받침되어야 한다.
- 일상적인 문자나 언어로 표현된 문장을 수식으로 간결·명료하게 나타낼 수 있고, 역으로 수식을 일상적인 문자나 언어로 표현된 문장으로 번안할 수 있도록 지도한다.
- 방정식이나 변수가 포함된 열린문장은 참이 되게 하는 수. 즉 해(답)가 있음을 알게 한다.
- 수량관계를 나타내는 열린문장에서 계산 오류를 예방하기 위해 같은 종류의 양의 계산은 같은 단위를 사용하도록 한다.

  예컨대 7cm인 끈과 8m인 끈의 합을 나타낼 경우 (7cm+8m)로 나타낼 수도 있지만 (7+8)cm 등으로 잘못 나타낼 가능성도 있기 때문에 7cm+ 800cm, 또는 0.07m+8m로 나타내는 것이 오류를 예방할 수 있다.
- 숫자와 문자가 혼합된 수식에서는 문자와 문자, 문자와 숫자, 숫자와 괄호 사이의 '×'기호나 '÷'기호는 생략할 수 있다. 또 일반적으로 숫자와 문자의 곱은 숫자을 문자 앞에 쓴다.

  예컨대 $2\times x$, $x\times2\rightarrow2x$로, a×b→ab로, $3\times(x+4)\rightarrow3(x+4)$, $x\div3\rightarrow\frac{x}{3}$, $a\div x\rightarrow\frac{a}{x}$로 나타낼 수 있다.

수학적 원리·법칙

수학적 지식이란 크게 두 부분으로 구성되어 있다. 하나는 형식적인 언어와 기호로 구성된 개념적 지식이며, 다른 하나는 문제를 해결하는 데 필요한 알고리즘과 원리·법칙으로 이루어진 절차적 지식이 있다.

원리와 법칙은 비슷한 뜻으로 쓰이기도 하지만 사전적 의미로 **원리**란 '사물의 근본이 되는 이치', 또는 '기초가 되는 근거 또는 보편적인 진리'로, 그리고 **법칙**이란 '사실과 사실, 개념과 개념을 연결하는 규칙적인 관계', 또는 '모든 사물과 현상의 원인과 결과 사이에 내재하는 보편적·필연적인 불변의 관계'으로 서술하고 있다(국립국어연구원. 1999).

■ **수학적 원리**(mathematical principle)

'수학적 개념들 사이의 관계를 명제의 형태로 표현한 관념, 또는 문제를 해결하는 모순이 없는 이치'를 수학적 원리라고 한다. 수학적 원리는 '삼각형의 내각의 합은 180°이다.'처럼 수학적 개념 사이의 관계를 명제의 형태로 표현한 것이 있는가 하면, '자리수가 같은 수의 크기를 비교할 경우 자리값이 높은 자리부터 낮은 자리의 차례로 비교한다.' 처럼 문제를 해결하는 과정에서 논리적 모순이 없는 이치를 나타내는 알고리즘의 성격을 띤 원리도 있다.

■ **수학적 법칙**(mathematical low)

'수학적 개념이나 사실 사이를 연결하는 보편적·필연적으로 불변인 관계를 명제의 형태로 표현한 관념을 수학적 법칙이라고 한다. 수학학습에서 법칙은 교환법칙이나 결합법칙 등 경험적 관찰을 토대로 한 기술적(記述的)법칙과 사인법칙이나 상호법칙(low of reciprocity)등 과학적 사고를 토대로 형성된 이론적(理論的)법칙이 있다.

초·중학교 학습에서 다루는 기술적 법칙은 수학적 원리와 마찬가지로 과학적인 탐구과정과 발견학습, 그리고 넓은 의미의 문제해결을 통하여 학습되어진다. 반면 이론적 법칙은 논리·연역적인 사고과정을 통하여 형성되며, 다른 명제나 법칙들과 상호 연관을 맺고 있어서 현상에 대해 보다 깊이있고 수준 높은 설명력을 갖는다(서울대학교 교육연구소. 1998).

수학적 원리와 법칙의 공통점은 수학의 학문적 특성인 형식성의 산물로써, 어떤 대상에 대해 공통적인 요소를 추출하여 추상화의 방법을 통해 일정한 규칙성을 갖고 있으며, 보편성과 일반성을 지니면서도 문제를 신속·정확하게 해결할 수 있는 역할을 한다. 형식성의 산물인 수학적 원리, 법칙은 형식에 얽매임으로 해서 융통성이나 실질성이 없으며, 기계적·공식적이라는 말을 듣기도 하지만 패턴의 과학이라 불리는 수학학습에서 원리, 법칙을 찾고 만드는 것은 수학적 활동이 본질이며 수학교육의 핵심적인 목표이다. 즉 지금까지 형식화되어 있지 않은 수학의 여러 분야 및 기타 여러 학문분야에서 활용할 수 있는 일반화된 틀(원리·법칙 등)을 만드는 것은 수학적 구조를 형식화시키는 것이다.

한편 수학적 원리와 법칙을 구별한다면 명제의 불변성의 여부와 관련이 깊다. 원리는 방법적·과정적인 측면에 초점을 둔 것으로 절차상의 모순이 없다면 [그림 1]의 곱셈 원리처럼 여러 가지가 있을 수 있다. 그러나 교환법칙이나 결합법칙 등 법칙은 결과적인 측면에 초점을 둔 합의된 명제 및 그 구성 요소 사이의 관계는 불변성을 가진다.

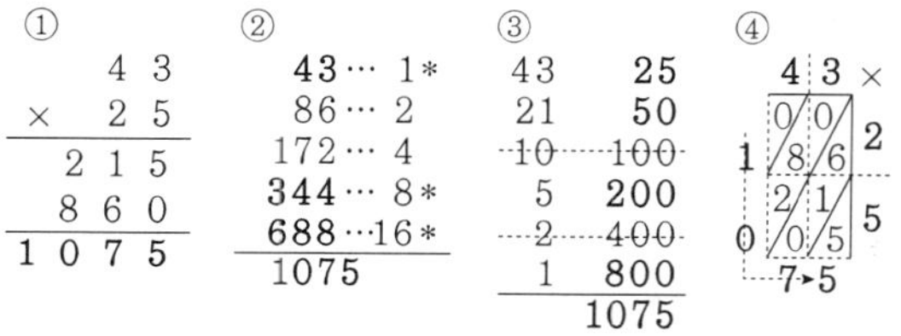

[그림 1]

수학교육의 궁극적인 목표인 '합리적이고 창의적으로 문제를 해결능력'을 갖게 하려면 그 전제 조건이라고 할 수 있는 개념 및 원리·법칙에 대한 올바른 이해가 선행되어야 한다.

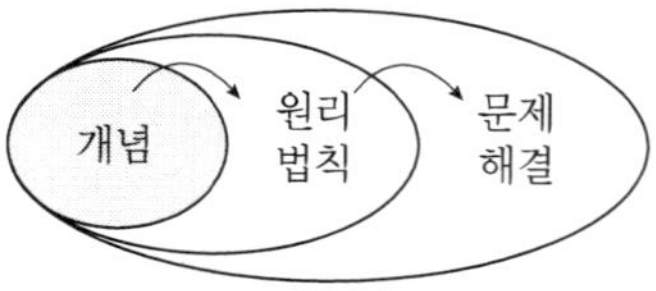

일상에서 낱말의 의미와 문법을 올바르게 이해야 주어진 상황에 적절하면서도 설득력있는 대화나 문장 표현을 할 수 있듯이 수학적 개념이 올바르게 이해되어야 원리·법칙을 올바르게 이해할 수 있으며, 원리·법칙이 이해되었을 때 문제를 해결할 수 있다고 볼 때, 개념과 원리·벋칙은 문제해결의 필수적인 요소인 동시에 자원이다.

수형도

어떤 정보나 대상을 일정한 기준에 따라 분류하거나 정리할 경우 각각의 정보나 대상을 빠뜨리거나 중복과 혼란을 겪지 않도록 처리해야 할 경우가 많다. 예컨대 3개의 숫자 3, 5, 7을 이용하여 3자리 숫자를 만드는 경우를 생각하면 다음과 같이 나타내는 방법이 있다.

백의 자리	십의 자리	일의 자리	만든 숫자
3	5	7	357
	7	5	375
5	3	7	537
	7	3	573
7	3	5	735
	5	3	753

위의 예는 각 숫자를 1개의 점으로 보면 수형도는 점과 선만으로 이루어진 그림이다. 이와 같이 「주어진 정보나 대상의 누락이나 중복하여 처리하는 혼란을 피하기 위하여 어떤 사건이 일어나는 모든 경우를 나뭇가지가 나눠지는 것에 비유하여 계통적으로 나타낸 그림을 **수형도**(樹形圖, tree diagram)」라고 한다.

또는 다음 [그림 1]과 같이 회로를 갖지 않는 연결된 그래프를 수형도라고 한다.

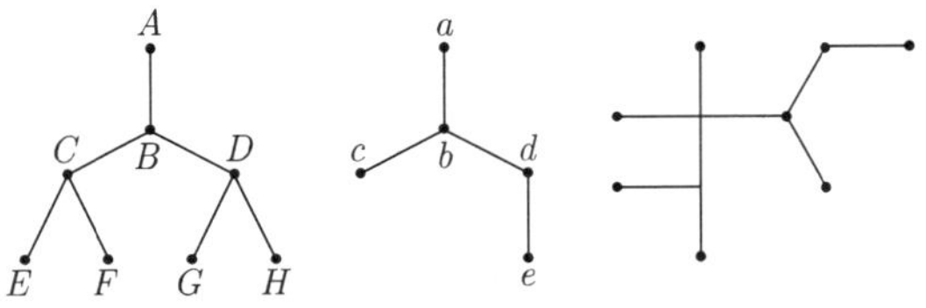

[그림 1]

점의 수에 따라 다음 [그림 2]와 같이 여러 가지 수형도를 그릴 수 있다.

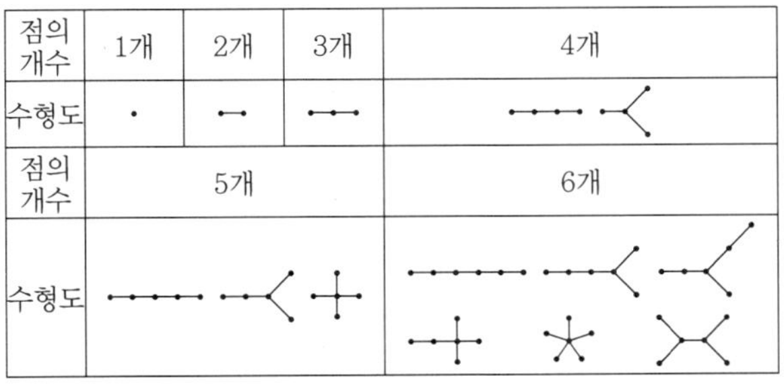

[그림 2]

흔히 「점과 선으로 구성된 도형을 그래프라고 하고, 그래프의 구조를 조사하거나 그 응용을 연구하는 분야로 그래프 이론」이 있다. 그래프 이론에서는 점과 선은 여러 가지 사물이나 관계를 나타낸 것으로 **네트워크**(net-work)라고 불리기도 하는데 이 이론은 전기회로, 통신망, 항해로나 항공로 등에 응용되고 있다.

수형도는 점과 선으로 표현된 특수한 유형의 그래프로 점과 선에 확률의 의미를 포함시킬 수도 있다. 또, 수형도에 확률을 관련시켜 그림으로 나타내면 다음과 같은 문제를 해결하기 쉽다.

예컨대 흰 공 3개, 검은 공 2개가 들어있는 주머니에서 복원추출, 즉 끄집어낸 것을 다시 넣어서 끄집어내는 추출방법으로 1개씩 2개를 끄집어냈을 때, 끄집어낸 2개 모두가 흰 구슬일 확률을 구하는 경우처럼 확률의 의미를 내포하고 있는 수형도를 **확률부수형도**(確率附樹形圖)라고 하기도 한다.

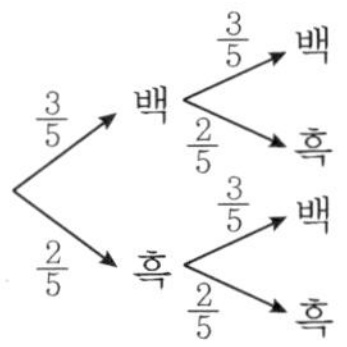

$\frac{3}{5}\times\frac{3}{5}=\frac{9}{25}$

■ **문제해결 전략으로서 수형도를 이용하기**

수형도(tree diagram)를 그려서 해결하는 유형의 문제를 풀어보자.

[문제 1] 1, 2 ,3 ,4의 4개의 숫자를 한 번씩 사용하여 번호가 서로 다른 수영 회원권을 만든다면 모두 몇 장을 만들 수 있을까?와 같은 문제를 생각해 보자.

〈풀이〉 1, 2, 3, 4의 4장의 숫자로 만들 수 있는 수는 네 자리의 수이다. 먼저 천의 자리에 숫자 1를 썼다면, 백의 자리에 쓸 수 있는 숫자는 2, 3, 4의 3장이다. 두 번째로 백의 자리에 2를 썼다면 십의 자리에 쓸 수 있는 숫자는 3과 4이다. 세 번째로 십의 자리에 3을 썼다면 일의 자리에 쓸 수 있는 숫자는 4이다. 이것을 하나의 표로 나타내면 다음과 같다.

위와 같은 방법으로 천의 자리에 쓸 수 있는 숫자부터 차례대로 생각하면, 다음과 같은 표를 4가지 만들 수 있으므로 번호가 서로 다른 회원권을 6×4=24(가지)를 만들 수 있다.

천의 자리	백의 자리	십의 자리	일의 자리	회원 번호
1	2	3	4	⇒ 1234
		4	3	⇒ 1243
	3	2	4	⇒ 1324
		4	2	⇒ 1342
	4	2	3	⇒ 1423
		3	2	⇒ 1432

순서도

우리는 일상에서 어떤 일을 처리해야 할 경우 그 절차와 방법을 생각하게 된다. 여기서 일의 처리 절차를 말이나 글로 표현하는 것보다는 그림이나 기호로 나타내는 것이 일의 처리 순서를 파악하고 이해하는 데 더 효율적이고 효과적인 경우가 많다. 「일정한 문자나 기호를 사용하여 일의 처리 순서를 나타낸 그림을 **순서도**」라고 한다.

순서도를 작성하여 문제를 해결하는 것은 수학이나 컴퓨터를 이용할 수 있는 모든 분야에서 활용할 수 있다. 어떤 업무를 수행함에 있어서 순서도를 작성하여 일을 처리하게 되면 수행과정을 쉽게 파악할 수 있을뿐만 아니라 절차상의 오류도 쉽게 발견할 수 있다.

■ 순서도 작성

순서도는 컴퓨터 프로그래밍이나 수학적 문제해결뿐만 아니라 모든 분야에서 사용될 수 있는데, 일반적으로 다음과 같은 원칙을 따라 작성한다.

- 약속된 표준기호를 사용한다.
- 흐름은 위에서 아래로, 왼쪽에서 오른쪽으로 그리되 서로 만나지 않도록 작성한다
- 기호의 내부에 처리사항을 기술하되 필요할 경우 기호 외부에 설명을 덧붙일 수 있다.

순서도에 사용되는 대표적인 표준기호

기호	기호의 설명	보기
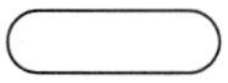	순서도의 시작이나 끝을 나타내는 기호	시작(끝)
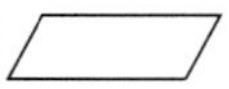	일반적인 자료의 입·출력을 나타내는 입·출력 기호	입력(출력)
	기호를 연결하여 처리의 흐름을 나타내는 흐름선	시작 → A,B 입력
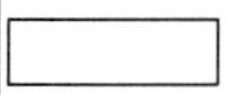	값을 계산하거나 대입하는 것을 나타내는 처리 기호	
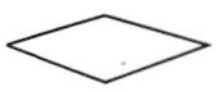	조건이 참이면 '예,' 아니면 '아니오'로 가는 판단 기호	A>B 아니오 예

■ 순서도의 유형

알고리즘의 순서도는 흐름의 시작과 끝, 자료의 입력과 출력, 처리 절차의 판단과 반복 등의 내용으로 이루어지는데, 명령과 처리흐름의 유형에 따라 다음 3가지가 있다. 순서도를 작성함에 있어서 이들 3가지 유형 중 어느 한 유형을 적용하여 작성하는 경우도 있으나, 일반적으로 이들 3가지 유형을 혼합하여 작성하는 경우가 많다.

- **직선형** : 조건에 의한 분기나 일정한 내용의 반복이 없이 아래로 한 단계씩 내려가면서 명령이 실행되는 순서도[그림 1].
- **분기형** : 주어진 조건을 비교, 판단하여 조건의 성립 여부에 따라 실행 내용이나 순서를 달리하는 순서도 [그림 2]
- **반복형** : 주어진 조건이 만족되는 동안 일정 부분을 반복해서 처리하는 순서도로써 반복처리를 마칠 수 있는 종료조건이 반드시 존재한다. [그림 3]

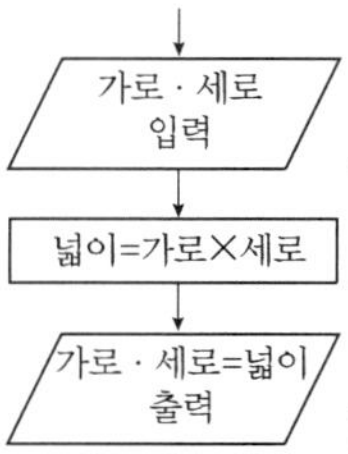

[그림 1]

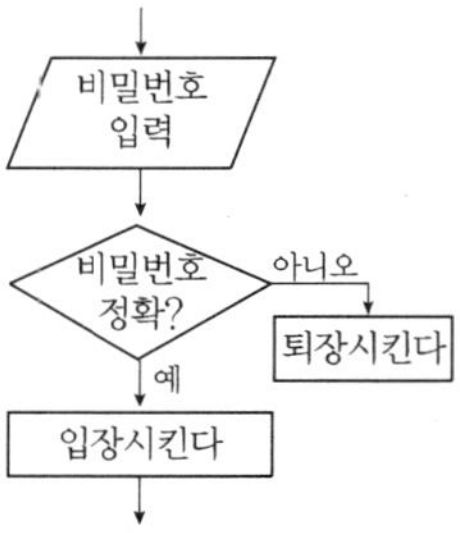

[그림 2]

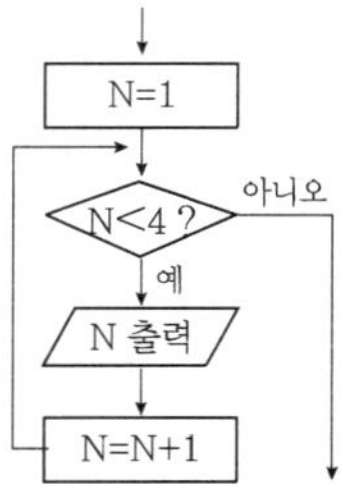

[그림 3]

[예 1] 1에서 10까지의 합인 1+2+3+⋯+10을 계산하여 결과를 출력하는 순서도

① 변수 i에 처음 더하는 수인 1을 대입한다. 변수 S에 0을 대입한다.

② 더하는 수인 i가 10 이하인지 판단한다.

③ 10 이하이면 지금까지의 합을 기억하고 있는 S에 i를 더한다.

④ 현재의 i의 값에 1을 더해 변수 i에 새로 대입한다(i의 값을 1만큼 증가시킴).

⑤ i가 10보다 크면 지금까지의 합이 기억되어 있는 S를 출력한다.

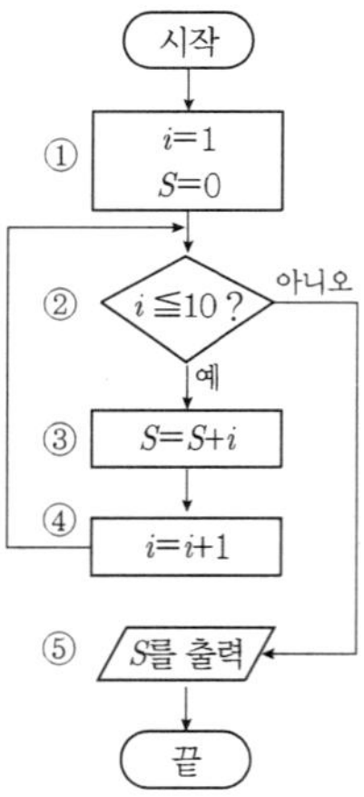

순서쌍/곱집합

사전적인 의미로 「대상이나 사물이 어떤 정해진 기준에서 전후, 좌우, 상하관계에 있을 때 그 차례를 **순서**」라고 한다. 「두 집합 A, B에서 a∈X, b∈Y일 때, 두 집합의 원소 a, b를 차례대로 짝지어 나타낸 곱집합의 원소 (a, b)를 **순서쌍**」이라고 한다. 순서쌍은 순서를 넣어서 만든 것이기 때문에 (a, b)≠(b, a) 즉, A×B≠B×A이다.

예컨대 X={1, 2, 3}, Y={4, 5}라 하고 두 집합의 원소로 순서쌍을 만들면 (1, 4), (1, 5), (2, 4), (2, 5), (3, 4), (3, 5)처럼 6가지를 만들 수 있다. 순서쌍은 평면좌표에서 점의 위치를 나타낸다. 예컨대 점 ㉮의 좌표(위치)는 가(2, 3)이고, 점 ㉯의 좌표(위치)는 나(3,2)이다.

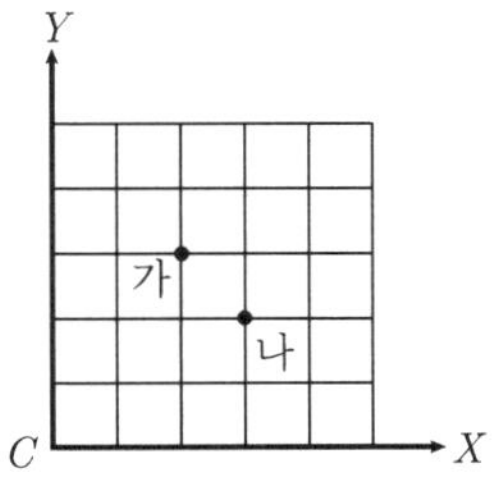

[그림 1]

- 순서쌍 (a, b)에서 a를 제 1항, b를 제 2항이라 하며, 순서쌍 (a, b)와 (c, d)가 같다 또는 상등이란 각 항끼리 같은 요소일 때, 그때에 한해서 같다고 한다. 즉 (a, b)=(c, d) ⇔ a=c이고 b=d인 경우이다. 예컨대 (x, y)=(7, 8)이란 x=7, y=8일 때 그 때문이다.

ㅁ 순서쌍의 성질

- 순서쌍 (a, b)≠(b, a)이다.
- 좌표평면에서 순서쌍 (0, 0)은 원점의 위치를 나타낸다.
- 같은 요소를 중복하여 사용할 수도 있다. 예컨대 (a, a)도 순서쌍으로 생각할 수 있다.
- 순서쌍 (a, b)와 집합 {a, b}는 서로 다르다.

■ 곱집합(積集合)

「임의의 두 집합 X, Y에 대하여 x∈X, y∈Y의 모든 순서쌍 (x, y)의 집합을 X와 Y의 **곱집합**(cartesian product) 또는 적집합(積集合)」이라 한다. 또, 두 집합 X와 Y의 곱집합 (X×Y)는 두 집합 X, Y로부터 만들어지는 모든 순서쌍의 집합이다. 즉, (X×Y)={(x, y) x∈X, y∈Y}이다.

예컨대 두 집합 X={1, 2, 3}, Y={4, 5}의 곱집합은 (X×Y)={(1, 4), (1, 5), (2, 4), (2, 5), (3, 4), (3, 5)}이다. 이것을 다이어그램으로 나타내면 [그림 2]와 같다. 그리고, 곱집합 (X×Y)를 도형으로 나타내면 [그림 3]과 같이 X는 수평축에, Y는 수직축에 선분으로 표시하고 이 선분으로 결정되는 직사각형을 (X×Y)의 도형으로 생각할 수 있다.

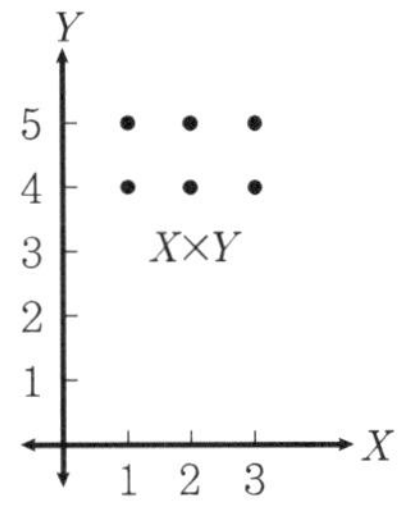

[그림 2]

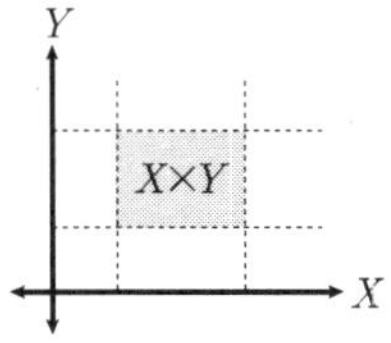

[그림 3]

ㅁ 곱집합의 성질

- 두 집합 X, Y가 모두 유한집합이면 n(X×Y)=n(X)·n(Y)이다.
- X를 임의의 집합이라 하고, ∅을 공집합이라면, 공집합은 원소를 갖지 않는 집합이므로 X×∅=∅×A=∅
- 두 집합 X, Y에서, (X×Y)≠(Y×X)이다.

  예컨대

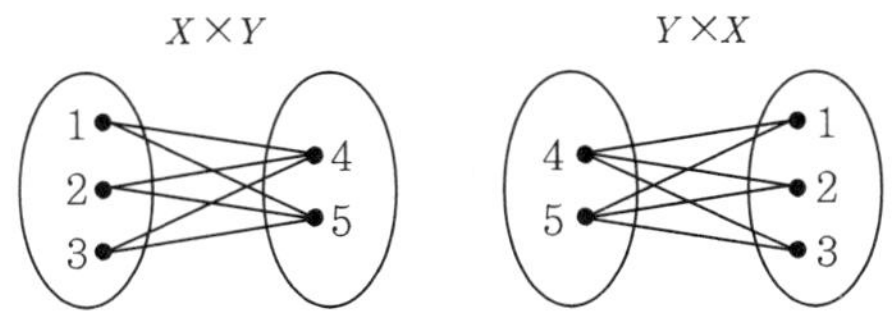

(X×Y)={(1, 4), (1, 5), (2, 4), (2, 5), (3, 4), (3, 5)}이고, (Y×X)={(4, 1), (4, 2), (4, 3), (5, 1), (5, 2), (5, 3)}이다. 위 순서쌍을 좌표평면 위에 나타내면 [그림 4]와 같다. 따라서 (X×Y)≠(Y×X)이다.

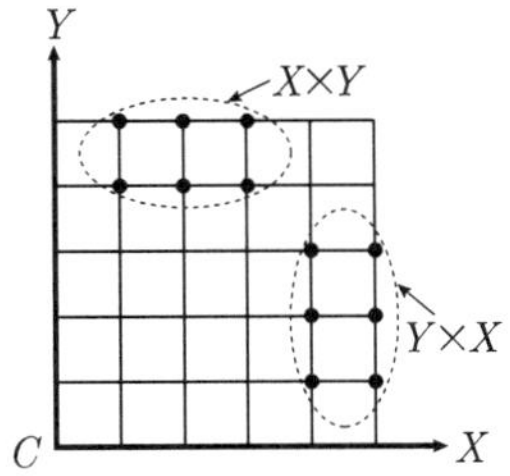

[그림 4]

순열/조합

■ 순열

「어떤 대상을 순서에 착안해서 일정한 규칙에 따라 차례대로 늘어놓은 것을 **순열**」이라고 한다.

n개의 서로 다른 공을 일렬로 늘어놓는 경우를 생각해보면, 첫 번째는 n가지 방법으로 꺼낼 수 있고, 두 번째는 (n−1)가지 방법으로 꺼낼 수 있어서 첫 번째와 두 번째 꺼내는 방법은 모두 n×(n−1)가지 방법이 있다. 세 번째 꺼내는 방법은 남아있는 (n−2)개 중에서 (n−2)가지가 있다.

따라서 첫 번째, 두 번째, 세 번째 꺼내는 방법은 n(n−1)(n−2)가지라고 할 수 있다. 마찬가지로 서로 다른 n개의 물건 중에서 r개(r≦n)를 꺼내는 방법의 수는 n(n−1)(n−2)⋯(n−r+1)가지이다.

「n개의 물건 중 r개를 취해서 순서지어서 나열하는 것을 **순열**이라고 하고, 특히 서로 다른 n개의 물건 중에서 r개(r≦n)를 나열하여 만든 순열의 수는 $_nP_r$」로 나타낸다.

위의 사실로부터 $_nP_r=n(n-1)(n-2)\cdots(n-r+1)$……①. 특히 n개의 물건을 전부 늘어놓는 순열의 수는 ①식에서 n=r의 경우이므로 $_nP_r=n(n-1)(n-2)\cdots 2\cdot 1$…②이 된다. 우변은 1로부터 n까지의 자연수의 곱으로 이것을 n계승(階乘)이라하며, $_nP_r$로 나타낸다. ①을 $_nP_r=n!/(n-r)!$(단 0!=1임)로 나타낼 수도 있다. 예컨대 3의 문자 a, b, c 중에서 두 수를 취한 순열은 (ab, ac, ba, bc, ca, cb) 등 6가지이다. 이것을 위 식에 대입하면 $_3P_2=3\times2=6$가지이다.

■ 중복순열과 원순열

「n개의 서로 다른 물건을 중복을 허락해서 r개를 취해서 늘어놓은 것을 n개에서 r개를 취하는 **중복순열**이라고 하고 중복순열의 개수를 $_n\Pi_r=n^r$가지」이다.

예컨대 3개의 문자 a, b, c에서 중복을 허락하여 3개를 취한 $_n\Pi_r$는 aa, bb, cc, ab, ac, bc, ba, ca, cb 등 9개이다. 즉 $_n\Pi_r=3^2=9$개이다.

또 중복순열은 n개의 물건 중에 p개는 같은 것이고, 또 다른 q개가 같은 것이고, 또 다른 r개가 같은 것 …일 때, 이들 n개의 물건 전부를 나열하여 만들어지는 순열의 총수는 $\frac{n!}{p!\,q!\,r!\cdots}$(단 p+q+r=n)이다. 또 「n개의 물건을 원의 둘레에 늘어놓아서 늘어놓는 순서만을 문제로 할 때 그것을 n 개의 물건의 **원순열**이라 하고 그 총수는 (n−1)!가지」이다. 예컨대 5명이 원탁에 둘러앉는 방법의 수는 (5−1)!=4×3×2×1=24가지이다.

■ 조합

「n개의 서로 다른 것으로부터 r개 (r≦n)를 취해서 이를 한 조로 본 것을 n개로부터 r개를 취하는 **조합**이라 하고, 이 조합의 총 수를 '$_nC_r$,' 또는 '$\binom{n}{r}$'」로 나타낸다.」 다음 공식에 의해서 계산할 수 있다.

$_nC_r={_nP_r}/r!=$ n/r!(n−r)!……①. 예컨대 4개의 문자 a, b, c, d로부터 서로 다른 세 문자의 조합을 만들면 (abc), (abd), (acd), (bcd)의 4가지이다. 또 각 문자의 순서를 바꾸어서 순열을 만들면 (abc), (acb), (bac), (bca), (cab), (cba)의 $_3P$=3!이다. 각 조에 $_3P_3$가지의 순열이 있고 전체 4×$_3P_3$(가지)의 순열이 얻는다. 이들 순열은 4개의 문자 a, b, c, d로부터 3개의 문자를 취해서 만들어지는 순열 ($_4P_3$) 가지이다.

이와 같이 r개의 요소로부터 이루어지는 한 조의 조합으로부터 r!(가지)의 순열이 얻을 수 있다. 모든 쌍에 대해서 순열을 생각하면 그것은 n개로부터 r개를 취해서 늘어놓는 순열이 모두 만들어지는 것이 되므로 순열과 조합 사이에는 $_nC_r\times r!={_nP_r}$이라는 관계식이 성립한다. 이것으로부터 조합의 수를 구하는 공식 ①이 얻어진다.

또 「n개의 서로 다른 것으로부터 같은 것을 거듭 취하는 것을 허용해서 r개를 취하는 조합은 n개의 것으로부터 r개를 취하는 **중복조합**이라고 하고, 이 조합의 총수를 $_nH_r$로 나타내며, $_nH_r={_{n+r+1}C^r}$」로 계산한다.

[예] 주머니 안에 같은 크기의 붉은 구슬 6개와 흰 구슬 5개가 들어있다. 주머니 속에서 4개를 꺼낼 때 붉은 구슬과 흰 구슬이 각각 2개씩일 확률을 구해보자.

〈풀이〉 일어날 수 있는 경우의 수는 11개의 공 중에서 4개를 꺼내는 방법이라고 생각하고 전부 $_{11}C_4$(가지)의 붉은 공 2개와 흰 공 2개를 동시에 꺼내는 경우의 수는 $_6C_2\times{_5C_2}$(가지)이다. 따라서 구하는 확률은 $(_6C_2\times{_5C_2})\div{_{11}C_4}=5/11$로 해서 구해진다.

스냅 큐브

[그림 1]

스냅 큐브(snap cube)는 10가지 색깔이 있으며, 모서리의 길이가 $\frac{3}{4}$ 인치인 정육면체 모양으로 정육면체끼리 서로 연결할 수 있도록 돌기와 구멍이 있다. 각각의 큐브를 연결할 수 있어서 수 개념지도에 유용하며, 10가지의 색깔이 있기 때문에 색깔로 구분할 수 있는 1차원, 2차원, 3차원의 패턴 탐구와 공간 개념 및 추론과 측정지도에도 유용하게 활용할 수 있다. 또 큐브끼리 연결하여 비율적 의미가 담긴 자릿값 지도를 할 수 있다.

예컨대 낱개 10개를 연결하여 10, 이를 다시 연결하여 100, …을 만드는 활동은 비율의 의미가 포함된 자릿값 지도를 위한 자료로 퀴즈네어 막대(cuisenaire rods)를 대신할 수 있으며, 서로 다른 색의 특성을 이용하여 [그림 2]처럼 비율의 의미가 포함되지 않은 자릿값의 개념을 지도하는 데 유용하다.

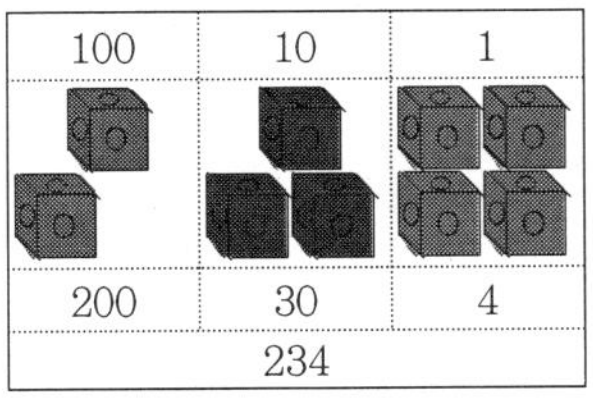

[그림 2]

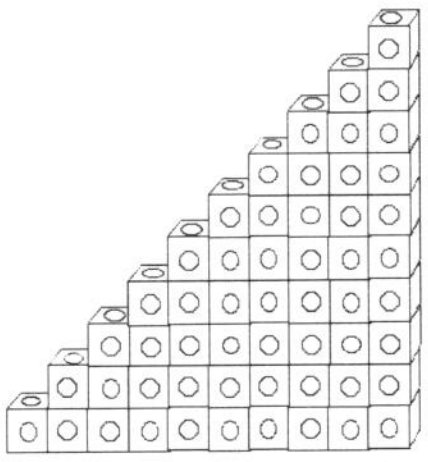

[그림 3]

큐브끼리 연결하여 퀴즈네어 막대처럼 사용함으로써 사칙 계산 원리의 이해에 도움을 주며, 특히 여러 색의 큐브를 주머니에서 꺼내는 활용을 통하여 확률 게임이나 표본 추출의 도구로, 그리고 색깔을 이용한 배열에서 규칙성 탐구 등 여러 가지 개념이나 원리를 지도할 수 있다. 저학년에서 스냅 큐브의 이용은 양감을 기초로 하여 자연스럽게 수 개념이나 감각을 개발하는 모델로 활용할 수 있다.

■ **스냅 큐브의 활용의 예**

- 큐브를 연결하여 사용하는 것은 퀴즈네어 막대와 같은 용도로 사용할 수 있다. 즉 계단 모양으로 정렬된 큐브를 이용하여 양감을 바탕으로 수의 크기 비교하기, 덧셈, 뺄셈 등 사칙 계산, 측정의 기초적인 개념을 지도할 수 있다.
- [그림 3]처럼 스냅 큐브를 연결하여 소마 큐브를 만들어서 입체 구성 및 공간 감각을 신장시킬 수 있는 자료로 활용할 수도 있다.

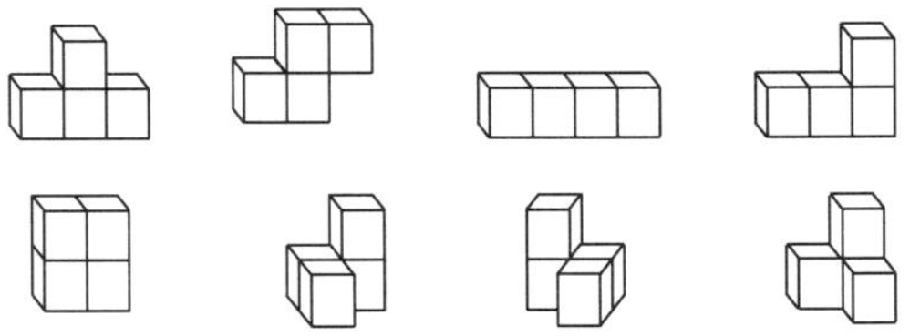

[그림 4]

- 큐브를 패턴으로 표현할 수 있는데, 큐브를 짝지어 2개씩 배열할 수 있는 경우는 '짝수'이고, 2개씩 짝을 지울 수 없는 경우는 '홀수'가 됨을 쉽게 알 수 있다.

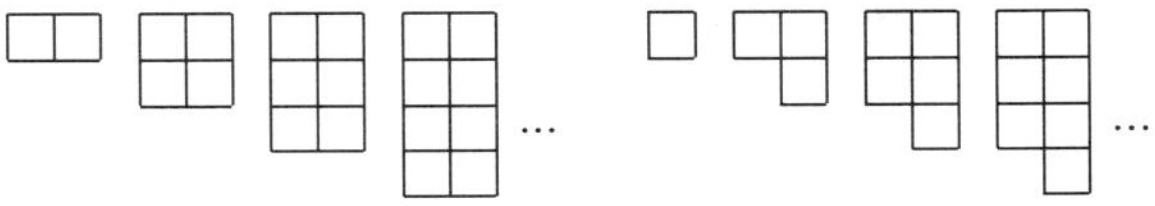

또 다음과 같이 배열해 봄으로써 홀수와 짝수 사이의 관계를 이해할 수 있을 것이다.

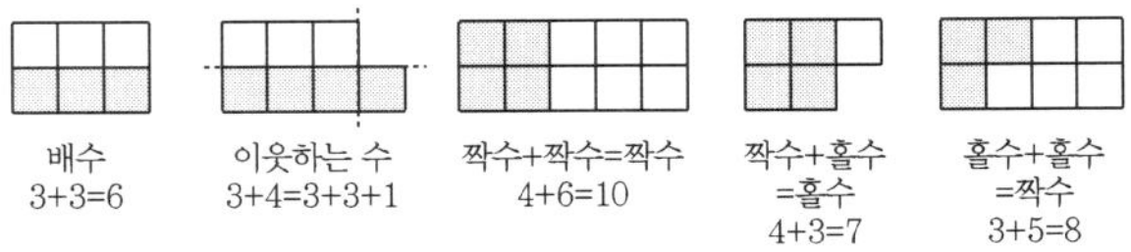

- 스냅 큐브는 인수(factor)로서의 수를 표현하고 최대공약수와 최소공배수를 발견하는 과정을 이해하는데 유용한 훌륭한 도구이다. 스냅 큐브는 길이의 단위이며, 그 단위를 이용하면 초보적인 비와 비율의 개념을 경험할 수 있을 뿐만 아니라 넓이, 둘레의 길이, 부피, 겉넓이 관계를 탐구하는데 적당하다.

시각/시간

시각과 시간은 동의어로 사용되는 경우도 있지만 그 의미는 차이가 있다. 시각(時刻)과 시간(時間)에서 시(時)는 '때', 각(刻)은 '새긴다.', 간(間)은 '사이'를 의미한다고 볼 때 「시각이란 시간의 흐름에서 어떤 특정한 시점(time, point)인 위치를 의미한다면, 시간은 시각과 시각의 사이(interval)의 간격인 양」을 의미한다.

다음 그림은 원모양의 시계를 펼쳐서 수직선에 시각과 시간을 나타낸 것으로 ①은 시계바늘이 가리키는 시각을 나타낸 것이며, ②는 0시(12시)부터 시계바늘이 가리키는 시각인 10시간 10분 35초까지의 시각과 시간의 간격인 시간을 나타낸 것이다.

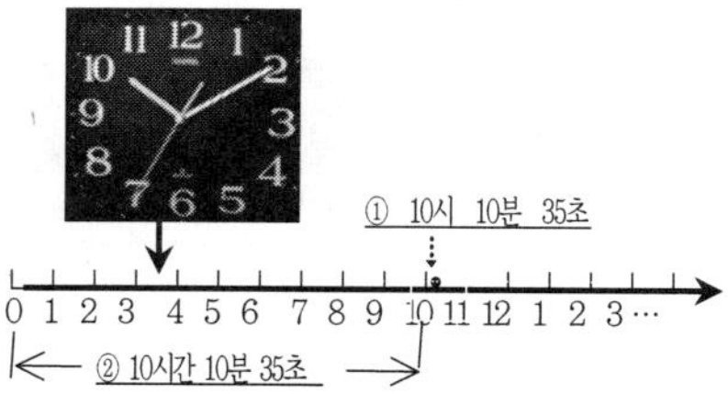

■ 시계를 통하여 시각 읽기

시각은 시계 바늘이 가리키는 한 순간의 위치(point)이고, 시간은 두 시각 사이의 양이므로 시각은 길이나 부피처럼 눈으로 관찰할 수 있는 양이 아니다. 따라서 시각은 개념을 형성시키기가 어렵고, 다른 양을 지도할 때와 같은 방법이나 과정으로 지도하기도 어렵다. 다만 시간 개념은 위 그림처럼 선분으로 나타내어 양감을 느끼게 할 수 있으며, 시간의 비교와 사칙연산이 가능하다.

시각과 시간 개념을 형성시키기 위해서는 일상생활에서 일어나는 구체적인 활동을 통하여 비교하게 한다. 예를 들면, 아침에 일어난 시각이나 등교하는 데 걸린 시간이나 10번 호흡하는 데 걸리는 시간 등을 활용한다. 시각과 시간은 관찰할 수 없으므로 시계를 통하여 관찰하게 한다. 시계는 원형의 숫자판 위에 2개 또는 3개의 바늘이 동시에 움직이기 때문에 어린이들로서는 시각의 개념을 이해하기가 쉽지 않다. 따라서 시각 읽기는 생활과 관련하여 시계를 읽는 활동을 통하여 지도한다.

예컨대 먼저 모형시계를 사용하여 간단한 시각, '몇 시', '몇 시 몇 분'을 읽게 하고, 하루의 생활과 관련시켜 말하게 한다. 또, 짧은 바늘에 의한 시각 읽기를 지도한다. 짧은 바늘만으로도 '몇 시', '몇 시 30분' 정도는 알 수 있으나 좀 더 세밀한 시각을 알기 위해서는 긴 바늘에 의해서만 '몇 분'을 읽도록 한다. 마지막으로 긴 바늘과 짧은 바늘을 동시에 보고, '몇 시 몇 분'을 읽도록 지도한다. 특히, 시각을 읽을 때에는 짧은 바늘을 본 다음에 긴 바늘을 보게 한다.

■ 시간 계산

생활과 관련시켜 시간을 지도하기 위해서 하루의 일과표를 띠 모양으로 작성하게 한다. 일과표를 작성하기 위해서는 하루가 24시간이라는 것을 알아야 하고, 사전에 12시를 기준으로 하여 오전, 오후를 자연스럽게 구별하여 사용할 수 있게 한다. 또, 일과표를 작성할 때 직선 위에 나타내게 하면 시각과 시간의 개념을 이해할 수 있다.

오후 2시는 '시각'으로서 하루의 어느 때의 위치를 나타내고, 2시간은 '시간'으로서 예를 들면, 오후 2시와 4시 사이, 즉 두 시각 사이의 간격을 나타낸다. 이를 통하여 시각은 점으로, 시간은 선분의 길이로 나타낼 수 있다. 이와 같이 일과표를 이용하여 시간의 덧셈과 뺄셈을 지도할 수 있으며, 일과표 활동을 수직선 활동으로 발달시킬 수 있다.

덧셈과 뺄셈의 기본형은 (시간)±(시간)=(시간)과 (시각)±(시간)=(시각)이 있다. 원래 시간은 양이고 시각은 위치를 나타내는 것으로 덧셈과 뺄셈은 양인 시간 사이에서 이루어지지만 시각이라는 위치적 개념에 양적 개념을 결합시켜 시각을 시간으로 보고 계산할 수 있다.

시간 계산은 그 단위가 같을 경우는 10진법을 이용하지만 다를 경우는 받아올림이나 받아내림을 할 때 60진법을 사용해야 하는 불편이 따르기 때문에 단위 환산과 함께 지도해야 한다.

시간 계산은 시간은 60진법을 사용하여 나타내므로 시간이나 시각을 계산하기 위해서는 '1시간=60분', '1분=60초'의 관계를 이해해야 한다. 이를 위하여 적절한 문제 상황을 제시하고 또 모형시계를 이용하여 60분이 넘는 시간, 예를 들면 '100분=1시간 40분'임을 이해하도록 한다.

[예]

```
      1       1
  4시간 15분 25초
+ 2시간 48분 48초
  7시간  4분 13초
```

```
      1       1
  4시간 15분 25초
− 2시간 48분 48초
  1시간 26분 37초
```

시계산/주기산

■ **시계산**

시계에는 초침, 분침, 시침이 있으며 이들은 움직이는 속도가 다르다. 그리고 시간의 흐름에 따라 바늘끼리 이루는 각도도 변한다. 「시계 바늘이 움직이는 속력이나 움직인 시간 및 바늘 사이에 이루는 각도 사이의 관계를 이용하여 해결하는 문제를 **시계산**(時計算)」이라고 한다.

[예 1] 현재 시각은 3시인데, 얼마 후에 시침과 분침이 처음으로 겹치게 되는가?

〈풀이〉 3시일 때 분침은 12를 가리키며, 시침은 3을 가리킨다. 분침은 시침 뒤의 5×3=15(개)의 칸에 있다. 매분 분침이 시침보다 $(1-\frac{5}{60})$칸을 더 간다. 분침과 시침이 겹치도록 하려면 분침이 시침보다 15칸을 더 가야하므로 걸린 시간은 $15\div(1-\frac{1}{12})=16\frac{4}{11}$(분)이다.

• 시침은 12시간 동안에 360°회전하므로 시침의 시속은 30°이고 분속은 0.5°이며, 분침은 60분(1시간)동안에 360°회전하므로 분침의 시속은 360°이고 분속은 6°이다. 따라서 시침의 속도는 분침의 $5\div60=\frac{1}{12}$, 또는 $\frac{30}{360}=\frac{1}{12}$이다. 따라서 분침과 시침은 $60\div(1-\frac{5}{60})=65\frac{5}{11}$(분)마다 한 번씩 겹친다.

[예 2] 7시에서 8시 사이에 분침과 시침은 언제 직선을 이루는가?

〈풀이〉 정각 7시일 때, 분침은 시침보다 5×7=35(칸) 뒤에 있다. 분침과 시침이 직선을 이룰 때 두 바늘의 간격은 30칸이다. 35−30=5(칸)만 이동하면 겹치므로 이동하는 시간은 $5\div\frac{11}{12}=5\frac{5}{11}$(분)걸린다. 7시 $5\frac{5}{11}$분에 두 바늘이 직선을 이룬다.

[예 3] 저녁 9시에 표준시계와 고장난 시계를 맞추어 놓았다. 다음 날 아침 고장난 시계는 표준시계와 10분 차이가 났다. 고장난 시계는 한 시간에 몇 분 느리거나 빠른가?

〈풀이〉 저녁 9시부터 다음 날 아침 8시까지 시침은 11칸 이동하여 1시간 10분. 즉 $11\frac{1}{6}$시간이 된다. 고장난 시계가 움직인 속도는 표준시계보다 $11\div11\frac{1}{6}=\frac{66}{67}$로 매 시간 $\frac{1}{67}$칸씩 차이가 나므로 매 시간 $60\times\frac{1}{67}=\frac{60}{67}$(분)이 빠르거나 느리다.

■ **주기산**

「어떤 현상이 한 번 나타나고 다시 되풀이되기까지의 기간을 주기라고 하며, 규칙적으로 반복되는 일정한 주기를 이용하여 해결하는 문제를 **주기산**(週期算)」이라고 한다.

[예 1] 흰색 바둑돌과 검은색 바둑돌을 다음과 같은 규칙으로 80개를 배열하였다. 흰색 바둑돌은 모두 몇 개인가?

●●○○●○●●○○●○●●……

〈풀이〉 바둑돌은 검은색 2개, 흰색 2개, 검은색 1개, 흰색 1개의 규칙으로 배열되어 있다. 이것을 숫자로 나타내면 <u>2, 2, 1, 1,</u> <u>2, 2, 1, 1,</u> <u>2, 2, 1, 1,</u>……로 나타낼 수 있는 데, 배열 주기는 6이며, 한 주기에 흰색 바둑돌이 3개씩이다. 따라서 80÷6=13…2이므로 14번째 주기에서 앞의 2개의 바둑돌은 검은색이므로 흰색은 13×3=39개이다.

[예 2] 어느 9월 22일 토요일이다. 다음 해 첫날인 1월 1일은 무슨 요일인가?

〈풀이〉 일주일은 7일이고, 7일마다 같은 요일이 반복된다. 9월 22일부터 다음 해 1월 1일까지 일 수는 101일이므로 101÷7=14…3이다. 14주째인 그 해 12월 29일은 토요일이고, 다음 해 1월 1일은 화요일이다.

[예 3] 현재 시각은 14시 정각이다. 지금부터 분침이 1991바퀴 회전한 뒤 시각은 몇 시인가?

〈풀이〉 분침이 1바퀴 돌면 1시간이다, 1991바퀴 돌면 1991시간이다. 하루는 24시간으로 1991÷24=82‥23, 1991시간은 82일과 23시간이다. 현재 14시 정각이고 82일이 지나도 여전히 14시 정각이며 다시 23시간이 지나면 13시가 된다.

[예 4] 다음과 같이 수 가 어떤 규칙에 의해 나열되어 있다.

1, 2, 1, 3, 1, 1, 2, 1, 3, 1, 1, 2, …

처음부터 37번째의 수는 어떤 수인가?, 또 처음부터 64번째까지의 수의 합은 얼마인가?

〈풀이〉 1, 2, 1, 3, 1의 5개의 숫자가 1주기로 반복된다. 37÷5=7…2에서 37번째의 수는 2이다. 또, 한 주기의 수의 합은 1+2+1+3+1=8이므로 64번째까지의 수는 64÷5=12…4에서 64번째까지의 수의 합은 8×12+7=103이다.

식

음악이나 미술은 청각이나 시각을 통해 입력된 대상에 대한 정보가 마음을 자극하고 언어를 초월하여 각각의 대상에 대해 의미를 부여하는 보편적인 표현양식이다. 그러나 수식은 그 자체가 의미를 부여하는 것은 아니라 수식이 상징하는 기호의 의미를 깨달아야 의미를 부여할 수 있다. 특히 수식을 표현하는 기호의 의미는 사회적 약속이나 규약이기 때문에 보편적인 표현양식이라고 말할 수 있다. 식은 표현하는 도구에 따라 공식과 수식이 있다.

■ 공식(Formula; 규칙이나 원리)

수량 사이의 관계를 수식으로 나타낼 때는 양의 크기에 관계없이 어떤 일정한 연산으로 결합시킬 수 있다. 이때 양이 가지고 있는 질적인 관계까지 고려하여 수량을 구하는 계산규칙이나 원리를 문자와 기호의 결합으로 나타낸 식을 공식」이라고 한다. 예컨대 (직사각형의 넓이)=(가로)×(세로), (이자)=(원금)×(이율)×(기간), (원넓이)=πr^2, $x=\dfrac{-b\pm\sqrt{b^2-4ac}}{2a}$($ax^2+bx+c=0$(단, $a\neq0$) 등은 수학에서 성립하는 계산규칙과 원리를 문자와 연산기호를 이용하여 나타낸 공식이다.

수식은 수량 사이의 관계를 문자나 기호로 표현하는 데 초점을 두는 반면, 공식은 식으로 표현 된 것을 이용하는데 초점을 두는 것이 보통이다.

■ 수식(Expression)

「수학적 사실이나 현상 및 그들 사이의 관계를 유한개의 수학 기호를 사용하여 일정한 규칙에 따라 조합·배열하여 나타낸 것을 수식」이라고 한다. 수식은 주로 수량 사이의 관계를 나타내는 데 이용되는 것으로 하나의 수식은 여러 가지 수량관계를 나타낼 수 있다. 예컨대 ① 3m의 2배, ② 가로가 3cm, 세로가 2cm인 직사각형의 넓이 등은 모두 '3×2'라는 식을 이용하여 구할 수가 있다. 위 ①, ②는 양적인 관계는 서로 다르지만 수식으로 표현하면 모두 같다.

'$y=2x+3$, (7−2)'처럼 숫자나 문자 및 기호를 이용하여 표현된 식은 일상적인 말과 문자를 이용한 표현과는 비교가 되지 않을 정도의 보편성을 가진다. 그것은 식을 표현하는 문자나 기호의 단순함과 그들이 결합하는 규칙성의 명료함과 표현의 간결함뿐만 아니라 형식적 조작이 가능하게 되기 때문이다.

■ 식의 구성 규칙

식의 구성은 다음과 같은 규칙이 있다. ① 대상 기호는 그 자체만으로 식이 된다. ② A, B가 식이면, A와 B를 연산 기호나 관계 기호로 연결한 것도 식이다. ③ 위 ①과 ②로 구성된 것만이 식이다. 예컨대 '8, 3+5, 3+5=8, …' 등은 위의 구성 규칙으로부터 통어론적으로는 바른 식이다.

■ 식으로 표현하는 절차

① 수량과 그들 사이의 관계를 구체물로 표현하기

⇩

② 수량과 그들 사이의 관계를 말(일상언어)로 표현하기 — 구슬 6개와 2개를 더한다

⇩

③ 수량과 그들 사이의 관계를 문자로 표현하기 — 6과 2의 합

⇩

④ 수량과 그들 사이의 관계를 ⑤ 기호로 표현하기 — 6+2

식

- 관계 기호가 없는 식 [句;phrase형의 식] 7, x, 5+8, 3×□
  - 변수가 없는 식 [수] 7, 5+8,
  - 변수가 있는 식 [수식] □, 3×□, 2+x
- 관계 기호가 있는 식 [문장;sentence형의 식] 5+8=13, x+3=7, 8÷□>3
  - 변수가 없는 식 [명제] 5+8=13, 5<8
    - 등호가 있는 식 [등식] 4+3=7, 8÷□=4
    - 부등호가 있는 식 [부등식] 3<7, 8÷2<5
  - 변수가 있는 식 [명제형식] 8÷□=4, x+3>7
    - 등호가 있는 식 [방정식] x+3=7, 8÷□=4
    - 부등호가 있는 식 [조건부 부등식] x+3>7, 8÷□<5

식목산

「나무나 전주 등의 물체의 개수, 물체 사이의 거리, 배열된 전체의 길이 중 2가지를 알고, 나머지를 구하는 문제를 식목산(植木算, problem of planting trees)」이라고 하며, 나무의 수와 간격의 수 사이의 관계는 다음과 같다.

- [그림 1]처럼「양끝에도 나무를 심을 경우는, 나무의 수는 그 사이의 수보다 1이 많다. 즉 (나무 수)=(간격의 수)+1」이다.
- [그림 2]처럼「양끝에는 나무를 심지 않을 경우는,「나무의 수는 그 사이의 수보다 1이 적다. 즉 (나무 수) = (간격의 수)−1」이다.

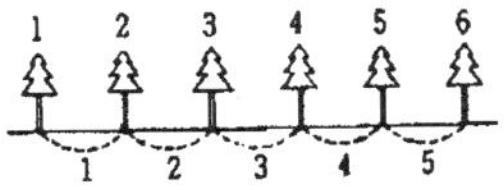

[그림 1]

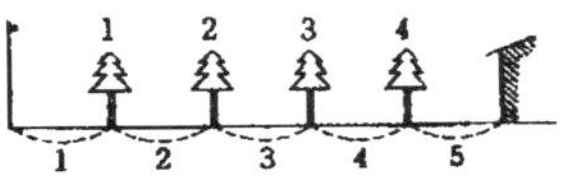

[그림 2]

- [그림 3]처럼「한쪽 끝에만 나무를 심는 경우, 즉 원둘레나 연못의 둘레와 같이 이어져 있어서 양끝이 없을 경우는 나무의 수와 그 사이의 수는 같다. 즉 (나무 수)=(간격의 수)」이다.

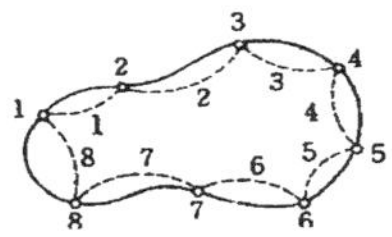

[그림 3]

[예 1] 50m의 도로의 한 쪽 편에 나무를 5m 간격으로 심으려고 한다. (1) 양쪽 끝에도 나무를 심는 경우 나무는 몇 그루 필요하며, (2) 양쪽 끝에는 나무를 심지 않는 경우 몇 그루 필요한가?

〈풀이〉 (1) 양끝에도 나무를 심을 때는 (나무 수)=(간격의 수+1)이므로 간격의 수는 50÷5=10이므로 (나무의 수) : 10+1=11(그루). 또, (2) 양끝에는 나무를 심지 않을 때 (나무 수)=(간격의 수−1)이므로 (나무의 수) : 10−1=9(그루).

[예 2] 둘레가 100m인 연못 둘레를 따라 20m 간격으로 나무를 심으려면 몇 그루 필요한가?

〈풀이〉 나무의 수와 간격의 수가 같으므로, 100÷20 =5로써 5그루가 필요하다.

[예 3] 가로가 42m, 세로가 24m인 직사각형의 모양의 밭 둘레에 같은 간격으로 말뚝을 박는다. 4개의 모서리에는 말뚝을 박되 말뚝의 수를 가능한 한 적게 박으려면, (1) 말뚝 사이의 간격은 몇 m이며, 또 (2) 말뚝은 몇 개 필요한가?

※ 세로, 가로로 같은 간격으로 심을 경우, 나무의 수를 가능한 한 적게 하려면 세로와 가로의 공약수를. 그리고 나무 사이의 간격을 가능한 한 크게 하려면 최대공약수를 이용한다.

〈풀이〉 말뚝 사이의 간격은 24의 약수도 있고 42의 약수도 있는 곳에 그림처럼 점을 찍어보자.

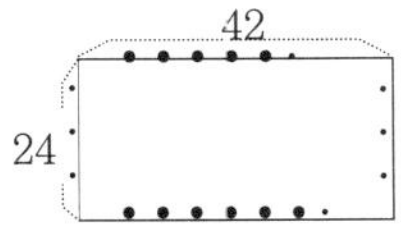

(1) 세로, 가로에 박을 말뚝 간격은 같아야 하므로 간격은 24와 42의 공약수로 하고, 말뚝의 수를 가능한 한 적게 하려면 간격의 폭은 가능한 한 크게 해야 하기 때문에 최대공약수를 이용한다. 24와 42의 최대공약수는 6이므로 말뚝 사이의 간격은 6m이다.

(2) 직사각형 둘레는 (24+42)×2=132(m). 둘레에 박을 때는 말뚝의 수와 간격의 수가 같으므로 말뚝의 수는 132÷6=22(개)이다.

[예 4] 최소공배수를 이용한 식목산

곧은 도로변에 벚나무를 5m 간격으로 심는 것과 3m 간격으로 심는 나무 수의 차는 16그루이다.

(1) 벚나무를 심은 도로는 몇 m이며, 또 (2) 5m 간격으로 심은 나무는 몇 그루인가?

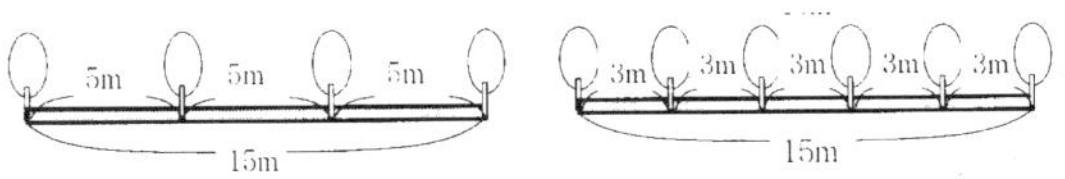

〈풀이〉 (1) 5와 3의 최소공배수는 15이므로 15m 간격마다 같은 모양이 반복되므로 15÷3=5(그루), 15÷5=3(그루), 5−3=2(그루). 즉, 15m 간격마다 2그루의 차가 생기므로 16그루의 차가 생기기 위해서는 16÷2=8(회)반복되므로 도로의 길이는 15×8 =120(m)

(2) 120m의 도로에 5m 간격으로 양쪽 끝에도 심어야 하므로 나무의 그루수는 120÷5+1 =25(그루) 필요하다.

[예 5] 길이가 20cm인 테이프 5장을 2cm씩 겹치게 연결하면 전체 몇 cm가 되는가?

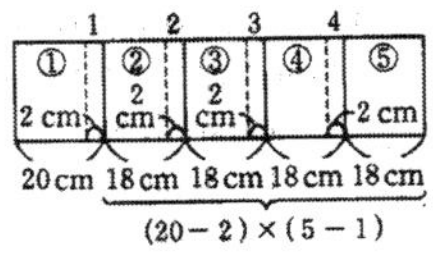

〈풀이〉 처음 길이는 20cm이고, 2번째부터의 길이는 20−2cm이므로 전체길이는 20+(20−2)×(5−1)=92(cm)이다.

수의 확장

- **자연수의 확장** : 자연수끼리의 덧셈은 항상 자연수로 자연수는 덧셈에서는 닫혀있다. 그러나 자연수끼리의 뺄셈은 자연수인 경우도 있지만 자연수가 아닌 경우도 있기 때문에 자연수는 뺄셈에서는 닫혀있지 않다. 예컨대 임의의 세 자연수(a, b, c)∈N에서 a＜b＜c인 경우, a+b=c는 항상 성립한다. 그러나 c−b=a이지만 b−c≠a이다. 따라서 뺄셈에서 닫히게 하기 위해, 즉 뺄셈이 자유롭기 위해서는 수의 범위를 자연수에서 0과 음수를 포함하는 정수로 확장해야 한다.
- **정수의 확장** : 정수끼리의 곱셈은 항상 정수로 정수는 곱셈에서는 닫혀있다. 그러나 정수끼리의 나눗셈의 몫은 정수인 경우도 있지만 정수가 아닌 경우도 있기에 정수는 나눗셈에서는 닫혀있지 않다. 예컨대 임의의 세 정수 (a, b, c)∈Z에서 a＜b＜c인 경우, a×b=c는 항상 성립한다. 그러나 c가 b의 배수인 경우는 c÷b=a이지만 c가 b의 배수가 아닌 경우는 c÷b≠a이다. 따라서 정수의 나눗셈에서 닫히게 하기 위해서는 수의 범위를 정수에서 유리수로 확장해야 한다.
- **유리수의 확장** : 유리수 x^2=a(a≧0)에서 x는 유리수 범위에서 구할 수 없다. 예컨대 x^2=2라면 $x=\sqrt{2}$ 인데 $\sqrt{2}$ 는 유리수가 아닌 무리수이다. 그래서 유리수와 무리수를 포함하는 새로운 수인 실수로 수의 범위를 확장해야 한다. 그런데 x^2=a(a≧0)에서 x는 실수 범위에서 구할 수 있지만 x^2=a(a≦0)의 경우 x의 값은 실수 범위에서 구할 수 없기 때문에 수의 범위를 허수까지 확장해야 한다. 예컨대 $x^2=-1$일 경우 $x=\pm i$이다. (a+bi)형식으로 나타내는 수를 허수라고 한다.

지금까지 수의 확장은 이미 알려진 사실을 이용하여 새로운 것을 정의하는 것이 기본적인 생각이다. 이러한 생각에 의하면 유리수로부터 실수로의 확장을 생각하는 것이 가능하다. 이런 생각에 바탕을 두고 실수를 정의한 것 중의 하나가 데데킨드의 방법이다. 순서관계가 정해져 있는 집합 M이 다음 조건 ①, ②를 만족하는 두 부분 집합인 A_1, A_2로 분할할 때 이 분할을 M의 절단이라 부르고 $A_1 \mid A_2$로 나타낸다.

① $A_1 \cup A_2 = M$, $A_1 \cap A_2 = \varnothing$, $A_1 \neq \varnothing$, $A_2 \neq \varnothing$

② $a \in A_1$, $b \in A_2$이면 $a < b$

일반적으로 이와 같은 절단을 행하면 다음 3가지 경우가 일어난다고 생각된다.

① A_1의 가장 큰 수 a가 있고, A_2의 가장 작은 수 b가 있다. 이때 절단 ($A_1 \mid A_2$)에는 '**비약이 있다**'고 한다.
② A_1에는 가장 큰 수가 없고, A_2에는 가장 작은 수가 없다. 이때 절단 ($A_1 \mid A_2$)에는 '**틈이 있다**'고 한다.
③ A_1에 가장 큰 수 a가 있고 A_2에는 가장 작은 수가 없거나 또는 A_1에 가장 큰 수가 없고 A_2에는 가장 작은 수 b가 있을 때 절단을 '**정상**'이라 한다.

정수의 집합 Z는 이산적이므로 절단에는 비약이 있다. 유리수의 집합 Q는 조밀하므로 그 절단에는 비약은 없다. 따라서 Q의 경우는 ②이거나 ③이다. 그런데 Q를 절단할 경우는 ②에 언급한 것처럼 틈이 있는 경우가 일어난다. 예컨대 $A_1=\{x \mid x \in Q,\ x<0,$ 또는 $x \geqq 0,$ 또한 $x^2<2\}$, $A_2=\{x \mid x \in Q,\ x>0,$ 또한 $x^2>2\}$ 라고 할 때 하나의 틈이 생긴다. 이 틈을 메우는 새로운 수가 $\sqrt{2}$이다.

유리수의 집합 Q에서 생각할 수 있는 모든 절단($A_1 \mid A_2$)를 만들어 이 절단의 집합을 S라면 S의 각 절단 중 틈을 가지는 ②의 경우에는 이 틈을 메우는 새로운 수인 무리수를 이 절단에 대응시켜 절단이 정상인 경우에는 A_1의 가장 큰 수, 또는 A_2의 가장 작은 유리수의 어느 쪽인가를 이 절단에 대응시킨다.

이처럼 각 절단에 대해 유리수 또는 무리수가 대응되는데 「유리수와 무리수를 합하여 **실수**」라고 한다. 실수의 집합에서는 절단을 행하면 언제나 정상이다. 이 사실을 실수의 연속성이라고 하는데 이것이 유리수와 실수의 차이점이다.

- ① 유리수 (rational nbrs)
  - 정수(integers)
    - 양의 정수
      - 기초수:1
      - 소수:2,3,5,7,⋯
      - 합성수:4,6,8,10,⋯
    - 영:0
    - 음의 정수:−1,−2,−3,⋯
  - 분수 (fractional nbrs)
    - 유한소수: $\frac{1}{2}=0.5$
    - 순환소수
      - 순순환소수: $\frac{1}{3}=0.\dot{3}$
      - 혼순환소수: $\frac{1}{6}=0.1\dot{6}$
- ② 무리수(lrrational numbers): $\sqrt{2}=1.414\cdots$, $\sqrt{3}-1.732\cdots$ etc.
- ③ 초월수(transcendental nbrs)
  - $\pi = 3.14159262\cdots$ (원주율)
  - $e = 1+\frac{1}{1!}+\frac{1}{2!}+\frac{1}{3!}+\cdots = 2.718\cdots$
  - $\log 2 = 0.3010\cdots$
  - $\sin 80° = 0.9848\cdots$ dtc.

쌍곡선/포물선

■ 쌍곡선

「한 평면 위의 2개의 서로 다른 정점 F와 F′까지의 거리의 차가 일정한 점의 자취를 **쌍곡선**이라 하고 두 정점 F, F′를 쌍곡선의 **초점**」이라고 한다.

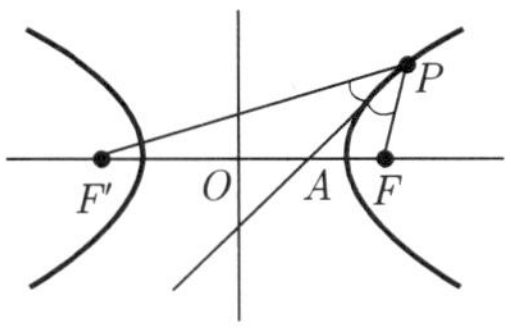

다음과 같은 방법으로 쌍곡선을 그릴 수 있다.

ㅁ 쌍곡선의 방정식(표준형)

중심 O를 원점, 직선 FF′, l을 각각 x축, y축으로 하고 FF′의 좌표를 각각 (C, 0), (−C, 0) 일정한 길이를 EA라고 한다. 자취상의 점 P의 좌표를 (x, y)라고 하면 쌍곡선의 정의로부터 $\sqrt{(x+c)^2+y^2}-\sqrt{(x-c)^2+y^2}=\pm 2a$ (c>a). 이것을 변형해서 정리하면, $\frac{x^2}{a^2}-\frac{y^2}{c^2-a^2}=1$이다. $c^2-a^2=b^2(b>0)$이라면, $\frac{x^2}{a^2}-\frac{y^2}{b^2}=1$……①이다.

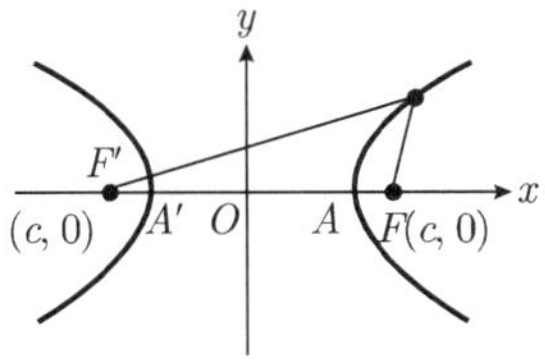

이것을 **쌍곡선의 방정식의 표준형**이라 한다.

쌍곡선과 X축과의 교점 A, A′를 쌍곡선의 꼭짓점이라 하고 꼭짓점의 좌표는 각각 (a, 0), (−a, 0)이고, 초점의 좌표는 ($\sqrt{a^2+b^2}$, 0), ($-\sqrt{a^2+b^2}$, 0)이다. 또 쌍곡선 위의 점은 X의 절대값이 한없이 크게 될 때에 직선 $y=\pm\frac{b}{a}x$에 한없이 가까워가는 것을 증명할 수 있다. 이들 두 직선을 각각 **쌍곡선의 점근선**이라 한다. 또 2개의 점근선이 직교하는 쌍곡선을 **직각쌍곡선**이라 한다.

쌍곡선 $\frac{x^2}{a^2}-\frac{y^2}{b^2}=-1$…② 는 초점 (0, $\sqrt{a^2+b^2}$), (0, $-\sqrt{a^2+b^2}$)이고 ①과 같은 점근선을 갖는다.

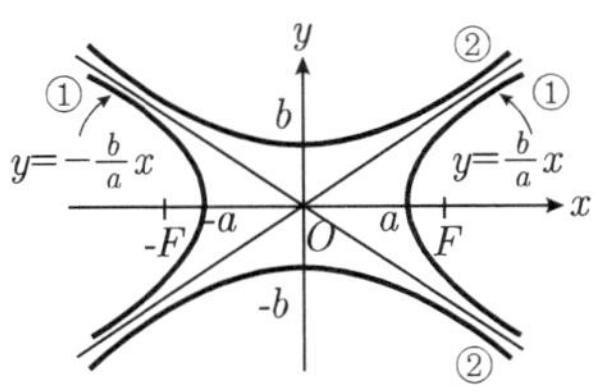

쌍곡선의 물리학에의 응용으로서 다음 사실을 들 수 있다. 예컨대 한 초점 F′로부터 나아오는 광선이 쌍곡선 모양의 거울에서 반사했을 때 반사광선의 연장은 다른 초점 F에 모인다.

■ 포물선(parabola)

일상적으로 우리는 물체를 비스듬히 던졌을 때 포물선을 그린다는 말을 한다. 이때의 포물선이란 직선이 아니고 중력에 의해 곡선을 그린다는 뜻이다.

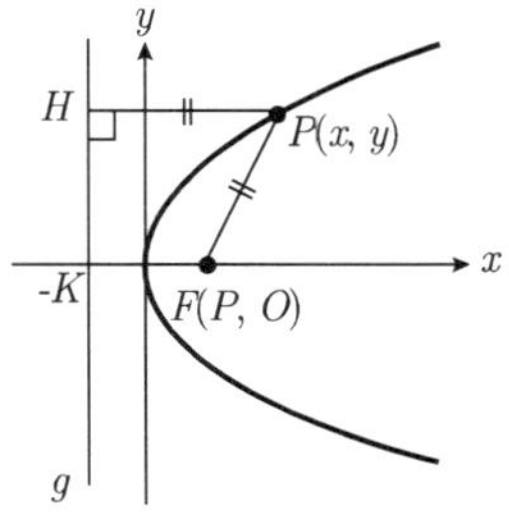

수학적에서 포물선이란 「한 정점과 이를 지나지 않는 정직선에서 같은 거리에 있는 점의 자취를 **포물선**이라 하고, 이때, 이 정점을 F를 포물선의 **초점**, 정직선 g를 포물선의 **준선**」이라고 한다. 또 「포물선의 초점 F를 지나고 준선 g에 수직인 직선 x를 포물선의 **축**, 포물선과 축과의 교점 O를 포물선의 **꼭짓점**」이라고 한다. 평면좌표 위에서 초점의 좌표를 F(P, 0)라 하고, 준선의 방정식을 $x+P=0$라 할 때, 초점과 준선에서 같은 거리에 있는 점을 P(x, y), 점 P에서 준선에 내린 수선의 발을 H라 하면 PF=PH이므로 $\sqrt{(x-p)^2+y^2}=|x-(-p)|$이다. 이것을 정리하면 $y^2=4px$인 포물선의 방정식을 얻는다.

ㅁ 포물선 방정식의 표준형

① (p, 0)를 초점으로 하고 $x=-$p를 준선으로 하는 포물선의 방정식은 $y^2=4px$(단, $p\neq0$)이다.

포물선 $y^2=4px$를 x축의 방향으로 m만큼, y축의 방향으로 n만큼 평행이동한 포물선의 방정식은 $(y-n)^2=4p(x-m)$이고 이 포물선의 초점은 $(p+m, n)$, 준선의 방정식은 $x=-p+m$, 꼭짓점 (m, n), 축은 $y=n$이다.

② (0, p)를 초점으로 하고 $y=-p$를 준선으로 하는 포물선의 방정식은 $x^2=4py$(단, p≠0). 포물선 $y^2=4px$를 x축의 방향으로 m만큼, y축의 방향으로 n만큼 평행이동한 포물선의 방정식은 $(x-m)^2=4p(y-n)$이고 이 포물선의 초점은 $(m, p+n)$, 준선의 방정식은 $y=-p+n$, 꼭짓점 (m, n), 축은 $x=m$이다.

쌍곡선과 포물선은 실생활에서 탐조등이나 손전등, 현수교, 자동차 전조등, 망원경, 위성안테나 제작 등 물리학, 공학, 건축 등 다양한 분야에서 활용·응용된다.

알고리즘

알고리즘(algorithm)이란 al-khwarizmi라는 이슬람 수학자의 이름에서 유래된 용어로서 그의 이름이 라틴어로 algorismus라고 번역되었고, 이 라틴어에서 알고리즘이라는 용어가 생겨났다(Barnett, 1998, NCTM). 알고리즘은 '수학적인 문제의 해에 이르는 유일한 방법'라고 일컬어질 정도로 수학에서 중요한 위치를 차지해 왔지만 그 의미는 시대에 따라 차츰 변해왔다.

전통적인 관점에서 「**알고리즘**이란 절차를 정확히 실행하기만 하면 주어진 문제에 대해 옳은 답을 보장하는 점진적인 과정'(Barnett, 1998)」이라고 정의한 반면, 「현대적인 입장에서 **알고리즘**이란 문제를 해결하기 위한 구체적이고 체계적인 방법으로, 정해진 규칙을 적용하면 확증할 수 있는 유한개의 답을 얻을 수 있는 형식화된 절차」로 정의하고 있다(Maurer, 1998).

이들의 공통점은 '알고리즘이란 문제를 해결하기 위한 일련의 과정, 또는 방법'이라는 공통점은 있으나 전통적인 알고리즘은 문제에 대한 옳은 답을 보증하는 반면, 현대적인 의미의 알고리즘은 옳은 답을 보증하지는 않는다. 문제를 해결하는 방법이나 전략이 다양한 것과 마찬가지로 현대적 의미에서 알고리즘 지도는 단순히 정답을 얻는 도구로써가 아닌 문제 장면에 따라 어떤 알고리즘이 가장 효율적·효과적인지에 초점을 두고 있다.

알고리즘은 처리 주체에 따라 크게 지필 알고리즘과 계산기·컴퓨터 알고리즘으로 나눈다. 학교 수학에서 사용되는 대부분의 알고리즘은 지필 알고리즘이며, 그 종류도 다양하기 때문에 알고리즘이라고 하면 흔히 지필 알고리즘만을 떠올리기가 쉽다. 그러나 문제에 대한 해를 얻기 위한 절차를 알고리즘이라고 하면 현대와 같은 정보화 시대에는 지필 알고리즘뿐만 아니라 계산기와 컴퓨터를 이용한 알고리즘도 한 부분을 차지한다.

지필 알고리즘은 수학학습 내용과 관련하여 Usiskin (1998)은 지필 알고리즘을 산술 알고리즘, 대수와 미적분 알고리즘, 작도(그림) 알고리즘 3가지로 분류하고 있다.

- **산술(Arithmetic) 알고리즘** : 나눗셈의 세로셈, 곱셈의 세로셈, 덧셈의 세로셈, 자리수가 많은 뺄셈, 분수의 나눗셈과 곱셈, 평균과 표준 편차의 계산, 제곱근 찾기 등이 이에 속한다.
- **대수·미적분 알고리즘** : 부분분수의 조작, 제한된 정수계산, 1차 방정식과 부등식의 해결 등에 사용되는 알고리즘이 이에 속한다.
- **작도(그림) 알고리즘** : 막대 그래프, 원 그래프, 비교 그래프, 함수 그래프, 관계 그래프 그리기와 기하학에서 자와 컴퍼스를 사용하여 작도하기, 그리고 도형의 변환찾기 알고리즘 등이 속한다.

□ **알고리즘의 교육적 효과를 살펴보면 다음과 같다.**

- 알고리즘은 효과적이다. : 알고리즘은 문제해결 과정의 일반화를 의미하므로 주어진 문제에 대해 해답을 보증하는 알고리즘을 알고 있다면, 그와 유사한 종류의 모든 과제를 해결할 수 있다.
- 알고리즘은 신뢰할 수 있다. : 어떤 알고리즘이 정확하다면 그 알고리즘을 몇 번 반복하면 정확한 답을 얻을 수 있다.
- 알고리즘은 신속하다. : 잘 고안된 알고리즘은 답에 이르는 길을 직접적으로 제시해주므로 시간과 노력을 절약해 준다.
- 알고리즘은 지필 기록을 제공한다. : 답을 얻기 위해 남겨둔 과정의 기록은 학생들이 자신의 활동 과정을 반성하고 세련되게 하며 서로의 알고리즘을 공유하는데 유용하다.
- 알고리즘은 정신적 표상을 증진한다. : 지필로 기록된 알고리즘을 통해서 연필과 종이 없이 결과를 얻을 수 있다.
- 알고리즘은 유익하다. : 문제에서 주어진 정보와 답 사이의 관계에 대한 통찰을 제공한다.
- 알고리즘은 학습의 주제가 될 수 있다. : 알고리즘은 문제의 해에 이르는 과정일 수도 있지만 한편으로 학습의 대상이 된다.

이처럼 알고리즘이 많은 문제를 정확·신속하게 해결할 수 있도록 돕고 정신적 표상을 증진시킨다면 학생들은 알고리즘을 배워야 한다. 그러나 이때 그 절차가 외부에서 주어지기보다는 학생이 절차를 만드는 과정에 직접 참여할 수 있어야 한다.

암산

「암산(mental calculation)을 흔히 **속셈**이라고도 하며, 계산기나 주산, 지필 계산과 같이 물리적 도구를 활용하지 않고 머릿속으로 계산하는 것을 **암산**」이라고 한다. 계산의 도구로써 전자계산기를 이용할 경우 계산을 신속하게 한다는 데는 매우 긍정적이지만 답의 정확성 면에서는 지필 계산이나 암산과 별다른 차이가 없으며, 계산기의 버튼을 잘못 누를 경우 입력한 숫자가 기록되지 않음으로 해서 오히려 잘못된 답을 산출할 가능성이 높다.

따라서 계산기의 오작동에 따른 정답의 부정확성을 예방하기 위하여 어림셈과 암산지도의 필요성이 강조되고 있다. 뿐만 아니라 암산은 수리적 사고와 논리적인 사고, 기억력과 집중력을 신장시키는 긍정적인 측면이 있다. 특히 암산은 학생들에게 수리적 추론능력을 기르는 데 중요한 역할을 한다. 또한 암산은 정신적 능력을 예리하게 하는 '지적 자극'의 한 종류로 초등학교 수학교육에서 중점적으로 지도할 필요가가 있다.

암산의 종류는 시암산(視暗算)과 청암산(聽暗算)으로 나눌 수 있는데, 「**청암산**이란 다른 사람이 말하는 수를 귀로 듣고 머릿속으로 계산하여 답을 구하는 계산이고, **시암산**이란 쓰여진 수를 눈으로 보고 머릿속으로 계산하여 답을 구하는 계산」이다. 암산은 기존의 관습적인 계산 방식인 주산이나및 지필과는 다른 알고리즘과 융통성과 분석력 등이 수반되므로 수에 대한 사고의 융통성을 갖게 하며, 수에 대한 감각을 풍부히 하고, 기억력을 향상시킬 수 있으며, 지필 계산, 어림산, … 등 다른 사칙 계산 능력의 향상에 도움을 준다. 어림셈과 암산의 공통점은 '빠르게 계산한다.'는 측면에서는 같게 볼 수도 있으나, 어림셈은 '대략'의 답인 근삿값을 산출한다면 암산은 '정확한 답'과 '근삿값' 모두를 산출하는 데 이용된다는 점은 다르다.

■ 대표적인 암산 방법

- **높은 자리부터 계산하기**(front-end strategy): 덧셈, 뺄셈, 곱셈에서 자리 값이 높은 자리에서부터 낮은 자리의 순서로 계산하는 전략이다. 예컨대 40+58=n. ⇒ 40+(50+8)=(40+50)+8=90+8=98
- **어울리는 수끼리 짝지우는 전략**(compensation strategy) : 어울리는 수끼리 짝지어 해결하기 전략은 일반적으로 수를 조정(더하거나 빼기, 곱하거나 나누기)하여 암산하기 쉬운 수로 고친 후 계산하는 전략이다. 주어진 수에 같은 수를 더하거나 빼거나 곱하거나 나누어서 수를 조정한 후 높은 자리부터 계산하기 전략을 이용하여 답을 구한다. 예컨대 49+21=49+1−1+21=(49+1)+(21−1)=50+20=70
- **수를 분할하는 전략**(partitioning strategy) : '친숙한 수끼리 계산하기' 전략으로 이 전략은 한 수를 다른 수의 합, 차, 곱, 몫으로 나타내어 암산하기 쉬운 수로 고친 후 계산하는 전략이다. 예컨대 25×41=25×(40+1)=(25×40)+(25×1)=1000+25=1025
- **연산법칙을 활용하는 전략**(operating strategy): 이 전략은 교환법칙, 결합법칙, 분배법칙은 암산을 수행할 수 있도록 계산을 단순화하는데 중요한 역할을 한다. 예컨대 다음 계산은 교환성 법칙과 분배법칙 활용을 활용하여 계산한 것이다.
  21×17−13×21=21×(17−13)=21×4=84

■ 암산과 지필계산의 차이점

- 지필 계산은 자리 값이 낮은자리에서부터 높은 자리의 순서로 계산하지만 암산은 주산처럼 자리 값이 높은자리부터 낮은자리의 순서로 계산한다.
- 받아올림이나 받아내림이 있는 지필계산을 할 경우 초기 단계에서는 받아올림·내림한 수를 잊지 않기 위해 다음 [그림 1]처럼 숫자 위의 □ 안에 받아올림한 수를 기록해 두지만 계산 기능이 일정한 수준에 도달했을 경우는 [그림 2]처럼 받아올림·내림한 수를 기억하여 계산을 수행한다. 여기서 수를 기억하는 것은 지필 계산에서 암산을 하는 것으로 생각할 수 있다.

```
 1
  2 4       2 4
+ 3 8     + 3 8
[그림 1]  [그림 2]
```

- 지필계산의 과정은 일정한 형식과 원리(알고리즘)가 있으나 암산은 개인에 따라 자유롭다.
- 암산은 다른 도구가 필요 없이 머릿속으로 계산하지만 지필계산은 다른 도구(종이와 연필)와 여러 감각기관(시각, 촉각)과 암산을 해야 한다.
- 지필계산은 동적(動的)인 작용과 정적(靜的)인 작용이 동시에 이루어져야 하지만 암산은 정적인 작용에 의존한다.

양의 성질

양에는 길이, 들이, 무게, 넓이, 부피, 시간, … 등이 있고, 다음과 같은 공통적인 성질을 갖고 있다.

■ 양의 여러 가지 성질

• **양의 비교성** : 비교성은 다음 2가지 성질이 있다.

① a, b가 같은 종류의 양일 경우, $a>b$, $a=b$, $a<b$ 중 어느 하나가 성립한다.

② a, b, c가 같은 종류의 양일 경우, $a<b<c$ 이면 $a<c$이다.

①은 같은 종류의 두 양에서는 대소상등의 관계가 일의적(一意的)으로 정해졌다는 것을, ②는 대소관계에 대해서는 추이율이 성립한다는 것을 나타낸다. 이 성질은 양 개념 형성의 기초로서 직접비교와 간접비교를 가능하게 한다.

• **양의 가법성** : a, b, c가 같은 종류의 양일 경우,

① $(a+b)$에 해당하는 또 다른 양이 존재한다.

② $a+b+c=a+(b+c)$　　③ $a+b=b+a$

①~③은 같은 종류의 양을 대수적으로 보았을 때 가법성을 가진다. 그러나 모든 양이 가법성을 가지는 것은 아니다. 예컨대 '농도'에 대해서 생각해 보면, 5%의 소금물과 10%의 소금물을 섞으면 15%의 소금물이 되지 않다.

일반적으로 「가법성을 가지는 양을 **외연량**, 가법성을 갖지 않는 양을 **내포량**」이라고 한다. 내포량에서 전혀 가법성이 성립하지 않는 것은 아니다. 다음 예처럼 **첨가적인 가법**이면 가법성이 성립하는 경우도 있다. 예컨대 시속 50km로 달리던 승용차가 시속 10km를 가속했을 경우는 가법성이 성립하여 그 승용차의 시속은 60km가 된다. 외연량, 내포량의 구별은 합병적(合倂的)인 가법성이 성립하는 여부에 따라 구별된다.

• **양의 등분할성** : a를 어떤 양이라고 할 때, 임의의 자연수 n에 대해서 $a=nb$가 되는 a와 같은 종류의 양 b가 존재한다.

• **양의 측정성** : 같은 종류의 두 양 a, b가 있을 때 na가 b이상이 되는 자연수 n이 존재한다.

위의 사실이 성립할 때 $na=b$이면, a를 단위로 할 때 b의 측정값은 n이며, $na>b$이면 그 측정값은 $n-1$로 나머지는 $b-(n-1)a$이다. 후자의 경우에는 양 a를 등분할한 1개를 단위(Unit)로 하여 측정하면 측정값이 정해지게 된다.

• **양의 보존성** : 움직이거나 나누거나 모양을 바꾸어도 그 양 전체의 크기는 변하지 않는 성질을 양의 **보존성**이라고 한다. 양의 보존성은 양의 가법성과 표리일체의 관계에 있다.

■ 양의 보존 개념의 발달단계

양 개념 형성에는 위치 변화에 대한 보존성과 분할에 대한 보존성은 중요한 역할을 한다. Piaget에 의하면 위치변화에 대한 양의 보존개념의 발달단계를 다음 3단계로 밝혔다.

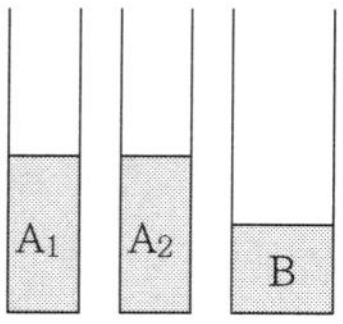

① **위치의 변화에 대한 보존성** : 같은 양의 물을 모양과 크기가 같은 A_1, A_2 두 용기에 부은 후 어느 쪽이 많은가를 비교하도록 한다. 다음은 A_2의 물을 B 용기에 옮긴 후 A_1, B 두 용기 중 어느 쪽이 많은가를 비교하도록 한다.

• **제 1단계(5세 이하)** : 보존개념이 없는 단계로서 두 용기 A_1과 A_2에 든 물 양은 같으며, A_1과 B에 든 물의 양 비교에서는 폭이나 높이 중 한쪽만을 생각해서 A_1쪽, 또는 B쪽이 많다는 단계로 상보성이나 가역성의 사고가 없는 단계이다.

• **제 2단계(6, 7세)** : 보존의 개념이 서서히 형성되는 단계로서 높이나 폭의 차이가 크게 나지 않은 경우 A_2와 B가 같다고 답은 하지만 크게 차이가 생기는 경우에는 전 단계의 학생들과 마찬가지로 어느 한쪽이 많다고 대답하는 단계이다.

• **제 3단계(8세 이상)** : 보존의 개념이 완성되는 단계로서 액체를 담은 그릇의 모양이 어떻게 바뀌어도 양의 변화는 없다고 하는 단계이다.

② **분할에 대한 보존성**

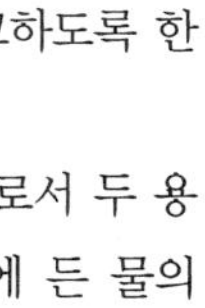

이번에는 위 A_2의 물을 오른편과 같이 2개의 그릇 B_1, B_2에 옮기고 A_1과 B_1, B_2를 합한 것에 대해서 묻는다.

어림수/어림셈

「물체의 양을 측정하거나 사칙계산을 할 경우 구한 값이 정확한 값이 아닌 정확한 값에 가까운 대략의 값을 **근삿값**」라 하고, 어떤 수를 올림, 버림, 반올림을 통하여 구한수를 어림수라고 한다. 또 어림수를 이용한 계산을 **어림셈**(Estimation)」이라고 한다.

□ **어림셈 지도의 필요성**

- **실용적인 측면** : 일상생활 장면에서 수를 세거나 양을 측정할 때, 정확한 값을 이용하는 것보다 어림한 값을 이용하는 경우가 많다.
- **사회적 측면** : 계산기와 컴퓨터의 활용이 보편화됨에 따라 숫자 버튼을 잘못 누름에 따른 오답이 나올 가능성에 높다. 따라서 계산기나 컴퓨터에 숫자를 입력하기 이전에 어림셈을 통하여 답을 예측하고 계산기를 이용하여 구한 답을 비교함으로써 키보드 조작의 오류를 방지할 수 있다.
- **교육적 측면** : 암산기능이나 수 감각을 길러 줄 수 있으며, 암산, 지필, 계산기 등을 이용하여 얻어진 정답의 타당성을 결정하는 데 도움을 준다.

□ **양을 어림수로 나타내는 경우**

어림수로 나타낼 수밖에 없는 장면이나 어림수로 나타내는 것이 더 실용적이라는 어림에 대한 소양부터 길러 주어야 한다.

- **측정값을 나타낼 경우** : 길이, 들이, 시간, 온도, 각도, 무게 등 측정 도구를 이용하여 측정한 모든 값은 어림수로 나타난다.
- **양이 너무 많거나 적어서 셀 수 없을 경우** : 하늘에 있는 별의 수, 산에 자라는 나무의 수, 쌀 한 톨의 무게 등
- **미래에 발생할 양의 크기를 나타낼 경우** : 내일의 기온, 한 달 후 몸무게, 100년 후 우리나라 인구 수 등
- **직접 경험하거나 취급하지 않은 양을 나타낼 경우** : 아버지의 봉급, 친구 누나의 나이 등
- **시간의 흐름에 따라 변하는 양을 나타낼 경우** : 교문을 출입한 사람의 수, 택시기사가 오늘 태운 승객의 수 등
- **안정성의 한계를 생각할 경우** : 물건을 사러갈 경우에는 사야할 물건 값보다 많은 돈을 가져가야 하며, 엘리베이터를 탈 경우는 한계 무게나 정원보다 가볍고 적어야 한다.

□ **여러 가지 어림셈 방법**

Reys가 주장하는 5가지 기초전략을 알아보면 다음과 같다.

- **높은 자리부터 계산하는 전략** : 지필 계산은 자릿값이 낮은 수부터 높은 수의 차례로 계산하지만 어림산이나 암산, 주산, 계산기 등은 그 반대로 자릿값이 높은 수부터 낮은 수의 차례로 계산한다.
- **묶어서 어림하는 전략** : 주어진 양 전체를 하나의 무리(group)로 보고, 이들을 묶어서 대표값을 정하여 대표값의 몇 배로 처리하는 방법이다. 예컨대 5명의 몸무게가 각각 48.4kg, 51.3kg, 42.5kg, 54.3kg, 60.4kg이라면 이들 5명의 몸무게의 합을 알아볼 경우, 대표값은 50으로 정하여 50×5=250(kg)으로 처리할 수 있다.
- **어림수로 나타내어 계산하는 전략** : 주어진 수를 올림이나 버림, 또는 반올림한 어림수를 이용하여 어림값을 구하는 방법이다. 이 방법은 사칙 연산 중 특히 두 수의 곱셈에서 유용하다.
- **적당한 수를 찾아 어림하는 전략** : 덧셈이나 나눗셈을 할 경우에 유용하다. 예컨대 '27+49+38+65+56+81'의 합을 어림셈으로 구하여라. 왼쪽에서 두 수씩의 합은 약 100이므로, 구하려는 답은 약 300이다.

27+49+38+65+56+81

- **조정된 수로 어림하는 전략** : 주어진 수를 그 수와 가까운 수로 조정하여 어림셈을 하는 방법이다.

〈예〉 주어진 수	조정된 특수한 수	어림셈
• $\frac{7}{8}+\frac{12}{13}$	$\frac{7}{8}≒1$, $\frac{12}{13}≒1$	1+1=2
• 720의 $\frac{23}{45}$	$\frac{23}{45}≒\frac{1}{2}$	$720\times\frac{1}{2}$=360
• 816의 9.84%	9.84≒10	816×0.1=81.6
• 436.2÷0.98	0.987≒1	436÷1=436
• 103.96×14.8	103.96≒100, 14.8≒15	100×15=1500

여행산

「이동하는 방향, 걷는 속도, 거리와 시간 사이의 관계를 이용하여 해결하는 문제를 **여행산**(旅行算)」이라 한다.

[예 1] A는 분속 60m, B는 분속 80m로 동시에 같은 지점에서 같은 방향으로 걷기 시작했다.

① 10분 후 두 사람의 거리는 몇 미터인가?

② 두 사람의 거리가 500m가 되는 것은 출발하고 몇 분 후인가?

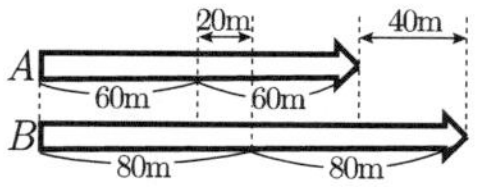

〈풀이〉 ① 두 사람 사이의 거리는 속도의 차이를 모은 것과 같다. 두 사람의 속도의 차이는 1분에 (80−60)m이고, 10분 후에는 (80−60)×10=200m이다. ② 두 사람 사이의 거리가 500m인 것은 500÷(80−60)=25(분) 후이다.

> ※ 같은 방향으로 이동할 경우
> • (두 사람 사이의 거리)=(두 사람의 속도의 차)×(시간)

[예 2] A는 분속 60m, B는 분속 85m로 걷는다. A가 출발하고 10분 후에 B가 A를 추격했다. (1) B는 얼마 후에 A를 추격하는가? (2) A는 추격할 때까지 몇 m를 걸었는가?

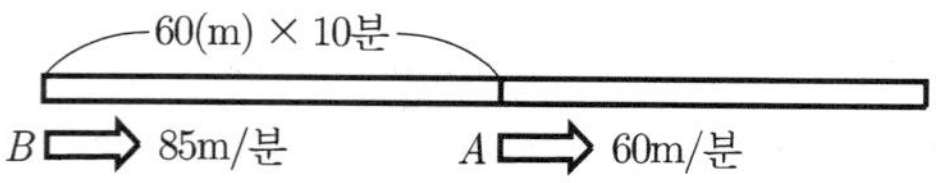

B는 A를 1분에 (85−60)m씩 추격한다.

[그림 2]

〈풀이〉 (1) A, B의 속력의 차는 (85−60)m/분=25m이므로 매분 25m씩 추격한다. 따라서 (60×10)÷(85−60)=24(분)만에 추격할 수 있다.

(2) B가 A를 추격했을 때, A는 (10+24)=34분 동안 달렸으며, 그 거리는 60×34=2040m이다.

> ※ 추격하는 경우
> • (가까워지는 거리)=(속도의 차)×(걸린 시간)
> • (추격하는데 걸린 시간)=(거리의 차)÷(속도의 차)

[예 3] A는 분속 80m, B는 분속 70m로 같은 지점에서 반대 방향으로 동시에 걷기 시작했다. ⑴ 5분 후에 두 사람 사이의 거리는 얼마인가? ⑵ 두 사람 사이의 거리가 3Km 되는 것은 출발한지 몇 분 후인가?

〈풀이〉 (1) 1분에 (80+70)씩 멀어져 5분 후에 두 사람 사이의 거리는 (80+70)×5=750m이다. 3km 떨어지려면 3000÷(80+70)=20(분) 걸린다.

[예 4] 34km 떨어져 있는 곳에서 갑, 을이 동시에 서로 마주보고 걸었다. 갑은 시속 4.5km, 을은 시속 4km로 걷는다면 출발한 지 얼마 후에 서로 만나겠는가?

〈풀이〉 두 사람 사이의 거리는 1시간에 (4.5+4)km씩 가까워지며 거리가 0이 되려면 34÷(4.5+4)=4(시간) 걸린다.

> ※ 반대방향으로 이동할 경우
> • (두 사람 사이의 거리)=(두 사람 사이의 거리의 합)×(시간)
> • (두 사람의 속도의 합)=(두 사람의 거리)÷(시간)
> • (시간)=(두 사람의 거리)÷(속도의 합)

[예 5] 갑은 을이 출발한지 15운 후에 을을 쫓아갔다. 갑은 분속 75m로, 을은 분속 60m로 이동한다면 갑이 출발하지 몇 분 후에 을과 만나겠는가?

〈풀이〉 을은 갑보다 15분 먼저 출발했으므로 갑보다 (60×15)=900m 앞서 있다. 갑은 1분에 (75−60)=15m씩 을을 추격하므로 (60×15)÷(75−60)=60(분)후에 만난다.

[예 6] 갑은 을이 출발한 지 8분 후에 뒤따라서 출발하여 24분 만에 을을 만났다. 을이 분속이 60m로 이동한다면 갑의 분속은 얼마인가?

〈풀이〉 갑이 출발할 때 을은 (60×8)=580m 앞서 있다. 이것을 24분 만에 뒤쫓았으므로 갑은 을보다 1분간에 (60×8)÷24=20m 빠르게 이동한다. 따라서 갑의 분속은 60×8÷24=20 60+20=80m이다.

[예 7] 갑이 분속 60m의 속도로 출발하여 20분이 지난 후 을이 갑의 뒤를 따랐다. 을은 처음 30분은 분속 90m로 걷다가 나중에는 분속 80m로 걸었다. 을은 얼마 후에 갑을 만나겠는가?

〈풀이〉 처음 30분간에는 따르지 못하였다고 생각하고 30분 후의 두 사람의 거리를 셈한다. 다음은 보통 따르는 문제를 셈하는 것과 마찬가지로 셈하면 된다. 그리고 처음 30분을 더해 준다.

60×20−(90−60)×30=300, 300÷(80−60)=15,

30+15=45(분) 후에 만난다.

역추산/환원산

■ 역추산

미로에는 많은 입구가 있으나 하나의 입구만이 미로의 중심까지 갈 수 있다. 미로의 입구에서 중심을 찾아가는 방법 대신에 중심에서 출발하여 입구를 찾는 방법도 있을 것이다. 이처럼 어떤 사건이 연속성을 갖고 있을 경우 결과로부터 역추적하여 문제를 해결하는 방법을 **역추산**」이라고 한다. 이것은 '거꾸로 추적을 통한 문제해결 전략'이라고 할 수 있다.

[예 1] 복숭아나무에서 처음에는 달린 복숭아의 $\frac{1}{10}$을 따고, 두 번째는 남은 복숭아의 $\frac{1}{9}$을 땄다. 그 다음에도 같은 방법으로 각각 남은 복숭아의 $\frac{1}{8}$, $\frac{1}{7}$, ……$\frac{1}{3}$, $\frac{1}{2}$을 땄다. 9번 따고 난 후, 복숭아나무에 달린 복숭아를 세어보니 23개였다. 처음 이 나무에 달려있던 북숭아는 모두 몇 개였는가?

〈풀이〉 마지막에 남은 $\frac{1}{2}$이 23개이므로, 9번째 따기 전에는 그 때까지 남은 것의 $\frac{1}{3}$을 땄고 $\frac{2}{3}(1-\frac{1}{3})$이 남았으므로 8번째로 따기 전, 즉 7번째로 딴 다음에는 $46\div(1-\frac{1}{3})$개, 즉 69개 남았다. 같은 방법으로 계속 거꾸로 계산해 가면 맨 처음 나무에 달려있던 복숭아 수를 다음과 같은 식으로 구할 수 있다.

$$23\div\frac{1}{2}\div(1-\frac{1}{3})\div(1-\frac{1}{4})\div(1-\frac{1}{5})\div(1-\frac{1}{6})\div(1-\frac{1}{7})$$
$$\div(1-\frac{1}{8})\div(1-\frac{1}{9})\div(1-\frac{1}{10})=23\div\frac{1}{2}\div\frac{2}{3}\div\frac{3}{4}\div\frac{4}{5}\div\frac{5}{6}$$
$$\div\frac{6}{7}\div\frac{7}{8}\div\frac{8}{9}\div\frac{9}{10}=23\times10=230(\text{개})$$

[예 2] 5마리의 원숭이가 한 바구니의 바나나를 똑같이 나누기로 하였다. 첫 번째 원숭이가 바구니에 담긴 바나나를 5등분하였더니 1개가 남아서 자기 몫인 $\frac{1}{5}$은 갖고 남은 1개는 던져버렸다. 두 번째 원숭이는 첫 번째 원숭이가 남긴 바나나를 5등분하였더니 역시 1개가 남아서 자기 몫인 $\frac{1}{5}$은 갖고 남은 1개는 바다에 던져버렸다. 5번째 원숭이도 이와 같이 했더니 바구니에는 바나나가 1개만 남았다. 처음 바구니에 담겨있던 바나나는 최소한 몇 개였는가?

〈풀이〉 5번째 원숭이가 바구니에 남아있는 바나나를 5등분했을 때 바나나 수가 최소 1개인 경우,

- 네 번째 원숭이가 남긴 바나나 수 : $5+1=6$
- 세 번째 원숭이가 남긴 바나나 수 : $6\times5+1=31$
- 두 번째 원숭이가 남긴 바나나 수 : $31\times5+1=156$
- 첫 번째 원숭이가 남긴 바나나 수 : $156\times5+1=781$
- 처음 담겨있던 바나나 수 : $781\times5+1=3906$

[답] 3906개

■ 환원산

환원산은 역추산과 유사한 과정을 거치지만 환원산은 역연산을 이용하여 문제를 해결한다. 「초기상태에서 정보를 입력하면 연산작용에 의해 새로운 정보가 출력된다. 이때 이를 환원하여 출력된 정보를 거꾸로 차례대로 입력하고 역연산하면 초기상태의 정보를 얻는 계산방법을 **환원산**」이라고 한다.

[예 1] 어떤 수에서 1을 빼고 6을 곱한 후, 3을 더했더니 27이었다. 이 수는 얼마인가?

〈풀이〉

- 마지막 계산은 3을 더하는 것이다. 거꾸로 계산해 보면 어떤 수에다 3을 더한 수가 27이므로 27에서 3을 뺀 수가 어떤 수임을 알 수 있다. 즉 $27-3=24$
- 두 번째 계산은 6을 곱하여 얻은 것이다. 즉 어떤 수에다 6을 곱하여 24가 되었으므로 24를 6으로 나눈 몫이 어떤 수가 된다. 즉 $24\div6=4$
- 위의 수 4는 처음 어떤 수에서 1을 빼어 얻은 수이므로 어떤 수에서 뺐는지를 알려면 4에다가 1을 더해보면 처음 수는 어떤 수인지 알 수 있다. 즉 $4+1=5$.
- 이것을 하나의 식으로 나타내면 다음과 같다.
  $(\square-1)\times6+3=27 \Rightarrow (27-3)\div6+1=5$

[예 2] 덧셈식에서 일의 자리의 숫자 6을 9로 잘못 보고, 십의 자리의 숫자 8을 3으로 잘못보고 계산하였더니 답이 123이었다. 숫자를 바르게 보고 계산했다면 정답은 얼마인가?

〈풀이〉 덧셈을 할 때, 일의 자리수의 숫자 6을 9로 잘못보고 계산했기에 합이 $9-6=3$이 커졌고, 십의 자리의 숫자 8을 3으로 잘못보고 계산했기에 합이 $80-30=50$이 작아졌다. 따라서 이 문제는 어떤 수에 3을 더하고 50을 뺀 답이 123일 때 이 수는 얼마인가 하는 문제로 바꿀 수 있다. 어떤 수를 구하려면 123에서 50을 더하고 3을 빼면 된다. 즉 $123+50-3=170$

연립방정식

방정식은 미지수의 개수와 항의 차수에 따라, • $ax+b=c$처럼 미지수가 1개이고, 그 차수가 1인 **일원1차방정식**, $ax+by=c$처럼 미지수가 2개이고, 그 차수가 1인 **이원1차방정식**, $ax^2+bx+c=0$처럼 미지수가 1개이고, 그 차수가 2인 **일원2차방정식**, $ax^2-by^2=c$처럼 미지수가 2개이고, 그 차수가 2인 **이원2차방정식**, 미지수가 m개이고 그 차수가 n인 m원 n차방정식으로 불린다.

그리고 「미지수가 2개 이상인 방정식을 동시에 만족시킬 수 있도록 2개의 방정식을 한 쌍으로 묶은 것을 **연립방정식**」이라 한다. 연립방정식에서 미지수의 개수와 항의 차수에 따라 다음과 같이 여러 가지 연립방정식이 있다.

미지수가 2개인 1차방정식을 한 쌍으로 묶은 것을 이원1차연립방정식, 미지수가 3개인 1차방정식을 한 쌍으로 묶은 것을 삼원1차연립방정식이라 한다. 또 미지수가 2개인 연립방정식에서 차수가 가장 높은 방정식이 2차방정식일 때, 이 연립방정식을 이원2차연립방정식이라 한다. 예컨대 다음에서 ①은 미지수가 2개인 이원1차연립방정식이고, ②는 미지수가 3개인 삼원1차연립방정식이며, ③은 미지수가 2개인 이원2차연립차방정식이다.

① $2x+y=5$, $5x-3y=7$

② $x+y+z=3$, $x-y+2z=3$, $2x+y-z=-1$

③ $x+2y=5$, $x^2+y^2=10$

「연립방정식에서 각 방정식을 모두 만족시키는 미지수의 값을 **연립방정식의 해** 또는 **연립방정식의 근**이라 하고, 해를 구하는 것을 **연립방정식을 푼다**」고 한다.

■ 연립방정식의 여러 가지 풀이법

연립방정식의 풀이방법에는 가감법, 대입법, 등치법이 있다.

□ **가감법**(加減法, Method of elimination by adding and subtracting)

연립방정식을 푸는 방법 중의 하나이다. 주어진 두 개의 방정식에 적당한 수를 각각 곱한 다음, 더하거나 빼어서 한 미지수를 소거하여 해를 구하는 방법을 말한다. 다음은 가감법의 예를 보인 것이다. 다음 두 방정식 ①, ②에서

$3x+2y=13\cdots①$
$5x-3y=9\cdots②$

→ 양변에서 y를 소거하기 위해 ①×3, ②×2하면 →

$9x+6y=39\cdots③$
$)\ 10x-6y=18\cdots④$
$19x = 57$

∴ x=3이다. x=3을 ①이나 ②의 식에 대입하면 y=2이므로 구하는 해는 x=3, y=2이다.

• **대입법**(代入法, method of substitution)

연립방정식을 푸는 방법 중의 하나로 주어진 두 방정식 중 하나를 어느 한 미지수에 관하여 풀고, 그 결과를 다른 쪽 방정식에 대입함으로써 한 미지수를 소거하는 방법이다. 예를 들면, 다음 두 방정식 ①, ②에서

$3x+2y=7\cdots①$
$4x-y=2\cdots②$

→ 식 ②에서 $y=4x-2$를 식 ①에 대입하면 →

$3x+2(4x-2)=7$,
$11x=11$, $\therefore x=1$
$x=1$을 식 ③에 대입하면 $y=2$.

따라서 구하고자 하는 해는 $x=1$, $y=2$이다.

□ **등치법**(等値法, method of equivalence)

주어진 두 방정식을 어느 한 미지수에 대하여 풀어서 그 것을 같다고 놓고 한 미지수를 소거(消去)하여 해를 구하는 방법을 말한다.

다음 두 방정식 ①, ②에서

$x+y-4=0$ ……………①

$4x+y-25=0$ ……………②

먼저 ①과 ②를 y에 대하여 풀면

$y=-x+4$ ……………③

$y=-4x+25$ ……………④

③, ④에서 좌변은 서로 같으므로, 우변도 서로 같다. 즉, $-x+4=-4x+25$, $3x=21$ $\therefore x=7$

이 값을 ③에 대입하면 $y=-7+4=-3$

∴ $y=-3$이다.

따라서 구하는 해는 $x=7$, $y=-3$ 이다.

연비/복비

■ 연비

비는 두 양의 크기를 비교하는 수단이다. 「3개 이상의 수나 양을 비로 나타낸 것을 **연비**(連比)」라고 한다. 예컨대 세 수 a, b, c에서 (a:b)=(3:5), (b:c)=(5:2)일 때 이것을 (a:b:c)=(3:5:2)로 나타내고, 세 수의 연비라 한다.

□ 연비의 성질

연비의 각 항을 0이 아닌 같은 수를 곱하거나 같은 수로 나누어도 연비는 변하지 않는다. 즉

$$a:b:c=am:bm:cm=\frac{a}{n}:\frac{b}{n}:\frac{c}{n}\ (\text{단, } m\neq0,\ n\neq0)$$

□ 연비구하기

일반적으로 (A:B)=(a:b)이고, (B:C)=(b:c)일 경우, (A:B:C)의 연비는 다음과 같은 방법으로 구한다.

A:B = a : b
B:C = b : c
A:B:C=(a×c):(b×b):(b×c)

① $a:b=3:5$, $b:c=2:5$

a : b : c
3 : 5
2 : 5

3×2 : 5×2 : 5×5
= 6 : 10 : 25

② $a:b=3:5$, $b:c=2:3$

a : b : c
3 : 5
2 : 3

3×2 : 5×2 : 3×3
= 6 : 10 : 9

③ $a:b=2:3$, $b:c=3:2$

a : b : c
2 : 3
3 : 2

2×2 : 3×3 : 3×2
= 4 : 9 : 6

[예] (a:b)=(3:4)이고, (b:c)=(6:5)일 때, (a:b:c)를 구하여라.

〈풀이〉 (a:b)와 (b:c)에서 공통인 수는 b이므로 b가 나타내는 수의 최소공배수를 구한다.

즉 (a:b)의 각 항을 3배하고, (b:c)의 각 항을 2배하여 두 비 (a:b)와 (b:c)에서 공통인 수 b의 최소공배수 12를 구한다.

a : b : c = a : b : c
3 : 4 = 9 : 12
6 : 5 = 12 : 10
a : b : c = 9 : 12 : 10

■ 복비(複比;double ratio)

「2개 이상의 비에서 전항의 곱을 전항으로 하고, 후항의 곱을 후항으로 하는 비를 **복비**, 또는 **복비례**」라고 한다. 예컨대 (a:b)와 (c:d)의 복비는 (ac:bd)이고, (a:b), (c:d), (e:f)의 복비는 (ace:bdf)이다.

복비의 예로써

- 달리고 있는 두 사람의 속력의 비는 같은 시간에 뛰는 횟수의 비와 보폭의 비의 제곱과 같다.
- 두 직사각형의 넓이의 비는 가로의 비와 세로의 비의 제곱과 같다. 등이 있다.

[예 1] 두 직사각형 A, B에서 A와 B의 세로의 비는 3:4이고, 가로의 비는 5:4이다. A의 넓이가 300m^{2}일 때, B의 넓이는 얼마인가?

〈풀이〉 A와 B의 세로의 비는 3:4이고, 가로의 비는 5:4이므로 넓이의 비는 (3×5):(4×4)=15:16이다.

B의 넓이를 xm^{2}라면 (300:x)=(15:16)에서 15x=300×15으로 x=320m^{2}이다.

[예 2] A가 5걸음 걷는 동안 B는 6걸음을 걷는다. A가 3걸음으로 갈 수 있는 거리를 B는 4걸음으로 간다고 할 때, A가 1분 30초 동안에 100m를 간다면, B는 4분 동안에 몇 m를 갈 수 있겠는가?

〈풀이〉 A의 보폭을 a, B의 보폭을 b라면 오른쪽 그림과 같이 나타낼 수 있다.

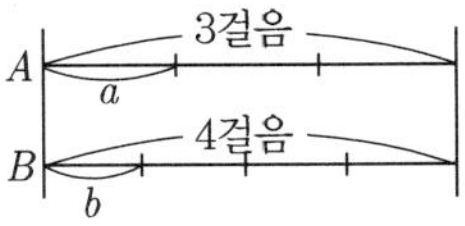

a:b=$\frac{1}{3}:\frac{1}{4}$이다. A와 B의 속력의 비는 A가 5걸음 걸을 동안 B는 6걸음을 걸으므로 $(5\times\frac{1}{3}):(6\times\frac{1}{4})$=10:9이다. B가 4분 동안 걸은 거리를 x라면

$10:9=\frac{100}{1.5}(\text{분}):\frac{100m}{1.5\text{분}}=\frac{xm}{4\text{분}}$이다. $10\times\frac{x}{4}=9\times\frac{100}{1.5}$에서

x=240m

연산

연산(operation)이란 한 대상이 또 다른 대상과 작용하여 새로운 어떤 대상을 산출하는 것으로 일종의 대응 · 조작하는 것으로 폭넓게 사용된다. 수학에서 「연산이란 어떤 수 집합에 속하는 두 원소 a, b의 순서쌍 (a, b)에 대응하는 원소 c를 그 집합의 원소 중 하나로 결정하는 조작을 말하며, a*b=c로 나타내고 연산기호 '*'를 연산자」라고 한다.

정수의 집합 Z에서 임의의 두 정수 사이에 사칙연산에 대해 살펴보면 다음과 같다.

$$5+2=7,\ 7-3=4,\ 5\times6=30,\ 6\div2=3$$

이를 일반화하면 두 수의 짝에 대응하는 원소는 하나만 정해지므로 그 대응에서 연산기호 '*'를 사용하여 나타내면 5*2=7에서 '*'는 덧셈, 7*3=4에서 '*'는 뺄셈, 5*6=30에서 '*'는 곱셈, 6*2=3에서 '*'는 나눗셈이라 한다. 이것은 임의의 정수 a, b를 c에 대응시킨 것으로 a, b 사이에는 순서가 있다. 예컨대 $(6\div2)=3(2,\ 6,\ 3\in Z)$이지만 $(2\div6)=\frac{2}{6}(2,\ 6\in Z,\ \frac{2}{6}\notin Z)$으므로 연산이란 순서쌍 (a, b)를 c에 대응시키는 방법이다. 이를 수학적 기호로 나타내면 $(a*b)\to c(a,\ b,\ c\in Z)$이다. 여기서 '*'는 두 집합의 원소를 대응시키는 역할을 하는 사상으로 '*'를 연산자라고 한다.

초등학교 수준의 연산에서 연산자 '*'는 +, −, ×, ÷을 사칙계산을 의미한다.

연산의 심적인 기원을 어린이들의 활동에서 찾고, 이것을 조작이라고 하는 말로 정리한 사람은 Piaget인데 그는 몇 개의 구체물을 합하거나 나누거나, 또는 한 묶음을 몇 배하거나 몇 개로 등분하는 구체적 활동을 사칙연산의 기원으로 보고 있다.

학교수학에서 흔히 연산이라고 하면 사칙계산만 생각하지만 「연산을 몇 개의 요소끼리의 짝에 대하여 하나의 요소를 대응시키는 구조」라고 정의하면 연산에 해당하는 것이 많다. 예컨대 제곱근 풀이나 k제곱 등은 단항연산이고, 두 실수 a, b에 대하여 $[a,\ b]\to\frac{a+b}{2}$, $[3,\ 5]\to4$처럼 그들의 평균을 대응시키거나 $[a,\ b]\to|a-b|$처럼 절대값을 대응시키거나 사칙 연산처럼 어떤 집합에 속하는 두 수에 대하여 한 수를 대응시키는 연산을 이항연산(二項演算), n개의 자연수의 최대공약수나 최소공배수를 구하는 것은 n항 연산이라 할 수 있을 것이다.

또 집합 S에 어떤 연산 '*'가 정의되어 있을 때, S에 속하는 임의의 두 원소 a, b에 대하여 a*b가 S에 속하면 집합 S는 연산 *에 대하여 '닫혀 있다'고 한다. 예컨대 자연수는 덧셈 · 곱셈에 대하여 닫혀 있고, 뺄셈 · 나눗셈에 대하여 닫혀 있지 않으며, 정수는 덧셈 · 뺄셈 · 곱셈에 대하여 닫혀 있고 나눗셈에 대하여 닫혀 있지 않다. 그리고 연산의 기본법칙으로는 교환법칙 · 결합법칙 · 배분법칙이 있다.

이와 같이 생각하면 연산(operation)과 사상(mapping)은 구별할 수 없지만 연산으로써 취급하기 위해서는 반군(半群)이나 모노이드처럼 대수적인 구조를 가지게 된다. 즉 「집합 S의 위에 정의된 연산 *가 다음 〈조건 1〉, 즉 결합법칙을 만족할 때 S는 연산 *에 관하여 반군을 만든다고 하며, 게다가 〈조건 2〉인 단위원 e가 존재한다면 S는 연산 *에 관한 모노이드를 만든다.」고 한다.

> **〈조건 1〉** 결합법칙 : S는 임의의 3개의 요소에 대하여, (a*b)*c=a*(b*c)가 성립한다.
> **〈조건 2〉** 단위원 e의 존재 : S의 임의의 요소 a에 대하여, a*e=e*a=a가 되는 요소 e가 S 안에 존재한다.

예컨대 $S\in N$, *를 가법으로 한다면, 〈조건 1〉을 만족하지만, 〈조건 2〉를 만족하지 않으므로 자연수는 가법에 관하여 반군을 만든다. 한편 *를 승법으로 하면, 〈조건 1〉과 〈조건 2〉를 만족하므로 자연수는 승법에 관하여 모노이드를 만든다. 그러면 최대공약수와 최소공배수는 〈조건 1〉을 만족하는 반군이 되지만, 최대공약수는 〈조건 2〉를 만족하지 않으므로 모노이드가 아니다.

한편 〈조건 1〉이나 〈조건 2〉를 충족시키지 않는 연산을 만드는 것은 비교적 간단하다. 예컨대 $(x,\ y)$를 $(x+2y)$로 나타내는 사상을 연산 *로 정의하면, (2*3)*4는 16으로 2*(3*4)=24이다. 즉 이 연산은 〈조건 1〉을 만족하지 않고 단위원도 생각할 수 없다. 따라서 이런 종류의 연산은 대수적인 구조를 갖추고 있다고는 말할 수 없다.

연역적 추론

이미 알려진 사실 또는 명제를 근거로 해서 새로운 사실이나 명제를 이끌어내는 정신작용을 **추론**이라고 한다. 이때 근거가 되는 사실이나 명제를 **가정** 또는 **전제**라 하고, 새로 이끌어낸 사실이나 명제를 **결론**이라 한다.

수학에서 추론은 귀납추론, 연역추론, 유비추론으로 나눌 수 있는데 「연역 추론이란 어떤 내용이 참'인 사실을 유도하는 방법으로 전체에 대한 지식이나 보편적인 법칙에서 출발하여 부분에 대한 지식이나 특수 사례 등을 이끌어 내는 방법」이다.

초등학교에서는 엄밀한 의미에서 형식화된 연역적 추론의 지도를 요구하는 것은 무리이므로 연역적 추론의 표지적 지도는 가능하리라고 생각된다. 즉 류(class) 추론 및 주의깊게 계획된 경험을 통하여 교사가 자연스럽게 'if−then' 형식의 추론이나 아이디어를 사용한 수업은 연역적 추론 능력 신장에 긍정적인 영향을 미친다.

■ 연역 추론의 형식

연역적 추론의 결론은 항상 '참'이므로 연역적 추론에서는 논리적인 방법이 강조되고 형식에 치중하여 명확한 결론을 이끌어 내는데 큰 역할을 한다. 반면 귀납적 추론의 결론은 항상 '참'이 보장될 수 없으며, 귀납적 추론의 방법에서는 실험, 실측, 관찰, 조작 등 구체적인 방법이 강조되고 사실에 치중하여 결론을 이끌어 내는데 큰 역할을 한다. 연역적 추론의 대표적인 형식은 삼단 논법으로 일반적으로 이를 형식화하면 다음과 같다.

(대전제) P이면 Q이다.
(소전제) Q이면 R이다.
∴ P이면 Q이다.

[예] 자연수이면 정수이다.
정수이면 유리수이다.
∴ 자연수이면 유리수이다.

■ 연역 추론의 예

'연역적 추론은 자신이 판단한 어떤 사실이 옳다는 것을 주장하기 위하여 이미 알고 있는 사실을 토대로 하여 그 정당성을 밝히려는 생각이다.'라고 볼 때, 수학적 개념, 원리·법칙 등 수학적 지식을 터득하는 과정은 귀납이나 유추에 의해 얻어진 결과에 의존하지만 이를 구체적이고 특수한 장면의 문제 해결에 활용하는 것은 연역이며, 연역적으로 추론하는 것이 간편한 경우가 많다.

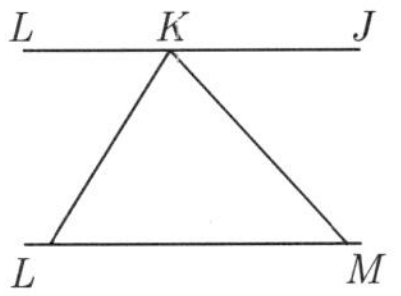

[예] '삼각형의 내각의 합은 몇 도인가?'를 연역적 추론을 통해서 알아보자. 연역적 추론을 위해서는 기초·기본적인 지식은 갖고 있어야 한다. 예컨대 '평행인 두 직선이 제 3의 직선과 만날 때 엇각은 같다'는 사실을 알고 있어야만 위의 진술을 증명할 수 있다.

〈증명〉 삼각형 KLM의 꼭지점 K를 지나고 선분 LM과 평행인 선분 IJ를 그으면, $\angle KLM=\angle IKL$, $\angle KML=\angle JKM$이다. 따라서 $\angle K+\angle L+\angle M=\angle LKM+\angle IKL+\angle JKM=\angle IKJ=180°$.

위 증명은 다음 삼단논법에 의한 것이다.

- 제 1단 : 평행인 두 직선과 제 3의 직선이 만날 때 엇각은 같다(주어진 '참'인 명제). 직선은 평각을 이루며, 평각은 180°이다.
- 제 2단 : 선분 LM과 선분 IJ는 평행이고, 두 선분 KL과 KM는 이들과 만나므로 $\angle L=\angle IKL$, $\angle M=\angle JKM$…(엇각)
- 제 3단 : 따라서 $\angle K+\angle L+\angle M=180°$이다(새로 만들어진 '참'인 명제).

■ 연역 추론 지도에서 유의할 점

- 연역추론의 필요성, 즉 귀납이나 유추를 통해서 얻어진 결론에 대해서 증명할 필요성을 느끼게 한다.
- 근거가 되는 기지(旣知)의 성질이나 사실이 무엇인가를 파악하려는 태도가 중요하다.
- 이미 알고 있는 지식을 기초로 하여 '그것으로부터 어떤 것을 말할 수 있겠는가?'라고 가정하여 결론을 이끌어가는 분석적인 사고와 '그 사실로부터 말할 수 있는 것은 무엇인가?'와 같은 결론으로부터 가정을 생각하는 종합적인 사고를 할 수 있는 기회가 필요하다.
- 연역적 추론 과정에서 전제조건에 어떤 새로운 항목이 추가하던가 그 항목 대신에 다른 항목을 사용할 경우 흔히 생기는 오차를 줄이기 위해 'if~then'과 같은 추론 언어를 사용할 필요가 있다.

연제법/유클리드 호제법

호제법(互除法)은 서로 나누는 셈법으로 둘 이상의 정수를 같은 수로 나눈다는 의미이며, 연제법(連除法)이란 연이어 나눈다는 의미를 가지고 있다. 이들 계산 방법을 이용하여 최대공약수를 구할 수 있다.

■ **연제법**

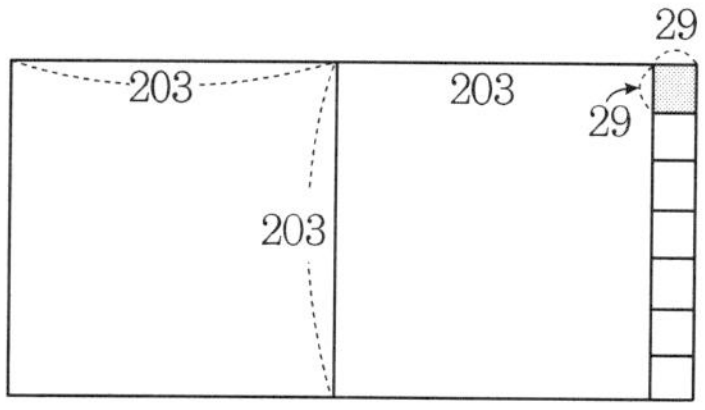

[문제] 가로, 세로가 각각 435cm, 203cm인 직사각형을 한 변의 길이가 가장 긴 몇 개의 정사각형으로 자르면 한 변의 길이는 몇 cm인가?

〈풀이〉 큰 수를 작은 수로 나누면 435÷203=2…29에서 435=(203×2)+29이고, 203÷29=7에서 203=(29×7)이므로 435=(203×2)+29=(29×7×2)+29=29×15이다. 따라서 203과 435의 최대공약수는 29이므로 한 변의 길이는 29(cm)이다.

• **연제법의 성질**

[성질 1] 두 정수 a, b가 또 다른 정수 c로 나누어떨어지면, (a+b)와 (a−b)도 c로 나누어떨어진다.

[성질 2] 몇 개의 수를 곱할 때 그 중 어느 한 수가 또 다른 수 P로 나누어떨어지면 그 수들의 곱도 P로 나누어떨어진다. 즉 a÷b=q…r⇔ a=b×q+r에서 b와 r이 c로 나누어떨어지면 a도 c로 나누어떨어진다. 예컨대 69÷6=11…3 ⇔69=6×11+3. 여기서 나머지 3과 제수 6이 3으로 나누어떨어지므로 69도 3으로 나누어떨어진다.

[예 1] 연제법의 성질을 이용하여 (2601, 1071)의 최대공약수를 구하면 다음과 같다.

〈풀이〉

① 2601÷1071=2…459에서 2601=(1071×2)+459이므로 2601과 1071의 공약수는 1071과 459의 공약수와 같다.

② 1071÷459=2…153에서 1071=(459×2)+153이므로 1071과 459의 공약수는 459와 153의 공약수와 같다.

③ 459÷153=3…0에서 나머지가 0이므로 459=153×3이고, 이때 153은 2601과 1071의 최대공약수이다. 이와 같은 방법으로 나머지가 0이 될 때까지 번갈아 나누어서 최대공약수를 구하는 방법을 **연제법**이라고 한다.

■ **유클리드 호제법**

유클리드 호제법은 연제법의 일종으로 두 수의 최대공약수를 구하는 방법으로 그 원리를 살펴보면 다음과 같다.

a, b는 양수이고 a>b일 때,

$a=bq_1+a_1$ $(0<a_1<b)$ ………(q₁ : 몫, a₁ : 나머지)

$b=a_1q_2+a_2$ $(0<a_2<a_1)$

$a_1=a_2q_3+a_3$ $(0<a_3<a_2)$

$a_2=a_3q_4+a_4$ $(0<a_4<a_3)$ ….(q_i : 몫, a_i : 나머지)

$a_{n-2}=a_{n-1}q_n+a_n+a_n$ $(0<a_n<a_{n-1})$

$a_{n-1}=a_nq_{n+1}+a_{n+1}$ $(0<a_{n-1}<a_n)$

$a_n=a_{n+1}q_n$일 때, 큰 수 a를 나머지가 없을 때까지 나누었을 때, a_n을 a, b의 최대공약수라고 한다.

[예 2] 호제법을 이용하여 (2601, 1071)의 최대공약수를 구하면 다음과 같다.

〈풀이〉 큰 수(2601)를 작은 수(1071)로 나누고 그 몫(2)을 피제수 왼쪽에 쓴다. 위와 같은 규칙성에 따라 나누어떨어질 때까지 나눈다. 마지막 제수 153이 두 수 (2601, 1071)의 최대공약수이다. 이 과정을 차례로 나타내면 다음 그림과 같다.

① 2	2601 2142	1071 918	②2
③3	459 459	153	
	0	**[호제법]**	

① 1071)2601 = 2, 2142, 459 ⇒ ② 459)1071 = 2, 918, 153 ⇒ ③ 153)459 = 3, 459, 0

• 세 수 이상의 수의 최대공약수를 구할 경우, 먼저 어느 두 수의 최대공약수를 구한 다음, 얻어진 수와 다른 수와의 최대공약수가 세 수의 최대공약수이다. 그리고 a_n=1이면 a와 b는 **서로소**(素)이다.

[예 3] 418, 494, 589의 최대공약수를 구하여라.

5	418 380	494 418	1	2	38 38	589 570	15
	38	76 76	2		0	19	
		0					

∴ (418, 494, 589)=19

열거산

열거란 어떤 분류나 계통상 같거나 비슷한 맥락에 있는 것들을 늘어놓은 것을 말한다. 수학에서 「**열거법**이란 수량이나 도형 등과 관련된 정보를 취급할 때 중복이나 손실을 방지하기 위하여 어떤 기준에 따라 정보를 분류·나열하여 문제를 해결하거나 분류·나열된 정보로부터 규칙성을 발견하여 문제를 해결하는 방법」이다.

열거법을 활용하여 문제를 해결해야 할 경우는 다음의 2가지를 주의해야 한다.

- ㅁ 구해야 할 양이 너무 많지 않아야 한다. 만약 계산하고자 하는 물건의 수량이 너무 많을 때는 그것들을 하나하나 열거하는 것은 매우 시간을 낭비하는 것이고 힘들기 때문이다.
- ㅁ 열거할 때는 반드시 중복되지 않고 또 빠뜨리지 않아야 한다. 그래야만 정확한 결과를 얻을 수 있다. 따라서 적당한 기준에 따라 분류하여 순서와 규칙에 따라 열거해야 한다.

[예 1] 다음 [그림 1-1]에서 길이가 서로 다른 선분은 모두 몇 개인지 알아보아라.

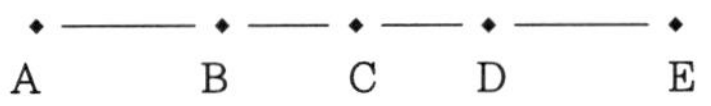

[그림 1]

〈풀이 1〉

- A를 시작점으로 하는 선분: $\overline{AB}$, $\overline{AC}$, $\overline{AD}$, $\overline{AE}$: 4개
- B를 시작점으로 하는 선분: $\overline{BC}$, $\overline{BD}$, $\overline{BE}$ ⇒ 3개
- C를 시작점으로 하는 선분: $\overline{CD}$, $\overline{CE}$⇒ 2개
- D를 시작점으로 하는 선분: $\overline{DE}$ ⇒ 1개

∴ 따라서 구하려는 선분의 수는 (4+3+2+1)=10(개)

〈풀이 2〉

- 하나의 선분(이웃하는 두 점을 연결한 선분)으로 이루어진 선분 : $\overline{AB}$, $\overline{BC}$, $\overline{CD}$ $\overline{DE}$⇒ 4개
- 연이은 2개의 선분(연이은 세 점을 연결한 선분)으로 이루어진 선분 : $\overline{AC}$, $\overline{BD}$, $\overline{CE}$⇒ 3개
- 연이은 3개의 선분(연이은 네 점을 연결한 선분)으로 이루어진 선분 : $\overline{AD}$, $\overline{BE}$ ⇒ 3개
- 연이은 4개의 선분(연이은 다섯 점을 연결한 선분)으로 이루어진 선분 : $\overline{AE}$ ⇒1개

∴ 따라서 거리가 다른 선분은 모두 (4+3+2+1=)10개가 있다.

위의 〈풀이 1〉은 4개의 점 A, B, C, D를 선분의 끝점(시작점)으로 정하여 열거한 것이며, 다음 〈풀이 2〉와 같이 연이은 점의 수에 따라 열거할 수도 있다.

[예 2] 만약 위 선분 $\overline{AE}$ 위에 두 점 사이의 거리가 다른 100개의 점이 있으면 길이가 다른 선분은 모두 몇 개가 있을까?

〈풀이〉 선분을 이루는 점의 수와 선분의 수 사이의 관계를 살펴보자.

- 2개의 점으로 이루어진 선분 : 1개
- 3개의 점으로 이루어진 선분 : 3개
- 4개의 점으로 이루어진 선분 : 6개
- 5개의 점으로 이루어진 선분 : 10개
- 6개의 점으로 이루어진 선분 : 15개
- 7개의 점으로 이루어진 선분 : 21개

위의 예에서 점의 수와 선분의 수 사이에는 다음과 같은 규칙을 찾을 수 있다.

$$(\text{선분의 수}) = \frac{(\text{점의 수})\times(\text{점의 수}-1)}{2}$$

선분 $\overline{AE}$사이에 100개의 점이 있으면 선분 $\overline{AE}$에는 모두 102개의 점이 있으므로

$$101+100+99+\cdot\cdot\cdot+2+1=\frac{102\times(102-1)}{2}=5151(\text{개})$$

[예 3] 삼형제의 나이의 합이 32세인데, 첫째는 둘째보다 3살이 많고, 셋째 나이의 2배이다. 삼형제의 나이는 각각 몇 살인가?

〈풀이〉 표를 이용하여 분류하여 열거하면 다음과 같다. 만약 셋째의 나이가 5세라고 하면, 첫째는 5×2=10(세), 둘째는 10−3=7(세).

셋째	첫째	둘째	합
5	10	7	5+10+7=22(세)
6	12	9	6+12+9=27(세)
7	14	11	7+14+11=32(세)
8	16	13	8+16+13=37(세)

위 표에서 첫째가 14세, 둘째가 11세, 셋째가 7세가 됨을 알 수 있다.

영(0; Zero)

과학과 수학이 비약적으로 진보한 그리스 시대나 기계공학을 부흥시킨 로마시대에서도 빈상자 속의 물건의 개수를 나타내는 방법이 부족했다. 로마에서는 Ⅰ, Ⅴ, Ⅹ, L, … 등을 결합하여 수를 나타내는 방법은 있었지만 0에 대한 개념을 찾아 볼 수 없으며, 'nothing'에 대한 표현하거나 설명할 방법이 없었다. 'nothingness'를 나타내기 위한 기호의 사용은 수천 년 전 현재 멕시코에 위치한 마야문명에서 다양한 형태로 0을 의미하는 기호를 사용하였다.

인도인들도 처음에는 0(zero)은 아무것도 없는 것, 즉 무(無)이기 때문에 사용하지 않다가 기원전 2세기부터 불교 용어인 공(空)이란 용어와 기호 '·'를 사용하여 0의 의미(nothing;아무것도 없는 것)를 대신하였으며, 수를 표현할 때 자릿값이 빈자리를 나타낼 경우, 예컨대 305(삼백오)를 3_5처럼 그 자리를 비워두었다.

7세기 위치적 기수법이 생기면서 자릿값을 나타내기 위해 0이 등장하기 시작하였는데 당시 인도수학자 Brahmagupta는 '0을 어떻게 다룰 것인가?', '0을 어떻게 현존하는 수 체계에 통합할 수 있을까?' 등 수 체계에서 기호 0의 도입에 대한 문제를 연구와 함께 기호 0을 숫자로 취급하고, '양수와 0의 합은 양수이다.', '0과 0의 합은 0이다.'와 같은 0을 다루는 규칙을 만들었다.

이러한 힌두-아라비아 수 체계는 피보나치*Fibonacci*가 1202년에 집필한 저서 Liber Abaci에 의해 서양에 소개되었다. 북아프리카에서 자라 힌두·아랍 수학을 배운 그는 힌두·아라비아 수 체계의 상징인 숫자 1, 2, …, 9와 결합하여 별도의 상징(기호)인 0의 사용을 인정하였다.

현재 십진기수법 원리에 따라 사용하는 수는 원래 인도에서 발생하여 아라비아 상인들에 의해 1800년대에 유럽에 전해졌으며, 유럽의 실용주의자들에 의해 현재와 같은 표현체계로 다듬어져서 전 세계에 전파된 것이다. 그래서 이 숫자를 힌두·아라비아 숫자라고 부른다.

'0'은 그 탄생 배경이 오묘하기 때문에 아직도 수학에서 '0'의 사용은 혼란과 논쟁거리가 되고 있다. 예컨대 8=8.0=8.00=8.000…은 모두 같은 수이다. 또 일부 학생들은 '0은 다른 수를 만들어내지 못하며 구체적으로 어떤 것도 가지고 있지 않으므로 숫자가 아니다.'라고 생각하는 학생들이 있다. 그만큼 숫자 0의 개념은 복잡하면서도 혼돈을 일으킬 수 있는 숫자이다. 숫자는 어떤 양의 크기를 나타내는 기호인데 0은 자연수와 달리 양의 크기가 얼마인지 볼 수도 없고, 단질 수도, 들을 수도 없고 오직 정신적으로 인식하는 수로써 양이나 위치를 나타내는데 사용되는 수이다.

그런데 만약 0이 숫자가 아니라면 8-8=□, 0+8=□ 0×8=□, 0÷8=□과 같은 문제들은 어떻게 설명하고 해결하겠는가? 0과 산술 연산에 대한 이해가 없다면 0이 아닌 수 N에 대해 N+0=N, N-N=0, N-0=N, 0×N=0, 0÷N=0이라는 사실을 어떻게 이해하고 해석할 수 있겠는가? 0은 "얼마인가?"에 대한 물음에 대해 셀 수 있는 다른 숫자들이 만들어 내는 답을 0도 만들어 낼 수 있다.

■ 0의 쓰임

1이 5개이면 5이고, 15개이면 15이며, 205라는 것은 1이 205개인 것처럼 수를 나타내는 기본단위는 자연수 1이다. 위치적 기수법에서 0은 자릿값을 나타내는 데 사용되기도 하지만 일상에서 0은 영점의 온도, 영점의 위도나 경도, 무중력 등 실세계의 현상을 나타내거나 학문연구에서 0은 필수불가결한 도구이다.

특히 0은 수 체계, 대수, 기하 등 수학적 개념의 중심이다. 수직선에서의 0은 양수와 음수를 나누는 기준, 좌표 등에서 기준점 등 0은 특권을 가진 위치에 있다. 또한 십진법에서 0은 자릿값의 기능을 하며 매우 큰 수나 매우 작은 수를 나타내는 데 사용한다.

숫자 '0, 1, 2'로 가장 작은 수를 만들어 보라면 '012'이라 어린이가 있다. 왜냐하면 그들은 숫자 0에 대한 개념을 학교수학에서는 순서수적인 입장에서 지도하지만 비형식 수학에서는 집합수적인 입장에서 배우기 때문이다. 012와 12는 각각 어떤 수인가? 즉 1이 몇 개인 수인가? 를 생각해 볼 필요가 있다.

결론적으로 숫자 0은 자연수에서 012처럼 자릿값이 가장 높은 자리에 위치하거나 소수점 이하의 자리에서 유효숫자가 아닐 경우는 그 기능이 상실된다. 예컨대 십진기수법의 체계에서 0123으로 나타내는 것은 합의된 표기법의 원리에 어긋난다. 또 123(원)을 123.000…(원)으로 나타내는 것은 아무런 의미가 없는 것이다.

오일러의 다면체 정리

오일러*Euler*(1707-1783)는 스위스에서 태어난 수학자로 18세기 수학계의 중심 인물로써 요한 베르누이의 제자이다. 그의 이름인 '오일러'라는 이름이 붙는 정리가 많이 있으나 여기에서는 오일러의 다면체정리에 대해서 살펴보기로 한다.

우선 다면체란 다각형의 면들이 모서리와 꼭짓점에서 연결이 되어 둘러쌓인 폐곡면을 **다면체**라 한다. 그리고 다면체에서 면과 면이 만나서 이루어진 도형을 **모서리**, 모서리와 모서리가 만나서 이루어진 도형을 **꼭짓점**, 같은 면 위에 있지 않는 두 꼭짓점을 이은 선분을 **대각선**이라 한다.

평면도형에서 점의 수를 v, 선의 수를 e라고 할 때, [그림 1]처럼 열린 도형에서는 v−e=1……①이다. 그러나 [그림 2]처럼 닫힌 도형에서는 식 ①이 성립하지 않는다. 즉 v−e≠1이다.

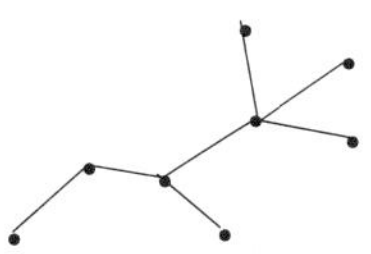

[그림 1]

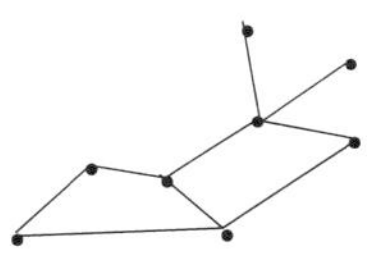

[그림 2]

그런데 [그림 2]처럼 닫힌 도형에서 닫힌 부분을 면으로 보고, 면의 수를 f라면, f(면)+v(점)−e(선)=1……②이 성립한다. 이처럼 평면상의 도형에서 닫힌 선(변)의 외부를 하나의 면으로 생각하면, 닫힌 부분이 있는 평면상의 모든 도형은 위 식 ②가 성립한다.

평면도형에서 성립하는 이러한 성질을 구면(球面)상에서 생각할 경우 구면에 직접 그림을 그려서 위 식 ②가 성립하는지의 여부를 조사해도 무방하지만 구(球)와 동상인 직육면체, 삼각기둥, 사각뿔 등 다면체에 대해서 식 ②가 성립하는지를 귀납적으로 살펴보면 다음가 같다.

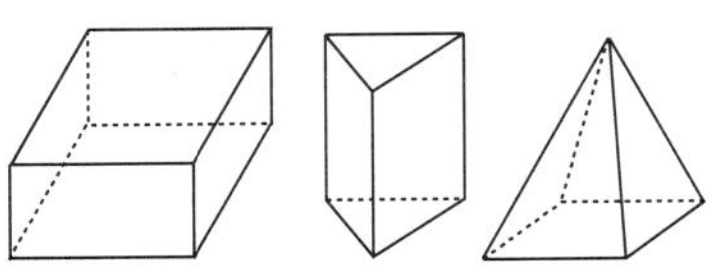

다면체		f(면)	v(점)	e(변)	f+v−e (오일러 수)
4면체(삼각뿔)		4	4	6	2
5면체	(삼각기둥)	5	6	9	2
	(사각뿔)	5	5	8	2
6면체		6	8	12	2
8면체		8	6	12	2
12면체		12	20	30	2
20면체		20	12	30	2

위 표에서 「다면체의 v(점), e(선), f(면) 사이에는 v−e+f=2라는 관계가 성립한다는 것을 알 수 있다. 이것을 **오일러의 다면체 정리**」라고 한다.

오일러의 다면체 정리는 구체적인 다면체에서 꼭짓점의 수와 면의 수를 세어보면 초등학생이라도 쉽게 확인할 수가 있다. 그러나 실제의 지도에서는 구체적인 다면체를 여러 개 보여주고, 꼭짓점의 수, 변의 수, 면의 수를 세는 귀납적인 탐구를 통하여 오일러의 다면체 정리를 발견하도록 해야 한다. 이 정리와 그 응용은 고등학교의 수학내용에는 관계가 없다. 그렇다고 해서 이와 같은 도형을 관찰하는 것은 무의미하다고 단언할 수는 없다. 학생들은 흥미를 가질 수 있는 정리이므로 적절하게 지도하는 것이 필요하다.

한편 아래 그림과 같이 직육면체의 가운데를 직육면체로 파낸 입체의 경우에는 위의 관계식은 성립하지 않는다.

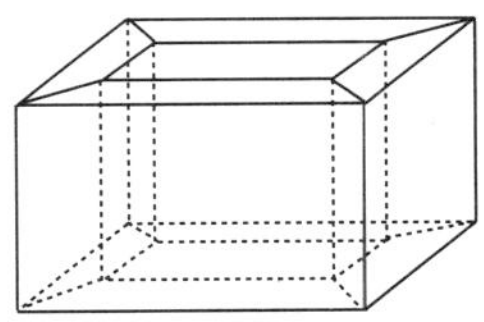

이 경우에는 v−e+f=16−32+16=0가 된다.

이와 같이 v−e+f는 이들 다면체의 위상적인 성질을 나타내고 있다. 실제 직육면체, 삼각기둥, 사각뿔 등이 고무로 되어있다고 생각하고 그 속에 바람을 넣으면 어느 것이나 오일러의 다면체 정리가 성립되지만 위 그림처럼 가운데를 파낸 속이 빈 다면체의 경우는 오일러의 다면체 정리가 성립하지 않는다. 이와 같이 어떤 다면체를 고무로 만들어졌다고 생각해서 그것을 부풀게 하면 구면으로 할 수 있을 때 그 다면체는 구면과 위상동형이라고 한다. 구면과 위상동형인 다면체에 대해서는 v−e+f=2라는 관계가 있다.

오차/정확도/정밀도

일상에서 우리는 정확하게 언제 태어났느냐? 라는 질문을 주고받을 경우가 있다. 이때 태어난 연도까지 대답하는 경우가 있고, 연, 월, 일까지 대답하는 경우도 있으며, 특별한 경우는 태어난 시, 분까지 대답을 주고받는 경우도 있다. 그것은 정확하거나 정밀한 대답을 요구하기 때문이다.

■ 오차와 절대오차

「참값 가까운 값을 근삿값이라 하고, 참값과 근삿값의 차이를 **오차**라 하며, **(오차)=(근삿값)~(참값)**」으로 나타낸다. 그런데 근삿값이 참값보다 큰 경우도 있고 작은 경우도 있지만 근삿값이 참값에 얼마나 가까운가라는 정확성이 관심의 대상이므로 「근삿값과 참값의 차이의 절대값을 **절대오차**라 하고, **(오차)=| (근삿값)~(참값) |**」로 나타낸다.

측정값에서는 참값을 정확하게 알 수 없기 때문에 오차도 알 수 없다. 그러나 측정도구나 방법에 따라 「오차가 일정한 값을 초과할 수 없는 범위를 **오차의 한계**」라고 한다.

■ 정확도

「**정확도**란 근삿값이 참값에 가까운 정도」. 즉 근삿값이 참값에 얼마나 가까운가를 말하는 것으로 근삿값에서 오차가 작을수록 참값에 더 가깝다. 그런데 아무리 정확하고 정밀하게 측정하더라도 측정값은 근삿값이기 때문에 측정값에서는 오차를 정확하게 구하지 못하므로 오차의 한계가 작은 쪽을 '정확성이 높다.'고 한다.

① **측정단위가 다를 경우** : 같은 길이를 측정할 때 측정단위가 작은 쪽. 즉 측정도구의 단위눈금이 작을수록 더 정확하다. 예컨대 같은 길이의 지우개를 cm 단위로 측정했더니 5cm이었다면 오차의 한계가 0.5cm이다. 그리고 mm 단위로 측정했더니 52mm이었다면 오차의 한계가 0.5mm이므로 52mm가 더 정확하다.

② **측정단위가 같을 경우** : 같은 길이를 측정할 때 측정값인 근삿값을 처리하는 방법에 따라 정확도가 달라진다. 예컨대 같은 길이의 지우개를 cm단위로 측정했더니 5cm이었다면 측정값을 반올림했다면 오차의 한계가 0.5cm이고, 올림이나 버림을 했다면 오차의 한계는 1cm이므로 반올림한 경우가 더 정확하다.

③ 측정에서 사용된 단위눈금의 길이가 같고, 측정 대상의 크기가 다른 경우 : 예컨대 바늘의 길이와 사람의 키를 다 같이 1cm 눈금으로 측정했다면 오차의 한계는 반올림했을 경우는 0.5cm, 올림이나 버림을 했을 경우는 1cm로 그 정확도는 같다. 그러나 바늘 길이의 측정단위로서 cm 단위는 적절하지 못하므로 이들 측정값을 비교하는 방법과 서로 다른 단위에 의해서 측정된 측정값의 오차의 정도를 비교하는 방법을 생각해야 한다. 이들의 오차의 정도는 오차의 한계만으로는 알 수 없으므로 측정 대상의 크기를 고려해야 한다.

■ 정밀도

「**정밀도**란 근삿값의 정밀한 정도. 즉 얼마나 세밀하게 측정한 것인가를 뜻한다. 정밀도는 측정값의 단위당 오차의 정도를 알아보기 위한 방법으로 측정값에 대한 오차의 한계를 나타낸 비율을 **상대오차**라고 하는 데 상대오차가 작은 쪽의 측정값이 **더 정밀하다**, 또는 **정밀도가 높다**고 한다. 상대오차 구하는 공식은 다음과 같다.

$$(\text{상대오차})=\frac{\text{절대오차}}{\text{참값}}\fallingdotseq\frac{\text{오차의 한계}}{\text{측정값(근사값)}}$$

「상대오차는 아주 작은 값이므로 비교하기 쉽도록 하기 위하여 이것을 백분율(%)로 나타내고, 이 백분율을 **상대오차 백분율**」이라고 한다.

주어진 크기가 다른 측정값이나 단위가 서로 다른 측정값의 정밀도는 상대오차의 대소에 의해서 비교 할 수 있다.

[예] 근삿값 π=3.14의 절대오차와 상대오차

- π=3.14가 반올림에 의한 근삿값이라고 보는 경우,
  절대오차 : 0.005.
  상대오차: $\frac{0.005}{3.14}$=0.0015…≒0.2%)
- π=3.141592……임을 알고 있는 경우,
  절대오차 : 0.002, (3.14−3.141592…≒0.002)
  상대오차 : $\frac{0.002}{3.14}$=0.00063…(≒0.07%)

따라서 2=3.141592…가 더 정밀하다.

원/부채꼴/구

원을 동적(動的)으로 정의하면「한 평면 위에서 한 정점으로부터 일정한 거리를 유지하면서 움직이는 점이 그리는 닫힌 도형. 곧 자취를 **원**」이라고 한다. 또, 정적(靜的)으로 정의하면,「한 평면 위의 한 정점으로부터 일정한 거리에 있는 점의 집합으로 이루어진 단일폐곡선을 **원**이라 하고 이 고정점을 **원의 중심**, 이 고정점과 원 위의 점을 연결한 선분을 **반지름**이라 한다. 또 원주 위의 두 점을 맺은 선분을 **현**이라 하고, 중심을 지나는 현 AB를 **원의 지름**」이라고 한다.

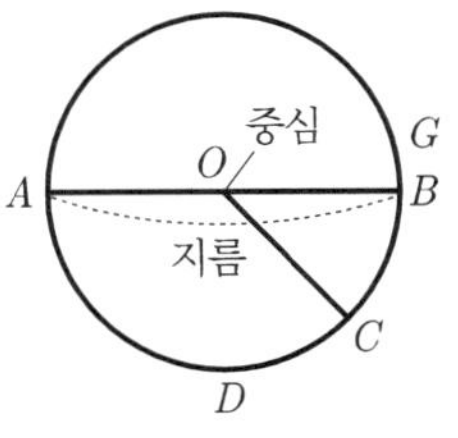

[그림 1]

[그림 1]에서 정점 O를 **원의 중심**이라 하고, 정점과 원 위의 한 점을 맺는 선분 AB를 **지름**이라 하며, 선분 OC를 **반지름**이라고 한다. 평면은 원주에 의하여 두 부분으로 나누어지며, 중심을 포함하는 쪽을 원의 **내부**, 중심을 포함하지 않는 쪽을 원의 **외부**라고 한다. 원에서 내부를 포함하는 도형을 **원**, 곡선 부분은 **원주**라 하는 데 최근에는 내부를 포함하지 않는 곡선 부분만을 원이라고 하기 때문에 원과 원주의 구별하지 않는다.

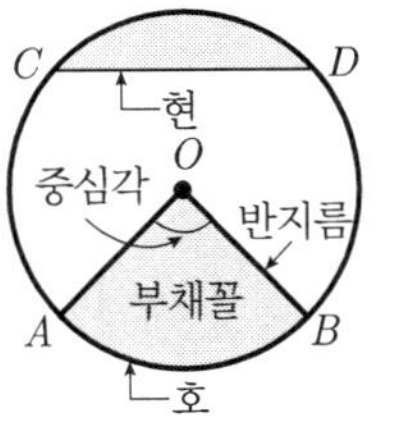

[그림 2]

[그림 2]에서「원주 위의 두 점을 A, B라 할 때 A, B를 양끝으로 하는 원의 한 부분을 **호**라고 하고, **호** AB, 또는 $\widehat{AB}$」라 나타낸다. 호는 반원보다 작은 호를 **열호**, 반원보다 큰 호를 **우호**라고 한다. 또 한 원을 2개의 호로 나누었을 때 그 한 쪽을 다른 쪽의 **켤레호**라 한다. 중심을 O라 할 때 반지름 OA, OB의 이루는 각 AOB를 호 AB에 대한 **중심각**이라 하고, 거꾸로 호 AB를 중심각 AOB에 대한 **호**라고도 한다. 또 호 CD의 양 끝점 C, D를 이은 선분을 호 CD에 대한 **현**이라고 하고, 현 중에서 원의 중심을 지나는 현을 **원의 지름**이라고 한다.

또, 한 원에서 1개의 호 AB와 호의 양 끝점인 A, B을 지나는 2개의 반지름으로 둘러싸인 단일폐곡선 AOB를 **부채꼴**이라고 하며, 원주의 일부분을 부채꼴의 호와 2 개의 반지름으로 이루어지는 각을 **부채꼴의 중심각**이라고 한다. 또 한 원에서 현 CD와 호 CD로 둘러싸인 도형을 **활꼴**이라 하고, 활꼴의 호 위의 한 점과 현의 양 끝점을 연결한 두 선분에 의해 이루어지는 각을 **활꼴의 각**이라 한다.

■ 구

구의 동적인 정의는 [그림 1]처럼「반원을 그의 지름을 축으로 하여 회전시킬 때 생기는 입체를 **구**」라 하며, 또 정적인 정의는 [그림 2]처럼 공간에 있어서「한 정점으로부터의 거리가 일정한 점들로 구성된 입체(점의 집합)를 **구**」라고 한다.

이때「정점 O를 **구의 중심**, 구의 표면(또는 회전면)을 **구면**, 구의 중심에서 구의 면에 이르는 선분 r을 **구의 반지름**이라 한다. 또 중심을 지나고 양끝이 구면 위에 있는 선분을 **구의 지름**」이라 한다.

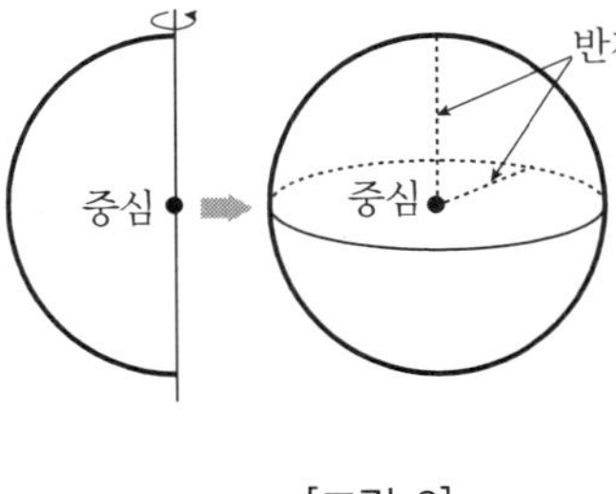

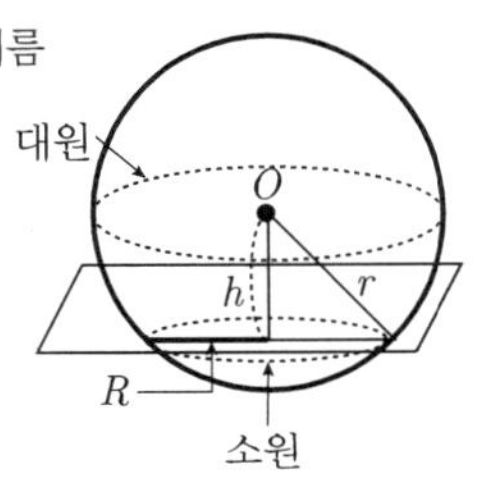

[그림 3]　[그림 4]

원이란 원둘레를 말하는 것처럼 엄격히 구별하면 구란 구면(球面;spherical surface)을 말하는 것이지 그 내부를 포함하는 이름은 아니다. 공간의 직교좌표계에서 중심이 C(a, b, c), 반지름이 r인 구면의 방정식은 $(x-a)^2+(y-b)^2+(z-c)^2=r^2$이다.

구의 중심을 지나는 모든 직선을 회전축으로 볼 수 있고, 회전체는 그 축에 수직인 평면으로 자랐을 때 그 단면은 원이기 때문에 어느 쪽에서 보아도 원으로 보이는 것은 구만이 갖는 성질이다.

[그림 2]처럼 구가 평면과 만날 때 그 교선. 즉 구를 평면으로 자른 단면은 원이다. 구의 반지름을 r, 구의 중심과 평면 사이의 거리를 d라면 단면인 원의 반지름 R= $\sqrt{r^2-d^2}$ 로 나타낸다.

따라서 r이 일정할 때는 d가 커지면 R이 작아지고, d가 작아지면 R은 커진다. d=0 즉, 평면이 구의 중심을 지날 때 그 단면의 원은 최대가 된다. 이 단면인 원을 **대원**(大圓)이라 하고, 중심을 지나지 않는 평면에 의한 단면을 구의 **소원**(小圓)이라 한다. 대원은 구면을 합동인 두 부분으로 나누는 데 이때 대원에 의하여 나누어진 구면을 **반구**(半球)라 한다.

원주각/중심각, 호/현

「원주 위의 한 점 P에서 그은 두 현 $\overline{PA}$, $\overline{PB}$가 이루는 각인 ∠APB를 점 P가 속하지 않는 호 AB에 대한 **원주각**이라 하며, ∠AOB를 호 $\widehat{AB}$에 대한 **중심각**」이라고 한다.

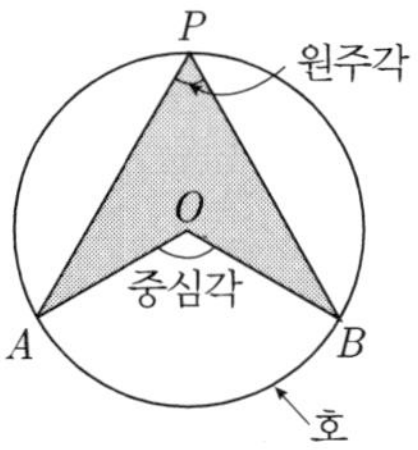

■ 원주각과 중심각

원주각과 중심각 사이에는 다음과 같은 성질이 있다.

① 하나의 호에 대한 원주각은 그 호에 대한 중심각의 $\frac{1}{2}$이다. 이 정리의 증명은 3가지가 있다.

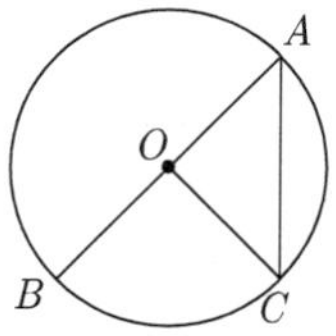

[그림 1]

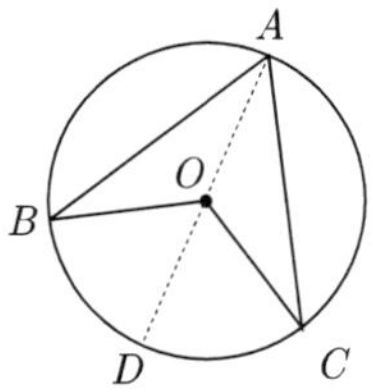

[그림 2]

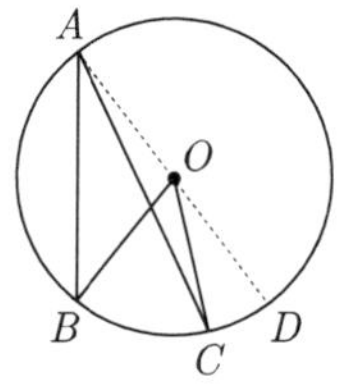

[그림 3]

원 O의 호 $\widehat{BC}$에 대한 원주각을 ∠BAC라고 할 때,

- O가 각의 변 AB 위에 있는 경우 : [그림 1]에서 OA=OB이므로 ∠OAC=∠OCA. 따라서 ∠BOC=2∠BAC.
- O가 각의 내부에 있는 경우 : [그림 2]에서 AO의 연장선 위에 있는 한 점을 D라고 할 때, OA=OB, OA=OC이므로 ∠BOD=2∠BAD…㉠, ∠COD=2∠CAD…㉡. 두 식 ㉠과 ㉡을 변끼리 더하면, ∠BOC=2∠BAC
- O가 각의 외부에 있는 경우 : [그림 3]에서 AO의 연장선 위에 있는 한 점을 D라고 할 때, ∠BOD=2∠BAD…㉠, ∠COD=2∠CAD…㉡. 두 식 ㉠과 ㉡을 변끼리 빼면, ∠BOC=2∠BAC. 따라서 원주각은 같은 호에 대한 중심각의 $\frac{1}{2}$과 같다.

위의 성질로부터 다음 사실을 알 수 있다.

② 반원에 대한 원주각은 직각이다.

③ 한 원에서 같은 호에 대한 원주각은 같다.

④ 한 원에서 원주각은 그에 대한 호의 길이에 비례한다.

⑤ 공액인 호(=컬레호)의 원주각은 서로 보각이다.

[그림 4]에서 호 BAD와 호 BCD를 공액인 호라 하고, 중심을 O라 하면, ㉠ 호 BCD에 대한 중심각 ∠BOD=2∠BAD이고, ㉡ 호 BAD에 대한 중심각 ∠BOD=2∠BAD이다. 두 식 ㉠와 ㉡의 변끼리 더하면 4∠R=2∠BAD+2∠BAD.

∴ ∠BAD+∠BAD=2∠R. 이는 원에 내접하는 사각형에서 대각은 서로 보각을 이루며, 또 그 역도 성립한다.

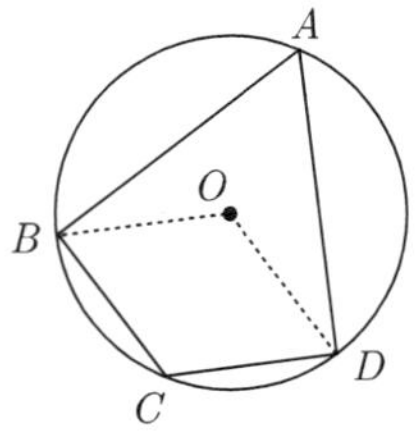

[그림 4]

■ 원주각끼리의 관계

원주각 사이에는 다음과 같은 성질이 있다.

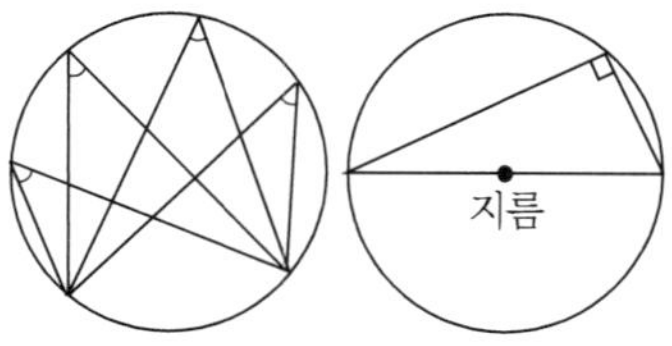

[그림 5]

① 같은 호에 대한 원주각의 크기는 모두 같다.

② ①의 역으로 원주각이 같으면 그에 대한 호의 길이는 같다.

③ 지름에 대한 원주각은 직각이다.

■ 중심각과 호, 현 길이 관계

① 한 원에서 호의 길이와 그 호에 대한 중심각의 크기와 원주각의 크기는 서로 비례한다. 즉 [그림 6]에서 호의 길이 x에 대한 중심각의 크기를 $y°$, 원주각의 크기를 $z°$라면, $z°=\frac{1}{2}y°$. 또 $y°=\frac{180}{\pi r}x°$에서 $z°=\frac{90}{\pi r}x°$인데 $\frac{90}{\pi r}x°$는 일정한 수이므로 z는 x에 비례한다.

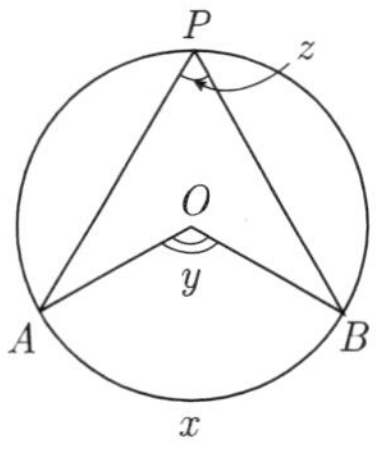

[그림 6]

② 중심에서 거리가 멀수록 현의 길이는 짧다.

③ 원의 중심에서 현에 내린 수선은 현을 이등분한다.

④ 위 ③의 역으로 원의 중심과 현의 중점을 이은 선분은 그 현에 수직이다.

⑤ 같은 현에 대한 중심각의 크기는 같다.

⑥ 위 ⑤의 역으로 같은 원에서 현의 길이는 중심각의 크기에 비례하지 않는다.

원주율

「한 원에서 지름에 대한 원주의 비율을 **원주율**이라 하고, 기호 π」로 나타낸다. π는 하나의 실수이고 무리수이다. π는 원주의 길이, 원의 넓이, 부채꼴의 중심각의 크기, … 등을 계산하거나 나타내는데 사용된다. π는 원주를 지름의 길이로 나눈 것으로 원주와 지름 길이의 비는 원의 크기에 영향을 받지 않는다. 즉 원의 크기에 상관없이 π의 값은 변하지 않는다.

약 B.C. 2000년에 바빌로니아 사람들은 원주가 지름의 약 3배라는 것을 찾아냈다. π의 근삿값에 대해서는 메소포타미아 사람들이 이미 $3\frac{1}{3} < \pi < 3\frac{1}{7}$ 것을 발견하고 있었던 것 같다.

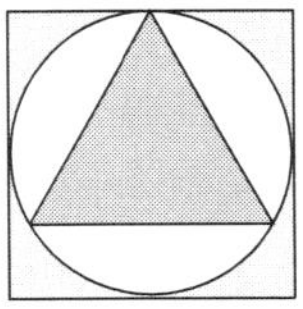

π를 수학적으로 연구하기 시작한 사람은 약 B.C. 225년경 아르키메데스였다. 그는 원주의 길이는 그 원에 내접하는 다각형의 둘레의 길이보다 길고 그 원에 외접하는 다각형의 둘레보다는 짧다는 것에 착안해서 내접 정삼각형과 외접 정삼각형으로부터 시작하여 정다각형의 변의 수를 6, 12, 24….과 같이 차례로 2배씩 하면서 정 96각형의 둘레의 길이를 조사해서 한 변과 지름의 길이를 각각 1로 보았을 때, 원주 π의 값을 $\frac{223}{71}$과 $\frac{220}{70}$ 사이에 있다고 어림했다.

π의 값은 무한하기 때문에 정확한 값은 알 수 없다는 것은 1768년에 Lambert에 의해 π는 분수로 나타낼 수 없는 무리수라는 것을 증명했다. 1882년 독일의 수학자 Ferdinand von Lindemann은 π는 '초월수'라는 것을 밝히고 원과 같은 넓이의 정사각형을 한 쌍의 컴퍼스와 직선자만 가지고 작도하는 것은 불가능하다는 것을 증명했다. 원과 넓이가 같은 정사각형을 작도하는 것은 오늘날까지도 불가능한 것으로 알려지고 있다.

π의 값을 알기 위한 노력은 지금까지 계속되고 있는데, Euler는 $\frac{\pi}{6}=1+\frac{1}{2^2}+\frac{1}{3^2}+\frac{1}{4^2}+\frac{1}{5^2}+\cdots\cdots$을, 그리고 스스로 천재라고 하는 Srinivasa Ramanujan은 $\pi=\frac{9801}{4412}\sqrt{2}=3.14159273001330566031399618 90\cdots$라는 π의 근삿값을 구했으며, 1853년 William Shanks는 소수점 이하 607자리까지 구했다(사실 오직 527까지 옳다).

오늘날 π의 값은 1949년에 에니악 컴퓨터로 70시간 계산하여 소수점 아래 2037자리까지 계산되었다. 그리고 2002년 역시 컴퓨터를 이용하여 소수점 아래 1,241,100,000,000자리까지 구했지만 아직도 π의 값을 구하는 것은 계속되고 있다.

■ **원주율 구하기**

원주율은 아래 그림처럼 통조림통, 접시 등 원 모양의 구체물을 줄자나 끈을 이용하여 원주와 지름의 길이를 재거나 자 위에 굴려본 후 둘레의 길이가 지름의 몇 배인지를 귀납적인 탐구과정을 거쳐 학생들이 스스로 그 값을 구해보는 구체적인 경험이 필요하다.

이때, 지름의 길이에 대한 둘레의 길이의 비율을 계산할 경우 계산기를 이용하는 것을 권고할 만하다. 이와 같은 체험을 어린이들에게 부여하는 것은 대단히 중요하다.

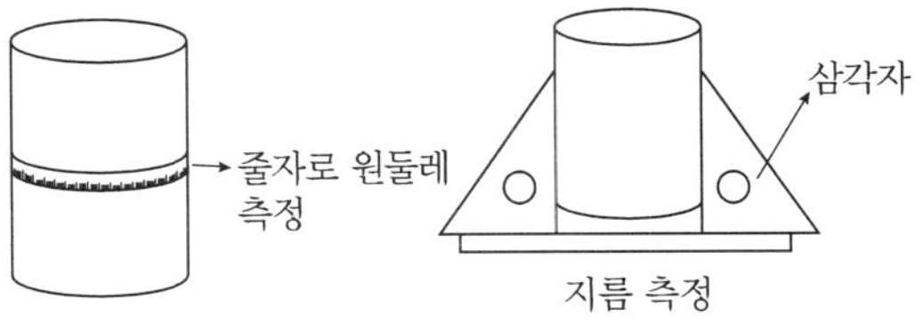

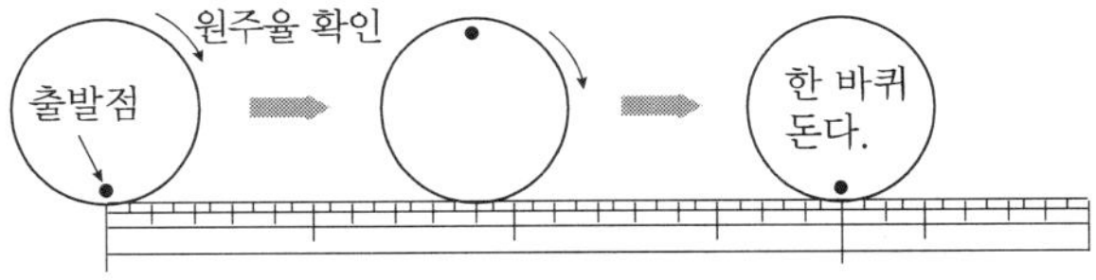

모든 원은 서로 닮은도형이며, 원주율은 약 3.14로 모두 같다. 원주율 π는 원주의 지름에 대한 비이므로 실수이지만 그 값은 순환하지 않는 무한소수이고, 그 참값을 알 수 없는 초월수이기에 항상 근삿값으로 처리해야 한다. 원주율을 측정한 값이 3.13이나 3.15가 나온다고 하더라도 그것은 틀린 것이 아니다. 이 값은 항상 근삿값이므로 약 얼마라는 입장에서 받아들일 필요가 있다.

우리는 관습적으로 π=3.14로 생각하는 경향이 있으나 원주율을 소수 둘째짜리까지 구할 경우 π≒3.14인 근삿값이므로 π≒3, 또는 π≒3.1, π≒3.14, π≒3.141, …등으로 처리할 수 있다. 따라서 원주율을 이용하여 측정하는 문제를 제시할 경우 원주율을 소수 첫째자리, 또는 소수 둘째자리, 등 원주율의 값을 지정하여 처리하도록 지도할 필요가 있다.

위상적 성질

다음 [그림 1]처럼 「중심투영에 의해 모델인 도형 A를 통과한 방광선을 도형과 불규칙하게 잘랐을 때, 단면인 스크린 C에 생긴 도형의 변환을 **위상변환**」이라고 한다. 즉, 다음 2가지 조건이 만족할 경우 위상변환이 일어난다.

㉠ 한 점에서부터 발사된 방사형 광선이 모델인 도형을 비추는 중심투영, 즉 사영이다.

㉡ 모델과 스크린의 위치관계가 자유로우며, 스크린은 평면이 아니다.

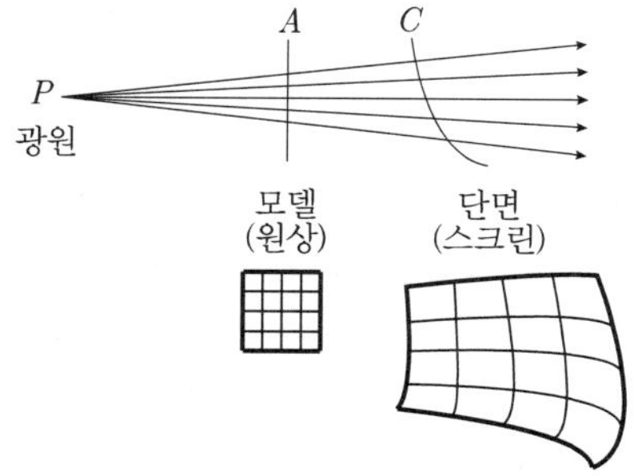

[그림 1]

■ **위상변환에서 불변인 성질**

① 점의 상호 위치관계, 즉 선의 연결관계만 유지한다.

② 닫혀있는 선은 안과 바깥이 구별된다.

③ 선이 갈라진 곳은 역시 갈라진다.

위상적 성질을 이해하는 데는 고무판 위의 그림, 또는 고무풍선 위에 그려진 그림을 연결 지어 고무판을 굽혔다 접혔다 하거나 고무풍선에 바람을 넣었다 뺐다하면서 그 모양의 변환을 연상시켜 볼 수 있다.

위상변환에서 변의 길이나 각의 크기, 직선 및 평행 등의 개념은 보존되지 않는다. 다음 [그림 2]처럼 고무판을 신축시키는 방향이나 방법에 따라서 길이나 각의 크기는 임의로 변화하고 직선도 임의의 곡선으로 변화할 수 있기 때문이다.

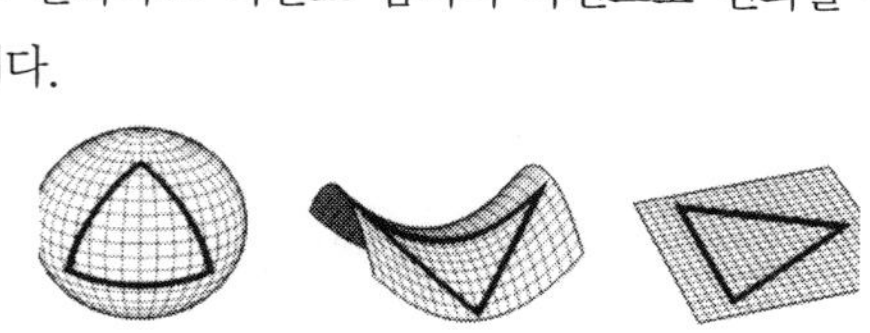

[그림 2]

도형의 연결 상태를 바꾸지 않는 변환 곧 도형의 접속과 분리를 변화시키지 않는다는 것은

① 접속된 곳은 접속된 대로 둔다.

② 분리된 곳은 분리된 대로 둔다는 것이다. ①만을 만족시키는 변환을 **연속적 변환**이라 하고, ①, ②를 다 같이 만족시키는 변환을 **위상적 변환**이라 하며, 위상적 변환으로 불변인 도형의 성질을 '위상적 성질'이라 한다. 도형의 위상적 성질을 연구하는 것이 '위상 기하학'이다.

■ **위상 공간에서 연결과 순서의 개념**

위상 공간에서는 연결과 분리의 개념, 그리고 포위(包圍)와 순서의 개념이 유지된다. 포위의 개념은 한 도형이 다른 도형의 내부 또는 외부에 있느냐?와 관계되는 것이다. 「평면 위의 닫혀 있어서 내부와 외부의 구별이 있는 곡선을 **폐곡선**, 열려있어서 내부와 외부의 구별이 없이 연결되는 곡선을 **개곡선**이라 하며, 공간에서는 전자를 **폐곡면**, 후자를 **개곡면**」이라 한다.

특히 「폐곡선으로서 자기 자신과 만나지 않는 폐곡선을 **단순폐곡선**」이라 한다. 폐곡선은 그 위의 한 점을 출발해서 곡선을 따라가면 출발점에 되돌아오지만 어떤 곡선은 출발점에 되돌아올 수 없는데 이러한 곡선을 **개곡선**」이라 한다.

한 선 위에서 점의 순서를 생각하면 선에 방향을 주지 않은 경우는 3개의 점에 대해 그 순서를 생각할 수 있으나 선에 방향이 주어질 경우는 2개의 점에 대해 그 순서가 정해진다. 예컨대 [그림 3]처럼 세 점 A, B, C가 주어질 경우, B는 A와 C사이에 있다는 사이성이 존재하고, [그림 4]처럼 두 점 A, B가 주어질 경우 점 A는 점 B의 앞, 또는 점 B는 점 A의 뒤라는 순서적으로 구별이 가능하게 된다. 수학에서는 순서성이 더 의미가 있다. 그것은 사물의 순서를 밝히기 위해서는 1(첫째), 2(둘째), … 등 순서를 의미하는 용어와 그 말에 사물을 1:1 대응시키면 된다. 순서에 집합수 1, 2, 3, …을 대응시키는 것은 순서수와 집합의 크기를 동시에 알 수 있다.

[그림 3]

[그림 4]

위치적 기수법

「위치적 기수법이란 숫자가 쓰인 위치에 따라 자릿값(place value)이 다른 기수법으로 어떤 양을 몇 씩 묶어서 수로 나타낼 경우, 몇 씩 묶느냐에 따라 이진기수법, 삼진기수법, …, 십진기수법, P진기수법(2≦P)」 등으로 나눈다. 예컨대 2씩, 3씩, 4씩, …, P씩 묶어 자릿값이 높은 자리로 올림할 경우 각각 이진수, 삼진수, 사진수, …, P진수라 일컫는다. 위치적 기수법은 지필 계산기술이 보급되면서 사칙계산의 정확성과 신속성 측면에서 그 우수성이 입증되어 일반화되기 시작하였다

P진법이란 자연수로 나타낸 N개의 물건을 P개씩 묶고, P개씩 묶은 묶음이 P개 이상이면 다시 P개씩 묶어 자릿값이 높은 자리로 올림하여 나타내는 기수법으로 P개씩 묶어서 올림할 경우 남는 것이 있는 경우도 있고 없는 경우도 있다. N개를 P개씩의 묶음이 몇 묶음인가를 알아보려면 나눗셈을 해야 하는데, 묶음의 수 $q_i(q_1 \leqq q_i \leqq q_n)$를 몫, 남는 개수 $r_i(r_0 \leqq r_i \leqq r_{n-1})$를 나머지라고 한다. 즉 $N \div P = q_1 P + r_0$(q_1;몫, r_0;나머지. $0 \leqq r_0 < P$)…①. 식 ①에서 q_1이 P보다 클 경우, q_1을 P로 다시 나누고 그 몫을 q_2 나머지를 r_1이라 한다. 이와 같은 방법으로 q^n이 P보다 작을 때까지 나누면 [표 1]과 같은 식을 얻을 수 있다. [표 1]의 식에서 q_1, q_2, q_3, …, q_n은 점점 작아지므로 유한번 반복하여 $q_n < P$이면 나눗셈은 끝나며, 이때 $q_n = r_n$(나머지)이다. [표 1]의 식을 N의 식에 대입하여 정리하면 [표 2]와 같다.

[표 1]

$$\begin{aligned} N &= q_1 P + r_0 \quad (0 \leq r_0 < P) \\ q_1 &= q_2 P + r_1 \quad (0 \leq r_1 < P) \\ q_2 &= q_3 P + r_2 \quad (0 \leq r_2 < P) \\ &\vdots \qquad\qquad \vdots \\ q_{n-1} &= q_n P + r_{n-1} \quad (0 \leq P) \end{aligned}$$

[표 2]

$$\begin{aligned} N &= q_1 P + r_0 = (q_2 P + r_1)P + r_0 = q_2 P^2 + r_1 P + r_0 \\ &= q_3 P^3 + r_2 P^2 + r_1 P + r_0 \\ &\vdots \\ &= q_n P^n + r_{n-1} P^{n-1} + \cdots + r_2 P^2 + r_1 P^1 + r_0 P^0 \\ &= r_n P^n + r_{n-1} P^{n-1} + \cdots + r_2 P^2 + r_1 P^1 + r_0 P^0 (q_n = r_n) \\ \therefore N &= (r_n r_{n-1} \cdots r_2 r_1 r_0)_{(P)} \end{aligned}$$

(위 식에서 P^n:자리값, r^n:자리의 숫자, $_{(P)}$:진수를 나타냄)

위 [표 2]의 식은 임의의 자연수 N을 P진 기수법으로 나타낸 전개식이며, 나머지인 r_n, r_{n-1}, …, r_2, r_1, r_0. (단 $0 \leqq r_i < P$. i=0, 1, 2, …, n이며. P진법으로 표현하는데 사용되는 숫자 r_i의 개수는 P개이다)

[표 1]과 [표 2]를 이용하여 자연수 $422_{(10)}$를 오진수로 나타낼 경우, [표 3-1]처럼 $422_{(10)}$는 5보다 크므로 5씩 묶으면 84묶음과 낱개 2가 남는다. 84>5이므로 84묶음을 다시 5묶음씩 묶으면 16묶음과 4묶음이 남게 되며, 16>5이므로 16묶음을 다시 5묶음씩 묶으면 3묶음과 1묶음이 남게 된다. 3<5이므로 묶는 활동은 끝났다. [표 3-2]는 십진수 422를 오진기수법 전개식으로 나타낸 것이며, [표 4]와 [표 5]는 십진수를 오진수로 나타내는 과정을 형식화한 것이다.

[표 3-1]

422를 오진법으로 나타내기
$422 \div 5 = 84 \cdots \underline{2} \leftarrow (84 \times 5 + 2)$
$84 \div 5 = 16 \cdots \underline{4} \leftarrow (16 \times 5 + 4)$
$16 \div 5 = 3 \cdots \underline{1} \leftarrow (3 \times 5 + 1)$
$\mathbf{422_{(10)} = 3142_{(5)}}$

[표 3-2]

$422_{(10)} = \mathbf{84} \times 5 + 2$
$= (\mathbf{16} \times 5 + 4) \times 5 + 2$
$= \mathbf{16} \times 5^2 + 4 \times 5^1 + 2$
$= \mathbf{3} \times \underline{5^3} + \mathbf{1} \times \underline{5^2} + \mathbf{4} \times \underline{5^1} + \mathbf{2} \times \underline{5^0}$
(자리값)
$= \mathbf{3142_{(5)}}$

[표 4]

$422 \div 5 = 84 \cdots \underline{2}$
$84 \div 5 = 16 \cdots \underline{4}$
$16 \div 5 = \underline{3} \cdots \underline{1}$

※ 몫이 5보다 작을 때까지 나눈 후, 화살표 방향의 차례로 숫자로 나타낸다.

[표 5]

5) 4 2 2
5) 8 4 ……2(5^0자리의 수)
5) 1 6 ……3(5^1자리의 수)
3 ……1(5^2자리의 수)
→(5^3자리의 수, $q^n = r^n$)

※ 몫이 5보다 작을 때까지 나눈 후, 화살표 방향의 차례로 숫자로 나타낸다.

※ 다음 그림은 십진수와 오진수의 자리 이름과 자릿값 등 구조를 나타낸 것이다.

십진수	…	4 ← 10배	2 ← 10배	6 ← 10배	9	…
자리 이름	…	**천**의 자리	**배**의 자리	**십**의 자리	**일**의 자리	…
자리값	…	1000(10^3)	100(10^2)	10(10^1)	1(10^0)	…
자리의 숫자	…	4	2	6	9	…
전개식	4269=4×1000+2×100+6×10+9×1=4×10×10×10+2×10×10+6×10+9×1=4×10^3+2×10^2+6×10^1+9×10^0					
오진수	…	3 ← 5배	1 ← 5배	4 ← 5배	2	…
자리 이름	…	5^3의 자리	5^2의 자리	5^1의 자리	**일**의 자리	…
자리값	…	5^3	5^2	5^1	5^0(=1)	…
자리의 숫자	…	3	1	4	2	…
전개식	$3142_{(5)}$=3×5×5×5+1×5×5+4×5+2×1=3×5^3+1×5^2+4×5^1+2×5^0					

유리수와 그 성질

「유리수(rational number)는 정수의 몫, 즉 분수로 나타낼 수 있는 수를 **유리수**」라고 한다. 임의의 정수의 몫 $\frac{a}{b}$ (b≠0, a, b∈Z))는 유리수이다. 그러므로 자연수, 정수, 분수, 소수는 유리수의 집합에 포함된다.

유리수의 집합을 Q라고 할 때, $Q=\{\frac{a}{b} \mid a \in Z,\ b \in Z,\ b \neq 0\}$와 같은 유리수의 정의를 보면 분수(fraction)와 동의어처럼 보이지만 분수는 유리수를 나타내는 1가지 방법일 뿐이다. 유리수를 표현하는데 분수로 충족시키지 못하는 경우 소수(decimal)로 표현할 수 있다. 분수는 어떤 유리수도 간결·명확하게 나타낼 수 있고 유리수의 성질을 이론적으로 고찰하는데 적합하며, 곱셈과 나눗셈 계산이 편리하다. 소수는 분수보다도 덧셈과 뺄셈을 하기가 간편하며 크기를 비교하기 쉽다는 실용성이 높다는 장점을 지니고 있다.

■ 유리수의 성질

유리수의 집합은 $Q=\{\cdots, {}^{-}3, {}^{-}2, {}^{-}1, {}^{-}\frac{2}{3}, {}^{-}\frac{1}{2}, 0, \frac{1}{3}, \frac{3}{8}, {}^{+}1, {}^{+}2, {}^{+}3, \cdots\}$로 표시되는 수로써, 정수, 분수, 소수로 분류되며, 다음과 같은 성질이 있다.

- 분수는 배분이 가능하다. 즉 분자와 분모에 0이 아닌 같은 수를 곱하여도 분수의 값은 변하지 않는다. 이 성질을 이용하여 동치분수를 만들 수 있다.
  $\frac{a}{b}=\frac{a\times k}{b\times k}$. (단, k≠0)
- 분수는 약분이 가능하다. 분자와 분모에 0이 아닌 같은 수로 나누어도 분수의 값은 변하지 않는다. 이 성질을 이용하여 기약분수를 만들 수 있다.
  $\frac{a}{b}=\frac{a\div k}{b\div k}$. (단, k≠0)
- 동분모분수의 크기 비교는 분수 $\frac{a}{b}$는 단위분수 $\frac{1}{b}$이 a개인 것으로 해석함으로써 자연수의 크기 비교와 연결시킬 수 있다. $\frac{a}{b}>\frac{c}{b} \Leftrightarrow a>c$
- 이분모분수의 크기 비교는 단위가 서로 달라 직접 비교할 수 없으므로 통분하여 비교한다.
  $\frac{a}{b}>\frac{c}{b} \Leftrightarrow \frac{ad}{bd}>\frac{bc}{bd} \Leftrightarrow ad>bc$
- 서로 다른 임의의 두 유리수 사이에는 제 3의 유리수가 반드시 존재한다. 예컨대 「두 유리수 a, b(a<b) 사이에는 반드시 중간수 $\frac{a+b}{2}$가 있게 되어($a<\frac{a+b}{2}<b$)인 또 다른 유리수가 반드시 존재한다. 이를 **유리수의 조밀성**」이라고 한다.
- 유리수에는 최소와 최대의 수가 없다.
- 유리수는 양의 크기를 나타내는 집합수이지 순서수는 아니다. 순서의 개념은 기준과 다음이 일의적으로 정해져야 하는데, 유리수의 조밀성 때문에 유리수는 순서수가 될 수 없다.
- 두 유리수 a, b가 있을 때, a>b, a=b, a<b 중 어느 하나가 반드시 성립한다.
- 분수는 십진기수법 전개, 곱셈과 나눗셈 계산이 간편하고 비율이나 나누어지지 않는 수의 표현이 용이하다. 반면 소수는 십진기수법의 전개, 덧셈과 뺄셈 계산이 간편하고 수의 크기 비교가 용이하다.
- 소수는 분수와는 달리 유리수뿐만 아니라 무리수도 무한소수로 표현할 수 있다.
- 유리수에서 기준(대표)이 되는 수는 0, 1, $\frac{1}{2}$, $\frac{1}{3}$, $\frac{1}{4}$, …(단위분수) 등이다.
- 유리수는 사칙 연산에 관해서 폐쇄성(Closure)과 일의성(Uniqueness)이 있다. 즉 유리수끼리의 사칙연산의 결과는 유리수이며, 그 답은 유일하다.
- 유리수는 덧셈과 곱셈에 관해서 교환법칙과 결합법칙이 성립하며, 덧셈에 관한 곱셈의 배분율이 성립한다.
- 가법과 승법에 관해 항등원(identity or unit element, a·e = e·a = a를 만족하는 원소 e)과 역원(Inverse, a*x = x*a = e, * : 연산, x : a의 역원)이 존재한다.
- 유리수는 순환소수이다. 예컨대 $\frac{1}{2}=0.5=0.500\cdots=0.5\dot{0}$, $\frac{1}{3}=0.333\cdots=0.\dot{3}$, $\frac{1}{6}=0.166\cdots=0.1\dot{6}$, $\frac{1}{7}=0.142857142857\cdots=0.\dot{1}4285\dot{7}$

- 유리수
  - 정수
    - 양수(자연수)
    - **영**(0)
    - 음수
  - 분수, 소수(유한소수, 순환소수)

유비 추론

추론이란 이미 알고 있는 몇 개의 전제로부터 새로운 결론을 이끌어내는 일로써, 하나의 전제로부터 결론을 이끌어내는 과정을 **직접추론**, 2개 이상의 전제에서 결론을 이끌어내는 과정을 **간접추론**이라고 하며, 간접추론에는 연역적 추론, 귀납적 추론, 유비적 추론이 있다.

「두 대상 사이에 존재하는 몇 개의 유사성에 착안하여 한쪽 대상에서 성립하는 성질과 유사한 성질이 다른 쪽의 대상에 대해서도 성립한다는 추론 방법을 **유비적 추론**(analogical inference 혹은 **유추**(analogy)」이라고 한다.

귀납적 추론은 개별적인 사례로부터 일반적인 원리를 추론하는데 비하여 유추는 개별적인 사례 상호간의 유사 관계를 추정하는 방법이다. 즉 유추는 둘 또는 그 이상의 현상들을 비교하는 것으로부터 출발한다.

■ 유비 추론의 형식

두 대상 A, B에 대해서 대상 A에서 대상 B를 유추하는 경우를 생각해 보자. 이 경우 우선 A, B 사이에는 몇 가지의 유사한 점이 존재하지 않으면 안 된다. 여기서「유사점이란 단순히 비슷하게 생각되는 속성이 아닌 일정한 관점 및 수학적 사실에 근거하여 확신을 가질 수 있는 공통적인 속성」을 말한다.

예컨대 '참'인 명제로서 기본 명제 A가 있고 '참'인가 '거짓'인가를 추론하려는 명제 B가 있다고 가정하자. A, B가 다같이 w, x, y라는 공통적인 성질을 갖고 있는데 A는 w, x, y 이외에 z라는 성질도 갖고 있을 경우, A, B는 성질 w, x, y를 갖고 있다는 점에서 유사하기 때문에 다른 점에 있어서도 유사할 것이라고 유추하여 B도 z라는 성질도 갖고 있을 것이라고 가정하게 된다. 일반적으로 유추를 형식화하면 ①과 같고 이를 삼단논법의 형식으로 고치면 ②와 같다.

①	②
A는 w, x, y, z이다.	A는 w, x, y, z이다.
B는 w, x, y이다.	B는 w, x, y, z이다.
∴ B도 z일 것이다.	∴ B도 A와 같을 것이다.

■ 유비 추론의 예

유추는 일종의 닮음이다. 어떤 서로 다른 대상에 대해 어떤 점에서 서로 일치하거나 유사하며, 어떤 점이 서로 다른지를 찾아 서로 유사한 성질을 이용하여 문제를 해결하는 방법으로 수학학습에 자주 이용되는 방법이다.

예컨대 문제 해결 과정에서 적절한 전략이 생각나지 않을 경우 '이와 유사한 문제를 풀어 본 경험이 있는가?', '이 문제와 같은 점은 무엇이고 다른 점은 무엇인가?' 등을 생각해 보게 하는 것은 유비 추론을 이용한 문제 해결의 본보기이다.

초등학교 수학학습에서 유비를 이용한 예를 살펴보자.

[예 1] 1+2+3+4+5+6+7+8+9+10=55를 이용하여 51+52+53+54+55+56+57+58+59+60'을 구하여라.

〈풀이〉 먼저 주어진 조건과 문제 사이의 유사점을 찾아보면, 두 문제는 10개의 연속된 자연수의 덧셈이며, 일의 자리에 있는 수는 같다. 따라서 (51+52+53+54+55+56+57+58+59+60)=(50+1)+(50+2)+⋯+(50+9)+(50+10)=50×10+55= 500+55=555이다.

[예 2] 자연수의 곱셈으로부터 소수의 곱셈을 유도하는 경우를 살펴보자. 1m에 20원짜리 비닐끈 2.3m의 값은 얼마인가?

〈풀이〉 (비닐끈 2m의 값)=20×2=40(원)이다. (비닐끈 3m의 값)=20×3=60(원)이고 (비닐끈 0.3m의 값)=20×0.3=6(원)이므로 (비닐끈 2.3m의 값)=20×2.3=46(원)을 구한다.

■ 유비 추론지도에서 유의할 점

유추는 닮았다는 것에 근거하여 '같을 것이다'라고 추론하는 것이므로 유추한 후에는 반드시 확인해 보는 것이 필요하다. 즉 유추는 '가정이 '참'일 때 결론도 반드시 '참'인 추론'이라고 할 수는 없기 때문에 답에 대한 검증 과정을 거쳐야 한다.

예컨대 삼각형의 합동에서 '대응하는 세 변의 길이가 같으면 합동이다.'라는 것으로부터 사각형에서도 대응하는 네 변의 길이가 같다는 결론을 도출했다면 이는 가정은 바르지만 결론은 바르지 않다. 이와 같이 잘못된 유추는 오히려 사고를 불분명하게 흐려 놓거나 편견에 빠지게 할 수도 있다. 따라서 유추는 수학학습에서 유용하고 가치있는 추론이기는 하지만 증명을 대신하지 못하며, 연구되어야 할 가설을 제공할 뿐이라는 사실을 일깨워 주어야 한다.

유클리드 기하학

고대 이집트에서 측량기술에 의해 얻은 도형에 관한 경험적 지식이 그리스로 전파되었으며, 고대 그리스의 에우클레이데스 등 여러 수학자들이 오래부터 구축한 이전의 수학내용을 B.C. 300년경 유클리드가 체계적으로 정리하여 '기하학 원본(Stoicheia, Elementa, Elements 등)'이란 이름으로 13권을 저술하였는데 이 책에 기술되어 있는 기하학을 **유클리드 기하학**이라 한다.

유클리드는 포괄적인 추론과 논리를 통해 그 명제들이 왜 성립하는가를 증명한 최초의 인물이다. 그의 원론에 기록된 도형의 성질과 그 증명에 관한 내용은 아직도 중 · 고등학교 수학에서 주요 내용으로 삼기에 '초등기하학'이라고도 한다. 기원전에 만들어진 이 기하학은 그 이후의 과학적인 사고방식의 모델이 되었다. 유클리드 기하학은 직관적으로 인지되는 공리를 참으로 간주하고 그들로부터 연역적으로 명제(정리)를 이끌어낸다.

『원론』 제 1권은 직선과 점등에 대해서 정해진 23개의 정의에서 시작한다. 예를 들면 「점은 부분을 가지지 않는 것」, 「직선은 폭이 없이 길이만 있다」와 같이 언어에서 합의된 약속 같다. 증명을 하지 않아도 누구나가 인정하는 5개의 공준과 그것을 활용하기 위한 규칙인 9개의 공리, 그리고 그들을 이용해서 이끌어낸 48개의 명제로부터 만들어진 것이 『원론』 제 1권이다.

유클리드 기하학은 다음 5개의 기본공리와 수학 전체에 통용되는 5개의 보통공리를 바탕으로 하고 있다.

[기본공리]

1. 임의의 서로 다른 두 점을 지나는 직선은 유일하다.
2. 임의의 직선은 무한히 연장할 수 있다.
3. 임의의 점을 중심으로 임의의 길이를 반지름으로 하는 원을 하나 그릴 수 있다.
4. 모든 직각은 서로 같다.
5. 한 평면 위의 한 직선이 그 평면 위의 두 직선과 서로 만날 때 동측내각의 합이 2∠R보다 작을 경우, 이 2개의 직선을 한없이 연장하면 그 내각이 있는 쪽에서 만나게 된다.

[보통공리]

1. 동일한 것과 같은 것들은 서로 같다.
2. 서로 같은 것에 같은 것을 각각 더하면 그 합도 서로 같다.
3. 서로 같은 것에서 서로 같은 것을 각각 빼면 나머지도 서로 같다.
4. 서로 겹치는 것들을 서로 같다.
5. 전체는 부분보다 크다.

■ **유클리드 기하의 특성**

- 연역적인 추론에 의존하고 있다.
- 측도를 배제하고 있다.(무리수 때문에 길이와 각도 등 측정량의 크기를 다루지 않음)
- 작도의 도구로써 눈금이 없는 자와 컴퍼스만을 유일한 수단으로 생각하고 있다.
- 도형의 이동, 변형(닮음)등 동적인 것은 취급하지 않고 정적인 사고만을 고사하고 있다. 예컨대, 합동의 경우 겹쳐보는 것이 아닌 꼭짓점이나 변의 대응으로만 다룸.
- 도형을 원자상태(점, 선, 면)에서 불변의 절대적이고 영원한 진리가 담겨있는 것으로 생각한다.
- 학교에서 배우는 유클리드 기하학은 책상과 같은 한정된 평면상에서만 성립되는 것으로 지구와 같은 큰 환경에서는 성립하지 않는다.

유클리드 공준과 공리 가운데 가장 유명한 것은 많은 논쟁을 일으킨 것은 '직선 밖의 1점을 지나고, 이 직선에 평행한 직선은 오직 1개만 그릴 수 없고, 하나밖에 존재하지 않는다.'는 평행선의 공준이다. 이것은 공준이므로 누구나 명확히 성립하다고 인정할 수 있는 암묵적 양해 하에 가정되어 있지만, 다른 4개의 공준에 비해 직감적으로 생각하기 힘들고 누구라도 납득 가능한 것은 아니었다.

그래서 이 평행선의 공준은 다른 공준에서 증명가능하지 않을까?라고 생각되어졌었다. 그래서 그 후 17-18세기경까지는 이 평행선의 공준을 다른 4개의 공준으로 증명해 보려는 사람들이 끊임없이 있었지만 결국 증명하지는 못했지만 모순을 발견하지 못했다. 증명에 실패한 사람들에 의해 새로운 기하학이 탄생되었는데, 예컨대 19세기에 들어서 러시아의 로바쵸프스키와 헝가리의 볼리아이, 독일의 가우스 등이 평행선 공준을 부정한 공준을 사용해도 유클리드 기하학 체계와 같은 모순이 없는 다른 기하학. 즉, 비유클리드 기하학이라고 부르는 새로운 기하학이 탄생했다.

유한집합·무한집합/상등·대등

「집합 중에서 원소 수를 셀 수 있는 집합을 **유한집합**이라 하고, 원소 수가 무수히 많아 셀 수 없는 집합을 **무한집합**」이라 한다. 예컨대 100 이하의 자연수의 집합 A, 자연수의 집합을 B라면, A={1, 2, 3, 4, ……, 99, 100}, B={1, 2, 3, 4, ……}처럼 외연적으로 나타낼 수 있다. 그러나 '0 이상의 유리수의 집합을 B라면 집합 B의 원소는 셀 수 없이 많기 때문에 B={x | 0≦x, x는 유리수}처럼 내포적으로 나타낼 수 밖에 없다. 위에서 집합 A의 개수는 100개로 헤아릴 수 있기 때문에 유한집합이라며, 집합 B의 개수는 셀 수 없이 많기 때문에 무한집합이다.

■ 집합의 대등과 상등

집합의 원소의 개수에 대해서 생각해 보면 다음과 같은 것을 생각해 볼 수 있다.

- **대등한 집합** : 두 집합 A, B의 원소의 개수는 그들의 원소를 하나씩 짝지었을 때 남거나 부족함이 없이 짝지어질 경우 두 집합 A와 B의 원소의 개수는 같다. 즉 A로부터 B에의 전단사가 적어도 하나 존재할 때 두 집합 A와 B의 원소의 개수는 같다. 이때 집합 A와 집합 B는 대등하다고 한다.
  대등한 집합과 상등한 집합의 개념을 구별할 필요가 있다. 「**대등한 집합**이란 두 집합 A와 B의 원소 사이에 1:1 대응이 이루어지는 경우로 기호로 A~B」로 나타낸다. 예컨대 집합 A={1, 2, 3}, 집합 B={a, b, c}라면 두 집합의 원소 사이에는 1:1 대응관계가 가능하므로 A~B이다.
- **상등한 집합** : **상등한 집합**이란 동치의 의미를 가진 것으로 원소 사이에 1:1 대응뿐만 아니라 원소가 같은 집합을 서로 상등한 집합이라고 한다. 수에서는 두 수가 같다고 하지만 집합에서는 그렇게 말하지 않고 집합에서는 원소가 일치할 때, '상등'이라 하고, 'A=B'로 나타낸다. 예컨대 A={1, 2, 3, …, 10}, B={x | 1≦x≦10, x는 자연수}라면 A=B이다.
  ※ 두 집합이 상등관계이면 두 집합은 대등하지만 그 역은 성립하지 않는다.

- **전체는 부분보다 큰가?** : A, B를 유한집합이고, A가 B의 진부분집합, 즉 A⊂B이면 집합 A보다 집합 B의 원소의 수가 많기 때문에 전체(B)는 부분(A)보다 큰 것이다. 그러나 이 사실은 유한집합에서만 성립하는 성질로 무한집합에서는 성립하지 않는다. 예컨대 자연수의 집합을 A, 짝수의 집합을 B라면 B는 A의 진부분집합이다. 두 A, B의 원소를 대응시키면 1:1로 대응하기 때문에 두 집합 A와 B는 대등하다. 즉 전체(A)와 부분(B)의 개수는 같게 된다.

$$\begin{array}{lllllll} A\ ; & 1, & 2, & 3, & 4, & \cdots\cdots, & n, \cdots\cdots \\ & \downarrow & \downarrow & \downarrow & \downarrow & & \downarrow \\ B\ ; & 2, & 4, & 6, & 8, & \cdots\cdots, & 2n, \cdots\cdots \end{array}$$

따라서 A와 B는 대등하다. 즉 전체(A)와 부분(B)의 개수는 같게 된다. 이와 같이 유한집합과 무한집합에서는 커다란 차이가 있다. 이 점에 착안해서 레데킨트*Dedekind*는 '집합 A가 집합 A의 어떤 진부분집합과 대등일 때, A를 무한집합이라 하고, 그렇지 않은 집합을 유한집합이라고 정의하였다.

또 선분 AB 상의 점 전체와 길이가 선분 AB의 $\frac{1}{2}$인 선분 ACD 상의 점 전체와 대응하다. 이것은 왼쪽 그림에서 선분 AB와 CD가 평행일 경우, AB 위의 한 점 P와 OP와 만나는 선분 CD 위의 한 점 Q는 1:1 대응을 이루므로 대등관계가 있다. 즉 선분 AB와 CD는 길이는 다르지만 농도가 같다. 농도는 길이와 무관하기에 전체와 일부분은 농도가 같은 것이 있다. 이러한 성질은 유한의 세계에서 나타나지 않는 무한의 세계에 존재하는 성질이다.

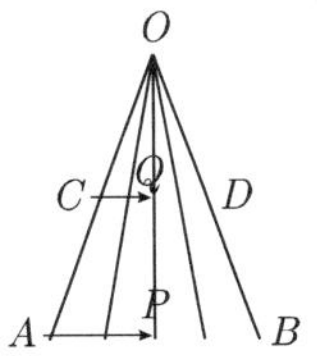

■ 집합의 원소의 개수

유한집합은 원소의 개수가 한정되어 있으므로 원소의 수가 몇 개인지 알 수 있다. 또 원소의 개수는 0개인 공집합은 유한집합이다.

두 집합 A, B가 유한집합이고 A∩B=∅일 때, n(A∪B)=n(A)+n(B)이며, A∩B≠∅일 때, n(A∪B)=n(A)+n(B)−n(A∩B)이다.

무한집합 중 가장 간단한 것은 자연수의 집합이다. 이 집합의 원소의 개수를 $\aleph_0$로 나타내고, '**알프로**'라고 읽는다. 자연수의 집합과 대등한 집합을 **가부번 집합**이라 하며, 정수의 집합이나 유리수의 집합은 가부번집합이고 이들 집합의 농도는 $\aleph_0$이다.

ㅇ

유효숫자

일반적으로 유효숫자란 근삿값을 나타내는 숫자 중에서 믿을 수 있는 숫자를 유효숫자라고 일컫는데 수학에서는 「근삿값 중에서 오차의 영향을 처음 받는 자리까지의 숫자를 그 근삿값의 **유효숫자**」라고 한다.

반올림하여 얻어진 측정값이 24.0km라면 측정값을 소수 둘째 자리에서 반올림한 것으로 오차의 한계는 0.05km이고, 참값 a의 범위는 $23.95\text{km} \leq a < 24.05\text{km}$이다. 또한, 이 범위 안에 들어 있는 수를 소수 둘째 자리에서 반올림하면 모두 24.0이다. 따라서 소수 첫째 자리의 0은 전혀 무의미한 숫자가 아니라 오차에 영향을 주는 숫자이다. 그러므로 근삿값은 오차에 영향을 주는 숫자까지만 표시하고 그 미만은 반올림하게 된다.

이와 같이 「오차에 영향을 처음 받는 자리까지의 숫자가 바로 믿을 수 있는 숫자이고, 이것을 **유효숫자**」라고 한다. 측정 기구의 최소 눈금의 단위를 알지 못하면 유효숫자를 정확히 알 수 없는데, 이때 0이라는 숫자가 문제가 된다.

예컨대 측정값이 306g이라면 3, 0, 6은 모두 유효숫자이지만 측정값이 300g일 경우엔 최소 눈금의 단위가 얼마냐에 따라 뒤의 2개의 0은 유효숫자일 수도 있고 유효숫자가 아닐 수도 있다. 즉, 최소 눈금의 단위가 1g이라면 2개의 0은 모두 유효숫자이지만 최소 눈금의 단위가 10g이라면 십의 자리의 0은 유효숫자이지만 일의 자리의 0은 유효숫자가 아니고 단순히 300이라는 크기의 수를 나타내기 위한 자리 수를 지정하는 역할을 한다.

측정값이 0.060km라고 할 때, 소수 셋째 자리의 0은 이 값이 소수 넷째 자리에서 반올림하여 얻은 것임을 뜻하고 있다. 따라서 6과 소수 셋째 자리의 0은 유효숫자이고, 처음 2개의 0은 6이 소수 둘째 자리의 숫자임을 알려주는 역할만 할 뿐이지 유효숫자는 아니다.

▪ 유효숫자 구하기

유효숫자는 소수점의 위치에 영향을 받지 않는다. 일반적으로 소수점을 포함하고 있는 수에서는 정수 부분이 한 자리인 소수로 나타내고, 소수점의 위치는 10의 거듭제곱. 즉 $a \times 10^n$. 또는 $a \times \frac{1}{10^n}$(단, $1 \leq a < 10$)으로 나타내면 유효숫자를 정확하게 알 수 있다.

[예 1] 456.078은 6자리의 수이고 $a \times 10^n$의 형식으로 나타내면 $456.078 = 4.56078 \times 10^2$이다. 이때 유효숫자는 4, 5, 6, 0, 7, 8의 8개이다.

[예 2] 측정값이 2500m라면 2와 5는 유효숫자이지만 뒤의 00은 자리를 나타내는 0인지 유효숫자 0인지가 명확하지 않다. 이 수를 $a \times 10^n$의 형식으로 나타내면 $2500 = 2.50 \times 10^3$이므로 유효숫자는 2, 5, 0의 3개이다.

[예 3] 동일한 물체를 A, B 두 사람이 동일한 저울로 측정한 결과 A가 측정한 값은 49.9kg이고 B가 측정한 값은 49.98kg이다. 이 두 측정값을 각각 반올림하여 1kg단위로 나타내면 50kg이다. 이 근삿값 50kg만으로는 누가 더 정밀하게 측정하였는가를 알 수 없다. A는 소수 첫째 자리에서 반올림하였고, B는 소수 둘째자리에서 반올림하였으므로 A의 근삿값 $50 = 5.0 \times 10^2$으로 나타낼 수 있고, 이때 유효숫자는 5, 0이다. 또 B의 근삿값 $50 = 5.00 \times 10^3$으로 나타낼 수 있고, 이때 유효숫자는 5, 0, 0이다. 따라서 B가 더 정밀하게 측정했다.

▪ 근삿값과 유효숫자의 예

근사값	근사값의 표현	유효숫자의 개수	반올림한 자리	오차의 한계
5300	5.3×10^3 5.30×10^3 5.300×10^3	2 3 4	10의 자리 1의 자리 소수 첫째 자리	50 5 0.5
0.53	$5.3 \times \frac{1}{10}$	2	소수 셋째 자리	0.005
0.530	$5.30 \times \frac{1}{10}$	3	소수 넷째 자리	0.0005
0.053	$5.3 \times \frac{1}{10^2}$	2	소수 넷째 자리	0.0005

e

상수기호 e는 유일한 경쟁자인 π와 비교했을 때 새로운 수이다. π는 고대 바빌로니아시대부터 많은 사람들이 관심을 가지고 있는 좀 위엄있는 존재인데 반해 e는 역사적으로 π에 비해 하찮은 존재에 불과했다. 그러나 현재 상수 e는 새롭고 활기차면서 연구의 가치를 인정받고 관심이 모아지고 있다. e≒2.71828…인 숫자로써 무작위로 만들어낸 수가 아니라 수학적으로 중요한 개념 중의 하나이다. 숫자 'e'는 많은 수학자들이 대수와 관련된 연구가 활발하게 진행 중이던 17세기에 나타났고 큰 수의 곱셈을 덧셈으로 전환할 수 있게 한 훌륭한 발명이었다.

역사적으로 e의 변천과정을 살펴보면, 1618년에 네이피어*Napier*는 대수와의 관계 속에서 일정한 e를 생각했으며, 1727년 오일러는 대수이론에서 e를 사용했는데 이것은 '오일러의 수'라고 불리기도 했다. 그 후, 1742년 오일러는 e를 23자리까지 추정했고, 이 시기에 $e^{\pi}+1=0$이라는 유명한 식(式)도 발견했으며, 1878년 에르미트는 e가 초월수라는 것을 증명했다

e는 π처럼 무리수이기 때문에 정확한 값은 알 수 없으나 소수 20자리에서 e의 값은 e≒2.71828181845904523536…이다. 그리고 2007년 e를 10^{11}자리의 수라고 추정하였다.

만약 분모와 분자를 두 자리 수로 제한한다면 분수를 사용한 e의 가장 근사치는 $\frac{87}{32}$이고, 분모와 분자를 세 자리 수로 제한한다면 분수로 표현한 가장 근사치는 $\frac{878}{323}$이다. 두 번째 분수의 분자와 분모는 앞에서 읽거나 뒤에서 읽어도 같은 수이다.

잘 알려진 e의 급수 전개식은 다음과 같다.

$$e = 1+\frac{1}{1}+\frac{1}{2\times1}+\frac{1}{3\times2\times1}+\frac{1}{4\times3\times2\times1}+\frac{1}{5\times4\times3\times2\times1}+\cdots\cdots$$

즉 $e=1+\frac{1}{1!}+\frac{1}{2!}+\frac{1}{3!}+\frac{1}{4!}+\frac{1}{5!}+\cdots$이다.

숫자 e는 확실히 어떠한 패턴을 가진 것처럼 보인다. 이러한 수학적 특성 때문에 e는 π보다 더 대칭적이다. 무리수 e는 1737년에 오일러에 의해서 증명되었다. 1840년에 프랑스의 수학자 리우빌*Liouville*는 혁신적인 연구로 e는 이차방정식으로 해결할 수 없음을 보였고 그의 동료 에르미트는 e가 초월수, 즉 어떠한 대수 방정식으로도 해결 할 수 없는 수임을 증명했다. 여기서 중요한 것은 에르미트가 사용한 방법인데, 9년 후 린데만*Lindemann*이 에르미트의 방법을 받아들여 훨씬 높은 수준의 문제인 π가 초월수임을 증명했다.

π와 e의 관계는 환상적이다. e^{π}와 π^{e}의 값은 매우 가깝지만 $e^{\pi}=23.14069$이고, $\pi^{e}=22.45916$이기에 $e^{\pi}>\pi^{e}$이다. e^{π}는 러시아의 수학자 겔폰드*Gelfond*의 이름을 따서 '겔폰드 상수'로 알려진 초월수이다. π^{e}는 별로 알려지지 않았지만 아직도 무리수인 것으로 증명되지는 않았다.

▪ e의 기능

e의 기능은 계속 연구되고 있는데, 경제 성장, 인구 성장 등과 관련이 있으며 방사성붕괴 곡선과 연결되어 있다. e의 기능에 대해 18세기 몽모르*Montmort*가 다음과 같은 확률문제를 해결하는데 이용하였다.

[예] 사람들이 점심을 먹으러 가서 그들의 모자를 무작위로 집어 들었다. 아무도 자신의 모자를 집어 들지 않을 확률은 얼마인가? 에서 그 확률은 $\frac{1}{e}$(약 37%)로 보이고, 적어도 한 사람이 자신의 모자를 집어들 확률은 $1-\frac{1}{e}$(63%)이다. 앞으로 e에 대한 연구는 지속적으로 이루어질 것이다.

이등변삼각형/정삼각형

▪ 이등변삼각형

「삼각형 중에서 두 변의 길이가 같은 삼각형을 **이등변 삼각형**이라 한다. [그림 1]의 △ABC에서 AB=AC일 때, A를 꼭짓점, 변 BC를 밑변, ∠A를 **꼭지각**, ∠B와 ∠C를 **밑각**이라 하고 AB와 AC를 **등변**」이라 한다.

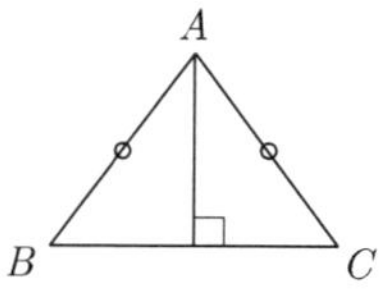

[그림 1]

▫ 이등변삼각형의 성질

이등변 삼각형에는 다음과 같은 성질이 있다.

① 이등변 삼각형의 두 밑각은 같다.
이 성질의 증명은 밑변의 중점을 기준으로 밑각의 꼭짓점끼리 맞닿도록 접으면, 두 밑각은 포개어지는 것으로 확인할 수 있다. 보통 꼭지각의 이등분선을 긋거나 꼭짓점과 밑변의 중점을 맺는 선인 중선을 그어서 두 삼각형으로 나누어 그들의 합동임을 밝혀서 두 밑각이 같다는 것을 증명한다.

② 두 각이 같은 삼각형은 이등변 삼각형이다.
△ABC에서 ∠B=∠C일 때, ∠A의 이등분선과 BC와의 교점을 D라 하면 ∠BAD=∠CAD, ∠B=∠C이므로 ∠BDA=∠ADC이고, △ABD와 △ACD는 두 각과 그 사이의 변(AD)이 같으므로 합동이다. 따라서 AB=AC이다.
이 성질에 의해서 이등변삼각형에서 두 변이 같다는 말과 두 각이 같다는 말은 동치임을 알 수 있다.

③ 이등변삼각형의 꼭지각의 이등분선은 그 밑변에 수직이고 또한 그 중점을 지난다.

④ 이등변삼각형의 꼭짓점에서 밑변에 내린 수선은 꼭지각 및 그 밑변을 2등분한다.
[그림 1]의 △ABC에서 AB=AC일 때, 꼭짓점 A에서 BC에 수선 AD를 그으면, △ABD≡△ACD이므로, ∠BAD=∠CAD이고, BD=DC이다.

⑤ 이등변삼각형의 꼭짓점과 밑변의 중점을 맺는 중선은 밑변에 수직이고 꼭지각은 2등분한다. 중선에 의해서 나누어지는 두 삼각형은 대응되는 세 변이 같으므로 합동이다. 따라서 중선 AD는 꼭지각을 이등분하고 밑변에 수직이다.

⑥ 이등변 삼각형의 밑변의 수직 이등분선은 꼭짓점을 지난다.

밑변의 중점과 꼭짓점을 맺는 직선(중선)은 ⑤에 의해서 밑변에 수직이다. 따라서 밑변의 수직이등분선은 그 중선과 일치하므로 밑변의 수직이등분선은 꼭짓점을 지난다.

③~⑥의 성질에서 알 수 있는 바와 같이 이등변삼각형에서는 꼭지각의 이등분선, 꼭짓점에서 밑변에 내린 수선, 꼭짓점에서 그은 중선, 밑변의 수직이등분선은 모두 일치한다. 그러나 다른 삼각형에서는 그렇지 않다.

▪ 정삼각형

「삼각형 중에서 세 변의 길이가 같은 삼각형을 **정삼각형**」이라 한다. 정삼각형을 정다각형의 하나라고 생각한다면 세 변이 같고 세 각이 같은 삼각형이라고 정의해야 한다. 그러나 세 변이 같은 삼각형은 반드시 세 각이 같기 때문에 세변의 길이만으로 정의한다.

정다각형 가운데 등변성 또는 등각성만으로 정의되는 것은 삼각형뿐이다. 정삼각형은 세 변이 등변인 이등변삼각형의 특수한 경우이다.

▫ 정삼각형의 성질

정삼각형의 성질은 이등변삼각형이 갖는 성질을 모두 갖고 있으며, 추가적으로 두 이등변 삼각형의 성질로서 다음 성질이 유도된다.

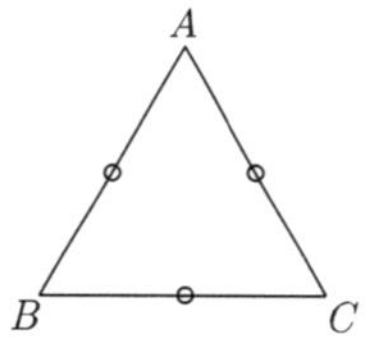

[그림 2]

- 정삼각형의 세 각은 모두 같고 60°이다. △ABC에서 AB=BC=CA이면, AB=AC에서 ∠B=∠C이고, AB=BC, ∠A=∠B=∠C=$\frac{180°}{3}$=60°이다.
- 3개의 각이 같은 삼각형은 정삼각형이다.
- 2개의 각이 각각 60°인 삼각형은 정삼각형이다.
- 꼭지각이 60°인 이등변삼각형은 정삼각형이다.

어떤 정삼각형에서 한 변의 길이를 a라면 정삼각형의 둘레는 3a이며, 피타고라스 정리를 이용하여 구하면 그 넓이는 $\frac{\sqrt{3}}{4}ε^2$, 높이는 $\frac{\sqrt{3}}{2}$a이다.

이산수학

일반적으로 '이산'이라는 말은 따로 떨어져 있는 부분들로 구성되어 있음을 뜻하고, '연속'이라는 말은 중단이나 갑작스러운 변화가 없음을 뜻한다. 이산수학은 이산적인 개체를 다루는 수학의 한 분야이다. 수 체계에서 연속수학은 실수까지 다룬다면 이산수학에서는 정수를 다룬다. 따라서 「이산수학(Discrete Mathematics)은 대부분의 해석학과 미분·적분학의 토대가 되는 연속수학(continuous mathematics)의 고전적 개념과 대조되는 의미로서 잠재적으로 분리된 불연속적인 부분으로 나눌 수 있는 대상과 아이디어의 연구와 관련된 수학」이라고 할 수 있다.

이산수학의 기본적인 생각과 테크닉은 18세기 오일러에서부터 시작되었다. 이산수학이 그 당시에는 수학의 한 분야로 인식되지 않았지만, 최근에 와서 사회 구조가 변하고 과학 문명이 발달됨에 따라 이산수학은 수학의 한 분야로의 독립성을 얻고, 수학과 일상생활에서 점차 중요한 위치에 서게 되었다.

이산수학은 오일러 회로, 해밀턴 회로, 외판원 문제, 최단 경로 문제 그리고 연금, 주택부금, 복리이자 등과 같은 재귀 관계 등 실생활의 여러 가지 문제를 수학적으로 모델화하여 해결할 수 있다는 측면에서 수학적 모델링과 밀접한 관련이 있다.

이산수학과 연속수학의 많은 주제와 기법은 같을 수도 있다. 예를 들어, 이산수학과 연속수학 모두에 있어 그들로부터 정의되는 객체와 구조의 모임을 고려할 수 있는 데 이러한 객체들의 모임을 집합이라 한다. 그러나 연속수학은 주로 실수의 집합과 유사한 수학에서 기술된다.

결과적으로 이러한 집합은 기하학적인 의미에서 연속으로 표현되는데 이는 실선의 구간이나 평면의 영역이다. 이산수학은 원소들이 분리되어 있고, 기하학적으로 각각 분리된 집합을 다룬다.

이산수학에서 대부분의 집합은 유한하거나 셀 수 있는 것인 반면에, 연속수학에서는 셀 수 없는 집합이 관심의 대상이다. 집합 이론이 아닌 다른 범위에서의 구별도 가능하다. 예를 들어, 관계와 함수도 이산수학과 연속수학에서 다루어지지만 이들 관계와 함수에서 정의되는 객체들은 다르다.

이산과 연속의 개념은 전산학에도 존재한다. 컴퓨터는 디지털 혹은 아날로그 컴퓨터로 구분할 수 있다. 이 구분은 컴퓨터가 처리하도록 설계된 자료의 형에 기초한다. 자료는 계산의 결과나 어떤 측정 기구를 사용하여 얻어질 수 있다. 계산으로 얻은 자료를 이산자료라고 하며, 이 자료를 처리하도록 설계된 컴퓨터를 디지털 컴퓨터라 한다. 그리고 측정에 의해 얻은 자료를 연속자료라고 하며 아날로그 컴퓨터에 의해 직접 처리될 수 있다.

예컨대, 시계를 보면 문자판과 바늘이 있는 시계는 아날로그 시계이고, 연속적으로 시각과 시간을 나타내어 시간의 정확도는 우리의 읽는 능력에 의해 결정된다. 디지털 시계는 일정한 주파수로 발생되는 펄스를 계산하고 이것을 시, 분과 초를 나타내는 숫자로 변환한다.

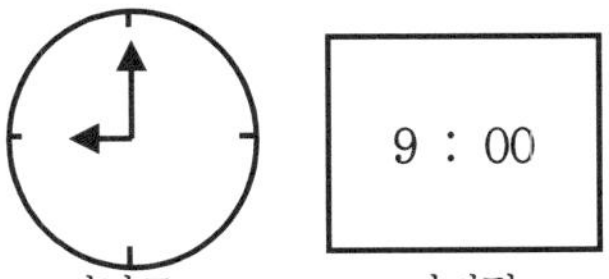

아날로그 디지털

제 7차 교육과정에서는 이산수학을 하나의 독립된 선택교과로 다루고 있으며, 교육과정에서의 이산수학의 내용은 이산적인 상황에 맞는 사고의 적용을 강조하여 선택과 배열, 그래프, 알고리즘, 의사결정과 최적화 등의 4개 영역으로 하고 있으며, 내용 체계는 다음과 같다.

① **선택과 배열**
- 순열과 조합: 순열, 조합
- 세기의 방법: 배열의 존재성(비둘기집의 원리), 포함배제의 원리, 집합의 분할, 수의 분할, 여러 가지 분배의 수

② **그래프**
- 그래프: 그래프의 뜻, 여러 가지 그래프
- 수형도: 여러 가지 수형도, 생성수형도
- 여러 가지 회로: 오일러 회로, 해밀턴 회로
- 그래프의 활용: 행렬의 뜻, 그래프와 행렬, 색칠문제

③ **알고리즘**
- 수와 알고리즘: 수와 규칙성, 수와 알고리즘
- 점화 관계: 두 항 사이의 관계식, 세 항 사이의 관계식

④ **의사결정의 최적화**
- 의사결정 과정: 2×2 게임, 선거와 정당성
- 최적화와 알고리즘: 계획 세우기, 그래프와 최적화

이산수학의 학습에서는 수학 학습에서 습득된 지식과 기능을 활용하여 실생활의 여러 가지 이산적인 상황을 수학적으로 간결하게 표현하고 처리하는데 중점을 둔다.

이상 · 이하/미만 · 초과

일상용어로 구간이란 어떤 지점과 또 다른 지점 사이를 구간이라 하며, 수학에서는 「두 실수 a, b(a<b)가 있을 때, 이들 두 수 사이에 있는 실수 전체를 **구간**이라 하고, a, b를 양 **끝점**」이라고 한다. 또 「구간 중에는 양 끝점을 포함하지 않는 구간을 **개구간**(open interval), 양 끝점을 포함하는 구간을 **폐구간**(closed interval), 어느 한 끝점만 포함하고 다른 끝점은 포함하지 않는 구간을 **개폐구간**, 또는 **폐개구간**」이라고 한다.

■ 유한구간

두 실수 a<b(a, b∈R(실수)가 주어졌을 때, 유한한 길이의 구간을 유한구간이라 하며, **유한구간**에 있는 수를 x라면 x의 범위는 다음과 4가지 경우가 있다.

- (a, b)={x∈R : a<x<b} : a초과 b미만

- [a, b)={x∈R : a≦x<b} : a이상 b미만

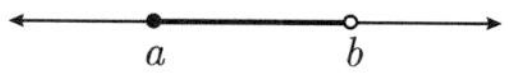

- (a, b]={x∈R : a<x≦b} : a초과 b이하

- [a, b]={x∈R : a≦x≦b} : a이상 b이하

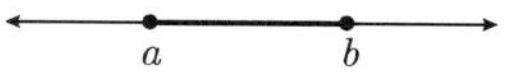

> ※ • : 자신의 수를 포함함.
> ◦ : 자신의 수를 포함하지 않음.

이를 좀 더 살펴보면 다음과 같다.

구간은 집합, 수직선, 괄호, 용어 등을 사용하여 나타낸다.

□ 집합에 의한 구간 표현

- A_1={x | 2<x<5}
- A_2={x | 2≦x≦5}
- A_3={x | 2<x≦5}
- A_4={x | 2≦x<5}

□ 수직선에 의한 구간 표현

위 구간 A_1, A_2, A_3, A_4를 수직선에 나타내면 다음과 같다.(단, 점 •은 그 수를 포함하며, 점 ◦은 그 수를 포함하지 않는다)

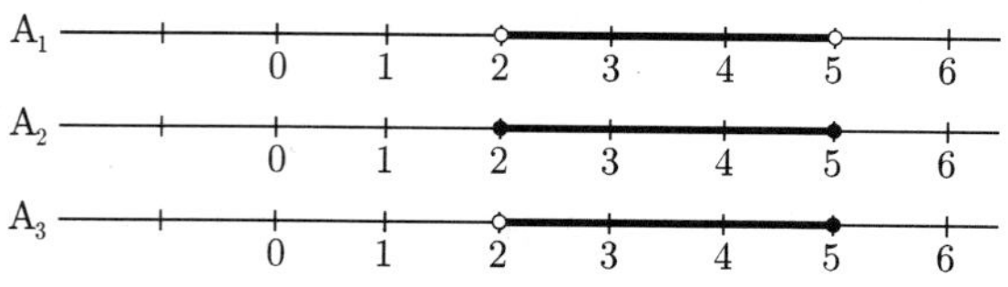

□ 괄호에 의한 구간 표현

위 구간 A_1, A_2, A_3, A_4를 괄호를 사용하여 나타내면 다음과 같다.

- A_1=(2, 5) : 개구간
- A_2=[2, 5] : 폐구간
- A_3=(2, 5] : 개폐구간
- A_4=[2, 5) : 폐개구간

□ 용어(이상, 이하, 미만, 초과)에 의한 구간 표현

어떤 수 A가 있을 때

- **A 이상** : A보다 크거나 같을 경우, 또는 A보다 작지 않은 경우.
- **A 이하** : A보다 작거나 같을 경우, 또는 A보다 크지 않은 경우.
- **A 초과** : A보다 큰 경우
- **A 미만** : A보다 작은 경우

위 구간 A_1, A_2, A_3, A_4에서 구간의 수를 x라 하고, 이상, 이하, 미만, 초과라는 용어를 사용하여 나타내면 다음과 같다.

- A_1 : 2초과 5미만인 수(2<x<5)
- A_2 : 2이상 5이하인 수(2≦x≦5)
- A_3 : 2초과 5이하인 수(2<x≦5)
- A_4 : 2이상 5미만인 수(2≦x<5)

■ 무한구간(infinite intervals)

구간의 한 끝, 도는 두 끝이 무한이 ㅋ크거나 작을 경우를 무한구간이라고 한다.

실수 a, 양과 음의 무한대를 +∞와 −∞, 무한구간에 있는 수를 x라면 x의 범위는 다음 5가지 경우를 생각할 수 있다.

- (a, +∞) : {x∈R : a<x} : x는 a초과

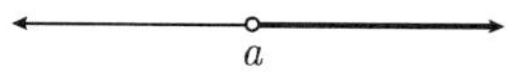

- [a, +∞) : {x∈R : a≦x} : x는 a이상

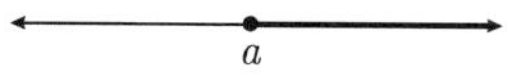

- (−∞, a) : {x∈R : a>x} : x는 미만

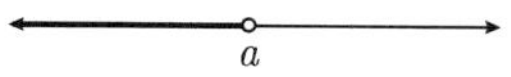

- (−∞, a] : {x∈R : a≧x} : x는 a이하

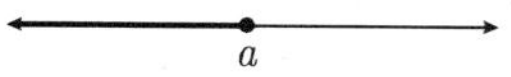

- (−∞, +∞) : {x∈R} : x는 실수 전체

이자 계산(단리법 · 복리법)

「이자 계산은 현재의 금액이 일정 기간 후에 그 가치가 얼마나 될 것인가를 알아보는 미래의 가치를 계산하는 것」으로 이자를 계산하는 방법에 따라서 단리법과 복리법으로 구분된다. 「빌리거나 빌려 준 금액을 **원금**, 빌리거나 빌려 준 기간 동안 원금에 대한 대가로 주고받는 금액을 **이자**, 원금과 이자의 합계를 **원리합계**, 그리고 원금에 대한 이자의 비율을 **이율**」이라 한다. 이율에는 기간에 따라 연이율, 월이율 등으로 분류할 수 있으며, 이자를 계산하는 방법에는 단리법과 복리법이 있다.

■ 단리법

하나의 시간 단위, 예컨대 연, 월, 일 등을 기준으로 최초의 원금에 대해서만 계속해서 이자를 계산하는 방법이다. 즉 「이자 계산은 아무리 기간이 늘어나더라도 처음 빌린 원금에 대해서만 이자를 계산하는 방법을 **단리법**」이라 한다. 일반적으로 단리법에 의한 이자와 원리합계의 계산은 다음과 같다.

> 단리 이자의 계산
> 원금을 P, 이율을 i, 기간을 n이라고 할 때, 단리법에 의한 이자 I와 원리합계 S는
> $I=P\times i\times n$
> $S=P+I=P(1+i\times n)$

[예] 원금 100만 원을 월이율 1%의 단리로 1년 8개월 동안 빌렸으면 이자는 100만×0.01×(12+8)=20만(원)이고, 원리합계는 100만+20만=120만(원)이다.

■ 복리법

「일정 기간 동안에 발생한 이자를 처음 원금에 합한 원리합계가 다음 기간의 원금이 되어 이자를 계산하는 방법을 **복리법**」이라 한다. 그리고 복리법에 의하여 계산된 이자를 모두 더한 것을 **복리 이자**라고 한다. 복리법에서 이자가 원금에 더해지는 기간을 **이자계산기**라고 하고, 이자를 계산하는 횟수의 수를 **기수**라고 한다. 또, 이자 계산기가 1년인 복리 계산을 1년 1기의 복리, 이자 계산기가 반년인 복리 계산을 반년기의 복리라 하며, 매달 계산하는 복리 계산을 1개월 1기의 복리라고 한다. 일반적으로 복리법에 의한 이자와 원리합계의 계산은 다음과 같다.

> 복리 이자의 계산
> 원금을 P, 이율을 i, 기수를 n이라고 할 때, 복리 이자 계산에 의한 제 n기말의 원리합계 S와 이자 I는
> $S=P(1+i)^n$
> $I=S-P=P\{(1+i)^n-1\}$

[예] 원금 3백만 원을 연이율 5%, 1년을 1기로 3년간 복리로 빌렸다면 원리합계는 3백만×$(1+0.05)^2$=3,472,875(원)이고, 복리 이자는 3,472,875−3,000,000=472,875(원)이다. 복리로 이자계산을 할 경우 기간에 끝수가 있을 때 끝수의 이자는 단리로 계산한다. 예컨대 1년 1기의 복리로 2년 9개월과 같이 1년 미만의 끝수 기간이 있을 경우는 2년에 대한 이자는 복리로 계산하고, 9개월에 대한 이자는 2년의 원리합계를 원금으로 하여 단리로 이자를 계산한다. 이상을 종합하면 다음과 같다.

> 끝수가 있을 때의 복리 계산
> 원금을 P, 이율을 i, 기수를 n, 끝수를 m이라고 할 때 복리법에 의한 만기일의 원리합계 S는
> $S=P(1+i)^n(1+i\times m)$

[예] 원금 1백만 원을 연이율 12% 1년 1기의 복리로 3년 6개월간 빌렸다면 만기일에 원리합계는 1년 1기의 복리로 3년 6개월간 빌렸으므로 3년에 대한 이자는 복리로 계산하고, 6개월에 대한 이자는 3년의 원리합계를 원금으로 하여 단리로 이자를 계산한다. 따라서 100만×$(1+0.12)^3$+$(1+0.12\times\frac{6}{12})$=1.489223원이다.

단리법 계산 방법은 아무리 기간이 늘어나더라도 원금에 대해서만 이자가 부과되므로 연금이나 보험과 같은 장기간의 이자 계산에서는 거의 쓰이지 않는다.

예컨대 연이율 1%로 1천만 원을 3년 만기의 정기예금으로 3년간 30만원의 이자를 받는 것보다는 1년 만기의 정기예금에 가입하여 100,000원의 이자를 받고, 다시 1년 만기의 정기예금에 가입하여 110,000원, 그리고 다시 1년 만기의 정기예금에 가입하여 121,000원의 이자를 받아서 총 331,000원의 이자를 받으려고 할 것이므로 대부분의 금융 상품은 복리법을 적용한 이자 계산을 하고 있다.

이집트/유대인의 수 체계

■ 이집트 수 체계

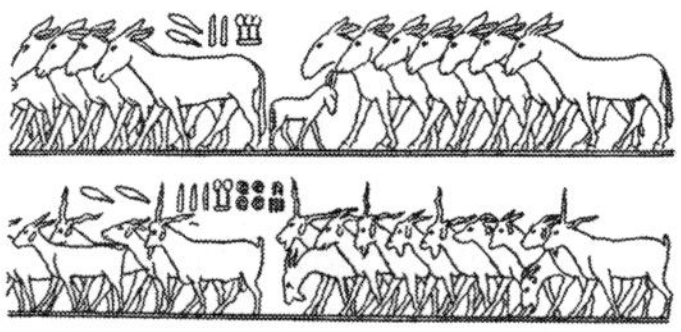

위 그림은 이집트 카이로에 있는 기념비에 새겨진 고대 이집트 숫자들이다. 내용은 왕의 가축 목록을 나타낸 일부로써, 첫 번째 그림은 당나귀 수가 223,000마리, 다음 그림은 양의 수가 232,413마리를 나타낸다고 한다.

(1) **초기 이집트의 수 체계**

초기 이집트인들은 1-9까지의 숫자는 유태인들이 사용하던 숫자와 비슷한 형태로 나타냈지만 10이상의 수는 [그림 1]처럼 나타내어 사용했다고 한다.

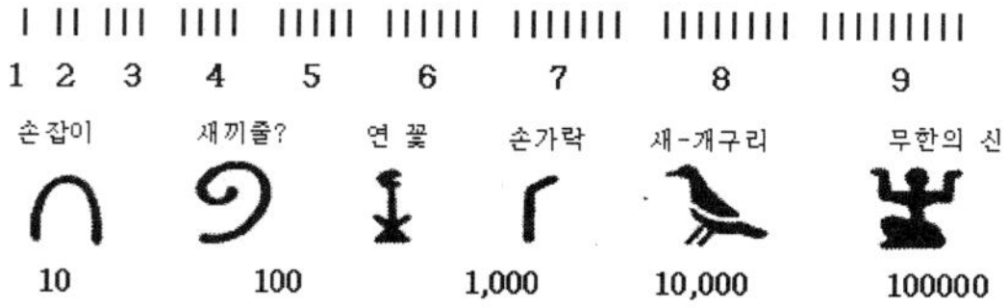

[그림 1]

(2) **이집트의 새로운 수 체계**

B.C 3400년경 이집트인들은 초기 수 체계의 불편함을 보완하기 위하여 [그림 2]와 같은 새로운 수 체계를 만들었다. 이집트인들이 수를 나타내는 방법은 십진법에 기초를 두고, 위치적 기수법이 아닌 10의 거듭제곱으로 하여 다음과 같은 기호를 써서 수를 나타냈다.

[그림 2]

또 상형문자로 표시된 이집트 수 체계는 위치적 기수법의 적용을 받지 않기 때문에 숫자를 쓰는 순서는 생각하지 않는다. 예컨대 [그림 3]의 숫자는 쓰인 순서는 달라도 아라비아 숫자로 표현하면 모두 243이다. 작은 수는 읽거나 나타내는데 어려움이 없지만 큰 수를 읽거나 나타낼 경우는 어떤 수인지 알기가 어렵다.

[그림 3]

□ **이집트 수 체계 특징**

- 완전하지는 않지만 십진기수법 체계이다.
- 자릿값의 개념 및 숫자 0에 대한 관념이 없다.
- 반복의 원리와 가법의 원리가 있다.
- 숫자의 위치에 관계없이 수를 나타낼 수 있다.

■ 유태인들의 수 체계

초기 유태인들의 수 체계는 [그림 4]처럼 1개의 사물을 하나의 획으로 나타내고, 1~10까지의 수를 [그림 5]처럼 나타냈다.

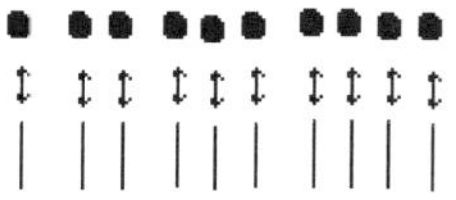

[그림 4]

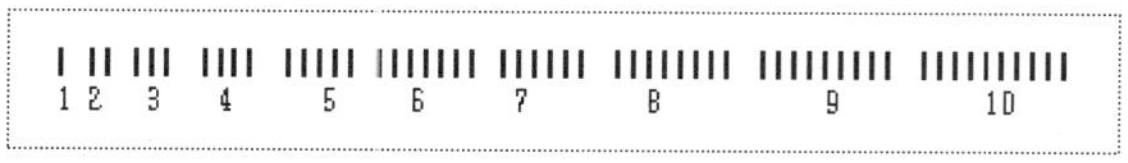

[그림 5]

유대인들의 초기 수 체계는 나타내기가 단순하다는 장점은 있으나 큰 수를 나타낼 경우 복잡하며, 나타낸 숫자는 읽기가 어렵다는 단점이 있다. 그 후 유대인들은 이러한 단점을 보완하기 위해 묶어세기의 편리함을 알고 [그림 6]처럼 4개의 막대를 가로지르는 1개의 막대를 합하여 5를 나타냈다.

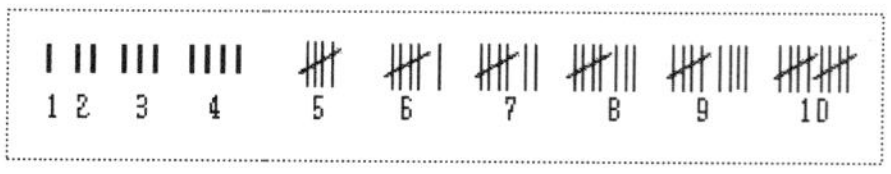

[그림 6]

■ 고대 기수법의 특징

- 숫자를 나타내는 기호가 복잡하다.
- 큰 수나 작은 수를 나타내거나 읽기가 불편하다.
- 자릿값 및 0에 의한 자리잡기 원리가 없다.
- 반복 및 가법과 승법적 원리가 있다.

숫자 체계	덧셈	뺄셈	곱셈	위치적 기수법	자릿값	0의 유무
유태	○	×	×	×	×	×
이집트	○	×	×	×	×	×
로마	○	C	○	○	×	×
바빌론	○	×	○	○	○	×
마야	○	×	○	○	○	○

이차방정식

「어떤 문자가 취해야 하는 수치를 결정하는 조건을 등식으로 나타낸 것을 그 문자에 관한 **방정식**」이라 한다. 따라서 방정식은 그 문자가 어떤 특정한 값을 취할 때에 한하여 성립하는 등식이다. 예컨대 'x의 2배에 3을 더하였더니 11이다.'는 것을 식으로 나타내려면 $2x+3=11$이라는 등식을 얻게 된다. 이것은 x에 관한 방정식이며 x가 4일 경우만 성립하는 등식이다.

방정식에는 수치가 정해지는 문자가 포함되어 있는데 그 문자를 방정식의 **미지수**라 하고, 방정식에 포함되어 있는 미지수 이외의 문자나 숫자는 **기지수**라 한다.

「방정식의 이름은 미지수 x의 차수에 따라 붙여지는데 미지수 x의 차수가 $2x+3=11$처럼 1차이면 **일차방정식**, $2x^2+3=11$처럼 2차이면 **이차방정식**, $2x^3+3=11$처럼 3차 이상이면 **고차방정식**」이라고 부른다.

'직육면체 모양의 상자 밑면의 세로를 a, 높이는 가로의 b배, 그리고 밑넓이와 부피의 합을 c라고 할 때, 가로의 길이를 구하라.'라는 문제는 지금부터 약 4000여년 전 점토판에 새겨진 수학 교재의 일부이다. 위 문제는 바빌로니아에서 출토된 점토판이기에 여기서 쓰인 a, b, c는 60진법으로 쓰인 수치이다. 이후, 학교수학에서는 새로운 기호인 x를 미지수라 하고, 가로의 길이를 구하기 위한 방정식을 $x+abx^2=c$로 나타냈다. 이 방정식의 해를 구하는 공식으로 $x=\frac{-a\pm\sqrt{a^2+4abc}}{2ab}$을 사용하였다.

한편 점토판 교재의 실제의 해법은 「a에 b를 곱하라. 그리고 거기에 c를 곱한 것을 4배하면 4abc, a를 제곱하면 a^2, 4abc에 a^2을 더하면 그 해는 $\sqrt{a^2+4abc}$ …」라는 것으로부터 그 당시에 이미 2차 방정식을 푸는 일반적인 방법이 있었다는 것을 짐작할 수 있다.

여기에서 주목해야 할 점을 4000년 전의 바빌로니아사람들은 이미 개평법이라고 하는 사칙 이외의 새로운 계산 방법을 개발하였다는 점이다. 즉 바빌로니아의 수학자는 방정식의 차수가 1차를 넘을 경우 그 개수의 유리적(有理的)인 산법에만 그칠 수 없다는 것을 알 수 있다고 추측할 수 있다.

■ 해의 공식

$ax^2+bx+c=0.(a\neq0)$ ……… ①

인 형태의 방정식이 2차 방정식이다.

이차방정식의 해를 구하는 방법은 인해분해를 이용하거나 다음과 같이 근의 공식을 이용한다.

우선 인분수해를 이용한 예를 살펴보면, $x^2+7x+12=0$일 경우 $(x+3)(x+4)=0$에서 $x=-3$, $x=-4$이다. 그러나 인수분해를 하기가 복잡할 경우는 근의 공식을 이용하면 쉽게 해를 구할 수 있다.

이 해를 구하는 경우 차수가 2차이기 때문에 1차에서는 볼 수 없었던 새로운 산법이 필요하게 된다. 그것이 근호를 사용하는 개평(開平)이다. 앞의 방정식 ①의 근을 구하면

$$x=\frac{-b\pm\sqrt{b^2-4ac}}{2a}$$ ………… ②

■ 근과 계수와의 관계

①의 근을 α, β라고 하면, ②에서 직접 얻어지는 계수와 비교해 보면

$ax^2+bx+c=a(x-\alpha)(x-\beta)=ax^2-a(\alpha+\beta)x+a\alpha\beta.$

$\alpha+\beta=\frac{-b}{a}$, $\alpha\beta=\frac{c}{a}$가 얻어진다.

역으로 $\alpha+\beta=p$, $\alpha\beta=q$라 하면 α, β를 근으로 가지는 2차 방정식은 $x^2-px+q=0$이다.

■ 판별식

근의 공식 ②에 있어서 근호 안을 $D=b^2-4ac$라 두고 D를 판별식이라고 한다. D는 근의 근호 안의 수치이기 때문에 분명하게

i) $D>0$ ⇔ 서로 다른 2개의 실근

ii) $D=0$ ⇔ 이중근 1개의 실근

iii) $D<0$ ⇔ 실근 없음(두 허근)

x의 변역을 복소수로 확장하면 서로 공역인 2개의 허근을 가진다.

이차함수

「집합 X로부터 집합 Y로의 함수 f가 있어서 Y=f(x)=ax^2+bx+c…… ① (a≠0, a, b, c는 정수)로 y가 x의 이차식으로 나타날 때 y를 x의 **이차함수**」라 한다. 이차함수 중에서 f : x→y, y=ax^2(a≠0)이 기본적인 형태이다. 또. 「함수 f : x→y에서. x의 변역을 함수 f의 **정의구역**(定義區域)이라고 하고, 이에 대응하는 y의 변역을 **치역**(植域)」이라고 한다. 예컨대 $y=2x^2$의 정의역을 $\{x \mid 0 \leqq x \leqq 5\}$라면, 치역은 $\{y \mid 0 \leqq y \leqq 50\}$이다. 또 y=ax^2+bx+c의 식에서 ax^2을 **2차항**, bx를 **1차항**, c를 **상수항**이라고 한다.

■ 이차함수의 성질

(1) 다대일의 대응이다.

(2) 정의역은 실수 전체이지만 치역은 실수 집합의 진부분집합이다. 이들 두 성질로부터 이차함수에는 일반적으로 역함수가 존재하지 않는다. 그러나 정의역을 제한하는 것에 의해서 역함수가 얻어진다.

(3) 변화의 비율은 일정하지 않다.

(4) 이차함수의 그래프는 타원이다.

① $y=ax^2+bx+c=a(x+\frac{b}{2a})^2-\frac{b^2-4ac}{4a}$(표준변형)으로 변형하면 ①의 그래프는 y=ax^2의 그래프를 x축의 방향으로 $-\frac{b}{2a}$, y축의 방향으로 $-\frac{b^2-4ac}{4a}$만큼 평행이동한 그래프가 된다. 그러므로 ①의 그래프의 모양은 a만에 의해서 결정된다. 또 ①의 그래프는 a>0일 때 아래쪽으로 볼록이고, a<0일 때 위쪽으로 볼록하다.

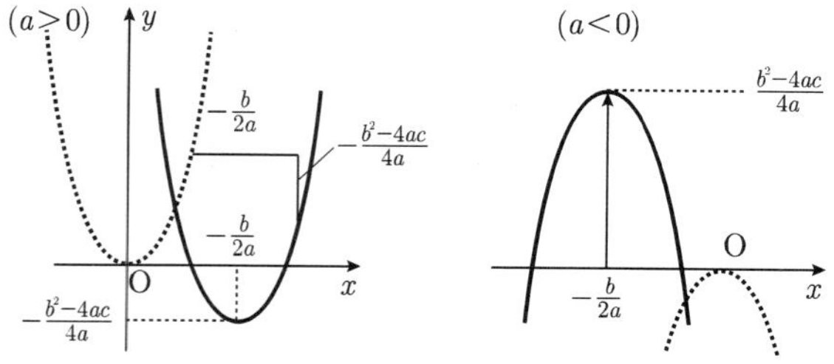

② 점$(-\frac{b}{2a}, -\frac{b^2-4ac}{4a})$는 **포물선의 꼭짓점**이라고 부르고, $x=-\frac{b}{2a}$를 **포물선의 축**이라고 한다. 꼭짓점과 축이 정해지면 ①의 그래프의 위치가 결정된다. 또 ①의 그래프는 축에 관해서 대칭이다.

(5) 이차함수는 극대값(최대값)또는 극소값(최소값)을 갖는다. 즉 a>0일 때, $x<-\frac{b}{2a}$에서는 단조감소이고, $x>-\frac{b}{2a}$에서는 단조증가이므로 ①은 $-\frac{b}{2a}$에서 극소가 된다. 또 a<0일 때 $x<-\frac{b}{2a}$에서는 단조증가이고, $x>-\frac{b}{2a}$에서는 단조감소이므로 ①은 $x=-\frac{b}{2a}$일 때, 극대이다.

(6) 이차함수의 그래프와 x축과의 관계 및 이차방정식·이차부등식의 관계를 a>0인 경우에 대해서 밝혀둔다.

그래프와 x축과의 관계	이차방정식	이차부등식
2점에서 만난다.	2개의 실수근 α, β(α<β)를 갖는다.	• ax2+bx+c>0면, 그 해는 x<α, β<x • ax2+bx+c<0면, 그 해는 α<x<β이다.
접한다.	중근(r)을 가진다.	• ax2+bx+c>0면, 그 해는 r를 제외한 모든 실수 • ax2+bx+c<0면, 그 해는 없다.
만나지 않는다.	2개의 허수 근을 갖는다.	• ax2+bx+c>0면, 그 해는 모든 실수 • ax2+bx+c<0면, 그 해는 없다.

■ 이차방정식의 근의 수

포물선과 직선과의 교점의 개수로 근의 수가 정해진다.

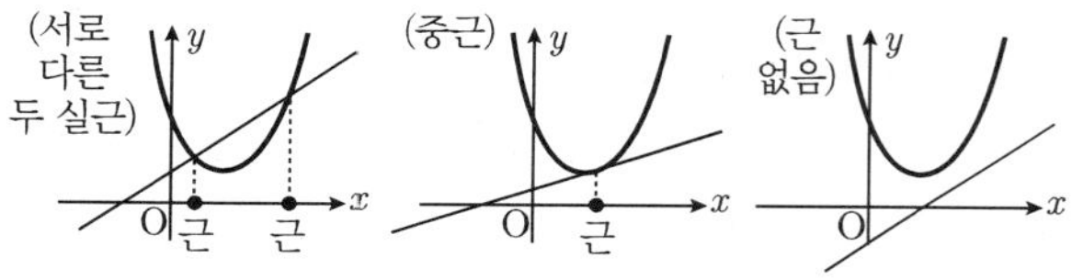

■ 이차함수의 값의 변화

이차항수 y=ax^2(a≠0)에서

① a>0일 때 x가 음의 변역에서 증가할 때, 항수의 값 y는 감소한다. x가 양의 변역에서 증가할 때, y도 증가한다. x=0일 때, y=0으로 되어 이 함수의 최소값이 된다.

② a<0일 때 x가 음의 변역에서 증가할 때, 함수의 값 y도 증가한다. x가 양의 변역에서 증가할 때, y는 감소한다. x=0일 때, y=0으로 되어 이 항수의 최대값이 된다. 위 ①, ② 모두 x의 구간에 따라 변화의 비율이 다르다.

일차함수

「집합 X로부터 집합 Y로의 함수 f가 있을 때 Y=f(x)=ax+b……① (a, b는 상수 a≠0)와 같이 Y가 X의 1차식으로 나타나는 함수를 **일차함수**」라고 한다.

■ 일차함수의 성질

일차함수의 성질을 5가지로 정리하면 다음과 같다.

- 변화의 비율이 일정하다. 즉 변수 x가 x_1으로부터 x_2까지 변화하면 이에 대응하는 변수 y가 y_1부터 y_2까지 변화할 때 변화의 비율인 $\frac{y_2-y_1}{x_2-x_1}$=a(일정)이다.
- 일대일 사상이고 또한 위로의 사상이다. 그러므로 일차함수 y=ax+b의 역함수는 $y=\frac{1}{a}x-\frac{b}{a}$이고 일차함수가 된다.
- 연속함수이다.
- y=ax+b에서 a>0일 때는 단조증가이고, a<0을 때는 단조감소이다.
- 일차함수의 그래프는 직선이다.

■ 1차함수의 그래프의 특징

1차함수의 그래프는 다음과 같은 특징이 있다.

- 일차함수의 그래프는 늘 직선이지만 직선그래프가 언제나 일차함수가 된다고는 할 수 없다. 예컨대 그래프가 y축에 평행인 경우, 즉 x=0는 일차함수가 아니다. 그럴 경우는 이원일차방정식 ax+by+c=0가 함수관계에 있다는 것을 알게 하여 직선 방정식은 반드시 ax+by+c=0라고 나타낸다는 것을 지도할 필요가 있다. 이 경우 상수함수 y=b는 변화율이 0인 경우이고, x축에 평행인 직선이라는 것도 이해시킬 필요가 있다.
- a는 직선의 기울기를 나타내고, b는 직선이 y축을 끊는 점의 y좌표, 즉 y의 절편이다.
- b가 일정하고 a가 변화할 때, y=ax+b의 그래프는 정점 0, b를 지나는 직선군이 되고 (0, b)를 중심으로 하는 회전에 의해서 서로 다른 곳으로 옮길 수 있다. 이러한 사실로부터 a의 값의 변화는 직선의 기울기의 정도를 나타낸다.
- a가 일정하고 b가 변할 때 y=ax+b의 그래프는 y축 방향의 평행이동에 의해서 포개지는 서로 평행인 직선군이 된다.
- y=ax+b=a($x+\frac{b}{a}$)로 변형하면 y=ax+b의 그래프는 y=ax의 그래프를 x축의 방향으로 $-\frac{b}{a}$만큼 평행이동한 것이 된다.

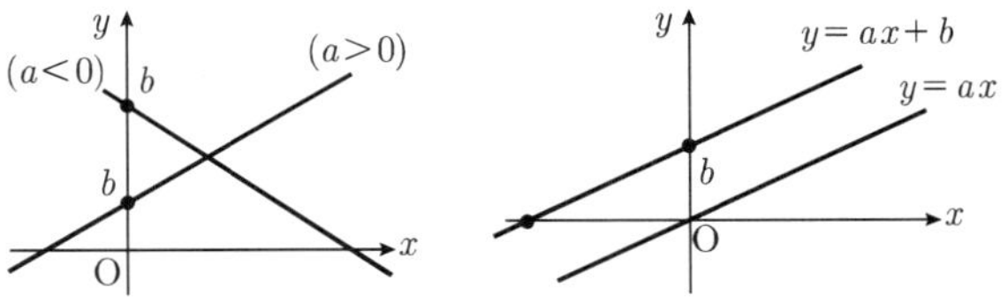

■ 직선의 기울기와 절편

y=ax, y=ax+b의 그래프는 직선이지만 그 기울기, 즉 변화의 크기는 a의 값에 의하여 결정된다. a를 이 직선의 기울기라고 한다. 또 직선 y=ax+b는 점 (0, b)에서 y축과 만난다. 이때, b를 이 직선의 **y축의 절편**이라고 하고, x축과 만나는 점의 x좌표를 **x축의 절편**이라고 한다.

$y=ax+b$의 그래프

① x의 변역이 모든 수일 때 ② x의 변역이 정수일 때

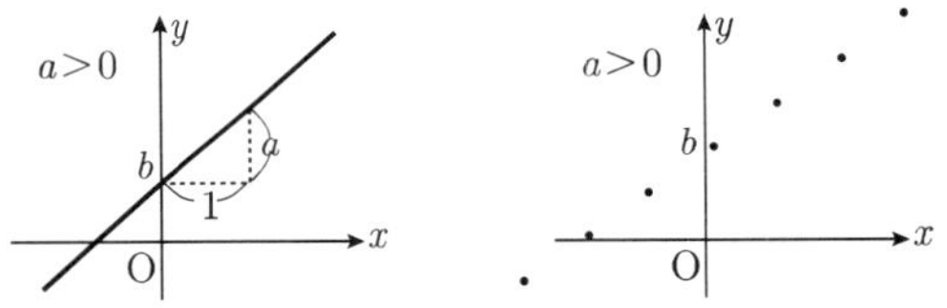

③ x의 변역이 모든 수일 때 ④ x의 변역이 정수일 때

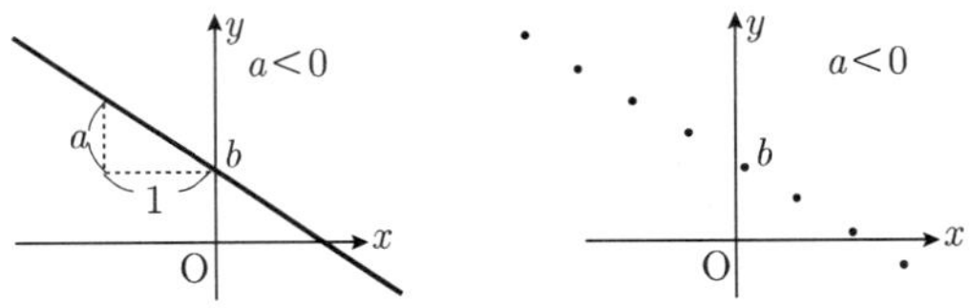

이상의 그래프의 특징을 살피는 것으로부터 식의 의미와 그 그래프와의 관계를 이해시킬 필요가 있을 것이다.

일차함수의 지도에서는 추의 무게와 용수철의 길이, 이등변삼각형의 꼭지각의 크기와 밑각의 크기 등 여러 가지 사례를 통하여 함수개념을 이해시키는 지도와 일차함수를 정비례관계인 y=ax로 확장(변화의 비율이 일정)시키는 것도 필요하다.

잉여계/합동수

잉여(剩餘)란 '나머지'를 가리키는 말이다. 「한 정수를 다른 정수 n으로 나눈 나머지는 (0, 1, 2,⋯, n−1)인데 n으로 나눈 나머지가 같은 수끼리 분류한 체계를 **잉여계**라 하고, 분류된 각 류(class)를 **잉여류**」라고 한다. 예컨대 어떤 수를 5로 나눈 나머지들의 집합을 R이라면, R={0, 1, 2, 3, 4}인데 이 집합 R을 잉여계라고 한다. 일반적으로 n을 법(mod n)으로 하는, 즉 n으로 나눈 나머지의 잉여계의 집합은 {0, 1, 2, ⋯$n-1$}로 나타낸다.

나머지가 0, 1, 2, 3, 4인 집합을 각각 R_0, R_1, R_2, R_3, R_4라면 다음과 같이 5개의 집합으로 나타낼 수 있는데 이들을 잉여류라고 한다. R_0={⋯, 0, 5, 10, ⋯}, R_1={⋯, 1, 6, 11, ⋯}, R_2={⋯, 2, 7, 12, ⋯}, R_3={⋯, 3, 8, 13, ⋯}, R_4={⋯, 4, 9, 14, ⋯}이다.

다음 그림처럼 눈금이 5칸인 시계를 생각하면 시계바늘이 가리키는 숫자는 0, 1, 2, 3, 4이다. 이것은 어떤 정수를 5로 나누었을 때 나머지를 나타내는 숫자와 같다. 예컨대 4시부터 17시간 후의 시각, 즉 시계바늘이 가리키는 숫자는 1이다.

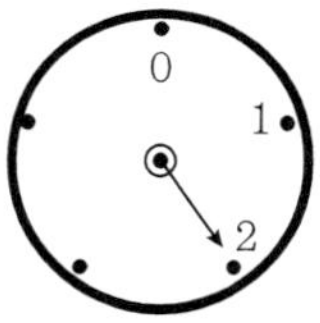

4 + 17 = (5 × 4) + 1

↓ 순환 회수 ↓ 5로 나눈 나머지

위 계산에서 21=1인데 이것은 지금까지의 계산에서 사용했던 등호는 성립되지 않는다. 이럴 경우 기호 '='대신에 기호'≡(합동)'으로 나타내고 어떤 경우에 합동인가를 분명히 하기 위해 5로 나누었기 때문에 모드(mod; 법)를 사용하여 21≡1(mod 5)로 나타낸다. 이 식을 합동식이라 하며, '5를 법(mod)으로 했을 때 21은 1과 합동이라고 한다.

■ **합동수**

위 집합 R의 모든 원소는 R_0~R_4 중 어느 한 집합에 반드시 속하지만 동시에 어느 두 집합에 속하는 일이 없다. 집합 R_1에서 '6과 11은 5로 나눌 때 나머지가 같은데 이것을 '6과 11은 5를 법(法)으로 한 합동수', 또는 '5를 법으로 한 modular 수'고 하며, 기호로 '6≡11(mod 5)'라고 나타낸다. 이 관계를 이용해서 다음과 같이 말할 수도 있다. 「n∈Z이고, n>0일 때, 두 정수 a, b의 차가 정수 n의 배수일 경우, 즉 (a−b)이 n으로 나누어떨어지면 a, b는 n을 mod(모드;법)로 하는 **합동수**라 하고, 기호로 a≡b(mod n)로 나타낸다. 이 계산은 정수 a, b를 자연수 n으로 나눌 경우 몫은 생각하지 않고 나머지만 생각하여 나머지가 같을 경우 'n을 mod로 했을 때 a와 b는 합동이다.'고 한다.

■ **modular 수 사이의 관계**

modular 수 관계는 ① a≡a, ② a≡b이면 b≡a, ③ a≡b이고 b≡c이면 a≡c를 만족하므로 동치관계이며, 동치류의 어떤 두 원소는 mod n에 관해서 같은 잉여를 가진다.

Z의 관계 ≡(mod n)에 의한 동치류를 특히 잉여류라 하고, Zn을 잉여계라 한다. 잉여계 Zn에서 다음 연산이 성립된다. a≡a′, b≡B′(mod n)이면 a±b≡a′±b(mod n)이고, ab≡a′B′(mod n)이다. Zn은 완전대수계 $\{\overline{0}, \overline{1}, \overline{2}, \cdots, \overline{n-1}\}$의 각 원소 사이에 덧셈과 곱셈을 생각할 수 있다.

[보기] Z_5, 즉 (mod 5)경우를 생각해 보자.

+	0	1	2	3	4
0	0	1	2	3	4
1	1	2	3	4	0
2	2	3	4	0	1
3	3	4	0	1	2
4	4	0	1	2	3

Z_5

×	0	1	2	3	4
0	0	0	0	0	0
1	0	1	2	3	4
2	0	2	4	1	3
3	0	3	1	4	2
4	0	4	3	2	1

+, ×에 대해 닫혀있고, 교환·결합·배분법칙이 성립한다. 또 덧셈에 대해서는 a+e=a인 e=0인 단위원과 a+a′=e인 역원이 존재하므로 군(群)을 이룬다. 그러나 곱셈에 대해서는 a×e=a인 e=1이 존재하지만 (mod 5)에서 1의 역원은 1, 2의 역원은 3으로 역원이 존재하지만 0의 역원이 존재하지 않으므로 a×a′=e인 역원은 존재하지 않으므로 군이 될 수 없다.

[예] 1991년 7월 1일은 월요일이라면 2000년의 10월 1일은 무슨 요일인가?

〈풀이〉 1991년 7월 1일에서 2000년 10월 1일까지의 날수를 7로 나눈 나머지를 구하면 된다. 1991년부터 2000년 사이에는 윤년이 3년 있다. 366≡2(mod 7), 365≡(mod 7)이다. 2000년 7월, 8월, 9월은 각각 31, 31, 30일이다. 31≡3(mod 7), 30≡2(mod 7)이고 366×3+365×7+31×2+30≡2×3+1×7+3×2+2≡0(mod 7)이므로 2000년 10월 1일은 월요일이다.

자연수

「1로부터 시작하여 2, 3, 4, …처럼 한없이 이어지는 수를 자연수」라 한다.

■ 자연수의 발생

자연수의 발생에 대해서는 시간적 생기설(生起說)과 공간적 생기설의 2가지가 있다.

- **시간적 생기설** : 수의 개념은 시간적 계열을 이루고 있는 일련의 작업. 예컨대 "땅, 땅, 땅…"하는 소리를 인식해서 세는 것으로부터 일어난다고 하는 학설로써 세기주의를 뒷받침하는 학설이다.
- **공간적 생기설** : 공간에 동시에 존재하는 것을 인식해서 그것을 세는 것으로부터 일어난다고 보는 학설로써 직관주의를 뒷받침하는 학설이다. 그러나 어느 학설이든 "센다"라고 하는 작용이 중요한 역할을 하고 있는 것을 간과해서는 안 된다. 즉 자연수는 "센다"라고 하는 작용과 관련해서 생겨난 개념이다.

■ 자연수의 정의

- **집합수의 측면** : 럿셀이 착안한 것으로, 단일의 요소로 이루어진 것으로 집합 {a}와 일대일로 대응시킬 수 있는 집합을 만든다. 다음은 {a}에 또 다른 원소 b를 첨가하여 {a, b}를 만들고 이것과 일대일 대응시킬 수 있는 집합을 만든다. 이와 같은 규칙으로 만들어지는 일련의 집합을 자연수라고 한다. 여기서 2={{a, b}, {가, 나}, {x, y}}라고 나타낼 수 있다.
- **순수서위 측면** : 피에노가 착안한 것으로, 집합 N에서 1과 N의 원소 x에 대해 x의 후자인 x'를 대응시키는 함수를 기초로 다음의 피에노 공리 ①~⑤를 만족하는 N의 원소를 자연수라 한다.

■ 자연수에 대한 Peano 공리

① 1은 자연수이다. ($1 \in N$)

② 각 자연수 x에는 그 다음 자연수 x'가 있다.($x \in N \rightarrow x' \in N$)

③ x' 가 1이 되는 x는 없다.($x'=1 \rightarrow x \notin N$)

④ 두 자연수 x, y의 다음 수 x', y'가 같으면, $x = y$($x' = y' \rightarrow x = y$)

⑤ 자연수의 집합 M이 다음의 조건을 만족할 때, M은 N을 품는다. ㉠ 1은 M에 속한다. ㉡ x가 M에 속하면, x'도 M에 속한다. 즉 ($1 \in M$, $x \in M \rightarrow x' \in M \rightarrow N \subset M$)

위 공리 ①, ②은 1이 자연수에서 최초의 수임을 강조하는 것이고, ②, ④는 자연수 1에서 다음 수, 또 다음 수(1, 2=1+1=1', 3=2+1=2',…)에 의하여 자연수는 순서성(계열성)이 있음을 강조하고 있다. 또 공리 ⑤는 공리 ①, ②, ③, ④의 결과로 얻어지는 일련의 계열성에 의하여 자연수가 구성되어 있음을 수학적 귀납법에 의한 증명이다.

■ Peano 공리에 의한 자연수의 성질

① 최소의 수는 1이고, 최대의 수는 없다.

② 집합수인 동시에 순서수이다.

③ 대표가 되는 수는 1이다. 모든 자연수는 1에 의해서 만들어진다.

④ 인접하는 두 자연수 사이에는 다른 자연수가 존재하지 않는다.

⑤ 덧셈과 곱셈에 관해서 폐쇄성과 일의성(Uniqueness)이 있다.

⑥ 덧셈과 곱셈에 관해서 교환성과 결합성이 있다.

⑦ 덧셈에 관한 곱셈의 배분율이 성립한다.

■ 자연수 개념지도에 있어서 2가지 관점

집합수적인 측면에서 도입한 수에 순서수를 통합하는 방법과 순서수의 입장에서 도입하여 집합수의 개념과 통합하는 방법을 생각할 수 있는 데 현 교육과정에서는 다음 단계를 거치면서 지도하도록 하고 있다.

① 분류를 통한 집합만들기 ② 집합의 크기 비교하기 ③ 1:1 대응조작하기 ④ 대등집합 인식하기 ⑤ 대등집합에 수 이름(집합수)을 붙이고 숫자로 나타내기 ⑥ 크기에 따라 집합 배열하기 ⑦ 집합수를 계열화하기(순서수) ⑧ 수세기의 단계를 거치면서 지도하되 ①~⑤단계는 집합수 개념 형성 단계이고, ⑥~⑦단계는 순서수 개념 형성 단계이며, ⑧은 집합수와 순서수를 통합하는 단계이다.

이와 같이 집합수의 개념에서 도입한 1~4까지의 수에 순서수의 개념을 통합시키기 위해 수직선을 이용하여 수계열을 이해시키고 있다. 순서 개념은 '하나 더 많다. 하나 더 적다.'는 양의 개념을 바탕으로 하여 이해시킨 후, 0과 5~9까지의 수를 순서수의 개념에서 도입하여 집합수의 개념과 통합하도록 하고 있다.

자취(궤적)

모래밭 위나 눈이 쌓인 곳을 걸으면 발자국이 남듯 일상에서는 「어떤 물체가 지나간 후 남긴 흔적을 **자취**」라고 한다. 수학에서는 다음 [그림 1]처럼 정삼각형 ABC를 직선 위에서 미끄러지지 않도록 회전시킬 때, 꼭짓점 A의 이동한 경로는 호를 이어놓은 도형이 되는데 이처럼 「한 점이나 도형이 어떤 조건에 따라 움직이면서 그린 도형을 그 조건에 따른 점이나 도형의 **자취**」라고 한다.

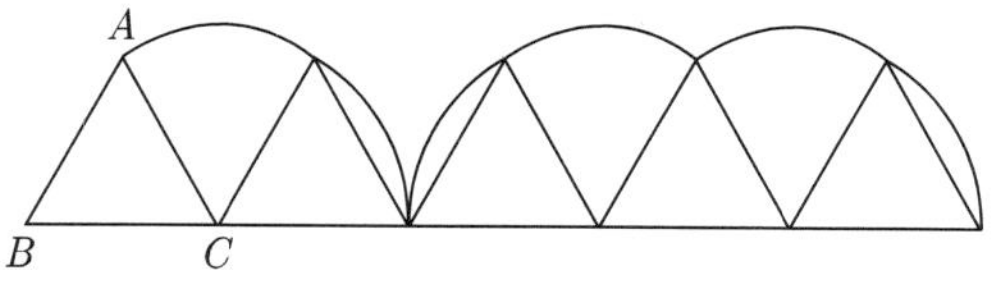

[그림 1]

한편 자취를 정의함에 있어서 ① 집합의 관점에서 도형을 정의할 경우는 '주어진 조건을 만족하는 점의 집합을 도형'이라는 정적인 표현으로 정의한다. 그러나 ② 도형을 점이 움직인 자취의 관점에서 정의할 경우는 '점이 움직인 흔적을 도형'이라는 동적인 표현으로 정의한다.

예컨대 ① 원의 정의를 정적 표현인 점의 집합으로 표현할 경우, [그림 2]처럼 「정점 O로부터 일정한 거리 r에 있는 점의 집합을 O를 중심으로 반지름 r인 원이다」라고 정의한다. 그러나 ② 동적인 표현인 점이 움직인 자취로 정의할 경우, [그림 3]처럼 한 평면 위에서 두 정점 A, B로부터 같은 거리에 있는 점의 자취는 두 정점을 맺는 선분 AB의 수직이등분선이고, 또 「정점 O로부터 일정한 거리 r에 있는 점 P의 자취는 O를 중심으로 하는 반지름 r인 원이다」라고 정의한다.

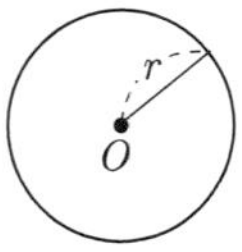

[그림 2]

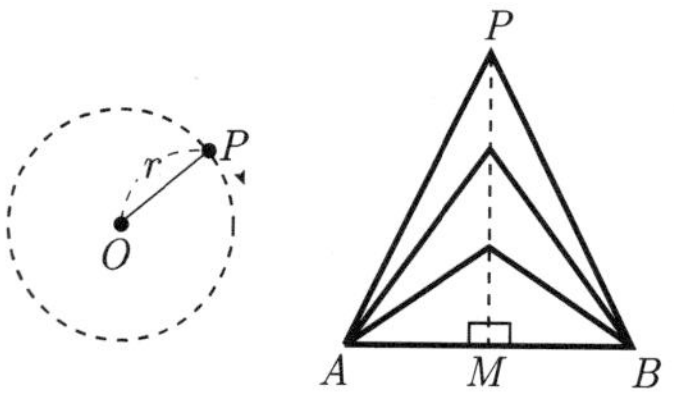

[그림 3]

■ **점의 운동**

- **평행선 그리기** : 점의 자취는 [그림 4]처럼 직선 ℓ위에서 항상 일정한 거리 a만큼 떨어진 동점 P가 움직일 때, 점 P는 직선 ℓ에서 거리가 a이고 ℓ과 평행한 직선을 그린다.
- **각의 이등분선을 그리기** : 점의 자취는 [그림 5]처럼 한 점에서 만나는 두 직선 ℓ, m에서 같은 거리에 있는 동점 P는 두 직선 ℓ과 m의 사잇각을 이등분한다.
- **타원 그리기** : 점의 자취는 [그림 6]처럼 두 정점 A, B에서 거리의 합이 항상 일정하게 움직인 점의 자취는 타원을 그린다.

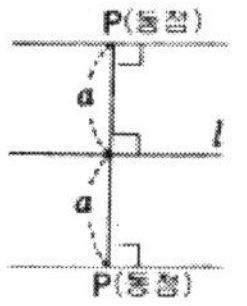

[그림 4]

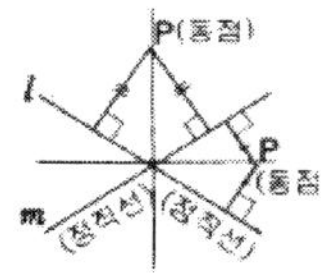

[그림 5]

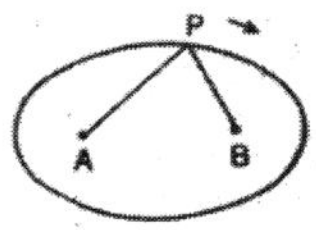

[그림 6]

- **파선(擺線; 사이클로이드; cycloid)그리기** : 자전거 바퀴가 굴러가듯이 점의 자취는 동일한 원이 일정한 직선을 따라 미끄러지지 않고 굴러갈 때, 이 원주 위의 한 점이 그리는 자취는 [그림 7]과 같은 큰 곡선을 그린다.

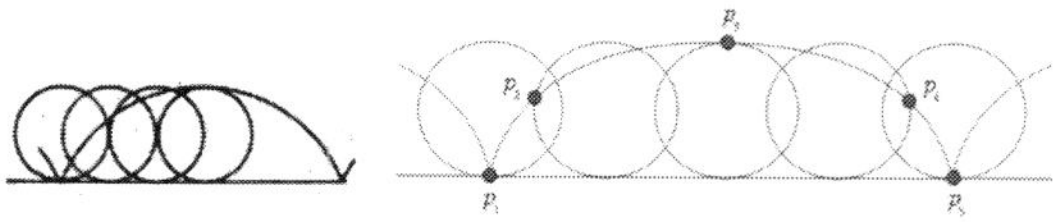

[그림 7]

[예 1] 한 변의 길이가 3cm인 정사각형 안을 한 변이 1cm인 정사각형이 화살표 방향으로 미끄러짐 없이 회전하였을 때, 점 P가 그리는 자취는 오른쪽 그림과 같다.

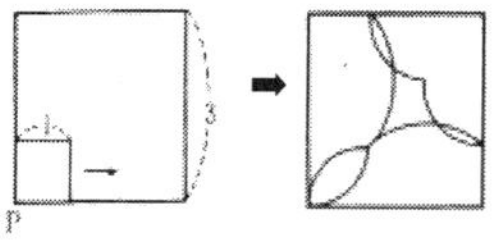

[예 2] 사다리꼴을 직선 위에 미끄러짐 없이 회전시키면 점 ㄱ과 점 ㄴ의 자취는 오른쪽 그림과 같다.

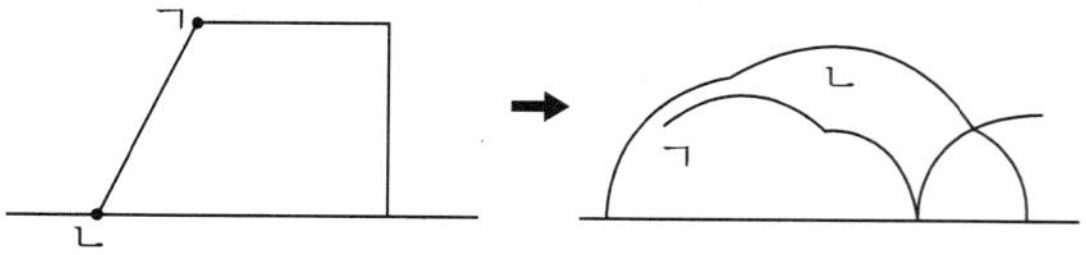

이처럼 자취에 대한 학습은 구체적 실험이나 사고실험 등을 통하여 공간감각 중에서 특히 2차원이나 3차원의 물체를 회전하였을 때의 상태를 정확하게 파악할 수 있는 능력인 **회전능력**을 기르는데 유용한 소재이다.

작도

작도는 손을 이용한 작도와 도구를 사용하는 작도로 나눈다. 도구를 사용하는 작도는 다시 도구를 제한하는 작도와 제한하지 않는 작도로 나누어 생각할 수 있다.

유클리드적인 도형학습에서는 작도를 하기 위해 자, 컴퍼스, 각도기 등 도구가 필요하다. 그러나 유클리드기하학에서는 공리주의 원칙에 따라 선분의 길이나 각의 크기를 재는 것을 피하고, 도형을 옮기는 것만을 취급하기 때문에 작도의 도구로서는 직선을 긋기 위해 고안한 눈금이 없는 자와 동일한 거리를 이동·측정하기 위해 고안한 컴퍼스만을 작도도구로 허용하고 있다.

모든 도형을 작도할 수 있는 만능 작도기가 없는 한 작도 도구는 언제나 제한되기 마련이다.

■ 작도의 목적과 그 이용

사고를 떠난 작도란 있을 수 없고, 이해하지 못한 도형을 정확하게 작도할 수 없다. 저학년에서 작도는 실증의 역할, 즉 직관에서 얻어진 것을 곧바로 실행해 보는 것으로 작도 는 증명을 대신할 수 있다. 고학년에서는 직관으로 파악된 도형의 성질에 대한 이론적 토대를 세우기 위한 수단으로 이용할 수 있기 때문에 작도지도는 도형학습에서 빼놓을 수 없는 중요한 부분이다. 이와 같이 생각할 때 작도는 수학학습에서 다음과 것에 이용할 수 있다.

① 새로운 내용을 학습하려고 할 때 이미 학습한 내용을 정리하기 위하여 이용된다.
② 도형의 새로운 성질을 예상하기 위하여 쓰인다.
③ 예상하지 않았던 새로운 성질을 발견하기 위하여 쓰인다.
④ 새로이 학습한 내용을 정리하는데 쓰인다.

작도는 이미 학습된 사항을 정리하는데 도움을 주기도 하지만 학생들에게 도형학습에 대해 흥미와 호기심을 자극할 수도 있으며, 특히 논증하는 데 유용하다.

■ 작도 지도

작도지도에 대하여 외현적인 지도와 내면적인 지도를 생각할 필요가 있다.

□ 외현적인 작도 지도

작도는 다음과 같은 요소들을 포함하고 있으며, 필요에 따라 이들을 통합하여 작도를 한다.

- 기구를 쓰지 않고 그리기 : 정물화가 발전되어 입체도형의 겨냥도를 그리듯이 집까지의 약도를 그리게 하면 그림과 선분이 혼합되어 사용한다.
- 자 이용하기 : 길이 측정하기와 필요한 길이를 나타내는 선분 작도하기.
- 직선·선분을 긋기 : 점의 위치를 정하는 일과 그 점을 지나는 직선 긋기를 통한 선분 작도하기.
- 직각 작도하기 : 삼각자 1개를 이용하여 직각을 본떠 그리기와 2개의 삼각자를 이용한 직각그리기.
- 원을 그리기 : [그림 1]처럼 원형의 물건을 본뜨거나 실 또는 좁은 마분지에 구멍을 뚫은 것 또는 컴퍼스를 이용하여 그리기.

원은 다음과 같은 여러 가지 방법으로 그릴 수 있다.

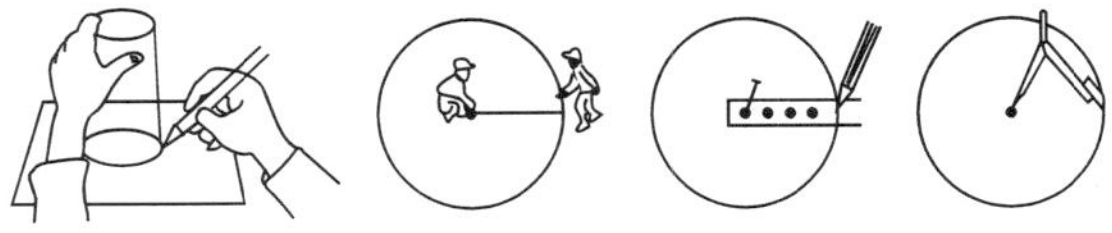

[그림 1]

- 수직선과 평행선을 그리기 : 평행선과 수직선의 개념을 알고, 또 그들이 가진 성질을 이용하여 그린다. 단순히 2개의 삼각자를 이용하여 그린 것은 작도라 할 수 없다.
- 각도기를 이용하기 : 각 측정하기와 필요한 각을 작도하기.
- 컴퍼스 사용하기 : 동일하게 길이를 옮기기와 원 그리기

이상과 같은 외면적인 작도기능이 작도의 기초이기는 하나 작도를 위해서는 다음과 같은 내면적인 발달이 뒤따라야 한다.

□ 내면적인 작도 지도

외현적으로 표현하기에 앞서서 어느 정도의 크기로 그릴 것인가?, 종이의 어느 부분에 그릴 것인가?, 어떤 차례로 작도할 것인가?, 어떻게 그려야 그리고자 하는 도형이 되겠는가? 등에 대한 확신을 가져야 한다. 그리고 이를 위해서는 작도도구의 특성과 작도하려는 도형의 정의와 성질을 분명히 알고 있어야 한다.

장제법/단제법

지필을 이용한 나눗셈은 초등학교 3학년부터 지도하도록 되어있다. 3학년에서 한 자리수로 나누는 나눗셈, 4학년에서 두 자리 이상의 수로 나누는 나눗셈을 지도하도록 되어있다. 그 중에서도 한 자리수로 나누는 나눗셈은 모든 나눗셈의 기초로서 중요하다. 큰 수를 한 자리수로 나누는 것과 같은 나눗셈에서는 지필형식을 사용하면서 중간 계산을 기억하여 빨리 계산할 수 있다. 이것은 암산력을 기르는 데 도움이 된다.

785÷4의 지필계산 방법은 여러 가지가 있지만 계산과정의 기록 여부에 따른 장제법과 단제법에 대해서 살펴본다.

■ 장제법

계산의 과정을 모두 기록해 가면서 계산하는 방법을 **장제법**(長除法; long division)이라 한다. 장제법은 나눗셈 원리를 지도하는 초기단계 또는 기억력이나 암산력이 부족할 경우 주로 사용되는 나눗셈 방법이다.

장제법은 [그림 1]의 ㉮처럼 피제수를 제수로 나눈 몫을 몫의 자리에 쓴다. 그리고 제수와 몫의 곱을 피제수 아래쪽에 기록한 후 피제수에서 제수와 몫의 곱을 뺀 차(나머지)를 내려쓰는 계산을 반복하여 나눌 수 없을 때까지 나눈다

■ 단제법

계산과정 일부를 생략하면서 계산 과정을 잊어버리지 않을 정도로 기억해 가면서 계산하는 방법을 **단제법**(短除法; short division)」이라고 한다.

단제법은 [그림 1]의 ㉯처럼 피제수를 제수로 나눈 몫을 몫의 자리에 쓴다. 그리고 제수와 몫의 곱을 피제수 아래쪽에 기록하지 않고 머리 속에 기억한 후 피제수에서 제수와 몫의 곱을 뺀 차(나머지)만 내려쓰는 계산을 반복하여 나눌 수 없을 때까지 나눈다.

[그림 1]의 단제법 ㉯의 계산 절차를 좀 더 살펴보면, 다음과 같다.

❶ 785÷4에서 먼저, 7÷4에서 몫인 1를 몫의 백의 자리에 쓰고, 4×1=4를 기억한 후 피제수인 7에서 4를 뺀 나머지 3을 기록한다.

❷ 다음으로 38÷4에서 몫인 9을 몫의 십의 자리에 쓰고, 제수 4와 몫 9의 곱인 4×9=36을 기억한 후 피제수인 38에서 36을 뺀 나머지 2를 기록한다.

❸ 25÷4에서 몫인 6을 몫의 일의 자리에 쓰고, 제수 4와 몫 6의 곱인 4×6=24를 기억한 후 피제수인 25에서 24을 뺀 나머지 1을 기록한다.

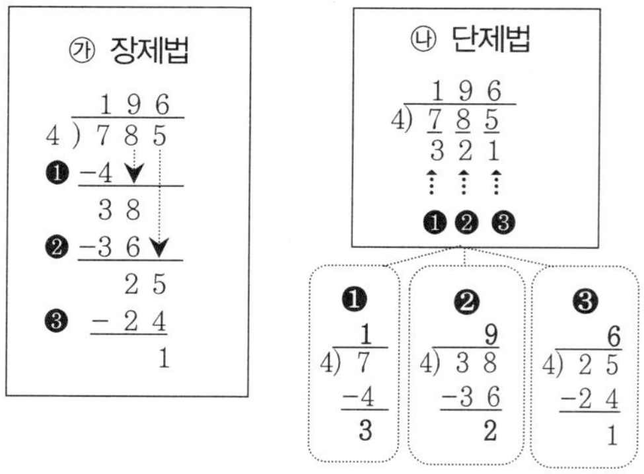

[그림 1]

앞에서 살펴보았듯이 단제법과 장제법은 계산 과정은 같지만 단제법은 중간 과정을 기록하지 않고 기억하여 암산으로 처리한 후 다음 단계의 계산에 필요한 수만 기록해 가면서 몫을 구하는 방법이다.

단제법은 장제법처럼 길게 기록하지 않아도 된다는 장점이 있지만 일정한 수준의 기억력과 암산력이 뒷받침되어야 한다. 이것이 점차 발달해 가면서 계산과정을 생략하는 암산으로 연결시킬 수 있다. 또 한 자리수로 나누는 나눗셈은 몇 십으로 나누는 두 자리의 수로 나누는 나눗셈으로 연결되고, 이어서 세 자리의 수에서 나누는 나눗셈의 가정몫을 설정하는 것까지 연결시킬 수 있다.

■ 단제법 도입에 따른 유의할 사항

현재 교육과정에서는 단제법은 다루지 않고 있으며 다만 일부 사교육 기관에서 암산방법의 하나로 지도되고 있다. 또한 단제법은 일종의 비형식산으로 알고리즘이 다양하며, 가정몫을 정할 경우나 근삿값을 구할 경우, 그리고 암산력을 기르기는 데 유익하지만 나눗셈의 주된 계산 방법은 장제법이다. 따라서 단제법은 한 자리수로 나누는 장제법을 충분히 이해한 후에 지도하는 것이 바람직하다. 그리고 계산의 초기단계에서는 급작스레 계산과정을 생략할 필요는 없으며, 특히 장제법이 충분히 이해되지 않은 상태에서 단제법의 지도는 바람직하지 못하다. 장제법을 지도한 후 반복·연습을 통하여 자연스럽게 암산이 많이 포함된 단제법을 지도하는 것이 바람직하다.

전개도

입체도형을 평면 위에 선으로 나타내는 방법으로는 겨냥도, 전개도, 투영도가 있다. 「입체도형을 면으로 구성된 도형으로 보고, 입체의 모서리를 적당히 잘라서 한 평면도형 위에 펼쳐놓은 그림을 **전개도**」라고 한다. 전개도는 입체도형의 변과 면의 위치관계와 대응관계를 파악하는 일과 평면도형과 입체도형 사이의 관계를 파악하는데 유용하다. 전개도는 겨냥도와 달리 실제 모양으로 나타나므로 입체의 구성 요소와 그들 사이의 관계를 고찰하는 실제적이고 유력한 수단이다.

입체에는 전개되는 것과 전개되지 않는 것이 있다. 정육면체나 직육면체, 각기둥, 각뿔, 각뿔대, 정다면체 등 모든 다면체는 전개 가능하다. 또 원기둥이나 원뿔 등 단일곡면으로 구성된 입체는 전개도로 나타낼 수 있지만 구나 타원체 등 일반적인 곡면 중에는 전개도로 나타내기가 불가능한 입체도 많다. 전개도는 입체의 구성 요소의 관계를 파악함으로써 공간 개념을 기르는데 초점을 두고 있다.

■ **입체도형의 전개도**

□ **정다면체의 전개도**

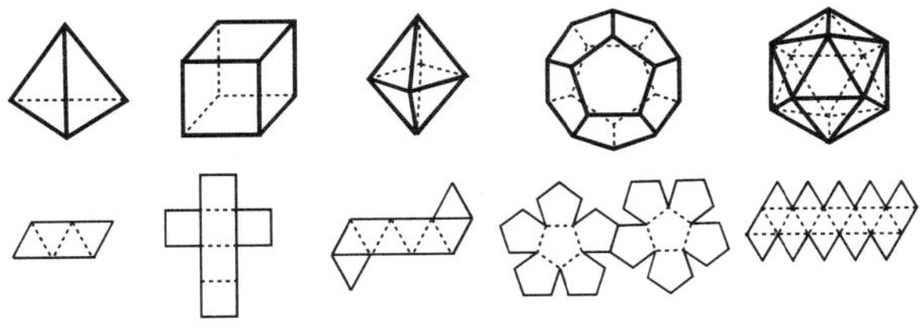

정사면체　정육면체　정팔면체　정십이면체　정이십면체

□ **정육면체의 전개도**

합동인 것을 하나로 보면 전부 11가지의 전개도가 있다.

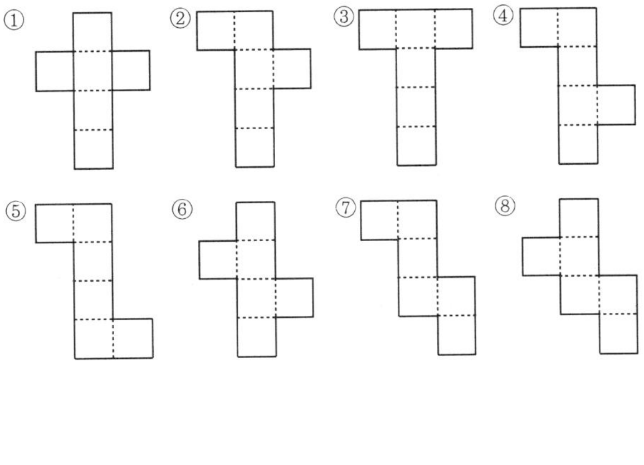

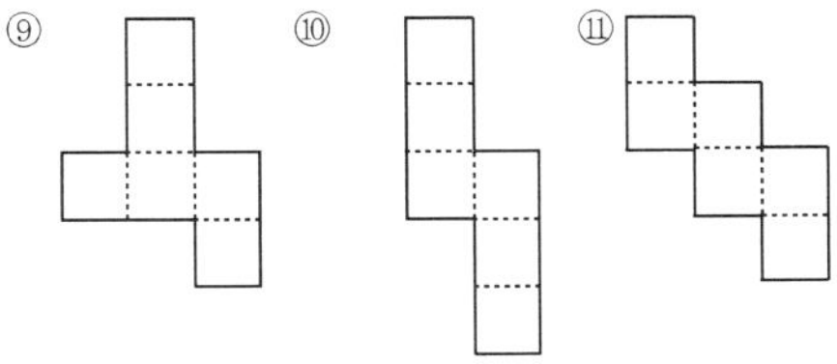

①에서 ⑪까지 이들을 대칭성으로 분류하면

선대칭인 것 ①, ③

점대칭인 것 ⑤, ⑥, ⑩, ⑪

대칭이 아닌 것 ①, ②, ④, ⑦, ⑧, ⑨

□ **정사면체의 전개도**

각 면은 정삼각형이고 다음 그림과 같이 2가지뿐이다.

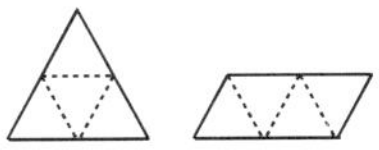

□ **정팔면체의 전개도**

정육면체와 마찬가지로 정팔면체의 전개도는 ①에서 ⑪까지 11가지가 있다.

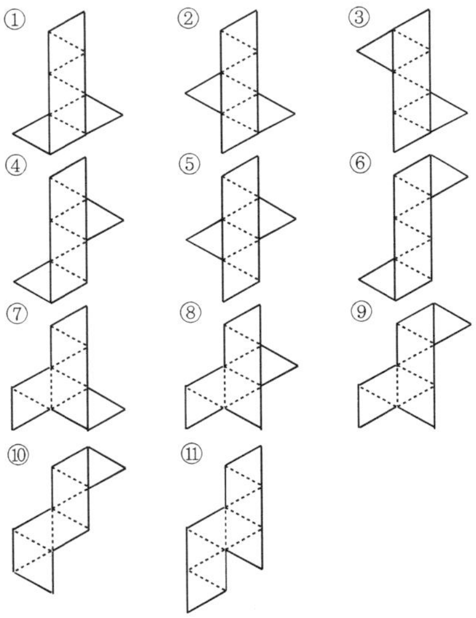

■ **전개도와 겨냥도 사이의 관계 학습**

다음 예처럼 입체도형을 전개도로 나타내거나 전개도를 보고 입체도형을 구성하는 것과 관련된 학습은 공간시각화 능력의 발달에 유용한 소재이다.

[예] 왼쪽 입체도형의 전개도를 찾아보시오.

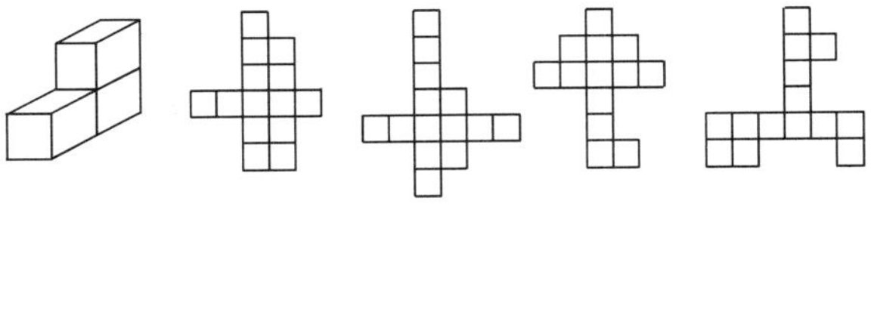

전략 게임

「게임의 결과가 우연이나 찬스에 의존하는 것이 아니라 경기자가 어떤 전략을 선택하느냐에 따라 승패뿐만 아니라 게임의 시간 조절 등 게임 그 자체를 조절·통제할 수 있는 게임을 **전략게임**이라 한다」

■ 전략게임의 요건

Olive(1973)에 따르면, 전략게임은 다음의 3가지 기준을 만족시켜야 한다.

- 일련의 경기규칙이 있어야 한다.
- 적어도 2명의 경기자가 있어야 하며, 정해진 게임규칙에 따라 행동과 전략을 택함으로써 경기자 상호간에 대립된 이해관계가 있어야 한다. 즉 이기기 위한 독특한 행동이나 전략이 필요하다.
- 모든 경기자들이 이용 가능한 정보에 근거하여 재치있는(intelligent) 전략을 선택할 수 있게 해야 한다.

학생들은 단순히 게임 그 자체에만 몰두하는 것이 아니라 게임을 하면서 전략을 논의한다는 사실은 주목할 일이다. 전략 게임은 전략적 사고를 하는데 관련된 전문적인 사고기법의 습득뿐만 아니라 사고를 실험을 하는 것에도 도움을 주는 비위협적인(nonthreatening)모델[1]을 제공한다.

또한 전략 게임은 학생들이 단지 놀이만을 하는 것이 아니라, 학생들은 게임을 하면서 전략에 대해 토의하는 과정에서 서로의 아이디어를 공유하고, 자신의 아이디어를 점검할 수 있으며 서로 협력할 수 있는 기회를 통해 인성 및 사회성을 기르는데도 유용하다.

■ 문제해결과 전략게임

McConville(1974)은 전략 게임을 사용하는 데 있어서 문제 해결 기법과 관련시키기 위하여 다음과 같은 활동을 제안했다.

- 게임의 규칙과 조건이 무엇인지를 이해하고, 승리할 수 있는 상황은 무엇인가를 구상하도록 한다.
- 게임 규칙과 관련된 이전의 또 다른 게임을 서로 관련시켜보고 각각의 가능성을 살펴보고 조건을 점검하도록 한다. 그리고 과거 상황에서 성공적이었던 관련 전략을 이용하도록 한다.
- 게임 전략을 수행하면서 각 단계를 점검하도록 한다. 그리고 각 단계에서 상대방이 수행하고 있는 전략에 대응할 수 있는 방안을 구상해 보도록 한다.
- 게임 결과에 대해 반성할 기회를 가질 필요가 있다. 즉 게임과정에서 개선할 것은 없는지, 또 다른 방법으로 결과를 성취할 수 있는지를 살펴보도록 한다.

게임이 끝난 후, 학생들은 게임을 하는 동안 그들이 수행했던 활동 및 전략에 대해서 토의하고, 얻어진 결과에 대해서 서로 토론·평가하고 격려할 것을 권고할 필요가 있다.

■ 전략 게임의 예

[예 1]

- **대상** : 초등학교 전학년
- **학습 목표** : 논리적 사고력을 기른다.
- **참여 인원** : 2명
- **자료** : 게임판, 바둑돌
- **방법**

① 게임판에 첫 번째 그림처럼 바둑돌을 놓는다.
② 경기자는 순서대로 바둑돌을 가로, 세로로 1칸씩 움직이는 일을 반복한다.

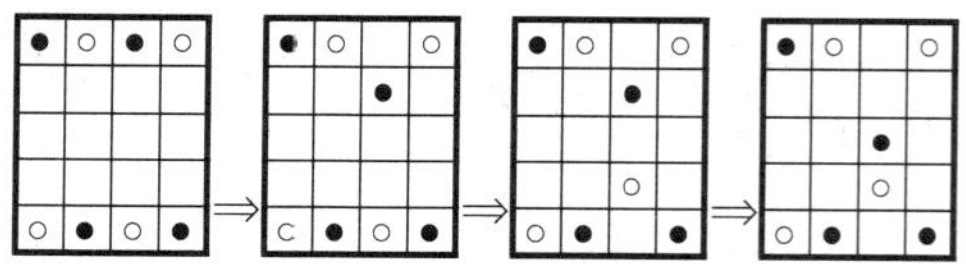

- **규칙**

① 같은 색의 바둑들이 대각선 또는 가로, 또는 세로로 되도록 만들면 승리한다.
② 네모 한 칸에는 1개의 바둑돌만 들어갈 수 있다.
③ 칸을 건너 뛰어갈 수는 없다.

[예 2]

- **대상** : 초등학교 1학년
- **목표** : 공간지각력을 기른다.
- **방법** : 동전을 위치는 바꾸지 말고, 한 번에 2개씩 3번 뒤집어 놓아 [그림 1]의 동전 위치가 [그림 2]가 되도록 하시오.

[그림 1]

[그림 2]

---

1) 수학적 지식 및 기능 습득을 위해 반복 연습이나 기억 등에 의존함에 따르는 지루함이나 정신적인 불안 및 부담을 완화시켜 주는 모델

전체집합 · 부분집합/차집합/여집합

■ 전체집합과 부분집합

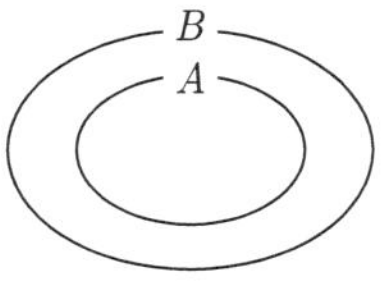

전체집합과 부분집합은 집합 사이의 포함관계를 나타내는데 사용하는 용어이다. 「두 집합 A, B에서 A의 모든 원소가 B의 원소일 때, 임의의 원소 x에 대해서 x∈A⇔x∈B가 항상 참이면 B는 A의 **전체집합**, A는 B의 **부분집합**이라 하며, 기호로 'A⊆B, B⊇A'로 나타내고, A는 B에 포함된다. B는 A를 포함한다고 한다.」

위 정의는 두 집합이 상등인 A=B의 경우도 포함하므로 A는 B의 부분집합이다. 또 A≠B인 경우, 즉 부분집합의 원소 중에서 자기 자신의 집합을 제외한 집합을 원소로 갖는 집합 A를 B의 **진부분집합**이라고 하고, 이것을 기호로 A⊂B, 또는 B⊃A로 나타낸다. 또 「어떤 집합에 원소를 갖지 않는 집합을 **공집합**이라 하며, 기호로 ∅, 또는 { }」로 나타낸다.

부분집합에 관한 법칙이나 용어에는 다음과 같은 것이 있다.

- **포함 관계와 상등관계** : 「두 집합 A, B에서 A⊆B이고, B⊆A일 때 A=B로 나타내며, 집합 A와 집합 B는 **상등(相等)** 또는 **서로 같다**」고 한다. 두 집합 A, B에서 A=B이기 위한 필요충분조건은 A⊆B와 A⊇B가 성립하는 것이다. 즉 A=B⇔A⊆B인 동시에 A⊇B
- **추이율** : 포함관계에는 다음 추이율이 성립한다. A⊆B인 동시에 B⊆C⇔A⊆C이다.
- **멱집합** : 「집합 A의 모든 부분집합들의 집합을 A의 **멱집합**」이라 한다. 이때 공집합 ∅는 임의의 집합의 부분집합이다.

예컨대 A={a, b, c}일 때, A의 멱집합은 다음과 같은 8개의 원소를 가지는 집합이다. {∅, {a}, {b}, {c}, {a, b}, {b, a}, {a, c}, {a, b, c}}. 일반적으로 n개의 원소로 이루어지는 집합의 멱집합의 원소의 수는 2^n개다.

■ 차집합

「두 집합 A, B에서 A의 원소이지만 B의 원소가 아닌 것으로 이루어지는 집합을 **A로부터 B를 뺀 차**라고 하고, 기호로 A–B로 나타내며, 이를 A에 대한 B의 **차집합**」이라고 한다. 즉 A−B={x | x∈A이고, x∉B}이다.

예컨대 A={1, 2, 3, 4}, B={3, 4, 5}라면, A−B={1, 2}이다. 이것을 벤다이어그램으로 나타내면 아래 왼쪽 그림에서 음영 부분이 된다. 특히, 「B가 A의 부분집합일 때, A에 대한 B의 **차집합** A−B는 A가 전체집합일 경우 A−B는 A에 대한 B의 **여집합**이라 하고, 그림으로 나타내면 아래 오른쪽 그림과 같다.

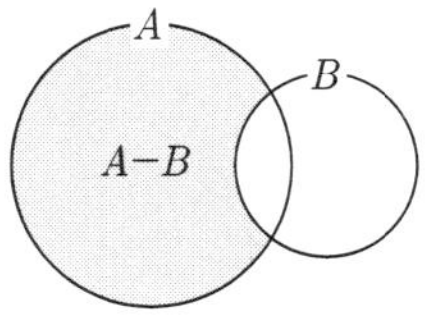

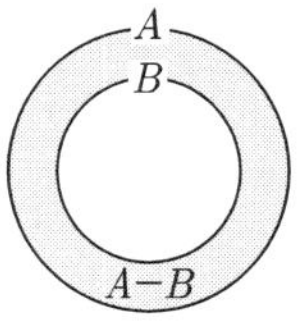

■ 여집합

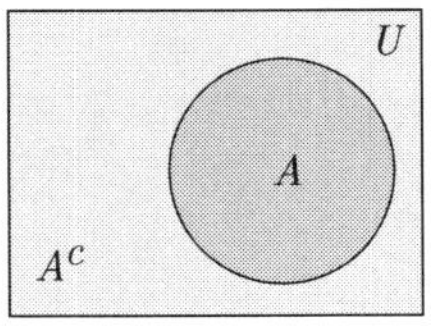

여집합은 차집합의 특별한 경우로서 「전체집합 U와 그 부분집합 A가 있을 때, U의 원소이지만 A의 원소가 아닌 원소들로 이루어진 집합을 집합 A의 **여집합** 또는 **보집합**이라 하고, 기호 $\overline{A}$, 또는 A^C」로 나타낸다. 또는 「전체집합 U와 그 부분집합 A가 있을 때, U에 대한 A의 차집합인 U−A를 A의 **여집합**이라 하고, 기호로 $\overline{A}$, 또는 A^C」로 나타낸다. 즉 x를 U의 원소라면, A^c={x | x∉A}, 또는 x∈A^C ⇔x∉A(동치관계)이다.

여집합에 대해서는 다음과 같은 법칙이 성립한다. 단, A, B는 모두 전체집합 U의 부분집합이다.

① $A \cup A^C = U$, $A \cap A^C = \varnothing$　② $(A^C)^C = A$
③ $\varnothing^C = U$, $U^C = \varnothing$　④ $A \subseteq B \Leftrightarrow A^C \supseteq B^C$

위의 ①의 두 식 $A \cup A^C = U$과 $A \cap A^C = \varnothing$이 동치라는 것은 드모르간의 법칙에 의해서 증명할 수 있다. 즉 $A \cup A^C = U$에서 양변의 여집합을 취하면 드모르간의 법칙에 의해 위의 ②, ③으로부터 ∩의 교환성에 의하여 $A \cup A^C = U \Leftrightarrow A \cap A^C = \varnothing$이 성립하며 그 역도 같은 방법으로 증명할 수 있다.

전환법

「제시된 명제에서 결론을 부정하고, 그의 모순을 찾아 증명하는 방법을 **전환법**이라 한다」 전환법은 결론을 부정하여 가정이 모순됨을 제시하는 것이므로 귀류법의 일종이다. 전환법에 대해서 좀 더 상세히 살펴보면 다음과 같다.

간접증명법의 하나인 전환법은 어떤 한 그룹의

(A) $A_1 \to B_1$, $A_2 \to B_2$, …, $A_n \to B_n$일 때

① 정리의 가정인 A_1, A_2, …, A_n이 어떤 사실에 대한 모든 경우이다.

② 정리의 결론인 B_1, B_2, …, B_n은 서로 배반이라는 것을 근거로 해서 이들 정리의 역인

(B) $B_1 \to A_1$, $B_2 \to A_2$, …, $B_n \to A_n$이 성립하는 것을 유도하는 증명방법을 **전환법**이라고 한다.

[예 1] △ABC에서 다음 명제는 모두 성립한다.

AB>AC이면 ∠B<∠C이다.

AB=AC이면 <B=∠C이다.

AB<AC이면 ∠B>∠C이다.

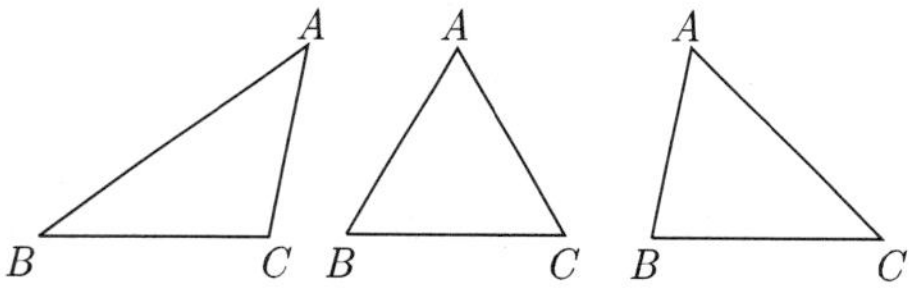

여기에 가정인 AB>AC, AB=AC, AB<AC는 일어날 수 있는 모든 경우이고, 결론 ∠B<∠C, ∠B=∠C, ∠B>∠C는 서로 양립하지 않는다. 따라서 이들의 각각의 역인

∠B<∠C이면 AB>4C이다.

∠B=∠C이면 AB=AC이다.

∠B>∠C이면 AB<AC이다.

가 모두 성립한다.

[예 2] 호 ACB의 현 AB에 관해서 호 ACB와 같은 쪽에 점 P를 잡을 때, 다음의 정리가 있다.

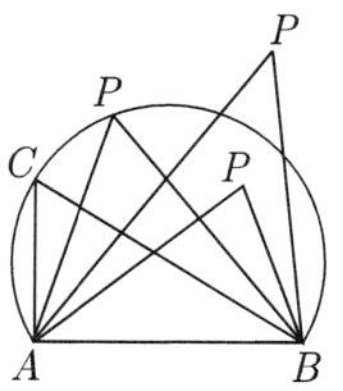

(1) 점 P가 활꼴의 내부에 있으면 ∠APB<∠ACB.

(2) 점 P가 활꼴의 호위에 있으면 ∠APB=∠ACB.

(3) 점 P가 활꼴의 외부에 있으면 ∠APB>∠ACB. 이때

① 이들 정리의 가정은 점 P와 활꼴 ACB의 위치관계에 관한 모든 경우이다. ② 결론은 명확하게 서로 배반이다. 따라서

(1)로부터 (3)의 역인 (1) ∠APB<∠ACB이면, 점 P는 활꼴 ACB의 내부에 있다.

(2) ∠APB =∠ACB이면, 점 P는 활꼴 ACB 위에 있다.

(3)′ ∠APB>∠ACB이면, 점 P는 활꼴 ACB의 외부에 있다'는 것이 성립한다는 사실을 증명하는 방법이 전환법이다.

전환법이 올바른 증명 방법이라는 사실은 대립법에 의해서 밝혀진다. 앞에서 제시한 정리 (A)가 성립하고, 다시 ①, ②를 말할 수 있을 때 (B)가 성립하는 것은 다음과 같이 증명된다.

〈증명〉 지금 B_1인데도 A_1이 아니라고 해보자. A_1이 아니라면 ①로부터 A_1, A_2, …, A_n 중 어느 것인가이다. A_2라고 하면 (A)로부터 B_2이다. 그러나 ②로부터 B_1과 B_2는 서로 배반이므로 이것은 모순이다. 마찬가지로 A_3로부터 A_n까지의 어느 경우에도 모순이 생긴다. 즉 B_1인데도 A_1이 아니라면 모순이 생기므로 $B_1 \to A_1$이어야 한다. $B_2 \to A_2$, …, B_1, $B_n \to A_n$의 증명도 위와 마찬가지이다. 전환법에 의한 증명의 경우, ①과 ②를 밝히는 것만으로 바로 역이 성립한다는 것을 유도해도 좋지만은 실제로는 좀 더 친절하게 위의 대립법을 구체화한 정의법이 이루어지는 일이 많다. 그와 같은 증명도 전환법이라고 불리고 있다.

[예 3] △ABC에서 $AB^2=BC^2+CA^2$이면 ∠C=∠R이다. 이것을 전환법으로 증명하면 다음과 같다.

〈증명〉 변 BC, 또는 그 연장선에 내린 수선의 발을 D라고 하자. ∠C=∠R이 아니면 ∠C<∠R이든가 ∠C>∠R이다.

① ∠C<∠R인 경우 : B는 D와 C 사이에 있으므로 $AB^2=AD^2+(BC-CD)^2=BC^2+CA^2-2\cdot BC\cdot CD<BC^2+CA^2$이다.

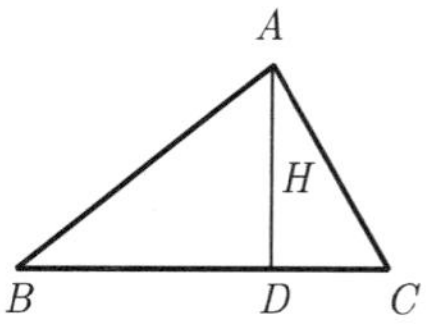

② ∠C>∠R인 경우, D는 BC의 C쪽의 연장선 의에 있으므로 $AB^2=AD^2+(BC+CD)^2=\underline{AD^2}+BC^2+\underline{CD^2}+2\cdot BC\cdot CD=(AD^2+CD^2)+BC^2+2\cdot BC\cdot CD>AC^2+BC^2$이다. 위 ①, ②에서 어느 경우도 가정에 위배되므로 ∠C=∠R이다.

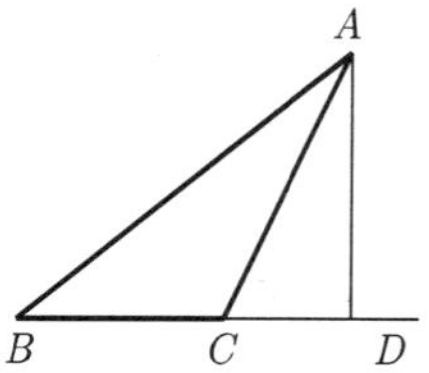

점/직선

「평면이나 공간에서 위치만 있고, 크기가 없는 도형을 점」이라고 한다. 점은 평면이나 공간에서 수나 사물의 위치를 나타내는 데 사용되는 도형이다. 예컨대 선을 한 점에 의해서 두 부분으로 나눌 때 그 경계가 바로 점이다. 만약 이 경계에 크기가 있다면 그 경계는 두 부분 중의 어느 한 부분에 속해야 하기 때문에 선분의 경계인 점은 크기가 없으며 다만 위치만 존재한다. 점을 나타내는 데 '•', 또는 '×' 등으로 나타내며, 그 옆에 A, B 등의 문자를 사용하여 점 A, 점 B라 부른다.

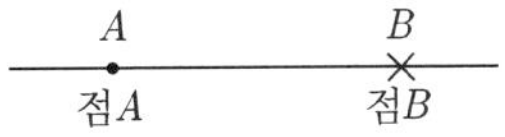

도형을 구성하는 요소를 분해해 가면 최후에 남는 것은 점이다. 역으로 점이 모여서 선이 되고, 선이 모여서 면이 되고, 또 면이 모여서 입체를 구성하므로 모든 도형은 점의 집합으로 볼 수 있다. 점의 집합으로서 선과 면이 인식되면 선의 집합으로서의 면, 다시 면의 집합으로서 입체를 인식할수 있는 능력으로 발전된다.

■ 점

도형을 점, 선, 면 등의 운동에 의해서 만들어지는 것이라고 본다면 점은 운동하는 도형의 최소 단위이다. 이와 같은 점이 운동을 한다고 볼 때 이것을 동점(動點)이라 한다.

그러나 집합의 입장에서 생각한다면 점은 직육면체의 가로, 세로 높이의 모서리가 한 점에서 만나는 것처럼 고정되어 있는 것이다. 따라서 모든 도형을 점의 집합으로 본다.

점은 다음 3가지 중 어느 한 가지에 의해서 결정된다.

① 임의의 두 직선이 만날 경우

② 한 평면이 그 위에 있지 않은 한 직선과 만날 경우

③ 만나는 선이 서로 평행하지 않게 세 평면이 만날 경우에 한해서 점이 결정된다.

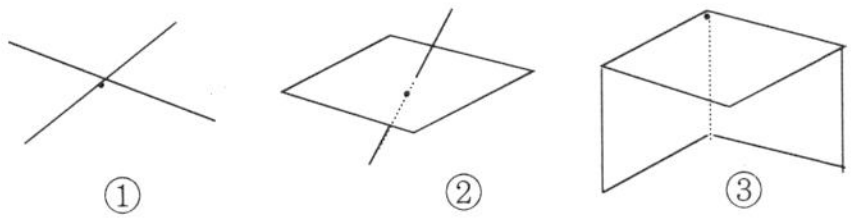

① ② ③

■ 여러 가지 점

• **교점** : 평면에서 선과 선, 선과 면이 만나는 점을 교점이라고 한다. 단 직선이 직선이나 평면과 만나면 교점은 1점이지만 곡선이나 곡명과 만나면 여러 개 생길 수 있다.

• **중점** : 주어진 선분을 이등분하는 점을 중점이라 한다.

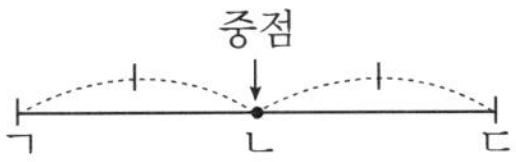

• **꼭지점** : 평면에서 각을 이루는 두 변이 만나는 점이나 공간에서 두 모서리가 만나는 점, 또는 뿔에서 각 모선이 만나는 점 등을 꼭지점이라고 한다.

■ 직선

직선은 평면을 분할하거나 길이를 나타내는 추상개념으로서, 직선 l 또는 직선 위에 있는 임의의 두 점을 사용하여 $\overleftrightarrow{AB}$ 등으로 나타낸다.

직선은 평면의 구성요소로서 평면을 분할하거나 길이를 나타내는 추상개념이므로, 지도할 때는 다음과 같이 동작, 조작, 직관에 의해 개념을 이해하도록 한다.

① 실이나 끈을 관찰하거나 쌀알, 바둑돌 등을 일렬로 늘어놓는 조작을 통해 직선은 점의 집합임을 알게 한다.

② 직선은 길이나 경계를 생각하는 개념으로서 그 너비(폭)와는 무관함을 이해시킨다. 즉, 다음과 같은 예도 상황에 따라 모두 직선이 될 수 있음을 알게 한다.

■ 직선, 반직선(사선), 선분

점 A를 직선 l 위에 있는 한 점이라고 할 때, 그 직선은 [그림 1]처럼 서로 소인 세 집합으로 나뉜다. 즉, 한 점 A가 꺾이거나 굽지 않고 양쪽 방향으로 한없이 곧게 뻗은 선을 **직선**이라 하며 직선은 끝점이 없다.

또 한 점 A가 꺾이거나 굽지 않고 어느 한쪽 방향으로 한없이 곧게 뻗은 선을 **반직선** 또는 **사선**이라 하며 시작하는 점 A를 끝점(end point)으로 가진다. 또 한 점 A가 꺾이거나 굽지 않고 어느 한쪽 방향으로 일정한 거리에 있는 점 B까지 곧게 뻗은 선을 **선분**이라 하고 두 점 A, B를 **끝점**으로 가진다.

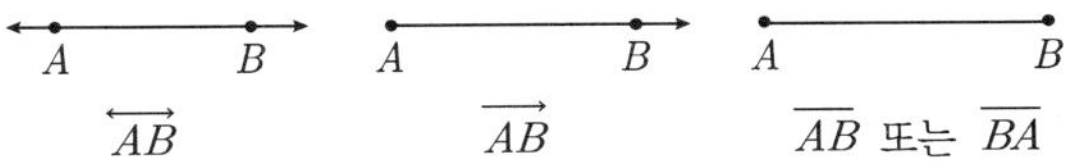

[그림 1]

접선/할선

직선과 원 사이의 위치관계는 [그림 1]처럼 공유점을 갖지 않거나 1점만 공유하거나 2점을 공유하는 3가지 경우가 있다. 「직선과 원이 1점만 공유할 경우를 서로 **접한다**고 하고, 그 공유점을 **접점**이라 하며, 2점을 공유할 경우는 **만난다**고 하고, 그 공유점을 **만남점**」이라고 한다. 또 「d=r로써 원에 접하는 직선을 **접선**, d<r로써 원과 만나는 직선을 **할선**」이라고 한다.

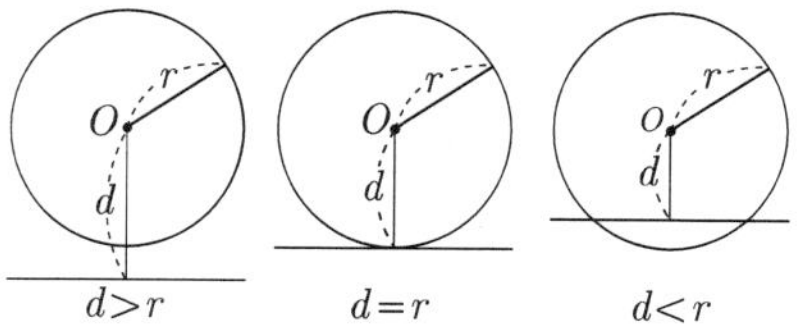

[그림 1]

■ **원과 직선**

원의 반지름을 r, 원의 중심 O에서 직선 g까지의 거리를 d라고 할 때, 원 O와 직선 g사이에는 다음 3가지 성질이 성립한다.

① d>r이면 원과 직선은 공통점을 갖지 않는다.

〈증명〉 d>r이므로 OH>r이다. 따라서 H는 원주 위에 없다. 직선 g 위에 H 이외의 점을 P라면 OH⊥g이므로 OP>OH>r이다. 따라서 점 P는 원주 위에 없으므로 직선 g 위의 모든 점은 원주 위에 없기 때문에 원 O와 직선 g는 만나지 않는다.

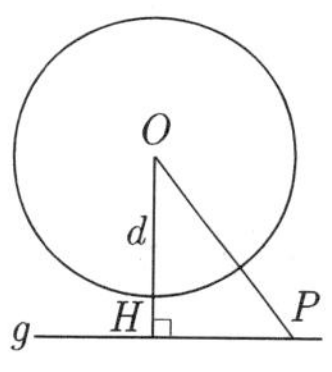

② d=r이면 원과 직선은 서로 접한다. 즉 1점에서 만난다.

〈증명〉 d=r이므로 OH=r이다. 따라서 H는 원주 위에 있다. 즉 원 O와 직선 g는 적어도 한 점에서 만난다. 직선 g 위에 H 이외의 점을 P라면 OH⊥g이므로 OP>OH>r이다. 따라서 점 P는 원주 위에 없으므로 원 O와 직선 g는 1점만 공유한다. 즉 원 O와 직선 g는 점 H에서 접한다.

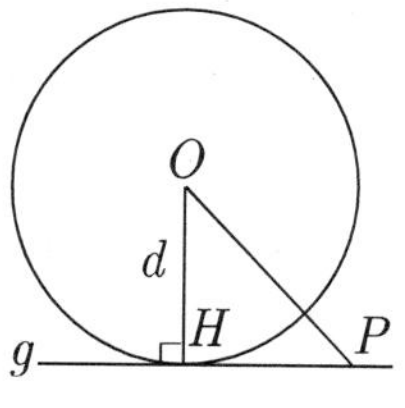

③ d<r이면 원과 직선은 서로 만난다. 즉 2점에서 만난다.

〈증명〉 직선 g 위에서 H의 양쪽에 HA=HB=$\sqrt{r^2-d^2}$인 2점을 A, B라면 $OA^2=OB^2=d^2+(\sqrt{r^2-d^2})^2=d^2+r^2-d^2=r^2$이므로 OA=OB=r이다. 따라서 두 점 A, B는 원 O 위에 있다. 즉 직선 g는 원 O와 2점에서 만난다.

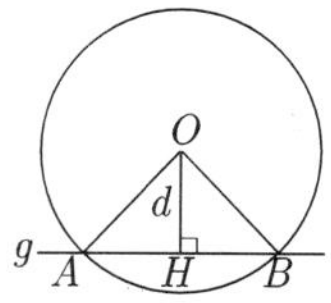

■ **원과 접선**

원과 접선 사이에는 다음 3가지 성질이 성립한다.

[성질 1] 원의 지름의 한 끝점에서 이 점에 수직인 직선은 이 원에 접한다.

[성질 2] 원의 접선은 접점을 지나는 반지름에 수직이다.

[성질 3] 원 밖의 한 점에서 그은 2개의 접선의 길이는 같고, 그들은 2개의 접점을 이은 현과 등각을 이룬다.

위 3가지 성질을 증명해 보자.

[성질 1과 2의 증명] [성질 1]과 [성질 2]는 원주 위의 한 점 A를 지나며 반지름에 수직인 직선 g는 이 원의 접선이고, 점 A를 지나는 반지름에 수직이 아닌 직선 h는 할선이다. 따라서 접선은 접점을 지나는 반지름에 수직이다. 이 성질을 증명하면 다음과 같다.

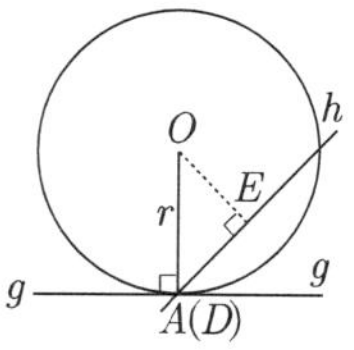

〈증명〉 원 O의 반지름을 r이라 하고, 원의 중심 O에서 접선 g에 내린 수선을 OD, 수선의 발을 D라 하면, OA⊥g이고 OD⊥g이므로 OA와 OD는 일치한다. 따라서 OD=OA=r이므로 g는 점 A에서 원 O에 접한다. 또 O에서 h에 내린 수선 OE를 그어 그 발을 E라 하면, OE<OA=r이므로 h는 원 O의 할선이다.

[성질 3의 증명] [성질 3]은 원 O 밖의 한 점 A에서 이 원에 그어진 두 접선의 접점을 B, C라면, ① 두 접선 AB, AC의 길이는 같고, ② AO는 ∠BAC를 이등분하고, 현 BC를 수직이등분한다. 이 성질을 증명하면 다음과 같다.

〈증명〉 O와 B, O와 C를 이은 선분 OB, OC는 원의 반지름이므로, OB=OC이다. 또, AB, AC는 접선이므로 ∠ABO=∠ACO=∠90°이다. 직각삼각형 OBA, OCA에서 빗변 OA는 공통이며, OB=OC이므로 △OBA≡△OCA에서 AB=AC이다. 또 ∠BAO=∠CAO. 즉 AO는 ∠BAC를 이등분한다. 그리고 △ABC는 이등변삼각형이므로 AO는 밑변 BC를 수직이등분한다.

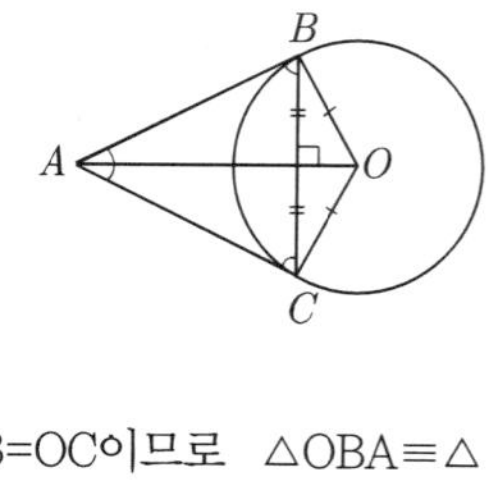

정규분포

확률변수가 연속인 경우 확률분포의 대표적인 예로서 정규분포가 있다. 정규분포는 이론적으로나 실용적으로 가장 기본적이고 또한 중요한 분포이다.

예컨대 같은 연령인 사람의 키, 지능, 대량 생산되는 상품의 치수 … 등 수량이 증가하면 그 상대도수의 분포를 나타낸 그래프는 종 모양에 가까워진다. 그래서 확률이나 통계의 이론에 있어서도「분포를 나타낸 그래프가 종 모양의 곡선이 되는 분포를 **정규분포**」라 한다. 그래프가 종 모양이 되는 함수 f(x)는 ①식과 같이 나타난다.

$$f(x)=\frac{1}{\sqrt{2\pi}\sigma}e^{-\frac{(x-\mu)^2}{2\sigma^2}} \quad \cdots\cdots\cdots\cdots ①$$

「연속형의 확률변수의 분포에서는 분포를 나타내는 곡선을 **확률밀도 곡선**, 곡선의 방정식을 **확률밀도 함수**」라 한다.

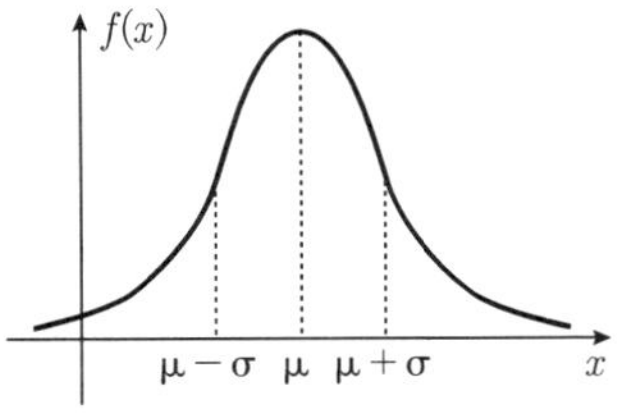

[그림 1] 정규분포 N((μ, σ^2)의 확률밀도 곡선

확률변수 x의 확률 밀도함수 $f(x)$가 ①식으로 주어졌을 때 x는 정규분포에 따라 분포한다고 한다. 이때

- 평균값 : $E(x)=\mu$
- 분산 : $V(x)=\sigma^2$

이다. 평균값 μ, 분산 σ^2의 정규분포를 N(μ, σ^2)으로 나타낸다. N(0, 1), 즉「평균값 0, 분산 1의 정규분포를 특히 **표준정규분포**」라 한다.

> 정규분포 곡선의 성질
> - 직선 r=m에 대하여 대칭인 종모양의 곡선이고, 점근선은 x축이다.
> - x=m일 때 최대값 $\frac{1}{\sqrt{2\pi}\sigma}$을 가진다.
> - m이 일정할 때, 표준편차 σ가 커지면 곡선은 양쪽으로 퍼지고, σ가 작아지면 곡선은 뾰족하게 된다.
> - σ가 일정할 때, m이 변하면 대칭축의 위치도 바뀌지만 곡선의 모양은 같다.
> - 곡선과 m축 사이의 넓이는 1이다.

확률변수 x가 N((μ, σ^2)에 따를 때 x가 a와 b 사이에 있을 확률 $P\{a<x<b\}$의 값을 알기 위해서는 정규분포표에서 $P\{\frac{(a-\mu)}{\sigma}<x<\frac{(b-\mu)}{\sigma}\}$의 값을 읽으면 된다.

각각 [그림 2]의 빗금친 부분의 면적이다. 단, $\alpha=\frac{(a-\mu)}{\sigma}$, $\beta=\frac{(b-\mu)}{\sigma}$

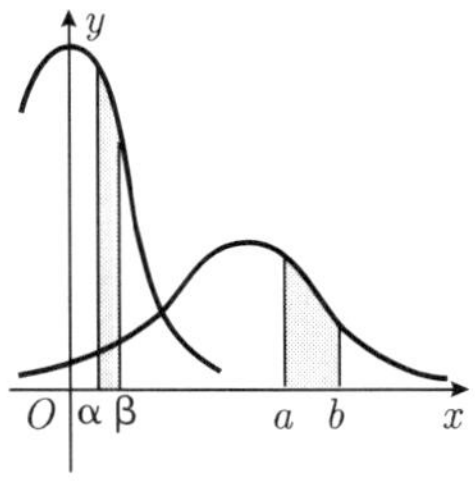

[그림 2]

다음과 같은 성질도 유도된다. 정규분포의 그래프의 모양은 μ, σ에 의해서 변화하지만 μ, σ가 어떤 값을 취해도 다음과 같은 확률은 일정하다.

$P\{\mu-\sigma<x<\mu+\sigma\} = 0.683$

$P\{\mu-2\sigma<x<\mu+2\sigma\} = 0.954$

$P\{\mu-3\sigma<x<\mu+3\sigma\} = 0.997$

이와 같은 사고방법은 편차값이나 5단계 평가의 이론적 근거가 된다.

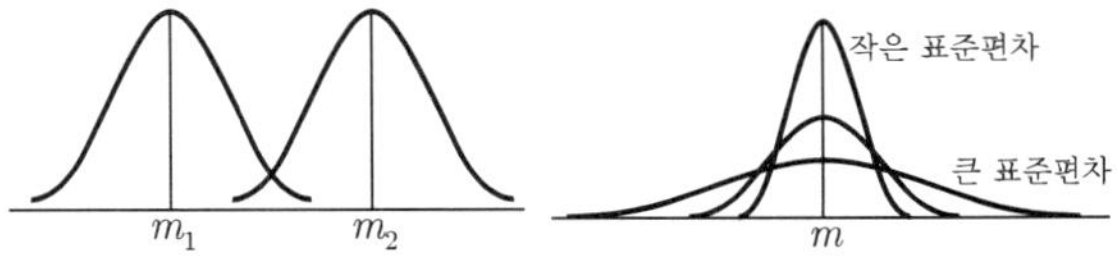

(a) 표준편차는 같고 평균이 다른 정규분포 (b) 평균은 같고 표준편차가 다른 정규분포

[그림 3] 평균과 표준편차에 따른 정규분포곡선

평균과 표준편차에 따라 정규분포가 다르게 나타나므로 서로 다른 두 분포를 비교하기 위해서는 모든 정규분포의 평균과 표준편차를 표준화하여야 하는데, 이때 나타나는 평균이 0이고, 표준편차가 1인 정규분포가 표준정규분포이다.

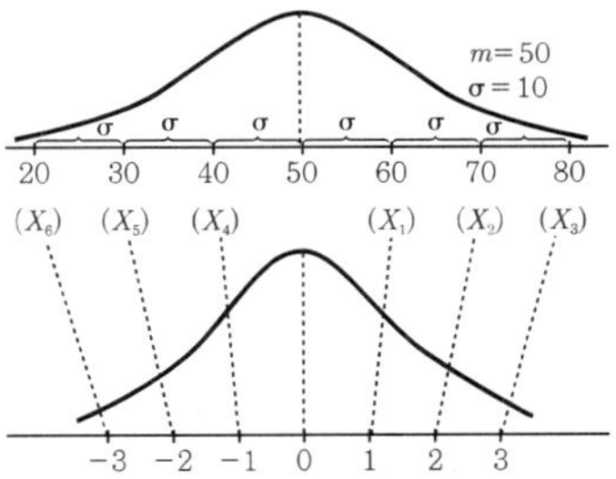

[그림 4] 정규분포를 표준정규분포로 바꾼 그림

정수와 그 성질

「**정수**(integer)란 방향과 크기를 가진 수로서 양의 정수, 0, 음의 정수」를 포함한다. a, b가 자연수일 때, a<b, a=b, a>b 어느 경우이든지 a+x=b가 되는 x가 항상 존재한다. 이것을 x=b−a(차)라 표시하고, 이와 같은 x의 집합, 즉 b−a(a∈N, b∈N, N은 자연수의 집합)를 원소로 갖는 집합을 생각할 때, 수 x는 무한히 많은 두 자연수의 차로 표현할 수 있다. 이렇게 해서 얻어진 자연수의 차들의 전체집합을 정수의 집합이라 하고, 이를 Z로 나타낼 때 Z의 원소를 정수라고 한다. 곧, Z={b−a|a∈N, b∈N}으로 정의된다.

■ 정수의 성질

정수는 다음과 같은 여러 가지 성질을 가지고 있다.

- 정수는 집합수인 동시에 순서수이다.
- 정수는 최소인 수도 없고, 최대의 수로 존재하지 않는다. 즉 대소(大小)의 방향으로 무한이다.
- 서로 이웃하는 두 정수 사이에는 다른 정수가 존재하지 않는 이산성(discrete)을 지니고 있다.
- 정수의 집합은 덧셈, 뺄셈, 곱셈에 대해서는 닫혀있지만 나눗셈에서는 닫혀있지 않다. 즉 a, b∈Z → (a±b)∈Z이고, a×b∈Z이지만 (a÷b)∉Z이다. 예컨대 정수끼리의 덧셈, 뺄셈, 곱셈의 결과는 항상 정수이지만 $2 \div 3 = \frac{2}{3}$처럼 정수끼리 나눗셈의 몫은 정수가 아닌 분수도 있다.
- 정수의 집합은 덧셈, 곱셈에 대해서는 교환법칙과 결합법칙이 성립하지만 뺄셈에서는 성립하지 않는다. 즉 a, b, c∈Z → a+b=b+a, (a+b)+c=a+(b+c)이고, a×b=b×a, (a×b)×c=a×(b×c)이지만 (a−b)≠(b−a), (a−b)−c≠a−(b−c)이다. 예컨대 정수끼리의 곱셈이나 덧셈에서는 더하거나 곱하는 순서를 바꾸어 계산해도 같은 답을 얻을 수 있지만 2−3≠3−2, (9−4)−3≠9−(4−3)처럼 뺄셈에서는 교환법칙과 결합법칙이 성립하지 않는다.
- 정수의 집합에서는 덧셈에 관한 곱셈의 배분법칙이 성립한다. 즉 a, b, c∈Z→a(b+c)=ab+ac이다. 예컨대 3×(4+5)=3×4+3×5=3×9이다.
- 자연수의 집합 N은 정수의 집합 Z의 반(半)으로 생각할 수 있으나 자연수와 정수의 집합은 무한집합이기 때문에 원소의 수는 같다.
- 임의의 두 정수 a, b의 대소비교는 a>b, a=b, a<b의 3가지 관계 중 어느 한 가지만 성립한다.
- 정수를 수직선에 나타낼 때 오른쪽은 양의 방향, 왼쪽은 음의 방향이며, 양수는 0보다 큰 수이고, 음수는 0보다 작은 수이다.

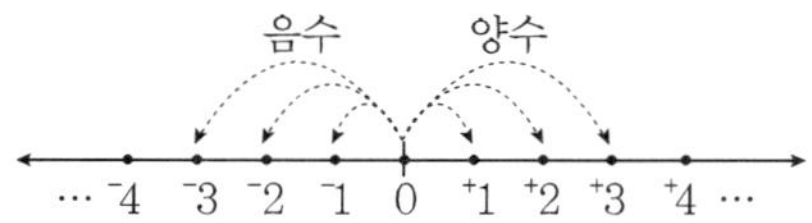

- 「정수에서 부호를 무시하고 크기만 생각할 때 그 크기를 그 정수의 **절대값**이라고 하는데, 절대값이란 수직선에서 원점과 대응점 a와의 거리를 나타내는 값으로 a의 절대값은 기호 |a|」로 나타낸다. 양수는 절대값이 클수록 큰 수이고, 음수는 절대값이 클수록 작은 수이다.
- 「a, b가 정수이고, a+b=0일 때, a와 b를 서로 의 **반수**(反數)」라고 한다. 즉 $^{+}3+^{-}3=0$, $^{-}4+^{+}4=0$처럼 두 정수에서 절대값은 같고, 부호가 반대일 때, 그 두 수는 서로 다른 것의 **반수**라고 한다.
  반수를 대수적 구조에서는 두 정수의 합이 '0'일 때, 즉 a, b가 정수이고 a+b=0일 때 a, b를 덧셈에 관해 서로 **역원**이라고 한다.
- a, b가 정수이고, b의 반수를 ^{-}b로 나타내면 다음과 같은 관계가 성립된다.

(a−b)+b=a, (a+$^{-}$b)+b=a, (a+b)−b=a, (a+b)+$^{-}$b=a

- 정수의 집합에서 덧셈과 곱셈에서 항등원(identity or unit element, a*e=e*a=a를 만족하는 원소 e)이 존재하며, 특히 가법의 역원(Inverse)이 존재한다. 즉
  - a+0=0+a=a(0은 덧셈의 항등원)
  - a×1=1×a=a(1은 곱셈의 항등원)
  - a+x=x+a=e(덧셈에서 x는 a의 역원).

예컨대 $^{+}5+^{-}5=0$에서 $^{+}5$와 $^{-}5$는 덧셈에 대해 서로 역원이라고 한다.

정의/정리

「논리적인 절차와 규칙에 따라 사물의 속성, 관계 등의 본질을 규정하거나 개념, 언어, 기호 등 개념의 내용이나 의미를 규정하는 것을 **정의**」라고 한다. 새로운 용어를 정의할 경우에 사용되는 용어를 다시 정의하는 일을 반복하는 것은 끝이 없다. 따라서 새로운 용어를 정의하려면「정의없이 사용하는 용어가 필요한데 이 용어를 **무정의 용어**」라 한다. 도형에서 무정의 용어는 점, 직선, 평면 등이 있다. 도형의 개념을 정의하는 방법으로 공리적 정의와 명명적 정의가 있으며, 초등학교 저학년에서 행해지는 예시적 정의가 있다.

■ **공리적인 정의**

어떤 개념이 가진 속성으로 정의하지 않고 수학의 공리처럼 약속에 의해 만들어지는 정의를 **공리적인 정의**라고 한다. 예컨대 삼각형에서 밑변과 높이의 정의는 그들의 위치와는 관계가 없이 어느 변을 밑변으로 택하느냐 높이가 정해지므로 '삼각형의 임의의 한 변을 밑변이라 하면, 꼭짓점에서 그 밑변까지 내린 수선의 길이를 그 밑변에 대한 높이라 한다.'처럼 정의한다. 이처럼 이미 약속된 용어(공리)를 근거로 하여 새로운 개념을 정의하는 것은 **공리적 정의**라 한다.

■ **명명적(命名的) 정의**

「유개념[1]에 종차[2]를 붙여서 만들어지는 정의를 **명명적인 정의**」라고 한다. 명명적 정의는 논리적으로 명명하기 때문에 **논리적 정의** 또는 **본질적 정의**라고도 한다. 명명적 정의는 다음 예처럼 도형 상호간의 포섭관계를 이용하여 유개념인 상위개념에 종차인 첨가조건을 덧붙여서 정의하는 개념으로 도형의 변별, 포섭관계, 작도 등을 지도하는 데 중요한 역할을 한다.

> <u>삼각형</u> 중에서 <u>두 변의 길이가 같은</u> 도형을
> 상위개념(유개념) 첨가조건(종차)
> <u>이등변삼각형</u>이라 한다.
> 하위개념(정의하려는 개념)

■ **예시적(例示的) 정의**

구체적인 사례를 통한 정의를 **예시적 정의** 또는 **귀납적 정의**라고 한다. 예컨대 '1, 2, 3, …과 같은 수를 자연수'라고 한다거나 '공처럼 둥근 모양을 '구'라고 한다. 등은 구체적인 특수한 사례를 제시하여 정의하는 예시적 정의이다.

□ **도형 정의함에 있어서 유의할 사항**

- 정의에 사용되는 용어는 간단하고 명료해야 한다. 즉 의미가 애매하거나 이해하기 어려운 용어는 피한다.
- 정의는 그 개념이 갖는 성질을 대표할 수는 있으나 모든 성질이 정의가 될 수 없으므로 정의와 성질은 구별되어야 하며 성질을 포함하지 않아야 한다.
- 유명적(唯名的) 정의는 피해야 한다. 예컨대 '원이란 둥근 모양이다.'처럼 해석적인 내용으로 정의하면 개념형성에 혼란을 가져온다.
- 도형의 구성 요소나 조작 및 작도에 관심을 갖고 정의한다.

ㅈ

■ **정리(theorem)**

증명없이 옳다고 인정한 명제를 '공리'라면,「정리란 공리와 정의 및 이미 증명된 정리로부터 수학적으로 참이라고 이끌어낸 명제」로써 수학적 사실 중에서 정의와 공리를 제외하면 모두 정리라고 볼 수 있다. 정리는 대부분 주어진 공리에서 연역적 추론을 통하여 이끌어내는 데 보통 'A이면 B이다.'의 형식으로 나타낸다. 여기서 'A이면'을 가정, 'B이다.'를 결론이라 한다.

일반적으로 정리(명제)를 증명할 경우는 주어진 명제를 가정과 결론으로 나누고 가정 및 그와 관련된 정의, 정리, 성질을 이용하여 결론을 유도한다. 정리 중에서 '삼각형의 내각의 180°이다.', '맞꼭지각은 같다.'처럼 사실 자체만 표현하는 것이 대부분이지만 '삼수선 정리, 피타고라스 정리, 중간값의 정리, 나머지 정리'처럼 특별한 경우는 그 정리가 무엇인지 설명하거나 그 정리를 발견 또는 증명할 사람의 이름을 붙은 정리도 있다.

---

1) 유개념(類槪念) : 개념 A가 개념 B를 포괄할 경우, A를 B의 유개념이라 하고, B를 A의 종개념이라 한다.
2) 종차(鍾差) : 종개념을 정의하기 위해 유개념에 붙이는 첨가조건을 종차라고 한다.

좌표

「도형을 점의 집합으로 보고 공간상의 점을 수의 세계로 비춘 상은 단 하나의 수만이 아니고 일반적으로 점 P에 대해서 순서를 갖는 특정한 수 x_1, x_2, ⋯, x_i, ⋯, x_n를 생각할 수 있다. 이때 x_i를 **점 P의 i번째 좌표**라 하고, 이 수를 **점 P의 좌표**라 하며, 점 P의 좌표가 x_i일 때 P(x_i)」로 나타낸다.

공간에 좌표를 도입한 것을 좌표계라 하는데, 좌표계는 크게 평행좌표와 극좌표로 분류하며, 평행좌표에는 직선좌표, 평면좌표, 공간좌표가 있다.

■ 직선좌표

[그림 1]처럼 직선 위의 한 점 P의 위치를 표시하기 위하여 원점 O와 단위점 E를 잡아서 선분 OP의 길이를 단위길이 $\overline{OE}$로 잰다. 즉 점 P에 $\frac{OP}{OE}$=a(위 그림에서 a=5)인 수를 대응시켜서 P가 O에 관해서 E와 같은 방향이면 '양', 반대방향이면 '음'으로 한다. 이렇게 정해진 실수 a를 점 P의 좌표라 하고 P(a)로 나타낸다. 위 좌표에서 P(5)이다.

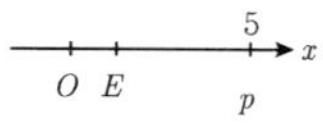

직선좌표

[그림 1]

좌표가 도입된 (유향)직선 위의 모든 점은 실수와 1:1로 대응되며 이러한 직선을 **수직선**이라고 한다. 또, 직선 위의 점의 좌표는 원점 O와 단위점 E에 의해 결정되므로 이것을 **직선의 좌표계**라 하며, {0;E}로 나타낸다.

■ 평면좌표

[그림 2]처럼 평면 위에 있는 점을 좌표로 나타내기 위해 데카르트 좌표의 일반형은 (x, y)로 나타내는 습관이 있다. 평면 위의 한 점 O에서 각 θ로 만나는 두 직선 x, y를 그어서 그 교점 O를 **원점**, θ를 **교각**, 두 직선의 양의 방향을 각각 ox, oy로 나타내고 각각 x**축**, y**축**이라하며, 이를 합하여 **좌표축**이라고 한다. 점 E_1, E_2를 각각 단위점, 점 P_1, P_2의 좌표를 각각 a, b라면 $op_1=p_2p$=a, $op_2=p_1p$=b이다. 이때 실수의 순서쌍 (a, b)를 점 P의 좌표라 하고, P(a, b)로 나타내며 a, b를 각각 점 P의 x좌표, y좌표라고 한다.

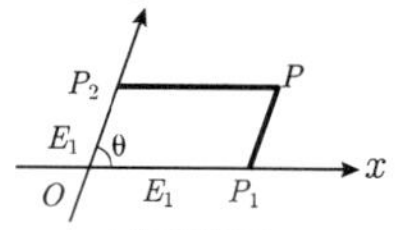

평면좌표

[그림 2]

또 [그림 3] 교각 θ가 직각이면 **직교좌표**, 또는 **데카르트좌표**라 하며, [그림 4]처럼 교각 θ가 직각이 아니면 **빗좌표**, 또는 **사교(斜交)좌표**, **카티전좌표**라 한다. 또, 평면 위의 점의 평행좌표는 원점 O와 2개의 단위점 E_1, E_2에 의해 결정되므로 이것을 **평면 위의 평행좌표계**라 하며, {0;E_1, E_2}로 나타낸다.

평행좌표계는 두 좌표축에 의해 네 부분으로 나누고 그 하나하나를 상한(象限)이라 부르며, [그림 5]와 같이 구분한다.

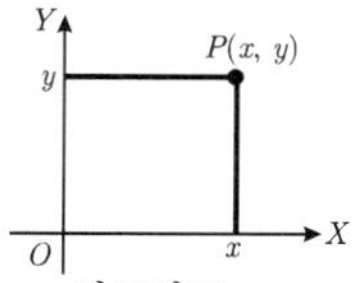

직교좌표

[그림 3]

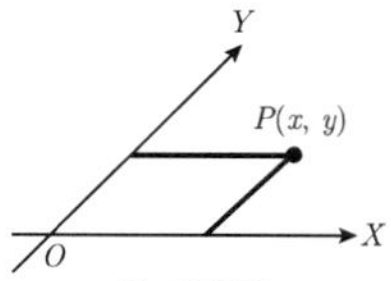

사교좌표

[그림 4]

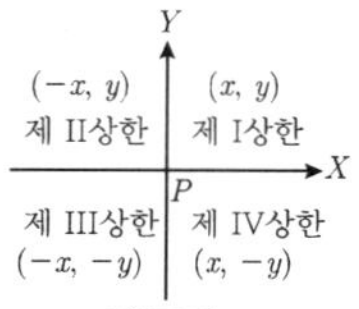

좌표값

[그림 5]

■ 공간좌표

[그림 6]처럼 동일한 평면 위에 있지 않은 세 직선 x, y, z를 그어서 그 교점 O를 **원점**, 두 직선끼리 만나는 각을 **축각**, 각 축 위에 있는 단위점을 각각 E_1, E_2, E_3을 잡는다. 공간 위에 있는 임의의 점 P를 지나는 평면 OE_2E_3, OE_3E_1, OE_1E_2에 평행인 평면과 세 직선 x, y, z와 만나는 점을 각각 P_1, P_2, P_3라 하고, 이들 각 직선 위의 좌표를 a, b, c라면 실수의 순서쌍 (a, b, c)를 점 P의 좌표라 하고, P(a, b, c)로 나타낸다. ox, oy, oz를 각각 x축, y축, z축이라고 하며, OE_2E_3를 yz평면, OE_3E_1를 zx평면, OE_1E_2를 xy평면이라고 한다.

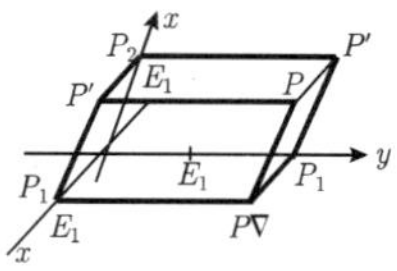

공간좌표

[그림 6]

또, 공간 위의 점의 평행좌표는 원점 O와 3개의 단위점 E_1, E_2, E_3에 의해 결정되므로 이것을 **공간 위의 평행좌표계**라 하고, {0;E_1, E_2, E_3}로 나타낸다.

줄기-잎그래프/상자-수염그래프

■ 줄기-잎 그래프

「자료에서 값이 큰 단위를 줄기(stem)로, 작은 단위를 잎(leaf)으로 하여 세로에는 줄기를 표시하고, 가로에는 각 줄기에 해당하는 잎을 적어 넣어서 만든 그림을 **줄기-잎 그래프**(stem-and-leaf plot)」라고 한다.

도수분포표와 히스토그램은 계급을 나누어 자료를 정리하고 이를 그래프로 나타내기 때문에 자료 하나하나의 값을 알아볼 수 없는 반면에 줄기-잎 그림은 도수분포표나 히스토그램의 성격을 가지면서 자료 하나하나의 값을 알아볼 수 있는 방법이다. 다음 [자료 1]은 어느 학급 학생들의 키를 나타낸 자료이며, [그림 1]은 [자료 1]을 줄기-잎 그래프로 나타낸 것이다.

[자료 1]

남학생		여학생	
132	122	140	131
140	130	129	128
133	134	141	131
142	125	134	132
134 은철	147	124	130
(137)	131	129 영미	127
139	129	(125)	

전체 학생의 키

12	2, 4, 5, 5, 7, 8, ⑨, 9, 9
13	0, 0, 1, 1, ①, 2, 2, 3, 4, 4, 4, ⑦, 9
14	0, 0, 1, 2, 7

(※ ⑨, ①, ⑦은 각각 제 1, 제 2, 제 3사분위 수임)

남학생의 키

12	2, 5, 9
13	⓪, 1, 2, 3, 4, 4, 7, ⑨
14	0, 2, 7

여학생의 키

12	4, 5, 7, |8, 9, 9
13	⓪, 1, 1, 2, |4
14	0, 1

[그림 1]

줄기-잎 그래프를 그리기 위해서는 먼저 가장 큰 값과 가장 작은 값을 찾아서 줄기의 수를 결정해야 하는 데 이 때 줄기의 수에 따라 자료의 특성이 잘 나타날 수도 있고, 그렇지 않는 경우도 있기 때문에 줄기의 수를 잘 결정해야 한다.

줄기의 수가 결정되면 [그림 1]처럼 수직선을 긋고 수직선의 왼쪽에 줄기의 값을 쓰고 오른쪽에 각 줄기에 해당하는 잎의 값을 쓰되 잎의 값은 크기 순서대로 나열하면 식별하기가 편리하다. 위 [자료 1]에서 가장 큰 값은 147이고, 가장 작은 값은 122이므로 줄기를 12, 13, 14로 정한 것이다. 또 [그림 2]처럼 이중 줄기-잎 그래프(back-to-back stem-leaf plot)로 나타내면 두 자료를 비교하기 쉽다.

남학생의 키		여학생의 키
9, 5, 2	12	4, 5, 7, 8, 9, 9
9, 7, 4, 4, 3, 2, 1, 0	13	0, 1, 1, 2, 4
7, 2, 0	14	0, 1

[그림 2]

남학생의 키	cm	여학생의 키
	120-129	
	130-139	
	140-149	
8 7 6 5 4 3 2 1	명	1 2 3 4 5 6 7 8

■ 상자-수염 그래프

상자-수염 그래프는 중앙값의 통계뿐 아니라 범위와 분포에 대한 정보를 시각적으로 보여준다. [그림 3]은 [자료 1]을 상자-수염 그래프로 나타낸 것으로 다음 3가지 특징이 있다.

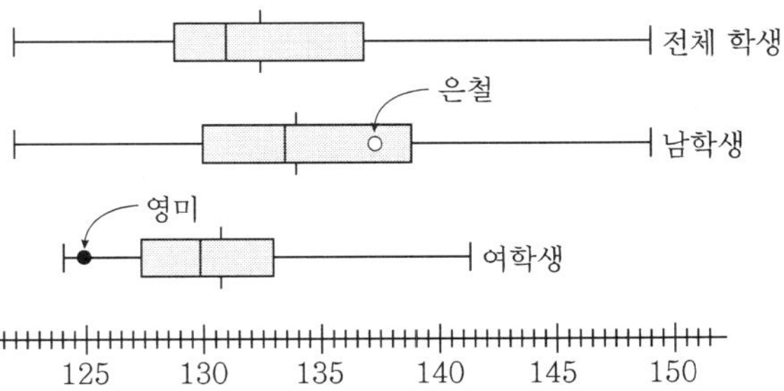

[그림 3]

- 상자의 양 끝은 제 1사분위 수와 제 3사분위 수를 나타낸 것으로 자료가 모여 있는 범위를 나타낸다.
- 상자 안의 세로선은 중앙값, 상자 바깥의 짧은 세로선은 평균을 나타낸다.
- 상자의 양끝에서 좌우로 그은 선의 양 끝은 은 자료가 분포된 범위를 나타낸다.

위 [그림 3]에서 전체 학생들의 키의 분포는 아래쪽 반보다 위쪽 반에 더 분포되어 있다. 여학생은 남학생이나 학급 전체보다 한 부분에 더 많이 몰려있음을 알 수 있다. 은철이와 영미처럼 특별히 관심있는 학생의 위치는 이름을 써 넣어 표시할 수 있다.

중점연결정리

「삼각형의 두 변의 중점을 맺는 선분은 나머지 변에 평행하고, 또한 그 선분의 길이는 나머지 변의 길이의 $\frac{1}{2}$과 같다. 이것을 **중점연결정리**(中點連結定理)」라고 한다. 즉 [그림 1]의 「삼각형 ABC에서 M, N을 각각 변 AB, AC의 중점이라면, ① MN∥BC이고, ② MN=$\frac{1}{2}$BC인 것을 **중점연결정리**」라고 한다.

[중점연결정리의 증명]

이 정리의 증명에는 삼각형의 합동을 기초로 하는 방법과 삼각형의 닮음을 기초로 하는 방법이 있다.

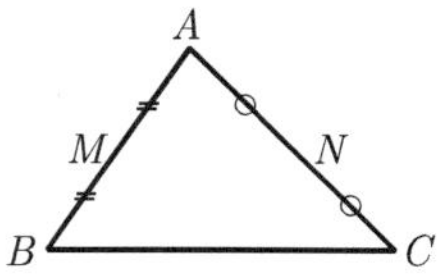

[그림 1]

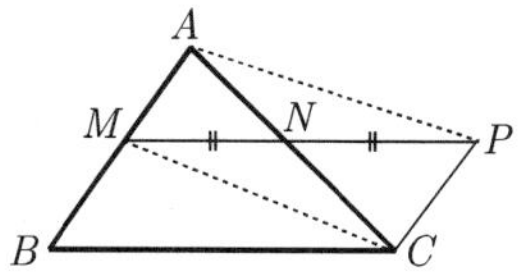

[그림 2]

[증명 1] 합동을 기초로 하는 경우 ; 위 [그림 2]와 같이 MN의 연장 위에 MN=MP가 되는 점 P를 잡아서 P와 C를 맺으면 삼각형 △ANM≡△CPN이 되어 가정으로부터 MB=PC가 성립한다.

또 사각형 AMCP는 가정과 점 P를 잡는 방법으로부터 평행사변형이 되고 MB∥PC가 성립한다. 이 사실로부터 사각형 MBCP가 평행사변형이라는 것을 알 수 있다.

이 방법은 점 P를 잡는 방법이 증명의 핵심이다. 그러나 이것을 학생들에게 발견시키는 것은 어렵기 때문에 교사의 암시가 주어져야 한다.

[증명 2] 닮음을 기초로 하는 경우 ; [그림 1]로부터 △AMN와 △ABC에서 $\frac{AM}{AB}=\frac{AN}{AC}=\frac{1}{2}$이고, ∠A는 공통이므로 두 변의 길이의 비와 그 사이에 끼인 각의 크기가 같으므로 △AMN∽△ABC이다. 따라서 ∠ADE=∠ABC. 즉 DE∥BC이고, $\frac{AM}{AB}=\frac{MN}{BC}=\frac{1}{2}$이므로 DE=$\frac{1}{2}$BC이다.

■ 중점연결정리의 역

삼각형의 한 변의 중점을 지나 다른 한 변에 평행인 직선은 다른 한 변의 중점을 지난다. 위 [그림 1]에서 변 AB의 중점을 M이라 하고, MN∥BC일 때 N은 변 AC의 중점이다.

[증명 1] [그림 2]의 △ABC에서 점 C를 지나 변 BC에 평행한 직선이 ME의 연장선과 만나는 점을 P라면 □MBCP는 평행사변형이므로 MB∥CP, MB=CP이다. 그런데 AM=MB이므로 AM∥CP, AM=CP이다. 따라서 AMCP도 평행사변형이다. 평행사변형에서 대각선은 서로 이등분하므로 N은 변 AC의 중점이다.

[증명 2] 변 AC의 중점을 N′이라면 MN′∥BC이다. 그런데 “직선 밖의 한 점을 지나 이와 만나지 않는 직선인 평행선은 단 하나 그을 수 있다.”는 평행선 공리에 의하여 MN과 MN′는 일치한다. 따라서 점 N은 변 AC의 중점이다.

■ 사다리꼴의 중점연결정리

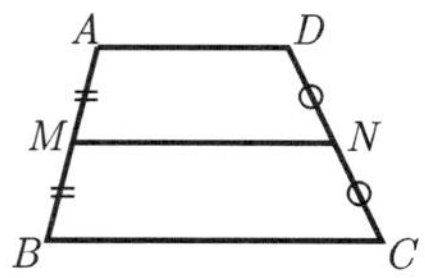

[그림 3]에서 AD∥BC인 사다리꼴 ABCD에서 변 AB, 변 CD의 중점을 각각 M, N이라 하면 MN∥BC, MN=$\frac{1}{2}$(AD+BC)이다. 이것을 사다리꼴의 중점연결의 정리라고 한다. 사다리꼴의 중점연결의 정리를 증명하면 다음과 같다.

〈증명〉

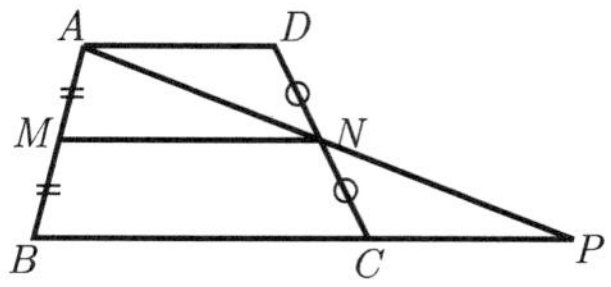

AN의 연장선과 BC의 연장선이 만난 점을 P라면

① AD=CP이다.
△AND와 △NCP에서 DN=NC이고, ∠AND=∠CNP이다. 또 AD∥BC이고, ∠ADN=∠NCP이므로 △AND≡CNP이다. 따라서 (변 AN)=(변 NP)……①

② △ABP에서 중점연결정리를 이용하면, 점 M은 변 AB의 중점이므로 MN∥BC이고, MN=$\frac{1}{2}$BP……②이므로 MN∥BC이다. 또 ①에서 BP=BC+CP=BC+AD……③이다. ②에 ③을 대입하면 MN=$\frac{1}{2}$(AD+BC)이다.

증명과 정당화

실제적·경험적이었던 이집트의 수학이 고대 그리스에서 체계적인 연역적 수학으로 발전된 이래 증명은 수학에서 핵심적 위치를 차지하여 왔다. 그러나 20세기에 들어와서 수학에 대한 준경험주의 인식론과 사회적 구성주의 인식론이 새롭게 대두되면서 증명에 대한 철학적 관점도 변하고 있다.

■ **증명**

일상적으로 증명이란 어떤 사항이나 판단에 대해 그것이 진실인지 아닌지를 증거를 제시하여 밝히는 것을 지칭하는 용어인데, 수학교육에서 증명은 여러 진술이 있으나 國本景龜(1990)는 「정의, 공리, 또는 이미 증명된 명제를 이용하여 주어진 전제로부터 논리적 추론 규칙에 따라 결론을 도출해 내는 방법」으로 정의하고 있다.

그는 라카토스의 준경험주의와 사회적 구성주의의 입장을 정리하여 '증명은 수학적 지식을 표현하고, 정리·보증하는 수단인 동시에 자기 확신과 합리적인 논의 및 설득의 수단으로써 보증적(保證的)가치를 지니고 있으며, 수학적 사실 사이의 관계를 인식하고 연구하는 수단인 동시에 오류를 제거하고, 기존의 수학적 지식을 개선하고 새로운 발견을 이끄는 생산적(生産的)가치를 지니고 있다.'고 언급하고 있다. 수학에서 증명하는 방법은 반증(반례에 의한 증명), 직접증명, 간접증명, 수학적 귀납법이 있다.

■ **정당화**

정당화에서 '정당'이란 사전적 의미로 '바르고 옳음' 또는 '이치에 합당함'으로 정의하고 있다. 수학교육에서 정당화란 이미 일반화된 형식적 증명을 포함하여 자신의 경험이나 교사나 교과서 등 외부적 권위, 또는 자신이 직접 체험하거나 특정한 사례를 통해 자신의 생각이나 판단이 옳다는 것을 확신하고 다른 사람에게 설명하거나 주장하는 방법이라고 할 수 있다. 정당화는 목적에 따라 설명, 확인, 반증, 새로운 지식의 생성으로 분류할 수 있는데, 설명을 위한 정당화는 다른 사람에게 수학 명제의 참·거짓을 밝히는 것이며, 확인을 위한 정당화는 주어진 명제가 참임을 확인하는 과정에서의 정당화를 의미한다. 반면에 반증을 위한 정당화는 주어진 명제가 거짓임을 확인하는 것이고, 새로운 지식의 생성을 위한 정당화란 정당화를 통해서 새로운 수학적 지식을 창출하는 것을 말한다.

정당화와 증명은 자신의 생각이나 판단이 옳다는 것을 그 근거를 가지고 밝힌다는 점에서는 같은 의미를 지닌 것으로 증명은 논리적으로 완벽해야 하지만 정당화는 단지 추론의 근거를 제안할 뿐이고 증명보다 더 포괄적인 의미를 지니고 있으며 간결할 수 있다(Kilpatrick. et al. 2001). 또한 학생들의 정당화 수준을 분류하면 다음 [표 1]과 같다.

[표 1] 정당화의 수준

수준	설명
1	정당화 없음(반응에 정당화가 들어있지 않음)
2	외부적 권위에 의한 정당화(공인된 사람에 의한 정당화)
3	경험적 증거에 의한 정당화(특정 예를 통한 정당화)
4	일반적 예에 의한 정당화(특정 예에 대한 연역적 정당화)
5	연역적 정당화(특정 예와는 별개로 연역적 논증을 제시)

위 [표 1]에서 제시한 정당화의 수준을 좀 더 살펴보면, 외부의 권위에 의한 정당화는 교사나 전문가, 교과서나 전문서적의 진술에 근거하여 자신의 생각이나 판단이 옳다고 주장하는 수준이다.

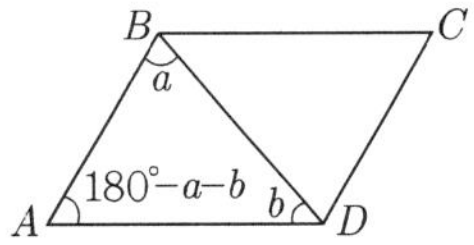

[그림 1]

경험적 정당화는 자신이 체험적으로 실험, 실측, 조작활동 등을 통해 증명의 과정을 찾아내고, 이 증명에 대해 옳다는 것을 특정한 예를 통해 스스로 확인하고 다른 사람에게 설명하는 수준이다. 예컨대 '평행사변형에서 대각의 크기는 같다.'…①의 정당화는 [그림 1]의 평행사변형을 대각선 AC로 자른 후 ∠A와 ∠C를 겹쳐보이고 ∠A=∠C임을 주장하는 것이다.

일반적 예에 의한 정당화는 특정한 사례를 적용하여 연역적으로 입증하는 정당화를 말한다. 예컨대 위 ①을 정당화할 때, [그림1]의 평행사변형에서 ∠BAC=180°−∠ABD−∠ADC이므로 ∠A=∠C임을 주장하는 것이다.

연역적 정당화는 증명의 형식에 따라 논리적으로 도출하는 것으로, 예컨대 위 ①의 정당화는 [그림 1]에서 BC∥AD이므로∠ABD=∠BDC(엇각), ∠ABD=∠BDC(엇각)이다. 따라서 ∠A=∠C임을 보이는 것처럼 수학적 기호를 사용하여 형식적이고 연역적인 방법을 사용하는 것이다

증명방법

「**증명**이란 어떤 확실한 사실을 근거로 하여 또 다른 어떤 사실이 참(眞)이라는 사실을 객관적으로 밝히는 것으로 증명은 어떤 명제가 참임을 보이기 위해 가정에서 논리적인 과정을 통해 결론을 유도하는 것」이다. 증명 방법에는 반증(반례에 의한 증명), 직접증명, 간접증명, 수학적 귀납법 등이 있다.

■ **반증**(The counterexample) : 「의심가는 것부터 시작하여 잘못된 진술과 전개를 증명하는 방법을 **반증**」이라 한다. 예컨대 '모든 수의 제곱수는 짝수이다.'라는 진술을 생각해 보자. 이를 증명하기 위해 자연수의 제곱수를 구해보았더니 $2^2=4$, $4^2=16$, $6^2=36$ 등 짝수의 제곱수는 짝수였지만 $1^2=1$, $3^2=9$, $5^2=25$ 등 홀수의 제곱수는 짝수가 아니다. 즉 처음 진술에 대한 반례가 나타났으므로 '모든 수의 제곱수는 짝수이다.'라는 진술은 거짓이다. 어떤 「명제를 증명하는 과정에서 대해 참이 아닌 사실을 그 명제의 **반례**」라고 한다.

■ **직접증명**(The direct method)
「공리나 정리를 사용하여 가정에서 차례로 결론을 이끌어내는 방법. 즉 이미 밝혀진 사실이나 가정으로부터 논리적인 진술을 통해 결론을 이끌어 내는 증명방법을 **직접증명**」이라 한다.

■ **간접증명**(The indirect method)
「결론이 거짓이라고 가정하고, 논리적인 진술을 통해 가정에 모순됨을 보여주어 증명 방법을 **간접증명**」이라 한다. 다음 명제를 2가지 방법으로 증명해 보자.

> 선분 AB를 일정한 비 $m:n$으로 내분하는 점 C는 단 1개뿐이다.

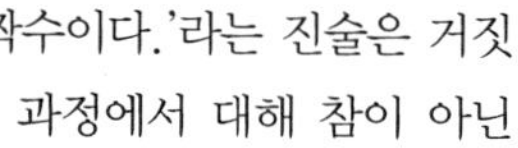

• **직접증명의 예** : $\overline{AB}$=a라면 AC:AB=$m:(m+n)$. $(m+n)$AC=mAB에서 $\overline{AB}$=a이므로 AC=$\frac{ma}{m+n}$이다. 즉 AC는 일정하므로 선분 AB를 일정한 비 $m:n$으로 내분하는 점 C는 단 1개분이다.

• **간접증명의 예** : 점 A를 지나는 반직선 AX 위의 점 P, Q를 각각 AP=m, PQ=n되게 잡는다. P를 지나 BQ에 평행인 직선을 그어 AB와 만나는 점을 C라고 하면 AP:PQ=AC:CB=$m:n$이기 때문에 점 C는 AB를 $m:n$으로 내분하는 점이다.

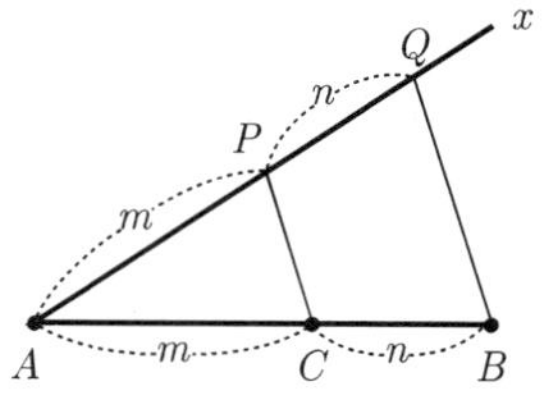

앞 명제의 결론을 부정하여 만일 AB를 $m:n$으로 내분하는 점은 C 1개뿐만 아니라 또 다른 점을 C'가 있다고 가정하면, AC':C'B=$m:n$이다. 그런데 AC:AB=$m:(m+n)$. AC':AB=$m:(m+n)$으로 AC=AC'. 즉 C와 C'는 일치한다. 따라서 선분 AB를 일정한 비 $m:n$으로 내분하는 점 C는 단 1개분이다.

■ **수학적 귀납법**(The method of mathematical induction)
「명제 P_1, P_2, P_3, …가 모두 사실임을 차례로 증명하는 방법을 **수학적 귀납법**」이라 한다. 수학적 귀납법을 완전귀납법이라고도 하는데, 자연수 n을 포함하는 명제 P(n)이 모든 자연수 n에 대해서 참이라는 것을 주장하려면 다음 2가지를 증명하면 된다.

① P(1)은 참이다.
② P(n)이 참이라고 가정하면(귀납법의 가정)p(k+1)도 참이 된다.

여기서 k는 임의의 자연수라고 한다. 이러한 증명법을 수학적 귀납법이라고 한다. 예컨대

$1+3+5+\cdots\cdots+(2n-1)=n^2$(단, $n\in N$)……①

위 식 ①이 성립하는지를 증명하면 다음과 같다.

(1) n=1일 때, 즉 P(1) : $1=1^2$은 성립한다.
(2) n=k일 때, 즉 P(k) : $1+3+5+\cdots+(2k-1)=k^2$이 성립한다고 가정한다. 이 식의 양변에 (2k+1)을 더하면, $1+3+\cdots\cdots+(2k-1)+(2k+1)=k^2+(2k+1)$이다.

따라서 $1+3+\cdots+(2k-1)+\{2(k+1)-1\}=(k+1)^2$이므로 n=k+1일 때도 식 ①은 성립한다. 그러므로 모든 자연수 n에 대해서 ①은 성립한다.

수학적 귀납법은 도미노 배열에서 제일 마지막까지 차례대로 줄지어 있다는 것을 적용한 은유로써 이 증명 방법은 처음부터 끝까지 차례로 논리적으로 전개함으로써 모든 것이 명백하다는 사실을 밝혀준다.

직각삼각형

삼각형을 각의 크기에 따라 분류하면 「세 내각이 모두 예각인 삼각형을 **예각삼각형**, 세 내각 중 어느 한 각이 둔각인 삼각형을 **둔각삼각형**, 세 내각 중 한 각이 직각인 삼각형을 **직각삼각형**」이라 한다. 또 직삼각형은 직사각형을 그 대각선에 의해 두 부분으로 나눌 때 얻어지며, 직삼각형에서 직각의 대변을 그 직삼각형의 **빗변**이라 한다.

■ 예각삼각형의 성질

삼각형의 세 내각 중 어느 두 내각의 합이 남은 각보다 큰 삼각형은 예각삼각형이다. 이것을 증명하면 다음과 같다. 삼각형의 세 내각을 각각 α, β, γ라 면 α,+β>γ ……①, β+γ>α……②, γ+α>β……③이다.

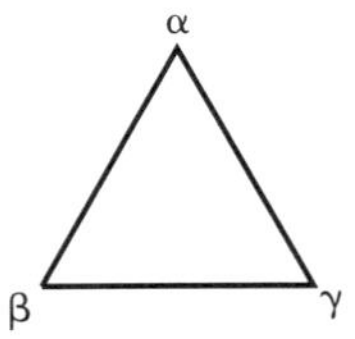

[그림 1]

삼각형의 세 내각의 합, 즉 α+β+γ=2∠R……④이다. 식 ④에서 α+β=2∠R−γ을 식 ①에 대입하면 2∠R−γ>γ에서 γ<∠R이다. 같은 방법으로 ③에서 β<∠R이고, ②에서 α<∠R이다.

위 사실로부터 삼각형의 세 내각 중 어느 두 내각의 합이 남은 각과 같으면 직각삼각형, 남은 각보다 작으면 둔각삼각형임을 알 수 있다.

■ 직각삼각형의 성질

① 직각삼각형에서는 빗변이 최대의 변이다.
직각삼각형에서는 직각이 최대의 각이기 때문에 그 대변인 빗변이 최대의 변이 된다.

② 직각삼각형의 빗변의 중점은 세 꼭짓점에서 같은 거리에 있다.

[그림 2]의 △ABC에서 ∠A=∠R이고 빗변, BC의 중점을 M이라 할 때, AM의 연장 위에 AM=MD인 점 D를 잡으면 △AMC≡ΔDMB가 되어 AC=BD, AC∥BD. 따라서 ∠CAB=∠DBA=∠R이므로 ΔABC≡ΔBAD.

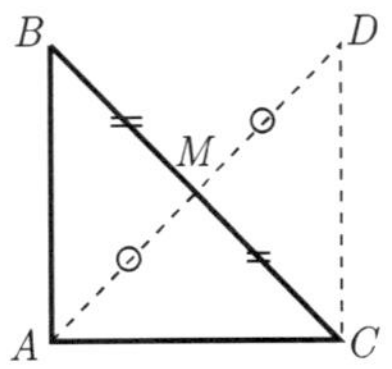

[그림 2]

∴ BC=AD이므로 $AM=\frac{1}{2}AD=\frac{1}{2}BC=BM=MC$이다.

이 결과로부터 다음의 성질을 얻는다.

③ 직각삼각형의 빗변을 지름으로 하는 원은 직각인 꼭짓점을 지난다.

④ 직각삼각형의 빗변을 지름으로 하는 원은 직각인 꼭짓점에서 빗변에 내린 수선은 처음 삼각형과 닮은 2개의 삼각형으로 나눈다.

[그림 3]의 직각의 꼭짓점 A에서 빗변 BC에 수선 AH를 그으면 △ABC와 △HBA를 공유하는 직각삼각형이므로 닮은꼴이다.

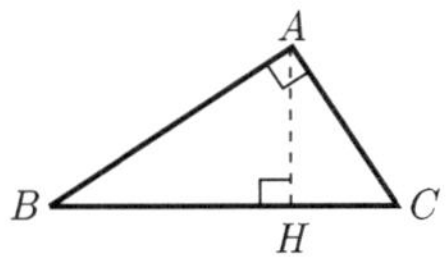

[그림 3]

즉 △ABC와 △HAC도 ∠C를 공유하는 직각삼각형이므로 닮은도형이다. 곧 △ABC∽△HBA∽△HAC. 삼각형 가운데 수선에 의해서 합동인 것은 제외하고 닮은 삼각형으로 나누어지는 것은 직각삼각형뿐이다. 합동인 것까지 포함시킨다면 이등변 삼각형도 포함된다.

이 성질에서 다음 성질을 얻는다.

⑤ ∠A=∠R인 △ABC에서 A로부터 BC에 내린 수선을 AH라 하면 AH^2= BH·CH, AB^2= BH·BC, AC^2= CH·BC이다. 위 ④에서
△HBC∽△HAC이므로
BH/AH = AH/CH　　∴ AH^2= BH·CH
△ABC ∽ △HBA이므로
AB/BC = BH/AB　　∴ AB^2= BH·BC
△ABC ∽ △HAC이므로
AC/BC = CH/AC　　∴ AC^2= CH·BC

이 성질을 그림으로 나타내면 [그림 4]에서 AB^2=HC·BH는 □ABDE=□BGMH, AC^2= BC·CH는 □ACKI=□HMFC가 됨을 말하는 것이다. 이 두 식을 합한 결과가 다음의 피타고라스의 정리이다.

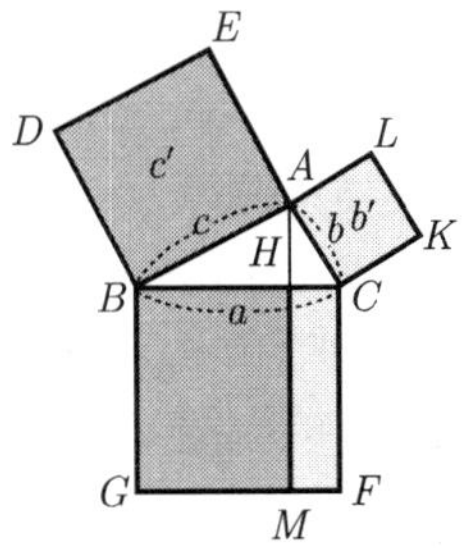

[그림 4]

⑥ 직각삼각형의 직각을 끼는 두 변 위의 정사각형의 면적의 합은 빗변 위의 정사각형의 면적과 같다. 곧 직각삼각형의 직각을 끼는 두 변을 b, c, 빗변을 a라 하면 $b^2+c^2= a^2$이다.

역으로 삼각형의 세 변 a, b, c, 사이에 $b^2+c^2= a^2$인 관계가 성립하면 이 삼각형은 a에 대한 각이 직각인 직각삼각형이다.

집합

수학학습의 대상으로 집합을 다루게 된 것은 칸토르 *Cantor*인데 그는 직관, 또는 사고의 대상으로서 확정되고 또한 서로 명확하게 구별되는 원소를 하나의 전체로 묶은 것을 집합」이라고 정의하고 있다. 이러한 관점에서 그는 무한집합의 농도이론, 순서수의 이론을 수립하였다.

사물의 모임을 집합이라고 하기 위해서는 그 집합에 포함된 임의의 원소가 그 모임에 포함되는가? 되지 않는가?를 명확하게 구분할 수 있어야 한다. 예컨대 A={x|x는 12의 약수}라면 1, 2, 3, 4, 6, 12는 집합 A의 원소이지만 5, 7은 집합 A의 원소가 아니다. 또, B={x|x는 정수}라면 0, −3, +8은 B의 원소이지만 $\frac{2}{5}$, 3.5는 B의 원소가 아니다. C={x|x는 큰 수}의 경우 큰 수란 어떤 수보다 큰 수인지 판단하기가 어렵다. 따라서 A, B는 집합이 될 수 있지만 C는 집합이 될 수 없다. 이처럼 집합은 그 대상을 명확히 구별한 수 있는 모임이다.

■ 집합의 원소

집합을 표현할 때, 일반적으로 집합의 이름은 대문자 A, B, C, … 등으로 나타내고, 그 집합에 포함되는 원소는 소문자 a, b, c, … 등으로 나타낸다. 「A를 하나의 집합이라고 할 때, 집합 A에 포함되어 있는 것들을 A의 원소(요소)라 하며, 원소 a가 집합 A에 속한 경우를 기호로 a∈A, 또는 A∋a로 나타낸다. 또 a가 A의 원소가 아닌 경우는 a∉A」로 나타낸다.

학생들은 집합과 원소 사이의 관계인 기호 '∈.'과 집합과 집합 사이의 관계인 기호 '⊂', 또는 '⊆'를 혼돈하기 쉽다. 따라서 a∈A⇔{a}⊆A임을 명확하게 이해하는 것이 필요하다. 예컨대 A={a, b, c, d, e}이고, B={d, e}라면 집합 A와 그 원소 a의 관계는 A∋a, 또는 a∈A. 집합 B와 그 원소 d의 관계는 B∋d, 또는 d∈B로 나타내지만 집합 A와 집합 B사이의 관계는 A⊃B, 또는 B⊂A로 나타낸다.

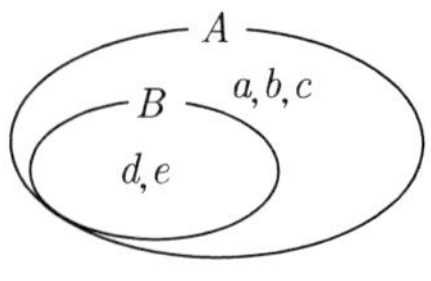

■ 집합을 표기하는 방법

집합을 표기하는 방법에는 2가지가 있다.

① **외연적 표기법(원소나열법)**

집합의 원소를 열거해서 집합을 나타내는 방법이다. 예를 들면 '12의 약수의 집합'을 A라면, A={1, 2, 3, 4, 6, 12}라 쓴다. 이때 {2, 6, 12, 1, 3, 4}와 같이 써서 순서를 바꾸어도 좋다. 또 {1, 1, 2}라고 같은 원소를 반복해서 쓰지 않고 같은 원소는 한 번만 사용하여 {1, 2,}라고 한다.

② **내포적 표기법(조건제시법)**

집합의 원소가 만족해야 할 조건을 명시해서 집합을 나타내는 방법이다. 예컨대 '12의 약수의 집합'을 A라면, A ={x|x는 12의 약수}로 나타낸다.

■ 공집합

집합 중에는 원소를 전혀 포함하지 않는 집합도 생각할 수 있다. 예컨대 A={x|x는 100m를 1초에 달리는 사람}을 하나의 집합이라고 할 경우 이에 해당하는 사람은 없다. 즉 원소 수가 0개이다. 이런 집합을 공집합이라고 하고 기호로 '∅', 또는 '{ }'로서 나타낸다. 간혹 학생들은 {∅}과 { }, 그리고 {0}을 혼동하는 경우가 있는데, {∅}은 집합의 원소가 공집합 ∅라는 의미이고, { }은 집합의 원소가 없다는 의미이며, {0}은 집합의 원소가 0라는 의미이다.

■ 집합의 대등과 상등

집합 사이의 관계에서 「대등이란 두 집합 A와 B의 원소 사이에 1:1 대응이 이루어지는 경우 이 두 집합을 서로 대등이라고 하고 기호로 A~B」로 나타낸다. 예컨대 집합 A={1, 2, 3}, 집합 B={a, b, c}라면 두 집합의 원소 사이에는 1:1 대응관계가 가능하므로 A~B이다.

집합 사이의 관계에서 「상등이란 두 집합 A와 B의 원소 사이에 1:1 대응이 이루어질 뿐만 아니라 같은 원소로부터 이루어져있을 때, 두 집합을 서로 상등이라 하고 기호로 A=B」라고 나타낸다. 수에서는 두 수가 같다고 하지만 집합에서는 그렇게 말하지 않고 집합에서는 원소가 일치할 때 두 집합은 서로 상등이라 한다. 예컨대 A={1, 2, 3, …, 10}, B={x | 1≦x≦10, x는 자연수}라면 A=B이다.

집합수/순서수/이름수

「수 중에서 사물의 수량을 나타내는 수를 **집합수** 또는 기수라 하며, 대상의 차례를 나타내는 수를 **순서수** 또는 **서수**라 하고, 사물이나 대상의 이름을 대신하는 수를 **명명수** 또는 **이름수**」라고 한다.

■ 집합수

[그림 1]에서 세 물건의 이름이나 용도, 크기나 색깔 등 모든 것이 다르지만 공통적인 속성 중의 하나는 물건의 양, 즉 개수가 같다는 점이다. 각 집합에서 물건의 수를 '삼'이라 하고, 기호인 숫자 '3'으로 나타낸다. 이처럼 물체의 「집합에서 공통된 성질인 개수를 나타내는 수를 **집합수**」라 한다.

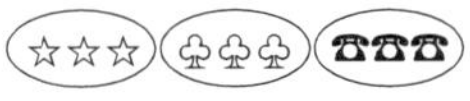

[그림 1]

■ 순서수

[그림 2]처럼 손을 든 학생은 '몇 번째'인가라고 그 순서를 말할 경우, 앞에서부터 '넷째'라 한다. 이처럼 「어떤 물체의 순서를 나타내는 수를 순서수라 한다.

[그림 2]

■ 이름수

주민등록번호, 전화번호, 출석번호, 생년월일 등 어떤 사물이나 대상을 대신에 부여한 수를 **이름수**」라고 한다. 이름수(명명수)는 특정 대상이나 사물을 대신하여 나타내는 수이므로 측정이나 연산을 할 수 없다.

물체의 양의 크기를 나타내는 집합수와 순서를 나타내는 순서수는 의미와 사고방식이 다르므로 동시에 가르치려고 할 것이 아니라 집합수를 먼저 가르치는 것이 바람직하다.

수를 지도할 경우 위 [그림 1]에서 물체를 보고 곧바로 3개라고 답하기가 어렵다. 일반적으로 학생들은 [그림 1]에서 별에 순서를 붙여서, 1개, 2개, 3개라고 세어서 별이 3개 있다고 확인하는 것처럼 순서의 최후의 수가 집합수를 가리키기 때문에 집합수와 순서수의 관계는 매우 중요한 것이다.

■ 집합수의 성질

집합수는 다음 3가지의 불변성을 가지고 있다.

- **1대1 대응에서의 불변성** : 1대1로 대응시켜 수를 세는 경우 어떻게 대응시켜도 수는 변하지 않는다. [그림 3]의 경우 5개와 4개 중 어느 쪽이 많은가를 금방은 알 수 없지만 [그림 4]처럼 1대1로 대응시키면 어느 쪽이 많은지 금방 이해하고, 물체의 크기나 속성에 따라 개수가 변하지 않는다는 것을 안다.

[그림 3]

[그림 4]

- **분할에서의 불변성** : 어떤 사물의 집합을 2개 이상으로 나누어도 전체의 개수는 변하지 않는다. [그림 5]의 a를 b와 c처럼 서로 달리 배열하거나 다른 모양의 접시에 담아도 개수는 변하지 않는다.

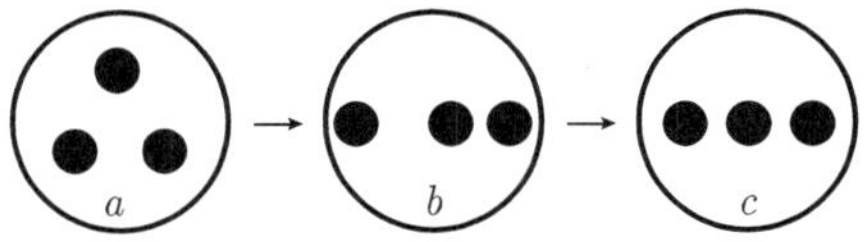

[그림 5]

- **순서변경에서의 불변성** : 어떤 순서로 세어도 개수는 변하지 않는다는 것이다. 오른쪽에서 세기 시작하던지, 왼쪽에서 수를 세기 시작하던지 물체의 개수에는 전혀 영향이 없다.

집합수와 순서수의 차이는 숫자 '1, 2, 3, …'을 영어로는 집합수는 'one, two, three, …, 순서수는 'first, second, third, …'처럼 읽는 방법(**수사**)이 전혀 다르며, 우리나라에서도 집합수는 '일, 이, 삼, …, 순서수는 '첫 번째, 두 번째, 세 번째, …'라는 수사가 있다.

■ 수 지도 단계

수 지도에서 다음 8단계를 고려해 볼 필요가 있다.

① 사물을 하나하나 손가락으로 짚으면서 센다.
② 사물을 하나씩 이동시켜 무리를 만들어 센다.
③ 만지거나 이동시키지 않고 눈으로 보고 센다.
④ 움직이고 있는 것을 눈으로 보고 센다.
⑤ 다시 셀 수 없는 것(움직이는 물체 등)을 센다.
⑥ 소리 등 눈으로 볼 수 없는 것을 센다.
⑦ 수사를 목소리를 내지 않고 센다.
⑧ 2개씩(5개씩) 모아서 센다.

측정/측도

■ 측정(measurement)

「기준이 되는 양인 단위량을 정해 놓고 주어진 양이 단위량의 몇 배인가를 알아보는 행위나 과정을 **측정**이라 하고, 이때 기준이 되는 양을 **단위**라고 한다. 즉 주어진 양이 단위량의 몇 배인가를 수치화하는 조작을 **측정**이라 하고, 측정을 통하여 구한 값에 단위까지 나타낸 값을 **측도**」라고 한다. 측도는 측정에 의해서 얻어진 수 값이기 때문에 **측정값**이라 한다.

■ 측정의 종류

측정에는 직접 측정과 간접 측정 2가지가 있다.

□ **직접 측정**

「자, 각도기, 저울,… 등 측정 도구를 사용하여 주어진 대상의 양을 측정하는 방법을 **직접 측정**」이라 하며, 다음 2가지를 생각할 수 있다.

㉠ 단위로 분할하는 측정 : 연속량을 단위량으로 분할하여 수치화하는 방법. 예컨대 선분의 길이를 1cm 토막을 이어 붙여서 그 개수로 측정하기, $1cm^2$ 모눈판을 이용하여 넓이 측정하기 등

㉡ 눈금을 이용한 측정 : 양을 선분화하여 수직선 위의 점과 대응시키면서 양을 측정하는 방법, 예컨대 자, 저울, 매스실린더 등을 이용한 길이, 무게, 액량의 측정 등이 있는데 이때 계기의 구조와 기능, 기준 점의 위치와 그 의미, 눈금의 설정, 눈금이 나타내는 수 값의 의미, 단위의 이해가 수반되어야 한다.

시계나 둥근모양의 저울 등도 둥글게 표시된 눈금을 펼치면 선분화할 수 있으며, 선분화시켜 지도하는 것이 양감형성에 도움이 된다.

□ 간접 측정

「직접 측정이 곤란한 경우나 불편한 경우 제 3의 양(매개물)을 이용하여 측정하는 방법, 즉 두 양 A, B의 크기를 직접 비교할 수 없을 때, 제 3의 양 C를 이용하여 측정하는 방법을 **간접 측정**」이라 하며 다음과 같은 것을 생각할 수 있다.

㉠ 속도, 농도, 밀도, 이율, 기울기 등 두 양의 몫을 이용한 측정

㉡ 닮음비를 이용한 길이(높이) 측정

㉢ 공식을 이용한 도형의 둘레, 넓이, 부피 구하기

㉣ 그 밖에 들이, 길이 중 어느 한 양을 이용하여 다른 양을 측정하기, 쌀 백 톨의 무게로 쌀 한 톨의 무게 측정 등이 있다.

■ 측도(measure)

「양을 수로 나타내는 기본적인 생각은 같은 종류의 양 A, B, C, …가 있을 때, 이들 양과는 별도로 제 3의 양을 E를 단위량, 또는 기준량이라면, A=aE, B=bE, C=cE가 되는 수 a, b, c,…를 생각할 수 있다. 이들 a, b, c,…를 각각 E를 기준량, 즉 단위량으로 했을 때 양 A, B, C, …의 **측도**」라고 한다.

예컨대 A, B를 어떤 물체의 길이라 하고 E를 1cm라 할 때, A=3E, B=4E라면, E를 기준량으로 했을 때 A, B의 측도는 각각 3, 4이며, 이것을 m(A)=3, m(B)=4라고 나타낸다. 그리고 이때 A, B의 길이는 각각 3cm, 4cm라 한다. 이와 같이 양은 측도와 단위(기준량)의 결합으로 나타낸다. 일반적으로 E를 단위로 했을 때의 양 A의 측도 m(A)=a이므로 $m(A)=\frac{A}{E}$이다. 따라서 측도는 어떤 양이 단위의 몇 배인가를 나타내는 수이다.

양을 수로 나타내는 것을 수학적인 입장에서 생각하면 양을 실수의 집합에 대응시키는 것이라고 할 수 있다. E를 단위로 한 양 A의 측도를 a라면 일반적으로 A=aE가 되는 a는 자연수보다 대부분 실수에 대응된다. 그러나 실제 측정에서는 $aE<A<(a+1)E$인 자연수 A를 구해서 aE와 (a+1)E 중에서 A에 가까운 쪽을 A의 근삿값으로 이용한다. 즉 아무리 정밀한 측정 도구를 사용한다고 하여도 일반적으로 참값은 알 수가 없으며 오차가 수반된다. 따라서 모든 측정값은 '근삿값'으로 처리한다.

■ 측정 지도의 교육적 의의

측정 지도의 교육적 의의를 2가지로 요약한다면 다음과 같다.

- 실제적인 양과 추상적인 수를 대응·연결시키는 구체적인 체험을 통해 수학의 역동성을 이해할 수 있다.
- 기하 개념과 수 개념과 결합시키는 방법을 제공할 뿐만 아니라 계산 기술을 지원하며 어림산의 소재로 유용하다.

칠교판

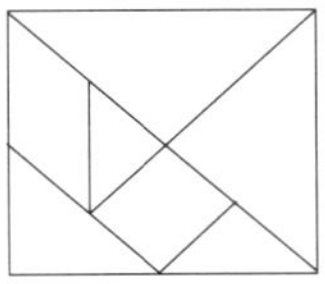

칠교판은 기원전 600년경 중국에서 시작된 지능을 발달시키기 위해 개발된 도형 조작놀이로써 한 변이 10cm인 정사각형 모양의 판자를 7조각으로 나누고, 그 7조각 중 일부, 또는 전부를 이용하여 인물, 동물, 식물, 건축 등 실세계에 존재하는 여러 가지 사물의 모양을 만드는 놀이 도구이다. 칠교판 놀이를 하기 위해서는 참고서 역할을 할 수 있는 칠교도(七巧圖)가 필요한데 칠교놀이가 익숙해지면 칠교도 없이 여러 가지 모양을 구성할 수 있다.

중국인들은 칠교판을 이용하여 모형을 만드는 과정에서 지능발달에 영향을 미친다고 하여 **지혜판**(智慧板)이라고 하며, 1805년에 독일에 소개된 이후 **탱그램**(Tangram)이라 부르고 칠교판을 이용하여 아라비아 숫자나 알파벳 및 자기들의 취향에 맞게 변형하여 여러 가지 모양을 만들었다.

우리나라는 중국과 가까운 관계로 서양보다 일찍 소개되었을 것으로 생각할 수 있으며, 현재 규장각에 칠교해(七巧解)와 서울대학 박물관에 칠교도(七巧圖)가 보관되어 있다.

최근에는 전통적으로 활용되던 칠교판 모양으로부터 아이디어를 얻어서 만든 사교판, 오교판, 육교판, … 등 다양한 유형의 다각형 모형과 원과 타원 모양, 하트 모양, … 등이 수학학습의 도구, 특히 기하학습의 도구로 개발·보급·활용되고 있다.

■ 칠교판의 활용

칠교판은 다음과 같은 내용의 학습에 사용되지만 이 밖에도 여러 가지 수학적 개념이나 원리·법칙 및 공간 감각과 사고력을 기르는데 사용할 수 있다.

- 다각형의 개념과 성질 및 도형의 변환에 대한 이해에 초점을 둔 교구로 활용할 수 있다.
- 칠교 조각을 적절히 조합·배열하면 양감을 바탕으로 수와 연산 및 측정학습의 도구로 활용할 수 있다.
- 여러 가지 모형을 구성해 보는 과정에서 공간 감각과 창의적 사고력 등의 학습에 유용하게 활용될 수 있다.

특히 교사의 지시나 모방에 의존하지 않고 학습자 스스로 수학적 지식을 터득할 수 있으며, 소집단 활동과정에서 의사소통을 통한 아이디어 공유, 공간적 추론에 대한 검증 등 활동주의적, 구성주의적 관점에서의 학습을 지원할 수 있다. 또 칠교판은 수행평가를 위한 도구로 활용이 가능하다. 칠교판을 조작하는 학생들에 대한 관찰은 그들이 수학적인 문제 해결에 어떻게 접근하는지를 시각적으로 확인할 수 있다. 또 칠교판은 학생들이 개인별로 독립적인 활동에 적당하지만 공간적인 능력과 언어 구사력이 개인에 따라 다르기 때문에 소집단 활동을 권장할 필요가 있으며, 진지한 탐구가 이루어지기 전에 칠교판을 자유롭게 조작해 볼 충분한 시간이 필요하다.

■ 칠교판의 활용의 예

[예 1] 양감 바탕을 통하여 수 개념 및 사칙 연산을 할 수 있다. 예컨대 다음 그림에서 [보기]의 삼각형을 '1'이라면 오른쪽에 있는 도형들은 각각 얼마라고 할 수 있을까?

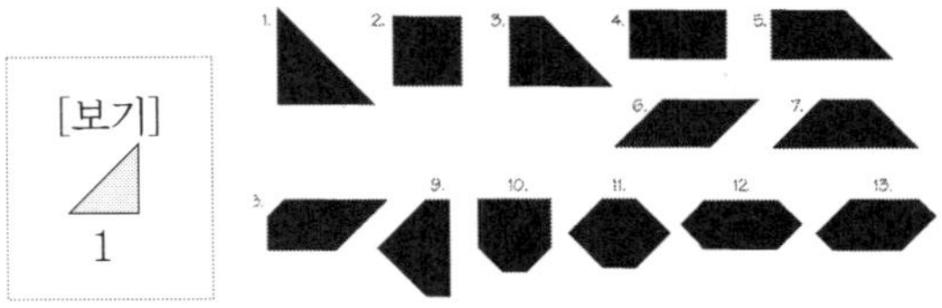

[예 2] 등적 개념을 활용하여 탱그램 조각을 다양한 모양으로 만들어 보게 함으로써 추리력과 공간지각력을 기를 수 있게 한다. 예컨대 7개의 탱그램 조각을 가지고 다음의 모양을 완성하시오.

※ 칠교판은 다음 그림처럼 여러 가지 변형된 것이 있다.

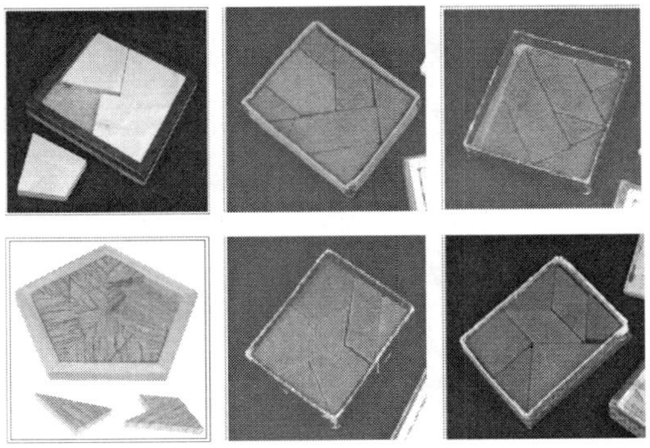

타원

원은 평면상의 한 점에서 같은 거리에 있는 점의 자취라면, **타원**은 두 정점으로부터의 거리의 합이 일정한 점의 자취이다. 타원은 두 정점으로부터의 거리의 합이 일정한 점의 자취이므로 둥글지 않고 긴 쪽인 장축과 짧은 쪽인 단축이 존재하며, 기준이 되는 두 정점을 **초점**이라 한다.

▪ 타원의 정의

타원에 대한 정의로 크게 다음 2가지를 생각할 수 있다.

[정의 1] 「한 평면상의 서로 다른 두 정점 F와 F′까지의 거리의 합이 일정한 점의 궤적, 또는 점의 집합을 **타원**으로 정의하며, 이때, 두 정점 F와 F′를 타원의 **초점**」이라 한다. 만일 두 초점이 일치하면 점의 궤적(집합)은 **원**이 된다.

타원은 다음과 같은 방법으로 작도한다. 두 점 F, F′에 바늘을 꽂아서 그것에 둥글게 만든 실을 걸어 연필 끝(점 P)으로 실을 당기면서 오른쪽 그림과 같이 화살표 방향으로 움직이면 연필의 끝은 타원을 그린다.

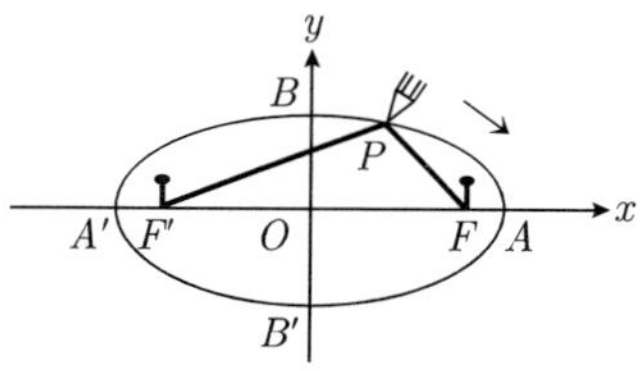

[그림 1]

[그림 1]에서 타원은 두 직선 FF′와 FF′의 수직이등분선에 관해서 대칭이다. 이 두 직선의 교점을 O, 두 직선과 곡선과의 교점을 각각 A, A′, B, B′라 하고, 점 O를 **타원의 중심**, AA′를 타원의 **장축**, BB′를 타원의 **단축**, A, A′, B, B′를 각각 **꼭짓점**이라 한다.

[정의 2] 「원 O에 수직인 두 지름을 각각 AA′, CC′라 하고, 가로 AA′는 반지름 r로 고정시키고, 세로인 CC′에 평행인 현 EF를 일정한 비율로 축소 또는 확대해서 생기는 곡선을 **타원**」이라 한다. 이때 원 O를 타원의 보조원이라 한다.

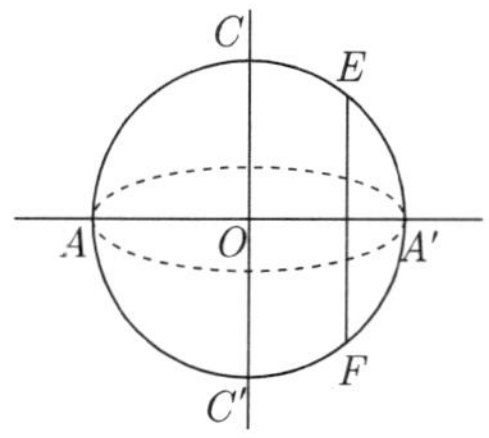

▪ 타원의 방정식(표준형)

[그림 1]에서 F, F′의 좌표를 각각 (c ,0), (−c, 0) (단 c > 0)라 하고, PF+PF′=2a라고 한다(a > c). 궤적 위의 점 P의 좌표를 (x, y)라 하면 타원의 [정의 1]로부터 PF+PF′ $=\sqrt{(x-c)^2+y^2}+\sqrt{(x+c)^2+y^2}=2a$이다.

이 식을 변형하면 $\frac{x^2}{a^2}+\frac{y^2}{a^2-c^2}=1$이다. a > c로부터 $a^2-c^2=b^2(b>0)$이라 두면 $\frac{x^2}{a^2}+\frac{y^2}{b^2}=1$이다. 이것을 타원방정식의 표준형이라 한다. 이때 꼭짓점 A, A′, B, B′의 좌표는 각각 (a, 0), (−a, 0), (0, b), (0, −b)이고 초점 F, F′의 좌표는 각각 ($\sqrt{a^2-b^2}$, 0), ($-\sqrt{a^2-b^2}$, 0)이고 장축, 단축의 길이는 각각 2a, 2b이다.

같은 방법으로 0 < a < b일 때, 방정식 $\frac{x^2}{a^2}+\frac{y^2}{b^2}=1$은 두 점 (0, $\sqrt{b^2-a^2}$), (0, $-\sqrt{b^2-a^2}$)를 초점으로 하는 타원을 나타낸다.

▪ 타원의 응용

타원의 광학적 성질을 이용한 신장결석제거장치 등 의료기기에도 유용하게 활용되지만 물리학에의 응용으로서 다음 2가지를 들 수 있다.

① 태양계의 혹성의 괘도는 태양을 하나의 초점으로 하는 타원이다(케플러의 법칙).

② 타원의 한 초점 F에 광원을 두면 그 빛은 타원거울에 반사하여 다른 초점 F′에 모인다.

테셀레이션

「테셀레이션(tessellation)이란 마루나 욕실 바닥에 깔려 있는 타일처럼 빈틈이나 포개짐이 없이 평면이나 공간을 도형으로 완벽하게 덮는 것」을 말한다. 테셀레이션은 고대 로마인들이 모자이크 형태의 디자인을 만들 때 사용했던 작은 정사각형 모양의 돌이나 타일을 말하는 것으로 오랜 역사에 비해 이를 수학적으로 연구하고 수학교육에 활용한 역사는 그리 길지 않다. 우리나라에서는 제 7차 교육과정에서부터 다루기 시작하고 있다.

■ 테셀레이션의 활용

테셀레이션으로 탐구할 수 있는 수학개념은 다각형의 각, 내각의 합, 정다각형, 닮음, 도형의 변환 등이 있다. 특히, 테셀레이션 작품을 보고 그것을 분석하여 다시 재현해 보는 과정에서 공간에서의 위치나 관계를 지각하는 것과 같은 공간감각을 계발할 수 있다.

테셀레이션이 가능한 기본적인 조건을 4가지로 정리하면 다음과 같다.

- 단위모양으로 평면이나 공간을 빈틈없이 채워야 한다.
- 한 꼭짓점을 중심으로 모인 각들의 합은 360°이어야 한다.
- 길이가 같은 변끼리 접하도록 배열해야 한다.
- 평면에서 모든 방향으로 확장시킬 수 있어야 한다(이찬규, 2001).

어떤 모양을 만들 때, 처음 만들어진 단위 모양을 각각 평행이동, 회전이동, 대칭이동하든가 이들 변환들을 결합한 테셀레이션도 가능하다. 또한 다음 [그림 1]처럼 정다각형 중 정삼각형과 정사각형, 정육각형은 한 점을 중심으로 꼭짓점을 모으면 각들의 합은 360°로 테셀레이션이 가능하지만 그 밖의 정다각형은 표에 제시된 것처럼 360°가 되지 않아 불가능하다.

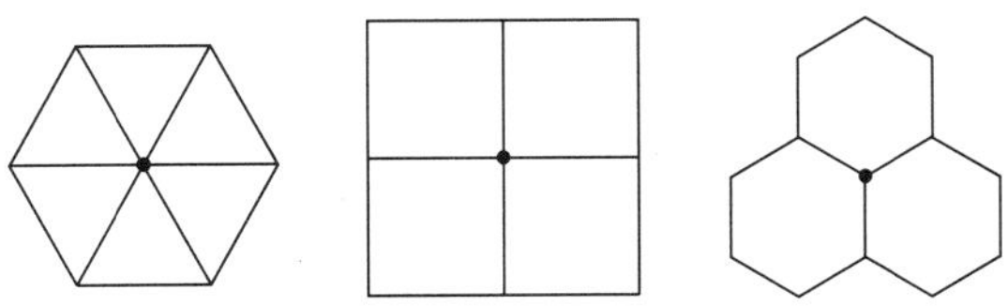

3·3·3·3·3·3　　4·4·4·4　　6·6·6

[그림 1]

구분	내각의 합	한 내각의 크기	한 점을 중심으로 모이는 각의 개수	여부
정3각형	180°	60°	6개, 남는 각 0°	○
정4각형	360°	90°	4개, 남는 각 0°	○
정5각형	540°	108°	3개, 남는 각 36°	×
정6각형	720°	120°	3개, 남는 각 0°	○
정8각형	1080°	135°	2개, 남는 각 90°	×
정10각형	1440°	144°	2개, 남는 각 72°	×
정12각형	1800°	150°	2개, 남는 각 60°	×

■ 테셀레이션의 유형

- **정규 테셀레이션**(reguler) : [그림 2]처럼 합동인 정다각형으로 만든 테셀레이션
- **반정규 테셀레이션**(semireguler) : [그림 3]처럼 2가지 이상의 정다각형으로 만든 것으로 한 곡점을 선택하여 만나는 다각형들의 배열과 순서가 어느 꼭짓점이든 모두 동일한 테셀레이션
- **준정규 테셀레이션**(demireguler) : [그림 4]처럼 모든 꼭짓점의 정다각형의 배열과 순서가 모두 같은 정규·반정규 테셀레이션과는 달리 한 꼭짓점에서 만나는 정다각형의 배열이 2~3가지인 테셀레이션
- **비정규 테셀레이션**(nonreguler) : [그림 5]처럼 정다각형이 아닌 다각형(오목 다각형 포함)으로 이루어진 테셀레이션

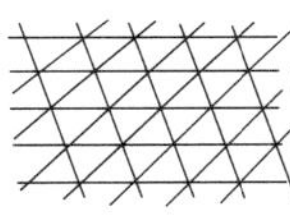

[그림 2]

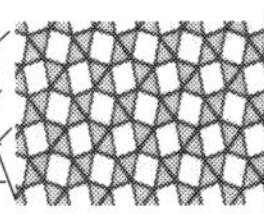

[그림 3]

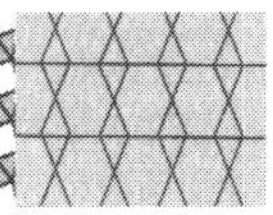

[그림 4]

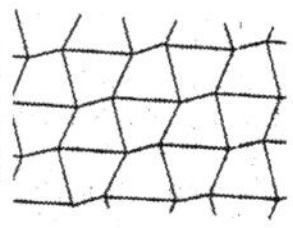

[그림 5]

다음 [그림 6]은 평행이동을 이용한 테셀레이션이고, [그림 7]은 회전이동을 이용한 테셀레이션이다.

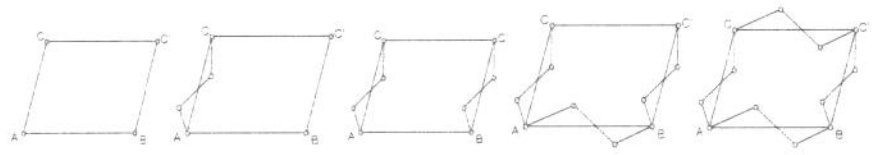

[그림 6]

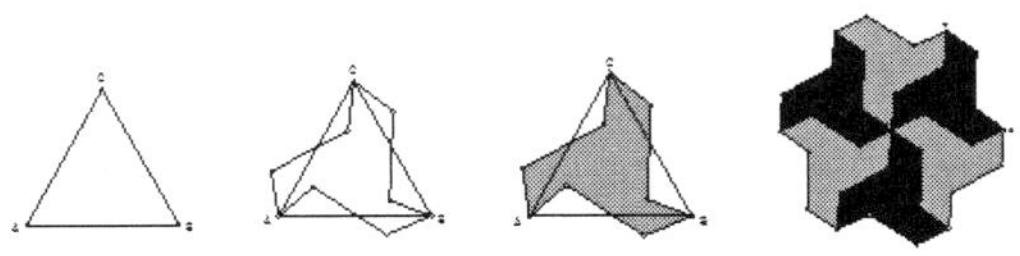

단계1　　단계2~3　　단계4

[그림 7]

통계적 추론

「명확한 목적의식을 가지고 자료를 만들고, 수집하고, 처리·분석하며, 의사결정을 하는 일련의 전 과정을 **통계적 사고**」라고 한다. **통계적 추론**은 통계적 아이디어로 추론하는 방법과 통계적 정보에 대한 감각을 형성하는 방법으로 정의될 수 있는 데, 통계 추론은 이미 존재하는 정보를 바탕으로 이를 해석하기, 표현하기, 추정하기 등을 포함한다.

통계적 추론의 대부분은 통계적 결과를 해석하기 위해 추정하고 주어진 데이터와 기회에 관한 아이디어들의 결합으로 이루어진다. 많은 사람들이 수학적 추론과 통계적 추론을 혼동하는 경우도 있다. 그러나 최근에는 수학적 추론과 통계적 추론은 구별하는 경향이 짙다.

■ 통계적 추론

Moore(1992)는 “통계는 수학적 감각이다. 그러나 수학의 한 영역은 아니다. 통계는 내용, 추론에 대한 자체의 구별된 개념과 방식을 가진다.”고 주장하고 있으며, Gal과 Garfield(1997)은 다음의 방법으로 두 영역 사이를 구별한다.

- 통계학에서 데이터는 문맥, 즉 내용이나 문제 장면과 함께 수와 연결하여 생각한다. 그 문맥은 과정을 유발하고 의미를 일으키고 결과의 해석을 위한 기초가 된다.
- 데이터에 대한 불확실성이나 messiness(혼란스러움)은 수학적 탐색을 통해 더 세밀하고 특성화되고 한정된 성질과 통계적 조사를 구별시킨다.
- 수학의 개념적 지식과 절차적 지식은 통계적 문제를 다루거나 해결하는데 사용된다. 그러나 점차 신속·정확성을 지원하는 정교화된 S/W 프로그램으로 대체되고 있으므로 S/W의 신중한 선택과 정확한 사용의 필요성이 대두되고 있다.
- 많은 통계적 문제들의 기본적인 성질은 단지 수학적 결론을 가지지 않는다. 즉 수량화한 추론의 결과가 항상 실제와 일치하지 않을 수도 있다. 추론의 특성, 사용된 방법들의 적절성, 데이터의 특성과 사용된 증거들에 의해 통계적 수치는 질적인 평가를 받는다.

■ 통계적 추론의 유형

통계적 추론의 유형은 다음과 같은 6가지가 있다.

- **데이터에 대해 추론하기** : 양적·질적, 그리고 분리되거나 연속적인 데이터를 조직하거나 범주화하기, 데이터의 형태들이 표, 그래프, 통계적 측정의 독특한 형태를 어떻게 유드하는지 알기
- **데이터의 표현에 대해 추론하기** : 표집을 표현하는 의미를 이해하기. 그래프를 읽고 해석하는 방법 알기, 데이터 집합의 더 정확한 표현을 위해 그래프를 수정하는 방법 알기, 분포, 평균, 산포(spread)와 같은 일반적 특성을 조직하기 위해 분포상에서 보이는 것 이상을 볼 수 있어야 한다.
- **통계적 측정에 대해 추론하기** : 중앙치, 산포, 위치의 측정이 데이터에 대해 무엇을 의미하는지 이해하고, 올바른 추정을 위해 작은 표집보다 큰 표집의 적절성을 알아야 하며, 각종 측정치의 유용성을 이해해야 한다.
- **불확실성에서 추론하기** : 불확실한 사건들에 대한 판단을 하기 위해 임의성, 기회, 가능성에 대한 아이디어들을 이해하고 사용할 수 있어야 하며, 모든 결과들이 반드시 같지 않음을 알아야 한다.
- **표집에 대해 추론하기** : 표집과 모집단을 관련시키는 방법을 알고, 더 큰 표집이 모집단을 더 적절하게 표현한 것이며, 모집단을 대표할 수 없는 표집을 선택할 수도 있음을 알기, 추정할 대상, 극단적이거나 치우친 표집을 사용하지 않아야 함을 알아야 한다.
- **연관성에 대해 추론하기** : 두 변수 사이의 관계성을 해석하고 판단할 방법 알기; 두 변수 사이의 강한 상관관계는 전자가 후자의 원인이 아니라는 것 등을 알아야 한다.

통계학

통계학이란 용어는 시대나 이념, 연구 분야에 따라 다양하게 해석하고 있다. 「**통계학**은 응용수학의 한 분야로써 자료를 수집 · 정리하고 과학적으로 분석하여 의사결정자에게 최적의 정보를 제공하는 제반 방법론을 연구하는 학문」으로 정의하기도 하고(교육심리학용어사전, 2000), 통계적 방법에 관한 지식체계로서 집단현상의 어느 측면을 수리화하여 집단 전체의 특성을 파악하는 학문」으로 정의하기도 한다(강시중, 1993).

▪ 통계학의 분류

학교수학에서 통계학은 크게 기술통계학과 추측통계학으로 나눈다.

- **기술통계학**(descriptive statistics) : 이미 존재하는 자료를 수집하여 표나 그래프로 나타내거나 대푯값, 산포도, 상대적 위치, 분포형태 등을 구하여 수집된 자료의 전체적인 특성을 쉽게 파악할 수 있도록 자료를 정리하여 요약하는 방법을 연구하는 통계학 분야이다.
- **추측통계학**(inferential statistics) : 모집단의 속성을 반영하는 표본을 활용하여 표본의 정보를 분석함으로써 모집단의 여러 가지 특성에 대해 과학적으로 추론하는 방법을 연구하는 통계학 분야이다. 최근에는 그 범위를 확장해서 자연, 사회 및 인간생활의 모든 현상 중에서 불확실성, 다양성을 포함한 현상을 이해하고 파악하며, 의사결정을 하기 위하여 요구되는 자료의 수집, 요약정리, 모형개발, 분석기법, 추정논리 등을 연구하는 의사결정과학으로 정의하기도 한다.

▪ 통계교육의 지향점

우리는 사회의 흐름을 이해하고 자신의 역할 수행이나 당면한 문제해결을 위하여 매스컴이나 주변에서 제공되는 여러 가지 정보를 이용하며, 이들 정보를 바탕으로 예상하고 판단과 결정을 하는 경우가 많다. 예컨대 정치, 경제, 사회의 흐름을 살피는 일뿐만 아니라 물건 구매나 금융, 심지어 하루의 일과나 미래를 설계할 때 다양한 정보를 수집·분석·해석하고 이를 바탕으로 앞으로의 일을 예측하고 판단하고 결정한다. 이처럼 삶을 영위하기 위하여 어떤 필요성과 목적에 따라 정보를 수집·분석·해석하고, 이를 바탕으로 불확실한 사실에 대하여 합리적인 판단을 내릴 수 있는 방법을 제시하는 통계교육은 현대 사회에서는 필수불가결한 도구이다.

학교수학에서 통계교육은 구체적인 현상이나 주어진 수량적인 자료를 어떤 필요성이나 목적에 따라 체계적으로 수집·분류·정리하는 능력, 자료를 표와 그래프 등 시각적으로 나타내어 해석하고 예측하고 판단할 수 있는 능력, 자료 분석에 근거하여 논리적으로 추론하고 합리적이고 설득력 있는 주장을 펼 수 있는 능력, 의사결정을 위한 강력한 도구로서의 통계적 방법을 음미·활용할 수 있는 능력을 길러야 한다.

▪ 통계교육의 목표

초등 통계교육의 목표를 요약하면 다음과 같다.

① 표와 그래프를 읽고 그 의미를 이해할 수 있다.
② 자료를 수집하고 체계적으로 정리하여 표와 그래프로 표현할 수 있다.
③ 자료를 수집하여 분석해야 하는 문제 상황을 설정하고 문제를 만들 수 있다.
④ 주어진 자료를 분석하고 그 결과에 근거하여 추론하며 합리적인 주장을 할 수 있다.
⑤ 자료 분석과 추론에 근거하여 다른 사람의 주장을 평가할 수 있다.
⑥ 평균 개념을 이해하고 문제 상황에 적절하게 사용할 수 있다.
⑦ 합리적인 의사결정의 근거로 이용되는 통계 자료와 그 표현 방법을 이해하고 음미할 수 있다

수학과 통계학의 관계를 살펴보면 초·중학교에서는 통계를 수학에서 다루지만 통계학은 수학과 다른 특성을 갖는다. 수학은 내용을 정의나 공리를 이용하여 연역적으로 전개하는 반면, 통계학은 현존하는 자료를 수집·정리하고, 추론·예측하는 경험적·귀납적인 학문이다. 수학에서는 정의와 공리를 참이라고 인정하면 결론은 필연적으로 참이지만 통계학에서는 연구과정에서 수학을 이용하지만 자료나 결론에 불확실성과 현실 상황에 적용할 때 항상 참이라는 보장은 없다.

E

통과산/유수산

▪ 통과산

열차나 버스 또는 승용차 등을 이용하여 이동할 경우, 다리를 지나기도 하고 터널을 지나기도 한다. 이를 경우 「이동하는 교통수단의 길이나 속력, 다리나 터널 길이 및 소요된 시간과 사이의 관계를 이용하여 해결하는 문제를 **통과산**」이라고 한다.

[예 1] 길이 80m인 열차가 초속 16m의 속도로 선로 옆의 나무를 완전히 지나가는 데 몇 초가 걸리겠는가?
〈풀이〉 열차가 완전히 지나가는 것은 열차의 맨 앞부분에서부터 맨 끝 부분이 나무 앞을 지나칠 때까지의 시간으로 열차의 길이만큼 달리는 데 걸리는 시간과 같다. 즉 $80 \div 16 = 5$(초)이다.

[예 2] 초속 18m로 달리는 길이가 60m인 열차가 210m인 철교를 통과하는 데 몇 초가 걸리겠는가?
〈풀이〉 기차의 맨 앞부분이 철교에 들어서면서부터 기차의 맨 끝부분이 철교를 다 지나갈 때까지의 시간, 즉 철교의 길이와 기차의 길이를 합한 거리를 달리는 시간을 구하면, $(210+60) \div 18 = 15$(초)걸린다.

[예 3] 길이가 70m인 열차가 철수 앞을 10초 만에 통과하였다. 이 열차의 초속은 얼마인가?
〈풀이〉 이 기차가 철수의 앞을 완전히 지나가자면 70m를 달려야 하는 데 시간이 10초 걸렸으므로 열차의 초속은 $70 \div 10 = 7$(초)이다.

[예 4] 초속 18m로 달리는 열차가 800m의 터널을 통과하는 데 51초 걸렸다, 이 열차의 길이는 얼마인가?
〈풀이〉 매초 8m씩 51초 동안 달린 거리를 생각하면 터널의 길이에 기차의 길이를 더한 것이 되므로 달린 거리에서 터널의 길이를 빼면 열차의 길이가 된다. 즉 $18 \times 51 - 800 = 118$(m)이다.

▪ 유수산

배를 타고 이동하는 경우, 흐르는 강물을 따라 이동하는 경우도 있고 흐르는 강물을 거슬러 이동하는 경우가 있다. 이들 장면에서 「물이 흐르는 속도나 방향, 배가 이동하는 속도나 방향, 이동하는 거리나 시간 사이의 관계를 이용하여 해결하는 문제를 **유수산**」이라고 한다.

[예 1] 흐름이 없는 연못에서 시속 16km로 이동하는 배가 시속 3km로 흐르는 강에서 물의 흐름을 따라 내려갈 때와 거슬러 올라갈 때의 시속을 구하여라.
〈풀이〉 원래 배의 속도에서 물의 흐름을 따라 내려가면 물의 흐름만큼 속력이 빨라지고, 거슬러 올라가면 물의 흐름만큼 속력이 느려진다. 따라서 내려갈 때 속력은 $16+3=19$km이고, 거슬러 올라갈 때는 $16-3=13$km이다.

• (물의 흐름을 따라 이동하는 속도)
= (흐르지 않는 물에서 속도) + (물의 속도)
• (물을 흐름을 거슬러 이동하는 속도)
= (흐르지 않는 물에서 배의 속도) − (물의 속도)

[예 2] 노를 저어서 강을 거슬러 올라갈 때는 시속 12km로, 흐름을 따라 내려갈 때는 시속 20km로 이동한다면, 강물이 흐르는 속도는 얼마이며, 노를 젓는 속도는 얼마인가?
〈풀이〉 (내려가는 속도)=(노를 젓는 속도)+)물의 속도)이고, (올라가는 속도)=(노를 젓는 속도−물의 속도)이다. 여기서 (노를 젓는 속도)×2=(내려가는 속도+올라가는 속도)이며, (물의 속도)=(내려가는 속도)−(올라가는 속도)임을 알 수 있다. 따라서 (물의 속도)=$(20-12) \div 2 = 4$km이고, (노를 젓는 속도)=$20-4=16$km, 또는 $(20+12) \div 2 = 16$km이다.

[예 3] A지점에서 B지점까지 노를 저어 올라가는 데는 5시간, 내려오는 데 2시간이 걸렸다. 이 강을 24km를 올라가는 데 4시간 걸렸다면 물의 속도는 얼마인가?
〈풀이〉 올라갈 때는 내려올 때보다 걸린 시간은 2.5배이다. 올라가는 데 시속은 $24 \div 4 = 6$km이므로 내려오는 시속은 $6 \times 2.5 = 15$km이다. 따라서 물의 속도는 $(15-6) \div 2 = 4.5$km이다.

투영도

「물체를 평행광선으로 비추었을 때 평면 위에 생기는 그림자의 모양에 의해서 그 물체의 모양을 나타내는 방법을 **투영법**이라 하고, 투영법에 의하여 그려진 그림을 **투영도**」라 한다. 이때 그림자가 생기는 평면을 **화면**이라고 한다. 광선과 화면은 적당한 각을 이루면서 만나는 광선의 방향이 화면에 수직인 경우와 비스듬하게 만나는 경우에 따라서 정투영도와 사투영도로 나눈다.

「입체의 모양이나 크기를 하나의 화면에 바르게 나타낼 수 없기 때문에 투영도에서는 직교하는 3개의 화면에 나타내는데 그 중에서 물체와 이루는 각도가 수평인 면을 **평화면**(H), 수직인 두 화면 중 앞면을 **입화면**(V), 옆면을 **측화면**(V')이라 한다. 또 이들 화면 위의 투영도를 각각 **평면도**, **입면도**, **측면도**라 하고 화면과 화면과의 교선(交線)을 기선(基線)」이라고 한다.

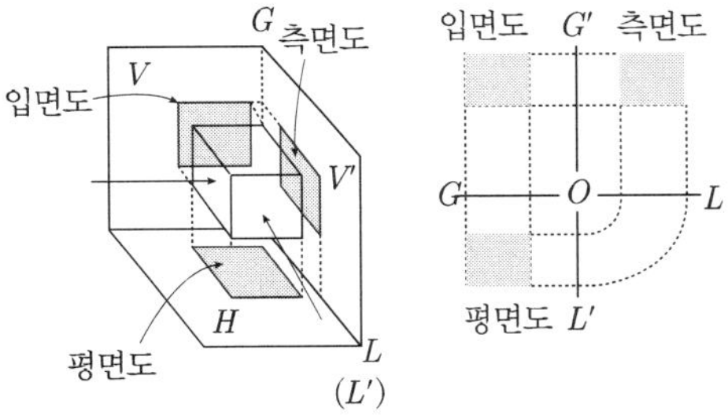

[그림 1]

3개의 화면이 같은 평면 위에 없으므로 실제 그림으로 나타낼 때는 평화면과 측화면의 교선을 따라 잘라 펼쳐서 [그림 1]과 같이 3개의 화면을 한 평면 위에 나타내고 기선을 GL, G'L', 또 그 교점을 O로 나타낸다.

■ 투영도의 성질

① 직선은 직선으로 투영지만 직선과 광선의 방향이 동일할 경우 직선은 점으로 투영된다.

② 서로 만나는 직선은 만나는 직선으로 투영되지만 두 직선이 결정하는 평면과 광선의 방향이 동일할 경우 두 직선의 일치되어 직선으로 투영된다.

③ 꼬인 위치에 있는 두 직선은 만나는 직선으로 투영되지만 두 직선에 평행한 평면이 광선의 방향과 동일할 경우는 평행선, 한 직선 또는 한 점으로 투영된다.

④ 같은 직선 또는 평행인 직선 위에 있는 두 선분의 길이의 비는 변하지 않는다. 곧 한 직선 위에 있는 점을 A, B, C라 하고 그 투영도를 A′, B′, C′라 하면 (AB:BC) =(A′B′:B′C′)이다.

투영도는 입체의 형상을 알 수 있을 뿐 아니라 선분의 실제의 길이를 구하거나 평면에 의한 잘린 부분의 실제의 모양을 파악할 수 있다. 겨냥도는 회화적이라면 투영도는 분석적이다.

■ 사투영도(斜投影圖)와 등각투영도

• **사투영도** : 사투영도는 입체의 화면에 대한 위치와 광선의 방향에 의하여 여러 가지 모양으로 나타나며, 투영도의 일반 성질을 그대로 보존한다. [그림 2]처럼 직육면체의 투영도의 경우, 평행인 변은 평행으로 투영되므로 6개의 면은 평행사변형으로 투영된다. 직육면체의 한 쌍의 평행인 면을 화면에 평행하게 두었다면 그 면은 합동으로 투영되므로 직사각형이 되며, 가로, 세로의 길이의 비도 변하지 않는다.

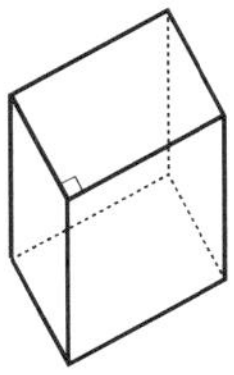

[그림 2]

투영도를 모눈종이에 그릴 때, 앞면에서 뒷면에 이르는 변이 모눈의 교점인 격자점 ㅇ을 지나게 하는 것이 그리기가 편리하므로 기울기를 1(45°), $\frac{1}{2}$, $\frac{1}{3}$, 등으로 하는 것이 좋다. 그리고 앞면과 뒷면을 잇는 변을 앞면의 변과 같은 비율로 축소해서 그리면 너무 길게 보이기 때문에 앞면의 변의 $\frac{1}{2}$, 또는 $\frac{2}{3}$배로 축소하는 것이 좋다. 방의 내부나 상자 모양의 통을 위쪽에서 내려다보는 감을 나타내고자 할 때는 [그림 2]와 같이 사투영도의 앞면을 위쪽 위치에 위치하도록 그리는 방법이 가끔 쓰인다. 이때는 가로, 세로, 높이의 방향을 같은 비로 줄여도 좋다.

• **등각투영도** : [그림 3]처럼 「정투영에서 입체의 세 방향, 즉 가로, 세로, 높이의 방향이 광선과 등각을 이루도록 두었을 때 생기는 투영도를 **등각투영도**」라 한다. 예컨대 정육면체에서 한 대각선이 화면에 수직되게 두면 이 투영도를 얻는다. 이 투영도에서는 세 방향이 등각으로 만나는 직선이 되기 때문에 그 교각은 180° ÷3=60°이다.

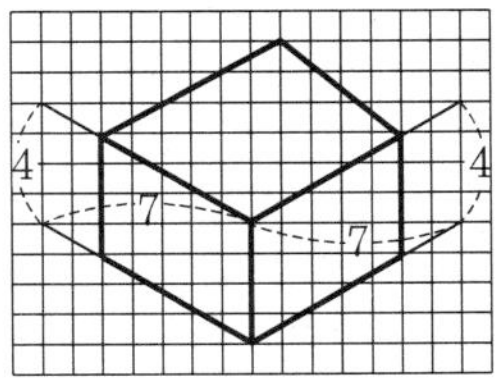

[그림 3]

파스칼의 삼각형

11
121
1331
14641
15101051

[그림 1]

'1'이라는 숫자는 중요하며 '11'은 흥미로운 숫자다. 왜냐하면 11×11=121이고, 11×11×11=1331이며 11을 연속적으로 곱하면 [그림 1]처럼 파스칼의 삼각형을 이룬다. 파스칼의 삼각형은 13세기의 중국의 학자에 의해서 연구되었으며, 14세기 초에 유럽으로 전해졌지만, 1653년 파스칼이 체계적 이론을 확립한 이후부터 흥미로운 성질들을 발견하게 되었다. 파스칼 삼각형의 규칙은 제일 윗줄부터 시작하여 삼각형 모양의 양변에 [그림 2]처럼 1개의 1에서 출발하여 2개의 1을 밑으로 내려가면서 양끝에 배치하면 흥미로운 규칙을 가진다. 그리고 사이에 있는 수는 [그림 3]처럼 바로 윗 줄의 두 수의 합에 의해 얻어진다.

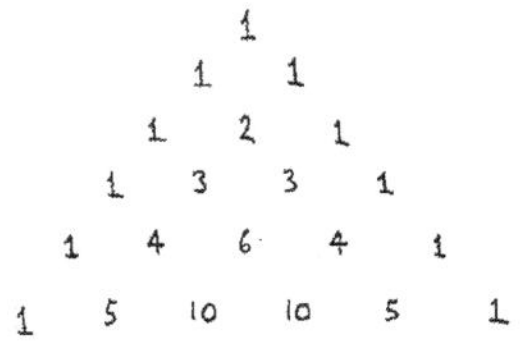

[그림 2]

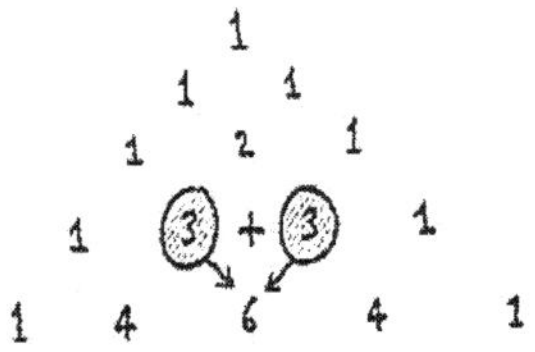

[그림 3]

■ **여러 가지 규칙찾기** (1)

파스칼의 삼각형의 가장 중요하고 명백한 가치는 좌우로 대칭적이라는 성질이다.

[그림 4]처럼 실선을 중심으로 좌우에 있는 수는 서로 같은 수이며, 좌우에 있는 점선 위에 배열된 수 역시 대칭을 이룬다. 즉

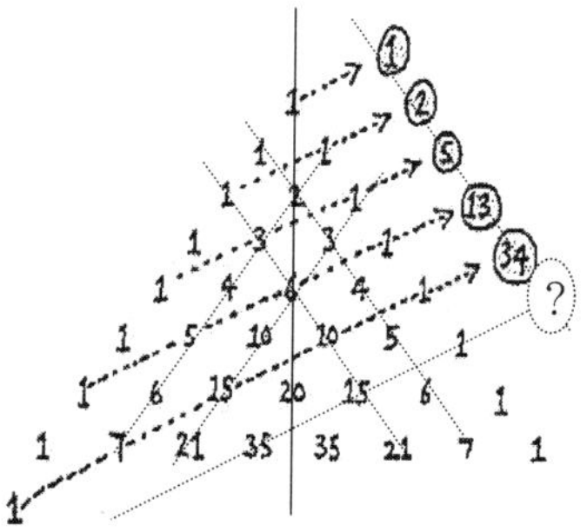

[그림 4]

첫 번째 점선 위에 있는 숫자는 위에서부터 차례로 1, 2, 3, 4, 5, 6, …로 배열되며, 두 번째 점선이 위치한 숫자는 1, 3, 6, 10, 15, 21, …의 차례로 실선의 양쪽에서 대칭을 이루며 배열된다. 또 점선으로 표시된 화살표 위에 배치된 수들의 합인 1, 2, 5, 13, 34 … 또 다른 규칙을 가지고 있다. 그 규칙을 찾아보면 각 항의 수는 바로 앞에 배치된 수의 3배에서 그 앞에 배치된 수를 뺀 수와 같다. 예컨데, 13=5×3−2이고, 34=13×3−5이다. 이를 일반화하여 기호로 나타내면 n=3×(n−1)−(n−2)이다. 이 규칙을 이용하면 ?=3×34−13=89이다.

또 오른쪽 원 안에 배열된 수 1, 2, 5, 13, 34, …에서는 1부터 시작해서 1+2=3 즉, 3으로 이어지지만, 1, 3, 8, 21, 55, … 등의 '3×□−1'의 규칙을 찾을 수 있다. 그러므로 ? 다음의 수는 3×55−21=144이다. 그러나 이것이 끝이 아니다. 대부분의 수열의 두 수열을 엇갈리게 끼워 넣으면 우리는 피보나치수열을 얻을 수 있다.

■ **여러 가지 규칙찾기** (2)

파스칼 삼각형에서 안쪽에 배열된 수에서 [그림 5]처럼 홀수는 '1'로, 짝수는 '0'으로 나타내면 시어핀스키 가스켓에 의해 알려진 [그림 7]과 같은 프렉탈(fractal)과 같은 표현 방식도 찾을 수 있다.

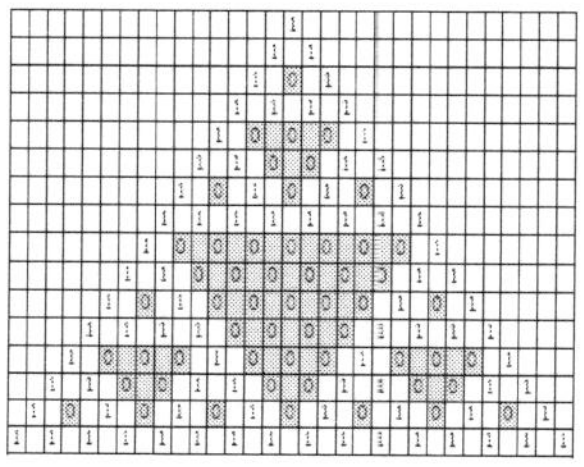

[그림 5]

[그림 6] 시어핀스키 가스켓

■ **대수와의 연결**

파스칼의 삼각형이 대수와 관련된 규칙은 여러 가지가 있다. 예컨대, $(1+x)\times(1+x)\times(1+x)=(1+x)^3=1+3x+3x^2+x^3$이다. 이 전개식에서 문자항의 계수는 [그림 4]처럼 파스칼의 삼각형의 행의 숫자들과 대응된다. 각 행의 숫자들의 합은 2^n으로 나타낼 수 있다. 예컨대, 5행에서 $1+4+6+4+1=16=2^4$이고, 6행에서 $1+5+10+10+5+1=32=2^5$이다. 이는 $x=1$을 이용하여 거듭제곱꼴로 나타낸 왼쪽 식의 열에 의해서 얻어진 성질이다.

$(1+x)^0$	1
$(1+x)^1$	1 1
$(1+x)^2$	1 2 1
$(1+x)^3$	1 3 3 1
$(1+x)^4$	1 4 6 4 1
$(1+x)^5$	1 5 10 10 5 1

[그림 7]

이 밖에서 파스칼 삼각형은 기하학, 조합, 대수 등과도 밀접한 관련이 있으며, 여러 가지 수열의 규칙을 숨기고 있다.

패러독스(역설)

패러독스(paradox)란 말은 그리스 시대에 논리학의 발생과 때를 같이하여 나타난 말로써 일반적으로는 「모순을 야기하지는 않지만 특정한 경우에 논리적 모순을 일으키는 논증을 **패러독스**」라고 한다. 이론상 옳다고 생각되어지는 사항을 실수하기도 하고 잘못되었다고 생각되는 것을 옳은 것처럼 이끄는 추론으로 「어떤 명제 P와 그 부정인 ~P가 동치라고 생각될 때, 이 명제 P를 **역설**(逆說), 또는 **역리**(逆理), **배리**(背理), **이율배반**(二律背反;antinomy)」라고도 한다.

옛날부터 전해 내려온 패러독스로 다음과 같은 것이 있다. A라는 사람이 '나는 거짓말쟁이다.'라고 했을 때, 이 사실에서 패러독스를 유도해 보자. 지금 'A라는 사람은 거짓말쟁이다.'라는 것을 명제 P라고 볼 때, 이 명제가 참이라고 가정하면, A는 거짓말쟁이다. 그런데 A가 거짓말쟁이니까 A가 한 말인 '나는 거짓말쟁이다'라는 거짓말일 것이다. 따라서 A는 거짓말쟁이가 아니게 된다. 곧 ~P가 참으로 된다. 결국 명제 P에서 명제 ~P가 유도된 셈이다.

또, ~P가 참이라고 가정해 보자. 즉 'A는 거짓말쟁이가 아니다.'라고 가정하면 A가 한 말인 '나는 거짓말쟁이다'라는 말은 사실일 것이다. 따라서 A는 거짓말쟁이일 것이다. 즉 명제 P가 참이 된다. 결국 명제 ~P에서 명제 P가 유도된 셈이다. 결국 명제 P와 명제 ~P는 동치로서 P↔~P이다. 이 명제를 패러독스라고 볼 수 있다.

일상생활에서도 이와 유사한 사례가 있다. 예컨대 어떤 사람이 자기 집 담벼락에 자주 낙서를 하는 바람에 낙서를 하지 않도록 하기 위해 '이곳에 낙서를 하지 마시오.'라고 낙서(글)를 했다면 이 글자체가 낙서이므로 이런 것을 패러독스라고 볼 수 있을 것이다.

■ 여러 가지 패러독스의 예

[예 1] 제논의 패러독스(아킬레스와 거북이)

달리기가 늦은 거북이조차 빠른 아킬레스에게 잡히지 않을 것이다. 왜냐하면, 쫓아가는 자는 먼저 처음에 도망가는 자가 출발한 그 지점에 도착하지 않으면 안 된다. 따라서 필연적으로 도망가는 자가 아무리 느린 자가 있더라도 항상 어느 정도 앞에 있게 되기 때문이다.

[예 2] 러셀의 패러독스

자기 자신에 속하지 않는 모든 집합을 R이라 하자. 임의의 집합 X는 X가 X 자신에 속하지 않는 경우에 한해서 R에 속한다. 따라서 특별한 경우로써 X가 R일 때, R은 R에 속하지 않으므로 R은 R에 속하게 된다.

[예 3] 무한급수의 총합의 예

무한급수 1−1+1−1+1−1+1⋯의 총합은 한편으로는 (1−1)+(1−1)+(1−1)+(1−1)+⋯=0 으로 생각할 수 있고, 또 다른 한편으로는 1−(1−1)−(1−1)−(1−1)−(1−1)+⋯=1로 생각할 수도 있다.

[예 4] 한 변의 길이가 1인 정사각형의 예

① 정사각형의 변 BC, AC의 중점 D, E에서 정사각형에서 그림 1처럼 계단의 모습을 그린다. 그 때 점 F는 대각선 BC위에 있다; A부터 B까지 계단의 길이(AE+EF+FD+DB)는 2이다.

② 같은 수순을 반복하여 왼쪽 그림의 계단에서 오른쪽 그림의 계단을 만든다. 같은 수순을 반복하면 A에서 B까지의 계단은 한없이 대각선 AB에 가까워져 가고 그 길이는 $\sqrt{2}$ 에 가깝게 보인다. 한편 계단의 구조보다 A에서 B까지 계단의 길이는 2이다.

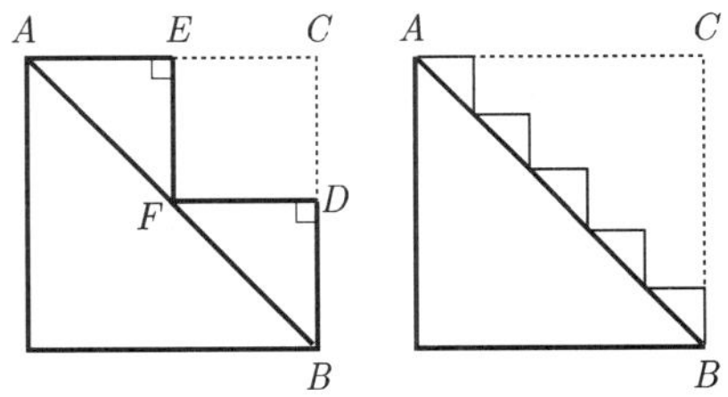

학교수학에서 패러독스 그 자체를 교재로 택하는 것은 무리이다. 학생에게 감각과 논리의 괴리를 나타내는 예로써 예 3과 예 4는 교육적 가치가 있을 것이다.

패턴블록

패턴블록은 1960년대 초 미국의 초등과학연구회(Elementary Science Study)가 평면 위에서 패턴탐구를 위해 개발한 자료이다. 패턴블록은 다음 표처럼 6가지 색으로 구분된 6가지 도형들을 모아놓은 것으로 각 도형 간의 변의 길이와 각의 크기 사이에는 평면을 완전히 채울 수 있도록 관계가 지워져 있다.

모양	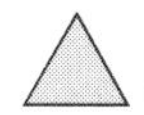	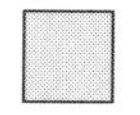	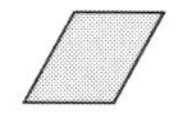	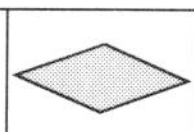	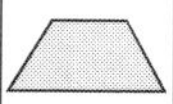	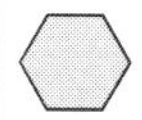
도형	정삼각형	정사각형	평행사변형	마름모	사다리꼴	정육각형
색	녹색	주황	파랑	회색	빨강	노랑
개수	50	25	50	50	50	25

각 블록의 변의 길이가 모두 1인치*inch*인데 사다리꼴의 아랫변의 길이만 원래 길이의 2배인 2인치이다. 그리고 마름모의 각의 크기가 150°인 것을 제외하고 나머지 도형은 360°의 인수인 120°, 90°, 60°, 30°로 모두 구성되어 있다. 그러나 150°라는 각조차도 150°는 90°와 60°의 합이기 때문에 다른 각들과 관련되어 있다.

■ **패턴블록의 활용**

패턴블록은 평면 위에서 규칙성을 탐구하기 위해 개발하였지만 도형뿐만 아니라 합동, 닮음, 대칭, 각, 넓이, 비례, 길이, 패턴, 분수, 그래프, 모자이크 구성하기 등 초등수학의 전 영역을 학습하는 데 활용할 수 있다. 대표적인 몇 가지를 소개하면 다음과 같다.

□ 전체에 대한 부분이라는 분수의 개념을 이끌어낼 수 있다. 즉 하나의 모양을 다른 모양으로 덮을 때 몇 개 필요한지 활동을 하면서 분수의 개념을 알 수 있다.
또, 정육면체, 사다리꼴, 평행사변형, 정삼각형 중 정육각형을 단위로 선택했을 경우 사다리꼴은 $\frac{1}{2}$, 평행사변형은 $\frac{1}{3}$, 정삼각형을 $\frac{1}{6}$임을 알 수 있다. 그 밖에도 분수를 비교하기, 동치분수 찾기, 가분수를 대분수로 바꾸기 등에 활용할 수 있다. 예컨대 $3\frac{1}{2}=\frac{?}{2}$, $\frac{1}{2}\times\frac{1}{3}=?$, $4\div\frac{1}{3}=?$ 등과 같이 기호만으로 이루어진 분수학습을 할 경우 그 알고리즘을 잊어버리면 문제 해결이 어렵다. 그러나 기호화를 하기 이전에 3개의 정육각형과 1개의 사다리꼴로 이루어진 도형을 덮으려면 사다리꼴 몇 개가 필요한가?, 평행사변형의 $\frac{1}{2}$인 도형은 어느 것인가?, 4개의 정육각형을 붙여 만든 도형과 넓이가 같은 도형을 만들려면 평행사변형 블록이 몇 개 필요한가? 등 블록을 조작하면서 시각적으로 분수뿐만 아니라 자연수의 사칙 알고리즘을 이해할 수 있다.

□ 블록을 이용하여 윤곽선을 따라 완전히 메꾸는 활동을 하면서 넓이의 개념을 익힐 수 있으며, 블록을 이용하여 같은 넓이를 측정할 때 넓이의 측정과 단위 사이의 관계를 이해할 수 있다.

□ 평면을 블록으로 덮어보고 모서리나 각의 조합에 대해 알 수 있고, 한 점 주위에 배열하면서 원이 360°라는 것을 다양한 각의 측정으로 알 수 있게 된다.

□ 똑같은 색깔의 패턴블록을 이용해서 처음의 모양과 닮음을 유지하면서 삼각수나 사각수 등 형상수의 패턴을 알 수 있을 것이다.

□ 이 밖에도 패턴블록은 다음과 같은 다양한 활동을 지원할 수 있다.

- 블록을 수로 대체하여 수의 합성·분해에 의한 수 감각 및 수 패턴 탐구
- 사칙연산의 의미와 계산 원리 탐구
- 블록을 이용한 도형 사이의 관계 탐구
- 합동과 닮음 등 기하적 개념 형성
- 선대칭, 점대칭, 회전대칭의 탐구
- 길이나 넓이의 직접비교를 통한 측정 활동
- 합성·분할을 통한 양과 수의 보존성 이해
- 둘레나 넓이, 각과 관련된 탐구
- 모자이크나 테셀레이션 구성과 탐구
- 다양한 규칙성 탐구

퍼즐

퀴즈(quiz)와 퍼즐(puzzle)을 해결하기 위해서는 이미 알고 있는 지식이나 기능을 활용해야 한다는 점에서는 공통성이 있다. 그러나 「**퀴즈**는 어느 한 영역의 단편적인 지식의 재생과 신속한 반응을 요구하는 질문」이라면, **퍼즐**은 범교과적·통합적 지식과 추리를 요구하며 퀴즈에 비해 신속성을 덜 요구」한다. 또 퀴즈는 기억력에 의존하는 경향이 높다면 퍼즐은 통찰과 창의력 등 사고력에 의존하는 경향이 강하다고 볼 수 있다.

■ 수학퍼즐의 종류

수학퍼즐은 문제해결을 위한 표준알고리즘이 존재하지 않으며 이미 학습한 수학적 개념, 원리·법칙 등 수학적 지식을 통합적으로 활용하여 수학적 사고와 추론과정을 거쳐서 해결할 수 있는 비정형적인 장면의 문제로서, 학문적 요소와 놀이적 요소가 함께 포함되어 있다. 퍼즐을 해결하기 위해서는 기억력보다는 직관력과 통찰력과 창의력, 그리고 확산적 사고와 논리적 사고가 복합적으로 요구된다.

수학퍼즐은 특별한 분류기준은 없으나 내용 영역을 중심으로 분류하면 다음과 같다.

- **숫자퍼즐** : 정수의 성질을 이용하여 수나 식을 만드는 퍼즐로써, 풍부한 수 감각과 연산 감각 및 능력과 논리적인 사고력이 요구되는 문제. 예컨대 '사칙연산 기호와 ( )와 숫자 4를 4번 사용해 0부터 10까지 만들기', '43×2=14은 잘못된 식이다. 어느 한 두 숫자를 이동하여 바른 식이 되도록 하여라.' 등이 이에 속한다. 숫자퍼즐에는 방진산이나 식충산, 수식을 만드는 성냥개비, 매직맥스, … 등 여러 가지가 있다.
- **도형퍼즐** : 주어진 도형을 분할하고 합성하거나 조작을 통하여 공감 감각과 수학적 원리·법칙을 깨닫도록 하는 장면의 문제. 예컨대 '하나의 정사각형을 넓이가 다른 몇 개의 정사각형으로 나누거나' 칠교판 중 어느 3조각을 이용하여 직사각형을 만들기 등이 이에 속한다. 도형 퍼즐에는 칠교판, 펜토미노, 폴리오미노, … 등이 있다.
- **계측퍼즐** : 양의 측정과 관련된 퍼즐로 풍부한 수와 양 감각 및 연산 능력과 논리적 사고가 요구되는 장면의 문제. 예컨대 '크기와 모양이 같은 24개의 구슬이 있다. 이 중 무게가 다른 구슬이 1개 있다. 저울을 3번 사용하여 무게가 다른 구슬을 찾기', '눈금이 없는 500mL짜리와 800mL짜리 비커를 이용하여 400mL를 측정하는 방법을 설명하기.' 등이 이에 해당한다.
- **논리퍼즐** : 주어진 문장이나 문제로부터 연역 추론 등 형식논리를 이용하거나 시행착오를 통해 대안을 분석함으로써 해결할 수 있는 유형의 문제. 예컨대 한 법관이 금고 절도사건의 용의자로 구속된 경수, 인호, 병수, 정호 등 4명을 대상으로 심리하였는데 그들의 자백 내용은 다음과 같은데 2명의 자백 내용은 참말이고, 다른 2명의 자백 내용은 거짓이다. 4명 중 1명이 범인이라면 범인은 누구인가?

  경수: 범인은 인호, 병수, 정호 중에 있다.
  인호: 나는 훔치지 않았다. 병수가 훔쳤다.
  병수: 경수와 인호 중 한 사람이 범인이다.
  정호: 인호의 진술이 사실이다.

- **퍼즐게임** : 도구를 사용하여 게임하듯이 푸는 퍼즐을 말한다. 예컨대 n개의 흰 바둑돌과 검은 바둑돌이 ●○●○●○의 차례로 놓여있다. 이웃하는 2개의 돌을 동시에 움직여서 ○○○●●●와 같이 배열하여라. 그 밖에 하노이의 탑 문제, 해밀턴의 길 찾기 문제, 한붓 그리기, … 등이 있다.
- 이 밖에도 여러 유형의 퍼즐이 있다.

■ 퍼즐의 교육적 가치

퍼즐은 수학적 요소와 함께 놀이적인 요소를 포함하고 있어서 형식화된 알고리즘의 적용과 지필에 의존해 오던 수학학습 방법에 대한 정신적 부담을 최소화할 수 있다. 또한 그 밖에 퍼즐의 교육적 가치를 몇 가지 언급하면 다음과 같다.

- 해결절차나 전략 등은 문제해결의 본질이다.
- 학교교육과 가정교육을 연결시킬 수 있다.
- 교구를 이용한 퍼즐은 수학적 지식을 창조하는 경험을 제공한다.
- 논리적인 사고력을 신장시킬 수 있다.
- 의사소통력과 추론력을 발달시킬 수 있다.

Ⅱ

펜토미노

영국의 정복왕 윌리엄 1세의 아들과 프랑스의 황태자가 체스 게임을 하게 되었다. 프랑스의 황태자가 시합에 지자 홧김에 체스판을 상대방에게 던져버렸다. 윌리엄의 아들도 흥분하여 황태자의 머리를 그 체스판으로 내려쳐 깨뜨리는 보복을 했는데, 그 때 체스판이 13개의 조각(12개의 펜토미노 조각과 1개의 테트라미노)으로 쪼개어졌다는 이야기가 있다. 펜토미노(Pentomino)라는 이름은 솔로몬 골롬(Solomon. W. Golomb)박사가 1953년 하버드 수학 클럽에서 강의 중 처음 사용하여 붙여졌다.

펜토미노는 5개의 정사각형을 이은 12개의 평면조각으로 이루어져 있다. 이 조각을 활용하여 도형의 뒤집기와 돌리기 활동을 하면서 도형의 변환을 탐구하고 주어진 도형을 덮는 활동을 통해 공간 감각을 기르며 작품 만들기 활동을 하면서 창의성을 기르게 된다. 또 다음 그림처럼 입체로 구성된 펜토미노는 여러 가지 입체도형의 구성, 변형 등을 통해 공간감각을 기르는데 활용할 수 있다.

■ 펜토미노의 활용

펜토미노는 공간 감각을 기르는데 중점을 두면서 넓이와 둘레의 관계, 선대칭 도형과 점대칭 도형, 정육면체의 전개도, 무늬꾸미기 등을 접할 수 있는 기회를 제공해 준다.

- 주어진 펜토미노를 이용하여 주어진 모눈종이를 덮을 수 있다. 펜토미노를 모눈종이에 덮으면서 공간 감각을 기를 수 있다.

예컨대 다음의 펜토미노 6개를 이용하여 옆의 모눈종이를 완전히 덮어보시오.

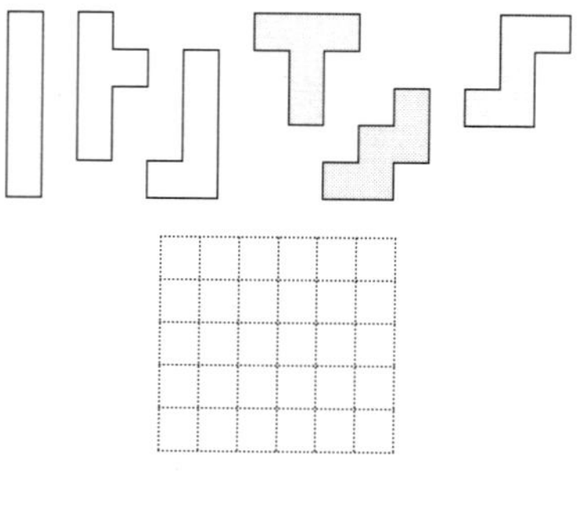

- 펜토미노를 이용하여 똑같은 모양을 만들 수 있다. 합동이 되는 모양을 이해할 수 있다.

예컨대 펜토미노 12개를 모두 이용하여 아래와 똑같은 모양 3개를 만들어 보시오.

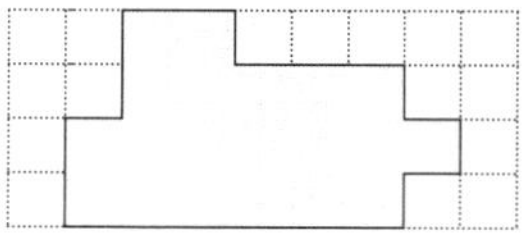

- 공간지각력 및 도형의 둘레와 관련된 학습으로 둘레의 길이가 최소, 최대가 되도록 하기 위하여 정사각형을 어디에 붙여야 하는지 설명할 수 있다.

예컨대 펜토미노를 이루는 하나의 정사각형의 길이를 1이라고 할 때, 오른쪽 펜토미노의 둘레의 길이는 얼마입니까?

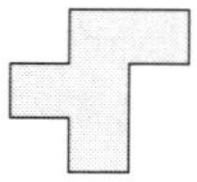

또 하나의 정사각형을 붙여서 둘레의 길이가 가장 많이 늘어났다면, 얼마가 늘어났을까요?

- 전개도와 관련된 학습으로 펜토미노 중 접어서 뚜껑이 없는 상자모양이 되는 것을 찾을 수 있다. 펜토미노를 접었을 때, 서로 만나는 부분을 알 수 있다. 예컨대 펜토미노 12개 중 뚜껑이 없는 상자 모양으로 접을 수 있는 것은 어떤 것입니까?

- 투영도와 관련된 학습을 할 수 있다. 예컨대 펜토미노 블록으로 입체를 구성한 후 이 입체도형을 윗, 앞, 옆에서 본 모양을 그려보거나 그 역의 활동도 가능하다.

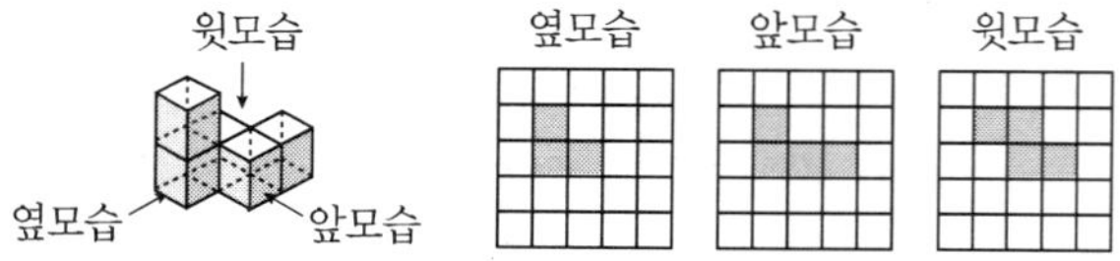

- 이 밖에도 도형의 대칭성, 입체도형의 합동과 닮음 등 도형 학습을 비롯한 다른 영역의 수학 학습자료로 다양하게 활용할 수 있다.

평균산/과부족산

■ 평균산(平均算)

「몇 개의 수량의 평균을 구하거나 평균을 사용하여 수량의 크기를 구하는 문제를 **평균산**」이라고 한다. 평균을 구하려면 2가지 조건, 즉 나누어지는 전체의 양과 나누려는 몫의 수. 즉 (평균)=(전체의 합)÷(전체를 이루는 수)이다.

[예 1] 가족의 몸무게를 달아보았더니, 어머니는 63kg, 영수는 45kg, 아버지가 51kg이었다. 세 사람의 평균 몸무게는 몇 kg인가?

〈풀이〉 무거운 사람의 몸무게를 가벼운 사람의 몸무게 쪽으로 옮겨서 3사람의 몸무게가 같게 만들면 [그림 1]과 같다.

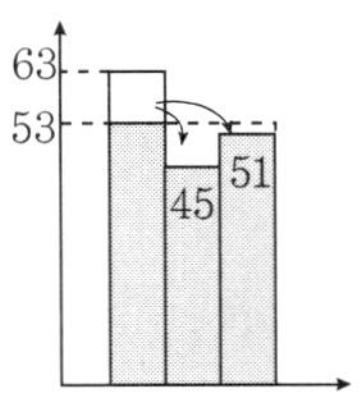

[그림 1]

3사람의 몸무게의 합은 (63+45+51)=159(kg)이므로 평균 몸무게는 159÷3=53(kg)이다.

[예 2] 1회부터 5회까지 수학 시험의 평균은 76점이고, 1회부터 6회까지의 평균이 78점이라면, 6회째 시험 점수는 몇 점인가?

〈풀이〉 1회부터 5회까지의 총점과 1회부터 6회까지의 총점 사이의 관계를 그림으로 나타내면 [그림 2]와 같다.

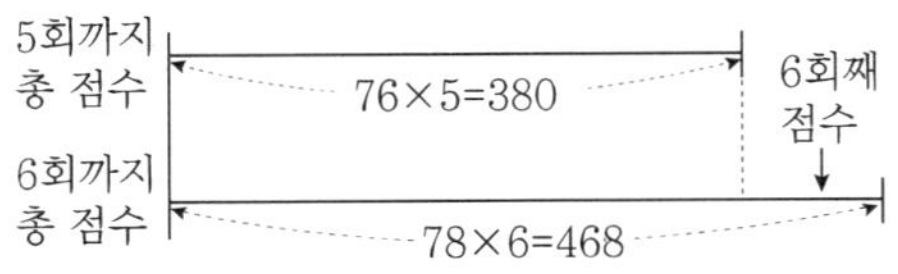

[그림 2]

6회까지의 총 점수와 5회까지의 총 점수의 차를 생각해 보면, 5회까지 점수의 합은 76×5=380(점)이고, 6회까지 점수의 합은 78×6=468(점)이다. 6회째 점수=(6회까지의 총 점수)−(5회까지의 총 점수)=468−380=88(점)이다.

[예 3] 지난 번까지 친 수학성적 평균은 83점이고, 이번 시험에서 97점을 받았더니 전체 평균은 85점이 되었다. 시험은 전부 몇 번 쳤는가?

〈풀이〉 지난 번까지 시험친 횟수를 □, 지난 번까지의 평균이 83점이므로 총점은 (83×□)이고, 이 번 시험까지의 시험친 횟수는 (□+1)이다. 총점은 (83×□+97) 평균은 85점이므로 이들 사이의 관계를 식으로 나타내면 $\frac{(83\times\square+97)}{(\square+1)}$=85이다.

(83×□+97)=85×(□+1), 83×□+97=85×□+85, 2×□=97−85=12(회), □=6(회). 따라서 지금까지 시험친 횟수는 (6+1)=7(회)이다.

■ 과부족산(過不足算)

「어떤 수량을 일정하게 나누어줄 때, 남은 양은 **과잉**, 모자라는 양은 **부족**이라 하고, 이와 관련된 문제를 **과부족산**」이라고 한다. 과부족산 문제는 (과잉+부족)÷차에 의하여 한 미지수의 값을 구할 수 있다.

[예 1] 방 한 칸에 12명씩 배정하면 34명이 남고, 14명씩 배정하면 4칸 남았다. 방의 수와 사람 수는 각각 얼마인가?

〈풀이 1〉 ① 방의 수 : (34+14×4)÷(14−12)=45(칸)
② 사람 수 : 12×45+34=574(명)
또는 14×(45−4)=574(명)

〈풀이 2〉 방의 수를 x라면, 12x+34=14×(x−4), 2x=90, x=45, 따라서 12×45+34=574(명).

[예 2] 1개에 100원짜리 구슬을 몇 개 살 돈으로 1개에 98원짜리 구슬을 같은 개수만큼 샀더니 14원 남았다. 구슬을 몇 개 샀는가?

〈풀이〉 구슬 1개의 가격 차와 전체의 차에서 개수를 구한다. 1개의 가격의 차가 몇 개 모이면 14원이 되는지를 생각한다. 위 그림과 같이 세로를 구슬의 개수, 가로를 1개의 가격인 직사각형을 그리면 돈은 직사각형의 넓이와 같다. 1개 가격의 차 :17−15=2(원), 개수=나머지÷(17−15)=7(개)

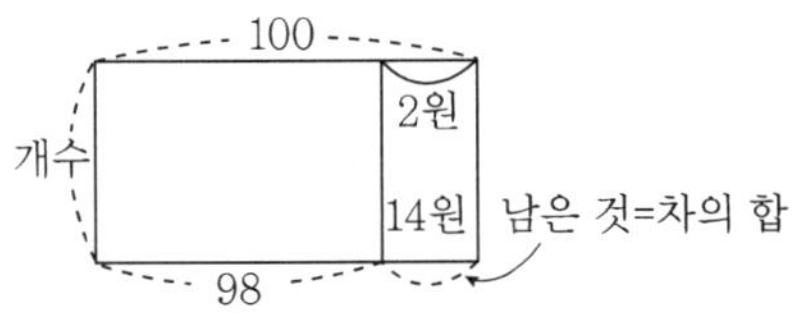

[그림 3]

[예 3] 한 사람에게 공책을 3권씩 나누어 주면 4권 부족하고, 5권씩 나누어 주면 20권 부족하다. 사람 수와 공책 수는 각각 얼마인가?

〈풀이〉 3권씩 나누어 주면 4권 부족하므로 4권을 다른 데서 갖다가 나누어 주면 3권씩 맞는다. 이것을 5권씩 나누어 주면 20−4=16(권)부족하므로 이것은 한 사람에 대하여 (5−3)=2(권)씩의 합과 같다. (차의 합) : 20−4=16, (사람 수) : 16÷(5−3)=8(명), (공책 수) 3×8−4=20(권)

평행선

평행이란 도형의 이름이 아니고, 두 도형 사이의 상대적인 위치관계로서 길이나 거리와는 무관하다. 수학에서는 「같은 평면 위에 있는 두 직선을 아무리 연장하여도 만나지 않을 때 이 두 직선은 **평행**」이라고 하며, 「평행인 두 직선을 **평행선**이라 하고, 서로 평행인 두 직선 $\overline{AB}$, $\overline{CD}$를 $\overline{AB} /\!/ \overline{CD}$, 또는 $\overline{CD} /\!/ \overline{AB}$로 나타낸다.

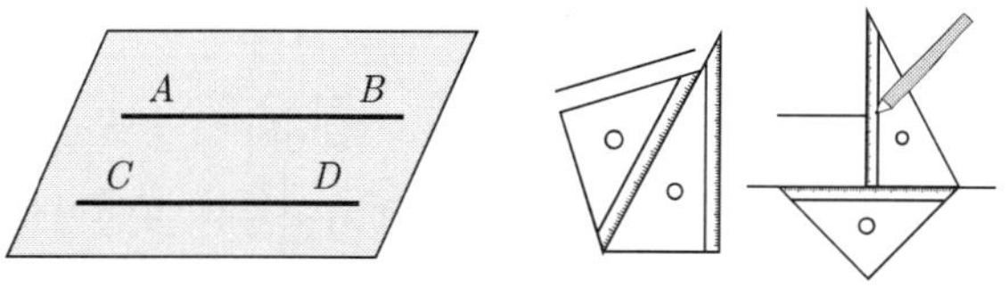

그러나 위와 같은 정의는 평행선의 확인과 작도 및 동위각(또는 엇각)이 같다는 성질을 유도하기가 곤란하다. 그래서 「직선과 직선의 평행에서 방향이 같은 두 직선을 **평행선**」이라고 정의함으로서 위 오른쪽 그림처럼 2개의 삼각자를 이어 붙여서 그 한쪽을 평행이동시키면서 평행선을 작도하는 이유를 알게 하고, 나아가 동위각이 같다는 것을 이해할 수 있다.

■ **평행선의 성질**

평행선에는 다음과 같은 법칙이 성립한다.

- **반사율** : a∥a
- **대칭률** : a∥b이면 b∥a
- **추이율** : a∥b이고, b∥c이면 a∥c

반사율은 평행의 의미를 확장해서 극단의 경우, 한 직선은 자기 자신과 평행이라고 하는 것으로 초등 수학에서는 취급되지 않는다. 대칭률은 '직선 a가 직선 b에 평행'이라는 것은 'b가 직선 a에 평행이라는 것'과 같다는 것이다.

■ **평행선의 공리**

평행선의 공리는 유클리드 기하학을 비유클리드 기하학과 구별하는 중요한 공리로서 「'한 직선 밖의 한 점을 지나고 이 직선과 평행인 직선은 단 하나 있다.'는 공리를 보통 **평행선의 공리**」라고 한다.

■ **직선과 직선의 평행** : 직선의 평행이란 다음과 같이 여러 가지 내용을 갖는 개념이다.

- 방향이 같은 두 직선
- 모든 곳에서 직선 사이의 거리가 같은 두 직선
- 아무리 연장하여도 만나지 않는 두 직선
- 한 직선과 만나서 이루는 동위각 또는 엇각이 같은 두 직선

■ **같은 평면 위에 있는 두 직선의 관계**

한 평면 위에 있는 두 직선의 관계는 다음 3가지 경우를 생각할 수 있다.

- 서로 만난다(한 점을 공유한다). [그림 1]
- 평행이다(공유점이 없다). [그림 2]
- 서로 겹친다(모든 점을 공유한다). [그림 3]

[그림 1]　[그림 2]　[그림 3]

□ **직선과 평면의 평행** : 직선과 평면의 위치관계는 ① 두 점에서 만나는 경우, ② 한 점에서 만나는 경우, ③ 만나지 않는 경우가 있는데, ①은 직선이 평면 위에 있는 경우이고, ②는 직선과 평면이 만나는 경우이며, ③은 직선과 평면이 평행인 경우이다.

□ **평면과 평면의 평행** : 두 평면의 위치관계는 ① 서로 만나거나 ② 서로 만나지 않는 경우가 있는데 ①의 경우 두 평면이 만나는 곳은 직선이며, ②의 경우 두 평면을 아무리 늘여도 만나지 않을 때 두 평면을 서로 평행이라고 한다.

■ **평행선과 관련된 정리**

- 두 직선이 한 직선이 만나 이루는 한 쌍의 엇각(동위각)이 같으면 이 두 직선은 평행이다.
- 두 직선이 한 직선과 만나 이루는 한 쌍의 동측내각이 서로 보각이면 이 두 직선은 평행이다.
- 한 직선에 평행인 두 직선은 서로 평행이다. 즉 평행선의 어느 한 직선과 만나는 직선은 다른 직선과도 만난다.
- 한 직선에 수직인 두 직선은 서로 평행이다. 즉 평행선에서 한 수직인 직선은 다른 것에도 수직이다.

평행사변형/마름모

「사각형 중에서 2쌍의 대변이 각각 평행인 사각형을 **평행사변형**이라 하고, 4변의 길이가 같은 도형을 **마름모**」라고 한다. 마름모는 2쌍의 대변의 길이가 같으므로 평행사변형의 특수한 경우라고 볼 수 있다. 정사각형 또는 직사각형의 개념이 분명하면 이와 같은 사각형의 변의 길이를 불변으로 하여 한쪽 방향으로 밀면 마름모 또는 평행사변형이 된다.

■ 평행사변형의 성질

평행사변형에 대해서는 다음 성질이 있다.

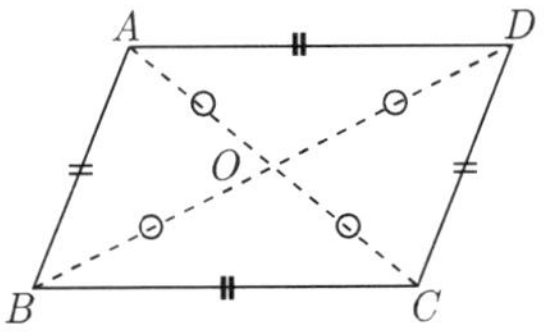

① 두 쌍의 대변이 각각 평행이다.
② 두 쌍의 대변의 길이가 각각 같다.
③ 두 쌍의 대각의 크기가 같다.
④ 이웃하는 각은 서로 보각이다.
⑤ 대각선은 서로 다른 대각선을 이등분한다.
⑥ 대각선의 교점을 대칭의 중심으로 하는 점대칭이다.

위 성질 가운데 ②, ③, ⑥은 평행사변형을 대각선에 의해서 두 삼각형 $\triangle ABC$와 $\triangle ADC$를 포개어 보면 알 수 있다. ④는 평행선의 성질로부터 알 수 있다. ⑤는 $\triangle ADO$와 $\triangle BOC$에 있어서 두 각과 그 사이에 끼인 각이 같으므로 $\triangle ADO \equiv \triangle BOC$이다. 따라서 $AO=OC$, $BO=OD$이라는 것을 안다 또는 $\triangle AOD$와 $\triangle BOC$를 잘라 포개 보는 방법도 생각할 수 있다.

■ 평행사변형의 결정 조건

위 평행사변형의 성질 ①에서 ⑦까지는 어느 것이나 임의의 사각형이 평행사변형이 될 수 있는 조건이다. 그 이유를 밝혀 보면 다음과 같다.

① $AB /\!/ CD$, $AD /\!/ BC$는 정의이다.
② $\triangle ABC$와 $\triangle ACD$와는 3변의 길이가 같으므로 합동이 된다. $\angle BCA=\angle CAD$에서 $AD=BC$, $\angle BAC=\angle ACD$에서 $AB=CD$이다. 따라서 사각형 ABCD는 평행사변형이다.
③ 사각형의 내각의 합이 360°이므로 $\angle A+\angle B+\angle C+\angle D=4\angle R$인데 $\angle A=\angle C$, $\angle B=\angle D$이므로 $\angle A+\angle B=2\angle R$이다. 따라서 사각형 ABCD는 평행사변형이다.
④ 평행선의 성질에 의해 $\angle A+\angle B=2\angle R$, $\angle B+\angle C=2\angle R$, $\angle C+\angle D=2\angle R$이다. $\angle D+\angle A=2\angle R$이다.
⑤는 $\triangle AOD \equiv \triangle BOC$가 되어서 $\angle OAD=\angle OCB$로부터 $AO=CO$, $BO=DO$. 따라서 사각형 ABCD는 평행사변형이다.
⑥은 $\triangle ABC$와 $\triangle ACD$에 있어서 $AD=BC$, AC는 공통, $AD /\!/ BC$에서 $\angle CAD=\angle ACB$
$\therefore$ $\triangle ABC \equiv \triangle ACD$. 따라서 $\angle BAC=\angle ACD$이므로 $AB /\!/ CD$이다. 따라서 사각형 ABCD는 평행사변형이다.

이상으로서 위의 6개의 성질은 어느 것이나 평행사변형이 될 조건이다.

■ 평행사변형의 작도

사각형의 작도에서는 4개의 변, 4개의 각, 2개의 대각선 중에서 5개의 요소가 주어져야 결정되지만 평행사변형은 대각선에 의해서 삼각형으로 나누어지기 때문에 3개의 요소가 주어지면 된다. 삼각형은 3개의 요소가 필요하다. 평행사변형 작도에 필요한 3개의 요소는 삼각형의 결정 조건으로부터 생각해 볼 수 있다.

ⓐ 이웃되는 두 변과 그 사이 각이 주어졌을 때
ⓑ 이웃되는 두 변과 한 대각선이 주어졌을 때
ⓒ 한 변과 두 대각선이 주어졌을 때

이것은 또한 삼각형의 결정 조건으로부터 생각하지 않고, 대변이 같다는 것과 한 각이 정해지면 모든 각이 정해진다(맞꼭지각은 같고 이웃하는 각은 서로 보각이다)는 사각형의 결정 조건으로부터 생각해도 위의 3가지를 생각할 수 있다.

■ 마름모의 성질

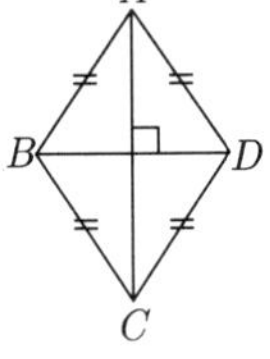

마름모는 앞에서 제시한 평행사변형의 성질인 ①~⑥의 성질을 모두 가지고 있으며, 추가적으로 다음 2가지를 더 갖고 있다.

⑦ 두 대각선이 수직으로 만난다.
⑧ 두 대각선을 대칭축으로 하는 선대칭도형이다.

포함관계

사전적인 의미로 포함이란 상대편을 자기편으로 감싸 끌어들이는 것을 말한다. 수학에서 「포함관계란 어떤 개념이 보다 일반적인 개념에 포함 또는 포함된다고 하는 종속관계를 개념의 **포함관계**」라고 한다. 포함되는 개념은 포함하는 개념보다 특수한 것이다. 예컨대 일반삼각형에 포함되는 이등변삼각형은 일반삼각형의 특수한 경우이다. 또 계층 구조적 관점에서 살펴보면 포함관계는 개념의 상·하위의 관계라고 할 수 있다. 포함관계는 개념의 특수와 일반의 관계이고 3개의 개념이 연쇄되어 포함관계를 이루는 경우는 추이율이 성립한다.

■ 수의 포함관계

포함 관계의 성립여부는 어떤 관점에 착안하는가에 따라는 다른 것으로 다음은 수를 계층구조적 관점에서 상·하위 개념관계로부터 포함관계를 생각할 수 있다. 왼쪽에 위치한 수가 오른쪽에 위치한 수를 포함하며, 더 상위개념이다.

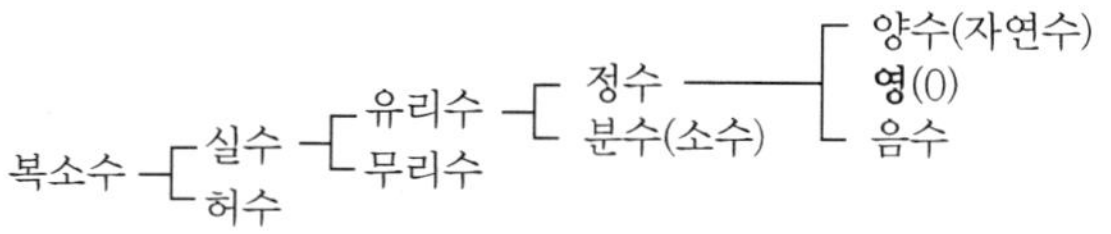

■ 도형의 포섭관계

포함관계에는 별개로 학습한 기본도형을 몇 가지 관점에서 분류·분석하고 공통점과 차이점을 명확히 하여 개념에 관한 지식을 통합·정리하여 도형 사이의 상호관계를 확실하게 인식시키려는 데 목적이 있다.

도형에서 포함관계를 지도하기에 앞서서 도형의 정의가 명확해야 하며, 그림으로서 도형이 아니고 성질의 집합체로서 도형을 이해해야 한다. 또 도형을 보는 분석의 관점의 필요성에 따라 집합의 의미 및 집합의 포함관계의 의미를 선택적으로 적용해야 한다. 예컨대 평면도형의 포함관계는 도형의 구성요소에 착안해서 변의 평행관계, 변의 길이의 상등관계, 각의 크기의 상등관계, 대칭성 및 대각선의 관계 등을 바탕으로 정리하여 결정한다.

- 변의 평행관계에 따라 계열화하면, 일반사각형⊃사다리꼴⊃평행사변형
- 변의 길이의 상등관계에 따라 계열화하면, 일반사각형⊃평행사변형⊃마름모
- 각의 크기의 상등관계에 따라 계열화하면, 일반사각형⊃평행사변형⊃직사각형의 차례로 포함관계를 계열화할 수 있다.

변의 상등관계와 각의 상등관계라는 조건에 따라 포함관계를 생각하면 사각형에서 정사각형이 가장 특수한 성질을 가진 사각형이다.

이상의 몇 가지 관점에서 사각형 사이의 포함관계를 다이어그램으로 나타내면 다음과 같다.

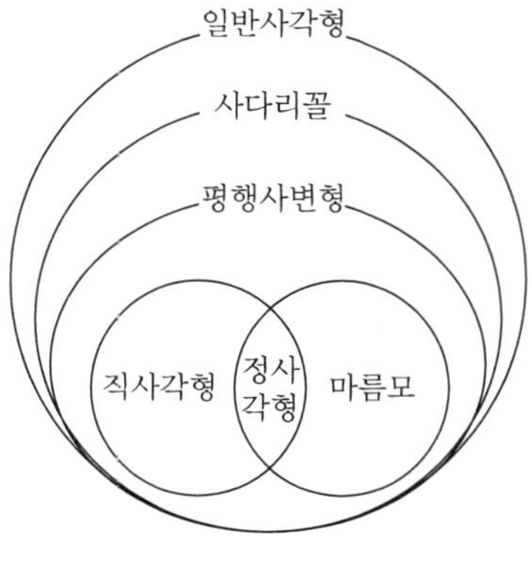

■ 도형의 포함관계지도에서 고려할 점

도형의 포함관계를 지도할 때 몇 가지 어려운 점이 있다. 예컨대 정사각형의 집합과 직사각형의 집합 사이의 포함관계를 외연적으로 살펴보면 {정사각형}⊂{직사각형}으로 생각할 수 있다. 즉 '정사각형은 직사각형의 특수한 경우이다.'라고 내포적으로 파악하는 것은 지금까지 양자를 대비시켜서 학습하고 다른 개념으로 생각해 왔기 때문에 심리적으로 받아들이기 어렵다.

또 '정사각형은 직사각형의 특수한 경우이다.'라고 하는 판단은 직관적으로 이루어지는 것이 아니고 도형의 정의나 성질에 대한 이해를 바탕으로 하여 도형사이의 관계를 논리적으로 고찰한 결과로서 얻어진 것이기 때문에 어린이들에게는 자연스럽지 않은 것이다.

따라서 도형의 포함관계 지도에서 초등학생들의 경우는 논리적 사고를 바탕으로 지도하기에 앞서서 분류나 작도 등 조작을 통하여 도형 사이의 상호관계를 지도한 후에 도형의 정의나 구성 요소들을 바탕으로 논리적으로 지도하는 것이 바람직하겠다.

폴리드론

폴리드론(polydron)은 영국의 에드워드 하비*Edward Harvey*가 도형학습용으로 개발된 교구로 다면체를 의미하는 폴리히드론(polyhedron)으로부터 발전되어 온 것이다. 폴리드론은 정삼각형, 이등변삼각형, 직각이등변삼각형, 정사각형, 두 대각선의 길이 비가 $\sqrt{5}:1$인 마름모, 정오각형, 정육각형 등 8가지 종류의 기본도형을 4가지 색깔로 구성되어 있으며, 결합과 분리가 쉽고, 조작활동을 재미있게 할 수 있어서 자연스러운 도형학습을 할 수 있다.

폴리드론은 각 평면도형의 변의 길이가 똑같아서 조립하여 전개도나 다양한 종류의 평면도형 및 입체도형을 만들 수 있다. 그리고 만들어진 평면 도형과 입체 도형을 관찰을 통하여 도형의 구성 요소와 특징을 직관적으로 이해할 수 있으며, 입체도형을 만드는 활동을 통해 공간 감각을 기를 수 있다. 또한 조립과 분해 등 조작활동을 하는 과정에서 떠오른 사고를 의사소통하면서 자신의 사고를 수정·보완하고, 나아가 좀 더 확장된 이론으로 만들 수도 있을 것이다.

■ **폴리드론의 활용**

수업에 사용할 때는 필요한 조각보다 많이 주도록 하며 한 번에 너무 많은 조각을 사용하는 것은 좋지 않다. 또 조각의 수에 제한을 둘 때는 너무 큰 구조를 만들지 않도록 하는 것이 좋으며 활동한 후 내용을 공유하는 것이 중요하다.

- ㅁ 정다면체의 의미를 이해하고, 폴리드론을 활용하여 정다면체를 만든다. 정다면체의 이름과 꼭짓점, 모서리, 면, 각 꼭짓점에 모인 면의 수, 각 면의 모양을 알아보고, 일상생활에서 정다면체를 어떻게 이용하면 좋은지 창의적으로 사고한다. 나아가, 만들 수 있는 정다면체의 종류에 대해 알고 그 이유를 논리적으로 설명할 수 있다.

예컨대 정삼각형의 폴리드론 4개를 이용하여 입체도형을 구성해 보고 다음과 같은 질문을 통하여 도형의 개념과 성질을 탐구할 수 있다.

- 자신이 만든 정다면체는 모두 몇 개의 면으로 이루어져 있으며, 각 면의 모양이 어떤지 살펴봅시다. 각 면의 모양이 서로 같습니까?
- 정사각형 1개와 정삼각형 4개를 이용하여 입체도형을 만들어봅시다. 정삼각형 4개로 만든 입체모양과 다른 점이 무엇일까요?
- 정삼각형 4개로 만든 입체도형의 이름을 붙여봅시다.

또, 폴리드론으로 다면체를 만들고 다면체의 성질을 이해할 수 있다.

정다면체		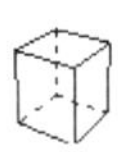			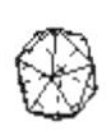
이름					
꼭지점의 수					
모서리의 수					
면의 수					
각 꼭지점에 모인 면의 수					
각 면의 모양					

- ㅁ 폴리드론을 활용하여 만든 정다면체와 그 전개도 및 겨냥도 사이의 관계를 이해할 수 있다. 특히 입체도형을 쉽게 결합·분해할 수 있음으로써 분해하는 변에 따라 입체도형의 전개도가 다양함을 알 수 있다. 또한 면이 비어 있는 폴리드론의 특성을 이용하여 겨냥도를 쉽게 이해하고 작도할 수 있다.
- ㅁ 정다면체는 아니지만 재미있는 특성을 가지고 있는 입체도형(케플러-포인샷 입체, 아르키메데스 입체, 프리즘과 안티프리즘)이 있음을 알고, 폴리드론을 이용하여 직접 만들어보고, 각 입체 도형의 특성을 직접 탐구한다.

폴리오미노

폴리오미노는 면끼리 서로 접하고 있는 정사각형들의 모임으로 1953년 솔로몬 골롬*Solomon Golomb*이 하버드대학교 수학클럽의 한 강연에서 처음으로 'polyominoes'라는 이름을 붙이고 이에 대한 연구를 하였다. 폴리오미노는 합동인 정사각형을 변끼리 맞닿도록 붙여 만든 여러 가지 모양을 통칭하는데, 붙이는 개수에 따라 모노미노(monomino), 도미노(domino), 트리미노(tromino), 테트라미노(tetromino) 등이 있다.

▪ 폴리오미노의 교육적 가치 및 활용

추상을 다루는 수학학습에서 폴리오미노같은 구체물의 이용은 기존의 대수적 표현 체계로 학습하기가 힘든 관찰력이나 공간에 대한 인식과 표현력, 공간 지각력과 공간 추론력을 기르는 데 유용하며, 게임적인 요소가 포함된 퍼즐의 경우 지필에 의존해왔던 수학학습에 대한 부정적인 인식을 해소하는 데 크게 기여할 것이다.

피치오토*Picciotto*(1999)는 폴리오미노는 다양한 기하적인 주제, 예컨대 대칭, 타일붙이기, 둘레의 길이와 넓이와 관련이 있으며, 학생들의 시각적인 감각과 수학적인 습관, 그리고 체계적인 조사, 분류, 확신하는 주장에 대해 구성할 수 있는 능력을 기를 수 있다고 주장하고 있다. 합동인 정사각형의 변들을 서로 맞붙여서 폴리오미노를 만들 때 회전이나 대칭이동을 통해서 겹쳐지는 것은 같은 폴리오미노로 간주한다. 이때, 모노미노나 도미노는 [그림 1]처럼 한 종류만 있다.

모노미노 도미노

[그림 1]

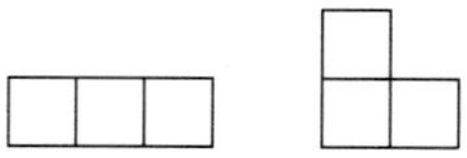

I-트로미노 L-트로미노

[그림 2]

트로미노는 정사각형 3개를 붙여 만든 평면도형으로 [그림 2]처럼 2종류가 존재하며, 이들 각각을 I-트로미노와 L-트로미노라 부른다. 한편, 합동인 정사각형 4개를 붙여서 만든 도형인 T테트로미노는 [그림 3]처럼 모두 5가지가 존재하며, 왼쪽부터 차례로 I-테트로미노, O-테트로미노, T-테트로미노, L-테트로미노, Z-테트로미노라 부른다.

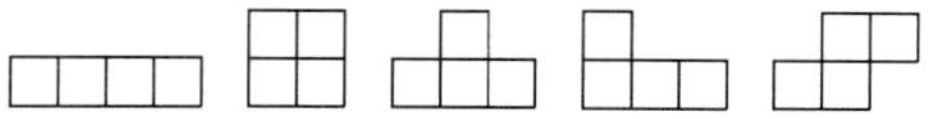

[그림 3]

특히, 테트로미노는 오락 게임인 테트리스를 통해 잘 알려져 있다. 테트리스에서는 4개의 합동인 정사각형을 붙여서 만든 도형들 중에서 회전이동으로 겹쳐지는 것만을 같은 도형으로 취급했기 때문에, 테트로미노에서 살펴본 5개의 도형 이외에 [그림 4]와 같은 것이 하나 더 있다.

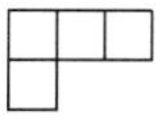

[그림 4]

▪ 폴리오미노의 종류

폴리오미노는 정사각형의 개수에 따라 다음과 같이 이름을 붙인다.

이 름	정사각형의 수	서로 다른 모양의 수
모노미노(Monomino)	1	1가지
도미노(Domino)	2	1가지
트리미노(Tromino)	3	2가지
테트라미노(Tetromino)	4	5가지
펜토미노(Pentomino)	5	12가지
헥소미노(Hexomino)	6	35가지
헵토미노(Heptomino)	7	108가지
옥토미노(Octomino)	8	369가지
노노미노(Nonomino)	9	1285가지
데코미노(Decomino)	10	4466가지

한편, 합동인 정사각형 5개를 붙여서 만든 도형인 펜토미노는 [그림 5]처럼 12개의 도형이 있으며, 6개의 정사각형으로 만든 도형인 헥소미노는 [그림 6]처럼 35종류가 있다.

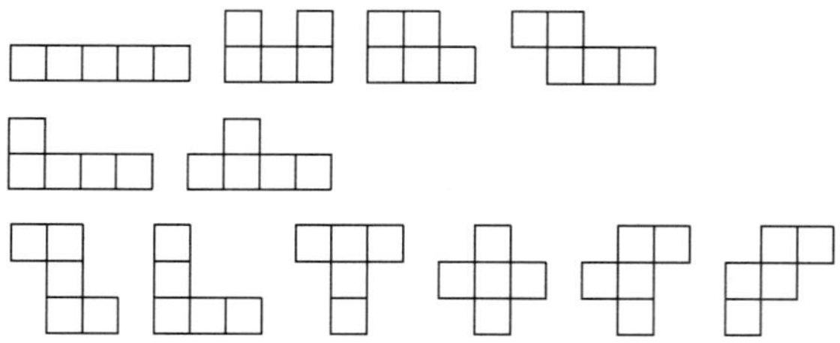

[그림 5]

한편, 정사각형 7개로 만든 도형을 헵소미노라 하는데, 모두 108종류가 있고, 정사각형 8개로 이루어진 옥토미노는 369종류가 존재한다. 지금까지 정사각형 24개로 이루어진 폴리오미노에 대한 전체 종류의 개수가 알려져 있다.

표

일상생활을 합리적이고 과학적으로 처리·표현하기 위하여 관련된 자료를 수집·분석하고, 필요한 자료를 분류·정리 및 기록·표현하는 것이 중요하다.「어떤 정보를 상호관련된 사항들을 비교하거나 분류해서 나타내고자 할 때, 문장으로 설명하는 것보다 일목요연하게 이해할 수 있도록 그 내용들을 표화(表化)하여 분류·정리해놓은 것을 표(table)」라고 한다.

■ 표의 유형

표의 유형은 기능에 따라 분류하면 계획표, 시간표, 일정표, 예정표, 기록표, 수표, 함수표, 통계표 등이 있다.

- **계획표, 일정표, 예정표** : 여러 가지의 계획이나 일정, 사실의 예정 등을 나타내는데 쓰이는 것
- **함수표** : 함수관계에 있는 두 개의 수량의 대응하는 값을 이차원의 표로 정리한 것
- **기록표** : 실험, 관찰, 조사 등에서 얻어진 개개의 결과를 수치로 기록해 나가는 것
- **통계표** : 조사나 실험 결과 등 통계적인 자료를 그 특징이나 관계 등을 파악하기 쉽도록 하기 위하여 정리해서 나타낸 표

표는 그 형식에 따라 분류하면 일차원표, 다차원(多次元)표 등으로 나누어진다. 일차원의 표는 어떤 집단을 하나의 관점에서 보기 위하여 작성된 표로서 내용면에서 속성 통계표, 변량 통계표, 계열 통계표(시계열 통계표) 등 3가지 계열이 있다. 또 다차원표(중복분류표)는 둘이나 그 이상의 관점에서 이차원표, 삼차원표 등이 있는데, 이는 자료를 분류했을 때 그 각각의 조합이라고 생각하면 된다.

다음 [표 1]은 2가지 관점에서 정보를 알기 위하여 작성된 이차원표이다.

[표 1] 6학년 1반 학생의 키과 몸무게

키(cm) \ 몸무게(kg)	30-35	35-40	40-45	45-50	50-55	계
140-145						
145-150						
…	…	…	…	…	…	
계						

■ 통계의 종류에 따른 표의 유형

- **구조적 통계표** : 조사 장소나 시기가 제시된 집단에 대해서 그 구조를 나타낸 것이다. 그 중에서 표식(標識)이 [표 2]처럼 남녀별, 또는 직업별 등과 같이 질적인 것에 따라 표현·분류되어 있을 때 **질적 분류표**, 또는 **속성 통계표**라고 하고, [표 3]처럼 금액, 측청치 등 양적인 것에 따라 분류된 것을 **양적 분류표**, 또는 **변량통계표**, **도수분포표**라고 한다.

[표 2] 질적 통계표의 예

남녀별 학생 수 (년 월 일)		
남	여	계
24	33	57

[표 3] 양적 통계표의 예

득점별 인원 수	
득점(점)	인원수(명)
0	2
20	13
40	20
60	30
80	33
100	20
계	100

- **계열적 통계표(계열표)** : 집단의 크기나 그 평균값 등과 같은 집단의 대푯값이나 그로부터 유도되는 지수, 비율 등을 [표 4]처럼 시간적인 순서에 따라 배열한 표를 **시간적 계열표**라고 하고 시간의 단위로는 년, 월, 일, 시 등이 많이 사용된다. 또 통계 조사 결과를 [표 5]처럼 국가별, 또는 시도별과 같이 장소별로 배열한 표를 **장소적 계열표**라고 한다.

[표 4] 시간적 계열표

서울의 평균기온	
월	기온(도)
2	15
3	18
4	20

[표 5] 장소적 계열표

동별 인구	
동	인구(명)
A동	270
B동	470
C동	230

또 표는 어떤 집단을 몇 가지 관점에서 작성하였느냐에 따라 [표 2]~[표 5]처럼 1가지 관점에서 작성한 표를 일차원표, [표 1]처럼 2가지 관점에서 작성한 표를 이차원표라고 한다.

표본조사/표본추출법

■ 표본조사

「어느 집단의 특성을 알고자 할 때 집단의 시례 전부를 조사하는 방법을 **전수조사**라고 하며, 집단의 일부를 조사하여 집단 전체의 특성을 추정하는 방법을 **표본조사**라고 한다.」 예컨대 개인별 부과할 세금이나 인구조사 등은 일반적으로 전수조사를 실시한다. 그리고 다량의 생산품의 품질 검사처럼 전수조사가 불가능하거나 여론조사처럼 전수조사가 가능은 하지만 시간, 경비, 노력 등이 많이 들거나 농산품이나 물고기에 함유된 유해물질의 잔량 조사 등 전수조사의 가치가 낮을 경우에는 표본조사를 실시한다.

「조사하려는 전체 대상을 **모집단**이라 하고 모집단으로부터 표본조사를 위하여 선택된 대상을 **표본**이라 하며, 표본으로부터 전체 모집단의 성질을 추측하는 방법을 **추측통계학**」이라고 한다. 모집단 수에 대한 표본 수의 비율을 **추출률**이라고 하며, 조사의 추출률에 따라 신뢰도와 비용이 증감하므로 일반적으로 이 2가지를 고려하여 추출률을 결정하게 된다. 예컨대 콩 1가마니 속에 들어있는 불량콩의 수량을 알아보기 위해 콩을 골고루 섞은 후, 100개를 꺼내어 불량콩의 수가 30개라면 표본비율 0.3으로부터 모비율이 0.3이라고 추정한다.

추측통계학은 표본과 모집단을 구별해서 취급하지만 기술통계학은 표본과 모집단의 구별 없이 집단으로부터 얻어진 자료로부터 평균, 분산, 상관계수 등을 구하여 집단의 특징을 파악한다. 예컨대 어떤 모집단의 평균인 모평균에 대해서 알고 싶을 땐 우선 표본을 추출하여 모평균과 관련이 있다고 생각되는 표본의 평균을 구하고, 표본평균으로부터 모평균을 추측한다.

■ 표본추출법

모집단의 특성을 정확하게 추측하기 위해서는 대표성을 지녔다고 생각되는 표본을 추출하는 방법을 **표본추출법**」이라 한다. 표본추출법에는 유의추출법과 임의추출법의 2가지 방법이 있다.

□ 유의(有意)추출법

조사자가 자기의 지식과 경험에 의해 모집단의 축도(縮圖)가 되도록 표본을 추출하는 방법이다. 예컨대 여론 조사에서 유식한 사람 의견으로 여론을 대표로 보는 것과 같은 방법이다. 이 방법은 감(感)에 의한 방법으로 확률론적 기법을 이용한 추측이나 통계학적인 방법 등으로 활용하기는 곤란하다.

□ 임의(任意)추출법

'무작위 추출법'이라고도 하는 데, 조사자의 주관에 억매이지 않고 모집단의 개개의 자료가 표본으로 선택될 확률이 같도록 표집하는 방법이다. 표본의 무작위 추출법에는 다음 4가지 방법이 있다.

① **단순무작위 추출법** : 가장 기본적인 방법으로 모집단 전체를 한 묶음 취급하여 그 중에서 무작위 표본을 취하는 방법이다. 예컨대 60명의 학생으로부터 10명을 선발하는 방법은 제비뽑기에 의한 방법과 난수 주사위나 난수표를 쓰는 방법이 있다. : 학생들에게 1로부터 60까지의 번호를 부여해 둔다. 난수 주사위를 던져서 나오는 수나 난수표의 난수로부터 수를 선택하여 해당하는 번호의 학생을 선발한다.

② **계통 추출법** : 모집단과 추출해야 할 표본의 수가 많을 경우 단순 무작위 추출법의 대용으로 쓰인다. 예컨대 1000개 중에서 10개의 표본을 추출하는 경우 10개마다 하나씩 무작위 추출한다.

③ **계층화 추출법** : 조사결과에 영향을 미치는 모집단을 몇 개의 집단으로 나누어서 그 집단에서 표를 무작위 추출한다.

④ **다단계 추출법** : 모집단을 몇 개의 집단으로 나눈 후 각 집단을 단위로 하여 표본을 추출하고 추출한 집단 중에서 다시 표본을 추출하는 방법. 예컨대 어떤 지방의 학생 중에서 몇 사람을 추출하되 먼저 몇 개의 학교를 선택해서 선택된 학교 중에서 몇 사람씩 추출하는 방법이다. 이것은 2단 추출법이라고 한다.

표준편차

통계자료가 분포되어 있는 정도인 산포도의 하나로 분산과 표준편차가 있다. 「**분산**이란 변량인 각 통계수치와 각 수치들의 평균과 차이인 편차를 제곱하여 얻은 값들의 산술평균」으로써, 분산이 작을수록 자료는 평균값 주위에 모여 있다고 해석할 수 있다. 또, 「**편차**란 통계수치가 일정한 기준인 평균값으로부터 벗어난 정도로서 각 변량인 통계수치에서 평균값을 뺀 차를 각 변량의 편차라고 하며, **(편차)=(자료의 수치)−(평균)**으로 구하고, **표준편차**란 표준이 되는 편차」라는 뜻이다.

「n개의 통계자료가 x_1, x_2, $\cdots x_i \cdots$, x_n이고, 그 평균값이 $\overline{\mathrm{x}}$일 때, $(x-x_i)$를 편차라 한다. 그리고 각의 변량인 통계수치와 평균값과의 편차의 제곱 $(x_i-\overline{\mathrm{x}})^2$합을 전체 도수로 나눈 평균값을 **분산**이라 하고, 기호 s2. 또는 σ^2, v로 나타낸다. 그리고 편차인 $(x_i-\overline{\mathrm{x}})$의 절대값의 합을 전체 도수로 나눈 평균값을 **평균편차**라고 하며, 기호 $\varDelta$로 나타내며, 분산의 양의 제곱근, 즉 표준편차= $\sqrt{분산}$ 을 **표준편차**라 하고 기호 S, 또는 σ」로 나타낸다.

$$S^2=\sum_{i=1}^{n}\frac{(x_i-\overline{x})^2}{n},\quad S=\sqrt{\sum_{i=1}^{n}\frac{(x_i-x)^2}{n}}$$

$$\varDelta=\sum_{i=1}^{n}\frac{|(x_i-\overline{x})|}{n}$$

위 식에서 편차인 $(x_i-\overline{\mathrm{x}})$를 제곱하는 것은 평균편차에서 절대값을 취하는 것과 같은 의미를 가지지만 절대값보다도 제곱으로 처리하는 것이 이론적으로 처리하기 편리하다. 본래 제곱하지 않아도 산포도를 나타내는 척도로서는 의미를 가지는 것이므로 제곱한 것의 제곱근을 취해서 원래로 되돌린 것이 표준편차이다.

예컨대 통계자료 (2, 4, 6, 8, 10)의 평균은 6이므로 분산은 $\{(2-6)^2+(4-6)^2+(6-6)^2+(8-6)^2+(10-6)^2\}\times\frac{1}{5}=8$이고, 표준편차는 $S=\sqrt{8}=2\sqrt{2}$ 이다.

다음과 같은 도수분포표가 주어져 있는 경우

점수(점)	3 5 6 7 8 9 10	계
도수(명)	1 1 1 3 2 1 1	10

- $\overline{\mathrm{x}}=\frac{1}{10}(3+5+6+7\times3+8\times2+9+10)=7$
- $S^2=\frac{1}{10}\{(3-7)^2+(5-7)^2+(6-7)^2+(7-7)^2\times3+$
  $(8-7)^2\times2+(9-7)^2+(10-7)^{2\}}=3.6$에서
  $S=\sqrt{3.6}\fallingdotseq1.9$

평균을 M, 표준편차를 σ라면 통계자료의 수가 많을 경우 도수분포그래프와 신뢰도는 다음과 같다.

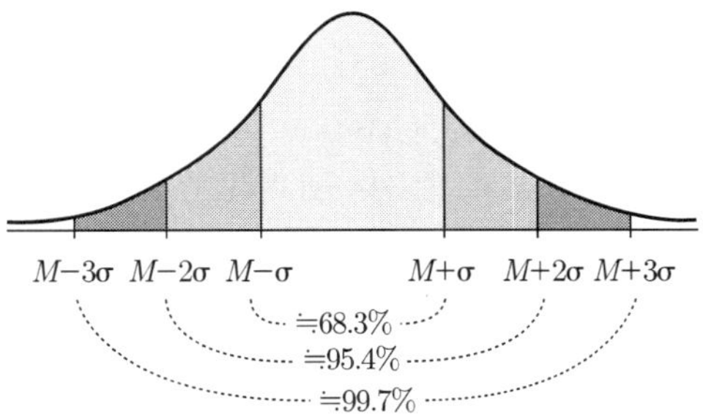

[예 1] 어떤 학생의 국어, 수학 성적과 학급 평균과 표준편차는 다음과 같고, 분포는 정규분포에 가깝다. 국어와 수학 중 어느 쪽의 성적이 상위라고 할 수 있는가?

	점수	평균	표준편차
수학	80	56	14
국어	80	58	9

정규분포에서서는 평균으로부터 2s 이내인 비율은 평균이나 표준편차에 관계없이 약 95%이다. 같은 점수라도 평균과의 차는 수학이 크므로 수학성적이 상위라고 생각되지만 표준편차를 첨가하면 국어의 성적이 수학보다 상위에 있다고 할 수 있다.

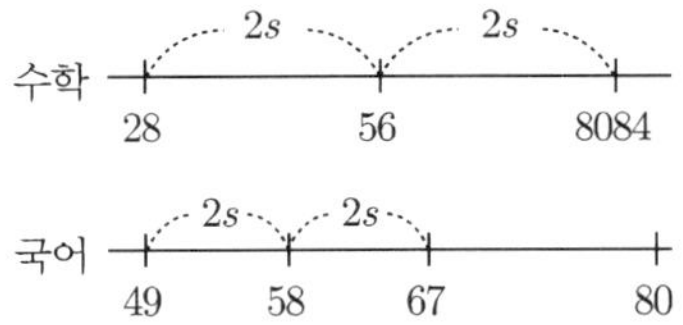

[그림 1]

[예 2] 다음 표는 A, B 두 학급 학생 8명씩의 수학성적이다. 평균편차를 구하고, 분산실태를 알아보아라.

A학급	90, 90, 80, 80, 80, 70, 60, 50
B학급	100, 100, 90, 70, 60, 60, 60, 60

두 학급 학생들의 성적 평균은 75점으로 같다.

- A학급의 평균편차 : $(|90-75|\times2+|80-75|\times3+|70-75|\times1+|60-75|\times1+|50-75|\times1)\div8=90\div8=11.25$(점)
- B학급의 평균편차 : $(|100-75|\times2+|90-75|\times1+|70-75|\times1+|60-75|\times4)\div8=130\div8=16.25$(점).

A학급이 B학급보다 평균편차가 작으므로 성적이 더 고르게 분산되어 있다고 볼 수 있다.

Ⅱ

프랙탈 기하

「프랙탈(Fractal)이란 전체를 부분 부분으로 나누었을 때 부분 안의 모양과 전체 모양이 무한단계까지 똑같은 모양을 갖는 기하적인 도형으로서, 자기닮음(self-similar)과 축소에 대한 불변(independent of scale)을 특성으로 갖기 때문에 과학, 의학, 컴퓨터 등 여러 분야에 응용되고 있다.

프랙탈이란 용어는 만델브로트*Mandelbrot*(1975)가 자연의 해안선이나 수목의 모양, 강의 모양 등을 시뮬레이트하기 위한 하나의 수학적 이상화로서의 프랙탈이라는 개념을 제안하였다. 만델브로트(1982)는 자연을 모델링하는 데 점, 선, 평면 등의 도형을 사용하는 유클리드 기하학이 규칙적, 불규칙적인 자연현상을 설명하는 데는 한계가 있다는 것을 인식하고 유클리드 기하와는 다른 성질을 가진 자연을 모델링하는 새로운 도구로서 프랙탈을 소개하였다.

프랙탈이 유클리드 기하보다 자연현상을 더 잘 표현할 수 있는 이유는 자기닮음이라는 성질 때문이다. 유클리드 기하학의 세계에서는 정수의 차원을 가진다. 예컨대 점을 0차원이라면, 직선과 곡선 등 선은 1차원, 삼각형이나 사각형 등 평면은 2차원, 구면이나 정육면체 등 입체는 3차원도형으로 분류한다. 그러나 프랙탈은 얼마나 많이 구부러져 있는가에 따라 1차원과 2차원 사이의 차원을 가진다. 예컨대 곡선이 직선과 유사할수록 더 매끄럽기 때문에 프랙탈 차원은 1에 가까워진다. 거칠게 갈짓자로 움직이면서 거의 평면을 채워가는 곡선은 2차원에 가까운 프랙탈 차원을 가진다. 프랙탈 차원이 높아질수록 훨씬 더 복잡해지고 거칠어지지만 프랙탈 차원은 그 프랙탈이 속해 있는 도형의 유클리드 차원보다 결코 크지 않지만 자기닮음이란 특성을 이용하면 유클리드 기하보다 자연현상을 더 잘 표현할 수 있다.

■ 프랙탈의 교육적 가치

프랙탈 기하의 특성을 이용하여 도형을 구성해 보는 활동을 통해 수학에 대한 색다른 즐거움과 주위환경에 대한 새로운 인식을 가질 수 있고, 실험적이고 체험적인 수학학습이 이루어질 수 있다. 이러한 과정에서 기하학습에 대한 흥미와 호기심을 갖고 자기주도적 학습과 함께, 상상력과 관찰력, 연역하는 능력을 사용하는 기회를 제공할 수 있다. 뿐만 아니라 수와 측정, 비와 비례관계 등 수학적 연결성을 길러주며, 수학을 과학, 컴퓨터 등의 여러 학문을 연결시킴으로써 수학의 유용성을 느끼게 한다.

[예] 코흐 곡선만들기

① 주어진 선분을 삼등분한다.

② 삼등분한 선분의 가운데 부분에 한 변의 길이가 주어진 선분의 $\frac{1}{3}$인 정삼각형을 놓는다.

③ 작은 정삼각형의 밑변을 지운다.

④ 새로 생긴 각각의 선분에 ①~③의 과정을 반복한다.

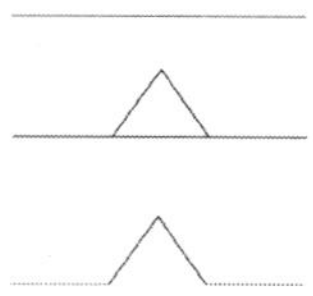

이 과정을 무한히 반복하여 얻은 도형을 **코흐곡선**이라고 부른다. 다음은 코흐 곡선의 몇 단계의 모양이다.

0단계 1단계 2단계 3단계

■ 자연 속의 프랙탈 구조

자연 속에 있는 프랙탈의 예로는 해안선, 구름, 산, 성단, 지진의 분포, 달의 분화구, 깃털, 산불, 강, 매연, 눈송이, 혈관조직, 뇌조직, 신경조직 등은 자연 속에서 쉽게 발견할 수 있는 프랙탈 모델이다.

예컨대, 우리 몸의 폐는 텅빈 공기주머니가 아니다. 큰 가지가 점점 작은 가지로 갈라지면서 폐포에서 종결되는 나뭇가지가 뻗은 모양의 구조로 되어 있다. 산소는 폐의 세포벽과 접촉해야만 적혈구에 의해서 흡수될 수 있기 때문에 허용되는 최대 부피 내에 가능한 한 넓은 표면을 가지는 것이 유리하다. 똑같은 원리가 우리 몸의 순환계, 소화관, 신경계에도 적용되고 있다.

그 중에서 놀라운 것은 프랙탈을 이용한 생물의 구조이다. 생물에서 기능의 효율성은 크기를 일정하게 유지하면서 어떻게 하면 외부와의 접촉면을 최대화할 것인가 하는 것이다.

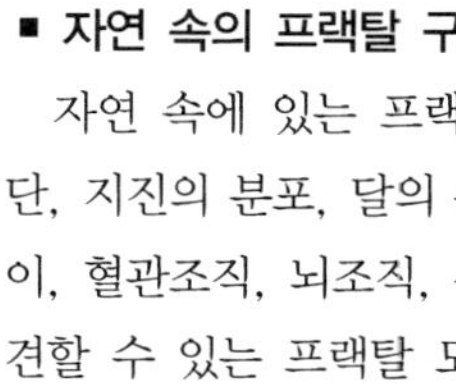

번개

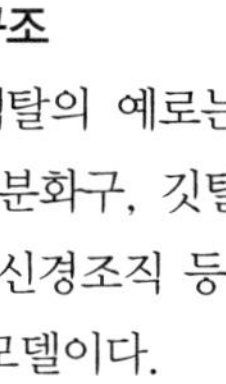

고사리 잎

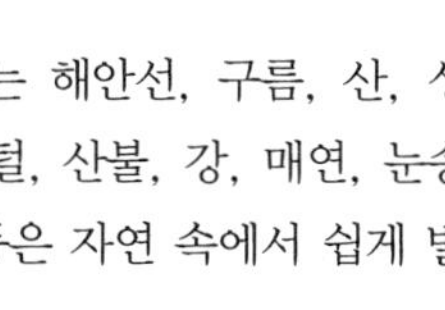

브로콜리 줄기

피보나치 수

이탈리아의 수학자인 피보나치는 고대와 아라비아, 인도의 수학 자료를 수집하여 발전시킨 수학자로, 대수학과 정수론에 많은 공헌을 하였다. 1202년 피보나치는 그의 생애의 가장 위대한 작품인 「Liber Abaci(산반서)」란 책을 썼는데, 그 책의 토끼 증식 문제에서 피보나치 수열이 유래하였다.

성숙한 토끼 한 쌍이 매달마다 어린 토끼 한 쌍을 낳는다. 어린 토끼 한 쌍은 1달이 지나면 어미토끼로 자란다. 2달이 지나면 한 쌍의 어린 토끼를 낳고, 3달이 지나면 어린토끼가 어미토끼로 성장하여 각각 한 쌍의 어린토끼를 낳게 된다. 5달이 지나면 8마리로 늘어난다. 어린 토끼는 죽지 않는다는 가정에서 이러한 현상이 지속되어 토끼의 가계도를 나타내면 [그림 1]과 같다. 토끼가 번식하는 규칙을 찾아보면 (n번째 달이 지난 후 토끼의 수)={(n−1)째 달의 토기의 수}+{(n−2)마리}번째 달의 토기의 수)가 된다.

즉 수열에서 앞에 있는 두 수의 합은 그 다음 수가 된다. 이 규칙을 수로 나타내면 [표 1]과 같다.

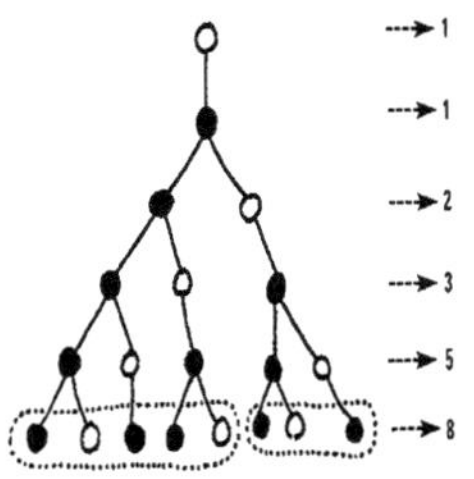

[그림 1] 토끼 개체군

○ 어린토끼
● 어미 토끼

1=1
1+1=2
1+1+2=4
1+1+2+3=7
1+1+2+3+5=12
1+1+2+3+5+8=20
1+1+2+3+5+8+13=33
…

[표 1]

피보나치 수열의 합을 [표 2]처럼 차례대로 배열하면 또 다른 규칙성을 가진 수열을 얻을 수 있다. 즉 (합의 n항)=((n−2)+(n−1)+1)이다.

피보나치 수 : 1 1 2 3 5 8 13 21 34 …
합 : 2 4 7 12 20 33 54 88 …

[표 2]

또 피보나치 수열에서 각 항의 수를 거듭제곱하여 [표 3]처럼 배열하면 또 다른 규칙성을 발견할 수 있다. 즉 (제곱한 수의 수열의 n항)=(원래 수열의 n항)×(n+1항).

(피보나치 수) : 1 1 2 3 5 8 13 21 34 …
(제곱한 수열) : 1 1 4 9 25 64 169 441 1156 …
(제곱한 수의수열) : 1 2 6 15 40 104 273 714 18706 …

[표 3]

이 밖에도 피버나치 수열을 다양한 규칙을 가진 수열을 만들 수 있다.

또 주머니에 1원짜리 동전과 2원짜리 동전이 들어있다고 하자. 4원을 꺼내는 서로 다른 방법은1+1+1+1, 2+1+1, 1+2+1, 1+1+2, 2+2 등 5가지인데 이것은 [표 1]의 피보나치 수열에서 5번째 항의 값과 같으며, 만일 20원을 꺼낸다면 서로 다른 방법은 피보나치 수열에서 21번째 항의 값과 같다.

■ 피보나치 수열과 황금 비율

피보나치 수열에서 이웃하는 두 항 중에서 앞에 있는 항의 수로 뒤에 있는 항의 수를 나눈 몫을 나타내면 다음 [표 4]와 같다.

[표 4]

1/1	2/1	3/2	5/3	8/5	13/8	21/13	34/21	55/34
1.0	2.0	1.5	1.333	.600	1.625	1.615	1.619	1.617

즉 (뒤의 항)÷(앞의 항)≠1.618033988…으로 황금 비율에 근접한다. 이는 수학에서 유명한 수이며, 그리스 문자 Φ로 부른다. 이것은 π나 e와 같이 최고의 수학적 상수들의 범위에서 $\Phi=\frac{1+\sqrt{5}}{2}$이다.

피보나치 수열에는 아직도 많은 비밀이 숨겨져있다. 예컨대, 피보나치의 소수는 2, 3, 5, 13, 89, 233, 1597 등이 있지만, 무한히 많은 소수들을 가지고 있다.

수열은 처음에는 토끼의 증식에 대한 문제인 것으로만 생각되었으나, 세월이 지날수록 피보나치 수열과 피보나치 수가 자연현상에서 많이 보이고, 또한 황금비와도 밀접한 관계가 있음이 발견됨으로써 그 중요성이 커지게 되었습니다. 또한 피보나치 수열은 수학뿐만 아니라 생물학, 미술, 음악 등의 분야에도 밀접한 관계가 있다.

피타고라스 정리(삼평방 정리)

「직각삼각형의 빗변을 한 변으로 하는 정사각형의 넓이는 다른 두 변 위의 정사각형 넓이의 합과 같다는 것을 **피타고라스 정리, 또는 삼평방의 정리**」라고 한다. 이 정리의 증명을 최초로 시도한 사람이 시모스 섬에서 태어난 피타고라스(B.C. 572-492)이다.

수학적 사실로써 피타고리스 정리 그 자체는 훨씬 전인 고대 메소포타미아의 점토판에도 기재되어 있고 고대 이집트, 인도 중국에서도 이 정리가 알려져 있었다고 한다. 삼평방의 정리는 유클리드 원론의 제1권에 47번째의 정리로서 등장하는데, 원론은 점이나 직선의 정의로부터 시작하여 1번에서 46번까지의 정리가 이 삼평방의 정리를 증명하기 위하여 논리적으로 조리 있고 명료하게 기술로 되어 있다고 한다.

「$a^2+b^2=c^2$을 만족시키는 자연수 a, b, c는 **피타고라스 수**」라고 불린다. m, n(m>n)을 1 이외의 약수를 가지지 않는 자연수라고 할 때, a=m^2-n^2, b=2mn, c=m^2+n^2는 피타고라스 수인 것은 그리스 시대부터 알고 있었다. 자연수 이외의 수로도 이 정리가 사용 가능할 수 있도록 밝힌 사람이 기원전 5세기경의 수학자 피타고라스였다. 피타고라스는 [그림 1]처럼 건물 바닥 모양을 보고, 이 정리가 성립한다는 것을 순간적으로 알았다고 알려져 있다.

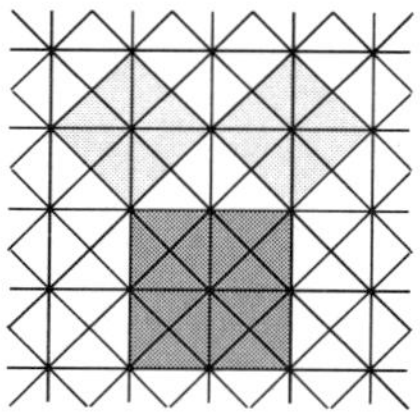

[그림 1]

▪ 피타고라스 정리의 증명방법

피타고라스 정리의 증명방법은 여러 가지가 있다. 우선은 한 변의 길이가 (a+b)인 정사각형을 만들고, [그림 2]와 같이 나누면, 한 변의 길이가 a인 정사각형과 b인 정사각형 각각 한 개씩, 빗변 이외의 변이 a와 b인 직각삼각형이 4개 만들어진다.

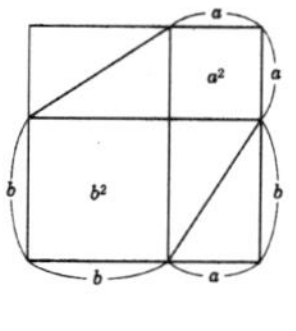

[그림 2]

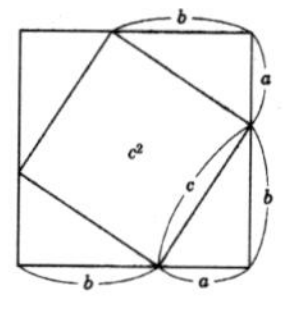

[그림 3]

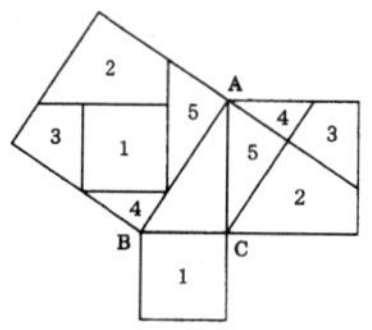

[그림 4]

반면에, [그림 3]과 같은 배치를 생각해보면, 빗변 c를 한 변의 길이로 하는 정사각형이 한 개 만들어진다. [그림 2]와 [그림 3]은 원래 같은 크기의 정사각형이므로, 4개의 직각삼각형을 빼면, 피타고라스의 정리가 유도되며, [그림 4]와 같이 분할해서 비교하는 방법도 있다.

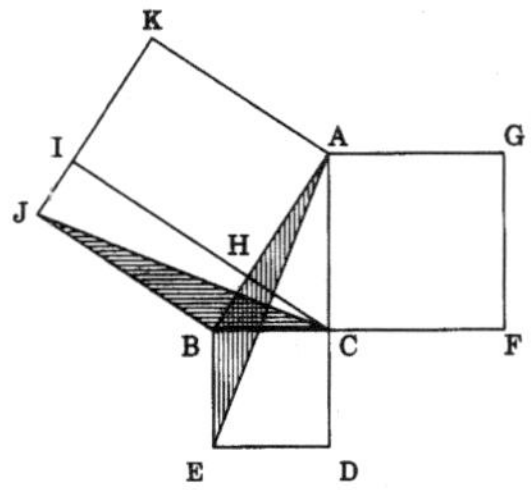

[그림 5]

또, [그림 5]와 같은 증명 방법은 유클리드의 『원론』에 있는 것이다. 삼각형 ABC의 각 변을 한 변으로 하는 정사각형 ABJK, BCDE, ACFG를 만든다. 그리고 점 C에서 변 AB에 수선을 너려, 변 AB, 변 KJ와의 교점을 H, I라고 한다.

△BCE=△EBA, △BEA≡△CBJ

(∵BE=BC, AB=JB, ∠EBA=∠CBJ)

△BCE=($\frac{1}{2}$정사각형 BCDE), △CBJ=△JBH,

△JBH=($\frac{1}{2}$직사각형 IHBJ)에 의해 (정사각형 BCDE)=(직사각형 IHBJ). 같은 방법으로, (정사각형 ACFG)=(직사각형 AHIK)이다. 이 두 식을 조합하면 (정사각형 BCDE)+(정사각형 ACFG)=(정사각형 ABJK)으로부터 피타고라스 정리를 얻을 수 있다.

이 증명 외에도 여러 가지 증명 방법이 있다.

루미스*Loomis*의 책 '피타고라스의 정리(The Pytagorean Proposition; NCTN)'는 대수적 방법에 의한 증명 109가지, 기하적 방법의 의한 증명 247가지를 합쳐서 356가지가 있다고 한다.

피타고라스 정리는 학교수학에서 다루는 여러 가지 정의 중에서 적용 범위가 매우 넓다. 넓이의 정리임과 동시에 길이의 정리이기도 한 삼평방 정리는 도형의 세계와 수의 세계를 이어주는 중요한 관문의 하나이고 유클리드 공간에서 거리를 규정하는 기본 정리이다.

필산

계산하는 도구는 필산, 암산, 주산, 계산기 등이 있는데, 「필산(Paper and Pencil Calculation)이란 연필 필(筆)과 계산할 산(算)으로 연필이나 붓, 분필, 막대 등의 도구를 사용하여 종이나 칠판, 땅바닥 등에 문자나 식을 눈에 보이도록 손으로 기록하면서 계산하는 방법」을 말한다.

■ 계산의 역사적 배경

계산의 역사적 배경을 살펴보면 초기에는 실존하는 구체물의 수량을 세고 계산하고 나타내기 위한 도구로써 손가락을 비롯하여 돌이나 막대, 매듭 등을 도구로 사용하였다. 이후 인간의 지혜가 발달하면서 수량을 세거나 계산의 도구로써 그림과 문자를 이용하기도 했으며, 취급하는 수량이 증가함에 따라 계산의 효율성을 높이기 위한 도구로써 주판을 이용했다. 주판은 빨리 전파되고 많은 사람들이 이용하게 되었는데 그것은 글을 쓰거나 읽을 수 없는 사람들도 이용할 수 있었기 때문이다. 이후 인도에서 만들어진 숫자와 수 체계를 이용한 지필연산은 좀 더 간편하면서도 정확·신속한 계산을 위한 기수법 및 계산 알고리즘의 발달과 함께 주판도 그 구조가 점차 발달하게 된다.

■ 필산의 역사적 배경

새로운 계산 기술은 일상생활뿐만 아니라 상업산술이라는 형태로 시대의 요청에 부응하여 시민사회를 형성하는데 기초적 역할을 하면서 그 중요성으로 인해 계산학교(counting school)를 설립하게 된다. 계산에 대한 공식적인 지도는 교회학교의 교과목의 하나로 다루어지기 시작한 이후부터이다. 이후 새로운 계산 방법인 지필을 이용한 계산 알고리즘이 나타나면서 초기에 사용하던 계산 도구인 주판, 돌, 산가지 등은 점차 학교에서 사라지게 되었다.

계산의 역사에서 필산이 등장하게 된 것은 13세기가 되어서였다. 이탈리아인 피보나치*Fibonacci*(1180–125)는 중근동 지방을 여행하면서 여러 가지 기수법과 계산방법을 배워 자릿값의 원리를 사용하는 인도 위치적 기수법과 필산을 유럽에 처음으로 전했다. 게다가 16세기에는 소수의 표기를 발명하여 위치적 기수법이 완성된다. 이러한 계산 원리가 확립되고 종이의 생산량이 확대되면서 필산의 보급과 정착이 근대 유럽에 정착하게 되었다.

어느 시대를 막론하고 최초 필산도구는 손가락이나 막대 등을 이용하여 땅바닥에 쓰면서 계산하였을 것이다. 이후 문화와 문명이 발달하면서 시대별, 지역별로 필산의 도구가 개발·활용되었을 것으로 추측된다. 흔적에 의하면, 메소포타미아시대에는 진흙판에 나무, 뼈 등 필기도구인 첨필로 젖은 진흙에 쐐기모양으로 기록하였으며, 이집트에서는 암석에 상형문자, 파피루스와 가죽, 펜과 잉크로 기록하였다. 그리고 중국에서 초기에는 동물 뼈, 나무껍질, 도기 등을 이용하였으며 이후 대나무 벗긴 것과 종이, 비단 등을 사용하였다.

■ 필산의 의의 및 요건

필산은 주산이나 암산과 비교하여 비교적 새로운 산법이며 오늘날에는 전자계산기가 일상화된 것과 더불어 그 교육적 의의가 재평가되고 있다. 필산지도는 그 절차인 알고리즘에 대한 올바른 이해뿐만이 아니라 모든 수학의 출발점으로 명확한 수학적 구조를 가지고 있기에 어린이의 심적 쉐마*Scheme* 형성에도 기여한다고 할 수 있다. 필산이 수판셈 및 암산이나 계산기보다 탁월한 점은 계산과정이 기록으로 남기 때문에 사고과정이나 계산과정에서 나타날 수 있는 오류를 발견하거나 이를 수정할 수 있다.

또한 필산을 하기 위해서는 숫자나 문자 또는 기호 등으로 기록하기 이전에 암산이 이루어져야 한다. 암산과 어림셈과 필산은 상호보완적인 관계에 있으며, 특히 필산능력을 기르기 위해서는 암산능력과 어림셈 능력, 그리고 풍부한 수 감각이 뒷받침되어야 한다.

피타고라스에 의해 제시된 지필계산과 주산의 대결 장면

ㅍ

필요조건/충분조건

일상적인 의미로 「필요란 어떤 조건이나 사실이 성립·존재하기 위해 반드시 포함하거나 갖추어야 할 요건이나 요소를 말하며, 충분이란 어떤 조건이나 사실이 성립·존재하는 데 부족함이 없어 넉넉함을 의미한다」. 필요, 충분이란 용어는 일상용어에서 유래된 용어로 혼란을 일으키는 경우가 많다. 예컨대, '생물이 성장하려면 물과 햇빛과 공기가 있어야 한다.'는 명제에서 가정인 '생물이 성장하려면'은 결론인 '물과 햇빛과 공기가 있어야 한다.'의 충분조건이라면, 결론인 '물과 햇빛과 공기가 있어야 한다'는 가정인 '생물이 성장한다.'의 필요조건이라고 할 수 있다.

수학에서는 「A이면 B이다.」라는 명제가 성립할 때, 결론인 「B이다.」는 가정인「A이다.」가 성립하기 위한 **필요조건**이며, 가정인 「A이다.」는 결론인 「B이다.」가 성립하기 위한 **충분조건**이라고 하고, 필요조건인 동시에 충분조건이면 **필요충분조건**이라고 한다. 논리적으로 어떤 명제에서 결론은 가정의 필요조건이며, 가정은 결론의 충분조건이라고 한다. 예컨대 '두 삼각형이 합동이면 대응하는 각의 크기가 같다.'는 명제에서 가정인 '두 삼각형이 합동'이라는 것은 결론인 '대응하는 각의 크기가 같기' 위한 충분조건이며, '대응하는 각의 크기가 같다.'는 것은 '두 삼각형이 합동'이 되기 위한 필요조건이다.

■ 필요조건(必要條件, necessary condition)

「**필요조건**이란 어떤 특정한 사건이 일어나기 위한 조건 중에서 그 조건이 없으면 그 사건이 일어날 수 없는 조건이나 환경」을 말한다. 이를 수학적으로 진술하면 「명제 'p이면 q이다.'가 참일 때, q는 p이기 위한 **필요조건**」이라 한다. 예컨대 '사각형이 마름모이면, 대각선은 서로 수직이다.'라는 명제에서 '대각선이 서로 수직이다.'라는 것은 '사각형이 마름모'이기 위한 필요조건이다.

또 다른 예를 살펴보면 'A;$(x-1)(x-2)=0$이면, B;$x=1$이다.'에서 $B \rightarrow A$는 성립한다. 즉 $x=1$이면 $(x-1)(x-2)=0$이 성립한다. 그러나 $(x-1)(x-2)=0$일 때, $x=1$, 또는 $x=2$이기 때문에 $A \rightarrow B$는 성립하지 않는다. 따라서 A는 B가 성립하기 위한 필요조건이다.

■ 충분조건(充分條件, sufficient condition)

「**충분조건**이란 어떤 특정한 사건이 일어나기 위한 조건 중에서 그 조건만 갖추면 그 사건이 반드시 일어나는 조건이나 환경」을 말한다.

이를 수학적으로 진술하면 「조건문 $p \rightarrow q$가 논리적으로 참일 때, 즉 p가 q를 유도할 때, p를 q이기 위한 **충분조건**이라 하고, 반대로 q를 p이기 위한 **필요조건**」이라 한다.

예컨대 조건문 「사각형이 마름모이면, 그 대각선은 서로 수직이다.」는 명제는 참이다. 그러나 그 역인 「사각형의 대각선이 서로 수직이면, 그 도형은 마름모이다.」는 명제는 항상 참은 아니다. 그래서 「사각형이 마름모이다.」는 「그 대각선은 서로 수직이다.」의 충분조건이며, 그 역인 「사각형의 대각선은 서로 수직이다.」는 「그 사각형은 마름모이다.」의 필요조건이다.

또 다른 예를 살펴보면 'A;$x=2$이면, B;$x^2=4$이다.'에서 $A \rightarrow B$는 성립하지만 $x=\pm2$이므로 $B \rightarrow A$는 성립하지 않는다. 따라서 A는 B가 되기 위한 충분조건이다.

> ※ 두 집합 $P(P \ni p)$, $Q(Q \ni q)$에서 $p \rightarrow q$가 성립할 때, p가 q의 충분조건이면 $P \subseteq Q$로 나타내고, p가 q의 필요조건이면 $P \supseteq Q$로 나타내며, 필요충분조건이면 $P=Q$로 나타낸다.

예컨대 집합 $P=\{-2 \leqq x \leqq 1\}$, 집합 $Q=\{x < 4\}$일 때, 이를 수직선에 나타내면 다음과 같다.

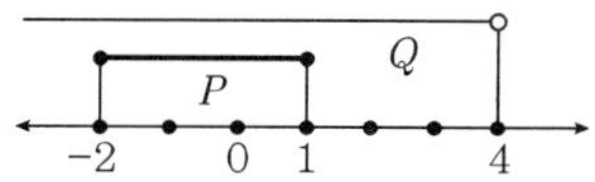

위 그림에서 $P \subseteq Q$이다. 따라서 $p \rightarrow q$가 성립되므로 p는 q가 되기 위한 충분조건이다.

■ 필요충분조건(必要充分條件, necessary and sufficient condition).

「명제 'p이면 q이다.'가 참이고, 그 역인 'q이면 p이다.' 도 참일 때, q는 p가 되기 위한 **필요충분조건**이고, p도 q가 되기 위한 **필요충분조건**」이라 한다.

예컨대 조건문 '이등변삼각형이면 두 밑각은 서로 같다.'는 명제는 참이고, 그 역인 '삼각형에서 두 밑각이 서로 같으면 그 도형은 이등변삼각형이다.'는 명제도 참이다. 그래서 '삼각형에서 두 밑각이 같다.'는 '그 도형은 이등변삼각형이다.'의 필요충분조건이고, 역으로 '이등변삼각형이다.'는 '두 밑각이 같다.' 역시 필요충분조건이다.

하노이 탑

■ 하노이 탑(Tower of Hanoi) 문제의 전설

하노이 탑 문제는 1883년 프랑스 수학자인 에두아르도 루카스*Edouard Lucas*가 고안한 문제로써 고대 힌두 전설로는 다음과 같은 내용이 담겨 있다. 지금의 인도 바라나시인 예전의 베나레스는 세계의 중심지였고 그 곳에는 아주 큰 브하흐마라는 사원이 있었다. 긴이 천지를 창조한 후, 갠지스강 근처인 이 사원에 높이 50cm정도 되는 다이아몬드 막대기둥 3개를 세웠는데 그 중 첫 번째 막대기둥에 가운데 구멍이 뚫린 크기가 서로 다른 64개의 황금 원판을 크기가 작은 것부터 위에서 아래로 차례로 쌓아 놓았다.

그리고 신은 승려들에게 다음 규칙에 따라 밤낮으로 쉬지 않고 한 장씩 다른 빈 다이아몬드 막대 중 어느 곳으로 모두 옮겨 놓도록 명령하였다. 그리고 64개의 원판이 다른 한 막대로 모두 옮겨졌을 때에는 탑과 사원, 그리고 승려들은 모두 먼지가 되어 사라지면서 세상의 종말이 온다.

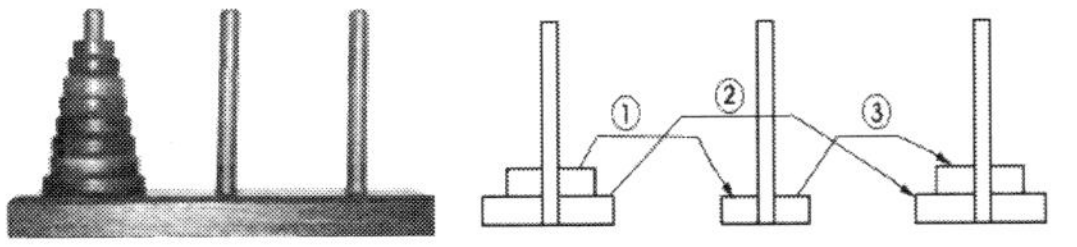

[규칙] ① 원판은 한 번에 한 장씩 옮겨야 한다. ② 큰 원판 위에 작은 원판을 올려놓아야 한다. ③ 원판을 옮기는 도중에 다른 막대에 옮겨 놓을 수는 있지만 땅에 놓으면 안 된다.

■ 하노이 탑의 수학적 원리

원판의 개수가 2개이면 (2×2)−1=3으로 위 오른쪽 그림처럼 최소한 3번 만에 이동시킬 수 있으며, 원판의 개수가 3개이면 (2×2×2)−1=7로, 아래 그림처럼 최소한 7번 만에 이동시킬 수 있고, 4개이면 (2×2×2×2)−1=15번에 이동시킬 수 있다.

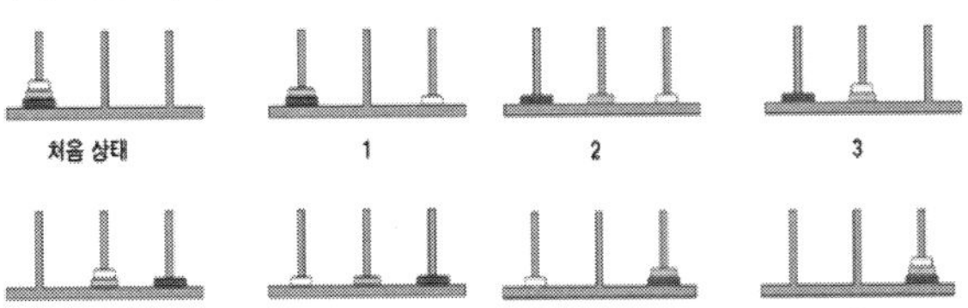

이러한 규칙을 이용하면, 원판의 개수를 n, 최소한의 이동 수를 M이라 하면, n=2라면 $M=2^2-1=3$, n=3이라면 $M=2^3-1-7$, n=4라면 $M=2^4-1=15$, n=5라면 $2^5-1=31$, …이 필요하다. 일반적으로 n개의 동전을 옮기는 데는 2^n-1번 옮겨야 한다는 규칙을 찾을 수 있을 것이다. 이러한 식으로부터 추측을 하면 64개의 원판을 옮기는 데는 $2^{64}-1=18,446,744,073,709,551,615$번이라는 것을 알 수가 있다. 이 문제의 해결에는 '실제로 해보기', '규칙성 찾기'의 전략이 활용된다.

전설에서처럼 64개를 옮길 때, 한 번 옮기는 시간을 1초 걸린다고 하면 64개를 옮기는 데는 $2^{64}-1$초가 걸리는 데 이것을 연수로 환산하면 약 5833억년 정도라고 한다. 이를 수학적으로 정리를 하면 다음과 같다.

n을 원판의 개수라고 하고, 이때 이동 횟수를 a_n이라고 하자. n개의 원판을 옮기려면 위쪽에 있는 (n−1)개의 원판을 모두 다른 막대로 옮긴 후에 맨 아래 원판을 빈 막대로 옮기고, 다시 그 위에 (n−1)개의 원판을 옮겨 놓으면 된다.

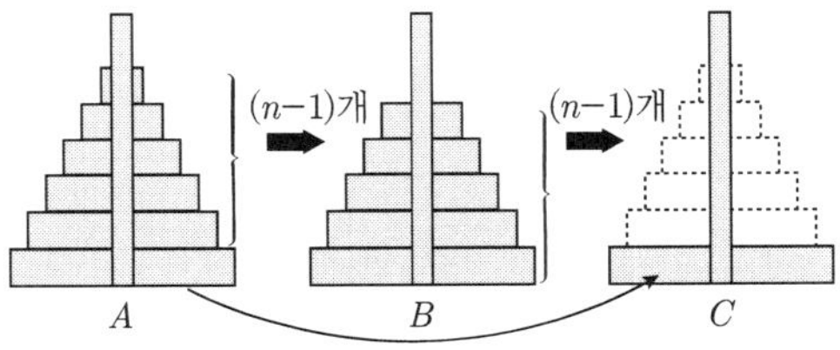

즉, n개의 원판을 이동하는 방법은 다음과 같다.

{A→B로 (n−1)개 이동}+{A→C로 1개 이동}+{B→C로 (n−1)개 이동}. 이것을 식으로 나타내면, $a_n=a_{n-1}+1+a_{n-1}=2a_n+1(n\geq 2)$, $a_1=1$이다. 이 식은 고등학교 2학년 이상 수준이면 일반항을 구할 수 있다. 위의 식에서, 일반항을 a_n이라고 하면, $a_n=2^n-1$이 됨을 알 수 있다.

■ 하노이 탑 퍼즐의 교육적 가치

다른 교구와 마찬가지로 하노이 탑을 이용한 퍼즐은 학습의 흥미와 호기, 그리고 지구력과 집중력을 기를 수 있다. 그리고 어른들에게는 기억력 감퇴나 치매를 예방할 수 있으며, 여가 시간을 유용하게 활용할 수도 있다.

하노이 탑을 옮기는 활동을 통해서 규칙성을 체험적으로 발견할 수 있으며, 물리적 체험활동을 일반화하여 대수적으로 표현할 수 있는 기회를 제공하며, 규칙성을 정당화하는 활동을 경험할 수 있을 것이고 사고의 유연성을 기를 수 있을 것이다.

하드웨어와 소프트웨어

컴퓨터는 하드웨어와 소프트웨어의 2가지 요소가 결합되어 효율적인 자료 처리를 하도록 되어 있다. 컴퓨터를 구성하는 기계장치들을 통틀어 하드웨어(Hardware; H/W)라 하며, 하드웨어의 동작과 자료 처리를 위해 주어지는 프로그램을 통틀어 소프트웨어(Software; S/W)라 한다.

컴퓨터를 사람과 비교하면 하드웨어는 사람의 육체에 해당되고 소프트왜어는 사람의 정신에 해당된다. 하드웨어는 사람이 생각하고 행동하는 기능에 해당하는 장치들로 이루어져 있다. 즉, 보고 듣는 기능에 해당하는 입력장치, 자료를 두뇌에 기억하는 기억 장치, 자료를 판단하고 처리하는 연산 장치, 처리된 자료를 쓰거나 말하는 기능에 해당하는 출력 장치, 그리고 이러한 동작들을 지시하고 조정하는 제어 장치로 구성되어 있다(구광조 외 7인, 2001).

사람과 컴퓨터의 기능 비교		
기능	사람	컴퓨터
외부정보 입력	감각기관 (눈, 귀 등)	입력장치
정보의 기억, 계산, 정렬 등 동작지시	두뇌	기억장치 연산장치 제어장치
내부정보 출력	반응기관(손, 입 등)	출력장치

■ 하드웨어(Hardware)

하드웨어는 사람의 육체에 해당하는 것으로, 컴퓨터를 구성하고 있는 기기 그 자체를 가리킨다. 하드웨어의 구성은 입력 장치, 연산 장치, 제어 장치, 기억 장치, 출력 장치의 5가지로 되어 있다. 이들 각 장치들은 서로 유기적으로 ·결합되어 하나의 하드웨어 시스템을 구성하고 있다. 입력 장치는 데이터나 프로그램을 입력하는 데 사용되고, 연산 장치와 제어 장치는 프로그램을 실행하고 제어하는 일을 수행하며, 출력 장치는 처리된 결과를 출력하는 데 사용된다. 그리고 현재 사용하지 않는 프로그램이나 자료를 기억했다가 필요할 때 다시 사용하는 데는 보조 기억 장치가 사용된다.

■ 소프트웨어(Software)

소프트웨어는 사람의 정신에 해당하는 것으로 컴퓨터의 하드웨어를 효율적으로 이용할 수 있도록 하는 프로그램의 집합체로 구성되어 있다. 소프트웨어는 사용 목적에 따라 크게 시스템 소프트웨어와 응용 소프트웨어로 나눌 수 있다. 시스템 소프트웨어는 컴퓨터를 작동시키고 효율적으로 이용하기 위하여 만들어진 프로그램의 집합으로 운영 체제, 언어 프로그램, 각종 유틸리티 프로그램 등이 있다.

응용 소프트웨어는 어떤 목적을 달성하기 위해서 만들어진 프로그램의 집합으로 문서 작성에 사용되는 워드프로세서, 수치의 계산에 쓰이는 스프레드 시트, 많은 양의 자료를 관리하는 데 쓰이는 데이터 베이스 관리 프로그램 등이 있다.

H/W와 S/W	
H/W	S/W
자동차	운전기술
계산기	사용법
헬리콥터	비행기술
공장	가동기술

■ 현재 보급되어 활용되고 있는 소프트웨어

- □ **워드프로세서** : 문서의 작성과 편집을 용이하게 하는 소프트웨어로 문장의 삽입이나 삭제, 이동 등이 편리하여 사무 업무에 도움을 준다. 한글, 훈민정음, MS 워드 등이 있다.
- □ **데이터베이스 관리 시스템** : 작업 단위별로 작성된 여러 파일의 구축과 접근, 유지, 관리 등에 관한 기능들을 가지고 있으므로 쉽고 빠르게 필요한 자료를 검색하고 대량의 데이터를 효율적으로 관리해 준다. ACCESS, MS-SQL 등이 있다.
- □ **스프레드 시트** : 일종의 장부처럼 기초적 자료를 자판으로 입력한 후, 가로 항목과 세로 항목의 합계 및 평균 등을 쉽게 구할 수 있을 뿐만 아니라, 일정한 항목을 기준으로 자료를 재구성하여 각종 통계 자료를 통계표나 그래프 형태로 출력할 수 있는 소프트웨어이다. 로터스, 심포니, 엑셀 등이 있다.
- □ **네트워크 소프트웨어** : 컴퓨터 통신망을 통하여 문서, 음성, 화상 등의 자료를 송수신할 수 있도록 도와 주는 소프트웨어이다. 인터넷 웹 브라우저인 익스플로러와 넷스 케이프가 있으며, PC 통신용 프로그램으로는 이야기나 새롬 데이타맨 등이 있다.

학구산

「서로 다른 두 대상이 각각 불변의 양일 경우 대상의 수에 비례하여 양도 비례하게 된다. 이때 두 대상을 한 대상으로 가정하고 대상의 수나 그들이 가진 양을 구하는 문제를 학구산(鶴龜算)」이라고 한다. 예컨대 학과 거북은 다리 수가 서로 다르다. 이때 학이나 거북 중 어느 한 동물만 있다고 가정하고 다리 수와 동물 수 사이의 관계를 이용하여 해결할 수 있는 유형의 문제는 학구산이라고 할 수 있다.

[예 1] 오리와 고양이가 모두 23마리 있다. 오리와 고양이의 다리의 개수를 헤아려보니 66개였다. 오리와 고양이는 각각 몇 마리씩 있는가?

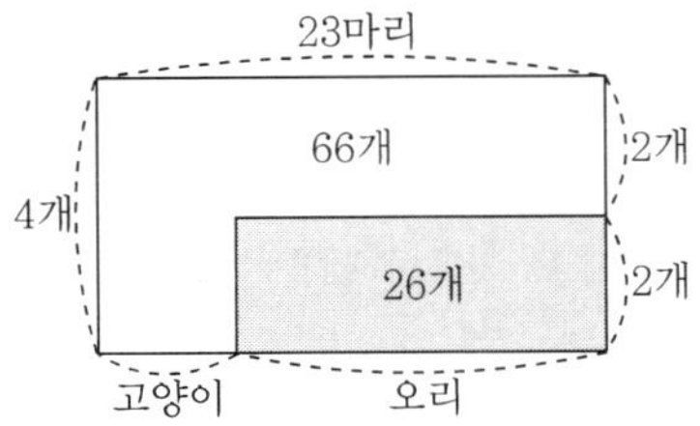

〈풀이〉 ① 23마리 전부를 오리라면, 2×23=46에서 고양이는 (66−46)÷(4−2)=10(마리)이고, ② 23마리 전부가 고양이라면, 4×23=9에서 오리는 (92−66)÷(4−2)=13(마리)이다.

[예 2] 1000원으로 80원짜리 우표와 40원짜리 우표를 합하여 17장을 샀다. 두 종류 우표를 각각 몇 장씩 샀는가?
〈풀이〉 우표 17장 모두 80원짜리면 우표 값은 (80×17)=1360(원)으로 실제 우표를 산 돈보다 (1360−1000)=360(원)이 더 필요하다. 360원은 40원짜리 우표를 80원짜리 우표로 계산한 것이다. 40원짜리 우표를 80원짜리로 계산하면 1장 값의 차는 (80−40)=40(원)이다. 따라서 (360÷40)=9(장), 즉 40원짜리 우표는 9장이고, 80원짜리 우표는 17−9=8(장)이다. 이것을 하나의 식으로 나타내면 다음과 같다.

- 40원짜리 우표 : (80×17−1000)÷(80−40)=9(장).
- 80원짜리 우표 : 17−9=8(장)

[예 3] 수학문제 10문제 중 맞으면 한 문제에 8점씩 얻을 수 있고, 틀리면 한 문제에 5점씩 뺀다. 받은 점수가 41점이라면 몇 문제를 맞혔는가?
〈풀이〉 10문제 모두를 맞게 풀었다면 점수는 10×8=80점인데 받은 점수는 41점이므로 (80−41)=39점 더 맞아야 80점이다. 이 39점은 틀리게 푼 문제를 맞게 푼 문제로 바꾸어 생각해 보자. 한 문제를 틀리면 5점씩 줄어들고, 맞으면 8점을 얻으므로 틀리게 푼 문제를 맞게 푼 문제로 바꾸면, 한 문제에 (8+5)=13점씩 얻을 수 있다.
따라서 틀리게 푼 문제 수는 39÷13=3(문제)고, 맞게 푼 문제 수는 10−3=7문제이다. 이것을 하나의 식으로 나타내면 10 −(10×8−41)÷(5+8)=7개

[예 4] 토끼와 닭을 합하여 100마리가 있다. 토끼와 닭의 다리 수를 세어보니 닭다리 수의 합이 토끼 다리 수의 합보다 80개 많다. 닭과 토끼 각각 몇 마리인가?
〈풀이〉 100마리가 모두 닭이라면 총 다리의 수는 2×100=200(개)이다. 이때 토끼의 다리의 수는 0개이고 닭다리 수의 합은 토끼 다리 수의 합보다 200개 많다. 실제는 닭다리 수의 합의 수는 토끼 다리 수의 합보다 80개 많으므로 그 차이는 200−80=120(개)이다. 이는 토끼를 닭으로 바꾸어 계산했기 때문이다.
토끼 1마리를 닭 1마리로 바꾸어 생각하면 닭의 다리 수는 2개씩 증가하지만 토끼의 다리 수는 4개씩 감소한다. 그러면 닭의 다리 수와 토끼의 다리 수의 차는 2+4=6(개)증가하므로 닭으로 바꾸어 계산한 토끼 수는 120÷6=20마리이다. 따라서 닭의 수는 100−20=80마리이다.

[예 5] 물건 1개를 운반하는데 50원을 받는 데 만일 물건 1개를 부수면 운반비를 받지 않고 200원을 되돌려준다고 한다. 물건을 500개 운반한 운반비는 15000원이었다. 부서진 물건은 몇 개인가?
〈풀이〉 500개를 전부 운반했다면, (1개 운반비×전체 개수)=(전체 운반비)이므로 50×500=25000(원)이고, 전체 운반비와 실제 운반비와의 차를 구하면, 25000−15000=10000(원)이다. 1개당 운반한 경우와 부서진 경우의 합은 200+50=250(원). (부서진 개수)=10000÷250 =40(개)이다.

함수/함수기

일반적으로 함수란 다음 2가지로 정의한다.

① 「두 집합 A, B가 있을 때 A의 임의의 한 원소에 대하여 B의 원소가 단 하나 대응하는 대응관계에 있을 때, 이 대응의 규칙을 A에서 B로의 **함수**」라고 하며, 이것을 f : A→B, 또는 a∈A, b∈B일 때, $f_{(a)}$=b로 나타낸다.

② 「함께 변화하는 두 양, 또는 두 수 x, y에 대하여 변수 x의 값이 하나 정해지면 그에 따라 변수 y의 값이 하나씩 정해지는 관계가 있을 때, 이 관계를 y는 x의 **함수**(函數, function)」라고 하며, 이것을 기호로 $y=f(x)$와 같이 나타낸다.

■ **함수의 표현** : 함수는 다음 표와 같이 그 목적이나 필요성에 따라 함수기나 대응표, 그래프나 식 등 여러 가지로 나타낸다.

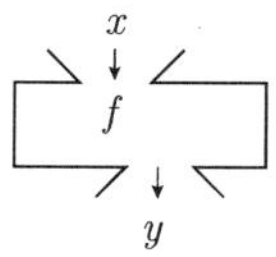

함수기

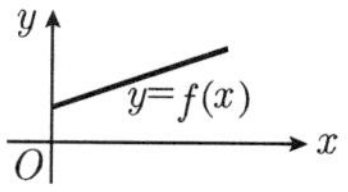

그래프

x	x_1	x_2	x_3	……
y	y_1	y_2	y_3	……

대응표

$\{((x_1, y_1)(x_2, y_2)$ ……$)$. 순서쌍의 집합

$y=f(x)$ 식

함수의 개념이 위의 정의와 같은 일반성을 얻기까지에는 많은 역사를 필요로 하였다. 그 역사를 간단히 되돌아보면 다음과 같다.

먼저, Leibniz가 함수라는 말을 처음으로 사용하였는데 그는 0이나 1과 같은 상수에 대해서 변화하는 양이나 수를 생각해서 변수 x와 함께 변화하는 변수를 x의 함수라고 부르고, 기호 $f(x)$, $g(x)$로 나타냈으나 명확한 정의는 하지 않았다. 그 뒤 오일러*Euler*는 함수를 '변수와 상수로 조합된 해석적인 식이다.'라고 정의했다.

이후 코시*Cauchy*나 디리큘리*Dirichlet*는 함수를 반드시 식으로 나타낼 필요는 없고 1:1 대응에 불과하다고 생각하였다. 그래서 디리큘리는 x∈[a, b]의 함수 y를 생각해서 「y가 전 구간에서 동일한 법칙에 따라서 x에 관계할 필요가 없을 뿐만 아니라 그 관계가 수학적 산법으로 나타난다고 생각할 필요도 없다.」고 말하고, 함수는 대응 그 자체에 불과하다고 하였다. 따라서 그는 x가 유리수일 때 $f(x)$=1. x가 무리수일 때 $f(x)$=0라고 정의되는 f도 함수라고 생각했다.

함수지도에서 함께 변하는 두 변량 또는 두 변수 x, y에 대해 그들을 쌍으로 대응시키는 일과 그 쌍 전체에 숨어있는 불변성인 대응규칙에 대한 고찰인 '변화와 대응'의 의미. 대응하면서 함께 변한다는 의미로 파악할 필요가 있다. 함수를 식(式)으로만 생각하는 것은 오해를 불러일으킬 수 있다.

■ **함수기(brack box)**

위너*Wiener*에 의하면 블랙박스(암상자, 暗箱子)란 입력단자와 출력단자를 가진 장치이다. 이 장치는 입력단자로부터 들어간 대상에 어떤 정해진 조작이 이루어지지만은 그 조작 기구의 속성에 대해서는 알지 못한다. 흔히 블랙박스를 **함수기**라 부르기도 한다. 반면 화이트박스(명상자, 明箱子)는 암상자와 마찬가지의 장치이지만은 그 내부 구조, 즉 조작 기구가 확실하게 알 수 있는 것을 말한다. 블랙박스의 전형적 예로서 자동판매기가 있다. 함수의 시각적인 표현으로서 다음과 같은 대응도가 자주 이용된다.

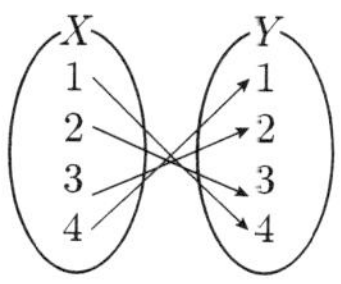

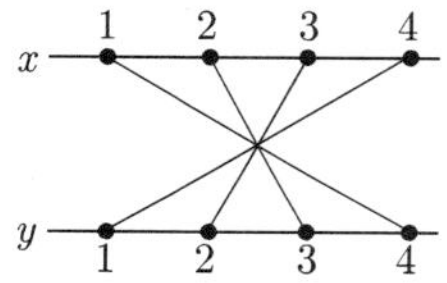

대응도는 대응하는 모양과 그 결과로 정의역이나 치역을 명확하게 나타낸다는 이점이 있다. 그러나 대응도는 대응의 결과를 나타내는 것뿐이고 대응의 원인인 함수 그 자체가 들어나지 않아서 함수 자체를 생각할 경우는 방해가 될 수 있다는 단점이 있다.

함수 개념지도의 핵심이 함수 그 자체를 생각해 보도록 하는 사고력을 기르데 있다면, 변수 x, y와는 독립적으로 함수 그 자체를 실체화시키는 수단이 필요하다. 그 점에서 입력단자와 출력단자만을 가지고 내부의 조작 기구를 알지 못해도 되는 블랙박스는 함수 그 자체를 실체화시키는 데는 적절한 수단이다. 이러한 까닭으로 함수개념 지도에서 함수기 이용을 권장하고 있다. 함수기는 '입력-출력'이라는 틀이 기본이므로 아래 그림처럼 나타낸다.

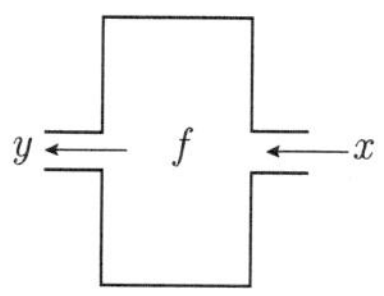

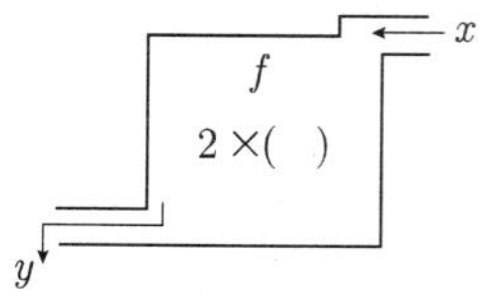

합동

합동은 두 도형을 겹쳐보는 조작에 의해 형성되는 개념으로 '겹쳐본다.'는 것은 눈을 감고 손으로 만져보고도 인식할 수 있다. 예컨대, 두 삼각형이 합동인가를 확인하기 위해서 완전히 겹쳐졌는지를 손으로 만져서 확인할 경우 눈은 필요가 없다. 따라서 합동은 원래 촉각의 세계에 속한 것이지 시각의 세계에 존재하는 닮음과는 다르다. 다만 도형의 길이를 측정할 경우는 시각에 기초하여 물체의 끝과 자의 눈금을 겹치는 활동이 필요하기 때문에 합동은 시각의 세계에서도 존재한다.

■ 합동의 정의

합동의 정의는 다음 2가지가 있다.

- 동적 정의로「이동해서 완전히 겹쳐지는 두 도형은 합동」이다.
- 정적 정의로「대응하는 변의 길이와 각의 크기가 모두 같은 두 도형은 합동」이다.

예컨대 다음 [그림 1]에서 두 삼각형 △ABC와 △A′B′C′에서 ∠A=∠A, ∠B=∠B′, ∠C=∠C′, BC=B′C′, CA=C′A′, AB=A′B′일 때 두 도형을 합동이라 하고, 기호 '≡'을 사용하여 ΔABC≡ΔA′B′C′로 나타낸다. 그리고 이때, 포개지는 두 도형의 같은 변과 각을 각각 '대응변', '대응각'이라고 하며, 대응관계를 기호 '~'를 사용하여 나타낸다. 예컨대 ΔABC≡ΔA′B′C′에서는 A~A′, BC~B′C′, ∠C′~∠C이다.

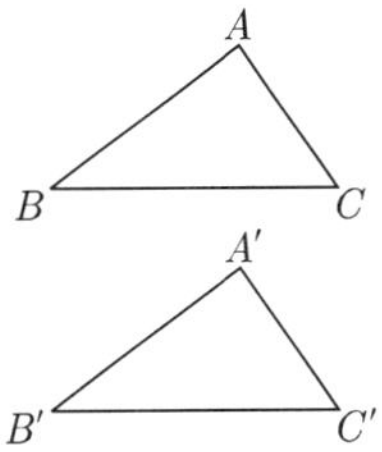

[그림 1]

위 정의 ①은 합동인가 아닌가는 포개서 겹쳐봄으로서 판단하는 동적인 정의 혹은 조작적 정의라고 하며 이것은 촉각에 의존한다. 그러나 정의 ②는 두 도형을 움직이지 않고 나란히 놓고 눈으로 보고 변의 길이나 각의 크기에 착안해서 분석적으로 판단하는 것이 되기 때문에 정적인 정의, 혹은 논리적 정의라고 한다. 정적인 정의는 직선도형에서는 가능하지만 곡선도형에서는 곤란하다. 이에 대해「도형은 본래의 크기와 모양을 바꾸지 않고 이동할 수 있다.」는 이동의 공리를 이용하여「한 도형을 이동해서 다른 도형을 완전히 포갤 수 있을 때 이 두 도형을 합동이다.」라는 동적인 정의는 원과 같은 곡선 도형에 적용시키기가 편리하다.

■ 삼각형의 합동

삼각형의 6가지 요소(3개의 변과 3개의 각) 중 3가지 요소가 같은 두 삼각형은 서로 합동이다. 삼각형의 합동 조건은 6가지가 있다.

① 대응하는 두 변의 길이와 그 사이에 끼인 각의 크기가 같다.
② 대응하는 한 변의 길이와 그 양쪽 끝각의 크기가 같다.
③ 대응하는 세 변의 길이가 같다.
④ 대응하는 두 각과 그 한 각의 대변의 길이가 같다.
⑤ 대응하는 두 변의 길이와 그 한 변에 대한 한 끝각이 각각 같으면, 그 나머지 변에 대한 각이 같거나, 또는 서로 보각을 이룬다. 만약 같다면 이 두 삼각형은 합동이다.
⑥ 빗변과 다른 한 변의 길이가 같은 직각삼각형은 서로 합동이다. 빗변에 대한 각은 ∠R로서 같고, 나머지 한 변에 대한 각은 예각이므로 서로 보각을 이룰 수 없다. 따라서 ⑤에 의해서 두 직각삼각형은 합동이다.

■ 사각형의 합동

두 사각형 ABCD와 A′B′C′D′가 합동이면 그들의 대응하는 변의 길이와 대응각의 크기는 각각 같다. 즉 다음 [그림 2]에서

- AB=A′B′, ∠B=∠B′.
- BC=B′C′, ∠C=∠C′.
- CD=C′D′, ∠D=∠D′.
- DA=D′A′, ∠A=∠A.′

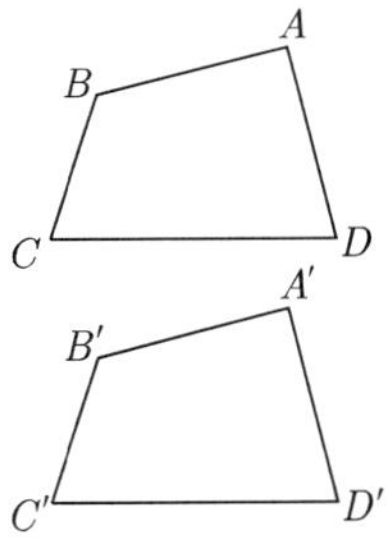

[그림 2]

이고, 역으로 이들 조건이 있으면 두 사각형의 합동은 변과 각을 차례로 포개 봄으로서 알 수 있다. 또 다음 ①과 ②처럼 각각 5가지 조건을 만족하는 사각형은 서로 합동이다. 즉 두 사각형 ABCD와 A′B′C′D′의 합동조건은 ① AB=A′B′, ∠B=∠B′, BC=B′C′, ∠C=∠C′. CD=C′D′. ② ∠A=∠A′, AB=A′B′, ∠B=∠B′, BC=B′C′, ∠C=∠C′ 등이다. 이들 조건은 대각선에 의해서 나누어진 두 삼각형의 합동 조건을 차례로 찾아가는 것에 귀착된다.

합집합/교집합/집합산

■ 합집합과 교집합

「두 집합 A, B에서 A의 원소와 B의 원소의 합으로 이루어진 집합을 A와 B의 **합집합**이라 하고, 기호로 $A\cup B$」로 나타낸다. 즉 $A\cup B=\{x \mid x\in A,$ 또는 $x\in B\}$. 또, 「두 집합 A와 B에 공통인 원소들로 이루어진 집합을 A와 B의 **교집합**, 또는 **공통부분**이라 하고, 기호로 $A\cap B$」로 나타낸다. 즉 $A\cap B=\{x \mid x\in A,$ 그리고 $x\in B\}$이다. $A\cup B$와 $A\cap B$를 벤다이어그램으로 나타내면 [그림 1]의 빗금 부분이다.

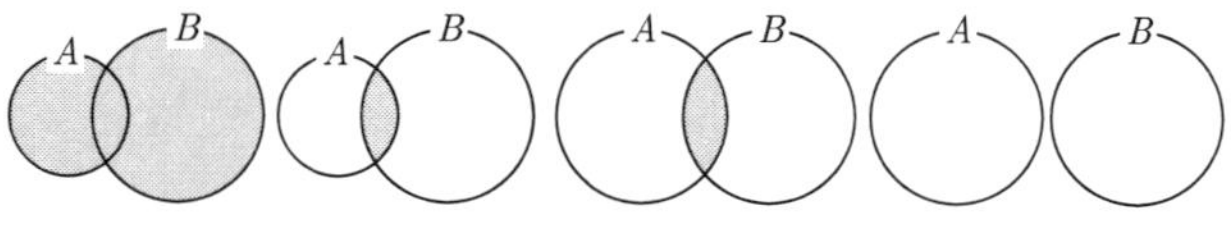

$A\cup B$　　$A\cap B$　　$A\cap B\neq\varnothing$　　$A\cap B=\varnothing$

[그림 1]　　[그림 2]　　[그림 3]

또 [그림 2]처럼 $A\cap B\neq\varnothing$일 때 A와 B는 **만난다**고 하고, [그림 3]처럼 $A\cap B=\varnothing$일 때 A와 B는 **만나지 않는다** 또는 **서로소**라고 한다. A와 B가 서로소일 때, $A\cup B$를 A와 B의 **직화**라고도 한다. 예컨대 $A=\{a, b, c, d\}$이고, $B=\{c, d, e, f\}$일 때, $A\cup B=(a, b, c, d, e, f)$이고, $A\cap B=\{c, d\}$이다.

두 집합 A, B 사이에는 다음 4가지 관계, 즉 ①은 두 집합 A, B가 만나지 않은 경우이고, ②는 두 집합 A, B가 만나는 경우이다. 그리고 ③은 두 집합 A, B가 대등 또는 상등인 경우이며, ④는 집합 A가 집합 B를 포함하는 경우. 즉 집합 B가 집합 A의 진부분 집합인 경우이다.

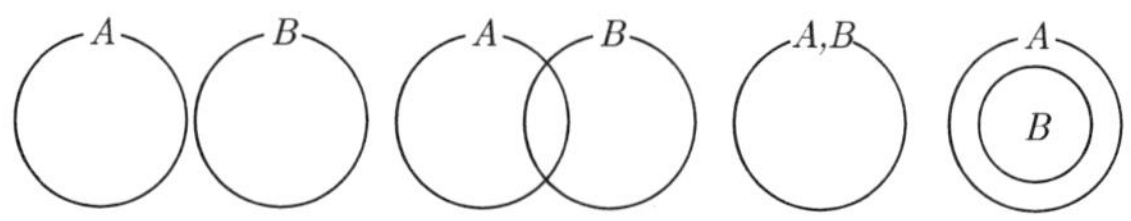

① $A\cap B=\varnothing$　② $A\cap B=\varnothing$　③ $A=B$　④ $A\supset B$

■ 합집합과 교집합의 성질

- 합집합 $A\cup B$에 대해서 다음 식이 성립한다.
  ① $A\subseteq A\cup B,\ B\subseteq A\cup B$
  ② $A\subseteq C,\ B\subseteq C \Leftrightarrow A\cup B\subseteq C$

①은 A, B 모두 $A\cup B$에 포함되고 있다는 것을 나타내고 있다. 한편 ②는 두 집합 A, B를 포함하는 임의의 집합 C는 $A\cup B$를 포함한다. 따라서 $A\cup B$는 A와 B의 양쪽을 다 같이 포함하는 집합 중에서 가장 작은 것이다.

- 교집합 $A\cap B$에 대해서 다음 식이 성립한다.
  ① $A\supseteq A\cap B,\ B\supseteq A\cap B$
  ② $A\supseteq C,\ B\supseteq C \Leftrightarrow A\cap B\supseteq C$

그런데 $A\cap B$는 두 집합 A, B 모두를 포함하는 집합 중에서 가장 큰 것이다.

■ 집합의 분배법칙

- $A-(B\cup C)=(A-B)\cap(A-C)$

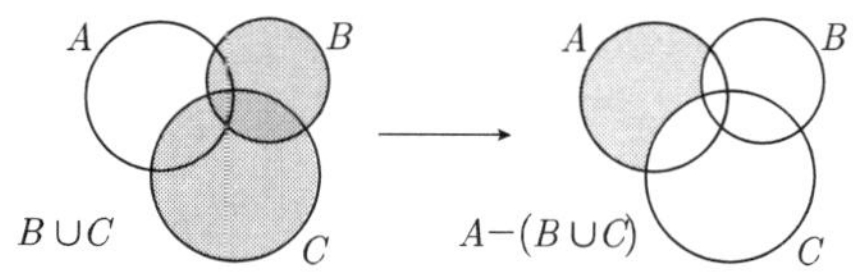

- $A-(B\cap C)=(A-B)\cup(A-C)$

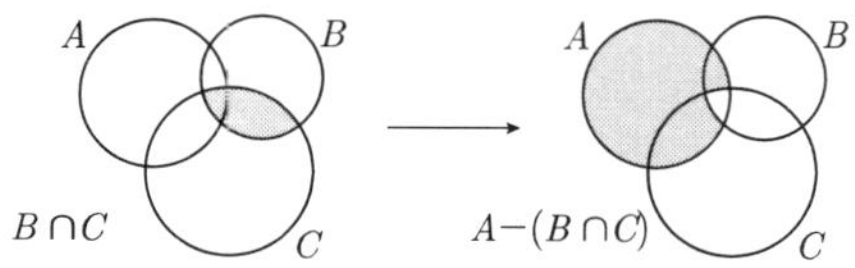

[예] $A=\{a, b, c\}$, $B=\{c, d, e\}$, $C=\{a, c, e\}$라면,

- $A\cup(B\cap C)=\{a, b, c\}\cup(\{c, d, e\}\cap\{a, c, e\})=\{a, b, c\}\cup\{c, e\}=\{a, b, c, e\}$
- $(A\cup B)\cap(A\cup c)=(\{a, b, c\}\cup\{c, d, e\})\cap(\{a, b, c\}\cup\{a, c, e\})=\{a, b, c, d, e\}\cap\{a, b, c, e\}=\{a, b, c, e\}$

■ 집합의 드모르간(Dé Morgan)의 법칙

- $A\cup(B\cap C)=(A\cup B)\cap(A\cup C)$

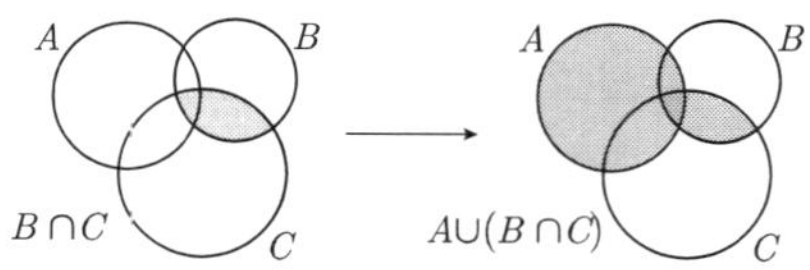

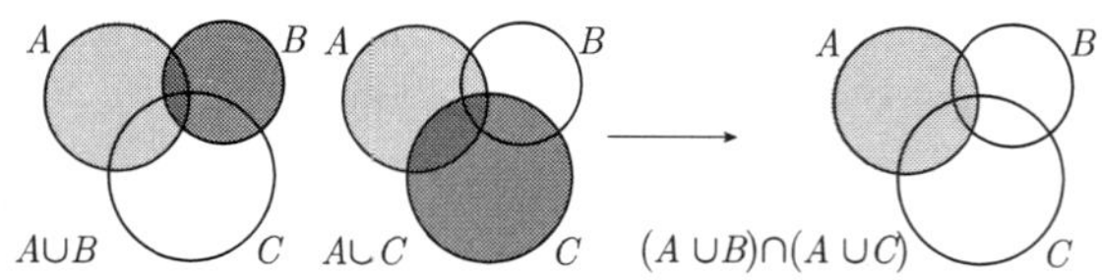

- $A\cap(B\cup C)=(A\cap B)\cup(A\cap C)$

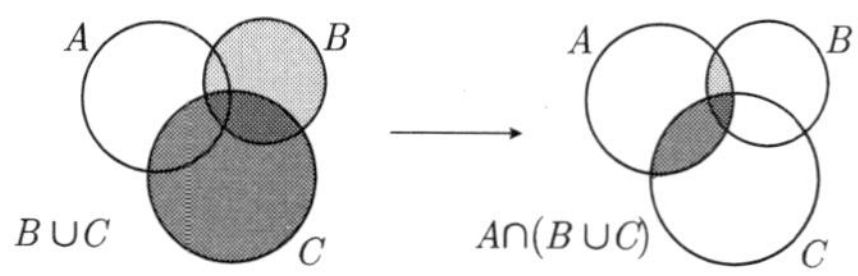

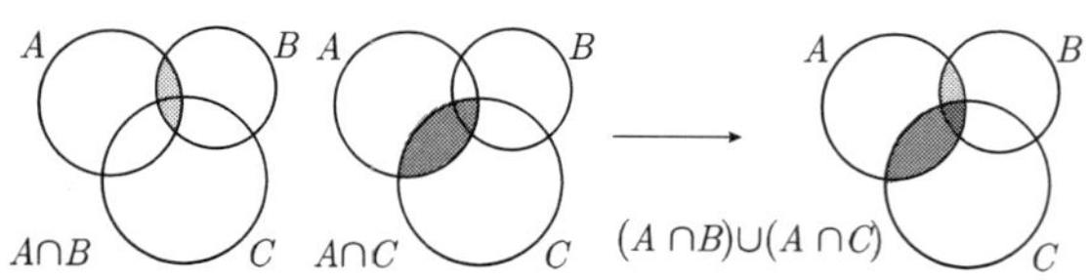

합차산/연령산

■ **합차산(合差算)**

「두 수의 합이나 차를 알고, 각각의 두 수를 구하는 유형의 문제를 **합차산**」이라고 한다.

■ 큰 수와 작은 수, 그리고 두 수의 합과 차 사이의 관계를 알아보면 다음과 같다.

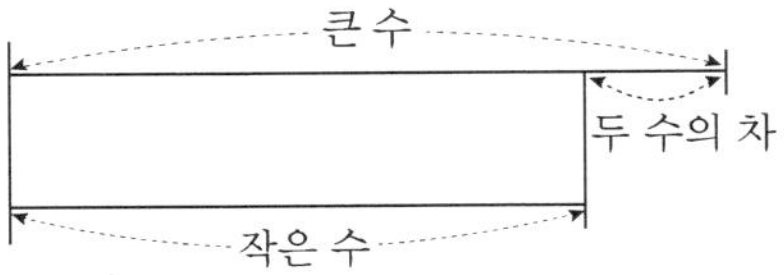

큰 수와 작은 수의 합과 차 사이에는 다음과 같은 성질이 있다.

- (큰 수)=(작은 수)+(두 수의 차)
- (큰 수)=(두 수의 합)−(작은 수)
- (큰 수)={(두 수의 합)+(두 수의 차)}÷2
- (작은 수)=(큰 수)−(두 수의 차)
- (작은 수)=(두 수의 합)−(큰 수)
- (작은 수)={(두 수의 합)−(두 수의 차)}÷2

[**예** 1] 950원을 지불하고 연필과 볼펜이 든 필기구 한 세트를 샀다. 연필이 볼펜보다 150원이 더 비싸다면 연필과 볼펜 값은 각각 얼마인가?

〈**풀이**〉 필기구 한 세트 값은 950원이고, 연필과 볼펜 값의 차는 150원이다.

- (연필 값) = (950 + 150) ÷ 2 = 550(원)
- (볼펜 값) = (950 − 150) ÷ 2 = 400(원)

[**예** 2] 영수의 국어와 수학의 평균 성적은 96점이다. 수학 성적이 국어 성적보다 8점 높다면 국어와 수학 성적은 각각 몇 점인가?

〈**풀이**〉 국어와 수학 성적의 합은 96×2=192점이고, 또 수학 성적이 국어 성적보다 8점 높기 때문에

(수학 성적)=(192+8)÷2=100점

(국어 성적)=100−8=92점

■ **연령산(年齡算)**

「나이가 다른 두 사람의 나이의 차는 시간이 지나도 변하지 않지만 비율의 관계가 변하는 것을 이용하여 몇 년 전후의 나이 등을 구하는 문제를 **연령산**」이라고 한다.

[**예** 1] 아버지는 42세, 아들은 12세인데, 아버지의 나이가 아들 나이의 3배가 될 때, 아들의 나이는 몇 세이며, 지금부터 몇 년 후인가?

〈**풀이**〉 두 사람의 나이의 차는 언제나 같다.

현재 아버지와 아들의 나이의 차는 42−12=30(세)이다. 아버지의 나이가 아들 나이의 3배가 될 때를 그림으로 나타내면 다음과 같다.

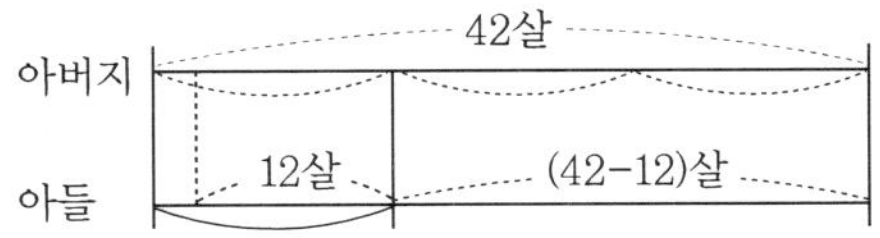

위 그림에서 두 사람의 나이 차는 아들 나이의 (3−1)배에 해당하는 것을 알 수 있으므로 아들의 나이는 30÷2=15(세)이다. 현재 아들의 나이는 12세이므로, 15세가 되면 아버지의 나이가 아들 나이의 3배가 되므로 지금부터 (15−2)=3(년) 후이다.

□ **몇 년 후의 나이**
- (아버지 나이)−(아들의 나이)÷(몇 배−1)
  =(몇 년 후 아들의 나이)
- (몇 년 후 아들의 나이)−(현재 아들의 나이)
  =(몇 년 후)

□ **몇 년 전의 나이**
- (아버지 나이)−(아들 나이)÷(몇 배−1)
  =(몇 년 전 아들 나이
- (현재 아들 나이)−(몇 년 전 아들 나이)=(몇 년 전)

[**예** 2] 아버지는 38세, 아들은 14세인데 아버지의 나이가 아들 나이의 4배가 되었을 때 아버지의 나이는 몇 세이며, 지금부터 몇 년 전인가?

〈**풀이**〉 아버지와 아들의 나이의 차는 38−14=24(세). 아버지의 나이가 아들 나이의 4배가 되었을 때를 그림으로 나타내면 다음과 같다.

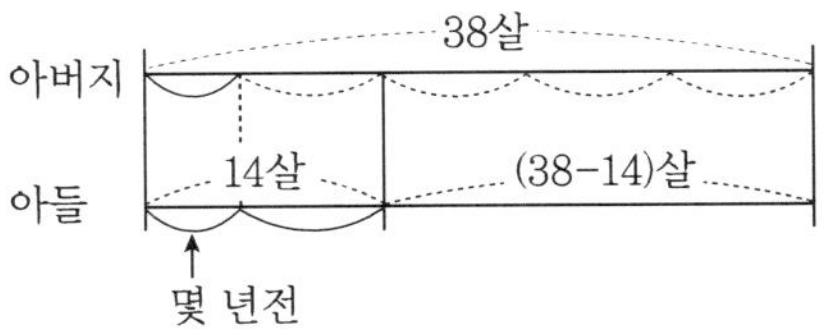

이때 나이 차는 아들 나이의 (4−1)배이므로 아들의 나이는 24÷3=8(세)이고 아버지의 나이는 8×4=32(세)이다. 아버지의 나이는 38세로 아버지가 아들 나이의 4배가 되었을 때는 32세이므로 38−32=6(년)전이다.

ㅎ

해석학

해석학(analysis)은 극한 및 무한과 관련된 개념, 그리고 함수와 관계들의 성질에 관해 다루는 수학의 한 분야이다. 일반적으로 해석학의 기초 과정은 함수의 극한, 연속성, 미분과 그 계수, 극댓값과 극솟값, 비율 문제, 접선의 기울기, 적분 등의 주제를 다루며, 미적분학, 함수론, 집합론, 해석기하 등을 포함한다.

해석학(주로 미적분학)은 NCMR(National committee on Mathematics Requirements, 1923)의 권고에 의해 12학년의 선택과목으로 포함되었으며, 초기에는 엘리트 과목(비교적 우수한 학교의 선택받은 집단의 학생들에게만 허용된 과목)으로 계획했었다. 그러나 같은 시기에 소비에트 협회(Soviet Union)에서는 9–10학년 교육과정에 해석학 과정을 포함시켰고, 1957년 구소련의 인공위성인 스푸트니크(sputnik)가 발사된 직후인 1958년에 설립된 CCSM(Cambridge Conference of School Mathematics)에서는 12학년의 수학과정을 마친 학생들보다도 좀 더 이른 시기에 더 많은 수의 학생들에게 '변화율'같은 개념을 지도해야 한다고 주장했다. 이에 따라 CCME는 9학년에서는 "해석학을 위한 발생학적 개념 소개"에 관해 가르치고 11–12학년에서는 "논리적으로 완전한 과정"을 가르칠 것을 제안했다.

우리나라 고등학교 수학교육과정에 포함된 주제를 살펴보면, '수학 Ⅰ'에서 유리함수와 무리함수, 등차·등비수열과 수열의 합, 지수와 로그를 다루며, '미적분 Ⅰ'에서 수열의 극한과 급수, 미적분과 통계의 기본으로 함수의 극한과 연속, 다항함수의 미분법과 적분법, 도함수와 정적분의 활용, 그리고 '미적분 Ⅱ'에서 지수함수와 로그함수의 뜻과 그래프 및 미분, 삼각함수의 듯과 그래프 및 비분, 여러 가지 미분법과 적분법, 도함수와 정적분의 활용 등을 다루고 있다.

무한개념에 대한 이해가 전제되어야 하는 해석학에 대한 연구는 15세기부터 시작되었지만 수학의 다른 영역보다 학습하기가 어렵다는 것은 해석학을 수학교육과정에 포함시킬 당시부터 예견했다.

예컨대 제논*Zeno*의 4가지 역설들(the Dichotomy, the Achilles & Turtle, the Arrow, Stadium). 그러나 이 문제들은 현대 해석학이 뉴턴*Newton*과 라이프니츠*Leibniz*에 의해 소개됐을 때인 17세기까지는 해결할 수 없었다. 따라서 해석학 연구와 관련된 막대한 양의 형식적 연구들은 '이해보다는 오히려 기억과 기계적 수행을 강조하는 경향을 초래할 수 있다.'는 우려를 낳았다. 또, 심리학적 관점에서 해석학이 질적 관계들의 연구와 급진적으로 새롭고 상이한 접근을 나타낸다는 사실 때문에 기존의 스키마와 새로운 스키마들 간의 조절에서 문제를 일으킬 수 있다(Mevarech, 1991).

내용의 특성상 수학의 다른 영역보다 학습이 어려운 해석학 학습을 위한 도구로써 기본적인 개념 이해를 바탕으로 컴퓨터, 대화식 비디오 디스크, 멀티미디어, 고급계산기 등의 활용은 수학적 이해를 발달시키고, 해석학에 관한 오해를 극복하도록 도울 수 있을 뿐 아니라, 수학 불안을 감소시키고, 수학적 자아개념을 강화시키도록 조력할 수 있다.

특수한 컴퓨터 프로그램인 MuMath는 방정식을 풀고 기호조작을 수행하고 함수의 값을 구하고 극한과 미분계수와 적분을 계산한다. '대화식 비디오 디스크 프로그램'은 다음과 같은 3가지 교수학적 작용을 한다: (1) 해석학에 나오는 개념들의 설명과 증명을 제공하는 기능, (2) 해석학에서 배운 알고리즘을 사용함으로서 해결될 수 있는 생생한 실생활 문제들을 제공하는 기능, (3) 새로운 개념과 연산들이 나올 때 문제해결과 메타인지 과정들을 설계하는 기능이 있다.

또 일반적인 응용 컴퓨터 S/W인 electronic–sheet, graph functions, advanced calculators 등도 해석학 학습과정에서 이용할 수 있다. 물론 이러한 도구들의 사용이 변화를 일으킬 것이라고 아직 장담할 수는 없지만 효과적인 전략, 메타인지 기술, 혁신적인 기술을 겸비한 특수한 방법들이 이해와 계산 기술 모두를 촉진하기 위해 개발될 필요가 있다.

확률

미래에 어떤 사건이 일어날 가능성에 대해 막연한 언어로 표현하기보다는 수치로써 표현하는 것이 더 정확한 정보를 판단할 수 있다. 우연의 영향을 받는 어떤 사건이 일어날 확실성의 정도를 수치로써 나타낸 것을 **확률**이라고 하며, 주사위 던지기나 복권추첨, … 등과 같이 실험이나 관측을 하는 일을 **시행**이라 하고, 시행한 결과 일어난 사실을 **사상**이라고 한다. 그 중 최소의 단위를 **근원사상**이라 하고 근원사상 전체를 **전사상**, 또는 **표본공간**이라 한다.

확률에는 수학적 확률, 통계적 확률, 공리적 확률 등 3가지가 있다.

■ 수학적 확률

어떤 사건이 일어날 전체의 경우의 수에 대하여 특정한 사건이 일어날 확률로써 이론적 확률, 또는 선험적 확률이라고도 한다.

- **수학적 확률의 조건** : 어떤 시행에서 일어날 수 있는 모든 경우의 수는 n가지이고, 그 중에서 어느 2가지도 중복해서 일어나지 않아야 하며, n가지 중 각각의 사건이 일어날 가능성은 같아야 한다.
- **수학적 확률의 표현** : 어떤 사건이 일어날 모든 경우의 수를 n가지, 특정한 사건 A가 일어나는 경우가 a가지일 때, 사건 A가 일어나는 확률을 P라고 하면 $P(A)=\frac{a}{n}$ $(0 \leq P \leq 1)$로 나타낸다.

※ 확률에서 어떤 사건 A가 반드시 일어날 확률은 1이며, 절대 일어나지 않을 확률은 0이다. 또 어떤 사건 A가 일어날 확률을 P(A)라면, 그의 여사건인 사건 A가 일어나지 않을 확률인 P(Ac)=1−P(A)이다.

■ 통계적 확률

실제로 실험이나 조사를 실시해서 찾아낸 확률로써 통계적 확률, 또는 경험적 확률이라고 한다. 동일한 시행을 반복한 횟수를 n, 사건 A가 일어난 횟수를 a라 할 때, n이 증가할수록 $\frac{a}{n}$은 일정한 값 P에 가까워지면, 즉 $\lim_{n \to \infty}\frac{a}{n}=P$이면 P를 사건 A의 통계적 확률이라고 한다. 예컨대 일기예보가 맞는 확률이나 주사위를 던져서 1의 눈이 나올 확률, … 등은 지속적인 관찰이나 시행을 통해서 구할 수 있다. 그러나 현실적으로 시행의 횟수를 무한번 시행한다는 것은 불가능하다. 통계적 확률에서 시행의 횟수가 많을수록 수학적 확률에 가까워진다.

■ 공리적 확률

수학적 확률의 정의에서 '각각의 사건이 일어날 가능성은 같다.'는 것을 합리적인 방법으로 확인하는 것이 불가능하다. 또 통계적 확률에서 시행회수 n을 무한이 많이 하는 것은 실제적으로는 불가능하다. 공리적 확률은 수학적 확률과 통계적 확률의 이러한 단점을 극복하기 위해서 다음과 같은 방법으로 제안된 것이다.

> 표본공간 S 내의 각 사상들에 대하여 다음과 같은 조건이 만족되도록 정의된 실수값 P를 공리적 확률이라 한다.
> **[공리 1]** 임의의 사상 A에 대하여 $0 \leq P(A) \leq 1$
> **[공리 2]** P(S)=1
> **[공리 3]** 사상 A_1, A_2, $A_3 \cdots \in F$가 서로 배반이면,
> $P(A_1 \cup A_2 \cup A_3 \cup \cdots)=P(A_1)+P(A_2)+P(A_3)+\cdots$

■ 확률교육의 필요성

통계는 정보를 모으고, 정렬하고, 재구성하고, 분석하고, 해석하는 것이라면, 확률은 주어진 정보를 바탕으로 예상하고 추론하고, 결정을 내리는 데 필요한 것으로 어느 정도의 불확실성이 존재한다. 확률은 실제로 발생되는 현상을 바탕으로 유사한 현상이 발생할 가능성을 예측하고 추론하고 합리적인 판단을 내리는 활동의 본질로써 불확실성을 측정할 방법을 제공한다.

또한 확률에 대한 실험을 수행하는 것은 어떤 상황에서 진실을 찾아내어 불확실성과 함께 일을 하는 방법을 길러주며, 정직하게 보고서를 쓰는 방법을 배울 수 있게 한다. 또한 확률은 날씨예보, 군사작전, 사업계획, 보험 계산, 소비되는 생산물의 디자인과 질의 조절, 정치학, 유전학, 사회과학 등 다양한 분야에서 합리적인 의사결정을 내리게 만드는 데 사용한다.

■ 확률 지도

확률지도에서 수학적 확률을 먼저 정의하고, 그것을 구체적인 사례나 실험을 통해 이해시키는 통계적 확률과 연계시키는 것이 보통의 방법이다. 그러나 현실의 문제로서는 수학적 확률에 의해서 처리할 수 없는 개연적인 장면이 많기 때문에 실제적인 관찰이나 경험을 통한 통계적 확률로부터 수학적 확률을 도입하는 것이 자연스러울 것이다.

확률의 덧셈/곱셈

확률을 구할 때 덧셈정리와 곱셈정리를 이용하는 2가지 경우가 있다. 또 덧셈정리 속에는 배반사건일 때와 배반사건이 아닐 때 등 2가지가 있다. 여기서 말하는 「**배반사건**이란 한 번 시행에서 2개의 사건이 동시에 일어날 수 없는 경우를 서로 **배반사상**, 또는 **배반사건**」이라고 한다. 예컨대 동전 1개를 던졌을 때 앞면이 나오는 경우를 A_1, 뒷면이 나오는 경우를 A_2라고 할 때 A_1, A_2는 동시에 일어날 수 없으므로 서로 배반사상이다, 즉 두 사상 A_1, A_2(단, $P(A_1>0)$, $P(A_2>0)$가 서로 배반사상이면, $P(A_1 \cup A_2)=P(A_1)+P(A_2)$이다.

또 $A_1 \cap A_2$는 A_1, A_2가 양쪽 모두에서 일어나는 사상을 나타내고, $A_1 \cup A_2$는 A_1, A_2 중 어느 한 쪽이 일어난다고 하는 사상을 나타낸다. 여기서 P(A)는 사상 A가 일어나는 확률을 나타낸다.

■ 덧셈의 정리

가법정리는 두 사건이 동시에 일어나는 경우와 일어나지 않은 경우의 2가지로 나누어 다음과 같이 정의한다.

① 사상 A_1, A_2, $\cdots A_n$이 배반사상이면
$P(A_1 \cup A_2 \cup A_3 \cup \cdots A_n)=P(A_1)+P(A_2)+\cdots+P(A_n)$.
(단, $P(A_1>0)$, $P(A_2>0$, $\cdots P(An>0)$이다.

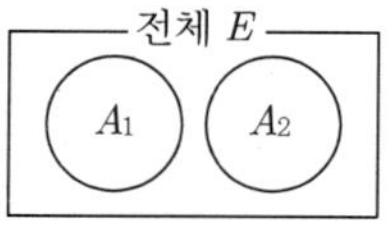

$P(A_1 \cup A_2)=P(A_1)+P(A_2)$

예컨대 주사위 1개를 던졌을 때 홀수의 눈이 나올 확률을 P라면, 1의 눈이 나올 확률 $p(1)=\frac{1}{6}$, 3의 눈이 나올 확률 $p(3)=\frac{1}{6}$, 5의 눈이 나올 확률 $p(5)=\frac{1}{6}$이므로 $P=p(1)+p(3)+p(5)=\frac{1}{6}+\frac{1}{6}+\frac{1}{6}=\frac{1}{2}$이다.

② 사상 A_1, A_2, $\cdots A_n$이 배반사상이 아니면 $P(A_1 \cup A_2)=P(A_1)+P(A_2)-P(A_1 \cap A_2)$.

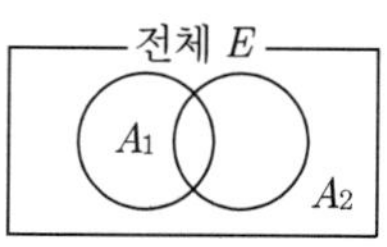

$P(A_1 \cup A_2)=P(A_1)+P(A_2)-P(A_1 \cap A_2)$

예컨대 1부터 20까지 숫자가 쓰인 카드 20장에서 1장을 뽑았을 때 2 또는 3의 배수일 확률을 P라면, 2의 배수일 확률 $p(A)=\frac{10}{20}$, 3의 배수일 확률 $p(B)=\frac{6}{20}$, 2와 3의 배수일 확률 $p(A \cap B)=\frac{3}{20}$이므로, $P=p(A)+p(B)-p(A \cap B=\frac{10}{20}+\frac{6}{20}-\frac{3}{20}=\frac{13}{20}$이다.

위 ①, ②을 **전확률**(全確率)의 법칙이라고도 한다. 또 사상 E가 **전사상**(全事象)이고, $A_1 \cup A_2=E$, $A_1 \cap A_2=\emptyset$일 때, A_1, A_2를 각각 다른 것의 **여사상**(余事象)이라면 $A_2=\overline{A}_1$, $A_1=\overline{A}_2$이다. 이때에 가법 정리에 의하여 $P(A)+P(\overline{A})=1$이다.

■ 곱셈의 정리

두 사건이 연이어 발생할 때, 서로 영향을 미치는 경우와 미치지 않는 경우의 2가지를 생각할 수 있다.

① **서로 영향을 미치지 않는 경우** : 두 사상 A, B에서, 사상 A가 일어난 후 사상 B가 일어날 때. 앞에 일어난 사상 A가 뒤에 일어나는 사상 B에 영향을 주지 않을 경우, 사상 A가 일어날 확률을 p(A), 사상 B가 일어날 확률을 p(B)라면, $P=p(A)\times p(B)$이다.

예컨대 흰 구슬 2개. 빨간 구슬 3개가 들어 있는 주머니에서 1개의 구슬을 꺼냈다가 그 구슬을 다시 넣고 또 다시 1개의 구슬을 집어낼 때. 첫 번째 꺼낸 구슬이 빨간색이고, 두 번째 꺼낸 구슬이 흰색일 확률을 P라면, 첫 번째가 빨간 구슬일 확률 $p(A)=\frac{3}{5}$이고, 두 번째가 흰 구슬일 확률 $p(B)=\frac{2}{5}$이므로 $P=p(A)\times p(B)=\frac{3}{5}\times\frac{2}{5}=\frac{6}{25}$이다.

② **서로 영향을 미치는 경우** : 두 사상 A, B에서 사상 A가 일어난 다음에 사상 B가 일어날 때. 앞에 일어난 사상 A가 뒤에 일어나는 사상 B에 영향을 미칠 경우, 사상 A가 일어날 확률을 p(A), 사상 B가 일어날 확률을 p(B)라면, $P=p(A)\times p(B)$이다.

황금비/황금분할

「선분 AB를 AP:PB=PB:AB, 또는 AP·AB=PB^2을 만족하는 점 P로 나눠지는 것을 **황금분할**(gold section)이라 하고, [그림 1]에서 AP=1, PB=x라고 하면 $1:x=x:(1+x)$에서 $x=\frac{1+\sqrt{5}}{2}\fallingdotseq 1.618$인데 이 비 1: 1.618을 **황금비**라고 하며, 이때 비율 1.618을 **황금비율**」이라고 한다.

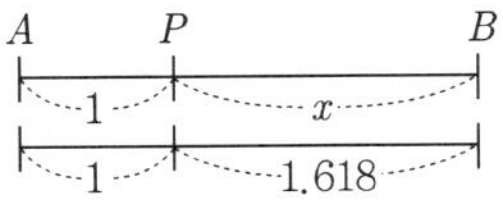

[그림 1]

[그림 2]처럼 정오각형의 각 꼭짓점을 대각선으로 연결하면 내부에 별 모양이 생기고, 별 내부에는 또 다른 정오각형이 만들어진다. 피타고라스는 이 정오각형 내부에서 교차하는 각 대각선이 다른 대각선에 의해 약 5:8, 즉 1:1.6으로 분할되는 것을 발견했다. 이것이 황금비의 개념이 생겨난 시초다. 이후 그리스의 수학자 유클리드가 선분의 분할을 이용하여 황금비에 대한 이론을 구체화시켰다. 일반적으로 1.618033989…에서 소수 셋째 자리까지만 나타낸 약 1.618을 **황금비**로 칭하고 있다.

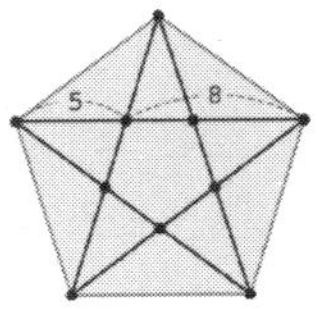

[그림 2]

정오각형의 한 변과 대각선의 길이의 비는 황금비가 된다. 이는 [그림 3]에서 △ACD∽△DFC으로 된다. 또, 두 변의 비가 황금비인 직사각형을 **황금직사각형**(golden rectangle)이라 부르고 고대 이래 아름다운 형태의 직사각형으로 여겨지고 담뱃갑이나 명함 등 생활용품뿐만 아니라 회화, 조각, 건축물 등에 사용되고 있다.

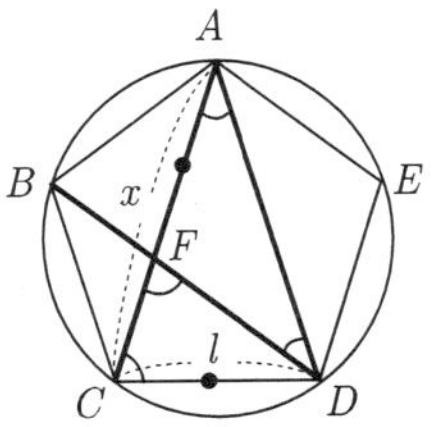

[그림 3]

황금직사각형은 컴퍼스로 간단하게 그릴 수 있다. [그림 4]처럼 가로와 세로의 비가 2:1인 직사각형 ABCD에서 짧은 변 AB를 한 변으로 하는 정사각형을 ABCH를 만든다. 변 BE의 중점 G을 중심으로 하고, 대각선 GF를 반지름으로 하는 호와 변 BC와 만난 점을 H라면 BH를 긴 변으로 하는 직사각형 ABHI는 황금직사각형이다.

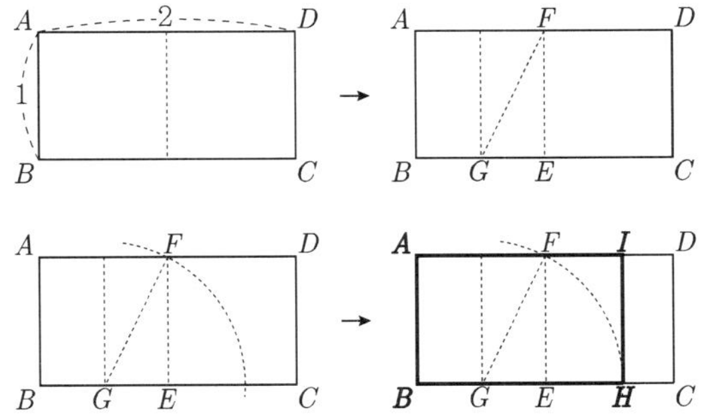

[그림 4]

또 [그림 5]의 황금직사각형 ABDF 안에 CD를 한 변으로 하는 정사각형 CDEJ를 그린 후 황금직사각형 EFHJ 안에 정사각형을 그리는 절차를 계속해 가면 정점 A, C, E, G, ……을 부드러운 곡선으로 연결하면 **황금나선**(golden spiral)이 된다.

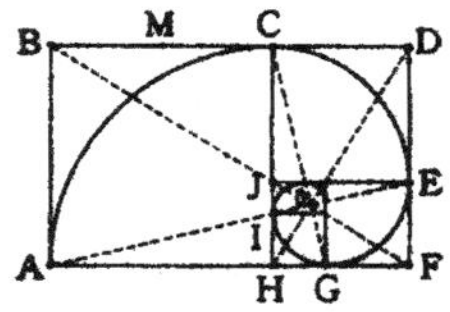

[그림 5]

■ **황금비와 피보나치 수열의 관계**

$F_1=1$, $F_2=1$, $F_{n+2}=F_{n+1}+F_n$으로 정해진 피보나치 수열의 후항과 전항의 비의 무한값은 황금비와 같다. $F_1+F_2=1$일 때 피보나치 수열을 실제로 몇 개의 항을 구해보면 다음과 같다.

1, 1, 2, 3, 5, 8, 13, 21, 34, 55, 89, 144, ……

피보나치 수열의 이웃한 항의 비를 예를 들면 $\frac{55}{34}=1.61764\cdots$, $\frac{89}{55}=1.61818\cdots$ 등은 황금비에 가까워지는 값이다. 따라서 10번째 항 55에 황금비 1.61803…을 곱하면 88.9916…이므로 11번째 피보나치 수열은 89라 할 수 있다. 그런데 n이 클 경우 실제 계산에 이용하려면 황금비의 정확한 값을 알아야 하는 단점이 있다.

일반적으로 황금비율은 $\frac{1+\sqrt{5}}{2}\fallingdotseq 1.618$이므로 키가 175cm인 A학생과 180cm인 B학생의 하반신이 각각 108cm, 110cm, 상반신은 각각 67cm, 70cm이다. A학생의 $\frac{\text{하반신}}{\text{상반신}}=\frac{108}{67}\fallingdotseq 1.612$이고, B학생의 $\frac{\text{하반신}}{\text{상반신}}=\frac{110}{70}\fallingdotseq 1.571$이므로 황금비율에 따라 해석하면 A학생이 더 미적인 체격을 가졌다고 할 수 있다.

회전도형/회전체

「평면도형을 한 점 O를 중심으로 일정한 각도로 회전하여 생긴 도형을 **회전도형**이라 하고, 그 한 점 O를 **회전의 중심**」이라고 한다. 점대칭 도형은 회전도형의 특별한 경우이다. 다음 [그림 1]은 점 O을 중심으로 한 도형을 120°씩 회전한 도형으로 한 도형을 회전해도 모양이 변하지 않는다.

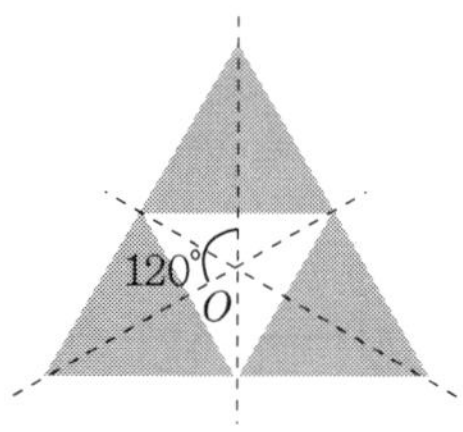

[그림 1]

■ 회전도형의 성질

[그림 2]에서 △ABC를 O를 중심으로 회전했을 때, △A′B′C′의 위치가 되었다면 OA=OA′이므로 O는 AA′의 수직이등분선 위에 있다. 마찬가지로 O는 BB′, CC′의 수직 이등분선 위에 있다. 회전도형에서 대응하는 두 점을 잇는 선분의 수직이등분선 위에 회전의 중심이 있다.

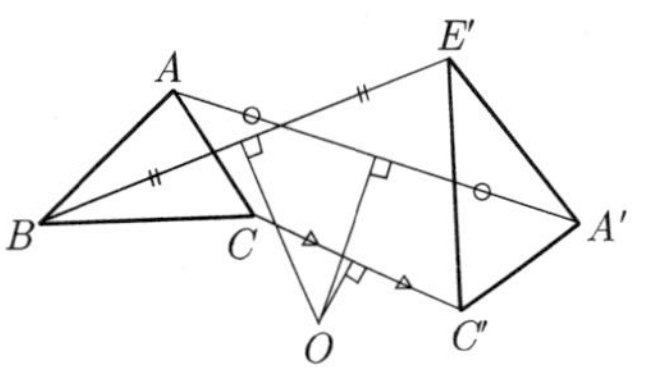

[그림 2]

한 도형은 회전이동에 의해서 뒤집어 놓지 않는 한 어떠한 위치라도 이동할 수가 있다. 평면 위에 있는 같은 길이의 두 선분 중 어느 한 선분을 회전하여 다른 선분에 완전히 포갤 수 있는 경우를 생각할 수 있다.

[그림 3]에서 두 선분 AB, CD의 길이가 같다면, A와 C, B와 D를 각각 잇고 두 선분 AC, BD의 수직이등분선의 교점 O를 구하면 O는 이 두 선분의 회전의 중심이다. 그 이유는 △AOB와 △COD에서 AO=OC, BO=OD, AB=CD이므로 △AOB≡△COD이기 때문이다. ∠AOB=∠COD이므로 ∠AOC=∠BOD이다. 따라서 O를 중심으로 선분 AB를 ∠AOC만큼 회전해서 두 선분 AB와 CD는 완전히 포갤 수 있다. 여러 다른 도형에서 이러한 방법으로 회전의 중심과 회전각을 구할 수 있기 때문에 한 도형은 다른 위치의 도형으로 회전이동할 수 있다.

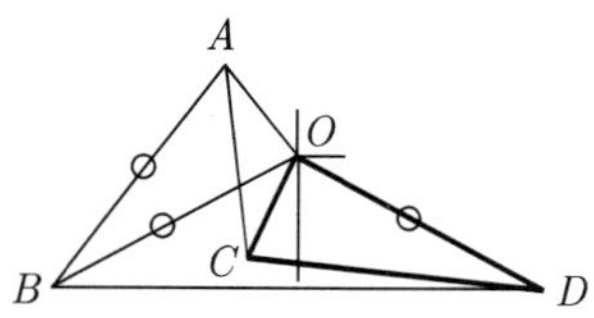

[그림 3]

■ 회전체

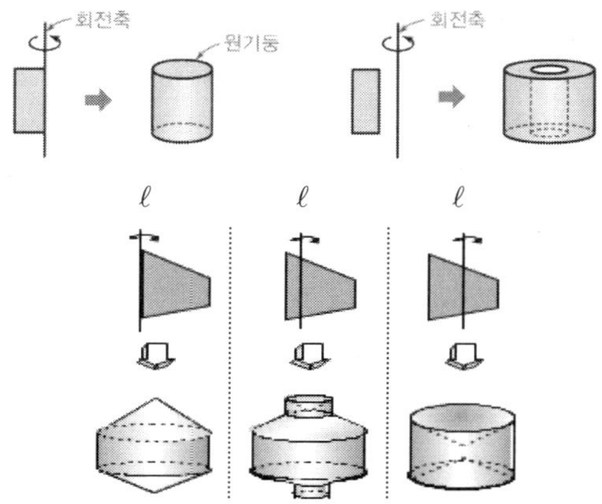

「평면도형을 그 평면 위의 한 직선 ℓ을 축으로 1회전해서 생긴 입체 ℓ도형을 **회전체**라 하고, 그 곡면을 **회전면**, 한 직선 ℓ을 **회전체의 축**」이라고 한다.

■ 회전체의 성질

- 회전축에 수직인 평면으로 자른 단면(斷面)은 항상 원이다.
- 옆에서 보는 모양은 어디서 보나 일정하다.
- 잘린 단면은 모두 선대칭도형이다.
- 회전축을 포함하는 평면으로 자르면 잘린 면은 회전축에 대하여 선대칭이다.
- [그림 4]의 ②나 [그림 5]의 ②처럼 위에서 내려다 본 모양은 동심원이다.
- [그림 4]의 ③이나 [그림 5]의 ③처럼 원기둥이나 원뿔은 회전축에 수직이 아니고 밑면과 만나지 않는 평면으로 자른 단면은 타원이다.

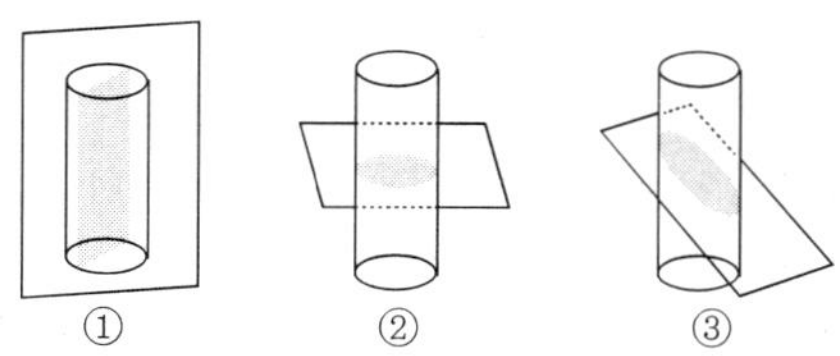

[그림 4]

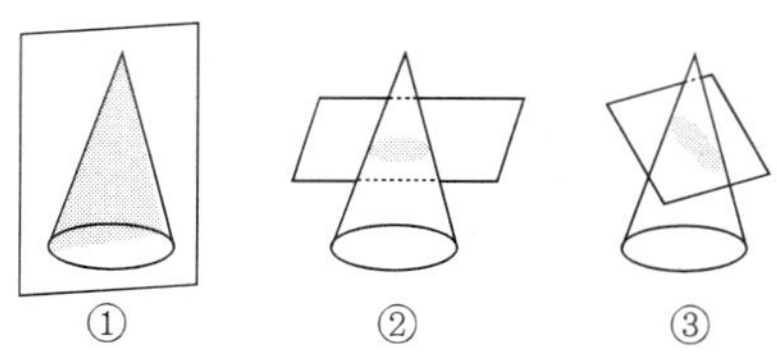

[그림 5]

참고 문헌

강경애 (1971). 교사의 수학. 중외출판사.

강수길 외 (1975). 중학수학사전. 서울국민서관.

강시중 (1993). 수학교육론. 서울: 교육출판사.

강완, 백석윤 (2000). 초등수학교육론. 서울: 동명사.

교육인적자원부 (2001). 교사용 지도서 수학. 서울: 대한교과서 주식회사.

구광조, 오병승 (1994). 기하학개론. 서울: 경문사.

구광조, 이초식 (1969). 집합과 논리. 서울: 지학사.

구광조 외 7인 (2001). 실용수학. 서울: 교학사.

국립국어연구원. 1999. 표준국어대사전, 두산동아.

교육학사전편찬위원회 (1972). 교육학대사전. 서울: 교육과학사.

김남희 외 (2009). 수학교육과정과 교재연구. 서울: 경문사.

김용운, 김용국 (1996). 수학사대전. 서울: 도서출판 우성.

김응태 외 2인 (2003). 수학교육학 개론. 서울대학교 출판부.

남승인, 류성림 (2002). 문제해결 전략지도 실제. 대구: 형성출판사.

남승인 외 8인 (2012). 초등수학교육론. 서울: 경문사.

박성택 외 4인 (1994). 수학교육. 서울: 동명사.

박을룡, 김치영, 박한식(1979). 수학대사전. 서울: 실용기술공학사.

박한식 외 2인 (1983). 수학 교수법. 서울: 교학연구사.

박을룡 외 4인 (1986). 콘사이스 수학사전. 서울: 창원사.

서성보 (1997). 초등학교 수학 및 수학교육 용어 사전. 부산: 교문사전.

서울대학교 교육연구소 (2006). 교육학 용어사전. 서울: 하우동설.

수학교재연구회 (1988). 초등수학교육. 서울: 학문사.

신택균, 최영우 (1971). 교사의 수학. 중외출판사.

오승재 (1995). 수학의 천재들. 서울: 경문사.

우정호 (2000). 수학 학습-지도 원리와 방법. 서울대학교출판부.

유병림 (1983). 산수과 교수법과 교재연구. 서울: 동명사.

이성헌 (1991). 세계 수학사 및 수학교수법. 서울: 수학연구사.

이용률 외 (1997). 초등수학교육론. 서울: 경문사.

장대홍, 김영일, 이태림, 강명희 (2010). 통계마인드. 대전: 통계교육원.

전국교육대학교 교재편찬위원회 (1982). 산수교재. 서울: 동화문화사.

蔡鴻種, 成樂喆 (1962). 幾何精說. 동아출판사.

한국교육개발원 (1982). 새 교육 체제에 의한 산수수업지침서. 서울: 한국교육개발원.

한국교육심리학회 (2000). 교육심리학용어사전. 서울: 학지사.

황우형, 신항균 역 (1996). 수학사. 서울: 경문사.

허민, 오혜영 역 (1999). 수학의 기초와 기본 개념. 서울: 경문사.

頤华, 秀實 編著 (1999). 小學數學 奧林匹克題 1000題解. 中國北京: 同心出版社.

算數科 教育研究會 (2000). 算數科 教育の 基礎基本. 日本: 明治圖書.

數學教育協議會 (2005). 算數·數學百科. 日本: 日本評論社.

日本數學教育學會 編著 (平成 11年). 算數教育指導用語事典. 日本: 新數社.
中原忠男 (2000). 算數·數學科 重要用語 300の 基礎知識. 日本: 明治圖書.
平林一營, 石田忠男 (1981). 算數·數學科 重要用語 300の 基礎知識. 日本: 明治圖書.
黑木哲德(2003). 入門算數學. 日本: 日本評論社.
河部浩一 (1980). 算數教育の理論と實際. 日本: 聖文社.
Adams. J. (1996). *the super source*, Snap Cubes. Cuisenaire Company of America, Inc.
Baroody. J. & Coslick. T. (1998) *Fostering Children's Mathematical Power*: 권성룡 외 역 (2009). 수학의 힘을 길러주자!. 서울: 경문사.
Bilwell. J. K and R. G. Classon. (1970). *Readings in the History of Mathematics Education*. NCTM.
Crilly. T. (2007). *50 Mathematical Ideas Tou Really Need to Know*. London: Quercus Publishing Pic.
GREAT SOURCE. (2000). *Math to Know: Teacher's Resource Book*. Great Source, Houghton Mifflin Co.
GREAT SOURCE. (2006). *Math to Learn: Student Handbook 2006*. Great Source, Houghton Mifflin Co.
Kaye, P. (1987). *Games for math*: Stratege Games. New York, NY : Pantheon Books.
Lenchner. G. (1983). *Creative problem solving in school mathematics*. Boston: Houghton Mifflin Company.
Mary Cavanagh. (2000). *Math to Know: A Mathematics Hand Book*. Great Source. Houghton Mifflin Co.
Musser. G. L & Burge. W. B. Peterson. B. K. (2003). *Mathematics for Elementary Teachers*, Sixth Edition. Prentice-hall, Inc. in USA.
NCTM. (1998). *The Teaching and Learning of Algorithms in School Mathematics*, NCTM 1998yearbook.
Van de Walle. J. A. (2004). *Elementary and Middle School Mathematics: Teaching Developmentally*. 남승인 외 역 (2009). 수학을 어떻게 가르칠 것인가?. 서울: 경문사.
http://classroom.re.kr
http://chaos.inje.ac.kr/Alife/TreeFractal/TreeFractl.html
https://ko.wikipedia.org
http://krdic.naver.com
http://kr.encycl.yahoo.com/enc/info.html
http://stdweb2.korean.go.kr/main.jsp
http://terms.naver.com
http://terms.naver.com/entry.nhn?docId=2164900&cid=44413&categoryId=44413
http://www.bada.ne.kr/sea/game/hanoi/wonri.htm

남승인
한국교원대학교 대학원 교육학 박사(초등수학교육 전공)
대구교육대학교 수학교육과 교수

초등교사와 학부모를 위한
초등수학 용어해설집

지은이 남승인
펴낸이 조경희
펴낸곳 경문사
펴낸날 2017년 4월 5일 1판 1쇄
등 록 1979년 11월 9일 제313-1979-23호
주 소 04057, 서울특별시 마포구 와우산로 174
전 화 (02)332-2004 팩스 (02)336-5193
이메일 kyungmoon@kyungmoon.com
facebook facebook.com/kyungmoonsa

값 20,000원

ISBN 978-89-6105-707-3

■ 이 도서는 2016년도 대구교육대학교 학술연구비 지원에 의하여 출판되었음.